해방 후 한국사회
형성과 기독교 사회복지

이 저서는 2019년 대한민국 교육부와 한국연구재단의 지원을 받아
수행된 연구임(NRF-2019S1A5B8099527)

해방 후 한국사회
형성과 기독교 사회복지

초판 1쇄 발행   2021년 8월 31일

엮은이 ㅣ 서울신학대학교 현대기독교역사연구소
펴낸이 ㅣ 윤관백
펴낸곳 ㅣ 도서출판 선인

등 록 ㅣ 제5-77호(1998.11.4)
주 소 ㅣ 서울시 마포구 마포대로 4다길 4 곳마루 B/D 1층
전 화 ㅣ 02)718-6252 / 6257    팩 스 ㅣ 02)718-6253
E-mail ㅣ sunin72@chol.com

정가   49,000원
ISBN   979-11-6068-633-3   94230
ISBN   979-11-6068-112-3   (세트)

Korean Local Community and Christianity
edited by Institute for the Study of Modern Christianity

Sunin Publishing

Printed in the Republic of Korea
2021

· 잘못된 책은 바꿔 드립니다.

현대 한국사회와 기독교 연구총서 10

# 해방 후 한국사회 형성과 기독교 사회복지

서울신학대학교 현대기독교역사연구소 엮음

 도서출판 선인

# | 『해방 후 한국사회 형성과 기독교 사회복지』를 펴내며 |

역사적으로 볼 때, 사회복지는 종교의 중요한 영역 가운데 하나였다. 동양에서 사찰이 어려운 사람을 돕는 중요한 기관이었다면 서양에서는 교회가 그런 역할을 하였다. 이런 종교의 사회복지적 기능은 종교의 본질과 깊은 관련을 맺고 있다. 종교는 본질상 사회의 소외된 사람들을 사랑하고, 격려하여 다시금 희망을 주는 역할을 해왔다. 따라서 한국 땅에 들어온 기독교가 이런 역할을 하는 것은 매우 당연스러운 일이었다.

기독교가 이 땅에 들어와서 교육과 의료를 감당해 왔다. 하지만 이런 두 영역도 다른 측면에서 살펴보면 사회복지와 깊은 관련이 있다. 언더우드의 경신학교는 고아원으로부터 출발하고 있으며, 스크랜튼대부인의 이화학당도 사회적으로 소외된 여성들을 대상으로 하였다. 이것은 병원도 마찬가지이다. 알렌의 제중원과는 달리 감리교는 보통 상민을 위한 시병원과 여성을 위한 보구여관을 세웠다. 이것은 가난하고 소외된 자에게 복음을 전해야 한다는 성서적 가르침에 충실했던 것이다.

현대기독교역사연구소는 6년차 계획으로 해방 후 한국사회에서 기독교가 행한 사회복지를 살펴보았다. 서양 선교사들은 제2차 세계대전으로 전세계에 도움이 필요한 사람들이 넘쳐나는 것을 보고, 복음전파와 더불어서 사회복지를 해야 한다고 생각하였다. 그래서 진보적인 단체에서는 기독교세계봉사회(CWS), 복음주의 단체에서는 세계구호위원회(WRC)를 만들어 활동하였다. 이런 상황에서 수많은 개별적인 선교단체들이 한국에 와서 활동하였다. 이들 가운데서는 그 후에 세계를 이끌어 가는 자선단체로 발전하였다. 가장 대표적인 경우가 바로 월드비전이다.

한국정부는 6·25전쟁 이후 사회복지에 관심을 가질 수 있는 능력이 없었다. 이런 공백을 메운 것이 바로 외원단체들이었다. 이런 외원단체들은 정부가 해야 할 일들을 대신 담당한 유사정부기관이었다. 수많은 전쟁미망인, 고아, 장애자들을 도와주고, 그들에게 새로운 삶의 희망을 준 것은 바로 기독교 외원단체들이었다. 한국사회는 이들의 수고와 헌신을 잊어서는 안 된다고 생각한다. 이들은 60년대와 70년대를 지나면서 방향을 바꾸어 한국사회의 발전과정에서 생기는 많은 문제를 해결하기 위해서 노력하였다.

현재 한국의 기독교 사회복지는 상당한 변화를 맞이하고 있다. 과거 외원기관들이 하던 일을 이제는 정부가 대신하게 되었다. 과거에 선교사들이 주도하던 많은 외원단체를 이제는 한국인들이 운영하고 있다. 동시에 많은 기독교단체가 정부의 지원을 받으면서 많은 종교적인 활동들이 제약을 받게 되었다. 현재 기독교 사회복지단체들은 어떻게 종교적인 정체성을 유지하면서 어떻게 국가가 요구하는 복지활동을 할 수 있는가를 고민하고 있다. 국가는 기독교 복지단체의 자율성을 인정하고, 교회는 기독교단체를 사회가 더욱 신뢰할 수 있는 단체로 만들어야 할 것이다.

서울신학대학교 현대기독교역사연구소장

박 명 수

# | 『해방 후 한국사회 형성과 기독교 사회복지』에 관하여 |

제1부 한국사회에서 기독교 사회복지 태동

　한국사회가 현대적인 의미에서의 사회복지를 경험하고, 체계화하는 과정에서 기독교는 매우 중요한 위치에 서있다. 한국사회는 일제 강점 이전부터 기독교 선교사들을 통해 교육, 의료, 구호 등의 서구 사회복지를 경험하였다. 알렌의 의료, 언더우드와 아펜젤러의 교육, 스크랜튼 여사의 여성교육 등은 대표적인 예다. 그러나 본격적인 현대 사회복지는 6·25전쟁으로 파괴된 한국사회를 재건하는 과정에서 일어났다. 당시 정부는 파괴된 사회를 독자적으로 복구시키기에는 역부족이었다. 그 부족한 부분을 대부분 미국을 비롯한 외국의 정부 차원에서 지원하는 원조만 아니라, 민간 외원단체의 협력과 원조로 채워야 했다. 본서에서는 후자에 초점을 두었다. 당시 외원단체의 대부분은 기독교와 밀접한 관계를 맺고 있었거나, 기독교에 뿌리로 두고 있었다. 본서는 이점을 주시하고, 외원단체들의 형성 배경과 국내 입국과정, 기독교 사회복지 활동내용을 다루었다. 1부에서 한국사회의 기독교 사회복지 태동과 관련된 내용을 거시적으로 다루었다면, 2부에서는 중요한 원조단체들을 선정하여 그 활동들을 미시적으로 다루었다.
　양용희의 「한국 기독교와 사회복지」에서는 기독교와 사회복지가 얼마만큼 긴밀하게 연결되어 있는지를 역사적으로 다루었다. 그동안 기독교가 사회복지에 많은 영향을 미쳤음을 주장하는 연구들이 적지 않게 배출되었다. 이러한 연구들에 일부 학자들은 선교사나 한국교회가 사회복지를 본질적 차원이 아닌 선교의 수단으로 시행했고, 심지어 제국주의 세력의 앞잡이 역할 차원에서 진행했다고 비판한다. 그러나 사회복지를 전공하고, 외원단체인 월드비전에서 긴 시간 동안 실무를 담당한바 있는 연구자는 기독교가 현대적 의미에서의 사회복지제도의 도입과 활동에 많이 기여했다는 점은 객관적이라고 주장한다. 그는 학자로서의 연구와 실무자로서의 경험을 통해 체득한 사실들을 증명하고자 했다. 그것이 바로「한국 기독교와 사회복지」라는 연구물이다. 양용희는 이 연구를 통해서 단순한 평면적인 역사적 나열보다는 시대적 정치·경제적 상황에 따른 실증주의 역사관에 기초해서 연구하고 증명하고자 했다. 여기에서 연구자는 일제 강점기에 보여준 기독교 사회복지 체계가 해방 후, 그리고 6·25전쟁을 거치면서 어떻게 발전했는지를 설명하고 있다. 그러면서 그것들을 기반으로 1970년 이후 사회복지가 한국사회에서 어떻게 자리잡고 체계화되었는지 자세하게 다루었다. 따라서 이 연구는 기독교와 사회복지 관계를 이해하는데 좋은 길잡이가 될 것이다.

  최현종의「정부의 복지정책과 종교사회복지」에서는 정부에서 시행하는 복지정책과 종교, 특히 기독교의 사회복지가 어떤 관계를 맺으면서 체계화되고, 성장했는지를 다루었다. 그동안 정부 정책에 따라 사회복지 체계가 발전해 왔다. 연구자는 이 부분을 깊게 살펴보았다. 이를 위해 연구자는 먼저 한국의 사회복지 정책을 역사적으로 다루었다. 대한민국 사회복지의 발전을 전(前) 사회복지기, 사회복지 맹아기, 사회복지 발전기로 나누어 시대적으로 특징을 기술하고, 이와 관련하여 민간비영리부문과 종교사회복지의 역할을 고찰하였다. 사회복지 발전

단계와 관련하여 종교사회복지는 주도적 역할, 병행·이행적 역할, 보완적 역할을 해왔는데, 루만이 이를 언급한 기능적 분화에 따른 '나머지 문제'의 '체계' 이양으로 해석하였다. 그러나 복지혼합의 체제가 지속되는 한, 종교사회복지의 역할은 지속될 것이며, 특히 신사회 위험에 대한 대처에 있어 중요한 역할을 할 것으로 전망하였다. 또한, 이를 위해 종교사회복지의 영세성 극복과 차별화, 그에 따른 제도적 개선을 제안했다.

　장금현의 「외국민간원조단체의 연합회 설립과정과 특성」에서는 대표적인 자원민간 외연단체연합회인 외국민간원조단체연합회(KAVA)와 한국기독교세계봉사회(KCWS)의 설립과정과 그 과정에서 나타난 특징들을 다루었다. 현대 한국사회가 사회복지체계를 본격적으로 경험한 시기는 6·25전쟁 이후부터였다. 일제강점기나 해방 직후에도 교육, 의료, 돌봄 등에서 일부 경험했지만, 본격적인 경험은 6·25전쟁 이후부터다. 대표적인 외원단체연합회는 1951년 설립된 KCWS와 1952년 설립된 KAVA다. KCWS와 KAVA 설립과정에서 다음과 같은 몇 가지 특성을 보였다. 첫째로 6·25전쟁을 계기로 외원단체들의 활동지역이 한국을 중심으로 아시아권에 몰렸다는 점이다. 이전의 외원단체들은 제2차 세계대전으로 파괴된 유럽을 복구하는데 힘을 기울였다. 그러나 6·25전쟁을 계기로 활동지역이 한국을 중심으로 한 아시아권으로 바뀌었다. 둘째로 외원단체들의 활동은 미국 정부의 정책과 맞물려 있었다는 점이다. 외원단체들 대부분은 미국에 뿌리를 두었기 때문이다. 셋째로 CWS의 영향으로 KCWS는 1951년에, KAVA는 1952년에 태동했다. 넷째로 6·25전쟁 중에도 한국에 남았던 재한선교사들의 상황판단과 제언이 원조 방식과 체계를 세우는데 기여했다. 다섯째로 KCWS가 KNCC와 연합으로 설립된 기독교 연합체라면, KAVA는 종교와 사상과 철학을 넘어선 포괄적인 연합체다. 여섯째로 KAVA에서 주된 역할은 KCWS가 맡았다. 이런 특성들을 기초로 한 KCWS와 KAVA의 활동은 한국사회가 현대 사회복지체계를 본격적으로 경험하는데 중요한 자산이 되었다.

장금현의 「외국민간원조단체연합회(KAVA)와 기독교 관계」에서는 KAVA가 기독교와 어떤 관계를 이루고 있는가를 다루었다. 서론적인 고찰을 위해 먼저 미국 정책을 살펴보았다. 미국교회가 후원하는 외원단체들은 미국 정부의 정책에 영향을 받기 때문이다. 6·25전쟁이 발발하자 공산주의 확산을 제지하기 위하여 미국은 전쟁에 참여했다. 전쟁 후 한국사회의 복구과정에서 미국 정부는 막대한 예산으로 한국을 원조했다. 동시에 미국은 민간외원단체를 통해서도 한국 지원할 수 있는 방안들을 마련했다. 기독교를 배경으로 세워진 외원단체들은 1952년 연합체인 KAVA를 설립했다. KAVA는 교회를 중요한 협력자로 삼아 교육, 사회복지, 구호, 보건, 지역개발에 집중했다. 그러면 미국교회가 외원단체들을 통하여 한국을 적극적으로 원조한 배경은 무엇인가? 가장 큰 이유는 원조활동이 그리스도의 사랑을 표현할 수 있는 선교방식이기 때문이다. 그리고 다른 하나는 공산주의로부터 한국인의 신앙적 자유를 지켜주기 위함이었다. 진보적인 미국교회는 사회현실 개선에 초점을 두었고, 보수적인 교회는 공산주의와의 싸움, 즉 영적 전쟁으로 인식했다. 이런 차이에도 불구하고 공통점은 반공정책에 따른 원조활동이라는 점이다. 공산주의와 대척점에 선 미국정부는 정치적인 이유로, 미국교회는 종교적인 이유로 한국을 원조했지만, 한국사회는 이를 통하여 현대적 의미의 사회복지체계를 경험할 수 있었다.

제2부 한국 사회에서 기독교 사회복지

이은선의 「한국 기독교인들의 토착적인 사회복지」에서는 해방 후 한국사회의 사회복지에 중요한 역할을 했던 한국인들, 특히 광주를 중심으로 활동했던 최흥종, 강순명, 이현필을 다루었다. 이들은 모두 성경만을 읽고 실천하여 절대 청빈과 금욕주의를 실천했던 이세종에게서 영향을 받았다. 최흥종 목사는 포사이스 선교사가 한센병환자를 그리스도의 사랑으로 사랑하는 모습에 감동받고 평생 한센병환자들과 결핵환자들을 돌보는데 헌신했다. 해방 후 그는 음성한센병 환자들을 위해 나주에 호혜원을 설립하였고, 결핵환자들을 돌보는 송등원과 무등원의 설립과 운영에서 이현필과 협력하였다. 그의 사위 강순명 목사는 이세종과 장인 최흥종 목사와 일본 사회주의자인 가가와 토요히꼬와 광주YMCA 에비슨 등의 영향을 받아 공동체생활을 통해 무료로 교육복지를 실현하고자 하였다. 해방 전에는 독신수도단을 통해 농촌지도자를 육성했고, 해방 후에는 복음전파자들을 육성하고자 연경원을 설립하여 무료로 교육복지를 실천했으며, 가난한 노인들을 섬기고자 천혜양로원을 설립하였다. 이세종의 순결사상에 가장 깊이 영향을 받은 이현필은 동광원이라는 수도공동체를 설립하여 순명, 순결, 청빈, 사랑, 노동의 영성을 실천하였고, 그러한 영성을 바탕으로 고아원인 동광원, 결핵환자들을 돌보는 송등원과 무등원귀, 일원 등을 설립하였다. 이들은 기독교신앙을 바탕으로 해방 후의 혼란스럽고 어려운 경제 상황 속에서 사회적인 약자들을 섬기는 토착적인 사회복지를 실천하고자 하였다.

박창훈의 「세계구호위원회의 한국활동」에서는 동양선교회(Oriental Missionary Society)와 밀접한 관련에 있는 세계구호위원회(World Relief

Commission)의 설립동기와 배경, 그리고 한국에서의 활동을 다루었다. 연구자는 세계구호위원회와 엘마 길보른(Elmer Kilbourne)의 활동을 밝힘으로, 전후 한국사회의 재건과 사회사업 및 복지기관의 출현 등에 끼친 복음주의기독교의 역할 및 한국성결교회의 기여를 드러내고자 했다. 이 연구를 위해 연구자는 미국복음주의협회 관련자료, 엘마 길보른의 보고서와 회고록, 세계구호위원회의 활동기록, OMS 보고서, 기독교대한성결교회 총회록, 기독공보 등을 활용하였다. 그리고 한국사회를 사회사업의 역사와 비교하기 위하여 사회학적인 접근과 함께 역사적 기술방법을 채택하였다. 이 연구를 통하여 연구자는 다음과 같은 결론을 이끌어냈다. 첫째로 세계구호위원회의 한국활동은 구호활동을 시작으로 점차 사회사업으로 발전하였다. 둘째로 세계구호위원회의 한국활동은 한국성결교회를 통해 진행되어, 성결교단이 사회의 약자들에게 관심을 갖고 인도주의적 프로그램을 시도하는 계기가 되었다. 셋째로 세계구호위원회의 한국활동은 전쟁을 통해 형성된 반공의식을 더 강화하는 기능을 하였다. 넷째로 PL480을 통한 미국정부의 세계구호위원회의 지원은 사회사업을 더 강화시킨 측면이 있으나, 상대적으로 자발적 활동의 한계를 노출시켰다. 마지막으로, 세계구호위원회의 한국활동에 대한 연구를 수행하는데, 자료 활용에 어려움이 있다는 점을 지적하였다.

박명수의 「한국전쟁 전후의 월드비전 창립과 활동」에서는 제2차 세계대전 이후 미국에서 시작된 복음주의 운동과 그 영향을 받은 밥 피얼스(Bob Pierce)가 세운 월드비전을 다루었다. 복음주의 운동은 전통적인 기독교 메시지를 수호하는 동시에 변화하는 새로운 문화에 적응하는 한편, 제2차 세계대전 이후 자유세계를 위협하는 공산주의에 대항하였다. 밥 피얼스는 복음주의 선교단체인 YFC(Youth for Christ)의

일원으로 1947년과 1948년 중국을 방문하여 그곳에서 전도와 함께 어려운 사람들을 도왔다. 특별히 그는 당시 중국의 상황을 필름에 담아 미국사회에 생생하게 전하였다. 그는 중국이 공산화되자 1950년 3월 한국에 입국해서 중국에서의 사역을 재개하였다. 밥 피얼스는 재한 선교사들과 한경직 목사의 도움을 받아 전국을 순회하며 전도집회를 개최하였고, 고아원들을 순회하였으며, 이승만을 만나 공산주의의 위협에 대해 논의하기도 하였다. 그가 귀국한 뒤 곧바로 6·25전쟁이 발발하였다. 피얼스는 한국사역을 체계적으로 진행하기 위하여 1950년 9월에 월드비전을 창립하였고, 1953년에는 한국 지부를 만들었다. 월드비전의 초기 주요 사역은 기존 선교단체를 돕는 것이었으나 점점 아동후원프로그램으로 발전시켰다. 지금은 전 세계에서 가장 큰 아동후원프로그램을 운영하는 단체가 되었다. 월드비전은 전통적인 기독교 신앙을 지키면서도 동시에 변화하는 세계에 적응하기 위해서 노력하고 있다.

김가흔의 「한국기독교세계봉사회(KCWS)의 지역사회개발사업」에서는 한국기독교세계봉사회(KCWS)의 활동을 일반적인 구호사업에서 지역사회개발사업으로의 방향 전환에 초점을 맞추었다. 여기에 KCWS와 한국교회의 관계를 살피면서, KCWS의 구호사업이 한국사회에 어떤 영향을 미쳤는지, 한국교회로 어떻게 이어질 수 있었는지 다루었다. KCWS의 지역사회개발사업에는 미국 정부의 자조로의 전환이라는 정책 결정과 미공법 480호에 의한 잉여농산물 공급이 뒷받침되었다. 그렇지만 다른 측면에서는 WCC를 비롯한 세계교회의 방향이 사회적 복음, '하나님의 선교'로 바뀌어 갔던 것에서 영향을 받았다. 즉 기독교의 사회사업이 개인에게 경제적인 도움을 주는 자선의 수준에서 그치지 않고, 구조적인 변화까지 이루어져야 한다는 인식의 전환이 전제되었다. KCWS는 이런 이해를 바탕으로 농촌에 마을 공동체를 만들고자 했으며, 전쟁 난민의 정착을 돕기 위한 개간사업도 활발하게 벌였다. 지역에는 커뮤니티센터를 지었고, 사회사업가를 파견해서 가정 단위의 케이스워크를 수행하기도 했다. KCWS의 노력은 한국정부의 정책 변화나 지속할 수 있는 예산의 부족 등 현실적 어려움에 부딪히기도 했다. 또 이 과정에서 단체의 특성에 대한 상호 이해가 달라 한국교회와 몇 차례 갈등을 빚기도 했다. 그렇지만 한국교회의 자구적 노력과 KCWS의 사업철수가 시기적으로 맞물리면서 갈등은 자연스럽게 봉합되었다. 철수 이후 KCWS의 사업은 NCCK를 중심으로 한국교회로 이관되어 1970년대 한국기독교의 사회참여적 흐름의 바탕이 되었다.

곽병구의 「컴패션의 태동과 에버렛 스완슨(Everett Swanson)의 전쟁고아 구호활동」에서는 6·25전쟁 이후 전쟁고아에 대한 구호와 돌봄을 펼쳤던 컴패션(Compassion)의 설립 동기와 배경, 그리고 성장 과정과 주요활동을 다루었다. 특히 설립자였던 에버렛 스완슨(Everett Swanson)의 1952-1965년의 활동을 추적하며 컴패션의 태동과 초기 역사에 집중하였다. 그동안 컴패션의 설립자 스완슨에 대한 연구는 거의 다루어지지 않았다. 따라서 그의 초기 활동은 한국사회에 알려지지 않았다. 그러나 연구자는 미국 컴패션 본부를 통해 확보한 자료를 통해서 그의 삶을 조명하였다. 그러면서 급증하는 고아들에 국가가 실질적인 구호와 돌봄을 할 수 없던 혼돈기에 컴패션과 에버렛 스완슨의 활동을 추적하며, 복음주의 기독교가 전후 한국사회에서 기여한 역할들을 자세하게 다루었다.

윤은석의 「감리교회 고아원사업」에서는 6·25전쟁 이후 급증한 전쟁고아에 대한 감리교회의 활동을 자생, 자립, 자선의 관점에서 살펴보았다. 지금까지 전쟁과 고아와 관련된 여러 연구가 진행되었고, 감리교회의 고아원 사업도 연구논문으로 발표되었다. 그럼에도 본 연구가 차별성을 가지는데, 그것은 바로 감리교회의 고아원의 형성 배경을 다룬다는 것, 자립의 과정을 살펴본다는 것, 그리고 감리교회가 사회에 던진 빛의 크기를 세부적인 통계를 중심으로 확인한다는 것 등이다. 연구자는 본 연구를 크게 세 가지 단계로 구분하여 다루었다. 첫째는 감리교 고아원의 형성 배경이다. 감리교회의 전쟁고아를 위한 고아원은 교단이 아닌, 개인 혹은 개교회가 담당하였고, 자생적인 특징을 가지고 있다. 둘째는 감리교회 고아원의 자립화이다. 휴전 이후 감리교회 본부는 자립이 어려웠던 각지의 고아원들의 자립을 위한 재단설립, 외원단체와의 제휴 등을 도와주었다. 재단이사 선임과정에서 모종의 갈등을 겪으면서 고아원들은 1967년 이후에 대부분 독립하였다. 마지막으로 감리교 고아원에 대한 평가다. 이 평가를 위해 전체 고아원과의 비교, 일반사회와의 비교를 검토하였고, 두 고아원의 사례도 소개하였다.

윤은석의「루벤 토레이와 의수족 사업」은 기독교연합봉사회의 의수족 재활사업과 신앙의 결과를 다루었다. 여러 연구자가 기독교의 사회사업에 대해 연구했지만, 주로 사회봉사의 측면만을 다루었다. 본 연구는 기독교가 한국에 던진 사랑의 빛을 사회봉사와 신앙의 두 관점에서 살펴보았다. 의수족 재활사업은 1953년 루벤 토레이를 중심으로 시작하였다. 그는 수족절단자로서 6·25전쟁으로 인해 손발을 잃은 한국인들을 안타까워하며 한국에 입국해 많은 수족절단자들에게 의수족을 해주고, 직업교육을 통해 사회로 돌아갈 수 있도록 도움을 주었다. 1961년 사업이 종료될 때까지 그가 세운 직업교도원을 통해 2,000여 명이 의수족을 받았고, 매년 100여 명이 직업교육을 받았다. 또한 직업교도원은 복음전파의 매개가 되었다. 1956년부터 1959년까지 40여 명의 세례자와 91명의 학습인이 생겼고, 목회자가 될 준비를 하는 사람들도 등장하였다. 직업교도원은 사회봉사와 영혼구원을 위한 하나님의 도구였다.

윤은순의 「1960년대 아동복지사업과 기독교아동복리회(CCF) 활동」에서는 1950-60년대 외원단체인 기독교아동복리회(CCF)의 활동을 살펴보았다. 1950년대 정부는 한국전쟁 후 양산된 고아들과 부랑아들을 시설에 수용 및 관리에 초점을 두었다. 그러나 정부는 넘쳐나는 고아의 수요를 감당할 수 없어 많은 민간 고아원들이 외원단체의 후원을 받으며 역할을 대신했다. 1961년 아동복리법이 요구호아동에 한정하여 제정되었다. 정부는 시설구호에 들어가는 예산을 줄이기 위해 거택구호·국내입양·위탁보호·정착 등의 대책을 내놓았지만 큰 실효를 거두지 못한 가운데, 1960년대 말까지 여전히 외원단체의 원조에 의지하였다. 인도적 차원에서 전개된 CCF의 아동구호의 배경에는 선한 기독교인과 민주주의 수호자로서의 미국을 동일시하는 '기독교 미국주의'가 있었다. CCF 한국지부는 초기 즉각적인 구호의 역할을 감당하고 한국의 아동복지관계자들과 영향을 주고받으면서 이후 한국어린이재단에 인계하고 철수하였다. 1960년대 중반 이후 전쟁의 구호적 성격에서 나아가 복지로의 전환이 모색되기 시작하였다. 외원에 대한 의존이 여전한 가운데 아동복지관이 정립되지 못하고 있었음에도 불구하고 한국인 아동복지전문가들과 사회사업가들에 의해 초보적이지만 주체적인 아동복지에 대한 의식이 싹트기 시작하였다. 사회사업가의 윤리의식 제고, 자립으로의 준비, 전문가 양성, 일반아동으로까지 확장되는 아동복지에 대한 고민들이 그것이다. 이러한 문제의식이 1970년대 외원단체 철수에 대비하고, 아동복지사업이 성장하는 발판이 되었다.

류호준의 「부산청십자의료보험조합의 설립과 운영」에서는 전국민건강보험의 효시이자 선구자라 평가받는 부산청십자의료보험조합의

설립과 운영을 다루었다. 그동안의 부산청십자의료보험조합에 대한
연구는 비신학적인 분야에서 주로 이뤄졌다. 반면 여기에서는 부산청
십자의료보험조합의 설립과 운영을 역사신학적인 관점에서 살펴보면
서 기독교적 의미들을 발굴하는 데 초점을 두었다. 대한민국의 의료보
험은 1963년에 「의료보험법」이 제정되면서 시작하였다. 그러나 계획
단계에서부터 미흡함이 있었고, 국가 재정의 부족으로 의료보험에 지
원할 재원이 없어 제대로 시행되지 못했다. 이런 상황 속에서 부산에
서 저소득층을 위한 의료활동을 펼치고 있던 장기려 박사는 평소 치료
비를 마련하지 못해 치료받지 못하거나 치료를 받더라도 치료비를 지
급하지 못해 곤란에 처한 이들을 안타까워하며, 의료보험이 필요하다
는 생각을 하고 있었다. 그러던 중 장기려 박사는 자신이 주도하고 있
던 부산성경연구 모임에서 채규철을 만나 협동조합을 논의하고 의료
보험조합을 시작하였다. 이것이 부산청십자의료보험조합의 시작이다.
부산청십자의료보험조합은 기독교인들 중심으로 처음 시작하였고, 부
산지역 교회들의 참여로 기틀을 갖추었다. 이들의 의식에는 기독교 신
앙으로 이웃사랑 구현에 있었다. 특히 창립부터 해체까지 대표이사를
역임했던 장기려 박사는 이웃사랑을 "협동정신"으로 이해했고, 이런
이해를 바탕으로 조합을 운영하고자 했다. 이런 운영 경험은 전국민의
료보험 시행을 준비하는 정부에 좋은 밑거름이 되었다.

  강슬기의 「1960-70년대 반애란(Eleanor van Lierop) 선교사의 요보호
여성 복지사업과 애란원」에서는 6·25전쟁 이후 급증한 성매매여성을
돕기 위해 설립된 애란원을 다루었다. 설립자 반애란 선교사는 기독교
적 여성 인식을 바탕으로 '한번 성매매에 빠진 여성은 회복이 불가하
다'는 한국사회의 편견을 극복하기 위해 이들에 대한 복지요구에 도움
을 주어야 함을 피력했다. 그는 국내 최초의 미혼모 보호시설 설립으

로 태아의 생명 보호 및 모성보호에 가장 먼저 앞장섰다. 이러한 활동은 요보호여성 복지사업에 있어서 다양한 기관들의 관심과 연합을 이끌어냈다. 반애란 선교사의 설립 정신이자 애란원이 추구하는 태아의 생명존중, 모성보호, 가정보존 등의 가치는 한국 기독교가 지향하는 사회 윤리와도 그 맥을 같이 한다. 따라서 애란원 설립은 유교 전통의 영향력을 벗어나 여성 존중에 새로운 기준으로 자리 잡은 사례라 볼수 있다. 그리고 애란원의 설립과 성장은 기독교의 가치를 한국사회와 공유할 뿐 아니라 정부 정책의 변화를 이끌어내는 데 유효했다. 이런 면에서 애린원은 한국사회에서 여성에 대한 인식 변화에 중요한 역할을 했다고 할 수 있다.

이상을 정리하면, 6·25전쟁 이후 사회 곳곳에서 일어난 강력한 복지욕구에 정부가 제대로 응답하기 어려웠다. 이런 욕구에 한국 정부가 아닌 미국을 중심으로 한 외원단체들이 응답하였다. 본서에서 눈여겨보았던 부분은 한국을 적극적으로 지원한 외원단체들의 설립 동기가 무엇이고, 어떤 과정을 통해서 조직되었으며, 한국에서 어떤 원조활동을 펼쳤는가 하는 점이다. 6·25전쟁으로 파괴된 한국사회를 지원하고 복구하기 위해 미국을 비롯한 민주주의를 수호하려는 국가들이 원조를 자청하였다. 이것이 국가 차원의 원조라면 민간단체를 통한 외원단체들의 원조활동도 있었다. 민간원조단체의 구성과 후원자 그룹은 주로 교회와 기독교인들이었다. 따라서 원조단체는 하나는 그리스도의 보편적인 사랑을 나누어야 한다는 이유로, 다른 하나는 공산주의로부터 한국교회와 사회를 지켜야 한다는 이유로 지원한 것임을 알 수 있다. 본서는 이 부분에 집중하였다. 그 내용들을 사회복지, 기독교사, 한국사, 종교사회학 전공자들이 참여하여 다양한 시각에서 연구하였고, 그 연구물들로 본서가 탄생한 것이다. 따라서 본서는 현대 한국의

사회복지가 기독교와 어떤 관계를 맺으며 시작했는지, 또한 그 결과로
사회복지가 어떻게 발전했는지를 이해하는데 좋은 도서가 될 것이다.

서울신학대학교 현대기독교역사연구소

장 금 현

■ Acknowledgement ─────────────────────

이 책은 다음 논문을 부분적으로 수정·보완하여 엮었음.

강슬기.「1960-70년대 반애란(Eleanor van Lierop) 선교사의 요보호여성 복지사업과 애
란원의 설립 : Lord of the Dance를 중심으로」.『韓國敎會史學會誌』59, 2021.

곽병구.「컴패션(Compassion)의 태동에 관한 연구: 1952-1965년 에버렛 스완슨(Everett
Swanson)의 전쟁고아 구호활동을 중심으로」.『ACTS 신학저널』50, 2021.

김가흔.「한국기독교세계봉사회의 지역사회개발사업 연구」.『한국기독교와 역사』
55, 2021.

류호준.「부산청십자의료보험조합의 설립과 운영의 의의」.『장신논단』53, 2021.

박명수.「한국 월드비전(World Vision)의 배경과 창립과정」.『韓國敎會史學會誌』58,
2021.

박창훈.「세계구호위원회(World Relief Commission)의 한국 활동과 그 의의: 엘마 길보
른(Elmer Kilbourne)의 활동을 중심으로」.『韓國敎會史學會誌』58, 2021.

양용희.「기독교가 사회복지에 미친 영향에 대한 역사적 이해」.『선교와 신학』, 2021.

윤은석.「기독교연합봉사회의 수족절단자 재활사업 연구: 사회봉사와 신앙의 관점에
서」.『ACTS 신학저널』47, 2021.

윤은석.「전후 한국 감리교회의 고아원 사업 연구- 자생, 자립, 자선」.『장신논단』53,
2021.

윤은순.「1950·60년대 아동복지사업의 내용과 성격: CCF를 중심으로」.『한국민족운
동사연구』107, 2021.

이은선.「해방 후 한국 기독교인들의 토착적인 사회복지 형성연구」.『역사신학 논총』
37, 2020.

장금현.「외원단체 연합회의 설립과정과 특성- 한국기독교세계봉사회와 외국민간원
조단체연합회를 중심으로」.『대학과 선교』48, 2021.

장금현.「외국민간원조단체연합회(Korea Association of Voluntary Agencies)와 기독교
관계」.『영산신학저널』56, 2021.

최현종.「정부의 복지정책과 종교사회복지」.『종교와사회』9, 2021.

# | 차 례 |

## ▮제1부 한국 사회에서 기독교 사회복지 태동▮

| 한국기독교와 사회복지 | 양용희 |
|---|---|

| 정부의 복지정책과 종교사회복지 | 최현종 |
|---|---|

## 외국민간원조단체의 연합회 설립과정과 특성                장금현

## 외국민간원조단체연합회(KAVA)와 기독교 관계                장금현

# ▌제2부 한국 사회에서 기독교 사회복지 ▌

| 한국 기독교인들의 토착적인 사회복지 | 이은선 |

| 세계구호위원회의 한국활동 | 박창훈 |

| 한국전쟁 전후의 월드비전 창립과 활동 | 박명수 |

## 한국기독교세계봉사회(KCWS)의 지역사회개발사업 　김가흔

## 컴패션의 태동과 스완슨(Everett Swanson)의 전쟁고아 구호활동 　곽병구

## 감리교회 고아원사업 　윤은석

## 루벤 토레이(Reuben Torrey)와 의수족 사업　　윤은석

## 1960년대 아동복지사업과 기독교아동복리회(CCF) 활동　　윤은순

## 부산청십자의료보험조합의 설립과 운영　　류호준

## 1960-1970년대 반애란(Eleanor van Lierop) 선교사의 요보호여성 복지사업과 애란원

강슬기

# 제1부
# 한국 사회에서 기독교
# 사회복지 태동

# 한국기독교와 사회복지

양용희

## 1. 들어가는 말

역사적으로 기독교가 사회복지에 미친 영향은 매우 크다. 현대적 의미의 사회복지가 일찍이 발달한 영국과 미국에서 기독교는 사회복지제도와 활동에 영향을 미쳤다. 한국 역시 구한말 기독교가 한국사회에 유입된 이후 기독교는 사회복지제도와 활동에 많은 영향을 미쳤다. 많은 선교사들과 교회들의 사회복지기관 설립과 사회복지 활동에 대한 역사적 사실에 대한 기록은 기독교의 사회복지에 미친 영향을 설명해 주고 있다. 그동안 한국교회나 기독교 관점에서 기독교가 사회복지에 영향을 미쳤음을 주장하는 많은 연구들이 있어왔다. 최광수는 기독교 사관에 근거하여 기독교 사회복지 정체성 척도개발을 하였으며[1] 박종삼은 한국교회자원의 복지자원화 차원에서,[2] 김한옥은 한국교회의 대

---

1) 최광수, 「기독교세계관에 근거한 기독교사회복지 정체성 척도 개발에 관한 연구」, 『신앙과 학문』 17권 1호, 2012, 249~280쪽.

부흥 운동이 사회복지에 미친 영향에 대하여,[3] 신광섭은 한국기독교
의 복지사적 고찰을 통해[4] 이삼열은 한국사회발전에 기독교가 미친
영향에 대해[5] 그리고 기독교가 한국사회의 교육, 의료, 복지 등 사회
각 분야의 근대화에 영향을 미쳤음을 주장하는 많은 연구들이 있다.[6]
그러나 이러한 연구들에 대해 일부학자들은 선교사나 한국교회가 본
질적 차원에서 사회복지활동을 실시하기보다는 선교의 수단으로 심지
어는 제국주의 세력의 앞잡이의 역할 차원에서 이루어졌다는 비판을
하기도 한다. 학자들의 역사 해석에 따라서는 기독교가 사회복지 제도
와 활동에 직접적인 영향을 미쳤다는 주장에 대해서 다른 의견이 있
다. 따라서 한국기독교가 사회복지제도의 도입과 활동에 긍정적인 역
할을 미쳤다는 것을 객관적으로 주장하기 위해서는 역사적 사실을 단
순하게 평면적으로 나열하기보다는 시대적 정치·경제적 상황과 역사
적 사실에 대한 객관적인 자료와 과학적인 자료에 따른 실증주의 역사
관에 근거한 작업이 요구된다. 따라서 본 논문에서는 기독교가 한국에
서 수행한 사회복지활동에 대해서 영국과 미국을 중심으로 전개된 현
대적 의미의 사회복지 태동 과정과 기독교 정신에 나타난 사회복지의
이념, 기독교가 구한말 한국사회에 유입될 당시와 한국전쟁시의 정

2) 박종삼, 「한국(韓國)의 개신교(改新教)와 사회복지(社會福祉) -교회자원의 복지
   자원화를 중심으로-」,『한국사회복지학』11, 1988, 134~147쪽.
3) 김한옥, 「한국교회 대부흥운동과 한국기독교 사회복지의 발전」,『신학과실천』
   제13호, 2007, 129~150쪽.
4) 신광섭, 「한국 기독교의 복지사적 고찰」,『교회사회봉사총람』대한예수교장
   로회 총회편, 한국장로교출판사, 1994.
5) 이삼열 외,『한국사회 발전과 기독교의 역할』, 숭실대 기독교 사회연구소 편,
   한울, 2000.
6) 한신대학교 학술원 신학연구소 편,『한국 개신교가 한국 근현대의 사회·문화
   적 변동에 끼친 영향 연구』, 한국신학연구소, 2005.

치·경제·사회적 상황, 미국과 한국에서 사회복지 커리큘럼과 기독교
교육의 내용 그리고 기독교 외원기관들의 사회구호 활동 등 국제적인
사회복지 역사의 기독교 배경과 한국에서의 기독교 외원기관들의 활
동 등 다각적인 실증주의 역사에 따른 기독교의 사회복지에 미친 영향
을 살펴보고자 한다.


## 2. 기독교 사회복지의 역사적 해석문제

  역사 해석은 기록방식이나 기록자의 가치관 그리고 역사학자의 사
관에 따라 다르게 나타날 수 있다. 그러므로 역사가는 기록물들의 역
사적 사실에 대하여 고증을 통한 사료적 가치의 명확한 분석을 해야
한다. 19세기 독일 역사가 레오폴드 폰 랑케는 사료와 문헌들의 엄격
한 고증을 거친 사실적인 기록만을 역사기록 방식이라 주장하였다. 이
러한 랑케의 실증주의 사학은 사료 비판이나 문헌 고증의 과학적인 방
법을 통해 역사적 사실을 밝히는 데 중점을 두고 있다. 그러나 임종권
은 실증주의 사학 역시 역사 해석에 있어서 왜곡될 수 있음을 「한국
실증주의 사학의 계보-식민사관과 상관성」이라는 논문을 통해 비판하
고 있다.7) 그는 일본 제국주의가 조선 식민화의 정당성을 확립하기 위
해 일제 역사가들을 통해 랑케의 실증주의 사학을 변형하여 소위 '일
제식 실증주의 사학'을 창안했다고 비판하고 있다. 따라서 기독교가
사회복지에 미친 영향을 분석하는 데 있어서도 객관적인 사료를 근간
하여 과학적이고 명확한 판단이 요구된다고 할 수 있다.

---

7) 임종권, 「한국 실증주의 사학의 계보-식민사관과 상관성」, 『역사와 융합』 제2호,
   2018, 43~70쪽.

역사적으로 사회복지제도는 전쟁과 재난 그리고 산업화와 도시화 등 사회경제적 환경변화에 따라 지속적으로 발전되어 왔다. 한국사회의 사회복지제도와 사회서비스 역시 구한말 선교사들의 선교활동과 일제의 한반도 지배, 해방과 한국전쟁, 그리고 한국경제의 급속한 성장 등 다양한 정치적, 경제적 환경 변화를 거치면서 발전되어 왔다. 한 국가의 발전에는 다양한 사회요인과 환경변화에 영향을 미친다. 사회복지 발달 역시 그러한 국가 발전과정의 한 부분이라 할 수 있다. 그런 의미에서 한국사회의 발달과정 속에서 기독교가 사회복지에 미친 영향을 객관적으로 분석하는 작업은 종요의 사회적 기능과 역할을 조명하는 중요한 작업이다.

학자들은 우리나라 사회복지의 역사의 시대적 구분에서 일반적으로 구한말 개신교 선교사들의 한국선교 시작을 기점으로 보고 있다. 이는 개신교가 들어오면서 선교사들을 중심으로 의료사업과 교육사업 그리고 사회사업 활동이 이루어졌음을 한국 근현대사에 이미 보편적 인정을 받고 있음을 말해준다. 하지만 앞서 언급했듯이 근현대 사회복지의 의미를 어떻게 볼 것인가에 따라서 기독교의 사회복지에 미친 영향의 범위가 제한될 수 있다. 사회복지학자들의 관점에서는 기독교의 영향에 대해 제한적 의미를 두는 경향이 있다고 할 수 있다. 이러한 현상은 사회복지가 먼저 발달한 미국에서 사회복지교육과 실천의 전문성에 대해 기독교적 가치와 과학적 합리적가치가 충돌하면서부터 발생되었는데 그러한 현상이 한국사회에도 영향을 미쳤다고 할 수 있다. 이는 사회복지라는 학문이 기독교의 이념과 실천에 국한되는 것에 대한 반작용이라고 할 수 있다. 따라서 현대 사회복지 역사의 근간을 이루고 있는 영국과 미국의 사회복지제도와 우리나라 사회복지 교육과 실천의 현장에 나타난 사회복지의 역사를 조명하여 기독교가 사회복지에 미친 영향을 객관적으로 분석하는 작업이 요구된다.

일반적으로 기독교의 사회복지 발달에 대한 역사 연구는 개화기, 일제강점기, 한국전쟁, 산업화 시기 등 역사적으로 중요한 전환기의 시대적 배경을 중심으로 이루어졌다. 민경배,8) 김기원9)의 연구는 주로 단체의 설립과 활동에 대한 기록사적인 측면을 중심으로 되어있어 정부정책과 사회복지 학문과의 연계 분석은 미흡하다. 김은섭은 19세기 말 선교사들의 복음전파를 시작으로 일제강점기, 한국전쟁, 산업화 시기 그리고 민간기관의 사회복지 참여의 시대적 구분을 하고 있다.10) 그는 세계사에서 기독교는 사회문제의 해결과 복음의 사명을 감당하기 위한 사회적 역할을 수행해 왔으며 서구사회의 사회복지 발달사를 거슬러 볼 때에도 교회와 기독교인들의 노력으로 수많은 사회복지 제도와 프로그램이 발달되어 왔음을 주장하고 있다. 그는 한국의 기독교 사회복지 역사를 서구 기독교사회복지를 배경으로 한국 근현대사를 시대적 구분하고 있다.11)

김철진의 연구 역시 기독교의 사회복지 전개 과정을 조선말 일제 식민지 전후의 선교활동과 일제강점기 시기, 해방 후부터 한국전쟁과 1960년대 후반까지의 해외원조기, 1970년대와 1980년대 중반까지의 자립기, 1980년대 중반 이후부터 현재까지의 발전기로 4단계로 나누고

8) 민경배,『한국 기독교회사, 한국 민족교회 형성 과정사』, 연세대학교 대학출판문화원, 2007.
9) 김기원,『기독교사회복지론』, 대학출판사, 1998.
10) 김은섭,「사회변동에 따른 한국기독교사회복지의 역사」,『敎會史學』第7卷 第1號, 2008, 155~181쪽.
11) 1880년대 ~ 1910년대 : 복지사업으로 열린 복음전파의 길, 1920년대 ~ 1940년대 : 사회개량 운동과 빈곤퇴치 참여, 1950년대 ~ 1960년대 : 월남 피난민과 전쟁 희생자 복지사업 참여, 1970년대 ~ 1980년대 : 산업화에 따른 다양한 사회문제 해결 참여, 1990년대 ~ 2000년대 : 민간기관으로서의 사회복지참여 확대.

있다.[12] 크게 보면 현대적 의미의 제도화된 사회복지는 19세기 말 선
교사들의 선교활동을 중심으로 전개되던 시기와 해방과 한국전쟁 이
후 국가가 가난하여 해외 원조에 의존하던 시기, 그 후 한국의 급속한
경제성장 이후 국가 중심의 사회복지 제도가 발전한 지금까지 구분해
볼 수 있다. 최균은 현대적 의미의 사회복지의 시작을 일제강점기 시
절을 1단계로 조선 구호령(1944~1950년대)을 시작으로 사회복지 관련
법제정이 시작된 2단계를 제도 도입기(1960년 초~1970년대 중반)로 그
리고 의료보험과 같은 사회보험제도가 출범한 3단계를 제도 확장기
(1977~1980년대 중반)로, 노동자들의 대투쟁에 따른 사회복지제도의
확대가 이루어진 제도 완비기(1987년 이후)로 구분하고 있다.[13] 조흥
식은 현대적 의미의 사회복지를 서구사회의 사회복지 발달사의 모형
틀을 기본으로 사회복지제도 도입기(해방 이후 1960년), 사회복지제도
확립기(1961년~1986년), 사회복지제도 확대기(1987년 이후)로 분석하고
있어 구한말과 일제강점기 시기는 빠져있다.[14]

　　위에 언급된 한국기독교 사회복지 역사 해석이 시대적 상황과 시기
에 의해 구분되었다고 한다면 안상훈은 비교사회정책학적 관점에서
해석하고 있다. 안상훈은 그의 연구에서 구한말 이후 사회복지 '발전'
과 '근대화'가 선교사에 의해 이루어졌다는 기독교의 관점에 대해 비교
사회정책학적 관점에서 허구라고 주장하고 있다. 그는 식민지 사회복
지가 선교사들을 위한 혹은 제국주의 침탈의 도구로서 사용되었음을
주장하고 있다. 그의 주장을 뒷받침하기 위해 일제강점기를 전후로 한

12) 김철진,「한국교회 사회복지 쟁점과 모델에 관한 연구」,『한국자치행정학보』
　　제20권 2호, 2006, 35~62쪽.
13) 최균,『한국 사회복지 정책의 평가와 과제』, 동풍, 1995.
14) 조흥식,「해방 50년과 남한의 공공복지」,『상황과 복지』창간호, 1996.

사회복지의 변화를 실증연구를 통해 분석하고 있다. 대한제국 시절 1894년 진휼청의 폐지로 담당부서가 없어진 진휼사업을 혜민원의 설치를 통해 환과고독(鰥寡孤獨)과 흉년시 기근인민을 대상으로 한 제도를 공공부조의 성격으로 보고 있다. 따라서 그는 일제의 강점기 이전 이미 조선의 자생적인 사회복지 근대화가 이루어졌으며 그러한 활동은 인본주의적 사상을 근간으로 하는 사회복지 이념에 부합한다고 보고 있다. 그는 대한제국과 일제강점기의 공공부조제도에 대한 비교사례 연구를 통해 신민지국가의 전통이 단절됨으로써 식민지 통치를 왜곡시키고 있다고 주장하고 있다. 또한 선교활동을 통해 수립된 복지제도는 제국본토의 가치, 태도, 신념으로 식민지를 문명화 또는 통제하려는 의도로 보고 있다.15) 안상훈은 대한제국에서 1894년 폐지된 진휼청과 그 후 설립된 혜민원16)에서 구휼 차원의 공공복지가 이루어졌으나 1910년 일제강점으로 단절되었다고 보고 있다. 그의 논문에서 대한제국의 혜민원과 일제 조선총독부의 조선구호령을 사회복지의 공공부조제도의 관점에서 비교분석한 것은 실증주의 사학에 근거한 객관성을 지니고 있으나 선교사의 복지활동을 제국주의 침탈이나 신민지배의 정당화를 위한 수단으로 보는 것은 설득력이 없다. 그는 일제의 조선구호령의 식민지 지배통치를 위한 복지수단화에 대해 구체적인 실증적 역사자료를 제시하여 비판하고 있다. 하지만 기독교 민간원조단

---

15) 안상훈, 「한국 사회복지제도의 기원 및 형성에 관한 비교사회정책연구」, 『사회복지연구』 31호, 2006, 221쪽.
16) 혜민원제도는 평년시에는 환과고독에 국한된 프로그램이나 흉년시 기근 인민을 그 대상으로 하는 공공부조의 성격을 지니고 있으며 사환곡을 바탕으로 특화되어 공공의 책임을 구체화하였다고 보고 있다. 구호 조직의 형태를 지역차원에서의 분혜민사를 이용함으로써 공공의 복지책임을 더욱 구체화하였다고 보고 있다.

체들의 사회복지활동에 대해서 사회복지활동이 선택적으로 식민지에
이식되어 왜곡된 형태로 자리매김하여 이후 사회복지발전에 부정적인
영향을 미치게 되었으며 선교사 등 본토민의 식민지 거주에 적합한 조
건을 수립하고 식민지 민중을 통제하려는 목적에서 출발했다는 그의
주장은 간접적인 인용에 그치고 있어 실증주의적 역사관에 의한 객관
적 비판이라고 하기에는 부족한 판단이라 할 수 있다.[17]

선교사의 사회복지사업이 선교의 수단에 지나지 않았으며 사회봉사
를 교회의 본질적 사명으로 보지 않았다는 비판에도 불구하고 초기 선
교사들이 오늘날 사회복지 시설의 효시가 되는 복지, 교육, 의료시설
등의 설립을 통해 활동한 사회선교 활동은 사회복지 전문가에 의해서
도 인정이 되고 있다.[18] 또한 서구사회의 크리스천과 교회의 사회복지
제도와 프로그램의 실천이 한국 개신교의 선교 사역의 사회복지의 역
사성을 통해 이어졌음을 언급하며 한국교회가 크리스천의 사명을 정
립하기 위해 사회변화에 따른 새로운 기독교 사회복지를 실천해야 한
다고 주장하고 있다.[19] 이러한 주장은 기독교가 사회복지에 미친 영향
을 인정하면서 방법론과 효과성에 있어서 개선이 필요하다는 지적이
다.

앞서 언급했듯이 지금까지 많은 학자들이 기독교 관점에서 선교사
들에 의해 한국의 근현대 사회복지제도가 도입되었으며 일제 강점기
와 한국전쟁, 그리고 국가가 가난했던 시절 기독교가 중요한 사회적
기능을 수행하였다고 주장하고 있다. 하지만 그러한 주장이 객관적인

---

17) 안상훈, 「한국 사회복지제도의 기원 및 형성에 관한 비교사회정책연구」, 220쪽.
18) 박종삼, 1998년 9월 27일, 「한국기독교 사회복지의 역사와 새로운 역할」, 『제
    35회 언더우드 학술강좌』, 새문안교회 본당.
19) 김성호, 「기독교 사회복지의 정체성과 나아갈 방향 연구: 미래 지역사회 공동
    체 개념을 중심으로」, 『기독교사회윤리』 31권, 2015, 121~149쪽.

신뢰를 받기 위해서는 역사의 실증주의 사학에 따라 객관적인 역사적
자료와 과학적인 판단을 하지 못한다면 설득력을 잃을 수도 있다.


## 3. 현대적 의미의 사회복지 태동

"현대적 의미의 사회복지"라는 의미는 사회복지가 국가차원의 정책
과 법이 제정되고 민간차원에서 사회복지 자원의 인적·물적 자원의
동원 그리고 전문적인 교육과 서비스가 이루어지는 것을 의미한다. 그
런 의미에서 19세기 이후 기독교는 근현대 사회의 사회복지 제도와 교
육 그리고 실천방법에 기독교는 중요한 역할을 했다. 현대사회 복지제
도가 발달한 국가들의 대부분이 유럽과 미국 중심의 기독교 국가들이
었으며 이들 국가의 사회 환경 변화 속에서 교회와 크리스천들은 자발
적으로 소외되고 가난한 사람들을 돕기 위한 자선과 봉사활동을 전개
하였다. 영국에서 산업혁명 이후 대규모 생산을 위한 공장이 설립되고
이들 공장에서 일할 노동자들이 도시로 몰려오면서 대도시를 중심으
로 주거, 위생, 실업 등 새로운 사회 문제가 발생되었다. 미국 역시 19세
기 중반 남북전쟁 이후 공업화의 진전과 함께 동북부와 중서부를 중심
으로 산업화와 도시화가 진행되고 유럽으로부터 대규모 이민자들이
유입되면서 빈곤, 실업, 범죄, 공중위생 등 각종 사회문제가 발생하였
다. 그러나 이들을 돌볼 수 있는 국가 차원의 복지체계와 구호활동은
매우 제한적이었다. 영국에서는 중세 장원 체제하에서 봉건영주와 교
회, 수도원에 의한 구빈활동이 있었으나 절대왕정 시대(15세기
말~17세기)에 들어오면서 와해됨에 따라 국가차원의 구빈 기능이 등
장하게 되었다. 1531년 헨리 VIII세는 영국정부 최초로 구호 대상자를

조사하고 구걸을 허용하는 조치를 취했으며 1601년에는 엘리자베스 구빈법(Poor Law)을 통해 빈곤자에 대한 일차적인 부양 의무와 책임을 가족에 두고 교구가 이차적인 책임을 지도록 하였다. 1662년에는 정주법(Settlement), 1696년 작업장법(Workhouse Act), 1795년 스핀햄랜드법(Speenhamland Act) 그리고 1834년 신구빈법(New Poor Law) 등 구빈활동을 위한 법들이 제정되어 왔으나 주로 빈민과 노약자를 중심으로 한 제한된 구호활동에 그쳤다. 또한 지역 간 격차와 구호대상자의 증가, 재정, 제도의 효율성 문제 등으로 빈곤 문제를 근본적으로 해결하지 못하고 개인의 책임으로 돌리고 사회적인 해결책을 강구하지 못하는 문제를 지니고 있었다.[20]

19세기 산업혁명 시기 도시화가 급속히 진전되면서 도시 빈곤계층의 문제는 더욱 심각한 사회문제가 되었다. 따라서 그들을 자발적으로 돕기 위한 운동이 민간차원에서 성직자와 평신도들의 자선활동이 전개되었다. 영국에서 시작된 자선활동은 인보관 운동(Settlement house movement), 자선조직협회(Charity Organization Society), 우애방문단 활동(Friendly Visitor) 등 몇 가지의 유형으로 전개되었다. 이들 자선활동은 사회복지사업의 조직, 서비스, 자원봉사 등의 모체가 되었다. 오늘날 지역사회복지관의 시초라 할 수 있는 인보관 운동은 영국의 성직자, 대학생들을 중심으로 도시 빈민지역에서 지역사회 환경 개선과 빈민들의 생활 지원을 목적으로 전개되었다. 옥스퍼드 대학교 졸업생이자 감독의 아들인 에드워드 데니슨(Edward Denison)이 1867년 스텝니(Stepney) 지역에서 어린아이들을 위한 교육과 주택 개선과 위생을 위해 봉사하다가 병으로 사망했으며 1875년 옥스퍼드 대학교에서 경제

20) 김영종, 『사회복지행정』, 학지사, 2010, 69~71쪽.

학을 공부한 아놀드 토인비(Arnold Toynbee)가 아동교육과 이웃들에게
경제교육 봉사를 하다가 병으로 사망한 것이 인보관운동의 시작이라
할 수 있다. 그 후 인보관 운동에 의해 세계 최초의 복지관이라 할 수
있는 토인비 홀이 바넷(Barnett) 목사에 의해 1884년 런던 화이트채플
빈민지역에 세워졌다.21) 그 시기 체계적인 봉사활동을 위해 런던에 자
선조직협회(charity organization society)를 통해 1869년에 설립되었다.
자선조직협회는 자선단체들이 그들의 공통적인 문제를 논의하고 지역
회의를 통해 도시의 많은 자선 단체들의 유기적인 협력과 도움이 필요
한 자들에 대한 조사와 등록 등 체계적인 봉사활동을 하였다. 우애방
문단(friendly visitor) 역시 크리스천을 중심으로 도시 빈곤계층을 찾아
가 봉사활동을 실시하였는데 자선조직협회와 우애방문단 활동은 사회
복지 실천의 기반이라 할 수 있는 개별사회사업(case work)의 모태가
되었다. 또한 영국 성공회의 기독교 사회복지의 중요한 역할을 한 구
세군과 YMCA가 1890년 윌리암 부스(William Booth)에 의해 시작되어
고아와 가난한 청소년들을 위한 사회복지 활동을 하게 되었다.22) 영국
의 성직자, 크리스천들의 자선활동은 당시 영국과 같이 급속한 산업
화, 도시화로 도시 빈곤계층이 사회문제가 되고 있는 미국의 소외계층
을 돕기 위한 사회사업운동으로 확산되었다.

영국에서 시작된 자선조직협회는 미국으로 건너가 1894년에는 전국
적으로 확산되어 92개소에 이르게 되었는데 이는 정부가 가난한 사람

---

21) J. Scheuer, "Legacy of light: University Settlement's first century," New York:
University Settlement Society of New York, 1985. Retrieved [date accessed] from
http://socialwelfare.library.vcu.edu/settlement-houses/origins-of-the-settlement
-house-movement/.
22) 손병덕, 「기독교사회복지의 세계사적 고찰」, 『한국기독교사회복지총람』, 한
국기독교사회복지협의회, 2007, 222쪽.

들에 대한 복지정책과 지원이 부재한 가운데 대도시 지역의 빈곤계층 지원과 사회문제를 해결하기 위한 순수한 민간차원의 활동이었다. 미국에서 자선조직협의의 설립은 민간사회복지의 체계적인 시작이면서 민간복지기관의 효율성과 효과성을 향상시키려는 노력의 일환이었다. 즉 지역사회에 분산되어 있는 자선단체들은 사업조정과 서비스의 중복과 누락의 방지를 위해 수혜자의 명단을 교환하였고, 사례회의를 하면서 공동으로 지역의 빈민문제에 대처하고자 하였다. 자선조직협회는 장기 공황으로 인한 빈곤 확산을 걱정하는 뉴욕주 버팔로 출신의 성공회 목사 스티븐 험프리스 거틴(Rev. Stephen Humphreys Gurteen)과 청년사업가 길퍼드 스미스(T. Guilford Smith)에 의해 미국에 소개되었다. 그들은 친구들 모임에서 공동체가 지닌 사회적, 경제적 문제들과 가난을 개선하기 위해 민간 자선단체들의 운동을 어떻게 확산할 수 있을지 토론하였다. 거틴 목사는 1877년 영국으로 가서 런던 자선단체협회에 대해 배우며 버팔로에서 자선조직협회를 채택할 계획을 세웠다.23) 미국의 인보관 사업은 1889년 제인애덤스(Jane Addams)와 엘렌 게이츠 스타(Ellen Gates Starr)가 공동으로 시카고에 헐하우스(Hull House)를 세워 자선조직협회, 우애방문단 활동 등과 함께 미국 전역으로 도시 빈곤계층을 돕는 사회사업운동으로 확대되었다. 19세기 산업혁명 시기에 산업화와 도시화로 인한 도시 빈곤계층의 문제를 국가가 제도적으로 해결하지 못할 때 그들을 돕기 위한 운동과 봉사활동이 기독교 정신을 바탕으로 성직자와 크리스천을 중심으로 전개되었으며 이들 운동과 활동이 현대적 의미의 사회복지 활동의 모태가 되었다.

---

23) J. E. Hansan, "Charity Organization Societies (1877–1893)," Social Welfare History Project, Retrieved [date accessed] from http://socialwelfare.library.vcu. edu/eras/civil-war-reconstruction/charity-organization-societies-1877-1893/.

인보관과 COS의 사례를 통해 20세기 전후하여 영국과 미국에서 일어나 사회복지 운동은 민간 중심으로, 특히 성직자와 크리스천들이 주도적으로 이루어졌다고 할 수 있다. 곧 정부의 복지정책에 따른 사회보장제도가 아닌 민간의 자발적인 직접적인 서비스가 제공되었다. 따라서 사회복지의 전문적 실천의 주된 방법은 정부의 복지 정책에 의해서 이루어졌다고 하기 보다는 주로 민간 사회봉사자들이 가난하고 소외된 자들에 대한 개별 서비스를 위한 개별사회사업(casework)이었다고 할 수 있다. 개별사회사업은 사회복지가 전문 직업으로서 독자적 활동을 하는 기초가 되었다. 따라서 그 당시 사회복지는 거시적 사회복지의 실천보다는 미시적 실천이 강조되고 있었다. 던햄(Dunham)은 개별사회사업의 지식과 기술이 모든 형태의 전문적 실천의 기초가 된다고 보고 그는 사회사업가들은 개별사회사업에 관한 기초를 쌓은 후에 비로소 효율적으로 관리하는 방법을 배워야 한다고 주장하였다.[24]

## 4. 기독교 정신과 사회복지의 이념적 배경

사회복지 이념은 정부의 사회복지 정책 방향과 민간의 사회복시사업 수행의 가장 기본이 핵심 사상이라 할 수 있다. 정부의 사회복지이념에 따라 잔여주의 또는 제도주의를 선택하게 되며[25] 기관과 개인의

---

24) Zachary R. Shapiro, "Recovering Dunham's pacifism in macro social work: implications for community organization education and practice," *Journal of Community Practice*, Volume 28, Issue 4, 2020, pp.321~336.
25) 잔여주의(residual)와 제도주의(institutional)는 사회복지대상자 선정과 급여결정의 기준이 된다. 잔여주의는 복지의 대상을 자산조사 등을 통해 선별된 사람을 대상으로 최소한의 원조를 하기 때문에 선별주의라고도 한다. 한편 제

사회복지 서비스 역시 그들의 철학, 이념(종교)에 따라 사회복지를 수행하는 목적과 내용이 달라질 수 있다. 오늘날 사회복지 교육과 실천에서 보편적으로 받아들이는 "인간의 존엄성, 자유, 평등사상"은 기관과 개인의 사회복지 실천에 기본이 된다. 그런 의미에서 기독교 정신은 사회복지 이념과 실천에 매우 중요한 역할을 하고 있다고 할 수 있다.

교회는 지역사회에서 존재하기 때문에 교회가 성경의 가르침에 따라 사회복지를 통해 지역사회 문제에 참여하는 것은 당연한 일이라고 할 수 있다. 성경은 복지의 주요 대상을 고아, 과부, 나그네 등 소외계층으로 보고 있어 복지를 통해 그들을 돌보는 것은 하나님의 뜻이라할 수 있다. 오늘날 사회과학적인 접근을 기반으로 하는 사회복지 전문화가 인간의 존엄성, 자기결정권, 평등한 기회, 사회적 책임 등을 강조하지만 구약과 예수 그리스도의 가르침에 나타난 기독교적 관점에서 볼 때 인간이 지닌 문제를 본질적으로 완전히 조정하는 데는 한계가 있다고 본다.26) 역사적으로 사회복지의 시작은 신앙과 영성의 교회를 기반으로 하고 있다. 사회사업은 과부, 고아, 그리고 가난한 사람들의 복지를 위한 헌신된 크리스천들의 자선 활동에서 비롯되었다고 할

---

도주의는 일정한 인구학적 요건만 갖추면 제도적으로 보장하기 때문에 보편주의라고도 칭한다. 제도주의는 복지대상의 범위가 넓기 때문에 국가가 가난할수록 잔여주의적 접근을 하며 국가 경제가 발달한 나라일수록 제도주의적 접근을 하게 된다. 제3세계 국가의 경우 대부분 잔여주의적 접근을 하며 유럽을 중심으로 복지국가의 경우 제도주의적 접근을 한다고 할 수 있다. 한국의 경우 지난 한 세기 동안 국가가 빈곤했던 시절 잔여주의적 접근을 하다가 경제성장과 함께 김대중 정부 이후 점차 제도주의적 접근으로 나아가고 있다고 할 수 있다.

26) InSu Kang, "Church Growth through social Welfare in South Korean Churches: Its Situation and Reformation Plan," D.Min., Liberty Baptist Theological Seminary, Lynchburg, 2010, p.20

수 있다(Harrris, 2008; Neagoe, 2011; Sherr & Straugham, 2005).[27]

미국에는 19세기 후반까지 북부 지역의 100개 이상의 도시에 자선조직협회와 인보관이 있었으며 가난한 사람들에게 우애봉사단이 물질지원과 봉사활동을 하였다.[28] 이러한 운동은 이사야서와 야고보서에서 가난한 사람들을 속박하고, 소외된 사람들을 돕는 성경적 가르침에 따른 것이라 할 수 있으며(이사야 61:1; 야고보서 1:27) 현대 사회복지 활동의 선구자적 역할을 하였다고 볼 수 있다.[29] 그러나 드레조테스 (Derezotes)에 따르면 20세기 초중반 사회사업의 전문화에 따라 종교적 가치는 점진적으로 사회사업의 지식과 기술을 기반으로 하는 과학적 합리주의로 대체되어 갔다.[30] 미국의 사회복지교육과 실천현장에서 기독교적 가치와 과학적 합리주의의 가치는 갈등을 빚고 있으며 이는 한국적 현실에서도 같은 현상을 보이고 있다. 하지만 사회복지교육과 실천의 기본 원리와 기준을 보면 성서의 기준에 기반하고 있음을 알 수 있다. 미국사회복지사협회(NASW)의 윤리강령은 사회복지 실천을 위한 윤리기준을 제시하고 있으며 사회복지교육은 사회복지교육위원회(CSWE : Council on Social Work Education)의 교육정책 및 인증표준

---

27) Laura Racovita-Szilagyi, Mioara Diaconu, "Biblical Foundations of Modern Social Work Values and Practice Competencies," *Journal of Biblical Foundation of Faith of Learning*, Vol. 1, Issue, 1, 2016, p.3에서 재인용.

28) Laura Racovita-Szilagyi, Mioara Diaconu, "Biblical Foundations of Modern Social Work Values and Practice Competencies," *Journal of Biblical Foundation of Faith of Learning*, Vol. 1, Issue, 1, 2016, p.3에서 재인용.

29) T. Laine Scales, Michael Stokely Kelly, *Christianity and Social Work: Readings on the Integration of Christian Faith and Social Work Practice*, Palos Heights: North American Association of Christians in Social Work, 2012.

30) D. Derezotes, "Religious Resurgence, Human Survival, and Global Religious Social work," *Journal of Religion and Spirituality in Social Work: Social Thought*, 28, 1-2, 2009, pp.63~81.

(EPAS: Educational Policy and Accreditation Standards)에 의해 이루어지고 있다.[31] NASW의 윤리강령은 사회복지사의 클라이언트 옹호, 자기 전문성 개발, 지속적인 교육, 커뮤니케이션 등의 윤리기준을 제시하고 있으며 CSWE의 인증표준(EPAS)의 사회사업 활동의 전문성과 사람들과의 관계에 대한 지침은 성경이 제시하고 있는 윤리적, 도덕적 원칙에 기반하고 있다.

근현대사회에서 개신교 활동의 양축이라 할 수 있는 복음주의와 진보주의의 이념은 교회의 사회참여에 대해서도 상반된 입장을 견지해 왔으며 이는 한국교회에도 영향을 미쳤다. 18세기 영국의 존 웨슬리를 비롯한 복음주의자들의 신앙부흥운동(The Evangelical Revival)은 복음 전파뿐 아니라 기독교 박애정신으로 이어졌다. 영국에서는 윌버포스(Wilberforce)를 중심으로 복음주의 신앙부흥운동과 사회개혁을 함께 실천하고자 노예문제와 빈곤계층에 관심을 가져 사회봉사 운동으로 확대되었다.[32] 그러한 기독교 사회봉사정신은 미국으로 건너가 19세기 미국 교회의 사회봉사운동으로 이어졌다. 그 당시 교회들을 휩쓸고 있던 자유주의 신학에 대한 반작용으로 복음주의자들은 자유주의 신학노선에 반대하여 신앙의 근본(Fundamental)을 지키는 것을 가장 중요시 여겼기 때문에 자유주의 신학자들의 사회복음(Social Gospel)에 반대하였다. 하지만 복음주의자들 역시 선교적 차원에서 가난한 사람들을 위한 구제와 봉사활동은 지속적으로 전개하였다. 이는 20세기를 전후하여 선교사들이 한국 선교를 시작하면서 의료, 교육, 복지사업

---

[31] NASW는 사회사업실천을 위한 윤리기준을 1960년 처음으로 제정했으며 CSWE는 공식적으로 미국의 사회사업교육 과정을 인증하는 기관이다.

[32] Aaron T. Bicknese, "The English Evangelical Revival of the eighteenth century" (1990), *Presidential Scholars Theses (1990 – 2006)*. 3, https://scholarworks.uni.edu/p. pp.68~70.

등 한국선교의 중요한 원동력이 되었다고 할 수 있다.

이러한 흐름은 21세기에도 이어져 세계복음화국제회의(1971)를 비롯하여 여러 국제회의를 통해 복음전파와 사회적 책임의 관계를 사회봉사로 받아들이게 되었다. 1982년 6월 로잔위원회와 세계복음주의협의회가 발표한 "Grand Rapids Report"에서는 "사회봉사"와 "사회활동"을 구분하고 있다. 곧 사회봉사는 인간의 궁핍구제, 자선활동, 각 개인과 가족 단위의 도움 추구, 구제행위 등을 의미로 정의한 반면 사회활동(Social Action)은 인간 궁핍 원인의 제거, 정치적 경제적 활동, 사회구조의 변화 추구, 정의 추구 등을 포함하여 근대적 사회봉사 서비스의 개념을 사회선교 신학으로 정의하였다.33) 그레함 보우피트(Graham Bowpitt)는 기독교 복음주의와 세속적 인본주의 관계를 분석하여 사회사업에 대한 기독교적 근거에 대한 역사적 조명을 하고 있다.34) 그는 19세기 후반 영국에서 등장한 '사회사업' 개념의 이데올로기적 뿌리가 기독교의 자선 전통에서 파생되었음을 말하고 있다. 영국에서 초기 사회사업의 두 가지 특징은 영적 부흥의 도구로서의 자선에 대한 복음주의적 믿음과 개인 및 사회적 변화에 대한 세속적 신념과 관련된 합리적인 방법이다. 19세기 후반 영국에서 기독교의 자선활동은 복음주의 부흥운동과 사회사업 사이의 이념적, 제도적 관계를 지니고 있다.35) 이러한 기독교 복음주의의 운동은 2차 세계대전이후 미국의 YFC(Youth for Christ)와 같은 복음주의자들을 중심으로 확산되었으며 복음주의 신앙의 배경 속에서 YFC의 영향을 받은 밥 피얼스는 중국선교에

---

33) 박종삼, 「한국기독교 사회복지의 역사와 새로운 역할」.

34) Graham Bowpitt, "Evangelical Christianity, Secular Humanism, and the Genesis of British Social Work," *The British Journal of Social Work*, Volume 28, Issue 5(October 1998): pp.675~693.

35) Graham Bowpitt, 앞의 글.

헌신하였으며 중국 공산화로 선교의 길이 막히자 한국에 들어와 1950년 3월 대전도집회를 가졌다. 같은 해 한국전쟁이 일어나자 9월 22일에 오레곤주 포틀랜드에 월드비전(World Vision)을 창립하여 한국의 전쟁고아와 장애인, 미망인들을 돕기 위한 구호활동에 나섰다.[36] 이러한 기독교 복음주의 운동은 영국에서 미국과 한국으로 이어져 기독교 복음전파와 소외된 이웃을 위한 구호활동으로 이어졌다고 할 수 있다.


## 5. 기독교 사회복지의 유입과 사회경제적 상황

기독교가 사회복지에 미친 영향을 분석하기 위해서는 역사적 발전과정뿐 아니라 사회복지의 제도와 실천에 대한 사회적, 경제적 상황을 분석하는 것이 필요하다. 기독교가 사회복지제도와 활동에 영향을 미치게 된 배경에는 구한말 대한제국의 정치적 상황과 해방 이후 한국전쟁 발발의 시대적 상황이 매우 크다. 19세기 말 조선사회는 내적으로 세도정치와 국민들의 빈궁한 생활로 사회질서가 무너지고 계속적인 민란으로 국가가 혼란 가운데 있었다. 외적으로는 경제적 이권을 얻고자하는 주변 제국주의 국가들의 세력의 위협 속에서 조선왕조는 정치적 혼란기에 처해있었다. 또한 근대화의 진통 속에 쇄국을 주장하는 위정척사파(偉正斥邪派)와 개국을 외치는 개화파(改化派)로 국론이 분열되어 있었다.

구한말 선교사들이 우리나라에 들어올 당시의 시대적 상황을 보면 왜 선교사들이 복음전파에 최우선의 목적을 두면서도 왜 사회복지를

---

36) 박명수, 「한국 월드비전(World Vision)의 배경과 창립과정」, 『한국교회사학회지』 제58집, 2021, 51~102쪽.

비롯한 의료, 교육 등을 위해 많은 노력과 자원을 투입했는지 알 수 있다. 구한말 우리나라가 중국, 러시아, 일본 등 열강의 세력 확장과 내부의 분열 속에서 당시 선교사들에 의해 세워진 병원과 사회복지시설은 한국 국민의 의료와 사회복지의 욕구를 충족시키기에는 부족했지만 근대적인 의료시설이나 복지시설이 거의 없었던 한말의 역사적 상황에서 큰 역할을 차지하였다. 구한말 대한제국은 내적으로 개화세력과 수구세력의 다툼과 외적으로 조선을 자신들의 세력 확장으로 이용하고자하는 일본, 중국, 러시아 등으로 인해 국가로서의 존립이 위협받던 시기였기 때문에 국가 차원에서 국민의 복지를 위한 정책과 제도를 확립시키기에는 어려운 상황에 놓여있었다. 그러한 시기에 개신교가 가톨릭에 이어서 한국 선교를 시작하면서 선교사들을 중심으로 서구사회의 교육, 의료, 복지 등의 제도가 도입되었다.

알렌(Allen) 선교사가 1885년 설립한 광혜원은 우리나라 최초의 현대식 의료기관으로 오늘날 한국을 대표하는 의료기관인 세브란스 병원이 되었으며 같은 해 아펜젤러(Appenzeller) 선교사에 의해 설립된 배재학당은 우리나라 근현대 교육의 시작이 되었다. 그 외에도 1899년 장인차(Dr. Woodbrige O, Johnson) 선교사가 설립한 동산의료원, 1902년 마티 잉골드 선교사의 전주 예수병원 등 전국적으로 현대 의료기관들이 선교사들에 의해 시작되었다. 1906년 메리 놀즈(Mary Knowles)에 의해 여성교육을 위한 '반열방'(The Class Rooms)이 세워졌으며 우리나라 최초의 복지관이라 할 수 있는 여자 태화관이 마이어스(Marry Myers) 선교사에 의해 1921년 설립되었다. 일제의 침략과 지배 그리고 2차 세계대전 속에서도 선교사들의 한국사회의 복음과 교육, 복지, 의료 등 국민생활의 향상을 위한 활동은 계속되었다. 하지만 1910년 일제의 한국 강점 이후 기독교 의료사업에 대한 제한과 탄압이 강화되자

미국 북장로회의 경우 의료사업의 지속 여부에 대한 선교본부와 선교
사들 사이에서 심각한 토론이 진행되었다. 바로 이러한 사실들은 구한
말과 일제 강점기하 개신교의 의료, 복지사업이 선교 목적을 달성하기
위한 방편에 불과했다는 부정적인 평가의 원인 제공이 되기도 하였
다.37) 그러나 캐나다 선교부의 의료 및 사회복지사업은 이차적인 간접
선교나 선교를 위한 방편이 아니라 그 자체로 교회의 본질적이며 중심
적인 교역이었음을 확인하였다. 캐나다 선교부는 일제의 탄압과 1930년
대 경제 대공황에도 불구하고 다양한 분야의 사회선교 영역을 고려하
고 사회복지사업을 펼치면서 특히 의료사업과 농촌사업을 일관되게
전개하였다.38) 이러한 선교사들의 사회복지 사업은 선교와 복지라는
두 가지 측면에서 시작되었다고 할 수 있다.

　한편 일제 강점기 기간 동안 국가차원의 사회구호 활동은 조선구호
령에 따라 실시되었다. 1921년 조선총독부 내무국에 신설된 사회과가
사회복지사업을 담당하게 되었으며, 1930년대에는 조선총독부가 서울
의 종로, 왕십리, 마포, 영등포 등에 사회복지관을 설치하였다.39) 1944년
3월 공포된 조선구호령에서는 국민의 빈곤, 불구, 폐질 등에 대처하는
구호의 종류로 생활보조, 의료부조, 조산부조, 생업부조의 4가지를 규
정하였다. 공공복지 차원에서 이는 구호행정의 성격을 지니고 있었으
나, 이는 조선총독부가 국민들을 회유하고 복속시키기 위한 의도를 지

---

37) 홍금자, 「한국의 사회복지」, 함세남 외 5인 공저, 『사회복지역사와 철학』, 학
　　지사, 2002, 512쪽.
38) 최영, 「개신교 선교활동이 한국의 사회복지에 끼친 영향: 1898년부터 1942년
　　까지 캐나다 선교부의 선교활동을 중심으로」, 한신대학교 학술원 신학연구소
　　편, 『한국 개신교가 한국 근현대의 사회·문화적 변동에 끼친 영향 연구』, 한
　　국신학연구소, 2005.
39) 황성철 외, 『사회복지행정론』, 학현사, 2005, 53쪽.

닌 것으로서 형식적이고 명목적인 것에 불과하였다는 비판을 받고 있
다.[40] 이는 일본의 한국 식민지 지배를 합리화하고자 하는 통치차원에
서 이루어진 결과라 할 수 있다.

8·15광복이 되었으나 한국은 미국과 소련군의 진주로 독립적인 정
부를 수립하지 못하였고 남한에서는 약 3년간의 미군정이 실시되었다.
미군정 동안 공공복지행정으로서 미군정 산하 보건후생국은 일제가
제정 공포한 조선구호령과 함께 후생국보를 공포하고 시행하였다.
1945년 9월 24일에 미군정하에서 군정법령 제1호로 위생국이 설립되었
다. 같은 해 10월 27일 법령 제18호로 위생국이 보건후생국으로 개칭
공포되어 위생국의 의무과와 직무를 추가하여 보건후생국으로 지정하
였다. 그리고 11월 7일에는 군정법령 제25호에 의하여 도청에 보건후
생부가 설치되었는데, 1946년 3월 29일에는 법령 제64호로 보건후생국
이 보건후생부로 변경되었다.[41] 1946년 9월 발표된 후생국보에서는 재
해민과 피난민에 대한 식량, 의류, 연료, 긴급의료 매장, 치료 등의 편
의를 제공하는 것을 담고 있다. 하지만 이러한 미군정의 구호정책은
요구호자에 대한 구호의 필요성보다는 그들로 인해 야기되는 정치적
불안에 대응하여 전개된 것으로서 최소한의 구호활동으로 그 범위와
수준이 열악하였다. 한국의 사회복지는 미국을 중심으로 한 ODA 원조
와 국제 민간 NGO들의 지원에 의존해야 했다. 미군정이 1946년 3월
신설한 보건후생부는 제1공화국에 들어와 조직개편을 맞이하게 되었
다. 건국이후 제1공화국은 1948년 11월 사회부를 신설하고 보건, 후생,
노동, 주택, 부녀업무를 관장하도록 하였다. 1949년 7월에는 보건업무
를 분리하여 신설된 보건부로 이관하였다. 이후 1955년 2월에 다시 사

40) 신복기 외, 『사회복지행정론』, 양서원, 2003, 38쪽.
41) 행정안전부 국가기록원, 미군정청 예방보건사업(https://www.archives.go.kr).

회부와 보건부를 통합하여 보건사회부를 신설하고 사회, 복지, 노동, 보건, 부녀행정을 총괄하도록 하였다. 보건사회부는 1994년 보건복지부로 개편되기까지 그대로 유지되었다. 사회부는 당시 매우 열악하였던 육아시설의 설비를 충실히 하고 그 운영의 지침을 만들기 위하여 1950년 2월 '후생시설설치기준령'을 제정하였고 1952년 10월에는 전쟁고아를 대상으로 하는 수용보호시설을 비롯하여 전란으로 혼란에 빠진 기존의 각종 구호시설들의 운영지침을 마련하기 위해 '후생시설 운영요령'이라는 훈령을 제정하였다.

한국전쟁은 우리나라 복지의 새로운 전환점이 되었다. 전쟁으로 인해 국가의 경제기반은 물론, 가족과 지역사회 중심의 전통적인 상부상조의 기능마저 상실하여 전쟁난민, 고아, 장애인 등 전쟁피해자에 대한 국가차원의 보호는 매우 요원한 상태였다. 그 당시는 사람들의 생명과 생계유지가 최우선이었기 때문에 국민들의 인간다운 생활과 복지는 생각할 수 없었다. 국가가 국민의 생활과 복지를 위해 할 수 있는 일은 거의 없었다고 할 수 있다. 전쟁으로 인해 국가의 경제기반은 물론, 가족과 지역사회 중심의 전통적인 상부상조의 기능마저 상실하여 전쟁난민, 고아 장애인 등 전쟁피해자에 대한 보호는 매우 요원한 상태였다. 1952년 3월 통계에 의하면, 전쟁으로 집을 잃은 피난민이 2,618,000명, 전쟁으로 물자상실이나 지원수단이 파괴되어 고통을 받는 전쟁 이재민이 3,420,000명, 전쟁과 관계는 없으나 가난과 인플레이션으로 괴로움을 받는 지방 빈민이 4,368,000명 등 합해서 구호대상자는 10,406,000명에 이르렀다.[42] 전쟁으로 국가의 생존과 국민의 생명이 촉각에 놓인 상황에서 국가가 전쟁 피해자의 복지를 위한 지원활동은 요

---

[42] 김흥수, 「한국전쟁 시기 기독교 외원단체의 구호활동」, 『한국기독교와 역사』 23, 2005, 97~124쪽.

원할 수밖에 없었다. 당시 한국 정부는 구호활동을 위한 재정기반이
전혀 없었으므로 구호활동의 대부분을 외국정부와 외원단체들에 의존
해야만 했다. 구호활동의 대부분을 외국정부와 월드비전을 비롯한 국
제적 외원단체들에 의존해야만 했다. UN 구호계획에 따른 구호물품이
나 미국정부의 "PL 480 III"[43]에 의한 양곡지원 등이 정부의 구호활동을
뒷받침했다. 당시 한국정부는 UN과 미국을 중심으로 선진국들의 원조
에 따른 구호물품들의 배분과 구호시설의 설치와 운영의 제도화 그리
고 긴급구호활동 등에 대한 정부의 지도와 감독의 필요성을 인식하고
있었던 것으로 보인다. 그러한 때 우리나라 국민들이 인간으로서의 기
본적인 생계와 생활을 지원하기 위해 미국을 비롯한 선진국들의 NGO들
이 전쟁 고아와 미망인 그리고 장애인들을 위한 복지활동에 나섰으며
그중에서도 기독교 NGO들의 활동이 중심이 되었다. 이들 구호단체들
은 한국교회에 다량의 구호 물품과 구호 활동가들을 파송하여 활동하
였다. 기독교 봉사단체들을 중심으로 우리나라 사회복지사업의 새로
운 전환기를 맞게 되었다. 특히 1950년 밥피얼스 목사가 설립한 월드
비전(World Vision)은 한국전쟁 때 우리나라에서 시작되어 전세계적으
로 활동하는 대표적인 국제 구호기관이 되었다.

---

43) PL 480(Public Law 480)은 한국전쟁 이후 1954년 미국이 잉여농산물을 개발
도상국의 가난한 사람들의 식량과 경제발전을 위한 목적으로 아이젠하워 대
통령 시기에 제정된 법이다. 1961년 대통령은 이 법의 이름을 '평화를 위한
식량'(Food for Peace)이라고 개명하였다. 법은 3가지 영역으로 되어 있는데,
I은 개도국에 잉여농산물을 23%의 저리로 개발도상국에 2040년 장기상환의
지원을 목적으로, II는 재난 긴급구호 사태에 지원할 목적으로, III은 개발도
상국의 경제발전을 위한 목적으로 그랜트(grant)의 형식으로 지원되었다
(http://foodaid.org/foodъaidъprograms).

## 6. 사회복지 커리큘럼과 교육의 기독교적 배경

기독교가 사회복지에 미친 영향의 배경 가운데 교육이 차지하는 비중이 매우 크다. 사회복지교육을 통해 사회복지제도가 수립되고 실천 현장에서 전문적인 사회복지서비스가 제공되기 때문이다. 그런 의미에서 사회복지교육의 배경에 기독교가 미친 영향을 분석하는 것은 중요한 작업이라 할 수 있다.

미국 사회복지 교육에 있어서 성경이 미친 영향은 크다. 미국 사회복지사협회(NASW)의 사회복지 실천을 위한 가치와 윤리 원칙을 제시하는 윤리 강령(Code of Ethics)과 사회복지 교육 협의회(CSWE)의 사회복지교육 커리큘럼을 작성하는데 성서의 가르침이 기반을 이루고 있다.[44] 사회사업 교육에 있어서 성경은 사회적 맥락 속에서 빈곤층 및 취약계층 집단과 관련된 사회문제를 해결하는데 지침을 제시해 왔다. Laura Racovita-Szilagy와 Mioara Diaconu은 사회복지사의 윤리적 지침에 따른 행동과 의사결정을 성경의 십계명, 산상 수훈, 선한 사마리아인의 비유에 기원하고 있다. 사회적 맥락에서 빈곤층 및 기타 취약 인구와 관련된 문제를 해결하는데 있어서 하나님의 형상대로 창조된 인간 고유의 가치와 성서의 지식과 지혜의 가치들이 사회사업 실무자와 교육자에게 인간의 삶, 존엄성 및 각자의 경험에 대한 이해와 가치를 복잡한 현대 사회의 구조 속에서 어떻게 교육을 통해 사회복지사의 실무 역량을 높이는 원칙을 제공하고 있다.

한국의 최초의 사회복지교육 역시 기독교 정신을 모체로 실시되었

---

44) Laura Racovita-Szilagyi, Mioara Diaconu, "Biblical Foundations of Modern Social Work Values and Practice Competencies," *Journal of Biblical Foundation of Faith of Learning*, Vol. 1, Issue, 1, 2016.

다. 1947년 이화여자대학교의 기독교 사회사업학과가 설립된 이후 중
앙신학교(현 강남대학교), 숭실대학교, 연세대학교, 서울신학대학교 등
많은 대학교의 사회복지학과가 기독교 정신으로 설립되었다. 일제 강
점기 시대와 해방 이후 한국전쟁의 폐허와 가난 속에서 정부가 주도적
으로 복지를 수행하기가 어려웠던 시기에 기독교는 한국사회의 사회
복지를 위해 큰 역할을 수행하였다. 이화여자대학교는 기독교 사회사
업학과를 설치한 이후 1957년 7월 4일 이화여자대학교 교수 및 학생들
의 지원금과 외원으로 사회관을 설립하고 극빈 어린이를 위한 Well
Baby Clinic을 운영하여 구호사업을 실시함과 동시에, 사회사업학과 학
생들의 실습지로 활용되었다. 1958년에 이화여자대학교의 기독교사회
사업학과는 사회사업학과로 변경되면서 사회복지가 독립적인 학과로
서 기능하게 되었다.[45] 사회사업학과가 기독교학과의 배경을 갖게 된
것은 서구의 사회복지가 기독교 배경을 토대로 성장하였으며, 해방 이
후 우리나라에 들어온 많은 외원단체들 역시 기독교 배경의 민간단체
들이 활동을 했기 때문에 국립대학교를 제외한 대부분의 사립대학교
들의 사회복지학과가 기독교적 배경을 지니고 있었다. 이화여대에 이
어 1953년 중앙신학교(현 강남대학교)에 사회사업학과가 설치되었고,
같은 해에 서울대학교 대학원에 사회사업학과가 설치되었으며 1959년
에 서울대 학부과정에도 사회사업학과가 설치되었다. 이화여자대학교
사회사업학과의 사회복지교육은 사회사업 실천현장이 없었던 당시 기
독교 교육이념의 일환으로 미국식 사회사업교육이 먼저 도입된 것이
다. 사회복지교육을 처음 시작한 이화여자대학교의 학과 이름이 "기독
교사회사업학과"였으며 교육목적은 "성경을 배우고 기독교정신으로

---

45) 이화여자대학교 사회복지학과오십년사편집위원회, 『(이화여자대학교)사회복
　　지학과 50년사』, 이화여자대학교사회복지학과, 1997.

움직이는 사회사업가로서 사회사업지식을 가지고 사회적 책임을 느끼
는 기독교 교육지도자를 양성"한다고 되어 있었다. 즉, 선교사들이 사
회복지학과를 설립한 배경에는 사회복지교육이 기독교 정신에 따른
인격형성에 있었음을 알 수 있다. 당시 교수들도 대부분 선교사들로서
학과 교수 8명 중 1명만 사회사업학 전공자였고 나머지 7명은 모두 신
학을 전공한 교수들이었다. 교과목에도 신학 계통 과목이 있었으며 사
회사업전공 과목은 개별사회사업, 집단사회사업 등 일부로 제한되어
있었다. 이는 현대사회의 사회복지 역사가 19세기 전후하여 영국의 교
회와 크리스천을 중심으로 시작되었으며 그러한 사회복지방법론이 미
국으로 건너가 그대로 전개되었으며 우리나라 역시 선교사들을 중심
으로 사회복지 실천과 교육이 전해졌기 때문이라 할 수 있다. 이러한
사회복지접근 방법론은 사회복지역사에 그대로 나타난다. 19세기 영
국과 미국의 사회복지는 국가의 정책과 제도에 의하기보다 민간차원
에서 크리스천들이 기독교 정신을 갖고 봉사활동을 하였기 때문에 사
회복지서비스의 접근방법이 개별사회사업(case work), 집단사회사업
(group social work), 지역사회조직(community organization) 등 개인과
지역사회 주민을 대상으로 이루어졌다고 할 수 있다.[46] 그 후 사회복
지실천은 가족치료, 클라이언트 중심치료, 행동치료, 페미니스틱 치료,
관계치료 등 구체적으로 사회복지 서비스를 제공하는 과정에서의 실
천 방법으로 발전되어 갔다.[47] 우리나라에서 사회복지교육 과정에서
처음으로 이론과 실천을 조화시킨 중앙신학교(현 강남대학교)의 사회
복지과목을 가르친 김덕준은 사회복지교육에서 있어서 기독교적 정신
을 바탕으로 접근하였다. 그는 철두철미하게 기독교적 교양과목과 사

---

46) Rex A. Skidmore, *Social Work Administration*, Allyn & Bacon, 1995.
47) Charles H. Zastrow, *The Practice of Social Work*, Brooks/Cole Pub., 1999.

회행동 과학의 기초과목을 토대로 강남사회복지교육의 이념인 '경천애인'을 생활화할 수 있는 사회복지사 양성에 초점을 두면서 사회복지의 가치와 윤리에 사회복지사가 체득하도록 교과과정을 설계하였으며 사회복지이념교육과 아동복지, 청소년문제, 노인복지, 사회사업시설운영론 등 다양한 실천분야의 지식과 실천기술을 익힐 수 있도록 교과과정을 구성하였다.[48] 김덕준은 일생동안 추구했던 사회복지교육과 사회복지실천의 정신과 원리가 하나님의 형상대로 창조된 인간에 대한 하나님의 지극한 사랑에 기초하였음을 강조하였다. 김덕준은 인간을 하나님이 창조한 그 하나님의 형상으로 이해하고 있다. 이와 같이 그는 인간은 모든 피조물들 중에서 지고한 목적과 잠재력을 가진 존엄한 존재가 된다고 다음과 같이 그의 기독교 인간관을 말하고 있다.

"그러므로 하나님께서는 인간을 창조하실 때부터 하나님 다음에 위치하는 존엄성과 절대적인 자유를 그에게 부여하여 주셨다. 그러므로 절대에 가까운 존엄성과 자유를 지닌 인간은 기독교 인간관에 기초한다. 이 인간관을 확신하는 그리스도인은 하나님을 두려워하고 사랑하며 하나님의 절대적 사랑으로 속죄 받았으니 그는 일생동안 그 속죄의 대가로 이웃을 자기 몸과 같이 사랑하면서 사랑의 빚을 갚아나간다. 이 삶이 즉 기독교 인생관이다."[49] 영국과 미국을 거쳐서 우리나라에 들어온 서구의 사회사업은 그러한 사회복지에 대한 기독교 정신을 벗어나서 이해할 수 없으며 그 철학은 기독교의 본질, 기독교의 인간관을 벗어나서 이해할 수 없다.[50]

---

48) 이준우, 「김덕준(金德俊)의 사회복지 사상과 사회복지 교육 실천원리를 통해 본 현재의 한국 사회복지 교육」, 『한국콘텐츠학회논문지』 Vol.19 No.1, 2019, 496~512쪽.
49) 김덕준, 「기독교회와 사회복지사업」, 『사회복지』 제5호, 1982, 8쪽.
50) 위의 글, 24~25쪽.

## 7. 기독교 외원기관들의 사회복지활동

기독교가 한국의 사회복지제도와 활동에 영향을 미쳤다는 사실은 역사적인 활동에 대한 객관적인 자료를 근거로 분석되어야 한다는 것을 앞서 언급하였다. 구한말 이후 일제 강점기 시절에 선교사를 중심으로 사회복지활동이 전개되었다고 한다면 해방 이후 한국전쟁을 전후하여 사회복지가 선교사 개인이 아닌 기독교 국제구호기관들을 통해 조직적이고 체계적으로 이루어졌다고 할 수 있다. 한국전쟁 이후 고아와 장애인 등 소외계층을 위한 구호사업이 국가가 아닌 외국 외원단체들에 의해 이루어졌는데 그들 외원단체들 중 대부분이 기독교 기관에 의해 설립 운영되는 단체들이었다.

우리나라 사회복지는 해방 이후 우리나라 사회복지는 새로운 국면에 진입하였다. 국가가 정치적, 제도적으로 정립이 되지 못한 상태에서 6·25전쟁으로 인해 발생한 전쟁고아, 월남피난민, 장애인 등에 대한 긴급구호와 수용시설에 의한 보호사업은 국가의 중심의 공공부문보다는 민간부문의 활동을 중심으로 이루어지게 되었다. 민간사회복지 활동은 외국원조기관의 지원을 받아 물자구호와 시설보호활동을 중심으로 사업을 전개하였다. 민간차원에서 구호활동을 위한 구호물자 도입을 위해서는 국제연합민간원조처에 등록해야 했다. 1952년 이후 50년 후반까지 등록한 기독교 외원단체는 40여 개다. 그 가운데 1952년에 등록한 단체는 미국 북장로교선교회, 가톨릭복지원회, 감리교선교회, 기독교세계사회, 캐나다연합교회선교회, 메노나이트, 퀘이커, 동양선교회, 유니테리안 교회, 루터교, 천주교 등이 활동하였다. 외원단체들은 구호 활동을 통해서 한국인들에게 사회봉사의 중요성을 알려주는 사회교육의 기능도 담당하였다.

1952년에는 한국정부, 국제연합, 미국 정부기관과 공동으로 사회문
제를 대처하기 위해 7개 기관이 외국민간원조기관한국연합회(the Korea
Association of Voluntary Agencies: KAVA)를 설립하였다.[51] KAVA의 전
신은 1946년에 설립된 LARA(Licensed Agencies for Relief in Asia)라고 할
수 있다.[52] LARA는 세계기독교협의회(World Council of Churches,
WCC) 산하의 17개 기독교 교단이 설립한 CWS, 퀘이커의 미국친우봉
사단, 침례교 형제교회의 형제봉사단, 루터교의 세계봉사회, 메노나이
트교단의 중앙위원회, 구세군, 천주교 전쟁구호봉사회, YMCA, YWCA
등 기독교 단체들로 시작되었다. 한국전쟁이 일어난 후 기존의 LARA
활동으로는 한국 구호활동을 감당하기 어려워지자 더 큰 규모의 새로
운 외원단체연합회인 KAVA를 설립한 것이다. 그 후 KAVA를 이끄는
핵심 인물들 대부분은 기독교인들이었다.[53] KAVA 조직은 이사회와
산하에 사회복지위원회, 보건분과위원회, 구호분화위원회, 교육분과위
원회, 지역사회개발분과위원회 등 5개 분과위원회를 두고 활동하였다.
KAVA는 1964년에 70개 단체로 증가했으며 1967년에는 106개가 그리고
최대 123개의 기관이 등록한 것으로 집계 되었다.[54] 한국 정부는 규모
가 확대되는 외원단체의 활동을 지원하고 관리하기 위해 1963년에 '외
국 민간원조단체에 관한 법률'(외국원조단체법)을 제정하여 이들 등록
단체가 도입한 물품에 면세 혜택을 주고 국내 수송비를 정부가 맡도록

---

51) Korea Association of Voluntary Agencies, *Directory of Foreign Voluntary Agencies in Korea*, Seoul, 1955.
52) 장금현, 「외국민간원조단체연합회(Korea Association of Voluntary Agencies)와 기독교 관계」, 『영산신학저널』 Vol. 56, 2021, 139쪽.
53) 위의 글, 142쪽, 150쪽.
54) 카바40년사 편찬위원회, 『외원사회사업기관활동사: 외국민간원조기관한국연합회40년사』, 弘益齋, 1995, 77~78쪽.

하였다. 또한 도입 물품과 기증 대상도 보사부와 단체가 협의·결정하
는 등 외국원조단체법을 통해 외원단체들은 한국 내 구호 및 봉사활동
을 하는데 법적 보호를 받을 수 있었다.[55] KAVA는 각 기관들이 한국
인에 대한 기여와 봉사를 증대 강화키 위하여 매월 셋째 수요일 정기
월례총회를 갖고 회원단체 간의 각 분야에서의 복지사업을 상호 협의
하였으며 정부기관과 관련된 업무에 대한 논의를 하였다. 당시 KAVA
는 한국정부의 빈곤한 재정 부족으로 '제2의 보사부'라는 명성을 얻을
만큼 한국 정부가 하지 못하는 보건, 교육, 사회복지, 긴급 구호 등 폭
넓은 복지사업을 통해 자신의 존재감을 과시했다. 초창기에는 보사부
보다 더 많은 재원을 사용했으며 1958년 카바의 지원규모는 당시 보사
부 예산의 36.2%인 약 $\frac{1}{3}$을 차지했을 정도로 매우 큰 비중을 차지하였
다.[56] 외원단체들의 사회복지활동은 한국전쟁 이후 한국사회의 사회
복지 기틀을 세우는 데 교량적 역할을 수행하였다고 할 수 있다.[57]
　한국전쟁 당시 활동한 기독교 외원단체는 주로 미국교회를 중심으
로 구성되었다. 교파는 장로교, 감리교, 침례교, 나사렛교회, 안식교,
유니테리언교회, 루터교, 메노나이트, 퀘이커, 동양선교회 등으로 매우
다양한 교파와 선교단체들로부터 파견되어 봉사활동에 참여하였다.
대표적인 단체로는 세계기독교봉사회(Korea Church World Service),

---

55) 원조의 상징이었던 KAVA는 1995년 한국이 2010년 '원조 제공국 클럽'인 경
　제협력개발기구(OECD) 산하 개발원조위원회(DAC)에 가입함으로써 2차 세
　계대전 뒤 '원조를 받던 나라에서 주는 나라'로 도약한 유일한 국가가 되어
　해체되었으며 KAVA 활동을 관리하기 위한 외국원조단체법 역시 실적이 없
　어 2016년 2월 3일에 폐지되었다.
56) 공임순, 「김학묵이라는 에이전시 - 사회사업학과 신설을 둘러싼 미국발 원조
　의 회로」, 『한국학연구』 제47집, 2017, 239~278쪽.
57) 카바 40년사 편찬 위원회 편, 『외원 사회사업기관 활동사 : 외국 민간 원조
　기관 한국 연합회 40년사』, 홍익제, 1995.

CARE(Cooperative for American Relief of Everywhere), 기독교아동복리회
(Christian Children's Fund: CCF), 월드비전(World Vision), 구세군, 나사
렛 교회 미션(Church of the Nazarene Mission), Korea Church World
Service, 양친회(Foster Parent's Plan), 동양선교회(Oriental Missionary
Society), 미국장로교 선교회(Presbyterian Mission), 제7일 안식일 선교회
(Seventh Day Adventist Mission), 남침례선교회(Southern Baptist Mission),
캐나다 유니테리안 봉사회(Unitarian Service Committee of Canada: USC)
등 이었다.[58] 한국에 들어온 해외원조기관 147개(해방 이전에 들어온
22개 포함)의 종교적 배경을 보면 개신교가 73개(49.7%), 가톨릭이 40개
(27.2%), 무종교나 미상이 33개(22.4%), 불교가 1개(0.7%)로 개신교가
전체의 절반가량을 차지하고 있었다. 천주교를 포함할 경우 외원단체
147개 중 기독교계가 110개(76.9%)에 이른다.[59]

　해방 이후 한국에서 구호활동을 전개한 외원단체들의 성격을 보면
KAVA의 설립과 활동과정을 볼 때 대다수가 기독교 배경을 하는 단체
들이었다. 이는 기독교가 한국의 사회복지활동에 규모와 활동 내용면
에서 중요한 역할을 했음을 말해준다.

## 8. 나가는 말

　기독교가 한국의 사회복지제도와 활동에 미친 영향을 분석한 많은
논문들이 기독교 학자나 교회에 의해 집필되었다. 그들 자료들은 역사

---

58) 김흥수, 「한국전쟁 시기 기독교 외원단체의 구호활동」.
59) 최원규, 「외국민간원조단체의 활동과 한국 사회사업 발전에 미친 영향」, 박사
　　학위논문, 서울대학교, 1996. 59쪽.

적 사실을 근거로 객관성을 지니고 있는 연구라 할 수 있다. 하지만 서구의 경험에서와 마찬가지로 사회복지가 하나의 학문으로 전문성을 지니면서 종교성을 탈피하고자 하는 경향과 연구가 있음은 또한 사실이다. 한국에서도 초창기의 사회복지학과들이 기독교 대학교들을 배경으로 설립되었음에도 불구하고 점차 사회복지의 규모가 커지고 전문성이 강조되면서 기독교 사회복지의 영향력은 축소되고 있는 것이 사실이다. 그러나 기독교가 현대적 의미의 사회복지 제도의 도입을 한국에 도입하는 역할을 하였으며 일제강점기 시대에도 선구자적인 역할을 하였다는 것은 역사적 사실이다.[60] 당시 일본은 조선구호령에 의한 구호활동을 하였으나 이는 당시 조선을 합리적으로 지배하기 위한 수단의 한 방편에 지나지 않았다고 할 수 있다. 일부 학자들의 경우 구한말 선교사들의 사회복지활동에 대해 선교의 수단이나 제국주의의 제3세계 침탈의 방편으로 주장하는 것도 사실이다. 하지만 기독교의 사회복지활동을 일본의 식민지 지배를 위한 정치적 목적이나 제국주의의 제3세계 침탈의 수단으로만 보는 역사관은 지엽적인 주장이다. 기독교의 사회복지활동은 구한말 기독교가 한국에 유입되면서부터 해방과 한국전쟁을 거치면서 1960년대 해외원조가 활발하게 지원되었던 시기 등 역사적인 자료들을 볼 때 상당한 비중을 차지하고 진행된 것은 사실이다. 1970년대와 1980년대의 우리나라가 경제적으로 성장하면서 해외 원조가 줄어들고 1990년대 이후 국가의 사회복지 정책과 제도가 정착되면서 기독교와 한국 교회가 차지하는 비중은 과거에 비해 현저하게 낮아진 것은 사실이다.[61] 그러나 서구의 사회복지 역사에 나타

---

60) 19세기 말 선교사들에 의해 시작된 교육, 의료, 사회복지는 소외계층의 복지를 위한 것이 아니라 포교활동을 목적으로 실시되었다는 일부 비판이 있으나 이는 기독교의 이념과 근본정신을 어떻게 보느냐에 따라 달리 해석될 수 있다.

난 사회복지의 이념과 철학의 기독교 정신, 사회복지교육 등을 볼 때 기독교의 사회복지활동을 제국주의의 침탈행위로 보는 것은 매우 국소적인 주장이다. 기독교의 이념에서 출발한 사회복지의 정신이 사회복지교육과 실천현장에서 과학적 합리적 교육과 갈등이 빚기도 하지만 미국사회복지사협회(NASW)의 윤리강령과 사회복지교육위원회(CSWE: Council on Social Work Education)의 교육 인증표준의 내용에 기독교 정신이 함축되어 있음을 볼 때 근본적으로 기독교 정신과 사회복지 실천이 분리되어 있는 것은 아니라고 본다. 선교사에 의해 우리나라 최초의 복지관이 설립되고 기독교 대학교에서 사회사업교육이 최초로 시작되었으며 국가가 전쟁으로, 경제적으로 빈곤하여 한국사회의 사회복지제도와 서비스가 체계적으로 정립되어 있지 않던 시절 수많은 선교사들과 기독교 국제구호단체들이 전쟁고아와 장애인, 미망인들을 위해 헌신적으로 노력한 것은 역사적 사실이다.

결론적으로 기독교가 한국의 사회복지제도와 활동에 긍정적인 역할을 수행했음을 주장하기 위해서는 단지 기독교적 관점에서 역사적 사실을 평면적으로 나열하여 주장하기 보다는 시대적 정치·경제적 상황과 기독교와 사회복지 각 분야에 기록되어 있는 객관적인 자료에 근거한 실증주의 역사관에 따른 연구가 요구된다. 오늘날 한국경제의 급속한 성장에 따라 국가의 사회복지의 제도와 지원규모와 민간 사회복지기관의 활동 규모도 확대되었다. 사회복지교육의 전문성과 사회복지실천 현장의 전문성도 높아지고 있다. 이러한 시대적 변화에 따라 상대적으로 기독교 정신에 따른 사회복지이념과 실천의 중요성과 역할도 약해질 수 있다고 본다. 하지만 인간의 자유와 평등, 정의를 추구

---

61) 김철진, 「한국교회 사회복지 쟁점과 모델에 관한 연구」.

하는 사회복지의 이념을 생각할 때 민간 중심의 사회복지의 역할과 참여, 특히 기독교 정신과 가치는 현대사회의 바람직한 사회복지제도와 실천을 위해 여전히 중요하다고 할 수 있다. 따라서 한국사회에서 선교사들과 기독교 NGO, 교회가 사회복지에 미친 영향과 내용에 대한 객관적인 역사와 자료에 근거한 실증주의 역사관에 따른 연구는 오늘날 한국의 사회복지제도와 실천 그리고 더 나아가 한국사회의 발전과 미래를 위해 필요한 작업이라 할 수 있다.

# 참고문헌

공임순, 「김학묵이라는 에이전시— 사회사업학과 신설을 둘러싼 미국발 원조의 회로」, 『한국학연구』 제47집, 2017.

김기원, 『기독교사회복지론』, 대학출판사, 1998.

김덕준, 「기독교회와 사회복지사업」, 『사회복지』 제5호, 1982.

김성호, 「기독교 사회복지의 정체성과 나아갈 방향 연구: 미래 지역사회 공동체 개념을 중심으로」, 『기독교사회윤리』 31권, 2015.

김영종, 『사회복지행정』, 학지사, 2010.

김은섭, 「사회변동에 따른 한국기독교사회복지의 역사」, 『敎會史學』 第7卷 第1號, 2008.

김철진, 「한국교회 사회복지 쟁점과 모델에 관한 연구」, 『한국자치행정학보』 제20권 2호, 2006.

김한옥, 「한국교회 대부흥운동과 한국기독교 사회복지의 발전」, 『신학과실천』 제13호, 2007.

김흥수, 「한국전쟁 시기 기독교 외원단체의 구호활동」, 『한국기독교와 역사』 23, 2005.

민경배, 『한국 기독교회사, 한국 민족교회 형성 과정사』, 연세대학교 대학출판문화원, 2007.

박명수, 「한국 월드비전(World Vision)의 배경과 창립과정」, 『한국교회사학회지』 제58집, 2021.

박종삼, 「한국(韓國)의 개신교(改新敎)와 사회복지(社會福祉) -교회자원의 복지자원화를 중심으로-」, 『한국사회복지학』 Volume 11, 1988.

박종삼, 1998년 9월 27일, 「한국기독교 사회복지의 역사와 새로운 역할」, 『제35회 언더우드 학술강좌』, 새문안교회 본당.

한국기독교사회복지협의회 편, 『한국기독교사회복지총람』, 한국기독교사회복지협의회, 2007.

대한예수교장로회총회사업부 편, 한국장로교출판사, 1994.

신복기 외, 『사회복지행정론』, 양서원, 2003.

안상훈, 「한국 사회복지제도의 기원 및 형성에 관한 비교사회정책연구」, 『사회복지연구』 31호, 2006.

이삼열 외, 『한국사회 발전과 기독교의 역할』, 숭실대 기독교 사회연구소 편, 한울, 2000.

이준우, 「김덕준(金德俊)의 사회복지 사상과 사회복지 교육 실천원리를 통해 본 현재의 한국 사회복지 교육」, 『한국콘텐츠학회논문지』 Vol.19 No.1, 2019.

이화여자대학교 사회복지학과오십년사편집위원회, 『(이화여자대학교)사회복지학과 50년사』, 이화여자대학교사회복지학과, 1997.

임종권, 「한국 실증주의 사학의 계보-식민사관과 상관성」, 『역사와 융합』 제2호, 2018.

장금현, 「외국민간원조단체연합회(Korea Association of Voluntary Agencies)와 기독교 관계」, 『영산신학저널』 Vol. 56, 2021.

조홍식, 「해방 50년과 남한의 공공복지」, 『상황과 복지』 창간호, 1996.

최광수, 「기독교세계관에 근거한 기독교사회복지 정체성 척도 개발에 관한 연구」, 『신앙과 학문』 17권 1호, 2012.

최균, 『한국 사회복지 정책의 평가와 과제』, 동풍, 1995.

한신대학교 학술원 신학연구소 편, 『한국 개신교가 한국 근현대의 사회·문화적 변동에 끼친 영향 연구』, 한국신학연구소, 2005.

최원규, 「외국민간원조단체의 활동과 한국 사회사업 발전에 미친 영향」, 박사학위논문, 서울대학교, 1996.

카바 40년사 편찬 위원회 편, 『외원 사회사업기관 활동사: 외국 민간 원조 기관 한국 연합회 40년사』, 홍익제, 1995.

한신대학교 학술원 신학연구소 편, 『한국 개신교가 한국 근현대의 사회·문화적 변동에 끼친 영향 연구』, 한국신학연구소, 2005.

함세남 외, 『사회복지역사와 철학』, 학지사, 2002.

황성철 외, 『사회복지행정론』, 학현사, 2005.

Bicknese, Aaron T. "The English Evangelical Revival of the eighteenth century" (1990), *Presidential Scholars Theses (1990 - 2006), 3,* https://scholarworks.uni.edu/pst/3.

Bowpitt, Graham. "Evangelical Christianity, Secular Humanism, and the Genesis of British Social Work," *The British Journal of Social Work,* Volume 28, Issue 5, October 1998.

Derezotes, D. "Religious Resurgence, Human Survival, and Global Religious Social work," *Journal of Religion and Spirituality in Social Work: Social Thought,* 28, 1-2, 2009.

Hansan, J. E. "Charity Organization Societies (1877-1893)," Social Welfare History Project, Retrieved [date accessed] from http://socialwelfare.library.vcu.edu/eras/civil-war-reconstruction/charity-organization-societies-1877-1893/.

Kang, InSu. "Church Growth through social Welfare in South Korean Churches: Its Situation and Reformation Plan," D.Min., Liberty Baptist Theological Seminary, Lynchburg, 2010.

Korea Association of Voluntary Agencies, *Directory of Foreign Voluntary Agencies in Korea*, Seoul, 1955.

Racovita-Szilagyi, Laura. Diaconu, Mioara. "Biblical Foundations of Modern Social Work Values and Practice Competencies," *Journal of Biblical Foundation of Faith of Learning*, Vol. 1, Issue. 1, 2016.

Scales, T. Laine. Kelly, Michael Stokely. *Christianity and Social Work: Readings on the Integration of Christian Faith and Social Work Practice*, North American Association of Christians in Social Work, 2012.

Scheuer, J. "Legacy of light: University Settlement's first century," University Settlement Society of New York, 1985. Retrieved [date accessed] from http://socialwelfare.library.vcu.edu/settlement-houses/origins-of-the-settlement-house-movement/.

Shapiro, Zachary R. "Recovering Dunham's pacifism in macro social work: implications for community organization education and practice," *Journal of Community Practice*, Volume 28, Issue 4, 2020.

Skidmore, Rex A. *Social Work Administration*, Allyn & Bacon, 1995.

Charles H. Zastrow, T*he Practice of Social Work*, Brooks/Cole Pub., 1999.

행정안전부 국가기록원. 미군정청 예방보건사업.(https://www.archives.go.kr).

http://foodaid.org/foodaidⓑprograms.

# 정부의 복지정책과 종교사회복지

최현종

## 1. 들어가는 말

  종교사회복지는 해방 이후 현재에 이르기까지, 대한민국 사회복지
의 중요한 한 축을 담당해 왔다. 이러한 종교사회복지의 역할과 과제
를 다룬 연구로는 노길명(2010), 고병철(2011), 전명수(2011; 2013; 2015),
윤용복(2020) 등의 연구가 대표적이며, 개신교를 중심으로 한 연구로
는 유장춘(2002), 이준우(2012) 등의 연구를 들 수 있다. 또한 고경환
(2006; 2012)은 일련의 연구를 통하여 시설 지원금과 현황을 중심으로
종교사회복지에 대하여 분석하기도 하였다. 하지만, 고병철의 연구를
제외한다면 종교사회복지를 정부의 복지정책 변화와 연결하여 다룬
연구는 많지 않은 편이다. 본 연구는 고병철의 연구와 유사하게 정부
의 복지정책과 관련하여 다루고 있지만, 그 시기 구분을 달리 하고, 또
한 현재의 시점까지 연구를 확대하면서, 특히 한국사회의 복지혼합체
제의 한 부분을 담당하는 민간비영리부문의 한 축으로서의 종교사회

복지의 역할을 고찰하였다. 그리고 결론적으로, 복지의 중요 주체가 정부로 변화된, 현재의 시점에서의 종교사회복지의 가능성과 방향을 모색하였다.

이러한 맥락에서 본 연구는 먼저, 1) 해방 이후의 정부의 복지 정책의 변화를 전(前) 사회복지기, 사회복지 맹아기, 사회복지 발전기로 나누어 고찰하고, 2) 현재의 사회복지 상황과 문제점을 서술할 것이다. 또한, 3) 복지혼합체제와 민간비영리부문의 역할에 대해 기술하고, 4) 민간비영리부문의 핵심으로서 종교사회복지 역할과 그 현황을 살펴본 후에, 마지막으로 이를 바탕으로, 5) 종교사회복지의 과제와 전망에 대해 생각해 보려고 한다.


## 2. 대한민국 복지정책의 변천

대한민국 사회복지 역사의 기술과 관련하여 박병현 등(2007)은 해방 이후에서 1961년에 이르는 시기를 제외하고, 1961년부터 대규모 사회복지 입법의 시대(1961-1963), 사회복지 침체기(1964-1985), 복지폭증의 시대(1986-1990), 사회복지발전 정체의 시대(1991-1997), 경제 위기로 인한 사회복지 개혁의 시대(1998-2002)로 구분한 바 있다. 고병철(2011)은 "모든 국민이 인간다운 생활을 할 권리"와 "사회보장 증진에 대한 국가의 노력 의무"(제30조)가 명시된 1969년 10월 헌법, '사회복지'의 증진(제32조)의 의무가 추가된 1980년 10월 헌법, '사회보장발전 5개년 계획'을 수립하고 시행하는 의무를 부과한 1995년의 '사회보장기본법'의 제정을 중요 전환점으로 사회복지정책의 역사를 서술하였다. 본 연구는 1963년의 '사회보장에 관한 법률' 제정, 1988-1989년간의 국민연금제도, 전국민 의료보험, 최저임금제 등 3대 복지정책 실시를 중요 분기점으로 시대를 구분하였는데, 전자는 최초의 사회보장에 관한 기본 법률이라는 점에서 사회복지를 향해 첫 걸음을 내딛었다는 의미를, 후자는 복지국가의 기본적인 사회안전망의 구축이라는 면에서 본격적인 사회복지국가 발전의 시작이라는 의미를 지닌다.

## 1) 전(前) 사회복지기(1945-1961)

대한민국의 사회복지 역사에 있어서 복지(福祉)보다 복리(福利)라는 표현이 먼저 사용되었다. 복지라는 표현은 1920년대부터 언론에 나타나기 시작하였고, 이후로는 복지라는 표현이 선호되어 왔다. 하지만 사회복지는 사회보장의 일환으로 추진되었고, 정부도 사회복지를 사회보장에 귀속시켜 왔다(고병철, 2011: 267). 대한민국 정부 수립 이전에도, 조선총독부의 '조선구호령'(1944.3)이나, 미군정기 보건후생부의 구호행정과 같은 사회복지적 정책이 있었지만, 본격적인 사회복지의 언급은 1948년 제정된 헌법 제19조에 "생활유지의 능력이 없는 자에 대한 국가의 보호"가 명시되면서부터라고 할 수 있다. 정부 안에서는 사회부가 이 업무를 담당하였고, 담당부처는 1949년 3월 이후에는 보건부, 1955년 2월에는 보건부와 사회부가 통합한 보건사회부로 변경되었다. 위의 헌법 조항을 근거로 다양한 사회복지의 법제화가 시도되었지만, 실제로는 예산 문제로 인하여 이루어지지 못하다가, 1960년 1월에 이르러서야 5천 명을 대상으로 한 '사회사업공공구호비' 지급이 처음으로 이루어졌다. 이어 1960년에는 대통령 선거공약에 '사회보장제도 확립'이 등장하기도 하였다.

하지만 이 때까지 대한민국의 사회복지는, 실질적으로는 외국민간

원조단체(이후, 외원단체)를 중심으로 이루어졌고, 정부의 역할은 이를 관리, 지원하는 것에 국한되었다. 외원단체는 한국전쟁 이후 급증하였고, 1950년대 대표적인 3개의 외원기관(기독교아동복리회,[1] 스완슨 복음선교회, 선명회)이 전체 아동시설 수용아동의 90% 이상의 후원을 담당하였다. 선명회의 외원액수는 1960년 기준 보사부 예산의 61.6%을 차지하였고(이혜경, 1998: 53), 1961년 이후 외원단체의 예산은 보건사회부 예산을 넘어서기도 하였다. 외원단체의 대부분은 종교계통, 특히 개신교 계통이 대부분이었다. 하지만, 외원단체는 민간복지 부문의 공익성 확보라는 명분으로 엄격한 정부규제하에 존재하였고, 1963년 12월에는 '외국민간원조단체에 관한 법률'이 제정되면서, 매년 보건사회부에 연간활동보고서를 첨부하여 등록해야만 했다.

## 2) 사회복지 맹아기(1961-1988)

5.16 군사쿠데타로 집권한 박정희 정권의 초기(1961-1963)에는 19개에 달하는 대규모 사회복지의 입법이 이루어졌다. 여기에는 '아동복리법', '생활보호법', '재해구호법', '군인연금법', '산업재해보상법' 등이 포함되며, 1963년 7월에는 의료보험과 양로보험이 시범적으로 실시되기도 하였다. 특히, 1963년에 제정된 전문 7개조의 '사회보장에 관한 법률'은 상징적인 의미의 법이기는 하지만, 최초의 사회보장에 관한 기본 법률이라는 점에서 매우 중요한 의미를 지닌다. 그러나 이러한 복지 관련 입법화는 사회발전보다는 민심획득과 정치적 정당성 확보가

---

[1] 1938년 미국 리치먼드에서 클라크(J. C. Clarke) 목사에 의해 창설. 중국 아동 복리회에서 시작하여 1948년 한국에 들어왔고, 전쟁고아들을 돌보는 데 주력하였다. 후에 사회복지법인 한국 어린이재단(1979)을 거쳐 한국복지재단으로 발전하였다.

목적이었으며 노동을 통한 자활과 자립의식을 강조하는 등 노동과 복지를 연계하는 시도가 많았다(박병현 외, 2007: 176-178). 정권 초기와는 달리, 1963년 이후에는 사회복지가 침체하게 되는데, 1964-1972년간의 복지 입법은 총 3건에 불과하였고, 새로운 복지제도도 전무한 상태에서, 복지 예산마저 감소하였다(박병현 외, 2007: 178).[2] 하지만, 1969년 10월 개정된 헌법에 "모든 국민이 인간다운 생활을 할 권리"와 "사회보장 증진에 대한 국가의 노력 의무"(제30조)가 명시되는 성과도 있었다. 이와 관련하여, 1970년 1월에는 '사회복지사업법'이 제정되어, 사회복지를 목적으로 한 법인 설립도 가능하게 되었다. 이후 사립학교교직원 연금법과 국민복지연금법(1973.12.), 의료보험법 개정(1976.12.), 의료보호법 제정(1977.12.) 등도 이 시기에 이루어졌다.

제5공화국(1981-1988) 시기에는 박정희 정권 초기와 유사한 복지법안 및 예산의 증가가 나타났다. 정권 출범에 앞서, 1980년 10월에 개정된 헌법에는 기존의 '사회보장'에 더하여 '사회복지'의 증진(제32조)이 추가되었고, '여자'와 '노인과 청소년' 복지에 대한 조항도(제34조) 추가되었다. 또한, 사회복지사업법 개정(1983), 아동복지법(1981), 심신장애자복지법(1981), 노인복지법(1981) 등의 제정도 뒤따랐다. 하지만, 이러한 법의 제정이 실행으로 이어지지는 않았다. 정치불안과 함께, 1984년에는 복지국가 건설을 국정지표로 제시하는 한편, 1986년에는 국민연금제도, 전국민 의료보험, 최저임금제 등 3대 복지정책을 발표하기도 하였다.

이 시기의 사회복지정책을 정리하자면, 성장 위주의 경제정책에 종속된 성격을 지닌다는 한계를 갖는다. 1973년에 도입된 국민복지연금

---

2) 다만, 선거가 있는 해의 복지예산은 증가한 것으로 나타난다.

제도는 복지보다는 중화학공업 육성을 위한 내자 동원방법의 성격이
짙었고,[3] 1976년 개정된 500인 이상 사업장의 의료보험 또한 근로자들
을 산업화된 사회에 통합시키기 위한 기제로서 사용된 것으로 볼 수
있다. 이는 외국의 경우 저소득 근로자에서 시작된 것과 반대로 대규
모 사업장에서 먼저 시작된 것에서도 알 수 있는 사실이다(박병현 외,
2007: 179-181).[4] 대체로 사회복지정책은 가족, 저축, 시장에 의해 주로
부담되었으며, 기업복지의 기여도 컸다(서병수, 2011: 68). 경제성장을
통한 일자리 창출로 복지를 제공하는 생산주의, 복지를 비용으로 간주
하는 보수주의적 입장이 사회복지정책의 근간을 이루었고, 노동생산
성 향상을 위한 교육과 보건 분야, 근로자와 공무원, 군인 등 정치적으
로 보호가 필요한 계층을 위한 복지제도가 우선적으로 도입되었다(서
병수, 2011: 70).

### 3) 사회복지 발전기(1988-현재)

앞서 언급한 제5공화국의 3대 복지정책은 정권이 바뀐 이후에야 실
행될 수 있었다. 국민연금 도입과 최저임금제 실시는 1988년에, 전국
민 의료보험 실시는 1989년에 각각 이루어졌다. 이러한 3대 복지정책
의 실행은 대한민국이 본격적인 사회복지국가로 발전하는 시발점이
되었다고 할 수 있다. 이 시기에는 복지예산도 급격하게 증가하는데,
사회복지의 주무부처인 보건사회부의 예산이 1986년 2.0%에서 1990년
5.02%로 증가하였다(박병현 외, 2007: 182). 이어 1992년 12월에는 사회

---

3) 이마저도 석유파동으로 인한 국내 경기의 악화로 도입이 연기되었다.
4) 이후 의료보험은 1979년 300인 이상 사업장으로, 1981년 100인 이상 사업장
으로 확대되었다.

복지사업법 개정되어, 일선행정기관에 사회복지전담 공무원을 배치하고, 시군구에 복지사무전담기구를 설치하게 되었다.

'문민정부'(1993-1996) 시기인 1993년 고용보험법이 통과되면서, 4대 사회보험이 제도적으로 완비되었다. 고용보험은 1995년 30인 이상 사업장부터 시행되어, 1998년에는 전체 사업장으로 확대된다. 1995년에는 '사회보장기본법'의 제정도 이루어지는데, 이 법에서는 사회보장의 이념을 '복지사회의 실현'으로 명시하고 있다. 또한 이 법은 정부에 '사회보장발전 5개년 계획'을 수립하고 시행하는 의무를 부과하기도 하였다. 이와 함께 농어민연금제도 실시(1995), 국민의료보험법 제정(1996), 사회복지공동모금법 제정(1997) 등도 이 시기에 이루어졌다.

이러한 사회복지제도의 발전은 1997년의 IMF 외환위기와 함께 중요한 변곡점에 처하게 된다. 하지만, 역으로 IMF의 사회안전망 확대 권고는 '국민의 정부'(1998-2003) 시기의 4대 사회보험의 적용 범위 확대, 취약계층을 위한 공공부조 발전 등으로 이어지는 사회복지제도의 확충을 가져오게 하였다. 특히, 2000년에 도입된 보편적 '국민기초생활보장제도'와 함께 기본적 공적 복지체제가 완비된다(서병수, 2011: 72). 이와 함께 '사회복지공동모금회법' 시행을 통한 민간주도 모금활동 활성화, 무상보육의 확대, 국민주택기금의 지원 확대 등도 이 시기에 이루어진다.

'참여 정부'(2003-2008)의 복지정책은 국민의 정부의 연속선상에서 추진되었다. 기초노령연금(2008), 장기요양보험, 보육료 지원제도, 근로장려세제(2009) 등의 도입 및 시행이 이루어졌고, 미래 경제를 위한 선제적 투자를 중시하는 '사회투자국가' 정책전략을 구사하였다(서병수, 2011: 74-78). 2005년에는 지방균형발전이라는 큰 틀에서 사회서비스 재정의 지방 이양이 이루어졌고, 이에 기초하여 주민생활지원서비스체계를 구축하였다. 2007년 바우처 제도를 도입하여 사회서비스의 수급 자격 결정기준을 소득이 아닌 욕구 중심으로 변화시켰고, 서비스 공급방식을 민간제공기관에 대한 지원에서 이용자에 대한 지원으로 변경하여 경쟁하는 사회서비스 시장을 구축하는 계기를 마련하였다 (사득환, 2017: 247).

이명박 정부(2008-2013)는 일을 통한 복지 추진을 기본 정책 기조로 삼았다. 시장친화적 복지 확대에 역점을 두었으며, 저출산 관련 대응 정책 및 장애인연금제도가 도입되었다(2010). 박근혜 정부(2013-2017)에서는 기초노령연금이 도입되었고(2014), 무상보육 확대를 약속했지만, 시행과정에서 지방교육청의 재정 부담 문제로 갈등을 빚기도 하였다. 또한 복지와 관련된 지방자치단체의 자체 사업을 축소 또는 폐지하는 방향으로 정책이 추진되었다. 문재인 정부(2017-)에서는 아동수당이 도입되었고(2018), 기초생활보장 수급자의 부양의무자 기준이 일부 폐지되었으며, 보건의료의 비급여 항목도 상당 부분 축소되었다.

## 3. 대한민국 사회복지 체제의 현황과 문제점

### 1) 대한민국의 사회복지법제 및 사회보장제도

사회복지의 법제화와 관련하여 가장 중요한 법은 '사회보장기본법' 과 '사회복지사업법'이라고 할 수 있다. '사회보장기본법'과 관련하여서는, 1963년에 전문 7개조의 '사회보장에 관한 법률'이 제정되었는데, 상징적인 것이긴 하여도, 최초의 사회보장에 관한 기본 법률이라는 점에서 매우 중요한 의미를 지닌다. 이는 1995년에 '복지사회의 실현'을 사회보장의 이념으로 명시한 '사회보장기본법'의 제정으로 이어진다. 사회복지사업에 관한 기본적인 사항은 '사회복지사업법'에 의해 규정되는데, 이는 1970년에 제정되어, 이후 수차례의 확대 개정을 거쳤다. 현재의 법(2020. 3. 개정)은 국민기초생활 보장 등 총 27개의 사회복지 사업에 대해 규정하고 있다.

현재 대한민국의 사회보장제도는 크게 사회보험, 공공부조, 사회서비스로 구분된다. 이 중 사회보험은 사회적 위험에 대비한 사회보험금여를 목적으로 하며, 강제적 성격을 지닌다. 사회보험은 최저생활보장, 소득재분배, 보편주의를 기본 원칙으로 하며, 관련 제도는 국민연금, 국민건강보험, 산업재해보상보험, 고용보험, 노인장기요양보험 등이 있다. 공공부조는 생활 유지 능력이 없거나 생활이 어려운 국민의 최저생활을 보장하고 자립을 지원하는 제도로서, 국민기초생활보장, 기초연금, 의료급여, 긴급복지지원, 장애인연금 등이 이에 해당한다. 사회보험이 복지의 1차 안전망이라면, 공공부조는 2차 안정망의 역할을 한다고 볼 수 있다. 사회서비스는 인간다운 생활을 보장하고, 국민의 삶의 질이 향상되도록 지원하는 제도로서, 영유아보육과 아동, 청소년, 노인, 장애인, 정신질환자, 한부모가족, 다문화가정 등의 지원 및 성매매, 성폭력, 가정 폭력 방지 등 기타 피해자 보호에 관한 사항이 이와 관련된다. 사회서비스를 민간비영리부문에서 공급할 때 생겨나는 일자리를 사회적 일자리라고 하며. 사회적 일자리가 하나의 기업 형태로 발전한 것이 사회적 기업이다. 피어슨(Christopher Pierson)은 복지국가의 기준을 사회보험의 보편적 적용, 국민생활기초보장법의 도입, GDP 5% 수준의 사회복지지출로 들고 있는데(Pierson, 2006), 피어슨의 기준에 의하면 대한민국은 복지국가에 해당한다고 할 수 있다.

## 2) 대한민국 사회복지 체제의 문제점과 과제

앞 장에서 언급한 지속적인 복지제도의 발전에도 불구하고, 대한민 국의 복지는 여전히 최소주의, 잔여주의적이며, 빈곤과 불평등 완화 기능이 크지 않은 반면, 복지 사각지대는 크다는 문제점을 지니고 있 다(서병수, 2011: 77). 경제성장을 통한 빈곤과 불평등 완화를 주장하는 개발국가 복지체제는 여전히 지속되고 있으며, 실제로는 이마저 잘 작 동하지 않는 경우가 많았다. 정부가 예상한 만큼의 충분한 일자리는 만들어지지 못했고, 일자리의 질도 좋지 않았다. 윤홍식에 의하면, 실 질 GDP 10억 원 당 취업자 수인 취업계수는 1990년 60.3에서 2000년 37.0으로, 2018년에는 16.8로 악화되었으며, 비정규직 노동자수도 지속 적으로 증가하고 있다(윤홍식, 2019: 227-228). 김대중/노무현 정부에서 이명박/박근혜 정부로의 정권교체는 제도의 지속과 사회지출의 증가, 사회보험을 중심으로 한 복지 확대라는 면에서 볼 때에, 복지적 측면 에서는 단절보다 연속성이 컸다(윤홍식, 2019: 230). 글로벌 경제의 변 동 요인과 연결되고, 2016년 이후에 다시 악화되기는 하지만, 소득불평 등은 진보적 성향을 띤 김대중/노무현 정부에 비해 이명박/박근혜 정 부 시기에 오히려 완화되기도 하였다(윤홍식, 2019: 229). 전체적으로 공적 사회보장제도의 보편성은 확대되었지만, 배제되는 집단과의 경 계 및 사적 안전망의 불평등은 강화되고 있다. 고용보험과 국민연금의 고용상의 지위에 따른 적용률은 2016년을 기준으로 정규직이 96.4%/ 84.7%인데 반해, 비정규직은 31.7%/38.9%에 불과하였다(윤홍식, 2019: 231). 또한 공적연금 보험료(21.7조)에 비해 사적연금 보험료(34.8 조)가 더 많은 비중을 차지하고 있다(윤홍식, 2019: 232). 이러한 정규 직 노동 형태에 우호적인 '역진적 선별주의'는 한국의 정치경제적 특성이 반영된 결과로 볼 수 있으며, 이를 극복하는 보편적 복지체제의 구축이 요구된다.

저부담 저급여 복지 체제인 대한민국 복지의 실상은 2017년 기준 국민부담률/조세부담률이 26.9/20.0%로, OECD 평균인 34.2/25.0%에 비해 낮은 데서도 잘 드러난다(윤홍식, 2019: 234). '소득 주도 성장'으로 일컬어지는 문재인 정부의 성장을 통한 분배 정책은, 최저임금 인상과 함께 사회 지출의 증가가 매우 높은 수준에 달하고 있는데서 (2018 전년 대비 4.7% 증가) 잘 드러나는데, 이의 지속을 위해서는 증세와 확장적 재정정책이 필수적이라고 할 수 있다(윤홍식, 2019: 237-240).

이와 함께, 21세기에 들어 본격적으로 등장한 신사회위험에 대한 대책도 대한민국이 당면한 중요한 복지 과제라고 할 수 있다. 신사회 위험은 전통적인 빈곤이나, 불평등의 문제와 달리, 안정적 고용 및 가족 내 성별분업의 해체 등으로 야기된 여러 위험을 통칭한다. 돌봄 문제, 노동시장의 유연화, 저출산과 보육 문제, 고령화에 따른 노인복지의 문제 등이 이에 해당한다. 우리 사회의 경우 사회적 돌봄의 부재, 사회 안전망으로서의 결혼제도의 약화 및 이혼의 증가, 여성의 비정규직화 등이 신사회위험을 야기하는 중요 원인들로 나타나고 있으며, 이에 대한 대처가 필요한 실정이다(윤홍식, 2007, 161-196).[5]

---

5) 보육을 일례로 할 때, 국공립이 전체 보육에서 차지하는 비중은 민간부문보다 매우 낮다. 김종해(2007)에 의하면, 2006년 기준 국공립기관의 비중은 시설 기준 5.6%, 아동 수 기준 11.0%에 불과하며, 특수보육과 취약보육을 주로 담당하고 있다.

## 4. 민간비영리부문과 종교 사회복지

### 1) 복지혼합체제와 민간비영리부문의 역할 및 문제점

대한민국 복지의 중요한 특징 중의 하나는 복지혼합체제이다. 복지혼합은 복지재화와 서비스를 제공하는 공급주체의 다원성을 의미하며, 이는 국가 이외에 시장, 민간비영리부문, 가족 등 다양한 비국가영역의 역할을 상정한다. 복지혼합체제는 사회보험에 대한 국가 재정부담의 최소화, 비국가부문의 복지급여 장려, 공적 부조와 사회복지서비스 부문에서의 강한 가족책임주의 등을 동반한다. 김진욱에 의하면, 대한민국의 사회복지지출 합계는, 국가. 민간비영리부문, 시장, 가족을 포함하여, 2000년 GDP 대비 21.3%에서 2010년 26%으로 증가하였다(김진욱, 2013: 409). 국가지출의 경우도 5.3%(31.9조 원)에서 10%(117.2조 원)로 확대되어, 전체 사회복지지출에서 국가가 차지하는 부분이 가장 큰 '확장된 국가복지 중심의 혼합형 복지지출 구조'를 나타내고 있다(김진욱, 2013: 413). 민간비영리부문의 지출을 김진욱은 2.5조 원정도로 추산하는데(김진욱, 2013: 406), 이는 고경환 등의 2014년 조사 결과인 2.68조 원과 어느 정도 비슷한 금액이다(고경환 외, 2015: 132).

대한민국의 복지는, 제도상으로는 보편주의를 지향하고 있지만, 실제는 가족의 기능이 실패할 때에만 개입하는 보완적 형태를 띠어 왔다(김진욱, 2009: 605). 이러한 상황에서 민간비영리부문은, 많은 경우 국가복지서비스의 대행자적인 역할을 해왔다. 이혜경은 민간비영리부문의 사회복지 참여를 3기로 나누어 서술하고 있는데, 대체적으로 본 연구의 대한민국 복지정책의 변천의 시기와 일치하나, 2기와 3기의 시기 구분을 1980년을 기준으로 한 점에서는 약간의 차이를 보인다. 이혜경이 서술한 1기는 '국가가 규제하는 민간지배모형'의 시기로, 외원단체, 시설 구호가 중심이 되었다. 반면, 2기는 '국가주의적 협조 대행자 모형'으로 규정되는데, 1970년대 이후 외원단체가 철수하고, 경제성장이 이루어짐에 따라 종래의 응급구호적 사회복지체계를 자조와 자활 위주의 잔여적 사회복지체제로 전환하게 된다. 하지만, 국가의 재정지원을 최소화하는 국가책임최소주의 모형에서, 국가가 수행해야 할 복지조치를 민간시설에 위탁하고, 그 비용을 지불하는 복지조치의 위탁의 개념이 도입되는데, 특히 초기에는 부담이라기보다는 보조 내지 지원하는 형식을 띠었다. 3기의 특징으로는 민간비영리부문의 확대, 다원화와, 보편주의 개념의 복지로의 전환을 들 수 있다(이혜경, 1998: 63-72). 1982년 6월에는 최초로 민간기업(동방생명보험주식회사)의 사회복지단체(동방사회복지재단)가 건립 인가를 받았다. 1983년 개정된 사회복지사업법은 법인이 복지시설의 설치 운영에 대해 국가나 지방자치단체의 보조를 받을 수 있다고(제13조) 규정함으로써, 외원단체 철수 후 재정난을 겪고 있던 복지 단체들의 어려움을 해소하는데 도움을 주었으며, 사회복지관 운영도 사회복지사업에 포함되었다(제2조). 6공화국 출범 이후에는 사회복지관 내에 재가복지 봉사센터를 두어 지역복지를 강화하였으며, 사회복지 수용시설의 운영주체는 국가나 지방자치단체 혹은 사회복지법인이어야 하지만, 복지관이나 재가복지센터의 운영, 영유아 보육사업 등은 일반 재단법인, 종교단체나 개인도 가능하도록 하였다(이혜경, 1998: 67).

이후 다수의 사회복지기관과 시설은 사회복지법인과 비영리법인에 의해 운영되었는데, 1990년대 이후에는 기존의 생활시설보다 지역사회 복지관을 중심으로 사회복지 이용시설이 증가하였다. 특히 1995년 12월에 제정된 '사회보장기본법'은 사회보장제도 운영에 있어 민간부문의 참여를 유도할 수 있도록 정책을 개발, 시행하고, 그 여건을 조성하여야 한다고 규정하고 있는데(27조), 1) 자원봉사, 기부 등 나눔 활성화, 2) 정책 시행을 위한 민간 부문과의 상호 협력체계 구축, 3) 그 밖의 민간 참여 유도 등을 그 구체적 내용으로 명시하였다. 또한, 1997년 개정된 사회복지사업법은 국가나 지자체가 설치한 사회복지시설을 사회복지법인 또는 비영리법인이 위탁·운영할 수 있도록 하였다(제34조). 참여정부 시기인 2003년에는 '사회복지사업법'이 개정되는데, 이를 통해 '민간 사회복지 관련단체'에 인력, 기술 및 재정지원이 가능하게 되었다.

대한민국의 민간비영리부문은, 많은 경우 서비스 제공을 위탁받는 대신, 국가의 재정지원과 규제를 받는 형태를 띠어 왔다. 즉, 정부가 효율적으로 제공하지 못하는 사회복지서비스를 담당하여 보족적(supplement)인[6] 복지기능 수행을 해 왔다고 할 수 있다. 국가는 개별 서비스 기관에 대해 운영비용을 지원할 뿐, 구체적 서비스 전달 내용과 과정에 대한 국가적 틀을 갖추지는 못하였고, 일률적으로 낮은 수준의 호봉을 기준으로 인건비를 지원하였다(남찬섭, 2013: 267). 이러한 형태의 민간부문의 참여는 자발적인 것이라기보다는 정부에 대한 종속성을 특징으로 한다. 특히 사회서비스의 영역에서의 민간비영리부문의 역할이 두드러지는데, 국가는 서비스를 직접 제공하기보다는 비영리 민간부문을 최대한 활용하여, 노숙자, 가출청소년, 성폭력피해자 등에 대한 서비스를 시행하였다. 고경환 등에 의하면, 이러한 서비스를 기능별 추계한 결과는 가족영역, 노령, 보건 순으로 나타나며(고

---

6) 정부가 제공하는 것과 동일한 서비스를 정부서비스가 미치지 않는 대상에게 제공하는 것을 말하며, 정부가 제공하지 못하거나 충족시키지 못하는 서비스를 제공하는 보완적(complement) 관계와는 구분된다.

경환 외, 2015: 135), 보건복지부 사회복지시설정보시스템의 2020년 기
준 시설 수로는, (전체 23,632개소 중) 노인(11,459), 아동(5,645), 장애인
(4,008) 순으로 나타난다.[7] 문제는 사각지대와 중복지원이 늘 공존하
며, 사회복지적 욕구충족 보다는 일반적인 회계규칙을 기준으로 한 통
제 우선적 재정 지원이 되고 있다는 점이다(남찬섭, 2013: 269). 또한,
이러한 사회서비스의 공급은 대개 시혜적 / 동정적 접근에 의해 지배
되는데, 시혜성은 수혜자의 권리를 부정하는 경향이 있으며, 따라서
수혜자의 욕구와 서비스를 연결하는 제도적 장치를 중요하게 고려하
지 않는 문제가 나타나기도 한다(남찬섭, 2013: 271-272).

## 2) 민간비영리부문의 핵심으로서의 종교 사회복지의 역할

이러한 복지혼합체제의 민간비영리부문 중, 매우 중요한 역할을 지
금까지 담당해 온 것이 종교사회복지이다. 정부 정책변화와 민간비영
리부문의 역할 변화를 종합적으로 함께 고려할 때, 종교사회복지는 각
각의 시기에 주도적 역할, 병행 / 이행적 역할, 보완적 역할을 담당하였
다고 볼 수 있다. 즉, 국가의 사회복지가 발전되지 못했던 '전 사회복
지기'에는 외원단체를 중심으로 '주도적' 역할을 담당하였고, 국가가
사회복지를 추진하였으나, 정책 방향을 경제성장에 두고, 국가부담을
최소화하고자 하였던 '사회복지 맹아기'에는 '병행 / 이행적' 역할을 하
였으며, 사회복지국가체제가 갖추어지기 시작한 '사회복지 발전기'에
는 국가에 대한 '보완적' 역할을 하고 있는 것으로 요약할 수 있다.
　종교계가 사회복지에 본격적으로 참여한 것은 1921년 한국 최초의

---

[7] http://www.w4c.go.kr/intro/introFcltMainSttus.do (2020년 11월 25일 접속).

근대사회복지관인 '태화여자관'(현, 태화기독교사회복지관)의 창립을 들 수 있다(노길명, 2010: 201). 해방 이후인 전 사회복지기의 외원단체를 중심으로 한 종교사회복지의 역할은 앞에서 기술한 바 있다. 사회복지 맹아기에 들어선 이후에도 외원단체는 여전히 사회복지의 상당부분을 책임졌는데, 1969년에 실시된 아동거택구호에서 정부는 2천 명에게 2,400만 원을 지급하는데 그쳤지만, 외원단체는 37,400명에게 8억 800만 원을 지급하였다(이혜경, 1998: 58). 이러한 종교사회복지의 주도적 역할은 1970년대 이후 외원단체가 철수하면서 중대한 변화를 겪게 되지만, 그럼에도 불구하고 종교사회복지는 여전히 민간 차원 복지의 중심에서 그 역할을 감당하였다. 가톨릭의 경우 1975년 다양한 사회복지사업의 전국적인 협의와 조정을 위해 주교단 산하에 '인성회'(仁成會)를 조직(1991년 주교회의 사회복지위원회로 개칭)하였고, 1976년에는 오웅진 신부의 주도로 '꽃동네'가 시작되었다. 불교 쪽에서는 1973년에 불교노동복지회를 결성하였고, 원불교도 사회복지법인 삼동회를 설립하였다. 1980년에는 시립보호시설의 연차적 민영화가 발표되었는데, 이는 특히 종교단체를 중심으로 이루어졌다(김미숙 외, 1999: 28-30 참조). 하지만 한편으로, 종교계 사회복지시설의 인권, 부정 문제도 대두되는데, 부산 형제복지원, 대전 성지원, 울주군 효정원 등이 그 대표적인 경우이다. 1984년 1월에는 정부가 복지국가 건설을 국정지표로 제시하면서, 한국형 사회보장재원 조달방법으로 종교계의 사회복지 참여 필요성 제시하였고(고병철, 2011: 251), 이어진 제6공화국 정부에서도 민간복지의 육성을 주요 과제로 설정하였다(고병철, 2011: 258). 1990년대에는 종교계의 의료복지 활동이 전개되기 시작하는데, 가톨릭의 성가복지병원, 요셉의원, 도티병원, 불교의 광명의원 등이 그 대표적 사례들이다.

문민정부 들어서서는, 1994년에 종교계의 사회복지 참여 유도를 위해 종교재단의 사회복지사 법정채용기준과 법인설립요건을 완화하고, 종교시설의 사회복지시설 활용을 적극 유도하였다(고병철, 2011: 260). 또한, 앞서 언급한 민간비영리부문의 참여 유도를 위한 여러 조치들은 특별히 종교단체의 사회복지사업 참여를 적극 이끌었다. IMF 금융위기 이후에는 노숙자를 위한 숙소 및 식당을 운영하는 경우가 많았는데, 이 경우에도 원주의 '소쩍새마을'이나 충남 연기군의 '양지마을'과 같은 인권 유린 사례가 발생하면서, 종교단체에 위탁운영하는 사례가 늘어나게 된다(고병철, 2011: 260-261). 1998년 9월에는 종교단체의 보육 시설 설치를 장려하기 위하여, 종교단체 부설 보육시설의 경우 해당 종교단체의 장이 겸임이 가능하도록 하였다. 2000년 1월에는 선도 보호시설 중 인가 및 비인가 종교계 시설을 양성화하는 방침이 발표되었고, 8월에는 종교계가 운영하는 소규모 사회복지시설(30인 이하 수용)의 관리 지원 대책도 발표되었다. 참여정부의 제2차 사회보장발전 5개년 계획(2004-08)에는 추진과제로 '종교계의 사회복지 참여 활성화'가 제4과제로 설정되기도 하는데(보건복지부 참여복지기획단, 2004: 2-5, 23-28), 이 당시(2003년 말 기준)의 종교계 사회복지시설은 전체의 53.4%를 차지하고 있었다(고병철, 2011: 264).[8]

## 3) 종교계 사회복지의 현황

종교사회복지는 종교를 기반으로 하는(faith-based) 사회복지활동이고, 그 운영주체가 종교와 관련되었다는 것을 기본 전제로 한다. 종교

---

[8] 고병철에 의하면 당시의 전체 복지시설 수는 4,048개였고, 이 중 종교계 시설은 2,162개였다.

계의 사회복지 참여는 크게 사회복지시설을 중심으로 제공되는 사업과 종교기관 안팎에서 일어나는 각종의 사회복지프로그램인 사회복지시설외사업으로 구분되는데, 후자의 경우는 정확한 현황 파악이 어려우며, 전자 가운데서도 종교계가 운영하지만 법인등록을 하지 않은 사회복지시설이나 단체도 다수 존재한다. 문화체육관광부가 펴낸 2008 / 2018『한국의 종교현황』에 의하면, 사회복지법인 및 사회복지 주요 단체 수에 있어서 2008년 194개소, 2018년 259개소로 개신교가 가장 많은 것으로 나타난다(고병철 외, 2008: 132-154; 고병철 외, 2018: 217-235, 〈표 1〉 참조). 개신교 다음으로는 불교, 가톨릭, 원불교, 기타의 순으로 사회복지법인 및 사회복지 주요 단체를 운영하고 있었다. 유사하게 종교적 사회적기업 현황에 있어서도, 개신교가 2017년 기준 99개로 가장 많았으며, 이어서 가톨릭 84개, 불교 55개소로 나타났다(장석인 외, 2018: 131).

〈표 1〉 종교 관련 사회복지법인 및 사회복지 주요 단체 현황 비교

| 구분 | 전체 | 개신교 | 가톨릭 | 불교 | 원불교 | 기타 |
|------|------|--------|--------|------|--------|------|
| 2008 | 372 | 194 | 58 | 104 | 14 | 2 |
| 2018 | 529 | 259 | 97 | 152 | 14 | 7 |

이와 같이 개신교가 가장 적극적으로 사회복지에 참여하고 있지만, 영세 시설의 비중도 가장 높은 것으로 나타났다(〈표 2〉 참조). 고경환에 의하면, 종교계 사회복지시설의 절반 이상인 53.5%가 300m² 미만의 영세한 시설인데, 이 중에서도 개신교가 63.6%로 가장 높았다(고경환, 2012). 이러한 상황은 종사자 수, 평균 세입 규모나 민간지원금에서도 비슷하게 나타나며,[9] 생활자 수에서도 개신교는 가톨릭에 이어 2번째

로 낮게 나타나고 있다.

〈표 2〉 2010년 기준 종교계 사회복지시설 현황 비교

(단위: %, 백만원)

| 구분 | 전체 | 개신교 | 가톨릭 | 불교 | 원불교 |
|---|---|---|---|---|---|
| 300m² 미만 시설 | 53.5 | 63.6 | 44.2 | 41.7 | 39.1 |
| 종사자 수 5명 이하 | 43.9 | 52.7 | 35.7 | 35.0 | 30.4 |
| 생활자 수 10명 이하 | 29.1 | 26.2 | 35.1 | 14.3 | 25.0 |
| 평균 세입규모 | 430 | 348 | 509 | 538 | 589 |
| 평균 민간지원금 | 66 | 58 | 91 | 83 | 78 |

2020년 기준, 전국적인 사회복지시설을 주요 종교별로 살펴보면, 대한불교조계종사회복지재단 산하 시설은 181개이며, 이 중 가장 많은 시설이 노인복지관 및 노인복지시설로 43개소이며, 그 다음으로는 어린이집 40개소, 장애인복지관 및 장애인시설 32개소, 지역사회복지관이 24개소 등을 차지하고 있다.[10) 가톨릭의 경우에는 장애인복지시설 310개소로 가장 많았고, 이어서 아동청소년복지시설 300개소, 노인복지시설 269개소, 지역복지(종합사회복지관 포함)시설 107개소, 여성복지시설 62개소, 행려인(노숙인) 복지시설 47개소, 의료복지시설 20개소, 나환우복지시설 15개소, 상담시설 8개소, 결핵환자시설 3개소 등과, 그 밖에 다문화가족지원, 알코올상담센터, 무료진료소, 외국인쉼터 등을 포함한 약 50여 개소의 기타시설이 있다(2019년 기준, 윤용복,

---

9) 고경환의 분석에 의하면, 2003년 기준 종교계가 운영하는 사회복지시설의 총 세입 5,565억 원 중 정부지원금이 57%, 이용자부담금이 16%, 기업·민간모금 단체 등의 후원금과 잡수익 등이 16%, 종교계지원금이 10% 정도를 차지하였다(고경환, 2006). 종교계의 지원금에 대한 상하위 시설 간(양극단의 약 30%) 격차는 10배 이상 발생하여 양극화현상도 뚜렷하였다.

10) 대한불교조계종사회복지재단(http://jabinanum.or.kr/xe/sub1_6, 2020년 12월 10일 접속).

2020: 26-27). 개신교의 경우 교단별로 다양하여 전체 규모를 파악하기
는 어렵지만, 한국장로교복지재단 소속 복지시설은 노인복지시설 49개
소(3개소 휴업 중), 어린이집 13개소, 장애인복지 12개소, 아동복지 9개
소, 지역복지관 7개소, 여성복지 6개소, 기타 다문화가족지원, 노숙인
복지 시설 등이 있으며,[11] 한국기독교장로회 복지재단 산하에는 노인
복지 시설 52개소, 지역아동센터 16개소, 어린이집 10개소, 장애인 복
지 8개소, 종합복지관 7개소, 지역자활센터 5개소, 푸드뱅크 6개소, 노
숙인 시설 2개소와 청소년 시설 등이 있다.[12] 기타 해외와 연결되거나,
개신교인 혹은 개신교 기업에 운영되는 법인, 노회 / 지방회나 개교회
에서 운영하는 법인 등 다양한 복지재단들이 운영되고 있어, 개신교
사회복지의 전체적인 통계나 구조를 파악하기는 쉽지 않다.[13] 전체 개
신교의 사회복지를 2007년 발간된 『한국기독교사회복지총람』을 기준
으로 활동 영역별로 분류해 보면(〈표 3〉 참조), 지역사회 관련이 102개
로 가장 많으며, 그 다음으로는 노인(89개), 아동/청소년(68개), 장애인
(43개), 여성/가족(19개), 기타(14개) 순으로 나타나고 있다(한국기독교
사회복지협의회 편. 2007).

〈표 3〉 개신교의 사회복지법인 영역별 활동 통계

| 구분 | 아동/<br>청소년 | 노인 | 여성/<br>가족 | 장애인 | 지역사회 | 기타 | 계 |
|---|---|---|---|---|---|---|---|
| 수 | 68 | 89 | 19 | 43 | 102 | 14 | 335 |

---

[11] 한국장로교복지재단(http://www.pckwel.or.kr/bbs/board.php?bo_table=B23&wr_id=1,
2020년 12월 10일 접속).
[12] 한국기독교장로회 복지재단(http://www.prokwfm.org/g5, 2020년 12월 10일 접
속).
[13] 기독교 소속 복지재단에 관해서는 이준우, 「한국 기독교사회복지재단의 현황
과 방향성」, 『교회와 사회복지』 19(2012), 104-109쪽 참조.

한편, 2008년 2월 개정된 사회복지사업법 제2조 1의 2는 '지역사회복지'를, 3의 2는 '사회복지관'에 대해 정의하고 있는데, 많은 경우 정부와 지자체는 복지관의 설치와 지원을, 종교단체는 운영을 맡는 역할 분담이 이루어지고 있다. 한국사회복지관협회 홈페이지에 나타난 2020년 10월 기준 전국사회복지관 현황을 바탕으로 조사한 종교별 사회복지관 운영 현황은 〈표 4〉와 같다.14) 이에 따르면, 개신교가 운영하는 사회복지관이 201개소로 가장 많으며, 이어 불교(70개소), 가톨릭(64개소), 원불교(12개소), 대순진리회(1개소) 순으로 나타났다. 종교계가 운영하는 사회복지관의 총 수는 348개소로 전체의 73.4%를 차지하였다.

〈표 4〉 종교별 사회복지관 운영 현황

| 구분 | 개신교 | 가톨릭 | 불교 | 원불교 | 대순진리회 | 비종교 | 계 |
|------|--------|--------|------|--------|-----------|--------|-----|
| 수 | 201 | 64 | 70 | 12 | 1 | 126 | 474 |

## 5. 나가는 말: 종교사회복지의 전망과 과제

본 연구는 종교사회복지를 정부의 복지정책 변화의 맥락에서 다루면서, 현재의 시점에서의 종교사회복지의 가능성과 방향을 모색하는 것을 목적으로 하였다. 이러한 맥락에서 먼저, 해방 이후의 정부의 복지정책 변화를 전(前) 사회복지기, 사회복지 맹아기, 사회복지 발전기로 나누어 살펴보았고, 이와 관련하여 각각의 시기의 종교사회복지의 역할을 주도적, 병행 / 이행적, 보완적인 것으로 기술하였다. 이러한 변

---

14) 한국사회복지관협회(https://kaswc.or.kr/welfarecenterguide, 2020년 12월 1일 접속).

화를 루만(Niklas Luhmann)의 개념으로 해석해 보면, 사회복지 체계
(system)가 기능적으로 분화되지 못한 상황(전 사회복지기 및 사회복지
맹아기)에서 사회복지는 사회의 '나머지 문제'(Restprobleme, residual
problems)로 존재하면서, 종교의 '수행'(Leistung, performance)적 역할에
의해 해결되지만, 점차로 체계의 기능적 분화가 이루어지면서 그 체계
자체를 담당하는 제도에 의해 수행되어 가는 것으로 볼 수 있다.[15]

그렇다면, 이와 같이 기능적 분화가 어느 정도 완료된 사회에서, 종
교사회복지의 역할을 어떻게 전망할 수 있을까? 일단, 대한민국의 사
회 복지가 현재의 복지혼합체제를 유지하는 한, 민간비영리부문의 한
축으로서 종교사회복지의 역할은 지속될 것으로 보인다. 특히, 영유아
보육이나 노인문제와 같은 신사회위험에 대처하는 부분에서는, 현재
도 중요한 역할을 담당하고 있지만, 앞으로도 (당분간은) 이러한 추세
가 계속되거나, 더욱 증가할 것으로 예상된다. 다만, 점차 수혜자의 욕
구를 중요시하고 있는 현재의 사회서비스 체제에서, 종교사회복지가
그 역할을 다하기 위해서는 서비스 자체의 개선을 위한 여러 가지 보
완이 필요한 것으로 보인다. 앞서 언급한 고경환의 자료에서 나타나듯
이, 종교사회복지 시설이나 재정상황은 매우 열악한 경우가 상당수이
다. 이러한 조건에서는 시혜성을 넘어 수혜자의 욕구를 충족시키는 방
향으로 진행되기에는 한계가 있을 것으로 보인다.

또한, '국가중심' 복지체제와 다양한 민간비영리부문의 참여가 등장
하는 현재의 시점에서, 종교사회복지의 차별화도 필요하다고 할 수 있
다. 윤용복은 최근의 연구에서 종교사회복지가 현재 비중이 높은 아동

---

15) 루만의 개념과 관련해서는 최현종, 「제도화된 영성과 한국 종교 지형의 변화:
가톨릭과 개신교를 중심으로」, 『오늘의 사회, 오늘의 종교』, 다산출판사,
2017, 252-254쪽 참조.

청소년복지와 노인복지 분야 이외에 일반사회복지 분야에서 접근하기 어렵거나 소홀하기 쉬운 틈새 복지에 관심을 갖고, 아울러 일반 사회복지법인과 같은 대형화보다는 차별적 모습을 보일 필요가 있다고 제시한 바 있다(윤용복, 2020: 31). 이러한 차별화의 필요성에 동의하지만, 종교사회복지가 가장 차별화할 수 있는 방법은, 그 종교적 요소를 서비스에 담아내는 것이라고 생각한다. 종교계, 혹은 종교사회복지 관련자들이 어떻게 자신이 지닌 종교적 자원을 프로그램 혹은 시설에 담아낼 것인가 고민하고, 개발해 나가는 것이 종교사회복지의 발전에 필수적일 것이다. 그리고 이러한 종교사회복지 내의 노력과 함께, 그 '주요한 효과'가 복지서비스의 목적에 맞고, '과도하게' 종교적인 경향이 없다면,16) 종교사회복지시설의 '종교적' 요소를 인정하는 방향으로 '차별금지'의 조건을 완화하는 법적, 제도적인 변화도 필요할 것이다. 이와 관련하여서는 정부가 종교 및 종교관련 시설을 대하는 태도에 있어, 무조건 '비종교적 중립' 모델을 추구하기 보다는, 네덜란드와 같은 '관용형' 모델로의 변화도 고려할 필요가 있을 것으로 보인다.17)

---

16) 이는 미국의 '국교금지조항'의 해석에 대한 소위 '레몬(Lemon) 심사기준'의 원칙에 포함되는 내용이다. 이와 관련하여서는 최현종, 「종교와 법률 제도: 공직자 종교차별 관련법을 중심으로」, 『현대사회, 종교, 그리고 돈』, 한국학술정보, 2019, 297-300쪽 참조.

17) 관용형 모델을 비롯한 종교-국가의 관계 모델에 대하여는 최현종, 「다종교 사회의 긴장과 공존: 공적 역에서의 종교」, 『오늘의 사회, 오늘의 종교』, 다산출판사, 2017 참조.

# 참고문헌

고경환, 「한국종교계의 사회복지시설 지원금 실태분석」, 『보건복지포럼』 115, 2006.

_____, 「종교계 사회복지시설의 현황과 과제」, 『불교평론』 51, 2012. http://www.budreview.com/news/articleView.html?idxno=1195 (2020년 12월 1일 접속).

고경환·장영식·신정우 외, 『2014년 기준 한국의 사회복지지출』, 보건복지부, 2016.

고병철·이혜정·전병술, 『한국의 종교현황』, 문화체육관광부, 2008.

고병철·강돈구·조현범, 『2018년 한국의 종교 현황』, 문화체육관광부, 2018.

고병철, 「한국종교계 사회복지의 쟁점과 과제」, 『종교문화비평』 19, 2011.

김미숙·홍석표·이만식 외, 『종교계의 사회복지활동 현황과 활성화 방안 연구: 교회의 사회복지활동을 중심으로』, 한국보건사회연구원, 1999.

김진욱, 「한국의 복지혼합과 복지체제」, 정무권 편, 『한국복지국가성격논쟁 II』, 인간과 복지, 2009.

_____, 「한국 복지국가 10년(2000-2010), 복지혼합 지출구조의 변화와 그 함의」, 『한국사회복지조사연구』 36, 2013.

김종해, 「보육정책의 쟁점과 과제」, 참여연대 사회복지위원회 편, 『한국 사회복지의 현실과 선택』, 나눔의 집, 2007.

남찬섭, 「한국사회서비스 제도화의 현황과 전망」, 『대한민국복지국가: 회고와 전망. 21세기 첫 10년대 한국의 복지』, 나눔의 집, 2013.

노길명, 「종교 사회복지의 성격과 과제」, 『종교와 사회』 1, 2010.

보건복지부 참여복지기획단 편, 『참여복지 5개년계획 – 2004-2008년』, 한국보건사회연구원, 2004.

사득환, 「복지다원주의, 시장 그리고 한국적 모델」, 『한국공공관리학보』 31-1, 2017.

서병수, 「한국의 사회복지 정책과 복지체제 성격의 변화」, 『사회법연구』 16, 2011.

유장춘, 「기독교사회복지 운동의 방향과 전략」, 『연세사회복지연구』 8, 2002.

윤용복, 「종교 사회복지의 과제와 전망」, 『종교문화비평』 37, 2020.

윤홍식, 「신사회위험과 가족·여성정책의 과제」, 참여연대 사회복지위원회 편,

『한국 사회복지의 현실과 선택』, 2007.

윤홍식, 「한국 복지국가와 문재인 정부 2년: 개발국가 복지체제와 대안적 복지체제」, 『비판과 대안을 위한 사회복지학회 학술대회 자료집』, 2019.

이준우, 「한국 기독교사회복지재단의 현황과 방향성」, 『교회와 사회복지』 19, 2012.

이혜경, 「민간 사회복지부문의 역사와 구조적 특성」, 『동서연구』 10-2, 1998.

장석인·Simon Fietze·성연옥 외, 「종교계 사회적 기업에 관한 연구: 기독교와 불교를 중심으로」, 『기업경영리뷰』 9-4, 2018.

전명수, 「종교사회복지에 대한 비판적 고찰」, 『종교연구』 64, 2011.

_____, 「종교사회복지담론의 재고찰: 비판적 성찰과 전망」, 『종교문화연구』 20, 2013.

_____, 「종교사회복지의 이념과 실천 방식에 대한 재성찰: 종교사회복지의 이론화작업의 일환으로」, 『담론 201』 18-2, 2015.

최현종, 「제도화된 영성과 한국 종교 지형의 변화: 가톨릭과 개신교를 중심으로」, 『오늘의 사회, 오늘의 종교』, 다산출판사, 2017a.

_____, 「다종교 사회의 긴장과 공존: 공적 역에서의 종교」, 『오늘의 사회, 오늘의 종교』, 다산출판사, 2017b.

_____, 「종교와 법률 제도: 공직자 종교차별 관련법을 중심으로」, 『현대사회, 종교, 그리고 돈』, 한국학술정보, 2019.

한국기독교사회복지협의회 편, 『한국기독교사회복지총람』, 한국기독교사회복지협의회, 2007.


Pierson, Christopher. *Beyond the Welfare State? New Political Economy of Welfare.* 3rd ed. Pennsylvennia State University Press, 2006.


대한불교조계종사회복지재단(http://jabinanum.or.kr).

보건복지부 사회복지시설정보시스템
        (http://www.w4c.go.kr/intro/introFcltMainSttus.do).

한국기독교장로회 복지재단(http://www.prokwfm.org/g5).

한국사회복지관협회(https://kaswc.or.kr/welfarecenterguide).

한국장로교복지재단(http://www.pckwel.or.kr/).

# 외국민간원조단체의 연합회
# 설립과정과 특성

장금현

## 1. 들어가는 말

현대 한국사회는 6·25전쟁 이후부터 본격적인 사회복지체계를 경험하기 시작했다. 일제강점기에도 선교사들을 통해 의료, 교육, 돌봄 등의 서구 사회복지 체계를 일부 경험한 바 있다.[1] 그러나 한국사회는 대부분 6·25전쟁을 계기로 입국한 외국민간원조단체(외원단체)들을 통하여 본격적인 사회복지 체계를 경험하게 된다. 현재의 시각에서 보면 미흡한 면이 적지 않지만, 현대 한국사회의 사회복지체계는 그런

---

[1] 다음의 글을 참고. 윤은순, 「한국 기독교의 성경구락부 운동 전개와 학교로의 전환」, 『숭실사학회』 44, 2020, 141~163쪽; 임희모, 「서서평 선교사의 생명살림의 하나님 나라 선교」, 『대학과 선교』 46, 2020, 173~203쪽; 장금현, 「해방 후 경북지역 성경구락부(Bible Club)의 변화」, 『대학과 선교』 43, 2020, 93-127쪽; 민경배, 『월드비전 한국 50년 운동사, 1950-2000』, 월드비전, 2001.

경험을 토대로 쌓아 올린 결과물이라 할 수 있다.

6·25전쟁 이후 사회복지 역사를 연구한 연구물들은 다음과 같다. 이성덕의 「한국의 외원민간 단체의 실태」,[2] 최원규의 「외국 민간 원조단체의 활동과 한국 사회사업 발전에 미친 영향」,[3] 김흥수의 「한국전쟁 시기 기독교 외원단체의 구호활동」[4] 등이 있다. 이 연구물들과 외국민간 원조단체연합회(Korea Association of Voluntary Agencies, KAVA)에서 설립 40주년 기념으로 발간한 『외원사회사업기관활동사』는 민간 외원단체 활동을 전체적으로 이해하는데 중요한 자료다.[5] 이 외에도 KAVA의 대표적인 외원단체의 설립과 활동과 관련된 연구들도 있다.[6] 이 연구들은 KAVA에 가입한 회원단체의 개별연구로 외원단체의 구체적인 활동을 이해하는 데 도움을 준다. 그러나 이 연구물들은 외원단체들의 설립 과정을 자세하게 다루지 못했다. 특히 미국 정부의 정책과 최대 외원단체를 파견한 미국의 외원단체연합회의 출범과 활동내용이 거의 없다. 이 때문에 미국의 외원단체와 한국에 설립된 외원단체연합회와의 연결성이 부족하고, 따라서 연합회 특성을 이해하는 데 어려운 부분이 있다.

---

[2] 이성덕, 「한국의 외원민간 단체의 실태」, 『사회사업』 4, 1969, 25~50쪽.
[3] 최원규, 「외국 민간 원조단체의 활동과 한국 사회사업 발전에 미친 영향」, 서울대학교 박사학위논문, 1996.
[4] 김흥수, 「한국전쟁 시기 기독교 외원단체의 구호활동」, 『한국기독교와 역사』 23, 2005, 97~124쪽.
[5] 카바40년사 편찬위원회, 『외원사회사업기관활동사』, 홍익제, 1995.
[6] 이소라, 「1952-55년 한미재단의 활동과 역사적 성격」, 『韓國史論』 62, 2016, 455-512쪽; 우지현, 「1950년대 아시아재단의 원조와 윤석중의 아동 출판물」, 『한국학연구』 48, 2018, 119-142쪽; 이순진, 「아시아재단의 한국에서의 문화사업」, 『한국학연구』 40, 2016, 9~56쪽; 이은선, 「6·25전쟁과 미국 복음주의와 한국교회」, 『영산신학저널』 44, 2018, 199~237쪽; 최원규, 「한국 전쟁기 가톨릭 기관의 원조 활동과 그 영향」, 『교회사 연구』 26, 2006, 159~194쪽.

따라서 본 논문에서는 미국을 중심으로 한 외원단체들의 출현 배경, 6·25전쟁으로 파괴된 한국사회 복구를 위한 기독교세계봉사회(Church World Service, CWS)의 움직임, 한국과 일본에서 활동하던 LARA(Licensed Agencies for Relief of Asia)의 한계 등을 다루면서, 그 결과로 1951년 5월 세워진 한국기독교세계 봉사회(Korea Church World Service, KCWS)와 1952년 1월 세워진 KAVA를 살펴보고자 한다.[7] 그러면 외원단체연합회 출현과 특성을 이해하는 데 수월할 것이다.

본 연구를 위해 주로 KCWS 초기 회의 보고서, KAVA 연차대회 자료, 당시 신문기사 등을 참고할 것이다. 특히 『WCC도서관 소장 한국교회사 자료집: 한국전쟁 편』에 실린 WCC, IMC, CCIA, CWS, KNCC 간의 서로 주고 받은 서신과 보고서를 이용할 것이다.[8] 이 자료들은 한국전쟁 이후 급박하게 돌아가던 상황과 함께 외원단체 설립과정을 이해하는 데 중요하다. 이 외에도 북장로교 연차보고서와 개인보고서도 일부 참고했다.

개신교 외원단체들은 1951년 기독교 연합단체인 KCWS을, 1952년에는 천주교를 포함해 대부분의 외원단체를 아우르는 KAVA를 세워 협력 사업을 펼쳐 나갔다. 이런 맥락에서 KCWS와 KAVA가 어떤 과정을 통해 배태되었는지 살펴보는 것은 의미 있을 것이다. KCWS만 아니라 KAVA의 공동 설립 회원이었던 한미재단(the American-Korean Foundation, AKF)과 천주교의 전쟁구호봉사회(War Relief Service-NCWC, WRS), 1954년 합류해서 KAVA의 본격적인 활동에 기여한 미국의 전국복음주의협회

---

[7] 외국민간외원단체는 비영리·비정부 민간원조단체를 총칭한다.
[8] 김흥수 엮음, 『WCC도서관 소장 한국교회사 자료집: 한국전쟁 편』, 한국기독교역 사연구소, 2003. 자료집에 실린 서신이나 보고서는 '발신인 to 수신인' 형태로 통일시켰다.

(National Association of Evangelicals, NAE)의 세계구호위원회(World Relief Commission, WRC)와 시민단체·노동조합·사회복지단체로 구성된 미국대외원조물자발송협회(Cooperative for American Relief Everywhere, CARE)[9]도 중요하다. 그러나 본 연구의 목적이 KCWS와 KAVA의 설립 과정을 살펴보는 것이기에 여기에 초점을 두었다. 또한 본 연구가 외원단체들의 사회복지활동을 다루기 위한 서론적 고찰에 초점을 두었기 때문에 두 단체의 구체적인 활동을 다루지 않았다. 두 단체의 구체적인 활동은 다음의 연구에서 다루기로 하겠다.

## 2. 미국의 외원단체 출현 배경

미국은 중립법(Neutrality Acts)을 두 차례에 걸쳐 제정했다.[10] 첫 번째는 1794년부터 1818년에 사이에, 두 번째는 1935년부터 1939년 사이에 중립법을 제정했다. 후자는 외원단체 출현과 연결된다. 1935년 이탈리아가 에티오피아를 침략하자 미국은 새롭게 중립법을 제정하여 교전국에 대한 무기·탄약 수출을 금지했다. 1936년에는 여기에 금융

---

9) 이 외원단체의 전신은 1949년에 입국해서 활동한 CARE(Cooperative for American Remittances to Europe, Inc.)다. 이 단체는 처음에 유럽을 돕기 위해 설립되었으나, 활동 범위를 한국을 포함한 아시아, 남미, 아프리카 등으로 넓히면서 명칭을 바꾸었다.

10) 1793년의 영·불 간의 전쟁이 일어나자 초대 대통령 워싱턴은 같은 해 4월 22일에 '중립 선언'을 발표하고 양국에 우호적인 입장을 견지하였다. 이듬해에 국내법으로서 중립법을 제정하여 미국인이 외국의 병사로 복무하는 것과 교전국이 미국의 영토나 영수에서 적대행위 준비 등을 금지했다. 이 법률은 1817년의 법률로 보완되고 다음 해에는 항시적 입법으로서 완비된 개정 중립법이 제정되었다. 정치학대사전편찬위원회 엮음, 「미국 중립법(Neutrality Acts of the U.S.A.)」, 『21세기 정치학대사전(상)』, 정치학대사전편찬위원, 2002, 811쪽.

상의 거래 금지를 덧붙였다. 1939년 일부 개정한 중립법에서는 교전
중인 국가에서의 경제활동을 정지시켰다. 또한 미국 적십자사(American
Red Cross)를 제외한 모든 외원단체는 교전국에서 구호활동을 지속하
려면 국무부에 등록해야 한다는 조건을 내세웠다. 따라서 외원단체들
은 국무부에 등록하고 매월 보고서를 제출해야 했다. 당시 등록된 외
원단체는 총 545개로 1939년 9월부터 1942년 6월까지 원조한 액수가
총 7,500만 달러였다. 교전국이 아니었다는 이유로 중국과 소련에
2,500만 달러를 별도로 원조했던 등록하지 않은 외원단체도 있었다.[11]
1941년 3월 13일 루즈벨트(Franklin D. Roosevelt) 대통령은 산하에 전쟁
구호단체위원회(Committee on War Relief Agencies)를 설치하고, 700개
이상 되는 외원 단체들의 조율을 맡겼다. 그리고 1942년 6월 그는 전쟁
구호관리국(War Relief Control Board, WRCB)을 설치하도록 행정명령
9205호를 내렸다. 이에 따라 7월 25일 WRCB가 설치됐다. WRCB는 미
국적십자사와 종교 단체, 국내에서 활동하는 구호단체들을 제외한 해
외대상 전쟁구호자선 단체들의 허가 및 통제 임무를 부여받았다.[12]

이런 상황에서 1943년 1월 '전국전쟁펀드'(the National War Fund)가
출범했다. 전쟁펀드는 국내외 전쟁 관련 단체들을 원조하기 위한 기
금 마련을 주요 목적으로 설립됐다. 주 단위로 진행했던 기금모금 행
사는 대성공을 거두었다. 이 외에 '연합유대인의 호소'(the United Jewish
Appeal)의 유대인 전쟁희생자들을 위한 모금운동과 'UN의류수집'(the
United National Clothing Collection)도 성공을 거두었다. 일련의 성공으

---

11) A Special Subcommittee of the Committee on Foreign Affair, *Voluntary Foreign
   Aid*, in Eightieth Congress Second Session (Washington D.C.: US Government
   Printing Office, 1948), p.59.
12) Ibid., p.60, 63. 전쟁구호통제국에서 몇 가지 조건을 내세웠는데, 그중의 하나
   는 정치나 선전 활동에 참여하지 않는 것이다.

로 고무된 이 단체들은 1943년 "세상과 종교의 유익"을 목표로 협력 사
업을 확대하고, 상호관심사를 공유하고자 '해외봉사를 위한 자원단체
미국협회'(The American Council of Voluntary Agencies for Foreign Service,
ACVAFS)를 설립했다.[13] 1944년 초 ACVAFS는 가능한 많은 해외전쟁구
호단체들이 WRCR의 허가를 받고 참여해주길 요청했다. WRCB의 후신
인 '해외민간자문위원회'(the Advisory Committee on Voluntary Foreign
Aid, ACVFA)는 ACVAFS 소속 외원단체들과 긴밀한 관계를 맺으며 활동
을 지원했다. 당시 등록된 단체 중에서 한국과 연결된 외원단체로 기
독교세계봉사회(Church World Service, CWS), 제7안식교, 형제봉사회,
CARE(Cooperative for American Remittances to Europe, Inc.), 루터세계구
호회, 메노나이트 중앙위원회, YMCA, YWCA, 구세군 등이 있다. 천주
교에서는 전쟁구호봉사회(War Relief Services-National Catholic Welfare
Conference, Inc.)가 참여했다.[14]

## 3. 6·25전쟁과 외원단체연합회 형성과정

6·25전쟁으로 알려진 한국전쟁이 발발하자 국제선교협의회
(International Missionary Council, IMC)[15] 사무총장 랜슨(C. W. Ranson)

---

[13] Arthur C. Ringland, "The Organization of Voluntary Foreign Aid: 1939-1953",
Washington D.C.: U.S. Government Printing Office, April 1954, Reprinted from
the Department of State Bulletin of March 15, 1954, p.387.

[14] A Special Subcommittee of the Committee on Foreign Affair, *Voluntary Foreign
Aid*, pp.68-70.

[15] IMC는 1921년 뉴욕 몽홍크에서 세계선교대회(WMC)를 토대로 1921년 학생
자발운동(SVM)을 주도했던 모트(John R. Mott)를 중심으로 14개국이 모여 설
립됐다. IMC는 1948년 설립된 WCC와 협력하며 활동하다가 1961년 WCC와

에게 긴급 전보가 도착했다. 발신자는 한국기독교교회협의회(the Korean National Christian Council, KNCC) 사무총장 남궁혁과 구세군 황종률이 었다. 6월 26일 발송한 내용은 긴박하고 간절했다.

> 거대한 침공이 우리 모두를 압박하고 있습니다. 미국의 즉각적인 도
> 움을 요청합니다. 여러분은 최고의 영향력을 발휘해 주십시오. 한국
> 전쟁을 해결하기 위한 모든 외교적 노력을 해주십시오. 특히 UN이
> 결정한 조치를 미국이 지지하도록 찬성해주십시오.16)

전보를 받은 즉시 랜슨(C. W. Ranson)은 당일 오후 2시에 긴급회의를 열었다. 긴급회의는 북미해외선교회(Foreign Missions Conference of North America, FMCNA) 한국위원회(극동위원회) 서기 크로스(Rowland M. Cross)의 집에서 감리교 해외선교회의 브럼버(T. T. Brumbaugh), 장로교의 루랜드(L. S. Ruland), 플레처(Fletcher), CWS 아시아 책임자이며 YWCA에 소속된 보트(Arnold Vaught), 데커(J. W. Decker), 에스피(Miss Espy), 구세군의 홉스(Thomas Hobbs) 그리고 펜(W. P. Fenn) 등이 참석했다. 이들이 긴급히 다룬 사항은 선교사들과 그들의 가족탈출 문제, 그리고 한국교회 문제였다. 회의를 마친 뒤 랜슨은 남궁혁에게 다음과 같은 내용의 전보를 보냈다.

> 해외선교위원회(Foreign Mission Conference)와 국제문제교회위원회
> (Commission of the Churches on International Affairs)와 공유해 주셔서

---

하나로 통합했다. 이형기, 『에큐메니칼 운동사』, 대한기독교서회, 2004, 241쪽; 세계교회협의회 편, 「제1차 총회(1948.8.22.-9.4.)」, 이형기 역, 『세계교회협의회 역대총회 종합보고서』, 한국장로교출판사, 2003, 68쪽.

16) Rowland M. Cross to Member Boards of the Korea Committee, "Foreign Missions Conference of North America", June 27, 1950.

감사합니다. 해외선교위원회는 한국의 긴급한 문제를 위해 모임을
가졌습니다. 놀데(Frederick Nolde)는 UN채널을 통해 접촉하고 있습
니다. 여러분에게 발전된 결과를 알려드리겠습니다. 데커와 놀데와
저는 깊은 염려에 빠졌고, 여러분을 위해 계속 기도하겠습니다.[17]

　　1950년 8월 9일 CWS 한국책임자 아담스(Edward Adams, 安斗華)[18]는
IMC 총무 데커에게 서신을 보냈다. 데커는 6·25전쟁이 일어났을 때
한국구호를 위해 앞장섰던 인물이기도 하다. 아담스는 WCC 중앙위원
회의 사무총장 후프트와 IMC 사무총장 랜슨이 한국교회를 위한 서신
"All Christians in Korea"[19]를 7월 27일 잘 받았다는 내용과 함께, 한국의
상황을 전했다. 그는 서신에서 한국에 남아 있는 선교사들은 피난민
자녀들을 위해 학교를 세우고, 막힌 길을 뚫고, 피난민 수용소 설립을
계획하고 있음을 알렸다.[20] 아담스의 소식을 접한 데커는 8월 24일 답

---

[17] RANSON to H. Namkung, "Western Union Cablegram", June 26, 1950.
[18] 6·25전쟁으로 대부분의 선교사가 일본으로 피신했을 때, 북장로교 선교사이
　　며 CWS 한국책임자 아담스는 한국에 남아 CWS, IMC, WCC와 한국사회와
　　교회의 상황을 공유 하며 부산에서 구호활동을 펼쳤던 인물이다. 그는 CWS
　　Inc. 산하 KCWS가 설립될 때 중요한 역할을 맡았다.
[19] All Christians in Korea는 WCC는 세계질서를 위한 기구 UN이 북한의 침략에
　　맞서도록 신속하게 결정해 줄 것과 경찰 법령을 재가해 줄 것을 권고한다는
　　WCC중앙위원회의 7월 13일 <토론토 성명서> 발표 이후 WCC 중앙위원회
　　사무총장 후프트와 IMC 사무총장 랜슨이 공동명의로 한국교회에 "세상의 어
　　떤 권력에 의한 폭력이나 위협도 우리에게 그 자유를 앗아갈 수 없음"을 선
　　언하고 위로와 격려를 포함한 서신이다. C. W. Ranson, W. A. Visser 't Hooft,
　　"All Christians in Korea", July, 1950.
[20] Edward Adams to Dr. Decker, August 9, 1950. 이 서신은 8일 후인 17일 IMC에
　　접수 됐다. 북장로교 선교사 중 남은 선교사들은 CWS 한국책임자 아담스, 신
　　사참배를 반대 한 성도들을 도왔다는 이유로 강제 송환된 힐(Harry J. Hill, 許
　　一), 신사참배 거부로 강제 출국했던 캠벨(Archibald Campbell, 甘富悅), 원한경
　　의 아들로 청주에서 사역하던 존 언더우드(John T. Underwood, 元約漢), 성경
　　구락부 설립자 킨슬러(France Kinsler, 權世栩), 존 언더우드의 형이며 해병사

신을 보냈다. 한국에 남아 있는 선교사로부터 받은 첫 번째 한국 소식
이라며 고마움을 표했다. 그러면서 자신이 받은 서신을 모든 관계자와
WCC에도 보내 내용을 공유하겠다고 약속하고, 선교사들이 한국에 남
아있는 이유는 하나님께서 하실 일들, 곧 선교사들의 세운 계획을 이
루시기 위함이라며 격려했다. 그러면서 그는 CWS에 확인해서 대안을
모색하겠다고 확약했다.[21] IMC 사무총장 랜슨도 9월 7일 아담스에게
서신을 통해 고통받고 있는 한국교회를 위한 실제적인 구호문제를 계
획하고 있음을 전했다. 그러면서 그 방법을 곧 공개할 것임을 밝혔
다.[22]

CWS 아시아 책임자 보트도 10월 6일 IMC 총무 데커에게 서신을 보
냈다. 내용은 대부분 한국에서의 구호문제였다. 한국에서 기존의
LARA를 재개하는 것이 최상의 방안이지만, 그러나 복구가 불가능하고,
복구해도 한계가 있다는 것이 그의 생각이었다. 그 이유는 이전과 달
리 많은 재정과 조직력이 필요했기 때문이다. 한국과 일본 구호를 목
적으로 설립된 LARA는 1946년 기독교를 배경으로 한 10개와 단체와 사
회복지단체 및 노동자단체 등 3개 단체가 연합하여 조직한 외원단체
연합회였다.[23] CWS는 LARA를 통해 한국을 지원했을 뿐 아니라, LARA

---

단정보부에서 근무하던 언더우드II(Horace Grant Underwood, 元一漢) 등이 남
았다.

[21] John W. Decker to Edward Adams, Aug. 24, 1950.

[22] C. W. Ranson to Dr. Edward Adams, Sept. 7, 1950.

[23] House Select Committee on Foreign Aid, "Final Report on Foreign Aid", *A
Resolution Creating A Select Committee on Foreign Aid,* Washington D.C.: US
Government Printing Office, 1948, p.73. 미국친우봉사단(American Friends
Service Committee), 형제봉사단(Brethren Service Committee), 기독교세계봉사
회(Church World Service), 기독교인의 전시활동위원회(Committee on Christian
Science Wartime Activities of The Mother Church), YMCA 국제위원회
(International Committee, YMCA), 인권을 위한 노동자 연맹(Labor League for

의 구호물품 55-60%를 담당했다.[24] LARA는 활동을 주로 아동구호에
집중했다. 그러나 6·25전쟁으로 폐허가 된 한국사회는 전방위적인 구
호와 재건이 필요했다. 따라서 LARA로는 한계가 있었다. 이를 위해 새
로운 대안을 찾아야 했다. 이 때문에 보트는 서신에서 가칭 NCC 구호
위원회(NCC Relief Committee) 혹은 한국기독교구호위원회(Church Relief
Committee in Korea) 등으로 불리는 구호연합단체를 설립할 것이라고
전했다. 새 구호단체는 이전의 단순한 구호에서 벗어나 재건을 동시에
실행할 수 있는 큰 규모의 연합기관이어야 했다. 아담스가 CWS 한국
책임자로 활동하고 있지만, 교회와 기독교 기관의 복구와 재건까지는
장담할 수 없는 상황이었다. 보트는 대안으로 KNCC, 기독교서회, 신학
교와 같은 연합기관을 예로 들면서 구호에 관심이 많은 교단과 단체를
묶을 수 있는 연합단체 설립이 필요하다는 점을 제시한 것이다.[25]

그로부터 5일 뒤인 10월 11일 CWS는 CCIA[26] 위원장 놀데의 요청에
따라 실행 부위원장 램지(Fred W. Ramsey)와 아시아 책임자 보트의 명
의로 UN 자문기구인 경제사회위원회(the Economic and Social Council)

---

Human Rights), 루터세계봉사회(Lutheran World Service), YWCA 전국위원회
(National Board, YWCA), 전국산업별연맹(National Congress of Industrial
Organizations), 구세군(Salvation), 천주교 전쟁구호봉사회(War Belief Service,
National Catholic Welfare Conference), 메노나이트 중앙위원회(the Mennonite
Central Committee), 일미재단(Japanese-American)으로, 기독교 배경 단체가 13개
중 10개다.

[24] Masko Iino, "Licensed Agencies for Relief in Asia," Lane Ryo Hirabayashi, ed.,
*New World, New Lives,* California: Stanford University Press, 2002, p.64.

[25] Harold Voelkel to Dr. J. W. Decker, Oct. 6, 1950.

[26] CCIA는 국제문제에 효율적으로 대처하기 위하여 1946년 WCC와 IMC가 공
동으로 설립한 단체로 UN의 경제사회위원회(the Economic and Social Council)
와 함께 자문 역할 하는 비정부단체다.
https://www.oikoumene.org/programme-activity/ccia 2021.4.13. 검색.

에 "한국의 구호와 재건 비망록"(A Memorandum on Korea Relief and Rehabilitation)을 제출했다.[27] 내용을 보면, 하나는 CWS는 UN과 미군이 세운 임시 경로를 통해 지원할 것이라는 약속이며, 다른 하나는 여러 나라의 구호단체를 하나로 묶을 수 있는 연합단체가 필요하다는 희망사항이다. 당시 CWS는 한국전쟁으로 38선 이남이 거의 파괴되었기 때문에 독자적으로 구호와 재건을 동시에 수행할 여력이 없었다. 다른 기관도 마찬가지였다. 대신 많은 나라의 외원단체들이 한국구호에 관심을 보였기 때문에, 이 모든 단체를 하나로 묶을 필요가 있었다. UN이나 한국정부와의 협력 관계를 위하여, 또한 구호와 재건의 효율성을 높이기 위하여 연합단체 설립은 필연적 요구였다.

보트의 제안을 받은 IMC 총무 데커는 10월 13일과 16일 연속해서 WCC의 굿달(Norman Goodall)과 매키(Robert Makie)에게 서신을 보냈다. 그는 첫 번째 서신에 기존의 LARA 구호방식에는 한계가 있으며, 따라서 새로운 구호단체가 필요하다는 내용을 담았다. 그리고 이전에 LARA의 구호활동에 교회 역할이 중요했음을 밝히면서, 앞으로도 구호사역을 위한 가장 중요한 단체는 교회가 되어야 함을 강조했다. 두 번째 서신에는 아담스, 보트, 보켈[28] 등이 자신에게 보낸 서신을 동봉해서 전달했다. 그러면서 다시금 구호문제를 언급하였다. 설립될 가칭 '한국구호위원회'(the Committee for Korea Relief)의 지도하에 한국교회

[27] Fred W. Ramsey, Harold Swallen Voelkel to the Economic and Social Council, "A Memorandum on Korea Relief and Rehabilitation", Oct. 11, 1950.

[28] 보켈(Harold Voelkel)은 1928년 내한해서 안동에서 주로 사역했던 북장로교 선교사다. 그는 1941년 강제로 출국 당했다가 해방 후 재내한해서 안동선교부와 NCC 사업을 지원 했다. 그 후 1950년 미군 군목 신분으로 인천에 상륙해 포로수용소에서 선교 활동했던 인물이기도 하다. 김승배·박해진 엮음,『내한 선교사 총람: 1884-1984』, 한국기독교역사연구소, 1994, 511쪽.

가 구호활동의 전면에 나설 수 있도록 뒤에서 후원하자는 내용이다. 그리고 CWS가 이 문제에 대하여 배타적인 방식에서 벗어나자고 제안 했다.29) 데커는 이 제안을 10월 20일 구체적으로 실행에 옮겼다.

10월 16일 NCC 총무이며 IMC 사무총장 랜슨(C. W. Ranson)도 미군 군목 신분으로 인천상륙작전에 참가한 보켈(Harold Voelkel)이 IMC 총무 데커에게 보낸 제안, 즉 구호와 재건을 위한 제안을 정리해서 답하겠다는 회신을 보냈다.30) 이후 랜슨은 10월 20일 WCC의 빌하이머(R. S. Bilheimer)와 리스(Elfan Rees), FMCNA의 크로스(Rowland M. Cross), IMC의 데커(J. W. Decker), CWS의 페어필드(W. C. Fairfield)와 함께 자신의 집에서 모임을 가졌다. 비록 비공식 모임이었지만, 그동안 보트가 제시한 방법을 구체화한 모임이었다. 이 모임에서 결정한 내용은 총 6가지다.

(i) 즉각적인 단계는 IMC가 NCC를 통하여 한국기독교대표구호위원회(Korea of a representative Christian committee on relief)를 설립하는 것이다.

(ii) 이 위원회는
(a) 가장 시급한 요구가 무엇인지 평가하고
(b) 가용 자금과 공급품 배치를 IMC와 WCC에 제안하고
(c) 한국기독교 구호행정에 대한 책임과 한국에서 활동하는 UN조직(및 기타 외원기관)과의 연락을 책임진다.

(iii) 필요가 입증된 다른 기관과의 상담 창구처럼 IMC와 WCC의 총무처 직원들은 한국에서 제안받은 한국구호단체와 해외에서 준비 중인 외원단체들 사이에서 협력단체로 활동한다.

(iv) IMC와 WCC의 합동 기관인 CCIA는 한국구호를 위해 UN본부와

29) J. W. Decker to Dr. Norman Goodall, Dr. Robert Mackie, Oct. 13, 1950.; J. W. Decker to Dr. Norman Goodall, Dr. Robert Mackie, Oct. 16, 1950.
30) C. W. Ranson to Harold Voelkel, Oct. 16, 1950.

UN기구와 연락한다.
(v) 초교파적인 구호와 더 큰 문제에 협력을 논의하기 위해 후프트
박사, 맥키, IMC 사무국, CWS 대표, NCCC의 외국국(the Foreign
Division)과 12월에 모임을 갖는다.
(vi) 빌하이머가 제네바에 이 토론들을 보고하고, 그가 돌아오면 이
비공식적인 모임을 재개할 것이다.31)

랜슨 자택에서 6명이 모여 논의 끝에 6가지를 결정했지만, 핵심은
긴급원조를 위한 한국기독교대표구호위원회(Korea of a representative
Christian committee on relief)를 조직하여 구호와 그와 관련된 모든 사
항을 시행하겠다는 것이다. 회의에서 나눈 모든 사항을 취합한 빌하이
머는 이미 데커의 서신을 통해 상황을 인지하고 있던 WCC 본부로 떠
났다. 효율적인 구호를 위한 협력방안을 논의하기 위해서였다. 데커는
11월 13일 한국에 있는 아담스에게 그동안의 내용을 전하면서, 보내준
서신들을 모두 IMC 사무총장 랜슨과 WCC 중앙위원회 사무총장 후프
트와 공유하고 있음을 알렸다. 그러면서 그는 서신에서 필요한 구호와
기독교 사역의 재건을 위해 충분한 기회가 주어질 것임을 알렸다.32)
초교파적인 연합회 조직 결정은 12월 2일 클리블랜드에서 개최된
전 미기독교연합회(the National Council of the Churches of Christ in the
United States of America, NCCC) 총회에서였다. 총회에서 IMC와 WCC의
후원 아래, 다양한 인종의 대표로 구성된 외원단체연합회를 구성한다
는 내용을 결의했다. 이와는 별개로 CWS 아시아 책임자인 보트도 한
국원조를 위해 다른 계획을 준비하고 있었다.33) 전자를 통해 1951년 5월

31) C. W. Ranson, "Korean Relief", Oct. 20, 1950.
32) J. W. Decker to Edward Adams, No. 13, 1950.
33) IMC to W. A. Visser 't Hooft, March 14, 1951.

1일 CWS, Inc. 산하에 KCWS가, 후자를 통해 1952년 1월 KAVA가 각각 설립되었다.

## 4. 외원단체연합회 설립

### 1) KCWS(Korea Church World Service) 설립과 특성

CWS는 1946년 1월 1일 "누구도 독자적으로 할 수 없는 일을 우린 협력해서 해낼 수 있다"는 확신 아래 17개 교단이 모여 조직한 외원단체다.[34] CWS의 역할은 굶주린 이들에게 먹을 것을, 벌거벗은 이들에게 입을 옷을, 병든 이들에게 치료를, 나이든 이들에게 안정감을, 집 없는 이들에게 쉴 곳을 제공하는 것이다. 미국교회와 성도들의 후원을 받아 CWS는 1946년부터 1947년까지 전쟁으로 폐허가 된 유럽과 아시아에 1,100만 파운드가 넘는 식품, 의류, 의료품 등을 원조했다. 특히 1947년 루터세계구호회(Lutheran World Relief, LWR)와 전국천주교복지프로그램(the National Catholic Welfare Program, NCWP)의 참여로 해외구호활동을 확대할 수 있었다.[35]

6·25전쟁 직후 가장 먼저 조직된 외원단체연합회는 KCWS다. 10월 20일 열린 6인의 회의에서는 NCC를 통해 소위 한국기독교대표구호위원회(Korea of a representative Christian committee on relief)를 설립하기로 뜻을 모았다. 당시 NCC가 상대할 수 있는 한국의 기독교대표단체

---

34) "History", https://cwsglobal.org/about/history/ 2021.2.12. 검색.
35) LWR는 1950년 7월 1일부터 1952년까지 UN을 통해 184,265달러, NCWP는 3,623,492달러의 원조비를 한국으로 보냈다. 카바4(총)위원회, 『외원사회사업기관활동사』, 65쪽.

는 KNCC였다. 따라서 KCWS 설립에 KNCC가 밀접하게 관계되어 있음을 알 수 있다. NCCC는 CWS중앙부(Central Department of Church World Service)와 병합해서 CWS, Inc.를 출범시켰다. 그리고 CWS, Inc는 산하에 KCWS를 두기로 결정했다. 따라서 KCWS는 CWS의 주도와 KNCC의 협력으로 탄생했다고 보는 것이 타당할 것이다. KSCW에서 채택한 〈헌법〉은 대부분 CWS, Inc와 KNCC와의 관련된 내용이다. KCWS 〈헌법〉 제1장에 따르면 공식 명칭은 한국기독교세계봉사회(KCWS)였다. 그러나 부를 때는 "기독교세계봉사회"(CWS)로 통일시켰다. 〈헌법〉의 주요 내용은 다음과 같다.

제2장 목적
이 단체를 조직한 목적은
(1) 제네바에 본부를 두고 WCC에 속한 CWS, Inc.의 허락받고 한국을 대표하는 기관으로 봉사하기 위함이고,
(2) 한국을 대표하는 단체들을 지정하여 전달된 CWS나 다른 단체들의 물품들을 접수하여,
(3) 예수 그리스도의 이름으로 인종, 신념, 피부와 상관없이 구호품을 나누어주고,
(4) 특히 자립과 재건하려는 사람들을 격려하는데 가능한 모든 방법으로 돕고자 함이다.
제3장 인가
KCWS는 뉴욕의 CWS을 따르며, 모든 문제는 뉴욕 본부와 상의한다.
제4장 위치
부산에 사무실을 잠시 두지만, KCWS 중앙위원회에 재량권을 주어 후에 서울로 복귀한다.
제5장 회원
KCWS는 선교사와 2년간 다음의 사항을 따르는 한국인 중에 선택한다.

(1) CWS에 소속된 교회나 한국에서 선교하는 교회는 다음의 선교회
　　가 선정한 대표자들이 선정한다.
　　(a) 감리교회 3명
　　(b) 북장로교회 3명
　　(c) 남장로교회 2명
　　(d) 캐나다 장로교회 1명 총 9명
(2) CWS의 사역에 동참하거나 한국에서 사역하는 선교사가 있는 다
　　른 교단의 가입 여부는 선교사 대표자들이 결정한다.
(3) 회원 단체가 활동에 기여하지 않는다면 대표부를 소환할 것이다.
(4) 한국교회의 대표자는 다음의 교단에서 선출할 것이다.
　　(a) 한국 감리교회 5명
　　(b) 한국 장로교회 7명 총 12명 이외에 한국교회를 대표하는
　　　　단체는 재량에 따라 한 명씩을 선출한다.

제7장 지역 위원회
지방의 요구를 들어주고 해당 지역에 구호 물품을 배포하기 위해
KCWS의 규정에 따라 지역 위원회를 조직할 수 있다. 해당 지역을 모
든 요구사항을 다루게 될 것이다. KCWS는 매년 1회씩 매년 대회를
소집하고, 지역 위원회는 한 명의 대표자를 파송한다.

제8장 KNCC와의 관계
KCWS는 KNCC의 승인된 기관으로 인정되며, KNCC 사무총장 또는
대표는 KCWS의 모든 회의(총회와 실행위원회)에서 발언권을 가진
다.

제10장 채택
본 헌법은 뉴욕의 CWS의 찬성으로 효력을 발휘한다. 제11장 개정 개
정이 필요한 경우 2주 전에 공지해야 한다. 참석자 2/3의 동의와 뉴
욕의 CWS의 찬성으로 개정할 수 있다.[36]

---

36) 1951년 5월 1일 CWS, Inc.는 KCWS를 조직하고 <헌법>을 제정하였다. 회장
　　은 사우어(Charles A. Sauer), 총무는 천심(Chun Shim), 이사는 아펜젤러(Henry
　　Appenzeller)였다. 참석자는 북장로교 선교사로 아동복지회 한국지부 위원,
　　UNCRA위원, CWS 한국책 임자 아담스(Edward Adams, 安斗華)와 함께 권필
　　순, 김창근, 맹기영, 유호춘 등이 참석했다. "The Constitution of Korea Church

KCWS는 〈헌법〉에서 중요한 몇 가지 원칙을 세웠다. 첫째로 KCWS
는 WCC에 예속되고, CWS, Inc의 승인을 받는다. 둘째로 회원은 CWS
에 소속된 장로교와 감리교가 주도하고, 다른 교단이나 선교단체, 기
독교 기관에서는 1명씩만 참여시킨다. 이에 따라 KCWS는 실행위원회
는 장로교와 감리교를 주축으로 일부 교단을 참여시킨 형태로 이루어
졌다.[37]

〈표 1〉 KCWS 실행위원, 소속기관

| 구분 | 1953.10.-1954.4. | 1954.10.-1955.9. |
|---|---|---|
| 회장 | Edward Adams, 斗華(북장) | Edward Adams, 斗華(북장) |
| 부회장 | 장윤영(구) | 장윤영(구) |
| 회계 | E. J. O. Fraser, 裵禮任(캐장) | H. Petrei Mitchell, 裵美喆(남장) |
| 서기 | 김상권(장) | 천순봉(성) |
| 위원 | M. O. Burkholder, 豪德(감) 천순봉(성) 김관우(감) Rene Watkinson, 永惠(호장) | 안광우(장) 김광우(감) McNabb(호장) |
| 감사 | Henry D. Appenzeller(감)[38] | Henry D. Appenzeller(감) |
| 사무총장 | 김종환(장) | 김종환(장) |

---

World Service", The General Meeting of Korea Church World Service (April 30,
1954), 113-120.; "The Constitution of Korea Church World Service", The General
Meeting of Korea Church World Service (Oct. 27, 1954), pp.25-27.

37) 북장로교선교회는 (북장)으로, 호주장로교선교회는 (호장)으로, 감리교선교회
는 (감)으로, 성결교회는 (성)으로, 구세군은 (구)로, 한국장로교는 (장)으로 각
각 표기했다. "The Constitution of Korea Church World Service", The General
Meeting of Korea Church World Service (Oct. 27, 1954), pp.47-49.; "The
Constitution of Korea Church World Service", The General Meeting of Korea
Church World Service (May 1, 1956), pp.25-27.

38) 아펜젤러가 1953년 12월 1일 사망하자 WCC 소속 앳킨슨(James B. Atkinson)
이 국장 대리(Acting Director)로 참여했다.

설립 당시 중앙위원회 위원은 감리교의 빌링스(Peggy Marie Billings, 邊英淑), 전희철, 맹기영, 문창모, 포이트라스(Edward Poitras), 장로교의 채재화, 전필순, 김재석, 김윤식, 노현진, 김윤찬, 유호준, 북장로교의 델마터(Jean Delmarter, 田瑪大), 존슨(Olga Johnson, 趙雲仙), 남장로교의 린톤(William A. Linton, 仁敦), 캐나다 장로교의 스코트(W. Scott), OMS의 길보른(Elmer. Kilboune), 구세군의 위도슨(Chris W. Widdowson, 魏道善), 메노나이트의 리(R. Lee) 등이다. 반면 1955년 세워진 중앙위원회 위원들은 다양성에서 이전과 달랐다. 북장로선교회 3명, 남장로교선교회 2명, 감리교선교회 3명, 한국장로교 8명, 한국감리교 4명, 구세군 2명, 성결교 1명, YWCA 1명, OMS 1명, 호주장로교 1명, 캐나다 장로교 1명, KNCC 1명, 메노나이트 1명, 루터교 1명, 감독교회 1명, 형제봉사단(Brethren Service Committee)[39] 1명 등이다.[40] 실행위원들과 달리 중앙위원들은 여러 교단과 선교단체가 고루 분포된 것을 볼 수 있다. 다만 감리교와 장로교를 제외하면 대부분 기관을 대표해서 1명씩 위원으로 참여한 것이 눈에 띈다. 이는 1951년 제정한 〈헌법〉 제5장 회원의 자격에 따른 결과다.

정리하면, KCWS가 KNCC와 긴밀하게 연결된 연합회였다는 점이 첫

---

[39] 1708년 독일에서 세워진 침례교 계통의 형제교회(Church of the Brethren)에서 세운 외원단체다. 형제교회는 세계에 약 7천 명을 파송할 정도로 선교에 적극적이었고, 현재에도 16개국에서 약 100이 활동하고 있다. "Brethren Volunteer Service," https://www.brethren.org/bvs/history/ 2021.3.2. 검색.; A Special Subcommittee of the Committee on Foreign Affair, *Voluntary Foreign Aid*, p.15. 주로 음식, 의류, 의료, 농업 등의 긴급구호와 긴 기간 동안 공동체의 사회복지, 교육, 어린이 돌봄 등에 역점을 두었다. 특히 기독교세계봉사회와 연합하여 활동했다.

[40] "The Oriental Committee of KCWS", The General Meeting of Korea Church World Service (May 1, 1956), pp.2-3.

번째 특성이다. 당시 한국기독교를 대표할 수 있는 기관이 KNCC였기 때문이다. KNCC는 한국전쟁이 일어날 때부터, CWS와 긴밀한 관계를 유지하고 있었다. 둘째로 KCWS는 개신교를 중심으로 구성됐다는 점 이다. CWS에는 천주교가 참여했지만, KCWS에는 개신교 관련 단체와 기관만 참여했다. 이는 KNCC와의 관계 때문이다. 셋째로 KCWS는 한 국인 사역자들의 활동공간을 마련해 주었다는 점이다. KCWS는 KNCC 에 소속된 한국교회와 목회자를 전면에 내세웠다. 넷째로 KCWS는 소 속 회원 단체들에 어느 정도의 강제성을 갖고 있었다. 회원단체가 KCWS 활동에 기여가 없거나 부족하면 해당 대표부를 소환할 정도의 강제성을 지녔다. 다섯째 KCWS는 산하에 지역 위원회를 두었다. 지역 위원회는 주로 지역교회와 교회지도자들로 구성됐다. 이는 교회가 KCWS 활동의 중요한 근거지였음을 의미한다.

## 2) KAVA(Korea Association of Voluntary Agencies) 설립

1950년 12월 NCCC 총회에서는 보트가 제안한 방식, 즉 기존의 LARA 를 벗어나 구호와 재건을 위한 큰 규모의 연합체를 세우기로 결정했 다. 그 결정에 따라 CWS는 1951년 5월 KCWS를 설립하고, 이듬해에 KCWS 주도로 1952년 1월 KAVA를 설립했다. KAVA는 CWS 중심으로 7개 외원단체가 연합해서 세운 외원단체연합회다. 초대 회장은 캐롤(Msgr. George M. Carroll) 주교였다. 그는 천주교를 대표하여 참석했다. 그가 속한 전쟁구호봉사회(War Relief Service)는 1950년 7월 1일부터 1952년 11월 30일까지 3,623,492달러를 한국에 UN을 통해 구호성금을 보낸 바 있 다.[41] 이 기간에 외원단체들이 한국에 전달한 구호금이 총 10,952,657달 러였다. 이를 보면, 전체 구호금 중에 천주교의 비중이 적지 않았음을 알 수 있다. 그만큼 KAVA에서 천주교를 대표한 캐롤의 영향력은 컸던 것으로 보인다.

1952년 1월 10일 KAVA가 출범했지만, 본격적인 활동은 1955년부터 였다. 초기 운영자금이 없었기 때문이다. 1952년 설립된 한미재단 (AKF)이 1954년 지원한 2만 5천 달러에 힘입어 KAVA는 본격적인 활동을 위해 〈정관〉을 만들고 조직을 구성했다.[42] 이듬해인 1955년 KAVA 는 마샬(Kenric Marshall)을 첫 번째 사무국장으로 선임하고 실무를 맡 겼다. 이때부터 KAVA의 사역이 본격적으로 시작되었다.[43]

AKF는 "한미양국민간의 친선을 증진하고 역사 문화풍속 및 사회생 활에 관한 상호이해를 깊게 하는 동시에 한국을 위한 교육 및 보건 및 후생부면에 원조를 제공하기 위하여 관계 인사들이 모여 설치"된 비영 리민간단체다. 펜실베이니아 주립대학교 총장이며, 아이젠하워 대통

---

41) 카바40년사 편찬위원회, 앞의 책, 65쪽.
42) 위의 책, 68쪽.
43) 1951년 1월 기준 KAVA에 정식으로 등록된 외원단체는 다음과 같다. Adopt a Family Flan, American Korean Foundation, Australian Presbyterian Mission, Benedictine Fathers, British Red Cross, CARE, Catholic Committee of Korea, Christian Children's Fund, Columban Fathers, Foster Parents' Plan for War Children, French Catholic Mission, Friends Service Unit, English Church Mission, Houses for Korea, Korea Church World Service, League of Red Cross Societies, Maryknoll Fathers, Maryknoll Sister, Mennonite Central Committee, Methodist Mission, Methodist Mission(여성), Oriental Missionary Society, Presbyterian Mission US(Southern), Presbyterian Mission USA(Northern), Salesian Fathers, Salvation Army, Save the Children Federation, Save the Children Fund, Seventh Day Adventist Mission, Southern Baptist Mission, Unitarian Service Committee of Canada, United Church of Canada Mission, War Relief Services-National Catholic Welfare Conference, World University Service, World Vision, YMCA, YWCA. Korea Association of Voluntary Agencies, Directory of Foreign Voluntary Agencies in Korea. 「외국민간지원단체 한국원조현황」, Seoul: KAVA, 1955, p.127.

령 선거 운동에 앞장섰던 동생 밀튼 S. 아이젠하워(Milton S. Eisenhower)
가 초대 이사장을 맡았고,[44] 주미한국대사인 양유찬이 한국 측 대표로
참여했다.[45] 공화당 소속 아이젠하워가 대통령으로 당선되자, AKF는
1954년부터 적극적으로 재정을 투입하며 한국원조에 나섰다. 그는 공
화당의 리더로 공산주의와 대척점에 서 있었기 때문에, 원조를 통한
한국 재건은 그의 정책 과제이기도 했다. 따라서 명칭이 AKF지만 임원
과 이사는 미국인들이 맡았다. 다만 한국에는 출장소를 두고 소장에
한국인을 임명했다. 초대 한국출장소 소장은 국방장관을 역임한 이기
붕이었다.[46] AKF 일행이 1953년 3월 한국을 방문하여 8일 동안 여러
곳을 다녔다. 대표 라스크는 한국을 떠나면서 자신들의 보고들은 바를
정리해서 4월에 열리는 이사회에 보고하겠다고 약속했다.[47] 약속대로
4월에 열린 AKF 이사회에서는 "한국의 부흥을 원조하기 위한 오백만
달러의 금액을 조달할 것을 가결"했다. 그리고 이사장 아이젠하워는
한국의 부흥을 위한 장기계획을 세우고 예산을 마련하기 위해 특별위
원회 위원들을 임명했다.[48] 그리고 하원 의원 드러스크를 대표로 한
AKF 사절단이 "한국구호 재건사업의 실지 계획에 착수"하기 위해 2차
로 내한했다. 그때까지 목표로 세운 5백만 달러 중에서 350만 달러를
모금할 정도로 AKF는 적극적으로 움직였다.[49]

1954년 AKF가 기부한 2만 5천 달러와 기독교세계봉사회(CWS), 천
주교 전쟁구호봉사회(WRS), 세계구호위원회(WRC), 미국대외원조물자

44) 「아元帥令弟任命」, 『동아일보』, 1952.12.17.
45) 「韓美財團이란?」, 『조선일보』, 1953.3.13.
46) 「李起鵬씨 任命,韓美財團出張所長」, 『동아일보』, 1953.9.3.
47) 「韓國勇氣에 깊은 感銘, 救護復興에 全面的 救護」, 『경향신문』, 1953.3.20.
48) 「五百萬弗을 調達키로 韓美財團의 對韓援助」, 『동아일보』, 1953.4.11.
49) 「救護再建事業 本格化」, 『동아일보』, 1953.8.22.

발송협회(CARE)가 내는 연회비 1,000달러씩을 토대로 KAVA가 작동되기 시작했다. 이 단체들은 성격에 차이가 있었다. AKF는 민간단체지만 정치색이 강했고, CWS는 진보적인 성향의 WCC의 산하 단체이고, WRC는 복음적인 NAE의 산하 단체이고, WRS는 천주교 산하 구호단체이고, CARE는 미국과 캐나다의 26개 시민봉사단체, 노동조합과 사회복지단체로 구성된 단체다. AKF, CWS, WRS는 1952년 설립 외원단체이고, WRC와 CARE는 1954년 가입한 외원단체다.[50] 이런 다양성에 기초해서 KAVA가 본격적으로 작동된 것이다. KAVA의 회장과 부회장도 이 단체들에서 나왔다. 〈회장, 제1부회장, 제2부회장 명단과 소속 외원단체〉를 보면서 회장단이 어떻게 구성됐는지 짐작할 수 있다. 1952년부터 1970까지로 한정한 것은 KAVA가 이 시기에 가장 활발했고, 외원단체도 많았기 때문이다. 한국경제가 성장함에 따라 외원단체들이 본격적으로 철수하기 시작했고, 그때부터 1995년 폐지될 때까지 KAVA의 세력이 점차 줄어들었다. 1970년 76개였던 KAVA는 1971년 68개, 1979년 50개로 감소했다. 분과위원회도 1971년 5개에서 2개로 축소됐다.[51] 따라서 여기에는 1970년까지로 한정시켰다. 『외원사회사업기관활동사』에 실린 역대 회장, 제1부회장, 제2부회장은 다음과 같다.[52] 이름 아래는 소속단체명이다.[53]

---

50) 카바40년사 편찬위원회, 앞의 책, 281쪽, 288쪽, 292쪽, 424쪽.

51) 최원규, 「외국민간원조단체의 활동과 한국사회사업 발전에 미친 영향」, 213쪽, 222~223쪽; 외원철수 배경으로 1) 미국경제의 쇠퇴로 외원단체의 지원 감소, 2) 한국의 경제성장, 3) 아프리카 비아프라와 월남 등에서 원조 요청, 4) 한국정부의 통제 강화, 5) 외원단체의 본래 목적 추구 등이 있다.

52) 카바40년사 편찬위원회 편, 앞의 책, 427~428쪽.

53) 단체명은 한국기독교역사연구소에서 출간한 『내한 선교사 총람: 1884-1984』와 KAVA 연차대회 자료를 참고했다. 김승배·박해진 엮음, 『내한 선교사 총람: 1884-1984』, 한국기독교역사연구소, 1994.

〈표 2〉 회장, 제1부회장, 제2부회장 명단과 소속 외원단체

| 연도 | 회장 | 제1부회장 | 제2부회장 |
|---|---|---|---|
| 1952 | G. M. Carroll | - | - |
| | 천주교/ WRS | | |
| 1953 | G. M. Carroll | - | - |
| | 천주교/ WRS | | |
| 1954 | G. M. Carroll | M. O. Burholder | - |
| | 천주교/ WRS | 감리교/ CWS | |
| 1955 | M. O. Burholder | G. M. Carroll | - |
| | 감리교/ CWS | 천주교/ WRS | |
| 1956 | C. W. Widdowson | E. W. Francel | - |
| | 구세군/ CWS | 미확인 | |
| 1957 | C. W. Widdowson | Lenning Sweet | - |
| | 구세군/ CWS | YMCA/ CWS | - |
| 1958 | J. P. Claypool | G. M. Carroll | J. A. Abernathy |
| | CWS | 천주교/ WRS | 남침례교/ CWS |
| 1959 | G. M. Carroll | Robert W. Saga | Miss Anne Davison |
| | 천주교/ WRS | 양친회/ CWS | CWS |
| 1960 | R. F. Underwood | G. M. Carroll | Hallam Shorrock |
| | AKF | 천주교/ WRS | CWS |
| 1961 | G. M. Carroll | R. F. Underwood | F. W. Harvey |
| | 천주교/ WRS | 장로교/ CWS | 구세군/ CWS |
| 1962 | F. W. Harvey | G. M. Carroll | Arthur E. Chadweil |
| | 구세군/ CWS | 천주교/ WRS | 성공회/ CWS |
| 1963 | Colin W. Morrisson | Frank W. Ryan | G. M. Carroll |
| | CWS | 양친회/ CWS | 천주교/ WRS |
| 1964 | Frank W. Ryan | H. G. Underwood | John R. Heisse |
| | 양친회/ CWS | 장로교/ CWS | 천주교/ WRS |
| 1965 | G. M. Carroll | J. E. Kilbourne | Frank W. Ryan |
| | 천주교/ WRS | OMS/ WRC | 양친회/ CWS |
| 1966 | J. E. Kilbourne | M. O. Burholder | A. B. Batalden |
| | OMS/ WRC | 감리교/ CWS | CWS |

| 연도 | 회장 | 제1부회장 | 제2부회장 |
|------|------|-----------|-----------|
| 1967 | M. O. Burholder | Petrie Mitchell | J. E. Kilbourne |
|      | 감리교/ CWS | 장로교/ CWS | OMS/ WRC |
| 1968 | H. J. Hubers | Peter Van Lierop | B. M. Kazimiroff |
|      | 한국개혁교회 | 장로교/ CWS | YMCA/ CWS |
| 1969 | Rudy Klimes | Fred Ruth | Cho Ki-Dong |
|      | 안식교/ CWS | 구세군/ CWS | 유니테리언/ CWS |
| 1970 | Fred Ruth | C. Harper | Philip J. Reilly |
|      | 구세군/ CWS | 감리교/ CWS | 메리놀부친회/ WRS |

1952년부터 1970년까지의 회장, 제1부회장과 제2부회장을 역임한 단체의 횟수를 정리하면 다음과 같다. 회장은 CWS에서 11회, WRS에서 6회를 맡았고, 제1부회장은 CWS에서 11회, WRS에서 5회, 제2부회장은 CWS에서 9회, WRS에서 4회를 맡았다. 임원진의 분포도를 보면, CWS와 천주교의 WRS가 주축을 이루고 있고, 여기에 WRC의 엘마 길보른 (J. E. Kilbourne)과 AKF의 언더우드(R. F. Underwood)가 한 번씩 회장을 역임했다. 길보른은 1961년과 1962년에, 언더우드는 1959년에 재정을 담당하기도 했다. 반면 CARE에서는 회장이나 부회장으로 활동한 인물이 없다. 눈에 띄는 인물은 WRS의 캐롤(G. M. Carroll)이다. 그는 회장을 6년, 제1부회장을 4년, 총 10년 동안 KAVA에서 회장과 부회장을 역임했다. 1970년 이전에 등록한 천주교 외원단체는 총 80개 중에서 24개에 이른다.[54) WRS의 책임자인 캐롤은 천주교를 대표해서 KAVA에서 활동한 인물로 설립 초기부터 적극적으로 참여했다.

---

54) 1975년 1월 기준으로 보건사회부에 등록된 외원단체는 총 86개이며, 1970년 이전까지 등록한 단체는 80개다. 이 중 24개가 천주교 외원단체다. 보건사회부, 『외국민간원조단 체명단(List of Registered Voluntary Agencies)』, 보건사회부, 1971 참조.

## 3) KAVA의 〈정관〉과 특성

1952년 1월 설립 이후 잠잠했던 KAVA는 1954년 AKF의 기부금을 토대로 본격적으로 활동하기 시작했다. 다만 AKF가 2만 5천 달러를 기부했다고 캐롤은 말하지만, 자세한 내용은 추후 확인할 필요가 있다. 실제로 2만 5천 달러를 KAVA에 기부했는지, 아니면 AKF가 보건, 사회복지, 교육, 특별구호에 지원한 비용을 합친 것인지 불분명하다.[55] 아무튼 우여곡절 속에서 KAVA는 1954년 5월 4일 채택한 〈정관〉을 5월 10일 발표했다. KAVA 정관은 전문 9조로 이루어졌다.

제1조 (명칭과 목적)
1항 이 협의체(association)의 명칭을 한국외원단체연합회(Korea Association of Voluntary Agencies: 카바)로 한다.
2항 목적은 회원단체 간의 정보교환과 통일된 기획, 타 기구에 대한 협조를 통하여 그들의 활동을 증진하는 데 둔다.
제2조 (회원 자격)
1항 한국에 있는 모든 외국 민간 사회복지 단체는 회원 자격이 있고, 이 정관이 채택되던 시기에 KAVA의 회원이었던 단체들은 회원으로 간주된다.
2항 민간단체는 비영리 조직으로서 그 정부의 통제에 종속되지 아니하고 주로 민간의 자발적인 성금으로 재원을 충족하며, 본국에서 인정받는 지위를 가짐과 동시에 한국에서 사회복지 활동을 수행하고 있는 단체로 규정한다.
3항 비회원 단체라 할지라도 카바 가입 신청을 사무국장에게 서면으

---

[55] 이소라, 「1952-55년 한미재단의 활동과 역사적 성격」, 『사회사업』 62, 2016, 479쪽, 483쪽, 485쪽, 487. <표 2> 한미재단 2차 사절단 기부금, <표 3> 보건 프로그램 기부금, <표 4> 사회복지 프로젝트 할당액, <표 5> 교육 프로젝트 비용 참고.

로 제출할 수 있으며, 이 신청을 차기 회의에서 표결로 결정한다.

제3조 (대표)

1항 각 회원단체가 1개 투표권만을 행할 수 있되, 회의에서 한 사람 이상의 대표를 보낼 수 있다.

2항 비회원기구의 대표들도 투표권 없이 회의 참석에 초청될 수 있다.

제4조 (운영)

1항 1인의 회장, 1인의 부회장 및 1인의 재무를 단체대표 중에서 선출한다.

카바 운영을 위해 임원들과 4명 이하의 위원으로 실행위원회(Executive Committee)를 구성할 수 있다.

① 카바의 목적과 결의사항을 책임지고 실행하며 초청될 때는 카바를 대표하여 자문하며

② 카바의 재정을 관리하고

③ 모든 행위를 카바의 승인을 위해 보고하며

④ 회장의 요구에 회합하고[56]

KAVA의 〈정관〉에 따른 특성을 보면, KCWS와 분명한 차이가 있다. 첫째로 KAVA는 회원 단체에게 1개의 투표권을 부여했다. 반면 KCWS는 장로교와 감리교 등 설립 회원 단체에는 여러 개의 투표권이 주어졌다. 둘째로 전자가 구속력이 적은 데 비하여, 후자는 강했다. 중요한 안건이나 변경은 CWS, Inc.와 WCC의 통제를 받았다. 셋째로 회원들의 활동에 대해서도 전자는 운신의 폭이 넓었다. 반면 후자는 회원단체의 활동이 미비할 때 해당 대표부를 소환할 정도로 강력한 권한을 가졌다. 넷째로 전자는 한국인의 임원들이 없었고, 1957년부터 실물을 담당했던 사무국장만 한국인으로 세웠다. 반면 후자는 한국인들이 많은 비중을 차지한다. 그 이유는 KCWS가 KNCC에 소속한 교회나 단체의

---

56) 카바40년사 편찬위원회 편, 앞의 책, 69~70쪽.

한국인들의 참여를 적극적으로 받아들였기 때문이다. 다섯째로 재정
도 KAVA는 회원단체들의 회비와 지원비로 운영했지만, KCWS는 주로
CWS의 재정으로 운영했다.[57] 정리하면 KCWS는 KAVA 회원단체로 연
합활동에 주도적인 역할을 수행하면서, 동시에 독자적인 방식으로 활
동했다고 보는 것이 타당하다.

## 4) KAVA의 현황

해외에서 활동하는 민간구호단체에 대하여 미국무성의 지역개발위
원회에서 작성한 *Voluntary Foreign Aid Programs*를 보면, 시기마다 외
원 단체들의 활동 지역이 이동했음을 알 수 있다. 외원단체의 지역별
활동(1946년, 1960년, 1975년)을 보면 다음과 같다.[58]

〈표 3〉 외원단체의 지역별 활동, 비율(%)

| 연도 | 유럽 | 아시아 | 극동아시아 | 동아시아 | 아프리카 | 라틴아메리카 |
|---|---|---|---|---|---|---|
| 1946년 | 85 | | 5 | 10 | | |
| 1960년 | 31 | 52 | | | 6 | 11 |
| 1975년 | 2 | 67 | | | 10 | 21 |

제2차 세계대전이 종료된 이후 미국정책은 유럽의 구호와 재건에
쏠려 있었다. 한국에 외원단체로는 처음 등록했던 유럽구제협회

57) "The Constitution of Korea Church World Service", The General Meeting of
Korea Church World Service, p.32. 1954년 3월부터 8월까지 대전에서의 수족
사업 재정을 보면, CWS가 KCWS의 총비용 17,428,633달러 중에서
13,526,073달러를 지원했다.
58) Bureau for Population and Humanitarian Assistance, *Voluntary Foreign Aid
Programs,* Department of State Agency for International Development, 1975,
p.19.

(Cooperative for American Remittances to Europe)도 유럽을 위해 조직된 원조단체였다. 1950년 한국전쟁을 기점으로 외원단체들의 활동 지역이 급격하게 바뀌었다. 특히 민주당에서 공화당으로 정권이 바뀐 이후 더욱 두드러졌다. 아이젠하워는 반공산주의 정책에 적극적이었고, 그의 영향으로 세워진 단체가 AKF다. AKF가 기부한 2만 5천 달러는 KAVA 활동의 중요한 토대가 되었다. 미국교회도 미국정책을 지지하고 호응하면서 기독교를 배경으로 한 외원단체들을 대거 출범시켰다. 그들의 활동 지역은 대부분 한반도를 중심으로 한 아시아권이었다.

외원단체는 크게 두 그룹을 나누어져 있었다. 하나는 KAVA에 소속해서 활동한 외원단체이고, 다른 하나는 독자적으로 활동한 외원단체다. 1975년 1월 기준으로 보건사회부에 등록된 단체는 총 86개다. 이 외원단체들은 KAVA만 아니라 한국에서 활동하고 있던 모든 외원단체다. 그러나 대부분 KAVA에 소속되어 있었다. 1975년 1월 기준으로 보건사회부 등록단체 등록번호는 103번까지 있다.[59] 그러나 일련번호가 86번까지 있다는 것은 그동안 17개 단체가 철수했거나 소멸했다는 의미다. 이를 항목별로 분석하면 다음과 같다.

① 국가별 현황

| 구분 | 미국 | 영국 | 캐나다 | 오스트리아 | 독일 | 네덜란드 | 프랑스 | 스위스 | 스웨덴 | 이탈리아 | 벨기에 | 호주 | 스페인 | 기타 |
|---|---|---|---|---|---|---|---|---|---|---|---|---|---|---|
| 단체수 | 52 | 3 | 3 | 2 | 6 | 3 | 3 | 2 | 2 | 5 | 1 | 2 | 1 | 1 |

국가별 현황을 보면 미국의 외원단체가 압도적으로 많았다. 앞서 언

---

59) 보건사회부, 『외국민간원조단체명단(List of Registered Voluntary Agencies)』, 1-18쪽.

급한 대로 미국은 이미 외원단체들을 체계적으로 관리해 왔다. 1943년 '해외봉사를 위한 자원단체 미국협회'(ACVAFS)와 전쟁구호통제국의 후신인 '해외민간자문위원회'(ACVFA)는 민간외원단체의 자문을 담당하며 활동을 지원했다. 6·25전쟁이 일어나고, 미국의 공화당 정부에서는 UN의 요청도 있었지만, 민간의 해외구호활동을 독려했다. 특히 미국교회들은 헌신자들을 통해 많은 구호단체를 탄생시켰고, 한국의 구호와 재건에 앞장섰다.

② 위치별 현황

| 구분 | 서울 | 부산 | 경기 | 대구 | 대전 | 강원 | 충북 | 충남 | 전북 | 전남 | 경북 | 경남 | 수원 |
|---|---|---|---|---|---|---|---|---|---|---|---|---|---|
| 단체 수 | 56 | 9 | 4 | 3 | 1 | 2 | 1 | 1 | 2 | 1 | 3 | 1 | 2 |

외원단체 본부가 대부분 수도권에 몰려 있었다. 수도권에 구호대상자들이 많았고, 외원단체 간의 협력사업을 위해서였다고 생각된다. 다만 부산과 대구, 경북 지역에 본부를 둔 외원단체들이 눈에 띄는 것은 6·25전쟁과 관련이 있다. 전쟁으로 피난민들이 부산과 대구로 몰렸기 때문이다. 한 가지 덧붙일 점은 당시 북장로교선교회가 해방 후 평양대신에 대구와 경북에 집중했던 이유도 있었다.

③ 등록연도별 현황

| 구분 | ~55 | 56 | 57 | 58 | 59 | 60 | 61 | 62 | 63 | 64 | 65 | 66 | 67 | 68 | 69 | 70 | 71 | 72 | 73 | 74 |
|---|---|---|---|---|---|---|---|---|---|---|---|---|---|---|---|---|---|---|---|---|
| 설립 연도 | 30 | 4 | 1 | 2 | 2 | 3 | 2 | 2 | 2 | 14 | 7 | 4 | 2 | 3 | 1 | 1 | 1 | 2 | - | 3 |

등록연도를 보면, 외원단체들이 대부분 6·25전쟁을 계기로 등록했다는 것을 알 수 있다. 물론 해방 이후에 활동 단체들도 있었지만, 대

부분 전쟁을 계기로 내한했다. 특히 한국에 적합한 외원단체들이 새롭게 설립됐다는 것이 중요하다. 대표적인 단체가 월드비전, 기독교아동복리회(CCF), 컴패션 등이다. 이 단체들 외에 대부분 복음주의 계통의 외원 단체들이 이 시기에 많이 세워졌다.

④ 사업내용: 5개 분과로 분류(사업 일부가 중복)

| 구분 | 교육 | 보건 | 사회복지 | 구호 | 지역개발 | 기타 |
|------|------|------|----------|------|----------|------|
| 단체 수 | 24 | 36 | 4 | 43 | 9 | 1 |

외원단체들의 사업은 크게 5가지로 구분된다. 교육, 보건, 사회복지, 구호, 지역개발 등이다. 물론 한 단체가 하나의 사업만 한 것은 아니다. 한 단체가 2개 혹은 3개 사업을 동시에 시행하기도 했고, 어떤 경우는 분류할 수 없는 사업도 있었다. 또한 사업을 독자적으로 혹은 여러 단체가 연합한 경우도 있었다. 6·25전쟁 직후에는 보건과 교육, 구호에 사업이 집중되어 있었다. 시간이 지나면서 외원단체들은 사회복지와 지역개발로 외원을 넓혀가는 모습을 보여 준다. 따라서 재정 사용 분포는 시기마다 차이가 있었다.

## 5. 나가는 말

지금까지 외원단체 연합체인 KCWS와 KAVA의 설립과정과 특성을 살펴보았다. 본 연구를 수행하면서 나타난 중요한 특성들은 다음과 같다. 첫째로 외원단체의 활동은 미국정부의 정책과 맞물려 있었다는 점이다. 특히 민주당에서 공화당으로 정권이 바뀌면서 미국정부는 원조정책을 확대했다. 보수적인 미국교회도 반공산주의 노선에 적극적으로 반응하며 기존의 외원단체를 지원하거나, 새로운 단체를 세워 지원하는 방식을 택했다.

둘째로 6·25전쟁에 대처하는 과정에서 CWS는 IMC와 WCC, CCIA와 협력하여 KCWS와 KAVA를 태동시키는 데 중요한 역할을 했다. 공산주의에 대한 대척점에 서 있든지, 아니면 그리스도의 정신을 구현하기 위함인지 중요한 것은 한국 상황에 맞는 방안을 마련했다는 점이다.

셋째로 KCWS와 KAVA 설립과정에서 CWS 아시아 책임자 보트의 역할이다. 그는 LARA의 한계를 간파하고 있었고, 구호와 재건을 위한 새로운 연합체를 구상하고, 그 내용을 IMC·WCC·CCIA와 공유했다. 적극적인 그의 역할로 한국만을 위한 KCWS와 KAVA가 세워질 수 있었다.

넷째로 KAVA 설립에 보트의 역할도 컸지만, 재한선교사들의 상황판단과 적극적인 제언이 중요했다. 아담스는 CWS 한국책임자였고 6·25전쟁이 일어났을 때 한국에 남아 상황을 다양한 경로를 통해 미국교회와 CWS와 WCC에 연락을 취했다. 미군 군목으로 한국에 입국했던 북장로교 선교사 보켈도 현장에서 보고 느낀 것을 토대로 큰 규모의 외원단체 연합회 설립을 제안했다. 그런 제안들은 KCWS와 KAVA를 설립하는데 중요한 단초가 되었다.

다섯째로 KCWS가 KNCC와 협력하여 설립된 기독교외원단체연합회라면, KAVA는 KCWS를 포함해 더 포괄적이고 큰 규모의 외원단체연합회다. AKF, KCWS, WRS, WRC, CARE는 KAVA에서 핵심적인 역할을 맡았다. AKF는 태생적으로 정치색이 강했고, KCWS는 진보적인 성향의 WCC 산하 단체였고, WRS는 천주교를 배경으로 세워졌고, WRC는 NAE의 산하 단체로 WCC와는 다른 복음적인 입장을 견지하였고, CARE는 26개의 시민단체·노동조합·사회복지단체로 구성된 비정치적인 성향을 지녔다. 이런 다양한 색깔이 KAVA에서 조화를 이루고 있었다. 다만 KCWS가 WCC의 영향을 받아 진보적이었느냐는 것은 별도로 다룰 문제다. 6·25전쟁 당시 재한선교사들과 한국교회들은 대부분 복음주의 입장이었기 때문이다.

여섯째로 KAVA에서 주된 역할은 KCWS와 WRS가 맡았다. 회장단을 보면 그것이 극명하게 나타난다. 그 이유는 KCWS가 KNCC 중심으로 개신교 교단과 단체들을 아우르고 있었고, WRS는 20개가 넘는 천주교 외원단체를 대표했기 때문이다. 두 외원단체는 소속 교단이나 선교기관과 연합하여 활동했고, AKF, WRC, CARE 등은 주로 독자적으로 활동했다. 특히 AKF가 여러 구호단체를 지원 또는 협력하며 지역개발사업에 집중했다면, WRC는 OMS와 성결교회와 연합해서 활동했다는 특징이 있다.

마지막 일곱째로 6·25전쟁을 계기로 외원단체들의 활동지역이 한국을 중심으로 아시아권에 몰렸다. 그전까지 외원단체들은 주로 유럽에 집중했다. 보건사회부에 등록된 외원단체들의 가입 시기도 대부분 6·25전쟁 직후부터였다.

지금까지 KCWS와 KAVA 설립과정과 특성을 연구하면서 느낀 점들을 정리했다. 다음의 과제는 각 외원단체의 합종연횡으로 연결된 사업을 5개의 분과를 중심으로 구체적으로 연구하는 일이다. 외원단체의 연구물들이 일부 있고, 관련 연구물이 계속 나올 것이다. 그러나 이 모든 것을 하나로 종합해서 엮는 일에 시간이 더 필요하다. 이 연구 과제를 뒤로하고 본 논문을 마무리하고자 한다.

# 참고문헌

· 서신 및 보고서

C. W. Ranson, W. A. Visser 't Hooft. "All Christians in Korea." July, 1950.
C. W. Ranson. "Korean Relief." Oct. 20, 1950.
C. W. Ranson to Dr. Edward Adams. Sept. 7, 1950.
C. W. Ranson to Harold Voelkel. Oct. 16, 1950.
C. W. Ranson and W. A. Visser 't Hooft. "All Christians in Korea." July, 1950.
　　Edward Adams to Arnold Vaught. Sep. 27, 1950. Edward Adams to Dr.
　　Decker. August 9, 1950. IMC to W. A. Visser 't Hooft. March 14, 1951.
J. W. Decker to Edward Adams. No. 13, 1950.
J. W. Decker to Dr. Norman Goodall, Dr. Robert Mackie. Oct. 13, 1950.
J. W. Decker to Dr. Norman Goodall, Dr. Robert Mackie. Oct. 16, 1950. John W.
　　Decker to Edward Adams. Aug. 24, 1950. Harold Voelkel to Dr. J. W.
　　Decker. Oct. 6, 1950. Ramsey, Fred W. Harold Swallen Voelkel to the
　　Economic and Social Council. "A Memorandum on Korea Relief and
　　Rehabilitation." Oct. 11, 1950.


· KCWS 헌법, KAVA 연차회의록 및 기타 영문 자료
"The Constitution of Korea Church World Service." *The General Meeting of Korea
　　Church World Service.* April 30, 1954.
"The Constitution of Korea Church World Service," *The General Meeting of Korea
　　Church World Service.* Oct. 27, 1954.
ANSON to H. Namkung, "Western Union Cablegram," June 26, 1950.
Bureau for Population and Humanitarian Assistance, *Voluntary Foreign Aid
　　Programs.* Washington D.C.: Department of State Agency for International
　　Development, 1975.
KAVA. <KAVA Conference, June 19, 1963> (1963).
＿＿＿, <Program of KAVA Annual Conference and Discussion Outlines> (1964).
＿＿＿, <Proceedings of the Ninth Annual KAVA Conference> (1965).
＿＿＿, <Proceedings of the Tenth Annual KAVA Conference> (1966).

_____, <Proceedings of the Eleventh Annual KAVA Conference> (1967).

_____, "Summary Evaluation on Activities of Vol. Agencies through 1968 Annual Report." <Proceedings of the Thirteenth Annual KAVA Conference> (1969).

_____, <Proceedings of the Fourteenth Annual KAVA Conference> (1970).

Korea Association of Voluntary Agencies. *Directory of Foreign Voluntary Agencies in Korea*(외국민간지원단체 한국원조현황). Seoul: KAVA, 1955.

House Select Committee on Foreign Aid. "Final Report on Foreign Aid," *A Resolution Creating A Select Committee on Foreign Aid*. Washington D.C.: US Government Printing Office, 1948.

Iino, Masko. "Licensed Agencies for Relief in Asia," Lane Ryo Hirabayashi, ed., *New World, New Lives*. Stanford, California: Stanford University Press, 2002.

"The Oriental Committee of KCWS." *The General Meeting of Korea Church World Service*. May 1, 1956.

Ringland, Arthur C. "The Organization of Voluntary Foreign Aid: 1939-1953." Washington D.C.: U.S. Government Printing Office, April 1954, Reprinted from the Department of State Bulletin of March 15, 1954.

A Special Subcommittee of the Committee on Foreign Affair. *Voluntary Foreign Aid*. in Eightieth Congress Second Session. Washington D.C.: US Government Printing Office, 1948.


· 논문 및 단행본, 기타 한글자료

김승배·박해진 엮음, 『내한 선교사 총람 : 1884-1984』, 한국기독교역사연구소, 1994.

김흥수, 「한국전쟁 시기 기독교 외원단체의 구호활동」, 『한국기독교와 역사』 23, 2005.

김흥수 엮음, 『WCC도서관 소장 한국교회사 자료집 : 한국전쟁 편』, 한국기독교 역사연구소, 2003.

민경배, 『월드비전 한국 50년 운동사, 1950-2000』, 월드비전, 2001.

보건사회부, 『외국민간원조단체명단(List of Registered Voluntary Agencies)』, 보건사회부, 1971.

세계교회협의회 편, 「제1차 총회 (1948.8.22.-9.4.)」, 이형기 역, 『세계교회협의회

역대총 회 종합보고서』, 한국장로교출판사, 2003.

손의성, 「복지다원주의 시대의 한국 기독교사회복지 정체성 회복을 위한 진단과
과제」, 『대학과 선교』 42, 2019.

우지현, 「1950 년대 아시아재단의 원조와 윤석중의 아동 출판물」, 『한국학연구』
48, 2018.

윤은순, 「한국 기독교의 성경구락부 운동 전개와 학교로의 전환」, 『숭실사학회』
44, 2020.

이성덕, 「마르틴 루터의 신학과 사회복지」, 『대학과 선교』 10, 2006.

_____, 「한국의 외원민간 단체의 실태」, 『사회사업』 4, 1969.

이소라, 「1952-55년 한미재단의 활동과 역사적 성격」, 『韓國史論』 62, 2016.

이순진, 「아시아재단의 한국에서의 문화사업」, 『한국학연구』 40, 2016.

이은선, 「6·25 전쟁과 미국 복음주의와 한국교회」, 『영산신학저널』 44, 2018.

이형기, 『에큐메니칼 운동사』, 대한기독교서회, 2004.

임희모, 「서서평 선교사의 생명살림의 하나님 나라 선교」, 『대학과 선교』 46,
2020.

장금현, 「해방 후 경북지역 성경구락부(Bible Club)의 변화」, 『대학과 선교』 43,
2020.

최원규, 「외국 민간 원조단체의 활동과 한국 사회사업 발전에 미친 영향」, 서울
대학교 박사학위 논문, 1996.

최원규, 「한국 전쟁기 가톨릭 기관의 원조 활동과 그 영향」, 『교회사연구』 26,
2006.

카바40년사 편찬위원회, 『외원사회사업기관활동사』, 홍익제, 1995.

정치학대사전편찬위원회 엮음, 『21세기 정치학대사전 (상)』, 정치학대사전편찬
위원, 2002.


· 인터넷 검색

https://cwsglobal.org/about/history/ 2021.2.12. 검색.
https://oac.cdlib.org/findaid/ark:/13030/kt5t1nf2k1/admin/ 2021.4.13. 검색.
https://www.brethren.org/bvs/history/ 2021.3.2. 검색.
https://www.oikoumene.org/programme-activity/ccia 2021.4.13. 검색.

# 외국민간원조단체연합회(KAVA)와 기독교 관계

장금현

## 1. 들어가는 말

해방 후 북한과 해외에서 거주했던 한국인들이 대거 들어왔다. 그러나 한국사회는 그들의 구호를 포함한 사회복지 욕구를 충족시켜줄 여력이 없었다. 특히 6·25전쟁으로 생긴 피난민들과 고아와 과부들의 욕구는 더욱 강했지만, 이 역시 정부 재정으로 감당할 수 없었다. 이런 상황에서 이들의 욕구에 적극적으로 응답하기 위해 외국민간원조단체(외원단체) 연합체가 출현했다. 하나는 LARA(Licensed Agencies for Relief of Asia)로 해방 후인 1946년에, 다른 하나는 KAVA(Korea Association of Voluntary Agencies, 외국민간원조단체연합회)로 1952년에 각기 설립됐다. LARA는 주로 일본과 한국에서 6·25전쟁이 일어나기 전까지 원조 활동을 펼쳤다. LARA보다 더 큰 규모로 한국인들만을 위해 설립된

KAVA는 원조만 아니라 재건에 목표를 두고 활동했다. KAVA의 활동으로 한국사회는 현대적인 사회복지를 본격적으로 경험하기 시작했다. 과거 일제 강점기에도 교육이나 의료를 통해서 현대의 사회복지체계를 일부 경험했으나, 본격적인 것은 6 · 25전쟁 이후부터다. 물론 현재의 복지체계와는 비교할 수 없었지만, 당시 경험한 사회복지활동이 한국의 현대 사회복지체계를 구축하는 데 중요한 밑거름이 된 것은 사실이다.

본 논문에서는 KAVA에 집중하고자 한다. KAVA에 대한 연구로 최원규의 서울대학교 박사학위 논문 「외국민간원조단체의 활동과 한국 사회사업 발전에 미친 영향」,[1] 김흥수의 「한국전쟁 시기 기독교 외원단체의 구호활동」,[2] 이성덕의 「한국의 외원민간 단체의 실태」[3] 등이 있다. 최원규가 KAVA를 포함한 외원단체들의 전체적인 성격이나 활동을 다루었다면, 김흥수는 KAVA를 기독교와 연관시켜 연구했고, 이성덕은 KAVA의 활동과 주요 회원단체들을 소개하면서 관련 문제점들을 지적했다. 이 외에 최원규가 주필로 참여한 『외원사회사업기관활동사』가 있다.[4] 이 책은 KAVA의 40년 약사와 일부 연차대회(Conference) 요약본을 실었고, 소속 회원단체들의 특징을 간단하게 정리하여 편집했다. 앞의 세 논문과 함께 이 책은 KAVA에 대한 전체적인 흐름이나 성격을 이해하는 데 도움을 준다. 그러나 KAVA의 전 단계인 LARA에 대하여 거의 다루지 못했다. 이 때문에 KAVA의 성격을 이해하는 데 한계가

[1] 최원규, 「외국민간원조단체의 활동과 한국 사회사업 발전에 미친 영향」, 서울대학교박사학위논문, 1996.
[2] 김흥수, 「한국전쟁 시기 기독교 외원단체의 구호활동」, 『한국기독교와 역사』 23, 2005, 97-124쪽.
[3] 이성덕, 「한국의 외원민간 단체의 실태」, 『사회사업』 4, 1969, 25~50쪽.
[4] 카바40년사 편찬위원회, 『외원사회사업기관활동사』, 홍익제, 1995.

있다. 그리고 미국정부의 정책과 주요 원조단체의 배후에 있는 미국교회의 입장을 거의 다루지 못했다. 이로 인해 KAVA의 활동을 단순히 한국 내의 구호활동으로 한정시키려는 경향이 있다.

따라서 KAVA 설립과 활동에 미국교회가 직접적으로 영향을 끼쳤고, 이들의 원조활동이 미국정책과 긴밀하게 연계되었음을 밝히는 것이 본 논문의 목적이다. KAVA의 회원단체들은 폐허 속에 쉴 곳 없이 헐벗고 굶주리고 고통에 빠진 한국인들을 대상으로 인도주의적 입장에서 원조활동을 펼쳤다. 그러나 여기에는 원조단체의 강력한 후원자 그룹인 미국교회의 시대적인 대응과 깊숙하게 연결되어 있음을 알게 된다. 이를 연구하기 위해 먼저 미국 정부의 원조정책을 다루면서 그에 따른 외원단체와 한국정부와의 관계를 살펴보고자 한다. 그리고 KAVA의 전 단계인 LARA의 활동, KAVA의 설립과정, KAVA의 활동 속에서 KAVA와 기독교와의 관계를 다루고자 한다. 그러면서 미국교회가 원조단체들을 통해 한국사회와 교회를 적극적으로 지원한 배경을 살펴보고, 마지막으로 KAVA의 특징을 간략하게 정리하며 본 논문을 마무리하고자 한다.


## 2. 미국의 대한(對韓) 원조정책

### 1) 미국의 원조 배경

외원단체들이 전쟁으로 폐허가 된 한국사회를 복구하고 재건하려는 배경에는 미국의 정책과 맞물려 있었다. 메이(R. S. May)는 미국의 원조 동기를 두 가지로 정리했다. 하나는 동정적, 이타적, 인도주의적,

자선적 원조활동 등을 통한 순수한 원조, 다른 하나는 무역상의 이해,
대외정책과 군사적 이해, 전략적 안보적 이해, 고용과 생산 관련 이해
등을 통한 이해관계에서의 원조다.[5] 이런 특징을 지닌 미국의 원조는
한국사회에 그대로 적용된다.

제1차 세계대전까지 미국은 자유주의와 고립주의를 택했다. 물론
제국주의와 식민주의라는 국제질서 흐름에 편승하기도 했지만, 새로
운 세계질서 창출과 의지는 부족했다.[6] 그러던 미국은 6·25전쟁으로
불리는 한국전쟁을 계기로 정책에 변화를 주었다. 미국이 국제질서를
창출하고 관리하지 않으면, 두 차례의 세계대전처럼 대재앙이 일어날
것이라는 인식을 갖기 시작한 것이다. 이를 위해 미국은 UN 중심의 집
단안보 체제를 구축하고, 세계대전으로 파괴된 유럽과 아시아 등의 재
건을 위해 막대한 재정을 투입했다.[7] 원조 형태의 지원은 군사력 강화
를 통한 질서유지, 파괴된 사회의 회복과 부흥에 초점이 맞추어져 있
었다.

이전부터 거론되었던 한국에 대한 미국의 원조계획은 1948년 9월 미
군철수를 계기로 본격적으로 논의되었다. 당시 미국 투르먼 대통령
(Harry S. Truman)은 애치슨 국무장관(Dean Gooderham Acheson)을 통
해 한국을 지원하기 위한 경제원조안을 하원에 올렸다. 그러나 원조안
이 193대 191표로 부결되자 애치슨은 만일 조속히 수정되지 않는다면
한국만 아니라 세계 전역에 걸친 미국의 대외정책에 지대한 악영향을

---

5) Ranald S. May, *Oversea Aid: the Impact on Britain and Germany,* New York:
Harvester Wheatsheaf, 1989, pp.4-5.
6) 김재천·안현, 「한국전쟁의 발발과 미국 세계전략의 변화」, 『21세기 정치학회
보』 20-3, 2010, 232쪽.
7) Ernest H. Van Der Beucgel, *From Marshall Plan to Atlantic Partnership*, New
York: Elsevier Publishing Company, 1996, p.47.

초래한다고 경고했다. 그러면서 그는 한국에 대한 원조가 반드시 이루어져야 함을 주장했다.[8] 여기에는 세계에서 미국의 신뢰확보와 리더십을 위해서도 한국 원조가 필요하다는 의미가 포함되어 있다. 이에 대한 애치슨 주장에 대한『동아일보』논평은 다음과 같다.

> 우리의 建國理念이 가르치는 바와 같이 우리는 共産主義와는 勢不兩立인 만큼 世界民主陣營의 指導的 立場에 處해 있는 友邦 美國의 큰 援助가 必要한 것은 다 말할 것이 없다.

논평에 따르면 미국의 원조는 공산주의와 대척점에 서 있는 민주 진영의 리더로서의 책무라는 것이다. 이와 같은 입장은 당시 국무총리였던 이범석의 담화문에도 나타난다. 그는 하원의 부결 소식과 함께 다음과 같은 담화문을 발표했다.

> 强力한 援助로써 共産主義를 對抗鬪爭하는 各民主國家와 民族에게 經濟를 建設케 함으로써 만이 共産 主義를 防止하며 또 이것을 消滅할 수 있을 것이다. 우리 大韓民國은 自我의 生存을 위하여 또한 世界 人類平和에 對한 威脅을 防止하기 爲하여 共産主義勢力과 事實上 가장 굳세고 效果的인 血鬪를 繼續하고 있다는 것이다.
> 今次美下院의 否決은 最善의 方途로써 다시 復活되거나 或은 別途로 對韓援助가 實施될 것은 二十一 日附로「트」大統領과「애」長官의 別途 援助法案採擇을 言明한바로도 確實하려니와… 이와같이 하여야만 또한 外援을 獲得할 것을 期하는 것이다.[9]

이범석 국무총리의 발언은 애치슨 국무장관과 맥을 같이 한다. 한국

---

8)「美當局韓援案復活에 注力」,『동아일보』, 1950.1.23.
9)「今番國會休會前에 對韓援助可決」,『경향신문』, 1950.1.22.

에 대한 원조는 미국의 인도주의적 배경에서만 아니라 공산주의로부터 민주주의를 지키려는 의지가 포함됐다는 것이다.

## 2) 원조 방식

미국은 1948년 마샬플랜(Marshall Plan)[10])에 따라 단기적 원조만 아니라 장기적이고 체계적인 대외원조를 담당할 경제협조처(Economic Cooperation Administration, ECA)를 세웠다. 한국에도 ECA의 원조계획이 접목됐다.[11] 마샬플랜을 구체화하기 위하여 설립된 해외원조위원회(House Select Committee on Foreign Aid)가 1948년 발간한 *Final Report on Foreign Aid*에서 한국은 해방 후 일본이나 러시아, 중국 등에서 입국한 전재민들과 북에서 내려온 월남인들이 많았기에 식량 부족 현상이 일어났다고 지적하고, 이 문제를 해결하기 위해서 토지를 개간하고 파괴된 산업시설을 복구해야 함을 적시했다.[12] 이후 1951년 10월 대외원조의 기본이 되는 상호안전보장법(Mutual Security Act)을 통과시켜 구호활동을 확대할 수 있는 근거를 마련했다. 경제원조만 아니라 기술과 군사 지원이 가능할 수 있도록 한 법안이다.

초기 미국의 원조는 주로 점령지 행정구호원조(Government Aid and

---

10) 마샬플랜은 제2차 세계대전이 끝난 뒤 전쟁으로 폐허가 된 유럽을 경제적으로 부흥시켜 소련의 확장을 차단하려는 미국의 원조계획이다. 미국은 1948년 4월 이른바 마샬플랜이라는 유럽부흥법(European Recovery Program)을 통과시켰다.

11) Robert Packenham, Liberal America and Third World, Princeton, NJ: Princeton University Press, 1973, p.48.

12) House Select Committee on Foreign Aid, "Final Report on Foreign Aid", *A Resolution Creating A Select Committee on Foreign Aid,* Washington, DC: US Government Printing Office, 1948, p.239.

Relief in Occupied Areas, GARIOA)를 통해 시작했다. 1950년대 대부분
의 시기를 주한미국대사를 대신해 미 극동군 혹은 주한미군 사령관이
었던 유엔군사령관이 원조의 모든 책임과 권한을 맡았다.[13] 유엔군사
령부는 1950년 8월 특별참모부서인 공중보건복지부(Public Health and
Welfare Section)를 한국의 원조활동 책임기관으로 지정했다. 9월 초 맥
아더(Douglas MacArthur)의 친구이자 공중 보건복지부장인 샘스(Crawford
T. Sams) 준장이 상황을 파악하기 위해 내한했다. 그는 잇따라 도착한
공중보건복지부 예방의학 담당 허쉬(Dr. Hirschy)와 함께 부산과 대구
의 인구와 보건 상태를 조사했다. 조사 결과를 토대로 유엔군사령부는
샘스에게 공중보건복지부의 한국 현지 파견대인 유엔보건복지부파견
대(UN Public Health & Welfare Detachment)를 조직하도록 명령했다. 전
쟁이 확대되자 유엔군사령부는 민간원조와 경제지원을 위해 G-4(군수
참모)에게 총책임을 맡겼다. 1950년 10월 19일 유엔군사령부는 질병과
불안을 방지하고 군사적 목적을 추진하기 위한 공급 기구를 민간인에
게도 제공하도록 지시했다. 그 후 보건복지부파견대를 유엔민간원조
사령부(United Nations Civil Assistance Command in Korea; UNCACK)로
바꾸고 경제, 복지, 보건, 위생, 행정, 노동, 정보, 교육 및 작업 등을 맡
겼다.[14] 전쟁 직후 한국정부는 사회부를 통해 구호대책위원회를 설치
하고, UNCACK과 협의하며 주요 문제들을 해결해 나갔다. 이때가 1950년
12월의 일이다.[15]

---

[13] 자세한 내용은 다음의 비망록을 참조하라. Robertson to the Secretary of State
(895B.00/7-2953), "Memorandum by the Assistant Secretary of State(Robertson)
for Far Eastern Affairs, FRUS 1952-1954", July 19, 1953, Korea, Volume XV,
Part 2.
[14] 이임하, 「한국전쟁기 유엔민간원조사령부(UNCACK)의 보건·위생정책」, 『사
회와역사』 100, 2013, 328-29쪽.

UNCACK에 등록한 최초의 외원단체는 유럽구제협회(Cooperative for American Remittances to Europe, CARE)[16]와 북장로회선교회였다. 1952년 9월에는 천주교복지위원회, 감리회선교회, 기독교세계봉사회(Church World Service, CWS), 적십자연맹, 캐나다연합교회선교회 등이 등록했다. 이 외원단체들이 자체 판단에 의한 것이라면, 1950년 12월 조직된 UN한국재건단(UNKRA) 초청으로 내한한 외원단체는 미국친우봉사단 (American Friends Service Committee), 영국친선협회(British Society of Friends), 메노나이트중앙위원회(Mennonite Central Committee) 등이 있다.[17] 구호대책협의회는 산하에 구호반, 물자반, 후생반, 수송반, 섭외반, 총무반, 기획반을 두었다. 본격적인 구호활동은 부산에서 이루어졌고, 흥남 피난민이 집중해 있는 거제도와 피난민이 몰려든 제주도에 각각 사회부 분실을 두고 구호활동을 펼쳤다. 특히 정부와 UNCACK는 중앙구호위원회(Central Relief Committee)를 임시로 조직하여 구호사업을 위임했다. 중앙구호위원회는 UN을 통하여 외국 정부나 민간단체에서 보내오는 구호품을 각 시도별로 배정하며 수송하는 절차 등을 담당했다. 각도에는 한국인과 UNCACK 양측이 협력할 수 있도록 지방구호

---

15) 「구호對策協議會結成」, 『동아일보』, 1950.12.19.

16) 제2차 세계대전이 발발하자 전쟁국이나 개발도상국의 개인과 단체구호를 위해 미국 민간단체들이 1943년 설립한 대외봉사협회가 1945년 유럽의 가족과 친구들을 돕기 위해 22개 종교단체와 노동단체가 CARE를 조직했다. 이 단체는 초기에 유럽을 대상으로 구호활동을 펼쳤으나 점차 아시아와 남미, 아프리카로 확대하였고, 한국도 포함시켰다. 유럽 이외의 지역으로 확대하자 기존의 명칭으로는 한계가 있어 명칭을 미국대외원조물자발송협회(Cooperative for American Relief Everywhere, CARE)로 바꾸었다. 이 단체는 후에 KAVA 설립 회원이 되었다. Korea Association of Voluntary Agencies, *Directory of Foreign Voluntary Agencies in Korea,* Seoul: KAVA, 1955, p.12.

17) 최원규, 「한국전쟁기 카톨릭 기관의 원조활동과 그 영향」, 『교회사연구』 26, 2006, 170쪽. 각주 19 참조.

위원회를 두었다.[18]

1953년 7월 UNCACK가 주한민사처(Korea Civil Assistance Command, KCAC)로 개칭되면서 미국의 원조정책이 바뀌었다.[19] 이는 정권이 민주당에서 보수적인 공화당 아이젠하워(Dwight D. Eisenhower)에게로 넘어가면서 나타난 결과다. 이전에는 경제원조를 강화했다면, 이후부터는 군사원조를 병행했다. 이는 공산주의 확산을 막으려는 미국의 강한 의지가 반영됐기 때문으로 보인다.

외원단체연합회의 출현은 1943년으로 거슬러 올라간다. 해외봉사를 위한 자원단체 미국협회(The American Council of Voluntary Agencies for Foreign Service, ACVAFS)가 루즈벨트의 적극적인 지지를 받으며 1943년 "세상과 종교의 유익"(secular and religious interests)을 위해 설립되었다.[20] 미국은 제1차 세계대전 때만 하더라도 중립국의 위치에 있었다. 그러다 제2차 세계대전을 계기로 전쟁에 뛰어든 미국은 캐나다 전쟁구호 법안을 참고해서 1942년 7월 25일 대통령 산하 전쟁구호관리국(War Relief Control Board)을 설치했다. 관리국은 미국적십자사와 종교단체를 제외한 국내외 전쟁구호자선단체들을 허가하고 통제하는 역할을 부여받았다. 전쟁을 통해 자극받은 미국의 애국주의자들은 조직적인 자원봉사에 협력했다. 이를 배경으로 1943년 1월 전국전쟁펀드(the National War Fund)를 설립해 국내외 전쟁과 관련된 단체들을 후

---

18) 카바40년사 편찬위원회 편, 앞의 책, 63-65쪽.
19) Tae-Gyun Park은 1953년을 기점으로 군사적인 지원은 강화되었지만, 경제적인 지원은 점차 축소되었다고 한다. "U.S. Policy Change toward South Korea in the 1940s and the 1950s", *Journal of Internaltional and Area Studies* 7-2, 2000, p.90.
20) Arthur C. Ringland, "The Organization of Voluntary Foreign Aid: 1939-1953", *The Department of State Bulletin,* Washington, DC: White House Press, 1953, p.385.

원하기 위한 기금을 모았다. 이에 못지않게 연합유대인의 간청(the United Jewish Appeal)도 유대인 전쟁희생자들을 위한 모금운동에 성공적이었고, UN의류수집(the United National Clothing Collection)도 많은 단체로부터 기부를 받았다. 구호활동에 고무적이었던 이 단체들은 "세상과 종교의 유익"을 위해 1943년 ACVAFS를 설립했다. 이 단체는 그 후에 설립된 CARE, LARA, KAVA, 독일의 CALOG 등과 협력했다. 이 단체들은 서로 독립되었지만 긴밀하게 협력하며 구호활동을 진행했다.[21]

## 3. 한국정부와 민간외원단체

미국의 원조는 정부와 민간으로 구분된다. 전자가 정부 차원에서의 원조라면, 후자는 민간 차원에서의 원조다. 본 논문에서는 후자에 중심을 두고 다루었다. 다음은 월드비전 한국 50년 운동사, 1950-2000에서 정리한 보건사회부와 외원도입액 비교다.[22] 아래 통계를 보면 외원단체를 제2의 보사부라 불러도 과하지 않게 보인다.

---

[21] 제2차 세계대전이 끝나자 미국의 기독교는 다른 구호단체와 함께 유럽 지원을 위해서 CARE(The Cooperation for American Remittance to Europe)를 조직하고, 독일을 위해서 CALOG(Cooperation for Agencies Licensed for Operation in Germany)를 조직했다. Arthur C. Ringland, *The Organization of Voluntary Foreign Aid: 1939-1953*, Washington, DC: US Government Printing Office, April 1954, Reprinted from the *Department of State Bulletin* of March 15, 1954, p.387.

[22] 민경배, 『월드비전 한국 50년 운동사, 1950-2000』, 월드비전, 2001, 632쪽.

〈표 1〉 보건복지부 예산 및 외원도입액(단위: 만 원)

| 연도 | 보건사회부 예산 | 외원 도입액 | 연도 | 보건사회부 예산 | 외원 도입액 |
|------|----------------|-------------|------|------------------|-------------|
| 1958 | 1,098 | 3,514 | 1967 | 5,394 | 7,924 |
| 1959 | 1,284 | 3,744 | 1968 | 8,918 | 7,589 |
| 1960 | 1,514 | 3,600 | 1969 | 10,536 | 8,340 |
| 1961 | 950 | 4,147 | 1970 | 8,590 | 8,694 |
| 1962 | 2,021 | 4,205 | 1971 | 13,304 | 8,204 |
| 1963 | 2,117 | 4,176 | 1972 | 11,003 | 8,968 |
| 1964 | 2,722 | 4,341 | 1973 | 10,341 | 9,622 |
| 1965 | 3,168 | 6,482 | 1974 | 10,382 | 7,280 |
| 1966 | 4,342 | 7,525 | 1975 | 42,698 | 12,560 |

해방 후에는 미군정하에서 GARIOA가, 1948년 4월부터는 대외원조를 담당한 ECA가 원조를 주도했다. 그러다 한국정부와 민간외원단체 간의 공식적인 첫 협정이 1948년 11월 20일 체결되었다. 이 협정에 전진한 사회부 장관과 CARE의 고든(Gordon) 대표가 참여하여 물자의 면세통관, 과세문제, 시설과 직원 월급에 대한 비과세, 물자수송에 대한 문제들을 다루었다. 이 협정을 계기로 이듬해인 1949년부터 CARE를 통한 구호물자들이 본격적으로 유입되었다. 초기에는 CARE를 통해 구호물자가 들어올 때 정부는 국가 차원에서 대대적인 축하 행사를 개최했다. 1949년 10월 19일『동아일보』는 이승만이 경무대에서 주한미국사절단장과 CARE 극동지역 담당자를 비롯한 내외 인사가 다수 참석한 가운데 수여식을 "성대하게 거행"하였다는 기사를 실었다.[23] 구호물자를 배분할 때도 이승만이 경무대에서 고아들을 불러 직접 나눠주기도 했다.[24] 이런 광경은 물자 수령 및 배포를 정부의 홍보 차원에서 진행

---

23)「孤兒에 救護物資」,『동아일보』, 1949.10.19.
24)「케이아 救護物資」,『경향신문』, 1949.10.19. 이승만은 권완식 어린이(7세) 외에 5명에게 구호 물품을 직접 전달했다.

했기 때문으로 보인다.

유엔군사령부의 보건후생부의 역할을 1950년 10월부터 UNCACK가
이어 받았다. 이 시기에는 한국정부의 간섭이 거의 없었다. 오히려 적
극적으로 돕는 분위기였다. 그러다 1953년 7월 주한민사처(KCAC)가 새
롭게 출범하면서 정부가 일정 부분 관여하는 모습을 보이기 시작했다.
KCAC는 한국정부와 〈민간기관의 구호물자 도입〉에 관한 각서를 체결
하고 외원단체들을 등록시켰다. 등록한 외원단체가 구호물자를 하선
하려면 KCAC와 보건사회부의 승인을 받아야 했다. 그 다음에 관세청
에서 물품 면제 여부를 내렸다. 당시 등록된 외원단체는 총 47개 단체
였다.[25] KAVA에 소속된 단체 33개를 포함한 숫자다. 이는 KAVA에 가
입하지 않은 외원단체도 있었음을 의미한다. 이후 1955년 5월 2일 〈한
미 간 민간구호활동에 관한 협정〉 및 〈동해석 각서〉를 체결했다. 동해
석 각서에 따르면 외원단체는 보건사회부에 의무적으로 등록해야 하
고, 정부는 외원단체 활동에 참여할 수 있다고 명시했다. 외원단체들
의 활동에 법적 근거를 보강하기 위한 협정이었지만, 정부는 "수배인
의 배당과 분배에 정부가 참여하는 것을 조건"[26]으로 내세워 외원단체

---

25) 『조선일보』에 K학생의 한국원조기관 종류에 대한 질문이 실렸다. 이에 답변
   으로, 당시 한국에 대한 원조는 뉴욕의 UN에서 총괄하고, 국내에서는 KCAC
   와 FOC(대외활동본부)가 민간구호와 경제재건사업을 담당하고 있으며, 그
   외에 UN산하 한국재건단(UNKRA), 국제아동긴급기금(UNICEF), 국제연합교
   육, 과학문화기관(UNESCO), 세계보건기구(WHO) 등이 있어, 분유, 어간유(생
   선의 간에서 빼낸 기름), 교육자재 등을 한국에 공급하고 있음을 밝혔다. 그
   러면서 민간원조단체로는 AKF, WRS, CWS, CARE 등 총 55개 단체가 활동
   하고 있다고 답했다. 「韓國援助機關의 種類」, 『조선일보』, 1955.6.14.
26) 「韓美民間救護活動協定締結」, 『동아일보』, 1955.5.4.; 초안을 보면, 4번째 항에
   "물자 및 설비의 한국 도착시부터 한국정부가 그것의 최종 수취인에게 배당
   및 분배에 참여하는 것을 조건으로 한다."고 명시하고 있다. 이에 대한 해석
   으로 "출하는 사회부와 세관국에 의하여 신속한 통관을 위하여 승인을 받는

의 활동을 통제할 수 있는 근거를 마련했다. 1958년 〈한미 간 민간구
호활동에 관한 협정 개정안〉에는 정부가 외원단체의 구호물자에 더
적극적으로 관여하는 내용을 담았다.

1. 민간구호단체의 도입물자는 정부에 기증하여 행정관서를 통하여
   배급케 함.
2. 민간구호단체의 도입물자의 포장에는 미국시민의 기증이라는 표
   식케 함.[27]

외원단체의 물품을 인수한 한국정부는 해당 기관에서 분배하고 물
품에 개별 단체명을 사용하지 못하도록 하겠다는 내용이다. 이 개정으
로 한국정부는 외원단체의 구호활동에 이전보다 적극적으로 개입할
수 있는 길을 마련했다. 더 나아가 정부는 외원단체에 다음과 같은 사
항들을 요구했다.

1. 한국 정부시책에 적극적인 협조를 할 것
2. 구호 면에서 종파적인 면에만 치우치지 말 것
3. 사회의 요구 변화에 따라 각 기관이 변화할 생각을 가져달라
4. 한국의 옛 문화와 전통을 참작하여 한국 실정에 적절한 구호를 할 것
5. KAVA에 외국인들만 받아들이지 말고 한국기관이나 기관장을 받

---

다.”고 규정하고 “출하하기 전에 허가신청을 제출해야 하고 기관운영을 위한
물품도 마찬가지”여야 한다고 정리했다. “사회부에 제출하는 정기적인 보고
서에 각 기관은 그 활동에 관한 정보를 제공해야 한다.”고 덧붙였다. 外務部政
務局,「民間救護活動에 關한 通牒草案」, 1955. 이 협정에 한국 측 대표로 외무부
정무국장 김동조, 정무국 제1과장 윤석헌, 재무부 관세과장 박종하, 사회부
구호과장 김학묵 등이 참석했다. 최원규,「외국민간원조단체의 활동과 한국
사회사업 발전에 미친 영향」, 127쪽.
27) 총무처 의정국 의사과, “한미간 민간구호활동에 관한 협정 개정의 건” 〈관리
번호 BA0085312〉 1958, 3쪽.

아줄 것28)

정부는 외원단체에게 정부시책에 협조하고, 지나친 선교활동을 자
제하며, 한국 실정에 적합한 원조활동을 요구한 것이다. 일면 외원활
동의 부작용을 줄이려는 정부 정책의 일환으로 보인다. 그러나 한국기
관과 한국인 책임자의 직접적인 개입의 여지를 만든 만큼 외원단체의
활동이 제한될 가능성이 짙었다.

이전의 외원단체 관련법을 단일화시킨 법이 1964년 7월 17일부터 시
행된 〈외국민간원 조단체에 관한 법률〉이다. 시행령 제13조(보고)에
"외원단체는 보건사회부 장관에게 정기 또는 수시로 업무보고서를 제
출하여야 한다."는 의무 규정을 두었다.29) 이후 여러 차례 수정을 거쳐
2016년 7월 6일 대통령령 제27314호를 마지막으로 〈외국민간원조단체
에 관한 법률〉이 역사에서 사라졌다. 폐지 사유는 대한민국이 원조받
는 국가에서 원조하는 국가로 지위가 변하였고, 외국 민간 원조단체에
대한 특별한 지원 실적이 없는 점 등을 고려하여 폐지가 결정된 것이
다.30)

이 법이 폐지되는 결정적인 변곡점은 1970년대 외원단체들의 본격
적인 철수와 1995년 KAVA 폐지와 연결된다. 1970년 외원단체가 76개
였던 KAVA는 1971년 68개, 1979년 50개로, 5개 분과위원회는 1971년 2개
로 축소되었다. 결국 1952년부터 LARA의 역할을 확대하여 구호와 재
건에 전념했던 KAVA가 1995년 그 막을 내린 것이다. 남은 외원단체는

---

28) 이성덕, 「한국의 외원민간 단체의 실태」, 48쪽.
29) "외국민간원조단체에 관한 법률 시행령" [시행 1964. 7. 11.] [대통령령 제1871호,
1964. 7. 11.].
30) "외국민간원조단체에 관한 법률 시행령" [시행 2016. 8. 4.] [대통령령 제27314호,
2016. 7. 6., 폐지].

관련 단체에 귀속되거나 일부는 한국사회복지협회에 단체로 가입하여
활동을 이어갔다.[31]

## 4. KAVA와 기독교 관계

### 1) KAVA의 전 단계 LARA

해방 후 한국에서 구호활동을 한 대표적인 외원단체는 LARA다.
KAVA의 초대 회장을 역임한 천주교 전쟁구호봉사회의 캐롤(George
M. Carroll)은 1975년 3월 19일, "우리는 미약하게 시작했다"(We Started
Small)는 주제의 강연에서 KAVA 설립 당시의 상황을 언급했다.

> 1946년부터 민간단체들이 한국에 가서 일본, 만주 및 북한으로부터
> 온 수많은 전재민을 위한 의료 및 기타 원조사업을 시작했다. 이 전
> 재민들은 일자리가 생길 때까지 몹시 곤란한 상태에 있었다. 미군정
> 은 민간단체들이 독자적으로 운영하도록 허용하지 않았다. 의류와
> 기타 잉여물자들이 공동으로 관리되었다. 이에 민간단체들은 KAVA
> 전 단계인 LARA(Licensed Agencies for Relief in Asia)를 결성했다.[32]

---

31) 최원규, 「외국민간원조단체의 활동과 한국 사회사업 발전에 미친 영향」,
   222~223쪽; 철수 배경은 외원단체 자체의 사정과 한국 사정이 복합적으로 작
   용하였다. 그것들은 1) 미국 경제의 쇠퇴로 외원단체에 대한 지원의 감소, 2)
   한국의 경제성장, 3) 아프리카 비아프라와 월남 등에서의 원조 욕구의 발생,
   4) 외원단체의 활동에 대한 한국정부의 통제 강화, 5) 외원단체가 원조 이외
   에 본래 추구한 목적의 강조 등이다. 위의 글, 213쪽.
32) 카바40년사 편찬위원회, 앞의 책, 67쪽; 일제강점기에 평양에서 메리 놀외방
   전교회에서 사역했던 캐롤이 1948년 천주교 전쟁구호봉사회(CRS)를 설립했다.

캐롤에 따르면 KAVA의 전 단계는 1946년 3월 조직된 LARA다. 뉴욕에 본부를 둔 LARA는 한국과 일본의 원조를 위해 13개 외원단체가 모여 설립한 연합체였다. 참여 단체는 다음과 같다.[33]

미국친우봉사단(American Friends Service Committee)[34]
형제봉사단(Brethren Service Committee)[35]
기독교세계봉사회(Church World Service)[36]

---

[33] "Public Health and Welfare Technical Bulletin", *Licensed Agencies for Relief in Asia*, Jan. 1948, p.1; A Special Subcommittee of the Committee on Foreign Affair, *Voluntary Foreign Aid*, in Eightieth Congress Second Session, Washington, DC: US Government Printing Office, 1948, pp.20, 58. 여기에서는 메노나이트 중앙위원회(the Mennonite Central Committee)와 일미재단(Japanese-American)이 포함되어 있다.

[34] 1917년 미국과 캐나다에 퀘이커 교도들이 세운 사회사업단체, 사회사업과 공공정보 프로그램을 통해 평화와 화해를 증진시키는 데 있으며, 1947년 Nobel 평화상을 수상했다. https://www.afsc.org (2021년 3월 3일 검색); A Special Subcommittee of the Committee on Foreign Affair, *Voluntary Foreign Aid*, p.12.

[35] 형제봉사단은 1708년 독일에서 세워진 침례교 계통의 형제교회(Church of the Brethren)다. 20세기 초에 미국 절제운동에 적극적으로 참여하였고, 인도와 중국을 비롯한 여러 나라에 선교사들을 파송했다. 지금까지 약 7천 명을 세계에 파송했고, 현재 16개국에서 약 100명이 자원봉사하고 있다. "Brethren Volunteer Service," *Church of the Brethren*, https://www.brethren.org/bvs/history/ 2021.3.2. 검색; A Special Subcommittee of the Committee on Foreign Affair, *Voluntary Foreign Aid*, p.15. 주로 식료품, 의류, 의료, 농업 등의 긴급구호와 긴 기간 동안 공동체의 사회복지, 교육, 어린이 돌봄 등에 역점을 두었다. 특히 기독교세계봉사회와 연합하여 활동했다.

[36] 제2차 세계대전이 발발하자 1946년 17개 교단이 참여하여 기독교세계봉사회(CWS)를 설립했다. 설립 목적은 "배고픈 자에게 먹거리를, 벌거벗은 자에게 옷을, 병든 자에게 치료를, 노인에게 위로를, 노숙자에게 쉼터를 제공하는 것"이었다. 1946-1947년 사이 유럽과 아시아의 전쟁 난민을 위해 1,100만 파운드의 식량, 의복, 의료용품을 지원했다. https://cwsglobal.org/about/history/ 2021.3.2. 검색; 기독교세계봉사회는 이 시기에 LARA를 통해 한국을 지원했을 뿐 아니라, KAVA 설립에도 크게 공헌했다. 기독교 세계봉사회는 LARA의 구호물품 55-60%를 담당했다. Masko Iino, "Licensed Agencies for Relief in

기독교인의 전시활동위원회(Committee on Christian Science Wartime
Activities of The Mother Church)

YMCA 국제위원회(International Committee, YMCA)

인권을 위한 노동자 연맹(Labor League for Human Rights)[37]

루터 세계봉사회(Lutheran World Service)

YWCA 전국위원회(National Board, YWCA)

전국산업별연맹(National Congress of Industrial Organizations)[38]

구세군(Salvation Army)

천주교 전쟁구호봉사회(War Relief Service, National Catholic Welfare
Conference)

메노나이트 중앙위원회(the Mennonite Central Committee)

일미재단(Japanese-American Foundation)


LARA는 기독교세계봉사회(CWS)의 보트(G. E. Bott), 미국친우봉사단
의 로즈(Miss Esther B, Rhoads), 천주교 전쟁구호봉사회의 펠세커
(Father Harold J. Felsecker) 등을 LARA의 대표로 선출하여 일본으로 파
송하고, 1946년 8월 30일부터 구호 프로그램을 시작했다. 구호품 분배
는 정부가 책임졌지만, 일반적인 행정은 LARA가 담당했다. 도움을 받

---

Asia," Lane Ryo Hirabayashi, ed., *New World, New Lives,* Stanford, CA: Stanford
University Press, 2002, p.64.

37) 미국노동자연맹(American Federation of Labor)에 속한 자원단체이며 주로 식
료품, 의류품으로 후원했다. 이 프로젝트는 무역연합 단체들이 전달한 소식
에 따라 진행했다. A Special Subcommittee of the Committee on Foreign Affair,
*Voluntary Foreign Aid,* p.20.

38) 원래는 산업별위원회(Committee for Industrial Organization)로 불렸지만 1938년
미국 노동자연맹에서 분리되면서 전국산업별연맹(National Congress of Industrial
Organizations)으로 불렸다. 노동자를 위해 조직된 NCIO는 산하에 Community
Services Committee를 두고 미국과 지방의 구호역할을 맡겼다. 더 나아가 해외
산업연수생 훈련, 미국친우봉사단을 통한 청소년노동자 지원, 노동자 복지지
원, 여성노동자 자녀돌봄 등을 지원했다. A Special Subcommittee of the Committee
on Foreign Affair, Voluntary Foreign Aid, p.22.

는 사람들은 13세 이하로 출생, 종교, 정치적 입장과 관계가 없었다.
지원 물품이 외부로 반출되어 암시장으로 들어가는 것을 경계했고, 그
이유로 개인별 지원을 원칙으로 삼았다. 일본인들은 주로 의류, 신발,
식료 등을 지원받았다. LARA로부터 지원받은 액수가 대략 2백만 달러
가 될 정도로 규모가 컸다. 1946년부터 1952년까지 LARA를 통해 일본
에 보낸 구호품들은 다음과 같다.[39]

〈표 2〉 1946-1952년 일본에 보낸 구호품

| 공급물 | 세부 물품 | 수량 |
|---|---|---|
| 식료품 | 우유, 곡물, 통조림, 오일, 말린 음식, 시럽 등 | 12,605톤 |
| 의류 | 외투, 속옷, 침구류 등 | 2,928톤 |
| 의료품 | 비타민, 항생물질, 의료기구 등 | 75톤 |
| 신발 | 소년과 소녀용, 슬리퍼 등 | 331톤 |
| 비누 | 목욕용, 세탁용, 의료용 등 | 160톤 |
| 직물 | 울 소재, 목화 소재 등 | 149톤 |
| 면화 | | 222톤 |
| 교육용 물품 | 학용품, 가죽제품, 장난감 등 | 236톤 |
| 총계 | | 16,704톤 |
| 염소 2,036마리, 젖소 45마리는 별도 | | |

흥미로운 점은 '닛케이'(Nikkei, 日系)의 활동이다. 일본인 이민자나
그 후손을 가리키는 닛케이는 해외일본인협회(Kaigai Nikkeijin Kyokai)
를 조직하여 해외 거주 일본인들과 일본 사이의 다리 역할을 제공하였
다. 이 협회의 목표는 공동 협력과 다양한 교류 프로그램으로 일본인
들에게 도움을 주는 것이다. 제2차 세계대전 동안 많은 일본계 미국인
들은 미국 전역의 수용소에 강제로 수용되었다. 그들은 일본 적십자를

---

39) Iino, "Licensed Agencies for Relief in Asia", p.61.

통해 전달된 된장, 간장, 일본 서적 등을 받고 많은 위로를 받았다. 전쟁이 끝나자, 그 역할을 일본계 미국인들이 대신했다. 일본이 패전으로 식량만 아니라 경제적으로 매우 어려워지자, 그들은 다양한 형태로 모국에 물품을 보냈다.[40] 그들이 지원한 액수는 LARA의 총 원조액 대비 20%에 이른다.[41] 일본 사회복지부는 LARA를 통해 1946년 11월부터 1947년 6월까지 545만 파운드의 식료품, 의복, 의료품 등을 지원받았다. 환산하면 1,725,000달러 분량이다. 1948년 LARA는 6,000명의 고아, 15,000명의 어린이, 6,000명의 환자, 700개의 시설을 후원하고 돌봤다.[42]

앞서 언급한 바와 같이 LARA의 회원은 대부분 기독교 기관 혹은 교회를 배경으로 하고 있다. 미국친우봉사회는 미국과 캐나다에서 퀘이커 교인들이 세운 사회사업단체이고, 형제봉사단은 침례교 계통의 형제교회에서 세운 봉사단체다. 특히 형제봉사단은 단기적으로 식료품, 의류, 의료, 농업 등의 긴급구호와 장기적으로 사회복지, 교육, 어린이 돌봄 등에 역점을 두었다. CWS는 17개 기독교 교단이 참여하여 조직한 단체로 LARA의 구호물품 55-60%를 담당했다. 루터세계봉사회는 루터교에서 세운 봉사단체다. 재세례파의 메노나이트중앙위원회도 마찬가지다. 천주교 전쟁구호봉사회, 구세군, YMCA, YWCA 등도 기독교를 배경으로 하고 있다. 총 13개 단체 중에 천주교를 포함해 10개 단체가 기독교를 배경으로 활동하였고, 영향력이 가장 컸던 CWS에 소속된 17개 교단을 포함하면 LARA에서의 기독교의 위치를 어림짐작할 수 있다.

---

40) https://www.devex.com/organizations/the-association-of-nikkei-and-japanese-abroad -992 96. 2020.10.17. 검색.

41) Iino, "Licensed Agencies for Relief in Asia", p.60.

42) A Special Subcommittee of the Committee on Foreign Affair, *Voluntary Foreign Aid*, p.58.

1949년 8월 10일 사회부장관 이윤영은 기자회견에서 후생복표 발행을
알리면서 함께 LARA가 어떤 단체인지 밝혔다. 그가 기억하고 있는
LARA는 "미국의 기독교 관계의 구호단체"였다.[43]

LARA의 활동 범위는 한국과 일본이었으나 대부분 일본과 오키나와
였다. LARA에서 닛케이가 차지하는 비중이 20%에 이르렀기에 대부분
의 구호활동이 일본에 집중된 것으로 보인다. 그러다 한국전쟁으로 한
반도 모든 지역이 파괴되고, 고아들과 과부들이 양산되자 LARA의 활
동으로는 감당하기 어려웠다. 그 대안으로 한국만을 위한 별도의 외원
단체가 결성되었다. 그 단체가 KAVA다.

## 2) KAVA 설립

한국전쟁이 일어나자 기독교 단체들이 적극적으로 반응했다. 1950년
10월 20일 한국 구호를 위해 세계교회협의회(World Council of Churches)
의 빌하이머(R. S. Bilheimer), 북미해외선교회(Foreign Missions Conference
of North America)의 크로스(Rowland M. Cross), 국제선교협의회(International
Missionary Conference)의 데커(J. W. Decker), 기독교세계봉사회(Church
World Service)의 페어필드(W. C. Fairfield), 세계교회협의회의 리스(Elfan
Rees), 국제선교협의회의 랜슨(C. W. Ranson)이 랜슨의 집에서 비공식
모임을 가졌다. 이 모임에서 참석자들은 한국의 긴급구호를 위해 한국
기독교대표구호위원회(Korea of a representative Christian committee on
relief)를 조직해 대내외 업무를 맡기기로 뜻을 모았다. 공식적인 기구
가 출범하기 전까지는 임시로 구호위원회에서 해당 업무를 담당하기

---

43) 「厚生福票를 發行, 라라救護物資入荷」, 『동아일보』, 1949.8.11.

로 한 것이다.[44] 그 후에 여러 과정을 거쳐 CWS가 1951년 한국기독교
세계봉사회(Korea Church World Service, KCWS)를 설립하고, KCWS는
여러 외원단체와 협력하여 1952년 1월 KAVA를 출범시켰다. KAVA는
외원의 연합단체이고, 정보교환 및 협력사업 정진을 목표로 삼았다.
외원단체들은 정부에 예속되지 않은 비정부조직이지만 본국으로부터
인준을 받아야 했다. KAVA의 공동 설립자이기도 했던 초대 회장 캐롤
은 초기 상황을 다음과 같이 설명했다.

나는 선교사가 되려고 왔으나 구원 투수(relief pitcher)가 되고 말았
다. 1952년 1월 10일 LARA의 명칭을 KAVA로 개칭하기로 결정했다.
감리교회의 아펜젤러(Henry Appenzeller) 박사와 나 캐롤(George
Carroll)이 보건사회부와 접촉하여 새 조직을 승인받기 위해 실행위원
으로 선출되었다. 보건사회부에서는 이 제안에 우호적이었고 한국
정부도 매우 기꺼워하면서 등록이 곧 실현될 것이라고 약속했다.
1952년 3월 5일 KAVA는 대한민국 보건사회부에 합법적으로 등록되
었다. KAVA는 한국인과 함께 한국인을 위한 사회복지, 보건, 구호,
교육, 지역사회 개발에 참여할 것으로 생각되었다.
나는 KAVA 초대 회장으로 선출되었다. 부산에 소재한 장로교 선교
회(The Presbyterian Mission in Pusan)에서 열린 첫 회의에 7개 단체만
참석했다. 참석자 중 나는 유일한 천주교인이었지만 그들은 나를 회
장으로 선출했다. 초창기에는 외국인이 회장을 맡아야 한다는 것은
회의에 참석한 한국인들의 조언에 따른 것이다. 한미재단으로부터
재정 지원이 없었다면 KAVA는 매우 어려운 시기를 맞을 뻔했다. 그
점에서 KAVA는 한미재단의 덕을 톡톡히 보았다.
한미재단은 2만 5천 달러의 보조금을 제공했고, 4개의 큰 단체 즉 기
독교세계봉사회(CWS), 미국대외원조물자발송협회(CARE), 세계구호
위원회(WRC), 전쟁구호봉사회(CRS)가 몇 년 동안 매년 1,000달러씩

---

44) 카바40년사 편찬위원회, 앞의 책, 67-68쪽.

의 단체 회비를 제공했다. 우리는 7개 회원단체로 작게 출발했지만
몇 년 뒤에는 77개 회원단체가 가입했다.[45]

정리하면 LARA 설립을 주도했던 CWS는 1951년 5월 KCWS를 세우고,
1952년 1월 민간외원연합단체인 KAVA 설립과정에서 중요한 역할을
담당했다. KAVA가 1952년 출범했지만, 재정 문제로 공식적인 업무는
할 수 없었다. 그러던 중 1952년 아이젠하워 대통령의 동생 M. 아이젠
하워(Milton S. Eisenhower)가 초대 이사장으로, 전 국방부 장관 이기붕
이 한국출장소장을 맡아 1952년 출범한 한미재단(the American-Korean
Foundation, AKF)에서 1954년 25,000달러를 KAVA에 기부했다. 이 기부
금을 발판으로 KAVA는 본격적인 활동을 시작할 수 있었다.[46] 1954년
5월 4일 기준으로 KAVA에 가입한 단체는 총 33개였다. 2년 만에 7개
단체에서 33개 단체로 급증한 것이다. KAVA는 1955년 첫 번째 사무국
장으로 캐나다에서 활동하고 있던 마샬(Kenric Marshall)을 선임하고,
용산에 소재한 유엔한국재건단에서 대여해 준 사무실을 임시본부로

---

[45] 자문위원회는 7개 단체의 대표로 구성되었고, 5개 분과위원회(사회복지-30명,
교육-20 명, 지역사회 개발-15명, 구호-15명, 보건-30명)를 두어 위원회 중심으
로 활동할 수 있도록 역할을 분배했다. 또 산하에 소분과위원회를 두어 특정
사업에 대한 문제를 다루었다. 예를 들어 소분과위원회는 모자사업, 아동복
지, 입양사업, 천재지변에 대응하기 위한 연구를 수행했다. 임원은 의장 1명,
부의장 2명, 총무 1명, 재정 1명을 두었고, 집행위원회, 재무위원회, 인사위원
회, 운영위원회 등 총 9개의 상임위원회가 매월 월례회에서 활동 상황을 보고
하며 소식을 공유했다.
[46] 이소라, 「1952-55년 한미재단의 활동과 역사적 성격」, 『사회사업』 62, 2016,
455~512쪽; 1952년 설립된 한미재단은 비영리, 비정치에 초점을 두고 보건,
교육, 복지, 농업, 지역개발, 예술, 문화를 통한 우정 도모를 목표로 삼았다.
특히 블록 제작과 고아원 건립을 위한 건축 물품 지원, 4-H클럽 지도자 양성
과 지역사회 개발에 심혈을 기울여 한국인의 'Self-supporting'에 도움을 주었
다. 이성덕, 「한국의 외원민간 단체의 실태」, 32~33쪽, 38쪽.

삼았다.[47] 사무국장을 선임하고 본부를 설치하며 본격적인 활동을 시
작할 무렵에 KAVA의 소속단체는 47개로 증가했다.[48] 1962년에는 64개
로 증가했는데, 이 중 28개 단체가 교육, 보건, 사회복지, 구호, 공동체
개발 등에 관심을 가졌다면 36개 단체는 선교나 복음 전도에 일차적으
로 관심을 가졌다.[49] 그러나 면밀하게 살펴보면, 설립 목적이 대외적
으로 사회복지와 관련되었어도 본래적 목적이 선교인 경우도 적지 않
다. 또 설립 목적이 선교라 하더라도 교육, 구호, 보건, 사회복지, 복구

---

47) 카바40년사 편찬위원회, 앞의 책, 68쪽.

48) 위의 책, 73~75쪽. 1955년 1월 기준으로 KCAC 에 등록된 47개 외원단체 명단
은 다음과 같다. American Korean Foundation, Asia Foundation, Assemblies of
God Mission, Australian Presbyterian Mission, baptist Bible Fellowship,
Benedictine Fathers, British Red Cross, CARE, Catholic Committee of Korea,
Christian Children's Fund, Christian Literature Society of Korea, Church of Christ
Mission, Church of Nazarene Mission, Columban Fathers, Foster Parents' Plan for
War Children, French Catholic Mission, Friends Service Unit, German Red Cross,
**Houses for Korea**, Korea Christian Mission, **Korea Church World Service**, Korea
Gospel Mission, Korean Evangelical Movement, **League of Red Cross Societies**,
**Maryknoll Fathers**, **Maryknoll Sister**, **Mennonite Central Committee**, **Methodist
Mission**, **Oriental Missionary Society**, Orient Crusades(Youth for Christ), Pocket
Testament League, Presbyterian Mission, Independent, **Presbyterian Mission
USA(Southern)**, **Presbyterian Mission USA(Northern)**, **Salesian Fathers**, **Salvation
Army**, **Save the Children Federation**, **Save the Children Fund**, **Seventh Day
Adventist Mission**, **Southern Baptist Mission**, The Evangelical Alliance
Movement(TEAM), **Unitarian Service Committee of Canada**, **United Church of
Canada Mission**, Universal Mission, **War Relief Services**, **National Catholic
Welfare Conference**, **World Vision**, **YMCA**, **YWCA**; KCAC에 등록한 단체 중에
서 밑줄 친 외원단체가 KAVA에 소속한 회원단체이며, 이외에도 Adopt a
Family Flan, English Church Mission, Methodist Mission(여성), World University
Service 등이 참여했다. Korea Association of Voluntary Agencies, Directory of
Foreign Voluntary Agencies in Korea, p.127.

49) Korea Association of Voluntary Agencies, *KAVA Directory: Personal*, Seoul:
KAVA, 1962, p.1.

등과 깊은 관련이 있었다. 특히 교회는 외원단체 활동의 주요 협력자
였고 매개체였기 때문에, KAVA는 기독교 활동과 밀접하게 연결되어
있었다.

### 3) KAVA와 연차대회(Conference)

KAVA는 매년 5월 또는 6월에 연차대회(Conference)를 개최했다. 연
차 목적은 첫째로 회원단체의 중복사업은 피하고, 협력사업은 강화하
고자 함이었다. 따라서 연차대회는 KAVA의 존재 목적과 방향성을 재
확인하는 장이었다. 1959년 5월 20일부터 21일까지 조선호텔에서 열린
연차대회에서는 감리교의 아담스(Mrs. Lucy Adams) 선교사가 주제 강
연을 맡았다. 그는 강연에서 1) 포럼을 주기적으로 개최하여 경험과
활동을 공유, 2) 정보센터 역할, 3) 구호 문제를 조정하는 기관, 4) 중복
사업을 피하고 상호협력, 5) 한국과 미국정부와 생길 수 있는 마찰을
줄이기 위한 대표기능 수행, 6) 발전적인 계획을 위한 연구와 평가기
능 등을 언급하며, KAVA의 협력과 방향성을 강조했다.[50] 1963년 제7차
연차대회는 다음 3가지를 목표로 삼고 대회를 진행했다. 첫째는 정보
교류와 건설적인 아이디어 교환, 둘째는 한국의 자원단체 사업과 관련
된 중요한 동향과 발전 배우기, 셋째는 소속 단체의 활동을 알릴 기회
제공이다.[51] 연차대회에서 일차적으로 다룬 주제는 KAVA의 존재 목
적과 방향을 재확인하고 공유하는 것이었다.

---

[50] Mrs. Lucy W. Adams, "Fifth KAVA Conference Address", *Report of the Fifth Annual Conference,* 1959, p.5.
[51] 외국민간원조기관한국연합회(KAVA), *Program of KAVA Annual Conference and Discussion Outlines,* 1964, pp.2-30. 여기에서도 17명의 발표자가 5개 분과로 나누어 보건, 사회복지, 구호, 지역개발, 교육 문제들을 다루었다.

둘째로 연차대회는 KAVA 회원단체들의 사업과 계획을 전달하는 통
로였다. 1부는 전체 모임 성격으로 주제 강연과 외부 인사들의 강연으
로 채웠다. 정부 관료들은 주로 이때 강사로 나섰다. 2부에서는 5개의
분과별 소모임으로 가졌다. 최원규는 『외원사회사업기관활동사』에 수
록된 76개 외원단체를 분석하면서, 활동 내용을 총 23개로 분류했
다.52) 연차대회에서는 23개의 사업을 교육, 지역개발, 사회복지, 구호,
보건으로 나누어 소모임을 가졌다. 이는 KAVA 산하에 5개 분과를 두
었기 때문이다. 1969년도 연차대회 회의록을 보면 재정 지출도 분과별
로 지출되었음을 알 수 있다.53)

〈표 3〉 1969년도 연차대회 사업별 현금 도입 및 사용처

| 프로그램 | 사용액(달러) | % | 참고 사항 |
|---|---|---|---|
| 경상비 | 1,499,867 | 6.1 | |
| 인건비 | 3,137,317 | 12.9 | |
| 후생시설 | 6,667,352 | 27.3 | (사회복지 분과) |
| 보건 프로그램 | 2,593,160 | 10.6 | (보건 분과) |
| 교육 및 문화 | 3,658,815 | 15.0 | (교육 분과) |
| 영세민 | 3,088,708 | 12.6 | (구호 분과) |
| 지역개발 | 562,981 | 2.3 | (지역개발 분과) |
| 선교 | 2,234,927 | 9.2 | |
| 기타 | 976,035 | 4.0 | |
| 총    계 | 24,419,162 | 100 | 행정비와 선교비를 제외한 사업비는 71.8%다. |

셋째로 연차대회는 KAVA 회원단체 책임자들과 정부인사, 미군, UN

---

52) 최원규, 「외국민간원조단체의 활동과 한국 사회사업 발전에 미친 영향」,
    169~170쪽.

53) KAVA, "Summary Evaluation on Activities of Agencies through 1968 Annual
    Report," *Proceedings of the Thirteenth Annual KAVA Conference,* May 21,
    1969, p.8.

및 한국 관련 책임자들의 만남의 장이었다. 이들은 연차대회에서 만나
사업내용을 공유하고 협력사업을 이끌어냈다.[54] 예를 들어 1965년과
1966년에 열린 연차대회는 박정희 대통령이 연이어 치사를 보낼 정도
로 정부 차원에서 깊은 관심을 가진 대회였다. 이는 1962년부터 시작
한 제1차 경제개발 5개년계획이 외부의 후원이 필요했던 시기였기에
한국정부가 외원단체와 우호적인 관계를 맺는 일은 중요했다. 정부의
관련 장관이나 책임자들이 참석하여 복지정책을 발표하며 KAVA에 도
움을 요청하기도 했다. 1965년에 열린 제9회 연차대회에서는 오원순
보건사회부 장관이 "1965년 공중보건프로그램"을, 장충준 지역개발지
역자문관이 "지역개발의 최근 경향"을, 김학묵 대한적십자 총재가 "한
국발전의 한 요인으로서의 사회사업"을, 국제협력교육연구소 박희섭
이 "국가개발과 관련된 교육에의 도전"을, 차경희 농수산부 장관이 "7개
년 농업생산계획"을 각각 발표했다. 뒤이어 주한미국경제협조처(USOM)
의 마더럴(Motheral)이 "한국의 지역개발에 있어서 USOM의 역할"을,
USOM의 펨버(Lyle B. Pember)가 "어떻게 하면 직업교육이 한국경제에
기여할 수 있는가?"라는 주제로 각각 발표했다. 1966년 제10회 연차대
회에서는 정희섭 보건사회복지부 장관이 "한국의 사회복지부의 효과
적인 프로그램"을, 권오병 교육부 장관이 "한국을 위한 효과적인 교육
프로그램"을 발표하면서 현실적인 문제들을 나누었다. 대통령 산하 과
학경제위원회 주요한 위원은 "한국의 미래에 대한 전망"을 발표하고
경제개발에 대한 성과와 문제점들을 포함해 20년 후의 발전상들을 소
개했다.[55] 정부 관료들은 연차대회에 참석해서 정부정책을 설명하고

---

54) Korea Association of Voluntary Agencies, *KAVA Directory: Personal*, p.1; 카바
    40년사 편 찬위원회, 『외원사회사업기관활동사』, 81~82쪽; 이성덕, 「한국의
    외원민간 단체의 실태」, 39~40쪽.

제시하는 데 그치지 않고, 필요에 따라 공개적으로 도움을 요청하기도 했다. KAVA 회원단체들은 정부의 정책이나 방향을 인지하고 자신들의 사업을 조율할 수 있었다. 따라서 연차대회는 KAVA만 아니라 정부 차원에서도 중요한 만남의 장이었다.

넷째로 연차대회는 미래의 발전적인 방향을 나누는 장이었다. 예를 들어 1967년 연차대회부터는 KAVA가 방송에 관심을 갖기 시작했다. 교육분과에서 교육방송 도입 논의가 활발하게 이루어졌는데, 서강대학교 미첼(John L. Michell) 교수가 "교육 봉사를 위한 TV", 서강대학교 번블록(John E. Bernbrock)이 "TV토론 시범"을, TBC TV 연출자 김규가 "오늘날의 한국 TV"를, USOM 교육자문 리들 박사(Clifford S. Liddle)가 "교육, TV와 한국교회"를 각각 발표하고 교육방송국 설립을 제안했다.[56] 이후부터 본격적인 교육방송을 추진했는데, 예를 들어 KAVA는 보건복지위원회와 함께 매주 KBS 희망중계실을 통하여 전반적인 보건교육과 계몽활동에 앞장섰다.[57] 연차대회에서는 방송을 통한 복지사업들을 공유하고, 앞으로의 방향성을 제시하기도 했다.

## 4) KAVA와 기독교

1946년 LARA는 세계기독교협의회(World Council of Churches, WCC)

---

55) 외국민간원조기관한국연합회, *Proceedings of the Ninth Annual KAVA Conference*, 1965; 외국민간원조기관한국연합회, *Proceedings of the Tenth Annual KAVA Conference*, 1966. 대통령 치사는 국무총리인 정일권이 참석해서 대독했다.

56) 외국민간원조기관한국연합회(KAVA), *Proceedings of the Eleventh Annual KAVA Conference*, 1967, pp.107-122.

57) 외국민간원조기관한국연합회(KAVA), *Proceedings of the Fourteenth Annual KAVA Conference*, 1970, pp.63-68. 이 방송에서는 김치 만들기 편이 송출됐다.

산하의 17개 기독교 교단이 설립한 CWS, 퀘이커의 미국친우봉사단, 침례교 형제교회의 형제봉사단, 루터교의 세계봉사회, 메노나이트교단의 중앙위원회, 구세군, 천주교 전쟁구호봉사회, YMCA, YWCA 등이 참여하여 조직되었다. 6·25전쟁이 일어나자 기존의 LARA 활동으로는 한국 구호와 재건을 감당하기 어려웠다. 이를 위해 더욱 규모가 큰 새로운 외원단체연합회가 필요했다. 이런 상황에서 1952년 1월 CWS 산하의 KCWS 주도로 천주교의 전쟁구호봉사회(WRS)와 한미재단 등 7개 외원단체가 참여하여 KAVA를 설립했고, 1954년에는 미국의 전국복음주의협회(NAE) 산하 세계구호위원회(WRC)와 1949년 입국해서 구호활동을 한 유럽구제협회(Cooperative for American Remittances to Europe, CARE)가 명칭을 미국대외원조물자발송협회(CARE)로 바꾸어 참여함으로 규모가 더욱 커졌고, 다양성도 훨씬 넓어졌다. 그러나 가장 주축을 이루었던 외원단체는 기독교를 배경으로 설립된 단체들이었다. 매년 열렸던 연차대회의 임원들은 KAVA를 이끄는 핵심 인물들이다. 1964년에 열린 연차대회 임원진들을 보면, 대부분은 기독교인들이다.[58]

연차대회 실행위원
Dr. Horace G. Underwood(연세대학교 교수)/
KAVA 부회장이며 연차대회 의장
John G. Mathews(천주교 전쟁구호봉사회)/
KAVA 대외 부회장이며 신부
Mrs. E. Van Lierop(북장로회 선교사)/
KAVA 사회봉사위원회 의장
Dr. Ernest W. Weiss(감리교세계선교회 선교사)/

58) KAVA(외국민간원조기관한국연합회), *Program of KAVA Annual Conference and Discussion Outlines*, p.32.

KAVA 보건위원회 의장

S. J. Skillingstad(예수회 신부)/ KAVA 교육위원회 의장

Colin W. Morrison(한국기독교세계봉사회)/ KAVA 구호위원회 의장

M. M. Irwin(캐나다 연합교회 목사)/ KAVA 협력위원회 의장

Miss Esther Park(YMCA)/ 접대위원회 의장

George Engel(구세군 정령)/ 준비위원회 의장

Dr. Robert Kohls(기독교어린이기금)/ 연차대회 계획

Gardner Muro(국제사회봉사회)/ 연차대회 계획

Yun Hum(KAVA)/ 연차대회 서기

연차대회 조정위원회(분과위원장)

Loslie Gardner(예수그리스도 후기성도교회 목사)/ 사회복지

Mrs. George Rue(제7안식교 선교사)/ 보건

Dr. Peter Van Lierop(북장로교 선교사)/ 교육

Colin W. Morrison(한국기독교세계봉사회)/ 구호

Jin Mook Lee(세이브더칠드런)/ 협력

임원들은 1년에 한 번씩 열리는 KAVA 연차대회를 계획하고, 새로운 계획을 세워 연합활동을 이끌었다. 이들은 대부분 기독교를 배경으로 한 단체의 인물들이다. 여기에서 1964년도 연차대회 임원들을 예로 들었지만, 다른 연차대회도 크게 다르지 않았다.

최원규는 「외국민간원조단체의 활동과 한국 사회사업 발전에 미친 영향」에서 외원단체의 종교적 배경을 분석했다. 한말 이후 한국에서 활동한 147개 외원단체 중에 개신교 70개(49.7%), 천주교 40개(27.2%), 불교 1개(0.7%), 종교 없음 또는 미상 33개(22.4%) 단체가 있었다.[59] 천주교를 포함하면 외원단체 147개 중 기독교계가 110개(76.9%)에 이른다.

---

59) 최원규, 「외국민간원조단체의 활동과 한국 사회사업 발전에 미친 영향」, 59쪽, 표3-2-3참조.

북장로교 선교사 로즈(Harry A. Rhodes)와 캠펠(Archibald Campell)이
공동 집필한 *History of the Korean Mission Presbyterian Church in the
U.S.A. II: 1935-1959*에서는 1958년 기준으로 10개국 59개 외원단체 중
에서 28개 단체가 사회사업과 함께 선교를, 31개 단체가 교육, 보건, 사
회복지, 구호 및 지역개발을 목표로 삼았음을 밝힌 바 있다.[60] 그러나
대외적으로 선교를 언급하지 않았어도 교회와 협력한 구호활동은 선
교적 특징을 지녔다. 예를 들어 미국교회로부터 후원받은 동양선교회
(OMS), 월드비전(WV), 세계구호위원회(WRC) 등은 주로 성결교회를 통
해 원조활동을 펼쳤다. 원조활동으로 교회는 사람들에게 좋은 인식을
심어주게 되었고, 그 결과 성결교회의 재건과 재흥에 영향을 끼쳤다.
WV는 OMS를 통하여 1950년부터 1958년까지 총 515,432달러를 지원했
고, NAE의 WRC도 OMS를 통하여 폭넓게 구호품을 전달하였다.[61] WRC
한국책임자는 OMS를 설립한 길보른의 손자이며 버드 길보른의 아들
인 엘마 길보른(Elmer Kilbourne)이었다.[62] 그는 WRC를 통해 1962년 8월
27일부터 전남 순천을 포함하여 남부 지역에 쏟아진 폭우로 발생한 많
은 수재민을 돕기 원했다. WRC에서 찾은 최적의 파트너가 바로 수정
동성결교회였다. 수정동성결교회 구제부는 과거 순천 지역민들에게
구호품을 전달한 경험이 있었기 때문에 그 일을 잘 수행할 수 있었

---

[60] Harry A. Rhodes, Archibald Campell, *History of the Korean Mission Presbyterian
Church in the U.S.A. II: 1935-1959,* New York: CEMR, 1964, p.326.

[61] 서울신학대학교 현대기독교역사연구소, 『한국성결교회 100년사』, 기독교대
한성결교회출판부, 2007, 457~60쪽.

[62] 엘마 길보른은 동양선교사로 1956년부터 1986년까지 세계구호위원회 한국대
표로 사역했으며, 1973-1986년까지 동양선교회 한국대표를 지냈다. 그는 6·25
전쟁으로 혼란스러운 한국에 지원하기 위해 한국성결교회를 구호물자 배분
기관으로 선정해 지원함으로 성결교회가 비약적으로 발전을 하는 데 크게 기
여했다.

다.63) 1966년 10월 14일 〈수정동 교회일지〉에 따르면 교회는 예배 시
간에 WRC로부터 구호품을 배정받았다고 광고하고, 자체적으로 자활
회(自活會)를 조직하여 선정한 가정에 10월 21일부터 11월 10일까지
구호품을 배포할 것임을 발표하였다. 이듬해 4월 교회는 물품을 어떻
게 전달했는지도 보고하는 시간을 가졌다. KCWS 책임자 북장로교 선
교사 킨슬러(Francis Kinsler, 권세열)는 부산진교회에 구호본부를 설치
하고 활동하며 피난민들을 돌보는 데 전심을 쏟았다.64) 또 미국 장로
교해외선교부는 한국교회를 위해 1950년부터 1954년 6월까지 약 180만
달러를 모금했다. 감리교회는 1954년 '감독호소기금'(Bishops' Appeal
Fund)으로 160만 달러를 모금하여 고아원, 모자원, 부랑아동, 결핵요양
원, 시설 운영 등을 위해 사용했다.65) 이런 모금과 활동은 선교회를 배
경으로 설립된 외원단체들이었기에 가능했다. KAVA는 주로 한국교회
와 협력하며 구호사업을 펼쳤기 때문에 선교적 특성을 지닐 수밖에 없
었다. 그것은 당연한 수순이었다.

---

63) 〈수정동 교회일지〉. 1962.9.9.; "순천의 아픈 기억 8.28 수해," 〈순천광장신
   문〉, 2013.8.28. 1962년 8월 27일 시작한 폭우로 195mm 강수량을 기록하고,
   산정 저수지의 둑이 터져 시내 2/3가 침수되었다. 224명의 사망자가 발생하
   고, 1692동의 가옥이 반파 또는 유실되어 3,030가구 13,964명의 수재민이 발
   생하였다.

64) 장금현, 「프란시스 킨슬러와 성경구락부 운동」, 『신학과 실천』 68, 2020,
   527~53쪽.

65) 허명섭, 「6·25전쟁과 한국교회」, 『본질과 현상』 20, 2010, 90쪽; 감리교 유형
   기 감독이 미국교회를 방문해 피난민과 교회 재건을 위해 받은 구호금이
   1951년 120,000달러, 1952년에 106,000달러였다. 유동식, 『한국감리교의 역사
   II』, 기독교대한감리회, 1994, 758쪽; 감리교는 1950년 12월 20일부터 1951년
   12월 30일까지 감리교해외구호위원회(Methodist Committee for Overseas Relief)
   로부터 약 13억 5천 382만 6천 600원을 원조 받았다. 〈감리회보〉, 1952.2.1.

## 5) 미국교회가 원조단체를 지원한 배경

살펴본 대로 외원단체 대부분은 기독교를 배경으로 하고 있다. KAVA 임원들은 대부분 기독교 선교부나 선교단체에 소속된 인물들이 었다. 그러면 미국 교회가 KAVA를 통해 한국인들을 돕고자 했던 이유 는 무엇인가? 최원규는 그 이유를 크게 세 가지 관점으로 정리했다. 첫째로 한국은 미국교회로부터 복음을 받아들였고, 둘째로 미국교회 는 자발적으로 원조활동을 하는 단체가 많았으며, 셋째로 해방 후 미 군정의 통치와 한국전쟁의 참여에 그 이유가 있었다고 한다.[66] 본 논 문에서는 그와는 다른 각도에서 생각해 보고자 한다.

미국교회가 한국사회와 교회를 원조하게 된 배경을 살펴보기 전에 미국교회와 연합운동을 간략하게 보고자 한다. 제2차 세계대전을 계기 로 미국교회는 세계에서 이전과 다르게 핵심적인 위치에 설 수 있었 다. 미국교회는 정부정책에 따라 많은 외원단체의 강력한 재정 후원자 그룹이 되었다. 그것이 가능했던 것은 급속한 교회재정 증가와 맞물려 있었기 때문이다. 성도들의 사회경제적 지위 상승, 개신교의 급속한 성장, 헌금의 증가 등을 주목해야 할 것이다.[67] 미국 교회의 적극적인 후원으로 외원단체들은 계속 설립되었고, 활동 범위도 더욱 넓혀졌다. 1946년, 1960년, 1975년을 비교해보면, 외원단체들의 확장 속도를 어림

---

66) 최원규, 「외국민간원조단체의 활동과 한국 사회사업 발전에 미친 영향」, 56~ 57쪽; 미국교회가 반공산주의 노선에 있었기 때문에, 공산주의의 공격으로부 터 한국과 한국교회를 도우려는 의도가 있었다는 견해도 있다. 이은선, 「6·25 전쟁과 미국 복음주의와 한국교회」, 『영산신학저널』 44, 2018, 199~237쪽; 탁 지일, 「북미교회의 한국전쟁 이해: 미국장로교회와 캐나다연합교회를 중심으 로」, 『한국기독교와 역사』 39, 2013, 281~305쪽.
67) 강인철, 『한국기독교회와 국가·시민사회: 1945-1960』, 한국기독교역사연구소, 1996, 101쪽.

짐작할 수 있다.[68]

〈표 4〉 외원단체의 지역별 활동, 비율(%)

| 연도 | 외원단체수 | 국가수 |
|------|-----------|--------|
| 1946년 | 42 | 75 |
| 1960년 | 59 | 93 |
| 1975년 | 94 | 124 |

  미국교회의 급속한 성장과 재정증가를 배경으로 원조단체들이 급증했고, 그에 따른 원조대상 국가들도 마찬가지로 증가하였다. 하나의 원조단체가 여러 나라에서 활동했기 때문에 1975년에는 124개 국가로 확대되기도 했다. 막대한 재정을 배경으로 원조활동에 나선 해외선교회나 선교단체들은 한국전쟁을 계기로 크게 두 세력으로 재편된다. 하나는 세계교회협의회(WCC)이고, 다른 하나는 전국복음주의협회(NAE)다. 전자에 가입한 교단은 대표적으로 북장로교, 남장로교, 연합감리교 등이 있으며, 공산권 교회들과 관계를 맺고 진보적인 색채를 지녔다. 이 교단들은 사회적 행동을 복음전도보다 우선하는 경향을 지녔다. 공산주의에 대한 승리도 평화적인 구호 노력의 전개, 교육, 기술적인 지원, 그리고 봉사자들에 대한 지원을 통해서만 성취될 수 있다고 확신했다. 즉, 공산주의와의 싸움에서 인도주의적인 원조활동으로 승리할 수 있다는 것이다.[69] 다만 6·25전쟁 직후인 1950년대 초기만 해

---

68) Bureau for Population and Humanitarian Assistance, *Voluntary Foreign Aid Programs,* Washington, DC: Department of State Agency for International Development, 1975, p.19.

69) Kai Yin Allison Haga, "An Overlooked Dimension of the Korean War: the Role of Christianity and American Missionaries in the Rise of Korean Nationalism, Anti-Colonialism, and Eventual Civil War, 1884-1953", Ph.D. diss., The College

도 WCC에 소속된 미국의 주류교회나 재한선교사들은 입장 차가 거의 없었다. 재한선교사들 중에서 일부는 공산당에 의해 중국에서 쫓겨난 경험이 있었고,[70] 6·25전쟁을 통하여 공산주의자들의 공격성을 경험 했기에 반공산주의 노선을 걸었다. 대표적인 인물이 전쟁 중에서 한국에 남아 구호활동을 펼쳤던 CWS 한국책임자 아담스(Edward Adams)다. 그는 CWS 아시아 책임자 보트(Arnold Vaught)에게 서신을 보내면서 공산주의에 대한 부정적인 입장을 피력했다.[71] CWS는 WCC 산하단체로 1951년 KCWS를 조직하고, KAVA 설립에 주도적인 역할을 담당했다. 다른 하나는 신학적인 보수성을 지닌 교회들로 대표적으로 남침례교, 루터교, 나사렛 교회, 하나님의성회 등이 있으며, 선교단체로는 동양선교회(OMS), 월드비전, 컴패션 등이 있다. 이들은 공산주의를 악한 존재로 보았고, 한국전쟁을 "영적 전쟁"으로 받아들였다.[72] 또 이들은 원조활동을 교회를 향하게 하는 징검다리로 보았다.[73] 대표적인 외원단체는 NAE의 세계구호위원회(World Relief Commission)다. WRC는 1944년 6월 21일 뉴욕에서 설립된 NAE의 전쟁구호위원회(War Relief Commission)의 후신이다.[74] NAE는 개인적 복음(personal gospel)을 통한 회심과 "거

---

of William and Mary in Virginia, 2007, pp.453-454.

[70] 이은선, 「6·25전쟁과 WCC와 한국교회」, 『한국개혁신학』 58, 2018, 244쪽. 투르먼이 공격적인 맥아더를 해임하자 WCC나 미국 NCC는 찬성한 반면, 국내 선교사들은 반대했다. 213-53쪽.

[71] Edward Adams to Arnold Vaught, Sep. 27, 1950.

[72] Jung H. Pak, "American Missionaries and the Spiritual Wars in Korea, 1885-19533", Ph.D. diss., University of South California, 1980. Pak은 논문에서 기독교가 일제강점기에 신도이즘과 해방 후에 공산주의와 끊임없이 갈등했으며, 이를 영적 전쟁으로 묘사했다.

[73] 강인철, 『한국기독교회와 국가·시민사회: 1945-1960』, 109쪽, <표 3-9> 한국진출 미국 개신교 교파들의 차원들에 대한 전문가평가 평균치 참조.

[74] Miles S. Mullin, II, "Shall We Let Them Die? Postwar Evangelicalism and Global

듭남"을 포기하지 않으면서, 사회적 봉사가 가능하다는 것을 잊지 않았다.[75] 그 정신을 기초로 세워진 WRC는 초기에 서유럽국가들을 대상으로 원조활동을 펼쳤다. 그러다 비유럽권의 가난한 이들을 위한 활동으로 확대하여 1950년 4월 명칭을 세계구호위원회로 바꾸고, 구호대상자도 비유럽권으로 확대했다. 그 결정 이후 1개월 뒤에 6·25전쟁이 발발한 것이다.

정리하면 WCC의 KCWS는 1952년 KAVA 설립에 주도적인 역할을 했고, NAE의 WRC는 1954년 KAVA에 가입하여 KAVA의 본격적인 활동에 중요한 역할을 담당했다. 차이가 있다면 KCWS와 관련된 외원단체들이 KAVA의 주요 임원을 맡으며 원조활동에 무게를 두었다면, WRC는 원조활동과 함께 복음전도를 중요시했다. 특히 후자는 다른 복음적인 단체와 연계하며 활동했다.[76] 이런 차이는 사회봉사에 대한 견해 차이로 보인다. 물론 전쟁 초기에는 전자와 후자의 차이가 선이 명확하게 그어졌다고 보기 어렵다. 시간이 지남에 따라 차이가 점점 선명해졌다

---

Social Ministry: The Early Years of World Relief, 1944-1950," Fides et Hitoria 46/1(2014): 46. 세계구호위원회(World Relief Commission)와 전쟁구호위원회 (War Relief Commission)의 영어 약어 모두 WRC다. WRC는 다음 4가지를 목표로 설정했다. 1) 각 지역을 대표 하는 인물들로 구성된 전국 규모의 복음주의적 연합활동을 도모한다. 2) 매체를 통해 어려움을 당한 이들의 소식을 전하여, 복음주의적 공감을 일으킨다. 3) 구호활동을 통한 물리적 도움만이 아니라, 개인적인 회심의 사례를 알린다. 4) 현재 활동 중인 복음주의 단체와 조직을 통해 구호활동을 벌인다.

75) Ibid., 42-43.
76) WCC에 소속된 CWS와 한국기독교교회협의회(KNCC)의 임원들이 대부분 KAVA를 대표했으며, NAE의 WRC는 동양선교회와 연계하여 활동하고, 성결교회와 깊이 연결된다. WRC 한국 책임자였던 엘마 길보른이 1966년 회장, 1965년 제1부회장, 1967년 제2부회장을 역임한 것을 제외하고 대부분 WCC와 관계된 외원단체들이 주로 임원을 맡았다. 카바40년사 편찬위원회, 『외원사회사업기관활동사』, 427~28쪽. 카바 역대임원 명단 참조.

고 보는 것이 타당하다.

그러면 미국교회가 한국사회와 교회를 적극적으로 원조하며 후원한 배경은 무엇인가? 첫째로 원조활동은 그리스도의 사랑을 표현하는 방식이었기 때문이다. 미국교회는 해방 후 한국교회를 지원하기 위해 선교사들을 재파송했다. 일제강점기에 파괴된 교회를 복구하고, 폐쇄된 교회를 재건하는 일이 선교부에게는 급선무였다. 선교부들은 이전의 사업들, 예를 들어 교회재건만 아니라 교육사업, 사회사업, 의료사업, 출판사업 등의 재개에 초점을 두었다. 선교사들은 선교와 복음전도를 우선하면서 구호사업을 포함한 사회사업에 힘을 기울였다.[77] 선교부나 선교단체들은 원조활동의 효율성을 높이기 위해 해방 후에는 LARA를, 한국전쟁 후에는 KCWS와 KAVA를 조직했다. 그런 의미에서 미국교회의 후원으로 활동했던 외원단체들은 기독교적인 성격을 지닐 수밖에 없다. 따라서 기독교 외원단체의 원조활동 배경에는 미국교회의 기독교적인 사랑이 담겨 있었다. 차이가 있다면 진보적인 계열이 원조활동을 우선했다면, 보수적 또는 복음주의적 계열은 원조활동과 함께 선교를 중시했다. 그러나 하나의 공통점은 원조활동이 그리스도의 사랑을 전하는 표현 방식이었다는 점이다. 그 표현 방식은 현대적 사회복지체계의 초기 단계라 할 수 있다.

둘째로 미국교회는 공산주의에 대응하기 위하여 한국사회와 교회를 원조했다. 이는 공산주의에 대한 미국정책과도 연결되어 있다. 복음주의 교회들은 제2차 세계대전이 진행되는 과정부터 미국정부와 밀접한

---

77) 자세한 내용은 다음의 글을 참조하라. 박창훈, 「전재민구호활동과 기독교: 미군정기를 중심으로」, 『한국교회사학회지』 46, 2017, 327~61쪽; 장금현, 「월남 기독교인의 남한 정착과정 연구 - 이북신도대표회를 중심으로」, 『대학과 선교』 37, 2018, 97~142쪽.

관계를 가졌다. 특히 정책 입안자들은 미국교회가 1940년대 후반부터 1950년대 초까지 냉전에 맞설 영적 무기를 갖추도록 자극했다.[78] 여기에 미국교회는 응답했다. 기독교를 배경으로 한 미국교회는 다른 단체들보다 월등히 많은 원조비용을 모금했다. 다음은 1939년부터 1953년까지 민간과 공공이 원조한 현금과 물품 액수(백만 달러)다.[79]

〈표 5〉 외원단체 및 공공 원조 비교

(단위: 백만 달러)

| 기간 | | 민간 외원단체 | | | 공공 | |
|---|---|---|---|---|---|---|
| | | 종교 | 윤리 | 일반인 | 미국정부 | UN |
| 중립 | 1939 -1941 | 9.6 | 50.4 | 1.9 | - | - |
| 제2차 세계대전 | 1942 -1945 | 116.7 | 179.5 | 140.8 | - | - |
| 전쟁 후 | 1946 -1953 | 710.0 | 125.0 | 168.9 | 76.6 | 39.2 |
| 총계 | | 836.3 | 354.9 | 311.6 | | |
| 비율 | | 51.7 | 21.9 | 19.2 | 4.7 | 2.5 |

진보주의 계열에서는 인도주의적 원조활동을 통해서 공산주의를 이길 수 있다고 확신했다. 그런 면에서 원조활동은 공산주의를 제압할 수 있는 능력이었다. 반면 복음주의 계열에서는 무신론에 기초한 공산주의에 대항하는 가장 효과적인 방법은 기독교의 세력을 키우는 것으로 인식했다.[80] 즉 미국교회는 원조를 통한 재건과 부흥으로 한국사회와 교회가 공산주의에 대한 힘을 키우는 것을 기대했다. 이 원조활동

---

78) Axel R. Schafer, "Evangelical Global Engagement and the American State after World War II", *Journal of American Studies* 51, 2017, p.1069.

79) Ringland, "The Organization of Voluntary Foreign Aid: 1939-1953", p.391.

80) 이은선, 「6·25전쟁과 미국 복음주의와 한국교회」, 208쪽.

은 곧 사회복지사업으로 구현되었다. 대표적인 인물이 월드비전을 세
운 침례교 목사 밥 피어스(Bob Pierce)다.[81] 그는 중국에서 알게 된 많
은 목회자와 선교사가 공산주의자들에 의해 피살되고, 병원과 학교와
선교지가 파괴된 것을 보고 충격 받았다. 이때를 계기로 밥 피어스는
공산주의에 반감을 갖게 되었다.[82] 그는 영화를 제작하여 공산주의의
실상을 전하고, 소외된 고아들과 노인들을 위한 모금운동을 펼쳤다.
밥 피어스는 한국전쟁과 고아들을 주제로 여러 편의 영화를 제작하여
한국의 참상을 알리는 데도 힘썼다.[83]

정리하면 미국교회가 외원단체들을 통해 한국교회와 사회를 적극적
으로 지원하게 된 배경에는 그리스도의 사랑을 구현하기 위함과 공산
주의 세력으로부터 한국사회와 교회를 지키기 위함이 있었다. 전자를
통해서는 인류애적인 보편적인 사랑이 사회복지형태로 나타났지만,
그 근저에는 기독교 정신이 깔려있다. 후자는 무신론인 공산주의와 싸
워 신앙의 자유를 지켜야 한다는 미국교회의 인식이다. 그러나 두 계
열 모두는 공산주의를 이기는 접근방식이 다를 뿐 공통분모는 원조활
동을 통한 사회복지활동이었다. 이 활동이 점차 체계적인 사회 복지체
계로 발전하였고, 한국에서 사회복지정책으로 자리 잡을 수 있었다.

81) 자세한 내용은 다음의 글을 참조하라. Graeme S. Ivine, *Best Things in the Worst Time: An Insider's View of World Vision,* Oregon: BookPartners, 1996.; David P. King, *God's Internationalists: World Vision and the Age of Evangelical Humanitarianism,* Philadelphia, PA: University of Pennsylvania Press, 2019.; John R. Hamilton, "An Historical Study of Bob Pierce and World Vision's Development of Evangelical Social Action Film", Ph.D. diss., University of South California, 1980, p.20.
82) 이은선, 「6·25전쟁과 미국 복음주의와 한국교회」, 204쪽.
83) 윤정란, 『한국전쟁과 기독교』, 한울엠플러스, 2015, 192쪽.

## 5. 나가는 말

해방 후 외원단체들은 LARA를 통해 원조활동에 주력했다. 그러나 체계적인 사회복지활동은 6·25전쟁 이후였다. 사회복지활동은 1952년 설립된 외원 단체연합체인 KAVA의 활동에서 두드러진다. KAVA의 특징은 첫째로 민간 자원운동이라는 점이다. 외원단체들은 원조활동을 위해 자발적으로 모금하여 재정을 마련했다. 둘째로 그럼에도 외원단체의 원조활동은 원조에 대한 미국정책과 맞물려 있었다. 셋째로 6·25전쟁 이전에는 단순한 구호활동에 초점을 두었다면, 6·25전쟁 이후에는 구호와 재건으로 확대되었다. 넷째로 외원단체들은 종교를 초월하여 연합하고 인간의 보편적인 사랑에 기초하여 활동했다. 다섯째로 외원단체 대부분은 기독교를 배경으로, 또한 교회와 협력하며 활동했기에 기독교 정신이 자연스럽게 스며들어 있었다. 여섯째로 외원단체는 별도의 구호단체를 조직하기도 했으나 기존의 선교부나 선교기관이 그 일을 담당한 경우가 많았다. 이것이 선교활동과 원조활동이 명확하게 구분이 되지 못하는 이유이기도 하다. 일곱째로 KAVA의 회원단체들은 한국사회의 사회복지 욕구를 채워주면서 미숙하지만 현대의 사회복지체계를 경험할 수 있도록 도움을 주었다.

이런 특징을 지닌 KAVA의 가장 큰 후원자 그룹은 미국교회였다. 그러면 미국교회가 원조를 통해 한국사회와 교회를 지원하게 된 배경에는 무엇이 있었는가? 크게 두 가지로 요약된다. 첫째로 대한(對韓) 원조는 그리스도의 사랑을 표현하는 인도주의적 차원이었다. 한국교회는 미국의 선교사역에서 가장 성공적인 국가 중의 하나였다. 일제강점기에 선교사들이 추방됐지만, 그들은 일본이 멸망하면 한국으로 돌아갈 것을 기대했다. 북장로교 선교부는 해방을 염두에 두고 북한선교를

위하여 기금을 모으고 있을 정도였다. 선교사들은 해방되자 한국으로
향했다. 내한한 선교사들은 복음전도만 아니라 특히 월남인들을 위해
학교를 세우고 고아원을 세우는 일에 전력을 다했다. 이들이 사용한
모든 비용은 미국교회와 성도들의 헌금이었다. 한국전쟁 이후에 미국
교회는 파괴된 한국사회를 복구하고 교회를 재건하도록 교단 선교부
나 선교단체를 지원했다. 이 단체들은 선교단체이며 동시에 외원단체
였기에 선교와 원조활동을 명확하게 구분 짓기 어려운 부분이 있다.
다만 KAVA의 주요 외원단체들이 기독교를 배경으로 설립되었기 때문
에 원조활동에는 그리스도의 사랑이 그 근저에 자리 잡고 있었다.

둘째로 미국교회가 적극적인 후원자 그룹으로 자처한 것에는 시대
적인 배경 때문이다. 즉, 유럽에서 소련의 세력 확장과 중국의 공산화
등으로 위기감을 느낀 미국의 정책과 관련된다. 특히 미국이 6·25전
쟁에 개입하여 남한을 지키고 원조를 통해 재건에 힘쓴 것은 세계 재
편에 주도권을 확보하고, 공산주의의 대척점에 선 민주진영의 리더로
우뚝 서고자 함이었다. 한국이 전쟁으로 공산주의에 넘어가게 되면 그
동안 미국이 애쓴 역할이 물거품이 될 상황이었다. 미국은 미군정을
통해 한국을 3년간 통치했고, UN 감시하에 자유선거로 독립국가 지위
를 확보하도록 지원했다. 또한 공산주의로부터 한국을 지키고자 UN을
통해 6·25전쟁에 적극적으로 참전했을 뿐 아니라 전후 복구과정에서
도 막대한 재정을 투입했다. 이런 미국의 정책에 교회는 적극적으로
응답했다. 진보계열에서는 공산주의를 이기는 방법은 곧 활발한 원조
활동을 통한 생활개선이었다. 반면 복음주의 계열에서는 원조활동을
통해 공산주의를 이길 힘을 키우는 것이었다. 한국전쟁을 공산주의와
의 영적 전쟁으로 보았던 미국의 복음주의 교회는 영적 공격을 받은
한국교회와 사회가 대항할 힘을 키울 수 있도록 후원했다. 두 계열의

원조활동에 차이가 있었지만 목표는 동일했다. 반공산주의 노선에서 활동했다는 점이다. 그런 원조 활동이 현대적 사회복지체계 방식으로 전개되었다는 점에서, 한국의 사회복지 사업은 미국교회에 일정한 빚이 있다고 할 수 있다.

본 논문을 마무리하면서 아쉬운 것은 KAVA의 설립과정을 보다 자세하게 분석하고, 합종연횡으로 연결된 사회복지사업들을 자세하게 그려내지 못한 점이다. 또 다른 하나는 KAVA의 주요 임원진들을 분석하고 그들의 주요 관심과 활동을 살펴보지 못한 점이다. 이런 아쉬움을 다음 과제로 넘기고 본 논문을 마무리하고자 한다.

# 참고문헌

• 1차 자료

Mrs. Adams, Lucy W. "Fifth KAVA Conference Address". *Report of the Fifth Annual Conference.* 1959.

House Select Committee on Foreign Aid. "Final Report on Foreign Aid". *A Resolution Creating A Select Committee on Foreign Aid.* Washington, DC: US Government Printing Office, 1948.

Korea Association of Voluntary Agencies. *Directory of Foreign Voluntary Agencies in Korea.* Seoul: KAVA, 1955.

KAVA. *KAVA Directory: Personal.* Seoul: KAVA, 1962.

_____. *KAVA Conference.* June 19, 1963.

_____. *Program of KAVA Annual Conference and Discussion Outlines.* 1964.

_____. *Proceedings of the Ninth Annual KAVA Conference.* 1965.

_____. *Proceedings of the Tenth Annual KAVA Conference.* 1966.

_____. *Proceedings of the Eleventh Annual KAVA Conference.* 1967.

_____. "Summary Evaluation on Activities of Agencies through 1968 Annual Report." *Proceedings of the Thirteenth Annual KAVA Conference.* 1969.

_____. *Proceedings of the Fourteenth Annual KAVA Conference.* 1970.

"Public Health and Welfare Technical Bulletin." *Licensed Agencies for Relief in Asia.* Jan. 1948.

A Special Subcommittee of the Committee on Foreign Affair. *Voluntary Foreign Aid.* In Eightieth Congress Second Session. Washington, DC: US Government Printing Office, 1948.

Statement by the President. "Reduction of U.S. Forces in Korea." Washington D.C.: White House Press, December 25. 1953, *The Department of State Bulletin,* Jan. 4. 1954.


• 2차 자료

강인철, 『한국기독교회와 국가·시민사회: 1945-1960』, 한국기독교역사연구소, 1996.

김재천·안현, 「한국전쟁의 발발과 미국 세계전략의 변화」, 『21세기 정치학회보』

20-3, 2010.

김흥수, 「한국전쟁 시기 기독교 외원단체의 구호활동」, 『한국기독교와 역사』 23, 2005.

민경배, 『월드비전 한국 50년 운동사, 1950-2000』, 월드비전, 2001.

박창훈, 「전재민구호활동과 기독교: 미군정기를 중심으로」, 『한국교회사학회지』 46, 2017.

서울신학대학교 현대기독교역사연구소, 『한국성결교회 100년사』, 기독교대한성결교회출판부, 2007.

유동식, 『한국감리교의 역사 II』, 기독교대한감리회, 1994.

윤정란, 『한국전쟁과 기독교』, 한울엠플러스, 2015.

이성덕, 「한국의 외원민간 단체의 실태」, 『사회사업』 4, 1969.

이소라, 「1952-55년 한미재단의 활동과 역사적 성격」, 『사회사업』 62, 2016.

이임하, 「한국전쟁기 유엔민간원조사령부(UNCACK)의 보건·위생정책」, 『사회와 역사』 100, 2013.

이은선, 「6·25전쟁과 미국 복음주의와 한국교회」, 『영산신학저널』 44, 2018.

_____, 「6·25전쟁과 WCC와 한국교회」, 『한국개혁신학』 58, 2018.

장금현, 「월남 기독교인의 남한 정착과정 연구 - 이북신도대표회를 중심으로」, 『대학과 선교』 37, 2018.

_____, 「프란시스 킨슬러와 성경구락부 운동」, 『신학과 실천』 68, 2020.

총무처 의정국 의사과, "한미간 민간구호활동에 관한 협정 개정의 건". <관리번호 BA0085312> (1958).

최원규, 「외국민간원조단체의 활동과 한국 사회사업 발전에 미친 영향」, 서울대학교 박사학위논문, 1996.

_____, 「한국전쟁기 카톨릭 기관의 원조활동과 그 영향」, 『교회사연구』 26, 2006.

카바40년사 편찬위원회, 『외원사회사업기관활동사』, 홍익제, 1995.

탁지일, 「북미교회의 한국전쟁 이해: 미국장로교회와 캐나다연합교회를 중심으로」, 『한국기독교와 역사』 39, 2013.

허명섭, 「6·25전쟁과 한국교회」, 『본질과 현상』 20, 2010.

Bureau for Population and Humanitarian Assistance. *Voluntary Foreign Aid Programs*. Washington, DC: Department of State Agency for International Development, 1975.

172 해방 후 한국사회 형성과 기독교 사회복지

Der Beucgel, Ernest H. Van. *From Marshall Plan to Atlantic Partnership.* New York: Elsevier Publishing Company, 1996.

Haga, Kai Yin Allison. "An Overlooked Dimension of the Korean War: The Role of Christianity and American Missionaries in the Rise of Korean Nationalism, Anti-Colonialism, and Eventual Civil War, 1884-1953". Ph.D. Diss., The College of William and Mary in Virginia, 2007.

Hamilton, John R. "An Historical Study of Bob Pierce and World Vision's Development of Evangelical Social Action Film". Ph.D. Diss., University of South California, 1980.

Hirabayashi, Lane Ryo, ed. *New World, New Lives.* Stanford, CA: Stanford University Press, 2002.

Iino, Masko. "Licensed Agencies for Relief in Asia." Lane Ryo Hirabayashi, ed. *New World, New Lives.* Stanford, CA: Stanford University Press, 2002.

Ivine, Graeme S. *Best Things in the Worst Time: An Insider's View of World Vision.* Oregon: BookPartners, 1996.

King, David P. *God's Internationalists: World Vision and the Age of Evangelical Humanitarianism.* Philadelphia, PA: University of Pennsylvania Press, 2019.

May, Ranald S. *Oversea Aid: the Impact on Britain and Germany.* New York: Harvester Wheatsheaf, 1989.

Mullin, II, Miles S. "Shall We Let Them Die? Postwar Evangelicalism and Global Social Ministry: The Early Years of World Relief, 1944-1950". *Fides et Hitoria* 46-1. 2014.

Packenham, Robert. *Liberal America and Third World. Princeton,* NJ: Princeton University Press, 1973.

Pak, Jung H. "American Missionaries and the Spiritual Wars in Korea, 1885-1953." Ph.D. Diss., University of South California, 1980.

Park, Tae-Gyun. "U.S. Policy Change toward South Korea in the 1940s and the 1950s." *Journal of International and Area Studies* 7-2. 2000.

Rhodes, Harry A., & Archibald Campell. *History of the Korean Mission Presbyterian Church in the U.S.A. II: 1935-1959.* New York: CEMR, 1964.

Ringland, Arthur C. *The Organization of Voluntary Foreign Aid: 1939-1953.* Washington, DC: US Government Printing Office. April 1954.

Schafer, Axel R. "Evangelical Global Engagement and the American State after
World War II." *Journal of American Studies* 51. 2017.


• 기타 자료

『감리회보』, 『경향신문』, 『교회일지』, 『동아일보』, 『순천광장신문』

"외국민간원조단체에 관한 법률 시행령". [시행 1964.7.11.] [대통령령 제1871호,
1964.7.11.].

"외국민간원조단체에 관한 법률 시행령". [시행 2016.8.4.] [대통령령 제27314호,
2016.7.6. 폐지].

https://cwsglobal.org/about/history/. 2021.3.2. 검색.

https://www.afsc.org/. 2021.3.3. 검색.

https://www.brethren.org/bvs/history/. 2021.3.2. 검색.

https://www.devex.com/. 2020.10.17. 검색.

# 제2부
# 한국 사회에서
# 기독교 사회복지

# 한국 기독교인들의 토착적인 사회복지

이은선

## 1. 들어가는 말

한국에서 사회복지[1]라는 말은 1960년대 이후에 주로 사용되었고, 그 이전에는 사회사업이라는 용어가 많이 사용되었다. 식민지시기에 사회사업, 민생, 후생 등의 용어가 사용되다가 해방 이후에 사회복지라는 개념이 소개되면서 점차로 조금씩 사용되었다. 해방 후 미군정은 주로 구호사업을 하였으며, 자본주의 체제하의 복지제도가 형성될 수 있는 기틀을 마련하였다.[2] 제헌헌법에서는 사회주의적인 요소가 인정되어 적극적인 사회정책이 반영되어 있었으며,[3] 그러한 측면의 일단

---

1) 복지는 'welfare'의 번역어인데, 사회구성원의 좋은 상태(wellbeing)를 유지하기 위해 사회나 국가가 개입하는 것을 의미한다.

2) 박보영, 「미군정 구호정책의 성격과 그 한계: 1945-1948」, 『사회연구』 제6권 제1호, 2005, 69~100쪽; 윤홍식, 「미군정하 한국 복지체제, 1945~8: 좌절된 혁명과 대역전」, 『한국사회정책』 제24권 제2호, 2017, 181~215쪽.

3) 채오병, 「이승만 정권의 사회정책, 1948-1958: 헌법제정과 개정을 중심으로」,

은 1948년 정부가 조직되면서 사회부[4]가 조직된 면에서 드러난다. 사회정책은 개인과 국가의 중간 단계로서의 사회성(the social)에 대한 이해와 함께 등장한다. 사회성에 근거해서 사회복지를 해결하려고 할 때, 사회정책이 세워지고, 그 사회정책에 근거해서 사회적 약자들의 문제를 해결해 간다. 정부 수립 후의 사회정책은 헌법 규정에는 적극적인 규정이 들어가 있었지만, 실질적으로는 시급한 구호 정책의 사회사업을 벗어나지 못하였다. 사회사업은 소극적으로 사회적 약자들의 구제를 목적으로 사업을 추진하는 것이라면, 사회복지는 여기서 진일보하여 사회 일반의 복리와 안녕을 목적으로 하는 것이다.[5] 사회복지는 사회문제를 포괄적으로 해결하여 사회를 안정시키고 발전시켜 나가려는 정책 개념이다. 우리나라에서 이러한 복지개념이 국가 정책적 목적으로 소개된 것은 1950년대 후반이다.[6]

그런데 한국 사회에서 복지개념은 여러 경로를 가진 제도와 문화가 결합 되어 있다. 서구 선교사들을 통해서는 영미식 자조 운동 방식의 복지개념이 들어와 시행되었고, 일제 총독부는 이를 견제하고 모방하면서 천황 시혜적인 복지개념을 들여왔다.[7] 선교사들의 민간복지제도는 선교와 구제를 목적으로 하고 있었고, 이것은 일제시대를 거쳐 해

---

『사회이론』 제46집, 2014, 442쪽. 채오병은 이러한 사회주의적 사회정책이 1954년 시장경제의 도입으로 민간의존적인 사회정책으로 변화되었다고 주장한다.

[4] 첫 번째 정부조직에서 사회부가 설치되었고, 1949년에 보건부가 사회부에서 독립했으며, 1955년에 두 부서를 통합하여 보건사회부가 되었다.

[5] 정근식·주윤정, 「사회사업에서 사회 복지로: '복지' 개념과 제도의 변화」, 『사회와 역사』 제98집, 2013, 25쪽.

[6] 복지정책이 국가 정책으로 채택되어 시행된 것은 상당한 시차를 두고 1994년에 보건복지부로 명칭이 변경된 이후였다.

[7] 정근식·주윤정, 앞의 글, 33쪽.

방 후에도 지속되었다. 기독교 사회복지는 일반적인 사회복지에 비교
하여 신앙을 가진 기독교인들이나 교회가 제공하는 사회복지를 말한
다. 그러므로 기독교 사회복지에서는 기독교 신앙을 바탕으로 사회복
지가 제공되어야 하며, 사회복지에 필요한 성경적인 신앙적인 토대를
갖추는 것이 중요하다고 하겠다.8)

한국기독교가 수행한 사회복지 활동에 대한 연구는 주로 해방 이전
에 집중되어 있거나,9) 해방 이후의 기독교 사회복지 연구는 주로 미군
정기와 6 · 25 전쟁 이후의 해외 원조 기관들의 원조 활동에 초점을 맞
추고 있다.10) 해방 직후부터 1960년까지 우리나라의 사회복지는 해외
에 의존하여 이루어지는 경우가 많았다. 이혜경은 해방 이후 1960년까
지의 사회복지를 권위주의적 보존국가와 해외의존적 응급구호(1945-
1959)로 구분하였다.11) 윤홍식도 이승만 정부하에서의 복지정책을 미

8) 이강학, 「이현필의 영성과 사회복지실천에 관한 고찰」, 『신학과 실천』 제27호,
2011, 375쪽.
9) 김한옥, 「한국교회 대부흥운동과 한국기독교 사회복지의 발전」, 『신학과 실
천』 제13호, 2007, 129~150쪽; 윤선자, 「한말·일제강점기 천주교회의 양로원
설립과 운영」, 『한국학논총』 제31권, 2009, 415~447쪽; 황미숙, 「선교사 마렌
보딩(Maren Bording)의 공주·대전 지역 유아(乳兒)복지와 우유급식소 사업」, 『한
국기독교와 역사』 제34호, 2011, 165~190쪽; 황미숙, 「언더우드의 고아원 사업
에 대하여(1886-1897)」, 『한국기독교와 역사』 제44호, 2016, 169~207쪽; 황미
숙, 「1920년대 내한(來韓) 여선교사들의 공중보건위생과 유아복지사업」, 『한
국기독교신학논총』 제103집, 2017, 117~144쪽.
10) 박보영, 앞의 글, 69~100쪽; 윤홍식, 앞의 글, 181~215쪽; 박창훈, 「전재민 구
호활동과 기독교: 미군정기를 중심으로」, 『한국교회사학회지』 제46집, 2017,
327~361쪽; 김흥수, 「기독교연합봉사회: 1950년대의 기독교 연합사업 연구」,
『한국기독교와 역사』 제33호, 2010, 81~108쪽; 김흥수, 「한국전쟁 시기 기독
교 외원단체의 구호활동」, 『한국기독교와 역사』 제23호, 2005, 97~124쪽; 이
은선, 「6·25전쟁과 미국 복음주의와 한국교회」, 『영산신학저널』 제44권, 2018,
199~237쪽.
11) 이혜경, 『다케가와 쇼고, 한국과 일본의 복지국가레짐 비교연구 : 사회보장,

국의 원조에 의존해 사적으로 취약계층을 구조한 "원조복지체계"로 평
가한다.[12] 해방 후 대한민국의 경제적인 능력이 절대 빈곤을 벗어나지
못하고 있었으므로, 우리나라의 재정을 통한 자립적인 사회복지는 거
의 이루어지지 못하였다. 그러므로 해방 후 한국기독교의 사회복지는
해외 원조에 의존한 사회사업의 성격이 강했다고 볼 수 있다. 당시 한
국교회는 해방과 정부 수립과 6 · 25전쟁의 어려움 속에서 가장 도움의
손길을 필요로 하는 사회적 약자들의 최소한의 생존을 돌보는데 초점
을 맞출 수밖에 없었다.

　해방 후 주로 해외 원조를 중심으로 사회복지가 이루어지고 있던 상
황에서도, 우리나라 기독교인들에 의한 토착적인 사회복지 활동이 이
루어졌다. 여기서 토착적이라는 용어의 의미는 이들의 사회복지가 최
흥종과 이세종으로부터 출발하는 토착적인 영성에 뿌리를 두고 있다
는 의미이다. 그래서 본고에서는 해방 후에 한국기독교인들에 의해 수
행된 그러한 토착적인 사회복지에 대하여 고찰해 보고자 한다. 해방
이후 토착적인 사회복지 활동을 펼친 대표적인 인물은 최흥종 목사이
다. 최흥종 목사의 해방 이전의 구라사업을 중심으로 한 사회복지 활
동은 잘 연구되어 있는 반면에 해방 이후의 그의 사회복지 활동은 잘
알려져 있지 않다.[13] 따라서 해방 이후 그의 사회복지 활동에 대한 연

---

젠더, 노동시장을 중심으로』, 연세대학교 출판부, 2007, 25쪽.

12) 윤홍식, 「이승만 정권시기 한국복지체제: 원조(援助)복지체제의 성립, 1948-
1960」, 『사회복지정책』 제45권 제1호, 2018, 29쪽.

13) 한규무, 「최흥종의 생애와 민족운동」, 『한국독립운동사연구』 제39집, 2011,
205~234쪽; 한규무, 「오방 최흥종의 신앙노선과 선교활동」, 『한국기독교와
역사』 제48호, 2018, 217~245쪽; 김안식, 「오방 최흥종 목사의 토착적 사회복
지선교에 관한 연구」, 『신학과 실천』 제19호, 2009, 159~195쪽; 차종순, 「호남
교회사에 있어서 복음적 사회운동에 대한 한 연구: 오방 최흥종 목사의 생애
와 사상을 중심으로」, 계명대학교 박사학위논문, 1998; 김광훈, 「목회자의 사

구가 필요하다. 이와 함께 장로교회에 소속되었다가 해방 후에 그리스
도 교단으로 넘어가 사회복지 활동을 펼쳐 천혜양로원을 세웠던 강순
명 목사가 있다.14) 강순명 목사는 최흥종의 사위여서 서로 밀접한 관
계를 맺고 있다. 그리고 해방 이후에 토착적인 사회복지 활동을 했던
대표적인 인물은 이현필이다.15) 이현필은 이세종, 최흥종, 그리고 강
순명의 영향을 받으면서 사회적인 약자를 돌보는 토착적인 영성을 형

---

회봉사 활동이 지역사회 선교에 미치는 영향: 최흥종 목사의 사회봉사 활동
을 중심으로」, 호남신학대학교 박사학위논문, 2007; 김안식, 「오방 최흥종목
사의 토착적 사회복지선교에 관한 연구」, 한신대학교 박사학위논문, 2008; 서
재룡, 「호남지방 기독교 영성운동에 관한 연구」, 강남대학교 박사학위논문,
2013.

14) 윤남하,『믿음으로 살다간 강순명목사 소전』, 호남문화사, 1983; 김인수, 「한
국 교회 야사의 성인들의 영성신앙 : 이세종, 강순명, 이현필 삶을 중심으로」,
『長神論壇』제16집, 2000, 219~241쪽; 서재룡, 「호남지역 그리스도교 신비주의
자 강순명의 생애와 사상」,『인문과학논집』제21집, 2010, 7~34쪽; 박보람, 「강
순명의 사회복지활동에 관한 연구」, 광주대학교 석사학위논문, 2012; 서재룡,
「한국교회사에서 성인으로 존경받는 강순명 전도자. 1」,『참빛』제46권 제4호,
2015, 21~35쪽; 서재룡, 「한국교회사에서 성인으로 존경받는 강순명 전도자.
2」,『참빛』제46권 제5호, 2015, 26~38쪽; 서재룡, 「한국교회사에서 성인으로
존경받는 강순명 전도자. 3」,『참빛』제46권 제6호, 2015, 39~52쪽; 서재룡, 「한
국교회사에서 성인으로 존경받는 강순명전도자. 4」,『참빛』제47권 제1호,
2016, 24~35쪽; 서재룡, 「한국교회사에서 성인으로 존경받는 강순명 전도자.
5」,『참빛』제47권 제2호, 2016, 31~42쪽.

15) 이정아, 「경계(境界)와 순결(純潔): 이현필, 식민지의 모순에서 토착화의 가능
성까지」, 성공회대학교석사학위논문, 2008; 차종순,『성자 이현필의 삶을 찾
아서 : 한국적 영성의 뿌리』, 대동문화재단, 2010; 박정수, 「기독교 영성과 사
회복지 실천 : 이현필 사례 연구」, 연세대학교 석사학위논문, 2011; 안치석, 「개
신교 수도공동체의 선구자 이현필의 인격의 영성」, 서강대학교 석사학위논
문, 2011; 서재룡, 「한국교회사 속의 수도원설립자 이현필의 생애」,『강남대
인문과학논집』제22집, 2011, 219~254쪽; 차종순, 「이현필의 생애와 한국적
영성」,『神學理解』제40집, 2011, 55~83쪽; 장현, 「이현필의 영성과 사회복지
실천에 관한 고찰」,『신학과 실천』제27호, 2011, 371~396쪽; 이성구, 「이현필
의 영성에 대한 연구」, 한신대학교 박사학위논문, 2017.

성했으며, 그러한 영성을 바탕으로 소외된 사람들에 대한 돌봄을 시작
하였다. 그는 토착적인 영성에 기반한 고아원인 동광원과 수도원단체
인 동광원을 조직하였고, 최흥종과 협력하여 결핵환자들을 돌보는 무
등원을 세웠으며, 그의 정신을 계승한 사회복지를 구현하고자 동광원
은 귀일원을 설립하였고, 그의 영향을 받은 사람들은 지금까지 다양한
사회복지시설들을 운영하며 가장 모범적인 기관들로 평가받고 있다.
따라서 그의 사회복지 활동에 대해 주목해 보고자 한다. 이들은 모두
광주를 중심으로 활동했던 인물들로, 해방 후 우리나라의 어려운 사회
경제적인 상황 속에서 토착적인 사회복지 활동을 펼쳤다는 공통점을
가지고 있다. 그래서 본고에서 이들이 해방 후에 어떠한 기독교적인
정신을 가지고 사회복지 활동을 펼쳤는지를 고찰해 보고자 한다.

## 2. 최흥종 목사의 해방 후의 사회복지 활동

### 1) 해방 이전의 사회복지 활동

최흥종은 해방 이전부터 나병환자들과 걸인들을 돌보는 사회복지
활동[16]에 집중하였는데, 그가 이러한 사회복지사업에 관심을 갖게 된
것은 그가 가장 존경하는 포사이스(W. H. Forsythe) 선교사를 만난 것

[16] 최흥종 목사에 대해 차종순은 「호남교회사에 있어서 복음적 사회운동에 대한
한 연구: 오방 최흥종 목사의 생애와 사상을 중심으로」라고 하였고, 김광훈은
「목회자의 사회봉사활동이 지역사회 선교에 미치는 영향: 최흥종 목사의 사
회봉사활동을 중심으로」라고 하였으며, 김안식은 최흥종에 대해 「오방 최흥
종 목사의 사회복지선교에 관한 연구」라고 하였다. 이와 같이 최흥종에 대해
통일된 용어가 사용되지 못하고 있는데, 본고에서는 사회복지라는 개념으로
연구하고자 한다.

이 계기가 되었다. 1909년 목포에서 광주로 오던 길에 심한 한센병에 걸려 죽어가던 여자 환자를 말에 태우고 왔던 포사이스가 그 나환자가 손에 들고 있다 떨어뜨린 참대 지팡이를 최흥종에게 짚어 달라고 부탁했을 때, 그는 처음에는 주저하다가 "그러나 그 다음 순간 뜨거운 감동이 내 마음을 뒤흔들어 땅에 떨어진 그 지팡이를 주어서 그 환자에게 쥐어 주었던 것입니다. 그 당시 교회 집사직으로 있으면서 제법 믿는다고 하던 나였는데 사랑의 眞美를 못 깨닫고 포 의사의 그러한 愛的 행동을 보고서야 비로소 깨달은 것입니다."17) 최흥종은 포사이스의 진정한 기독교인의 사랑을 실천하는 모습을 보고서, 자신의 삶에서 그를 신앙의 표본으로 삼았고 그를 성자이면서 거룩한 생활을 한 사람으로 인식하고 그를 본받고자 하였다.

① 광주 한센병원 신설

포사이스 선교사가 한센병 환자를 데리고 와서 치료해준 후에 많은 한센병 환자들이 몰려오자 처음에는 벽돌 굽는 가마를 그들의 임시처소로 사용하다가, 선교사들이 자체적으로 모금하여 선교진료소 뒤에 기와집 3칸을 짓고 1909년부터 1912년까지 10여 명의 환자들을 돌보았다. 이때 광주제중병원 원장이면서 한센병 환자들을 치료하던 윌슨(R. M. Wilson) 선교사가 영국과 미국에 있는 한센병 환자 선교단체에 후원을 요청하여 "인도와 동양 나환자 선교회"가 5천 달러를 기증하였다. 이 기금으로 건물을 짓고자 했을 때, 최흥종이 봉선동에 있는 자신의 토지 천 평을 기증하자 부지를 더 확장하여 건물을 지어 1912년 11월에 40여 명의 한센병 환자를 돌볼 수 있는 광주 한센병원이 완공되었다.18) 당시 최흥종은 1912년 8월에 장로 안수를 받은 상태에서 윌슨 선교사의 조수로서 한센병에 대한 의학을 공부하면서 이 한센병원의 책임자로 일하고 있었으며 1916년까지 이 직책에 있었다.

② 나병근절협회

광주의 한센병 환자 수용시설은 1912년에 40여 명으로 출발하였으나 1924년에 이르면 600여 명에 이르자 광주시는 위생상의 문제로 한센병 환자 치료시설의 이전을 요구하였고, 치료시설들을 여수시 율촌면 신풍리로 옮기기로 결정하였다. 이주는 1927년 10월경에 완성되었는데, 이 이주 과정에서 최흥종은 지역교회와 유지들을 통해 모금을 했는데, 동아일보는 광주 유지들의 모금액을 3,800원이라고 보도하였다.19)

최흥종은 1931년 9월부터 나환자구제회를 조직하여 한국인들이 주도적으로 한센병 환자들을 구제하는 일에 참여하였다.20) 이 단체명이 1932년 1월에 나병근절회로 바뀌었으며, 윤치호가 집행위원장, 최흥종은 상무위원이었다. 나환자구제회는 환자들을 구제하는데 초점을 맞추었다가 나병근절회는 구제에 더하여 병 자체를 근절하는 것을 목적으로 하였다. 최흥종은 1차적으로 서울과 근교에 있던 한센병 환자들

---

18) 서인석, 「포사이스의 선교사역연구: 포사이스의 구라사역을 중심으로」, 광신대학교 박사학위논문, 2020, 100쪽.

19) 『동아일보』, 1926년 12월 22일자. 차종순은 최흥종이 15만 원을 모금했다고 하는데, 이것은 너무 과장된 액수인 것 같다(차종순, 『애양원과 손양원 목사』. 애양원 성산교회, 2005, 148쪽).

20) 『동아일보』, 1931년 9월 30일자. 이용교는 "최흥종 목사는 1928년 4월 6일에 윤치호를 회장으로 조선나병근절대책협의회를 조직하였다"고 서술하나(「일제하 구라 행진과 성과」, 『사회복지역사연구』 제1권 제1호, 2018, 50쪽), 신문기사로는 1931년으로 확인된다.

을 여수로 옮기는데 필요한 자금의 모금을 시작하였다. 그런데 어려운 경제 상황 가운데 1,278원을 모금하는데 그치고, 더 이상의 모금이 어려워지자 최흥종은 30인의 나환자를 데리고 1932년 6월에 여수 신풍리로 내려왔으며, 이 단체는 6월 3일자로 해산되었다.[21] 최흥종은 이 단체를 해산하면서 자신은 앞으로 윌슨 의사와 협력하면서 한센병 환자를 구제하는 데 일생을 바치겠다는 결심을 밝히고 있다. 그는 이 무렵에 자신의 호를 오방이라고 지으면서 가정, 경제, 정치 등에서 해방되어 자유롭게 살겠다고 선언하였다.[22] 이 무렵 최흥종은 이세종과 교류하면서 자신의 재산을 가난한 사람들에게 나누어 주며 천태산에서 금욕생활과 절대청빈, 생명경외, 탁발수도의 삶을 추구하던 이세종에게 영향을 받았다.[23]

그 이후에 조선에서 한센병 환자에 대한 대책에서 총독부가 주도권을 가지고 소록도 자혜병원을 확장하여 나갔다. 이때 최흥종도 1933년 4월에 한센병 환자 연합대회의 대표로서 총독부를 방문하여 무의탁환자를 먼저 수용할 것 등의 6개 항을 건의하였다.[24] 그러므로 최흥종은 나환자 문제에 지속적으로 관심을 가지고 해결하고자 하였으나, 1933년 이후에는 소록도의 확장을 통한 나환자 수용의 격리를 통한 해결에 동조하고 있었다.

③ 걸신들을 위한 사회복지

그는 1932년 6월에 광주로 돌아온 후에 쉐핑 선교사와 협력하여 광

---

21) 『동아일보』, 1932년 6월 24일자.

22) 『동광』, 1932년 8월 31일자.

23) 이덕주, 『광주선교와 남도영성이야기』, 도서출판 진흥, 2008, 124쪽.

24) 『조선중앙일보』, 1933년 4월 11일자.

주의 빈민과 걸인들을 돕기 시작하였다. 광주시는 1932년 8월 중순에
우가끼 총독이 부임하여 초도순시할 때 도시미관을 해친다는 이유로
광주의 움막들을 철거하고 부교동 다리 밑에 있는 움막 거주자들인 토
막민들을 강제 해산시켰다. 이때 최흥종은 우가끼 총독을 만나 걸인들
을 도와주라는 약속을 받아냈다. 총독은 9월 8일 궁민구제회(窮民救濟
會)의 최흥종, 김재천, 그리고 최원순 등을 면담하여 임정(林町)의 국
유지에 철거민을 정착하게 하는 문제를 협의했다.[25] 그러나 그 후에
도지사가 그 약속을 지키지 않았다. 그래서 그는 경양방죽 제방 밑에
이들의 움막들을 지을 수 있도록 도와주었을 뿐만 아니라 중앙교회 교
인들이 그들에게 점심을 대접하는 걸인잔치를 하였다.[26] 1933년 3월
12일에는 최흥종이 회장이 되고 최원순을 비롯한 궁민구제회들의 다
수가 참여한 계유구락부를 조직하여 민빈구제를 위한 모금활동을 하
고자 하였다.[27] 걸인들과 빈민들을 위한 이러한 최흥종의 지원활동은
강순명과 이현필에게 커다란 영향을 미쳤다.

## 2) 해방 후 최흥종 목사의 사회복지 활동

### ① 나병환자 돌봄 사업

최흥종 목사는 해방 직후인 8월 17일에 조직된 전남 건국준비위원
회 위원장직을 맡았으나 9월 20일에 박준규에게 넘겨주었다. 그는
1945년 11월에 미군이 조직한 도지사 고문회 의장에 선임되었으며, 전
남도지사는 그의 이복동생인 최영욱이었다.[28]

---

25) 「林町의 국유지를 窮民의 안주지로」, 『동아일보』, 1932년 9월 10일자.
26) 문순태, 『성자의 지팡이』, 다지리, 2000, 259~260쪽.
27) 『동아일보』, 1933년 3월 16일자.

해방이 되어 일제의 통제가 끝나자 소록도 나병환자들이 요양원을 이탈하여 심각한 사회문제를 야기하였다. 소록도에서 해방이 된 직후 환자들의 자치 요구가 강했는데, 직원들과 환자들 사이에 주도권을 둘러싼 갈등이 발생하여 8월 18일에서 21일 사이에 환자 대표 84명이 살해당하는 비극이 발생했는데,[29] 8개월이 지난 1946년 4월에 새로 부임한 김형태 원장에 의해 진상이 밝혀졌다.[30] 그와 함께 식량 사정이 악화되면서 제대로 공급되지 못하였다. 이러한 소록도 체제의 불안정과 혼란을 틈타 일제시대에 자행된 단종과 강제노역의 탄압에서 벗어나고자 많은 환자들이 내륙으로 도주하였다. 당시에 상당수 환자들이 전국으로 흩어져 서울 시내 거리에도 방황하고 있어 사람들에게 적지 않은 공포심을 일으키고 있었다. 미군정청 군무장교의 조사에 의하면 1945년 8월 이후에 2,000명의 나병환자들이 요양소를 이탈하여 전남의 대중들과 섞여 있었다.[31]

하지만, 도망간 환자들이 사회에 적응하지 못하고 거리에서 구걸을 하였고, 도시 주변에 집단부락을 형성하는 등 사회적 불안감을 조성하였으므로, 미군정은 이들을 연내에 다시 소록되도록 수용하고자 준비 중이었다. 이때 서울의 향린병원장 방수원이 경기도 위생과와 협력하는 가운데 이들의 이동비용은 종로의 삼양상회 이종문이 담당하기로 하였다.[32] 1946년 5월에는 이탈했던 500여 명의 한센병 환자들이 돌아

---

28) 한규무, 앞의 글, 2018, 226쪽.

29) 정근식, 「식민지적 근대와 신체의 정치」, 『사회와 역사』 제51권, 1997, 261쪽.

30) 『동아일보』, 1946년 4월 29일자.

31) E. Grant Meade, 「미군정의 정치경제적 인식」, 이정식·서대숙 외, 『한국현대사의 재조명』, 돌베개, 1982, 140쪽; 허원구, 「미군정시대의 복지행정에 관한 연구」, 『복지행정논총』 제2권, 1992, 78쪽.

32) 『동아일보』, 1945년 12월 10일자.

와 소록도에 5,000여 명이 수용되어 있는 상태였다.[33] 당시 한국사회
는 미군정과의 협력을 통하여 한센병 환자 일체 단속을 실시하여
1,441명의 부랑환자를 소록소에 재수용하였다.[34] 이러한 재수용으로
인해 1947년 말 소록도 내 수용환자 수는 6,254명으로 소록도 내 환자
수용시설을 마련한 이래 가장 많은 환자를 수용하게 되었다.[35]

이같이 해방 직후에 소록도를 중심으로 한센병 환자들을 돌보는 일
이 위기에 처하자, 최흥종은 이들을 돌보는데 최대의 관심을 기울였
다. 최흥종은 한센병 환자들을 돌보기 위해 해방 후인 1945년 10월에
나병예방협회를 조직하였다.[36] 그는 전남도 건국준비위원장직을 박준
규에게 넘겨주고 금남로에 있는 적산건물 2층(구 한진공사)을 인수하
고 나병예방협회를 조직하고 구라사업에 매진하였다. 최흥종은 도지
사 고문회 회장직을 맡으면서 미군정의 도움으로 피복을 받아 소록도
와 애양원을 관리하며 환자들을 지원하였다.[37] 이같이 그는 이 시기에
여수와 광주의 예전 수용시설을 재가동함으로써 전라도 전역에 흩어
져 있는 나환자들을 원래의 수용소로 끌어들이려고 하였고, 미군정청
의 협조로 나환자들의 생계유지를 위한 구호물자를 얻어내는 일을 하
였다.[38] 차종순은 최흥종 목사가 "소록도 나환자 사이에서 발생한 좌
우충돌을 해결하는 일"을 하였다고 서술하는데, 정확히 어떤 일을 지

33) 『자유신문』, 1946년 5월 18일자.
34) 양가영·천득염·최정미, 「소록도 한센마을의 형성과정 및 공간구성에 관한 연구」, 『대한건축학회 논문집』 제34권 제8호, 2018, 107쪽.
35) 김재형, 「한센인의 격리와 낙인·차별에 관한 연구」, 서울대학교 박사학위논문, 2019, 115쪽.
36) 정근식, 앞의 글, 262쪽. 일반적으로 최흥종이 나병예방협회를 조직했다고 기록하는데, 정근식은 나병근절연구회를 다시 시작했다고 서술했다.
37) 문순태, 앞의 책, 308쪽.
38) 차종순, 앞의 글, 1998, 187쪽.

칭하는 것인지 알 수가 없다. 그렇지만 이것이 84명을 학살한 사건을 지칭하는 것이라면, 최근의 진상조사에서도 소록도 내의 직원과 환자들 간의 주도권 싸움이라고 해석하고 있지 좌우충돌이라고는 해석하지 않는다.[39] 최흥종의 노력뿐만 아니라 미군정도 이 문제를 해결하기 위해 일제 말기에 한국을 떠났던 윌슨을 나병 정책의 담당자로 초청하여 윌슨이 1946년 1월 15에 군용기를 타고 한국에 돌아왔다. 그는 국내에 도착한 직후 광주로 내려가 그곳에서 환영을 받고 애양원으로 가기 위해 순천으로 내려갔다.[40]

② 음성 한센병 환자 정착촌 호혜원의 건설

　해방 후에는 한센병 환자들의 격리 정책뿐만 아니라, 음성한센병 환자들의 정착촌을 건설하는 문제가 대두되었다. 따라서 해방 후에 한센병 환자 전국조직의 일환으로 성좌회가 만들어졌으며, 한센병 환자 인간 운동과 집단마을 조성을 위한 계몽운동, 동무법(걸식 향약)의 해체운동이 전개되었다. 이런 움직임은 6·25 전쟁으로 흐트러졌다가 전쟁 이후 본격적인 집단마을 조성 또는 이상촌 형태의 정착사업으로 변화하였다.[41] 이같이 해방 후 한센병 환자 정착에서 가장 큰 변화는 일부 부랑 환자의 정착과 함께 음성한센병 환자의 사회로의 복귀를 표현하는 정착사업의 실시이다. 최흥종은 일제하에서 한센병 환자의 격리의

39) 소록도 살해사건에 대해 의사인 석사학과 오순재를 중심한 직원들 사이의 원장 자리를 둘러싼 주도권 싸움이라는 견해와 식량 확보를 둘러싼 직원들과 환자 대표들 사이의 갈등이라는 해석이 있다(보건복지부, 『한센인 피해사건 진상조사』, 2011.7, 82~84쪽).

40) 이영식, 「광복 이후 광주 선교스테이션의 의료활동과 대 사회적 역할」, 『한국교회사학회지』 제54집, 2019, 286쪽.

41) 정근식, 앞의 글, 262쪽.

불가피성을 인정했을 뿐만 아니라, 이들의 수용의 확대를 얻어내기 위해 일제와 싸웠다. 그러나 해방 후에는 정착촌 건설에 앞장섰다. 일제하 선교사들의 한센병 요양원 운영이 만들어낸 정신적 지배권은 미군정기와 그 이후에 도입된 새로운 치료제의 효과와 맞물려 훨씬 더 강하게 유지되었으며, 그리하여 새로운 정착촌은 교회 중심으로 편성되었다.[42]

최흥종이 건설하는데 크게 기여한 한센병 정착촌은 나주 호혜원이다. 나주에 호혜원이 건설된 시기가 언제인가? 차종순은 1998년에 박사학위 논문에서 최흥종의 구라사업 50년사를 인용하면서 호혜원을 세웠다고 기록하였고, 시기를 언급하지 않았다.[43] 그 이후에 김수진은 2000년에 출판된 『화광동진의 삶: 오방 최흥종 선생 기념문집』에 기고한 「오방의 생애와 사상」에서 「나환자 천국 호혜원」에 대해 6페이지에 걸쳐 기술하지만, 호혜원의 시작 시기에 대해 명확하게 설명하지는 않고 이을식 장로가 전남도지사로 있던 6·25 이후라고 설명한다.[44] 『화광동진의 삶』은 최흥종의 연보에서는 1955년에 호혜원을 설립하고 이곳에 거주하였다고 기록하고 있다.[45] 호혜원의 건립에 대한 상세한 설명은 2006년에 출판된 『나주시지』에 나온다. 『나주시지』의 설명에 따르면 1950년대 초반 광주 송정리에 최우식을 리더로 거주하던 소규모의 음성 한센병 환자들의 공동체가 있었는데, 이들이 최흥종의 협조를 얻어 이곳에 정착촌을 건설했다.[46] 그리고 서재룡은 2012년에 박

---

42) 위의 글, 263쪽.
43) 차종순, 앞의 글, 1998, 83쪽.
44) 김수진, 「사회구원을 외쳤던 최흥종 목사」, 오방기념사업회, 『화광동진의 삶: 오방 최흥종 기념문집』, 광주 YMCA, 1996, 104쪽.
45) 오방기념사업회, 『화광동진의 삶: 오방 최흥종 기념문집』, 398쪽.
46) 나주시지편찬위원회, 『나주시지』, 나주시지편찬위원회, 2006, 908쪽.

사학위 논문을 쓰면서 이 자료를 인용하여 호혜원 설립에 대해 설명하고 있다.[47] 그런데 가장 최근에 밝혀진 호혜원 연보는 1946년 4월에 설립되었다고 기록하고 있다. 전라남도 부랑나환자 370여 명이 나주 산포면 신도리에 모여 성좌회 전남지부를 조직하고 이상촌 건설을 위해 온힘을 다하던 중 최흥종 목사님의 협조를 얻어 현지에 정착하였다.[48] 호혜원의 설립시기가 1946년이라는 것을 밝혀주는 또 하나의 중요한 자료는 호혜원이 생겨난 직후에 설립된 호혜원교회의 설립시기에 대한 기록이다. 1971년 기독교장로회에서 출판한『사진명감』을 보면, 호혜원 교회의 설립시기를 1947년 11월로 기록하고 있다. 이러한 기록들을 근거로 볼 때 호혜원의 정확한 설립 시기는 1946년 4월이라고 볼 수 있다.

그렇다면 호혜원은 해방 이후에 혼란기에 소록도를 비롯한 한센병 환자들의 집단 거주지에서 나온 사람들이 모여서 형성한 마을로 볼 수 있겠다. 370여 명의 한센병 환자들이 1946년 4월 이곳에 정착을 하여 천막을 치고 생활을 하였고, 주민들은 그들의 거주에 대해 극심한 반대를 하였다. 그렇지만 이들은 지역 주민들과 상호 간의 이해를 넓혀 갔다. 그와 함께 교회가 1947년 11월에 정덕준에 의해 설립되었다.[49] 천막에 거주하던 이들이 거주지를 정착촌으로 조성하게 된 것은 1950년대 초반에 시작되었다. 1950년대 초반 최우식이 리더로 활동하던 광주 송정리를 중심으로 유리걸식하던 음성한센병 환자들의 소규모 공동체가 있었는데, 이들도 이 마을에 합류하였다.[50] 최우식은 본명이 최일

47) 서재룡,「호남지방 기독교 영성운동에 관한 연구」, 81쪽.
48) 환경부,『나주 축산단지 주변 가축분뇨 실태조사 용역보고서』, 2015, 11쪽.
49) 한국기독교장로회총회,『사진명감 1971』, 에덴사진, 1971, 6쪽.
50) 나주시사와 서재룡은 최우식이 리더로 있던 공동체가 호혜원을 건설했다고 설명하고 있으나, 호혜원은 이미 그 이전에 설립되었으므로 그들도 이 공동

담인데, 호혜원 교회의 장로로 기록되어 있다. 그러므로 그를 중심으로 공동체가 후에 이 지역에 정착한 것은 분명하다. 최흥종은 해방 이전부터도 한센병에서 치료된 음성환자들이 거주할 정착촌을 만들어야 한다는 필요성을 절감하고 있었지만, 일반인들의 한센병에 대한 편견이 워낙 강해서 실현이 어려웠다. 그렇지만 호혜원의 건립 시기에는 음성환자들을 위한 정착촌을 만들어야 한다는 생각에 이들을 적극적으로 돕기 시작하였다. 그는 나환자들과 함께 현장을 둘러보고 '입지조건이 매우 좋다'고 결론을 내리고 사업을 추진하기 시작하였다.[51]

1951년에는 그의 나환자들을 돕는 사업이 전국적인 인정을 받아 '전국사회사업협회' 회장의 책임을 맡았다. 당시 나환자들 가운데 새로운 치료제인 DDS가 개발되어 완치된 음성환자들이 생활할 정착촌을 만들어야 할 필요성이 생겨났다. 따라서 최흥종 목사는 초기에 이을식 도지사(1951.12-53.11)를 만나 지원을 요청하였고 미군의 도움을 받아 사람이 살 수 있는 주거환경을 만들어 갔다.[52]

호혜원 건설은 6 · 25전쟁을 지나면서 구체화되었다. 당시에 한센병 환자들이 국가로부터 보호를 받지 못해 구걸을 하고 다니고 있던 형편이었다. 그렇지만 광주시와 전라남도는 이에 대한 지원을 할 만한 대책과 재원을 마련하지 못하고 있었다. 이때 최흥종 목사가 이을식 도지사에 지원을 요청하여 나주의 정착촌 건설을 추진이 가능하게 되었다. 그 때를 회고하여 최흥종은 "내가 지금 직접 관계하고 있는 호혜원도 그러한 예의 좋은 본보기인가 합니다. 광주에서 20여리 격에 있는 산간무인지대에 … 경쾌한 환자들이 합숙하여 정착하더니 그들 지도

---

체에 가담한 것으로 보아야 하겠다.
51) 김수진, 앞의 글, 104쪽.
52) 김광훈, 앞의 글, 43쪽.

자들이 나를 찾아와 육성의 길을 문의하는 것이었고 그들의 열성에 감
동되어 나도 답사하여 보았더니 이상촌으로서의 입지적 조건도 매우
좋은 바 있어 당국의 인가와 보조가 있기를 힘써 주는 바 있었으며"[53]
라고 기록하고 있다.

　최흥종은 정덕준, 최우식 등과 함께 음성한센병 환자들의 이상촌 공
동체 건설을 위하여 1952년 7월 14일 이성민을 대표자로 호혜원 인가
를 얻었다. 그 후 6·25전쟁이 끝나 휴전이 맺어지자 정착촌 건설은 순
조롭게 진행되어 평화촌, 망월촌, 새벽촌, 희망촌의 4개 마을을 건설할
수 있게 되었다. 마을 이름은 '꿈과 희망을 심어주고 내일을 설계하자'
는 뜻으로 붙여졌으나, 1954년에 4개 마을 전체의 이름이 '서로 은혜를
베풀자'는 의미에서 호혜원이 되었다. 호혜원은 나주시 산포면 신도리
3구를 말한다.[54] 그 후에 시설 개설 인가는 1956년에 받게 되었다. 이
때 시설 개설 인가를 받으면서 함태영, 김재준, 조향록, 진문원 등을
이사로, 정준 국회의원을 초대단장으로 모셨으며, 정식 사단법인으로
발족하였다.[55] 호혜원의 정착자들은 이같이 최흥종 목사의 도움을 받
으면서, 동시에 그의 지도에 따라 전국 각계의 유명 인사들을 찾아다
니며 지속적인 운영의 길을 모색하였다. 정착촌이 건설되자 150여 세
대 600명이 정착하게 되었다. 최흥종은 이들을 도와줄 때, 도움을 제공
할 뿐만 아니라 그들과 함께 생활하였다. 그는 무등원과 호혜원을 왕
래하면서 직접 그들 사이에서 생활하였다. 그의 외손자인 강은수 천혜
원 양로원장은 "외할아버지는 경로원에 오셔서도 냄새나는 노인들 가
운데 누워 계셨으며, 안채의 원장거처에서 가족과 있는 시간은 그렇게

53) 최흥종, 「구라사업 50년사 개요」, 『호남일보』, 1960년 3월 20일자.
54) 나주시지편찬위원회, 『나주시지』, 336쪽.
55) 오방기념사업회, 『화광동진의 삶: 오방 최흥종 기념문집』, 306쪽.

많지 않았다"고 회고하였다.

호혜원을 설립하는데 중심적인 역할을 한 정덕준, 이성민, 최우식 등은 호혜원 교회의 장로로 활동하였다. 1947년에 설립된 호혜원 교회는 1952년 4월 12일에 한금성의 가정에서 조삼봉과 최우식이 예배를 드리다가 1953년 3월 1일에 천막예배당을 꾸미고 최흥종이 예배를 인도하므로 호혜원교회가 성장하기 시작되었다.[56] 그리고 김두재 목사가 시무하던 1956년 6월에 김철산, 정덕준, 이성민을 장로로 임직하였으며, 최일담은 1962년 5월에 장로로 임직을 받았다. 1956년 6월 5일에 열린 교회창설 제1회 당회 기록에 보면 김두재 목사 사회로 김철산, 정덕준, 이성민 장로가 모였던 것이 기록되어 있고, 이 당회 기록에 근거하여 앞의 3인의 장로가 임직된 사실을 확인할 수 있다.

## 3. 강순명목사의 해방 후 양로원 사역

강순명의 사회복지는 해방 후에 두 가지 면에서 주목할 수 있다. 하나는 신학생들을 교육하기 위한 연경원을 설립한 것이고, 다른 하나는 천혜양로원을 설립한 것이다. 그는 해방을 맞이하자 바로 연경원을 설립하여 무료로 학생들을 교육하는 교육복지를 실천하여 복음전파자들을 육성하고자 하였다.[57] 이러한 그의 교육봉사는 일제시대에 진행되었던 독신전도단 사역과 광주 농업실습학교 사역이 뿌리가 되었다. 그리고 그의 천혜 양로원의 설립은 그의 장인인 최흥종의 가난한 자들에

56) 서재룡,「호남지방 기독교 영성운동에 관한 연구」, 88쪽. 1971년에 제작된 사진명감 6페이지에는 엄두섭 목사를 모시고 예배를 드렸다고 되어 있다.
57) 박보람, 앞의 글, 31쪽.

대한 사랑에 영향을 받았다. 그는 일제시대부터 가난한 자들을 개인적
으로 돌보는 삶을 살았는데, 그러한 삶의 연속성 속에서 6·25사변 후
에 천혜양로원을 설립하게 되었다.

## 1) 일제시대 독신전도단과 광주농업실습학교 설립

강순명(1898-1959)의 삶에 가장 영향을 미친 인물은 당연히 장인인
최흥종이었다. 강순명은 1918년 10월 당시 장로였던 최흥종의 딸인 최
숙이와 결혼하여 그의 사위가 되었다. 당시 최숙이는 수피아여고를 졸
업하고 동경에서 의학공부를 하고 돌아온 청년과 혼담이 있었으나 최
흥종 장로는 강순명에게 자신의 딸을 시집보냈다. 그는 당시 이발소에
서 일하고 있던 강순명을 믿음이 강한 청년이라면서 자신의 사위로 삼
았다.[58] 그러므로 강순명은 자신의 장인의 신앙과 사회봉사활동에서
많은 영향을 받았다.

강순명은 1920년 3월 일본으로 유학을 떠나 세이소쿠 중학교에 입학
했다.[59] 유학 중이던 1923년에 일어난 동경대지진 때에, 그는 진정한
회심을 하였다. 일본인들이 그러한 재난에 대한 희생양으로 한국인들
을 죽일 때에, 강순명도 우에노 공원에서 죽음의 공포 속에서 하나님
께 3일만 더 살려달라고 간절한 애원의 기도를 하였다. 그는 이 기도
후에 진정한 회심을 하였고, 예수를 닮아 예수처럼 이웃사랑을 실천하
는 사람이 되었으며, 세이소쿠 중학교를 졸업하고 1924년 7월에 귀국
하였다.[60] 그는 일본에 있는 동안 기독교 사회주의자인 가가와 도요히

58) 문순태, 앞의 책, 195쪽.
59) 서재룡, 「호남지방 기독교 영성운동에 관한 연구」, 93쪽. 윤남하는 강순명의
    일본 유학에 대해서는 1921년 3월이라고 기록하고 있다.

꼬의 영향을 받아 농촌교회에 관심을 가지고 농촌교회를 돌아보았다.

강순명은 귀국한 후에 1924년에 최흥종이 회장이 되었던 광주 YMCA 농촌부 사업에 참여하였고, 농촌교회에 다니며 봉사를 하였다. 1925년에 그는 YMCA의 광주 지부 농촌부 간사로 내려온 에비슨을 만나 장인인 최흥종의 소개로 그의 서기가 되어 함께 농촌사업을 추진하며 농촌지역의 복지를 향상하고자 하였다.[61] 평소 농촌문제에 관심이 많았던 강순명은 일본 유학 시절 일본의 농촌을 두루 살펴보았던 경험으로 식민지하의 우리 농촌의 현실을 몸으로 경험하고 우리 농민들이 일본의 농민 수준만큼은 향상되어야 한다는 강한 의욕에 불타 있었다.

그는 1928년 여름 금강산에 들어가 기도하던 중 전주 서문교회 배은희 목사를 만났다. 이때 농촌 현실 문제와 민족주의, 사회주의 사상 문제로 고민하다가 신경쇠약 증세를 보여 요양차 금강산에 들어와 있던 배은희 목사가 자살을 시도했는데, 강순명이 그의 목숨을 구해준 것이 계기가 되어 두 사람은 서로 '마음을 터놓는' 사이가 되었다. 두 사람이 신앙으로 농촌을 살리기 위한 구체적인 방안으로 조직한 것이 독신전도단이었다.

이들은 전주 서문교회의 장로 신현창(전주의원 원장)과 김병수(이리 삼산의원 원장) 등과 함께 1928년 8월에 인류는 다 유물(唯物)의 길을 밟으나, 우리는 신국운동(神國運動)을 이루고자 하고, 시대는 예수 재림이 멀지 않다고 말하므로, 우리는 복음선전(福音宣傳)을 촉진하고자 하며, 경제는 교역(教役)의 현제(現制)를 위협하므로, 우리는 가족책임

60) 윤남하, 앞의 책, 54~55쪽.

61) 강순명이 에비슨을 만난 시기에 대해 차종순은 1932년이라고 기록하나(차종순, 앞의 책, 2010, 53쪽), 윤남하는 1932년에 두 번째로 만난 것이라 기록하는 것으로 보아(윤남하, 위의 책, 109~111쪽) 그가 처음으로 광주에 내려온 1925년에 만난 것으로 보인다.

(家族責任)을 초월한다는 독신전도단 강령을 발표하며 단원을 모집하였다.[62] 독신전도단원은 설립목표를 초대교회 공동체와 같은 신앙공동체 형성에 목표를 두고 5가지 행동강령을 채택하였다. 첫째 적어도 3년간 가정생활(성생활 포함)을 피하고 독신으로 농촌계몽과 살기 좋은 농촌(이상촌) 건설에 헌신한다. 둘째 농촌에 들어가 주간과 야간에 부녀자들과 가난한 미취학 아이들을 가르치고, 셋째 주일이면 목회자 없는 마을에서 전도자로 설교하고, 넷째로 마을 단위로 농촌 협동조합과 소비조합을 조직하여 농촌 경제를 구조적으로 개선하며, 다섯째로 기초 상비약을 준비하여 환자 치료까지 할 수 있어야 했다.[63]

독신전도단에 지원한 남녀 청년 10여 명은 1929년 1월에 익산 예뚜기부락에 있는 훈련원에 들어가 강순명이 원장으로 일하는 가운데, 사관학교식으로 6개월 훈련을 받은 후 전북 익산, 전남 광산, 순천노회 등지로 파송 받아 농촌사업과 복음 전도에 헌신하였고, 이 과정에서 이세종과 교류하며 그의 영향을 받았다.[64] 강순명 자신도 1931년 제주도 모슬포교회로 가서 독신전도단원으로 활동하였다.

강순명은 일본 유학 시절 알게 된 일본의 빈민 전도자 가가와(賀川豊彦)의 저서들을 읽으면서 터득한 기독교 사회주의 정신을 농촌 현장에서 실천하려 노력하였다. 즉 초대교회와 같은 기독교 신앙공동체를 농촌에서 구현하려 하였다. 그러기 위해서는 십자가 정신으로 자신(개인)을 희생하여 농촌(사회)을 살리는 일에 헌신할 전도자들이 필요했다. 독신전도단은 농촌교회들을 부흥시키며 열매를 거두기 시작했다.

---

62) 『기독신보』, 1928년 8월 1일자.
63) 윤남하, 앞의 책, 89쪽.
64) 이강학, 「이세종의 영성지도와 한국교회 목회 현장 적용에 관한 연구」, 230쪽, 232쪽.

그렇지만 독신전도단은 일제로부터는 민족운동을 한다는 의심을 받아 탄압을 받았을 뿐만 아니라 기성교회의 목사들의 거센 반발을 불러와서 강순명은 1931년 총회의 결정에 따라 독신전도단을 해체하게 되었고 자신도 1931년 10월 모슬포 교회를 사임하였다.[65] 그는 광주로 돌아와 금정교회에 출석하면서 YMCA에서 활동하였다.

독신전도단이 해산된 후에도 그는 농촌지도자를 육성하여 농촌을 살리고자 하는 꿈을 포기하지 않고, 다시 에비슨과 함께 1932년부터 농촌사업 지도자를 양성하는 일에 몰두했다. 그는 에비슨 집의 빈 창고를 숙소로 개조하여 농장학교를 만들고 독신전도단 단원들이 중심이 된 20여 명의 청년들과 함께 새벽에는 기도회, 낮에는 노동, 밤에는 예배를 드리는 공동생활을 영위하였다. 이때 훗날 '해남의 성자'로 불리게 되는 이준묵 목사와 '맨발의 성자'로 불리게 되는 동광원 창설자 이현필이 학생으로 들어왔다. 1932년 가을 양림교회에서 가을사경회가 열렸을 때, 강순명의 지도를 받는 청년들이 새벽기도회에 참석하지 않자 강순명을 이단으로 치리하여 농장학교를 해산시키라는 지시를 내렸다. 이때 순천의 엉거 선교사가 이들을 순천으로 보내줄 것으로 요청하여 그곳으로 가서 농촌지도자 교육을 받게 하였다. 그 후에 이들을 합법적으로 광주로 데려오고자 1933년 10월에 설립하여 인가를 받은 학교가 광주농업실습학교이다.[66] 이때 에비슨은 농업을 가르치고 강순명은 성경을 가르쳤다. 그 후에 그는 에비슨의 충고에 따라 신학교를 진학하여 이곳에서의 학생육성운동은 더 이상 진행되지 못하였다.

---

65) 서재룡, 「호남지방 기독교 영성운동에 관한 연구」, 98쪽;『조선예수교장로회 총회록』, 1931, 24쪽.
66) 『동아일보』, 1933년 10월 27일자.

## 2) 연경원의 설립과 신학생들의 육성

해방 직후 강순명 목사는 대대적인 구령운동이 일어날 것을 예감하고 무료로 신학교육을 실시하여 전도자 양성에 착수하였다. 1945년 10월에 북아현동(후에 원효로로 이전)에 적산 한 채를 얻어 '연경원'(研經院)이란 간판을 걸고 주로 북에서 피난 온 학생들을 합숙시키며 낮에는 노동하고 밤에는 성경을 가르쳤다.[67] 연경원은 일종의 야간신학교였다. 12월 2일에는 월남한 10여 명과 성도들과 함께 연경장로교회를 시작하였다. 학교 운영은 독신전도단과 농업실습학교 방식으로 철저하게 신앙훈련을 했다. 평양여자고등성경학교 교수였던 윤필성 목사를 비롯하여 복음교회 윤치병 목사, 장로교회 오종덕 목사, 음악가 이남철, 조선신학원 학생 차남진 등을 교수진으로 하였는데 처음 시작할 때는 20명이던 학생이 2년 만에 120명으로 늘었다. 연경원은 규모가 커지자 1946년 1월에 용산 원효로로 이사를 하였고 5월에 원동교회도 개척하였다. 이 원동교회도 교인이 200명이 될 정도로 규모가 커졌다. 이때 교회 재산 정리가 제대로 되어 있지 않았던 것 때문에 재산분쟁이 일어나 강순명 목사는 이 교회를 떠나게 되었다.

더 나아가 연경원에 있는 120여 명의 학생들의 안수 문제도 생겨났다. 이때 강순명 목사는 김치선 목사가 추진하던 300백 만 구령운동에 적극적으로 참여하였다. 이 시기에는 목회자들이 귀하여 300백 만 구령운동에 전심할 목회자들이 거의 없었다. 그러므로 김치선 목사는 연경원에서 훈련받은 신학생들에게 안수를 주어 300백 만 구령운동에 참여하도록 하였다.[68] 결국 이 문제로 강순명 목사는 그때까지 소속해

---

67) 박보람, 앞의 글, 32쪽.
68) 김인수, 「한국교회 야사의 성인들의 영성생활」, 224쪽.

있던 장로교 군산노회로부터 "사사로이 안수하여 교계의 질서를 파괴하는 행동을 하였다."는 이유로 제명당하였다. 강순명 목사는 담담하게 군산노회의 결정을 받아들였다.

이후 강순명 목사는 동석기 목사의 권유를 받고 그리스도의 교회로 소속을 옮겨 원효로교회, 부산교회, 광주교회를 담임하였고 1955년 다시 서울로 올라와 신촌 언덕에 토굴을 파고 '연경신도원'(研經神道院)을 만들고 가난한 청년들을 모아 신앙훈련을 시키며 기도생활을 하다가 건강이 악화되어 광주로 내려가 요양하던 중 1959년 3월 12일 별세하였다.[69] 강순명 목사는 교회의 공적 조직보다는 자신의 신념에 따른 조직을 만들어 농촌복지와 교육복지를 실천하고자 하였다. 그렇지만 그러한 그의 활동은 교회의 공적 조직과 충돌하여 제대로 전개되지 못한 한계를 안고 있었다.

### 3) 강순명의 이웃사랑과 광주 천혜경로원 설립

강순명은 농촌교회 문제에 대한 관심과 함께 사회 하층에 있는 불구폐질자, 노약자, 어린이, 나환자, 결핵환자 등 버림받은 사람들을 자신의 몸과 같이 돌보는 봉사정신을 발휘하였다. 그는 해혼을 했던 이세종과는 달리 가족과 함께 살며 불우한 이웃을 돌보았다. 그렇지만 이세종 - 최흥종 - 강순명으로 이어지는 영적인 삶은 가족에 매이기보다는 그것에서 벗어나 어려운 이웃을 섬기는 삶이었고, 따라서 강순명은 병에 걸려 가족으로부터 버림받은 폐병환자와 걸인들을 업어다가 돌보았다.

---

69) 박보람, 앞의 글, 33쪽.

이미 도쿄에서 귀국한 1924년 이후 '가난한 이들과 함께 하는 삶'을 실천해 온 강순명은 청빈의 삶으로 일관했다. 처음부터 그에겐 집이 없었다. 사업을 해서 어느 정도 여유를 갖게 된 형인 강태성 장로가 보다 못해 동생에게 17평짜리 집을 한 채 지어주어 그의 가족 여섯 식구가 비로소 자기 집에 들어가 살게 되었다. 그런데 그 무렵 광주에 들어온 성결교회가 예배당 신축을 위해 이성봉 전도사를 데려다 부흥회를 하였는데 강순명이 그 부흥회에 참석했다가 그 집을 건축 헌금으로 바쳐 그의 가족은 다시 셋방으로 나앉게 되었다. 그 무렵 광주에는 불신자들까지 "예수를 믿으려면 강순명처럼 믿어라."는 말이 돌았다.

강순명은 장인인 최흥종의 가르침에 따라 하나님 나라 사랑, 나라 사랑, 이웃사랑을 하나로 보았다. 이웃사랑의 실천이 나라 사랑의 실천이고 하나님 사랑(교회 사랑)의 실천이라고 보았다. 그는 예수 믿기 시작한 초기부터 이웃사랑을 실천하였다.

> 강순명은 혼자 텅 빈 교회당에 들어가 밤을 새웠고 눈물의 열도(熱禱)로 제단을 적시기도 했다. 동시에 그는 거리에서 거지를 보면 몇 푼 되지 않는 돈이지만 털어주었고 헐벗은 이를 만나면 단벌옷을 아끼지 않았다. 고아를 보면 업어왔고 병자를 보면 목을 안고 간절히 기도해 주었다. … 그는 가끔 길을 가다가 멈춰 서서 하늘을 우러러 보고 눈물을 흘리며 한숨과 함께 '주님!'을 부르짖기도 하였다. 때로는 폐병환자를 찾아가 위로해 주며 외로운 그들과 함께 자리를 같이 해 주기도 했다. 나환자를 만나면 손을 내밀어 잡아주고 등을 두들겨 주었다.[70]

강순명은 1929년 독신전도단 훈련원 원장으로 익산에서 사역할 때,

---

70) 윤남하, 앞의 책, 74~75쪽.

구걸하는 여인을 밥 한 끼로 먹여 보내려고 집으로 데리고 왔으나, 식량이 떨어진 것을 알고 아내가 가장 아끼던 세루 치마를 주어 보내었다. 익산 예뚜기 마을에서 사역을 할 때, 김제 백구 교회에서 훈련을 마치고 돌아오는데, 만경강 둑 밑에서 폐결핵으로 죽어가는 30대 머슴을 발견하였다. 그는 그를 업고 돌아와 아랫목에 뉘었다. 당시 사람들은 폐결핵 환자는 전염병이 옮는다고 하여 가까이 하지도 않았는데, 그는 환자를 정성으로 돌보아 주었고, 며칠 후에 세상을 떠나자 정성껏 장례를 치러 주었다. 이것이 계기가 되어 익산에도 신복리교회와 제천 교회가 세워지게 되었다.[71]

강순명 목사는 거지들을 만나면 그들에게 옷을 벗어주기가 일쑤였고, 다리 밑에 사는 구걸하는 아이들을 만나면, 내 아들들아, 함께 살아야 하는데 미안하구나 하고 울었다. 그래서 그는 걸인들의 아버지라고 불렸다. 그는 해방이 된 후에 걸인들을 배불리 먹이기 위하여 걸인 잔치를 열기도 하였다. 그는 이 잔치를 위해 부자들에게 기부를 받았고, 김구가 그들을 격려하는 격려사를 하였고, 걸인의 대표가 답사를 하였다. 강순명이 이날 걸인들이 배불리 먹고 즐거워하는 것을 보고 눈물을 흘리며 기뻐하였다.

강순명은 6·25사변 이후에 광주천 다리 밑을 지나다가도 거적때기를 둘러쓰고 죽어가던 할머니를 두고 돌아설 수 없었던 강 목사는 할머니를 업고 와 집 안방에 누였다. 그렇게 집에 데려온 사람이 무려 30여 명이었다. 강 목사가 전쟁 중 데려온 걸인 할머니 때문에 강 목사 가족들은 방안에 들어가 앉을 수도 없어 한뎃잠을 자야 할 지경이었다. 그것이 천혜경로원의 시작이었다. 1952년 7월이었다. 사동다리를 지나다

---

71) 서재룡, 「호남지방 기독교 영성운동에 관한 연구」, 113쪽.

움막에서 중풍에 걸린 여인을 발견하여 병을 치료해주다 장례까지 치르다 보니 광주 학동 그리스도의 교회가 120명 수용능력의 양로원으로 발전하게 되었다. 현재는 아들인 강은수 원장이 양로원을 운영하고 있으며, 현재 70여 명의 할머니들을 가족같이 모시고 있다.

## 4. 이현필의 해방 후 토착적 사회 복지활동

### 1) 이현필의 영성의 형성과정

이현필은 16세에 천태초등학교를 졸업한 후[72] 영산포로 장사를 하러 다니다가 18세가 되던 1931년에 무교회주의자인 관파라는 일본인이 세운 교회에서 그의 설교에 감화를 받아 예수를 믿게 되었다. 그리고 이후에 이현필은 이세종을 만나 천태산 움막에서 1931년부터 1932년까지 성경교육을 받았다.[73] 이현필은 이세종은 통해 가난과 순결의 삶을 배우고, 최흥종과 강순명이란 신앙의 스승들을 만나게 되었다. 1932년 4월에 이세종의 창세기 1-3장 강론에서 순결사상을 강조하며 토론할 때, 그곳에 최흥종, 강순명, 이현필 등이 참석하였다. 이때 최

---

72) 천태초등학교 졸업시기에 대해 엄두섭은 1923년, 차종순은 1925년, 윤남하는 1926년을 주장했으나, 서재룡이 천태초등학교 연역을 조사한 바에 따르면 이 학교가 1925년에 개교하여 1929년 1회 졸업생이 나왔으므로 1929년에 졸업한 것으로 보는 것이 타당하다(서재룡, 「한국교회사 속의 수도원 설립자 이현필의 생애」, 24~25쪽).

73) 이강학, 「이세종의 영성지도와 한국교회 목회 현장 적용에 관한 연구」, 『신학과 실천』 49, 2016, 219-246쪽. 김금남은 1928-32년까지 지도를 받았다고 하는데, 그의 부인이었던 황홍윤은 18세때부터 이세종을 알았다고 회고했다(이정아, 앞의 글, 39쪽).

홍종과 강순명은 이현필의 출중함을 보고 광주로 가서 성경학교에서 공부하도록 조언하였다. 이현필은 이때 천태산을 떠나서 새로운 교육을 받고자하여 1932년 4월부터 1934년 4월까지 에비슨농장학교와 광주농업실습학교의 교육과정에 참여하였다. 이 두 학교에서 에비슨은 농업을 가르쳤고 강순명은 성경을 가르쳤다. 최흥종은 이현필이 광주농업실습학교 기숙사에서 생활하도록 도움을 주었다. 그러므로 이현필은 이곳에서 에비슨과 강순명의 영향을 받아 농업과 공동체 생활에 대한 식견을 얻었던 것으로 보인다. 이현필은 이때 강순명 목사를 통해 예수를 닮아 예수처럼 살기를 배웠고 가난하고 병들고 헐벗은 과부와 고아와 걸인들을 위한 삶을 살고자 하였다.[74] 1934년 청년공동체 본부가 순천으로 옮겨가고, 그 해 4월에 강순명 목사가 협성신학교에 입학하기 위해 광주를 떠날 때, 이현필을 쉐핑 선교사에게 부탁하였다. 쉐핑 선교사는 그를 재매교회에 추천하여 이곳에서 1934년부터 36년까지 사역을 하였으며, 이곳에서 백성춘 장로를 만나 평생 동안 동지가 되었다.[75] 백성춘 장로는 해방 후에 고아들이 넘쳐날 때 동광원에 자신의 재산을 기부하여 운영을 도왔다. 그리고 그는 1936-1937년에 서울 YMCA에 등록하여 영어를 배우면서 이곳에서 다석 유영모와 현동완을 만나게 되었고, 아현동교회의 김현봉 목사를 만나 청빈한 목회에 영향을 받았다. 이현필은 이세종의 독신주의를 따르지 않고 1938년에 황윤옥과 결혼하였다. 그러나 2년 후 아내가 혼외임신을 하여 고생을 한 후에 해혼 하고자 했으나, 아내가 따르지 않아 결국 이혼하였다. 이 사건으로 이현필은 깊은 죄의식을 가지게 되었다. 이현필은 이때부터 이

---

74) 서재룡, 「호남지방 기독교 영성운동에 관한 연구」, 122쪽.
75) 한국고등신학원 엮음, 『풍요시대에 다시 찾는 영적 스승 이현필』, 한국고등신학연구원, 2014, 21쪽.

세종의 가르침을 따라 순결사상을 실천하고 제자들에게 따를 것을 주장했지만, 모든 그리스도인들이 순결을 지켜야 한다는 이세종과는 달리, 수도자들에게만 순결을 요구하였다.[76]

## 2) 한국 최초의 개신교 수도공동체 형성

이현필은 아내와 해혼을 한 후에 이세종의 도움을 받으면서 화순군 도암면 화학산에 들어가 1940-1942년까지 영성기도를 하였다.[77] 그 기도를 마친 후인 1943년부터 남원에서 성경공부를 가르치기 시작하였는데, 백영흠 목사의 친척인 오북환 집사가 신사참배를 피하려고 남원에 와서 운영하던 삼일목공소에서 성경공부를 시작하였다. 그를 따르는 사람들이 생겨나면서 이현필은 신사참배를 피하기 위하여 1944년 전북 남원의 지리산 자락인 서리내로 들어가 공동생활을 시작하였다. 그는 이때 거지의 모습을 하고 다니면서 복음을 전하였다. 이때 남원 주변에서 그를 따르는 사람들이 생겨났고, 이들이 모여서 예수를 닮고 예수처럼 살려는 순수 신앙인의 이상촌으로 기독교 수도공동체가 탄생하게 되었다. 이곳에서 10Km 떨어진 갈보리 마을도 그의 운동의 출발지이다. 이 공동체는 한국 개신교에서 최초로 수도공동체이며, 예수를 닮아 예수처럼 살자는 모토 아래 가난과 순결의 영성적인 삶을 살았다.[78] 이들은 노동이 기도요 지복이라고 가르치면서 낮에는 거의 노동을 하고, 밤에는 성경공부를 하였다. 이들은 노동을 통해 자급하는

76) 서재룡, 「호남지방 기독교 영성운동에 관한 연구」, 127쪽.
77) 이정아, 앞의 글, 40쪽. 황홍윤은 이현필이 본격적인 수도생활을 시작한 것이 1942년이라고 하는데, 이 해에 이세종이 세상을 떠났으므로 그의 지도를 받았다면 그 이전이었을 것으로 보인다.
78) 이성구, 앞의 글, 4쪽.

자급공동체이고, 성경공부를 통해 훈련받는 제자훈련공동체이다. 이
현필은 1947년 9월 1일에 서리내에서 소년 7명과 소녀 7명을 모아 가
르치기 시작하였고 이들은 움막을 짓고 생활하였다. 이후 남원가족들
이 1948년 3월 18일까지 광주로 이동하였다.

그들의 제자들의 일부가 1945년 광주로 옮겨가면서 남원에서 시작
한 이현필의 운동은 광주로 이동하기 시작하였다. 광주에서 재건된
YMCA 회장이 된 최흥종 목사가 이현필을 YMCA 강사로 세우면서 이
현필과 그의 조직이 세상에 알려지게 되었다. 이현필은 해방을 맞이한
후에 광주 YMCA에서 아이들을 가르치며 활동하였다. 이현필을 따르
며 광주 YMCA에 관계하고 있던 젊은 교인들이 이곳에서 금욕적 종교
교육운동을 하고 있었다. 이들은 소위 '수도사집단'이라고 했는데, 각
지에서 백여 명씩 모여들기도 했다. 이현필, 강순명, 정인세, 문석희
등이 중심이 된 이들은 육식을 금하고 채식을 하고 철저히 금욕생활을
하며 아이들의 학교교육을 배격하였다. 이들은 다른 YMCA 회원들과
갈등을 빚기도 했다. 결국 정인세 총무는 권고사직을 당했고 사무실도
폐쇄하고 말았다.[79) 광주 YMCA에 머물던 이현필의 제자들은 1949년
에 현재 귀일원의 부지인 방림동 일명 밤나무골로 이동하였다. 그들
가운데 일부가 능곡으로 이동하였는데, 이곳은 현동완 YMCA 총무가
부지를 제공한 곳으로 현재의 벽제의 유명산 분원이다.

### 3) 동광원 고아원의 설립

이현필의 고아에 대한 사회복지 활동은 동광원 이전으로 거슬러 올

---

79) 문순태, 앞의 책, 314쪽; 광주YMCA역사편찬위원회, 『광주 YMCA 90년사: 1920-2010』, 광주YMCA. 2010, 214쪽.

라간다. 1948년 3월에 광주로 이동한 후에 양림동 YMCA의 유치원 건물에 양영원이란 간판을 붙이고 30여 명의 소년소녀들에게 성경을 가르쳤다. 양영원은 최흥종이 회장이고 이현필이 총무로 있었다. 엄두섭에 따르면 양영원은 처음에 이현필이 훈련시킨 사람들이 중심한 단체였는데, 후에는 고아들까지 받아들여 부양하게 되었다.[80]

이러한 사역이 있는 후에 이현필의 독자적인 고아원 사역이 시작되었다. 1948년 10월에 일어난 여수 순천사건으로 많은 고아들이 생겨났다. 이 소식을 들은 이현필은 1949년 초 능곡 YMCA의 강연회에서 여수에서 많은 피를 흘리는 사건이 생겨났다고 말하면서 형편에 따라 3일에서 14일씩 금식기도를 하였다. 그 후에 이현필은 자신을 따르는 사람들을 화순군 도암면 중촌리 청소마을로 내려갔다. 김준호와 정규주에게 7-12세 된 고아 8명을 돌보게 한 것이 고아원 운동의 출발이다. 1950년 1월에 여순사건으로 인한 고아들이 점점 더 많아지자, 목포에서 고아원을 운영하던 윤치호 전도사의 제안으로 최흥종, 백영흠, 이남규 도지사, 경찰서장 등의 독지가 70인을 모아 광주 YMCA 안에 고아원을 설치하는데 그 고아원의 이름이 동광원이다. 동광원은 '동방의 햇빛으로 빛나는 동산', '하나님의 사랑으로 빛나는 에덴동산', '순결하고 아름다운 신앙공동체'라는 뜻이다. 이현필이 광주 YMCA 총무직을 맡고 있던 정인세에게 원장직을 부탁했는데, 처음에는 망설였다. 정인세가 망설이고 있을 때 이현필은 야고보서 1장 27절 말씀을 주었으며, 정인세는 원장직을 수락하였다.[81]

처음에는 20여 명의 고아들을 수도공동체 가족들이 돌보았으나 6·25전쟁으로 고아들이 넘쳐나자 YMCA의 프로그램 운영에 지장을 받고 이

---

80) 엄두섭, 『맨발의 성자 이현필』, 95쪽.
81) 위의 책, 96쪽.

곳에 수용할 수 없어 이전하게 되었다. 남자 아이들은 지산동의 수의
축산전문학교로, 여아들은 양림동의 YMCA의 적산가옥과 밤나무골로
옮겼다. 이현필의 수도공동체는 국가와 외국의 원조를 받으면서 600여
명의 고아들을 돌보았다.[82] 이때 광주시는 주한미군지원단과 외국 원
조단체들이 구호물품과 여러 배급품들을 지원해 주므로 필수품들을
저장하여 두고 엄격하게 관리하며 사랑으로 고아들을 돌보았다.[83] 이
러한 원조를 받으면서 이현필은 원조물품에 대한 관리를 철저히 했다.
원조물품이 고아원에까지 이른 것에 못지않게 당사자들에게 제대로
전달되어야 한다는 것을 강조하였다.

그렇지만 1954년에 이르면 동광원의 독특한 교육방식이 사회문제로
비화하였다. 동광원은 세속교육이 신앙교육에 지장을 준다고 판단하
여 자체 교육과 신앙훈련을 시켰고, 육식과 투약을 금했다. 이 문제에
대해 이현필은 동광원에서 다음과 같이 설교하였다.

돈과 물질이 영혼에 유익을 주는지, 해를 주는지, 과학의 세계와 심
령의 세계가 어떻게 다른지 밝히 알아야 할 줄 압니다. … 못 먹이고
고생시키는 것도 죄가 아닌가 싶어 여러 가지 방도를 취해 보았습니
다. 정히 먹고 싶어하는 이들을 자유로 먹일 수는 없는지, 다른 고아
원에 맡겨 볼 것인지, 아무리 생각하나 위에서 허락하실 때까지 답답
함을 면할 길이 없습니다. … 생장과 지식욕이 왕성해지는 어린아이
들은 한 시간에도 변화를 몇 번씩 요하는데요, 한 끼도 아니고 두 끼
도 아니고, 하루도 아니고 이틀도 아니고, 똑 같은 것으로 똑같은·방
법으로 대우하면 못 견딥니다. 식사나 일이나 노는 것이 다 그렇습니
다. 지휘자는 앞으로 변동이 있어야 하며 좋은 방향을 지향해야 합니
다.[84]

82) 이강학, 앞의 글, 2011, 386쪽.
83) 서재룡, 「호남지방 기독교 영성운동에 관한 연구」, 131쪽.

이러한 동광원의 교육방식에 대해 다른 고아원들이 비난을 하여 비판 여론이 일어나자, 전라도에서 9월 20일에 동광원을 폐쇄시키고 고아들을 다른 고아원에 분산 배치하였다.[85] 그리하여 이현필의 고아원 사역은 중단되게 되었다. 그런데 이때 다른 고아원에 분산되었던 아이들 30여 명이 걸어서 동광원을 찾아왔다. 이들은 동광원에서 인간대우와 함께 그리스도의 사랑을 배운 것을 잊지 못해서 돌아왔다. 고아원이 폐쇄되자 수도공동체가 동광원이란 이름을 사용하기로 하고, 모든 수도자들을 밤나무골로 옮겼다. 동광원이 폐쇄된 후에 해남읍교회의 이준목 목사가 등대원을 설립하여 그들을 수용하였다.[86]

## 4) 폐결핵 환자 돌보는 송동원, 무등원의 설립과 운영

카딩톤(H. A. Codington) 선교사는 1951년 10월에 광주 제중병원원장으로 부임하여 문을 닫았던 병원을 재개원하였다. 그는 이 병원 원장으로 부임한 후에 결핵치료실을 두고 결핵퇴치에 앞장서게 되었다. 당시에 한국사회는 전쟁이 끝난 후에 국민들의 영양상태가 나빠 너무나 많은 사람들이 폐결핵으로 고생하고 있었다. 1952년 말에 이 병원에 52명의 결핵 환자가 입원해 있었다. 이곳에서 결핵 환자 치료 소식이 알려지면서 많은 환자들이 몰려들었다. 카딩톤 선교사의 보고에 의하면 1954년에 이르러 전라도의 인구는 육백 만 명 가운데 절반인 삼백 만 명이 상당히 높은 결핵 발병 가능성을 가지고 있었다. 그러므로 병

---

84) 이정아, 앞의 글, 52쪽에서 재인용.

85) 차종순, 앞의 책, 2010, 246~248쪽;『동아일보』, 1954년 10월 1일자. 귀일원 홈페이지에는 1954년 8월 19일에 동광원을 해산하였다고 기록하고 있다. (http://www.gwiilwon.or.kr/)

86) 연규홍,『해남읍교회의 역사』, 한구기독교장로회 해남읍교회, 1993, 127쪽.

원은 항상 초막원을 이루었고 카딩톤 선교사는 환자들을 병원에 수용하기가 어려워지자 "미군부대에서 쓰던 낡은 막사(퀸세트) 3동을 옮겨와 그곳에 환자를 수용하기도 했다. 그러다가 1955년에는 주한 미육군의 지원을 받아 결핵환자 전용의 3층 병동 283평을 증축해 180명까지 결핵환자를 수용할 수 있게 되었다. 그리고 외래환자도 나날이 늘어나 한 때는 500명에 이르기까지 했다."87) 당시 제중병원에 입원하는 환자들의 대부분은 진료비가 없고 돌아갈 곳도 없는 환자들이었다. 그래서 카딩톤 선교사는 제중병원 제7병동을 무료 환자 병동으로 운영했는데, 7병동의 총 65병상은 언제나 입원환자로 가득하였으므로 더 이상 새로운 환자를 입원시킬 여력이 없었으므로 입원환자들에게는 6개월 후 퇴원한다는 서약서를 받은 후 입원시키곤 하였다. 그렇지만 6개월이 지나도 치료가 끝나지 않은 환자들을 수용할 시설이 필요하게 되었다.

그런데 광주 동광원에서는 매년 일월 초하루부터 일주일 동안, 그리고 8월 15일부터 일주일 동안 집회를 개최하였다. 1954년 1월에 동광원은 서울 YMCA의 유영모와 현동완을 강사로 초청하여 집회를 열었다. 집회가 지속되는 기간에 현동완은 광주제중병원에서 양성인 상태에서 6개월이 지나 강제 퇴원해야 하는 결핵환자들의 딱한 소식을 듣게 되었다. 그는 집회를 끝내고 서울로 돌아와 당시 국회의장 이기붕을 만나 후원을 요청해서 당시로서는 상당히 큰 금액인 300만 원의 후원금으로 받아 광주 동광원에 맡겼다. 이렇게 하여 1954년에 동광원 예배실에서 '송등원(松燈院)' 발기회를 갖고 이사장은 최흥종 목사가 맡고, 이사는 박두옥 장로, 카딩톤 원장, 김준호 등이 맡았으며, 박두옥 장로가 명예총무를 맡았다.88) 이렇게 하여 송등원이 설립되었으며, 처

---

87) 박재표, 「선교병원의 현황과 역할에 대한 선교신학적 평가와 대안」, 장로회신학대 석사논문, 2005, 66쪽.

음에 60여 명의 환자를 돌보았다. 송등원은 1년간 동광원에서 함께 지내다가 1955년에 600여 평의 땅을 구입하여 지산동으로 옮겼으며, 1956년에 여자반을 따로 설립하여 무등원이라고 하였다.[88]

또한 당시에 제중병원에 거제도 수용소에 있던 반공포로들이 입원하게 되었다. 이들이 이곳에 입원하게 된 것은 전라도지역에서 사역했던 선교사 커밍(D. J. Comming)이 거제도 수용소에서 일하고 있었고, 그의 아내가 제중병원의 간호부장이었기 때문에 거제도의 반공포로인 폐결핵 환자들이 광주 제중 병원에서 치료를 받게 되었다.[90] 특히 1955년 겨울에 반공 포로 출신의 환자가 6개월의 치료 기간이 지나 연고지도 없이 퇴원해야 하는 어려움에 직면하여 자살을 시도하였다. 이 사건을 계기로 이러한 처지의 환자들을 돌볼 진료소(sanatorium)를 설치하기로 결정하였고, 구내 환자들은 요우회를 조직하여 병원 내 구내 매점을 운영하여 그 수익금으로 무의탁 환자와 가난한 환자들을 돌보기로 하였다.

송등원의 이사장인 된 최흥종 목사는 이들을 돕기 위해 1955년에 「백십자여명회」라는 결핵치유를 위한 호소문을 전국에 발송하였다.

　백십자 취명회(白十字 黎明會)
　인류애의 지극한 격동에서 민족 보건의 간절한 요구에서 우리는 폐결핵의 예방과 치료와 근치(根治)를 시급히 호소하는 바입니다.

---

88) 송등원이 설립된 시기는 1956년, 1958년 등으로 다양하다.
89) 차종순, 「양림동의 희생과 나눔 공동체의 역사」, 5쪽. 엄두섭은 시기는 밝히지 않고 동광원 여름 수양회에 왔던 현동완이 이기붕의 300만 원의 후원을 받아 30명을 3개월씩 돌보는 임시 요양소를 만들었고, 그 후에 요양소를 나간 이들이 거처할 곳으로 만든 곳이 무등원이라고 하였다(엄두섭, 앞의 책, 198~199쪽).
90) 차종순, 「호남교회사에 있어서 복음적 사회운동에 대한 한 연구」, 79~80쪽.

위정당국과 유지제현은 물론, 동감의 우허(憂虛)와 퇴치의 방도를 념
념구상이 비지일재임을 인식하오나, 세월은 전광석화로 흐르고 악마
같은 결핵균은 남여청장년의 생명을 침택유린하여 민족의 생장율을
방해위축하고 국가의 보건체를 충일 식육하며, 폐병환자증식 소치로
인하여 전문병원이 만원이 되어 수용기 처하여 섭생의 위구가 막비
우심이요, 침식의 공파가 난감 잠묵이라 위생착란이 불식이면 안녕
질서를 난보로다.

사시호 동병상린 동지 개개인이 숙고재삼에 제의간고명대학하여 호
유 간유지제군자 하오니 차를 관철함에는 내외각계에 있는 온갖 유
지와 조력을 요하며 유지자독지가 공사각층과 관민합작을 기하는 바
입니다. 인도의 정의로는 모든 힘을 사용할 수 있는지라, 자에 취명
회 취지를 천명하나이다.[91]

이렇게 결핵환자들을 위한 요양시설인 송등원이 만들어진 후에 그
곳에서도 수용할 수 없을 정도로 환자들이 많아지자, 이들이 요양치료
를 위해 무등산으로 옮겨가기 시작하였다. 그리하여 무등산에 생겨난
결핵환자 요양시설들을 무등원이라고 부르게 되었다. 그러므로 무등
원은 하나의 건물을 가리키는 것이 아니라, 1956년부터 결핵환자들이
거주하여 요양하며 지내던 무등산에 만들어진 여러 개의 건물들을 가
리킨다.

이 무등원의 운영에는 동광원을 운영하던 이현필과 그의 제자인 김
준호가 중요한 역할을 하였다. 이현필은 최흥종 목사와 카딩톤 선교사
와 협력하며 활동하였다. 카딩톤 원장은 이현필이 이끄는 고아원 동광
원의 전속 의사로 광주시 사회과 및 보건과에 등록함으로써 지속적인
허가를 얻어낼 수 있도록 협력하였다.[92] 무등원 운영에서 이현필은 결

91) 문순태, 앞의 책, 333쪽.
92) 차종순, 「호남교회사에 있어서 복음적 사회운동에 대한 한 연구」, 195쪽.

핵환자들을 돌보는 책임을 김준호에게 맡겼고, 이현필을 따르던 여자 수도자들에게는 동광원과 무등원에서 고아들과 환우들의 식사 및 살림을 맡아서 헌신하도록 지시하였다. 그리하여 김준호는 1956년 8월에 두 명의 고아를 데리고 무등산 제2수원지 위 숲 속에 움막을 생활하다가 10월에 수원지 관리 공무원에게 발각되어 쫓겨나게 되었다. 그 후에 김준호 선생은 무등산 여러 곳에 흩어져서 생수가 나는 곳에 움막을 짓고 기독병원에서 6개월 후 퇴원하는 무의무탁한 환자들을 수용하여 요양시키게 되었다. 이렇게 하여 지속적으로 건설되는 기관은 다음과 같았다.[93]

〈표 1〉 무등산 결핵환자 요양시설

| 명칭 | 시기 | 거주인원 | 장소 |
|---|---|---|---|
| 무등원 | 1956. 3 | 무의탁 결핵환우 노약자, 걸인 | 화암동 |
| 제2수원지 윗 숲속 | 1956. 8 | 3명(김준호, 고아 2명) | |
| 원효사 삼밭실 (무등원 효시) | 1957년 여름 | 5-7명 여성환우 이현필 한 때 기거 | 움막 두 채 1959년 관광호텔 완공 후 철거명령 |
| 개원사 옛 절터 | 1959년 여름 | 80여 명 | 7-8채의 집 |
| 은혜실 | | 중증여환자 20여 명 | |
| 미싱방집 | | | |
| 식당집 | | 간질환우 중증환자 창고시설 물자분배 | |
| 삿갓집 | | 매매춘 2명 후에 결핵환자 거주 | |
| 꼭대기집 | | 척추결핵 5-6명 | |
| 남반 | | | |
| 덕산골 소녀반 덕산재 | 1958년 여름 | 자원봉사자 소녀반 10여 명 | 집 두 채 조봉동으로 이주 |

---

93) 차종순, 양림동의 희생과 나눔의 공동체 역사, 6쪽.
https://blog.naver.com/mamuli0/120163828175

| 명칭 | 시기 | 거주인원 | 장소 |
|---|---|---|---|
| 소망실 | 1962 | 송동원 남자환자 10여 명 이동 거주 옆집: 7-8명의 환우 최흥종 거주 | 원효사 건너편 집 두 채 |
| 기도실 | 1958 | 건강한 봉사자 거주 | 움막집 |
| | | 3명의 양성여결핵환자 거주 | 기도실 옆에 한 채 증축 |
| 스기밭 | | 7-8명의 고아, 결핵남환우 | 집 한 채 |
| 소태동 원제실 | 1960년 여름 | 5-6명의 환우 | 소태동 집 두 채 |
| 소태동 집계봉 | 1960년 여름 | 5-6명의 환우 | 집 두 채 |
| 바람재 | 1958년 여름 | 5-6명의 환우 | 집 한 채 |
| 권솔재(권서남) | 1958년 여름 | 5-6명의 환우 | 집 한 채 |
| 금곡동 목장터 | 1958년 여름 | 5-6명의 환우 | 집 한 채 |
| 담양군 산성 | 1960년 여름 | 10여 명 | 집 두 채 |
| 800고지 옛 절터 | 1958년 여름 | 7-8명 기거 | 방 두 칸 |

이러한 요양시설에 거주하는 사람들을 위한 식량은 카딩톤 선교사가 원장으로 있던 제중병원에서 한 달에 한 번씩 화암부락 옆 도로에 옥수수 가루와 밀가루 등 식량과 물건을 내려놓고 가면, 그날 해가 지기까지 공동체의 분원 삼밭실, 덕산재, 스기밭, 권솔재, 바람재 등 공동체 분원에 배정하여야 했다. 이를 위해 몇몇의 남녀 젊은 봉사자들은 온종일 무거운 식량과 생필품을 나르는 일을 하였다. 이들이 거주하던 시설들은 간단한 움막집이었고, 대부분 자신들이 주변의 돌과 흙으로 스스로 지었다.

이렇게 움막집으로 되어 있던 무등원 시설들은 1960년대 들어 점차로 현대식 건물로 교체되었다. 1960년 6월에 미국 남장로 선교사 카딩턴 의사 도움으로 제중병원 뒷마당(후정)에 결핵요양소 개설하였고, 64년에 봉선동 아리랑 고개에 소망실이라 불리는 결핵요양소 48평을 건립했으며, 한미재단 후원으로 1967년 5월에 봉선동 조봉골에 결핵요양소 15동을 건립했고, 7월에 지원동 골매에 결핵요양소 5동을 건립하였다.[94] 한미재단의 후원은 카딩톤 선교사를 통해 제공된 것이었다.

이렇게 무등원 시설들이 늘어갈 때, 최흥종 목사는 이 지역에 교회를 세우고 이들과 함께 지내게 되었다. 그는 1963년 무등산 원효사 부근으로 옮겨와 음성 결핵환자들과 함께 예배를 드림으로 무등원 교회가 시작되었다. 이 사실을 안 카딩톤 선교사가 후원하여 교회 건물도 짓게 되었다.[95] 무등원 교회는 원효사라는 절 앞에 지은 '복음당'이라는 토담집을 가리키며, 최흥종은 별세 직전까지 이곳에서 지냈다.

## 5) 귀일원 복지사역

동광원에 이어 귀일원이 태동하였다. 1951년 6·25전쟁 동안에 동광원의 일행들은 화학산으로 피신하여 생활하고 있었다. 이때 이현필은 침묵의 기도를 하고 있었는데, 자신을 찾아온 정인세에게 귀일원이란 이름을 적어주며 "곧 나가서 광주 역전에서 헤매는 사람들을 데려다 따뜻하게 대접하여 하루 밤을 재워 보내는 운동을 하시오. 이 운동은 동광원이 아닙니다. 귀일원입니다. 동광원 사람만 말고 누구나 역에 나가 비참하게 사는 사람들을 보고는 하루 밤을 재워 보내는 운동입니다. 곧 하십니다. 그리고 반드시 시행하십시오"라고 필담으로 말하였다.[96] 이렇게 해서 귀일원운동이 시작되었다. 귀일원이란 하나님께 돌아가 하나가 되는 공동체라는 뜻이다. 그때부터 정인세는 수도공동체

---

94) https://www.sohwaj.or.kr/index.php?cate=001003
95) 서재룡, 「호남지방 기독교 영성운동에 관한 연구」, 89쪽.
96) 엄두섭, 앞의 책, 119~120쪽.

에 있는 사람들을 두 팀으로 나누어 사역하였다. 한 팀은 광주역과 광주공원과 광주천 주변에서 살고 있던 고아, 과부, 걸인들을 광주 방림동 밤나무골로 모아다가 하루 밤을 재워 보냈고 다른 일부의 공동체 구성원들은 광주천에서 그들과 함께 생활하였다. 이들은 이렇게 귀일원이란 이름으로 고아, 과부, 걸인들을 돌보기 시작하였다.

그렇지만 이 일은 지속되지 못하였다가 10년 후에 다시 결실을 맺게 되었다. 1960년에 이르러 이현필은 가난한 사람들을 돌보기 위해 일작운동 혹은 십시일반운동을 전개하였다.[97] 일작운동이란 한 사람이 한 숟가락씩 식량을 절약하여 다른 사람들에게 나눠주자는 운동이었다. 이 운동은 단순한 운동으로 각자가 밥을 지을 때 한 숟가락씩 떼어 놓아 절약하자는 것이다. 십시일반운동은 돈을 쓸 때는 10원을 쓸 때 1원씩 절약하여 남을 돕자는 운동이다.

> 이렇게 실시해서 30명이 밥 한상이 되고 300명, 삼천명으로 늘어나면 학교도 되고 병원도 되고 비행기도 된다. 그렇게만 되면 한국은 자주국가가 되고 세계평화가 온다. 누구나 마음만 있으면 할 수 있는 간단한 선행, 소자에게 물한잔 주는 것같은 선행
> 일작씩 거두어 귀일원에!
> 의지없는 이 하루 밤씩 재워 보내자[98]

이현필은 가난한 자들을 돕는데 사람들이 자신의 것 가운데 1/10을 절약하여 함께 참여하자고 하였다. 이렇게 상호부조하는 가운데 가난한 사람들을 사회적으로 품어주면, 대한민국은 자주국가가 되고 세계

---

97) 이 시기에 대해 엄두섭은 1964년에 이현필이 제안한 것으로 기록하고 있으나 (122쪽), 동광원 연혁에는 1960년으로 기록하고 있다.
98) 엄두섭, 앞의 책, 123쪽.

평화가 온다고 하였다. 이렇게 모든 사람들이 사회 안으로 품어지면 그것이야말로 가장 높은 수준의 사회복지가 이루어지는 것이다.

그가 1964년에 세상을 떠난 후에 그가 1951년에 실시하라고 했던 귀일원운동이 이러한 일작운동이 결합해서 1965년에 설립된 것이 귀일원이다. 귀일원은 이현필이 소천한 10개월 뒤에 그의 제자들이 순결한 정신과 사랑으로 장애인과 더불어 살라는 스승의 교훈을 실천하기 위하여 1965년 2월에 설립한 장애인들의 이상촌 공동체이다.[99] 이 귀일원은 1대 원장은 오북환이 맡았고 20여 명의 불구폐질환자들을 돌보기 시작하여 오늘날까지 이르면서 더욱 확장되었다.

## 6) 이현필의 사회복지실천의 영성

이현필의 동광원은 그의 가르침을 따라 순명, 순결, 청빈, 사랑과 헌신의 봉사생활, 자급자족의 노동의 영성을 실천하고 있다. 순명의 영성은 이현필 자신이 예수님께서 명령하신 대로 살고자하였고, 그를 따르는 자들도 그의 명령에 순명하였다. 이러한 순명을 강조했지만, 이현필은 이것이 율법주의와 행위구원으로 흐르는 것을 막고자 육신을 금했던 그가 스스로 고기를 먹음으로 파계를 행하였다.[100] 그러므로 이 순명은 주님의 가르침을 삶으로 실천하려는 믿음의 표현이었지 율법주의가 아니었다. 그는 청빈의 영성을 가지고 가난을 자신의 삶의 토대로 삼고 살았다. 거의 하루에 한 끼를 먹고 지냈으며 가난을 기쁨으로 알았고 자신에게 자유를 주는 것으로 믿었다.[101] 순결은 이세종

---

99) 귀일원 60년사 편찬위원회, 『맨발의 섬김으로 피어오르는 사랑: 귀일원 60년사』, 귀일원, 2010, 22~26쪽, 98쪽.
100) 엄두섭, 앞의 책, 408쪽.

의 가르침을 본받은 것으로 그를 따르는 사람들의 공동체는 독신공동
체이다. 이들은 자신들을 위한 삶이 아니라 다른 사람들, 특히 가난하
고 병든 자들을 섬기는 삶을 살았다. 이러한 섬김은 예수님의 사랑을
바탕으로 실천하였다. 따라서 그의 동광원, 귀일원, 무등원 등의 사회
복지단체들은 가족공동체를 구현하고자 하였다. 그는 특히 자신이 돌
보는 대상들을 자신의 가족과 같이 사랑으로 대했다. 그러므로 사회복
지를 제공하는 사역자와 복지를 제공받는 대상자들이 사역자와 고객
의 2차적 관계가 아니라, 가족이라는 1차적인 관계에서 문제를 해결해
나가고 있다.[102] 그는 자신의 공동체가 스스로 노동을 하여 의식주를
해결하는 노동공동체를 형성하였다. 그는 자신들의 삶에서 외부의 원
조에 의존하고자 하지 않고 탁발을 하면서 스스로 해결하여 나갔다.


## 5. 나가는 말

해방 후에 우리나라의 토착적인 사회복지를 실천했던 인물들은 최
흥종, 강순명, 이현필 등이었다. 이들은 자신들이 믿었던 그리스도의
사랑을 자신들의 삶으로 실천하면서 가난한 자들과 함께 하였다. 이들
의 이러한 자선에는 자신의 모든 것을 나누어주고 절대청빈을 추구하
며 금욕생활과 탁발수도를 했던 이세종이 일정한 영향을 미쳤다. 그들
은 자신들도 가진 것이 없었지만, 한센씨병 환자, 결핵환자, 걸인들, 고
아들을 모아 함께 살며 그들이 온전한 인간으로 살아갈 수 있도록 도
왔다. 이들의 복지실천은 단순하게 물질을 나누는 것이 아니라, 그들

---

101) 한국고등신학연구원 편, 『풍요시대에 다시 찾은 영적 스승 이현필』, 30쪽.
102) 장현, 앞의 글, 389쪽.

이 깨달았던 복음에 기초한 영적인 삶에 토대를 두었다. 그리하여 그들은 주님의 사랑이 필요한 사람들에게 자신들의 삶을 나누어주며 함께 살았다. 이들은 외국의 자선단체의 물질의 도움에 의존하면서도 성경을 읽고 그것을 그대로 실천했던 이세종의 토착적인 영성에 기초하여 토착적인 사회복지를 실천하였다.

최흥종 목사는 포사이스를 통해 나환자들을 돌보기 시작하였고, 일제시대 나환자와 걸인들을 돌보는데 가장 앞장을 섰다. 그는 목회자로 활동하면서 이들을 돌보는 일들을 하였다. 그는 해방 후에 YMCA를 재건하고 소록도와 애양원의 나환자들을 돌보는 데 관심을 기울였다. 그는 1951년에 사회복지단체 회장이 되었고, 6·25전쟁 이후에 나주에 호혜원이라는 음성나환자 정착촌을 건설하였다. 최흥종은 포사이스와 이세종의 영향을 받아 목회자이면서 사회복지에 관심을 가져 일제시대에도 나병환자와 걸인들 구제에 관심을 기울였는데, 해방 후에도 그러한 사역을 지속하였다.

강순명은 농촌봉사활동을 통해 농촌문제를 해결하고자 하는 농촌복지의 사상을 가지고 있었다. 이러한 사상에는 장인인 최흥종와 이세종의 영향, 일본의 가가와 도요히꼬의 영향, 배은희 목사와의 만남, 에비슨과 YMCA의 만남과 활동 등이 영향을 미쳤다. 이러한 영향 속에서 그는 농촌에 들어가 직접적으로 봉사하는 농촌지도자들을 직접 육성하고자 하였으나, 일제시대에는 독신전도단의 해체로 실패하였고, 광주의 농업실습학교 설립을 통한 지도자 육성을 시도했으나 신학교 진학으로 지속되지 못하였다. 강순명은 이세종에게서 배웠지만, 그의 신비주의적이고 은둔적인 삶을 따르지 않고 장인인 최흥종을 따라 한국교회의 변화를 이룰 수 있는 실천적인 행동을 보여주려고 노력하였다. 그는 해방 후에는 무료의 교육복지를 실천하여 복음전도자들을 육성하고자 연경원을 설립하였고, 가난한 사람들을 돌보기 위해 천혜양노원을 설립하였다.

이현필은 사회복지활동은 근본적으로 그의 수도공동체에서 출발하였다. 이러한 수도공동체에는 근본적으로 이세종의 순결 영성과 함께 강순명의 독신전도단에서 출발한 공동체 정신이 결합되어 있다. 그와 함께 가난한 자들을 도와야 한다는 데에는 이세종의 나눔의 정신, 최흥종과 강순명의 가난한 자들에 대한 사회복지활동이 영향을 미쳤다. 그래서 이러한 활동들이 종합되어 1950년대의 동광원운동, 김준호를 중심으로 한 무등원운동, 수도공동체로서 동광원에서 시작된 귀일원운동 등으로 전개되어 오늘날까지 한국기독교 안에서 가장 모범적인 사회복지활동을 펼치고 있다. 그들은 중세 수도사들과 같이, 청빈 순결 순명을 서약하여 가난하게 살면서 가난한 이웃을 섬겼다. 이현필은 한국의 프란시스코라고 불리며, 이들은 극도의 가난한 삶을 살면서 사회의 최하층민들을 돌보는 구제의 삶을 살았다.

이들의 사회복지 실천에서 가장 중요한 것은 자신들의 삶을 통해 예수님의 이웃사랑을 구체적으로 실천하여 한센병환자, 결핵환자, 걸식노인, 고아들을 돌보면서 사회적인 약자들이 사회의 건강원 구성원으로 살아가도록 도왔다는 점이다. 그들의 사회복지는 주님의 이웃사랑과 소외된 사람들에 대한 섬김을 자신들의 삶에서 실천하여 그들을 자신의 가족과 같이 대하는 공동체를 형성하였다. 이들의 사회복지는 사회의 문제를 기독교 신앙으로 해결하는 기독교사회복지의 모범이요, 한국교회가 앞으로도 생명력을 회복할 수 있는 약속이 있는 길이기도 하다.

# 참고문헌

『기독신보』, 『동광』, 『동아일보』, 『조선중앙일보』, 『호남일보』

광주YMCA역사편찬위원회, 『광주 YMCA 90년사 : 1920-2010』, 광주YMCA, 2010.

귀일원 60년사 편찬위원회, 『맨발의 섬김으로 피어오르는 사랑 : 귀일원 60년사』, 귀일원, 2010.

김광훈, 「목회자의 사회봉사 활동이 지역사회 선교에 미치는 영향: 최흥종 목사의 사회봉사 활동을 중심으로」, 호남신학대학교박사학위논문, 2007.

김수진, 「사회구원을 외쳤던 최흥종 목사」, 오방기념사업회, 『화광동진의 삶: 오방 최흥종 기념문집』, 광주 YMCA, 1996.

김안식, 「오방 최흥종목사의 토착적 사회복지선교에 관한 연구」, 한신대학교박사학위논문, 2008.

_____, 「오방 최흥종 목사의 토착적 사회복지선교에 관한 연구」, 『신학과 실천』 제19호, 2009.

김인수, 「한국 교회 야사의 성인들의 영성신앙 : 이세종. 강순명. 이현필 삶을 중심으로」, 『長神論壇』 제16집, 2000.

김재형, 「한센인의 격리와 낙인·차별에 관한 연구」, 서울대학교박사학위논문, 2019.

김한옥, 「한국교회 대부흥운동과 한국기독교 사회복지의 발전」, 『신학과 실천』 제13호, 2007.

김흥수, 「기독교연합봉사회: 1950년대의 기독교 연합사업 연구」, 『한국기독교와 역사』 제33호, 2010.

_____, 「한국전쟁 시기 기독교 외원단체의 구호활동」, 『한국기독교와 역사』 제23호, 2005.

나주시지편찬위원회, 『나주시지』 IV. 나주시지편찬위원회, 2006.

문순태, 『성자의 지팡이』, 다지리, 2000.

박보람, 「강순명의 사회복지활동에 관한 연구」, 광주대학교석사학위논문, 2012.

박보영, 「미군정 구호정책의 성격과 그 한계: 1945-1948」, 『사회연구』 제6권 제1호, 2005.

박재표, 「선교병원의 현황과 역할에 대한 선교신학적 평가와 대안」, 장로회신학대학교석사학위논문, 2005.

박정수, 「기독교 영성과 사회복지 실천 : 이현필 사례 연구」, 연세대학교석사학위논문, 2011.

박창훈, 「전재민 구호활동과 기독교: 미군정기를 중심으로」, 『한국교회사학회지』 제46집, 2017.

보건복지부, 『한센인 피해사건 진상조사』, 2011.

서재룡, 「호남지방 기독교 영성운동에 관한 연구」, 강남대학교 박사학위논문, 2013.

_____, 「호남지역 그리스도교 신비주의자 강순명의 생애와 사상」, 『인문과학논집』 제21집, 2010.

_____, 「한국교회사 속의 수도원설립자 이현필의 생애」, 『강남대 인문과학논집』 제22집, 2011.

_____, 「한국교회사에서 성인으로 존경받는 강순명전도자 1」, 『참빛』 제46권 제4호, 2015.

_____, 「한국교회사에서 성인으로 존경받는 강순명전도자 2」, 『참빛』 제46권 제5호, 2015.

_____, 「한국교회사에서 성인으로 존경받는 강순명전도자 3」, 『참빛』 제46권 제6호, 2015.

_____, 「한국교회사에서 성인으로 존경받는 강순명전도사 4」, 『참빛』 제47권 제1호, 2016.

_____, 「한국교회사에서 성인으로 존경받는 강순명전도자 5」, 『참빛』 제47권 제2호, 2016.

서인석, 「포사이스의 선교사역연구: 포사이스의 구라사역을 중심으로」, 광신대학교 박사학위논문, 2020.

양가영·천득염·최정미, 「소록도 한센마을의 형성과정 및 공간구성에 관한 연구」, 『대한건축학회 논문집』 제34권 제8호, 2018.

윤남하, 『믿음으로 살다간 강순명목사 소전』, 호남문화사, 1983.

윤선자, 「한말·일제강점기 천주교회의 양로원 설립과 운영」, 『한국학논총』 제31권, 2009.

윤홍식, 「미군정하 한국 복지체제. 1945~8: 좌절된 혁명과 대역전」, 『한국사회정책』 제24권 제2호, 2017.

_____, 「이승만 정권시기 한국복지체제: 원조(援助)복지체제의 성립. 1948-1960」, 『사회복지정책』 제45권 제1호, 2018.

안치석, 「개신교 수도공동체의 선구자 이현필의 인격의 영성」, 서강대학교석사학위논문, 2011.

연규홍,『해남읍교회의 역사』, 해남읍교회역사편찬위원회, 1993.

오방기념사업회,『화광동진의 삶: 오방 최흥종 기념문집』, 광주 YMCA, 1996.

이강학,「이현필의 영성과 사회복지실천에 관한 고찰」,『신학과 실천』제27호, 2011.

이덕주,『광주선교와 남도영성이야기』, 도서출판 진흥, 2008.

이성구,「이현필의 영성에 대한 연구」, 한신대학교박사학위논문, 2017.

이영식,「광복 이후 광주 선교스테이션의 의료활동과 대사회적 역할」,『한국교회사학회지』제54집, 2019.

이용교,「일제하 구라 행진과 성과」,『사회복지역사연구』제1권 제1호, 2018.

이은선,「6·25전쟁과 미국 복음주의와 한국교회」,『영산신학저널』제44권, 2018.

이정아,「경계(境界)와 순결(純潔): 이현필. 식민지의 모순에서 토착화의 가능성까지」, 성공회대학교석사학위논문, 2008.

이혜경,『다케가와 쇼고. 한국과 일본의 복지국가레짐 비교연구 : 사회보장. 젠더. 노동시장을 중심으로』, 연세대학교 출판부, 2006.

장현,「이현필의 영성과 사회복지실천에 관한 고찰」,『신학과 실천』제27호, 2011.

정근식,「식민지적 근대와 신체의 정치」,『사회와 역사』제51권, 1997.

정근식·주윤정,「사회사업에서 사회 복지로: '복지' 개념과 제도의 변화」,『사회와 역사』제98권, 2013.

차종순,「호남교회사에 있어서 복음적 사회운동에 대한 한 연구 : 오방 최흥종 목사의 생애와 사상을 중심으로」, 계명대학교박사학위논문, 1998.

_____,『애양원과 손양원 목사』, 애양원 성산교회, 2005.

_____,『성자 이현필의 삶을 찾아서: 한국적 영성의 뿌리』, 대동문화재단, 2010.

채오병,「이승만 정권의 사회정책. 1948-1958: 헌법제정과 개정을 중심으로」,『사회이론』제46집, 2014.

한국고등신학원 엮음,『풍요시대에 다시 찾는 영적 스승 이현필』, 한국고등신학연구원, 2014.

한국기독교장로회총회,『사진명감 1971』, 에덴사진, 1971.

한규무,「최흥종의 생애와 민족운동」,『한국독립운동사연구』제39집, 2011.

_____,「오방 최흥종의 신앙노선과 선교활동」,『한국기독교와 역사』제48호, 2018.

허원구, 「미군정시대의 복지행정에 관한 연구」, 『복지행정논총』 제2권, 1992.

환경부, 『나주 축산단지 주변 가축분뇨 실태조사용역보고서』, 2015.

황미숙, 「선교사 마렌 보딩(Maren Bording)의 공주·대전 지역 유아(乳兒)복지와 우유급식소 사업」, 『한국기독교와 역사』 제34호, 2011.

＿＿＿, 「언더우드의 고아원 사업에 대하여(1886-1897)」, 『한국기독교와 역사』 제44호, 2016.

＿＿＿, 「1920년대 내한(來韓) 여선교사들의 공중보건위생과 유아복지사업」, 『한국기독교신학논총』 제103권, 2017.

E. Grant Meade, 「미군정의 정치경제적 인식」. 이정식·서대숙 외, 『한국현대사의 재조명』, 돌베개, 1982.

# 세계구호위원회의 한국활동

박창훈

## 1. 들어가는 말

한국 현대사회의 형성에 영향을 끼친 큰 사건 가운데 하나는 한국전쟁이다. 이 한국전쟁은 한국사회의 근본적인 변화를 일으킨 구체적인 사건이었으며, 그만큼 전쟁의 충격과 결과는 무시할 수 없었다. 이 기간에 한국의 교회들은 자신들의 교단을 비롯한 국제적인 연결망을 통해, 외국으로부터의 전쟁구호물자와 후원을 끌어내는데 주도적인 역할을 하였다.

이에 본 논문은 한국에서 활동한 외원단체들[1] 가운데, 동양선교회(Oriental Missionary Society)와 밀접한 관련이 있었던 세계구호위원회(World Relief Commission)의 설립동기와 배경, 그리고 한국에서의 활동

---

[1] 외원단체란 "대부분 자국에 본부를 두고 그 본부의 재원으로 활동하는 사회사업기관을 말한다." 김흥수, 「한국전쟁 시기 기독교 외원단체의 구호활동」, 한국기독교역사연구소, 『한국기독교와 역사』 23, 2005, 99쪽.

을 살펴보려고 한다. 특히 세계구호위원회에서 주도적인 활동을 한 엘마 길보른(Elmer Kilbourne)의 활동에 집중하여, 이후 한국의 사회복지에 기여한 점을 추적하려고 한다. 이러한 작업을 통해, 세계구호위원회와 엘마 길보른의 활동을 밝힘으로, 전후 한국사회의 재건과 사회사업 및 복지기관의 출현 등에 끼친 복음주의 기독교의 역할 및 한국성결교회의 기여를 드러낼 수 있을 것이라 기대한다.

한국전쟁으로 인해 갑자기 늘어난 외원단체에 대한 연구는 어떤 단체들이 누구의 주도로 언제부터 어떤 활동을 하였는지에 대한 전체적인 연구는 있었으며, 또 지금까지 한국에서 두드러지게 활동하고 있는 단체, 예를 들어 월드 비전(World Vision)과 기독교세계봉사회(Church World Service)에 대한 연구는 있었지만,[2] 외원단체 각각에 대한 연구는 아직까지 상당히 미진한 편이다. 특별히 복음주의 단체에 의한 지원활동에 대한 연구는 미진한 편이다. 그러므로 한국교회의 복음주의적 성격에 많은 영향을 끼친 미국복음주의협회(National Association of Evangelicals)를[3] 통해 설립된 세계구호위원회에 대한 성격과 그 활동을 밝힌다면, 한국 복음주의 교회들의 사회활동과 사회복지에 대한 입장과 활동을 이해할 수 있는 충분한 단서가 될 수 있을 것이다.

이를 위한 연구 자료는 미국복음주의협회 관련자료, 엘마 길보른의 보고서와 회고록, 세계구호위원회의 활동기록, OMS 보고서, 기독교대한성결교회 총회록, 「기독공보」 등이 될 것이며, 이 자료들을 한국 사

---

2) 월드비전에 대한 최근 연구로는 이병성, 「밥 피어스 선교사의 한국전쟁에 대한 인식」, 한국종교사학회, 『한국종교사회학회』 9, 2021, 51~81쪽이 있으며, 기독교세계봉사회에 대한 연구는 위의 각주에서 소개한 김흥수의 연구가 대표적이다.

3) 정확한 번역은 "미국의 전국복음주의협회"이지만, 이 글에서는 혼돈을 피하기 위해 '미국복음주의협회'로 번역하여 사용한다.

회 및 사회복지의 역사와 비교하여 살펴보고 기술하고자 한다. 그러므로 연구방법은 사회학적인 접근과 함께 역사적 기술방법을 택하고자 한다.

## 2. 신복음주의와 미국복음주의협회의 결성

한국에서 활동한 기독교외원단체 가운데 단연 시선을 끈 단체는 기독교세계봉사회(Church World Service)이다. 구호 및 사업의 규모에서 컸을 뿐만 아니라, 세계교회협의회(World Council of Churches)에 참여하고 있는 교회들의 초교파적인 단체였기에 한국 내에서 여러 교단과 연결되어 활동할 수 있었다.[4] 반면, 세계구호위원회는 미국복음주의협회(National Association of Evangelicals)를 통해 1944년에 구성되었으며, 다소 다른 신학적 동기를 가지고 시작하였다.

미국복음주의협회는 1942년 세인트루이스(St. Louis)에서 모임을 처음 가졌으나, 그 다음 해인 1943년 시카고에서 규정위원회(Constitutional Committee)가 결성되어 본격적인 활동을 시작하였다.[5] 미국복음주의협회의 주요 인물들은[6] 현대주의 논쟁 이후, 세상과 분리되어야 한다는

---

4) 김흥수, 「한국전쟁시기 기독교 외원단체의 활동」, 한국기독교역사연구소, 『한국기독교역사연구소소식』 64, 2004, 19쪽.
5) 여기서 정한 신앙선언문(Statement of Faith)은 다음과 같이 7가지로 제시되었다: ① 성경의 권위와 무오성 ② 하나님 신앙과 삼위일체 ③ 예수 그리스도의 신성과 대속사역 ④ 구원에 있어서 성령을 통한 중생 ⑤ 성령의 내주하심 ⑥ 구원받은 자와 잃은 자의 부활 ⑦ 신자들의 영적 일치성. https://www.nae.net/statement-of-faith/ (2020년 11월 4일).
6) 주요 인물은 첫 의장이 된 엘윈 라이트(Elwin Wright)와, 1942년부터 1944년까지 회장을 맡은 해롤드 오켄가(Harold Ockenga, 첫 회장)이다. 그 외에 데이

근본주의적 의식에서 벗어나서, 문화와 사회에 더 적극적으로 관여하기로 태도를 바꾸어야 함을 강조한 사람들이었다.[7] 신복음주의자 (Neo-Evangelicals)라 불리는 빌리 그레이엄(Billy Graham)과 칼 헨리 (Carl Henry)는 이전의 사회복음(Social Gospel)이 간과했던 개인적 복음 (Personal Gospel)을 통한 회심과 "거듭남에 대한 강조"를 포기하지 않으면서, 사회적 프로그램에 참여가 가능하다는 것을 주장했다.[8]

한편으로는 근본주의적이면서 분리적인 태도를 버리고, 다른 한편으로는 사회복음에서 미진했던 개인적인 회심을 포기하지 않으면서, 보수적인 복음주의자들이 사회적 참여로 나아갔던 이유는 자신들이 세상을 알고자 하는 지적인 노력이 약하여, 전쟁, 인종혐오와 편견, 밀주, 노동착취 등 사회악에 무관심하거나 때로는 잘못된 편에 섰다는 양심의 "불편함"(uneasiness)에 있었다.[9]

---

빗 풀러(David Otis Fuller), 윌 호튼(Will Houghton), 해리 아이언사이드(Harry A. Ironside), 밥 존스(Bob Jones, Sr.), 폴 리스(Paul S. Rees), 레슬리 말스턴 (Leslie Roy Marston), 존 라이스(John R. Rice), 찰스 우드브리지(Charles Woodbridge) 등이 참여하였다. https://en.wikipedia.org/wiki/NationalAssociation _of_Evangelicals (2020년 11월 4일).

[7] Miles S. Mullin, II, "Shall We Let Them Die? Postwar Evangelicalism and Global Social Ministry: The Early Years of World Relief, 1944-1950," *Fides et Hitoria* 46:1, 2014, pp.40-41.

[8] 위의 책, pp.42-43.

[9] Carl Henry, 『복음주의자의 불편한 양심』(*The Uneasy Conscience of Modern Fundamentalism*), 박세혁 역, IVP, 2009, 25~26쪽, 34쪽. 흥미로운 것은 원어는 "근본주의"라고 되어있는데, 한국어 번역본에서는 "복음주의자"로 번역했다는 사실이다. 근본주의라는 단어가 기독교 대중들의 관심을 끌지 못할 것이라는 판단과 근본주의는 사회적인 관심을 갖지 않는다는 판단이 작용한 것으로 보인다. 헨리 이전 1943년 얼 피어스(Earl V. Pierce)는 *The Church and World Conditions*(New York: Fleming H. Revell, 1943)를 통해 유사한 문제제기를 했다. 피어스는 침례교 목사로 미국복음주의협회의 자문위원회에 참여하였다. Miles S. Mullin, II, "Postwar Evangelical Social Concern: Evangelical

개혁교회, 침례교, 오순절, 자유감리교회, 그리고 성결교단 등 미국 복음주의협회에 참여한 여러 교단과 다양한 신학을 지닌 복음주의자들을 하나의 일치된 주제로 모으는 것은 어려웠다. 서로가 생각하는 복음주의에 대한 정의가 다양했기 때문이다.[10] 다양한 복음주의 정의 가운데 티모시 스미스(Timothy L. Smith)의 복음주의의 정의를 상기시키며, 마일스 멀린(Miles S. Mullin)은 당시 신복음주의자들이 사회적 관심을 갖고 참여하게 된 가장 큰 동기는 회심이었음을 밝히고 있다.[11]

1940년대 중반 세계대전의 종전이 가까워지면서, 사회적 프로그램에 참여를 모색하는 미국복음주의협회는 실제로 기독교 사회단체들이 사람을 살리는 데는 효과적인데, 정작 영혼을 구원하는 일에는 관심이 없다는 점을 발견하였다.[12] 전쟁으로 인해 파괴된 유럽의 피폐함과 가난함에 대한 소식을 보고받은 미국복음주의협회는 유럽에서 활동 중인 복음주의 선교 단체와 조직을 통해 나눌 기금과 옷 등을 모을 독립

---

Identity and the Modes and Limits of Social Engagement, 1945-1960" Vanderbilt University Dissertation (2009), p.128.

[10] 복음주의에 대한 정의는 개혁주의(John Gerstner, Bernard Ramm, Donald Bloesh, David Wells, Geroge Marsden, Mark Noll, Francis Schaeffer)와 이를 비판한 웨슬리안(Donald Dayton) 등 다양하다. 그래서 복음주의는 너무 다양해서 정의할 수 없다는 주장도 있으나, 여기서는 데이빗 베빙턴(David Bebbington)이 제시하는 다음의 네 가지 주제를 강조하는 경향을 복음주의로 정의한다. 회심주의(conversionism), 참여주의(activism), 성경주의(biblicism), 그리스도 중심주의(crucicentrism). David Bennington, *Evangelicalism in Modern Britain: A History from the 1730s to the 1980s* (Grand Rapids: Baker Book House, 1989), pp.1-19.

[11] 티모시 스미스는 복음주의를 새로운 영적각성, 새로운 연합, 도덕적·정치적·문화적 문제에 대한 성경적 적용 등을 시도하는 능동적인 다양한 움직임으로 정의하며, 만화경으로 비유하였다. 앞의 책, Miles S. Mullin, II, "Postwar Evangelical Social Concern," xix.

[12] Miles S. Mullin, II, "Shall We Let Them Die? Postwar Evangelicalism and Global Social Ministry," p.44.

적인 구호단체를 결성하는 조치를 하기 시작했다.

## 3. 세계구호위원회의 설립과 구호활동

1944년 6월 21일 뉴욕의 은행클럽에서 모인 지도자들은 전쟁구호위
원회(War Relief Commission)를 구성하고, 4가지 원칙을 정했다. 첫째,
각 지역을 대표하는 인물들로 구성된 전국 규모의 복음주의적 연합활
동을 도모한다. 둘째, 매체를 통해 어려움을 당한 이들의 소식을 전하
여, 복음주의적 공감을 일으킨다. 셋째, 구호활동을 통한 물리적 도움
만이 아니라, 개인적인 회심의 사례를 알린다. 넷째, 현재 활동 중인
복음주의 단체와 조직을 통해 구호활동을 벌인다. 이를 위해, 무디성
서학원(Moody Bible Institute)의 이사이며, 브루클린 출신 은행가이고,
전 미국은행가협회(American Bankers Association)의 회장이었던 필립
벤슨(Philip Benson)을 의장으로, 필라델피아의 성공한 보험 사업가인
프랭크 롬바(Frank Lombar)를 사무총장으로 선출했다.[13]

전쟁구호위원회의 활동은 미국복음주의협회의 출판물인 연합복음
주의행동(United Evangelical Action)을 통해 소개되었는데,[14] 전쟁구호

---

13) 위의 책, p.46.

14) 현대주의 논쟁 이후 쇠락하던 미국의 보수적 복음주의자들은 제2차 세계대전
중에 빌리 그레이엄 등을 통한 새로운 부흥을 경험하면서, 이제까지 외롭게
전통적 신앙을 지키고 있다고 생각했던 "샤이 보수적 복음주의자들"은 (이제
미국이 세계의 패권국일 뿐만 아니라 종교적으로도 전통적 가치를 지키고 있
다는 확신으로) 전후에 연합을 도모하기 시작했는데, 이는 미국복음주의협회
를 중심으로 한, 주일학교연합회(National Sunday School Association, 1943), 전
쟁구호위원회(War Relief Commission, 1944), 전국종교방송(National Religious
Broadcasters, 1944), 복음주의선교단체연합(Evangelical Fellowship of Mission

위원회의 설립목적과 그 이름으로 알 수 있듯이, 구호활동은 전쟁을 겪은 유럽에 국한하고, 단기적인 활동으로 제한할 것으로 계획하였다. 아시아는 이미 중국내지선교회(China Inland Mission)나 기독교선교연합회(Christian & Missionary Alliance)와 같은 복음주의 단체들이 효과적으로 활동하고 있다고 판단했기 때문이었다.[15]

전쟁구호위원회는 1945년 미국에서 모은 27,000파운드의 의류와 신발을 벨기에, 영국, 네덜란드 등으로 전달하였고, 이때 운송비용으로 4,000달러를 지출하였다. 1946년에는 노르웨이와 프랑스에도 구호품이 닿았으며, 체코슬로바키아에는 17,000파운드의 옷이 전달되었다. 1948년까지 전쟁구호위원회는 독일, 이탈리아, 폴란드, 오스트리아 등을 포함한 유럽 15개국에 구호품을 전달했고, 그 해에만 121,871달러의 현금, 76,267달러 상당의 음식, 978,460달러 상당의 의류를 전달했으며, 1948년 말까지 모두 4백만 달러[16] 상당의 물자를 유럽에 전달했다.[17]

유럽에 집중되었던 전쟁구호위원회의 활동은 미국의 마샬 플랜(Marshall Plan)을 통한 전후 서유럽복구계획이 진행되면서도 식지 않았다. 오히려 그 지도자들은 비유럽 지역으로 활동이 넓혀질 수 있도록 미국복음주의협회를 설득하기 시작했다. 전쟁구호위원회 사무총장인 롬바는 1950년 4월 18일 인디애나폴리스에서 열린 미국복음주의협

---

Agencies, 1945), 전국기독교학교연합(National Association of Christian Schools, 1947) 등으로 나타났다. Doug Trouton, "A Brief History of the Evangelical Press Association," https://www.evangelicalpress.com/about-epa/history-of-epa/a-brief-history-of-the-evangelical-press-association/ (2020년 11월 4일).

15) Miles S. Mullin, II, "Shall We Let Them Die? Postwar Evangelicalism and Global Social Ministry," p.47.

16) 2010년 가치로 3억 6천만 달러.

17) Miles S. Mullin, II, "Shall We Let Them Die? Postwar Evangelicalism and Global Social Ministry," pp.47-52.

회 운영위원회 연차회의에서 이제까지의 전쟁구호위원회의 활동이
"선을 행하는 것"이었다면, 이제는 비유럽권의 가난한 이들을 위해 활
동을 확대하여야 한다고 주장했다.[18] 결국 미국복음주의협회는 롬바
의 제안을 받아들여, 위원회를 상설위원회로 만들고 그 이름을 세계구
호위원회(World Relief Commission)로 바꾸었다.

전쟁구호위원회에서 세계구호위원회로 이름이 바뀌고 그 성격도 임
시위원회에서 상설위원회로, 그리고 활동지역을 서유럽에서 비유럽권
으로까지 확대하고 난 바로 1개월 후에 한국전쟁이 발발하였다. 그래
서 세계구호위원회의 본격적인 비유럽권 활동은 한국이 첫 대상국이
되었다.[19]

1949년 중국이 공산화된 이후, 공산주의자들에 의해 선교사들이 추
방을 당하고, 남겨진 그리스도인들이 박해와 고문을 받는다는 보고는
선교사들이 철수해 와있던 한국을 지켜야 한다는 동기를 미국 복음주
의자들의 사이에 일으켰다. 특히 밥 피어스는 1950년 4월과 5월에 엘
마 길보른(Elmer Kilbourne)의 초대로 한국을 방문하여 대구, 부산, 서
울, 인천에서 부흥회를 인도하여 수많은 회심자들을 목격하였는데, 전
쟁이 발발하자 영상으로 한국전쟁의 실상을 알려서 복음주의자들은
공산주의자들에 의해 벌어진 충격적인 한국의 실상을 생생하게 파악
할 수 있었다.[20] 또한 중국선교사 출신(1925-31, 1934-38)으로, 미네소

---

18) 그가 인용한 성경은 갈6:9, "우리가 선을 행하되 낙심하지 말지니 포기하지
아니하면 때가 이르매 거두리라"이었다. 위의 책, pp.52-53.
19) 1950년대 세계구호위원회의 활동지역은 한국을 비롯하여, 일본, 인도, 자메이
카, 필리핀, 영국령 서인도제도, 중동 등으로 확대되었다. 위의 책, p.53.
20) "38선"(*The 38th Parallel*, 1950), "화염"(*The Flame*, 1952) "죽음을 휴가로 맞는
사람들(공산주의자들: 역자주)"(*Dead Men on Furlough*, 1954) 등은 16mm 영
화로, 첫 작품은 단순한 다큐멘터리였으나, 나머지 두 작품에는 전문 배우와
대사가 등장해 영화로 발전하고 있다. 특히 피어스의 필름에는 전쟁 중에도

타 공화당 연방하원의원(1943-1962)이 된 월터 저드(Walter Judd)는 여
러 차례 미국복음주의협회에 참석하여 복음주의자들의 적극적인 행동
을 재촉하였다. 이러한 상황에서, 당시 최고사령관으로서 한국 전쟁을
이끌었던 더글라스 맥아더 장군(General Douglas MacArthur)은 호주머
니 성경보급에 적극적이었기에, 복음주의자들에게 공산주의에 대항하
여 복음을 지키는 전사로 각인될 수 있었다.[21]

## 4. 세계구호위원회와 엘마 길보른(Elmer Kilbourne)

세계구호위원회에 주도적으로 참가했던 미국복음주의협회의 북서
지역위원회(Northwest Regional Office)에서 만든 한국어 팸플릿 가운데
는 일제강점기에 미군의 공군기 폭격 수였던 제이콥 데쉬저(Jacob
DeShazer)의 이야기가 포함되어 있었다. 데쉬저는 비행기가 격추되어
일본군의 포로로 잡혀 사형집행을 기다리던 중, 구사일생으로 살아나
게 되었고, 그것을 계기로 회심하여, 전후에 일본에서 복음을 전한 선
교사가 되었다. 이 데쉬저 팸플릿은 전쟁으로 어려움을 당하고 있는
한국인들에 대한 구호품 가운데 끼워져 함께 나누어졌는데, 구호품을
받은 한국인 가운데 이 팸플릿을 읽고 회심하는 사람들이 있었다.[22]

---

수많은 한국인들이 회심을 하고 있음을 보고하고 있으며, 공산주의자들의 그
리스도인들에 대한 학살과 박해를 증언하고 있다. 앞의 책, Miles S. Mullin,
II, "Postwar Evangelical Social Concern," pp.360-361, pp.364-371.
21) Miles S. Mullin, II, "Postwar Evangelical Social Concern," pp.379-383. 최원규는
당신 외원단체들의 활동으로 미국정부는 반공을 통한 국제적 안전보장, 경제
적 목적, 인도주의 등의 목적을 관철시키려 했다고 설명한다. 최원규, 「외국
민간원조단체의 활동과 한국 사회사업발전에 미친 영향」, 서울대학교 대학원
박사학위 논문, 1996, 54쪽.

이렇게 회심한 한국인들에 대한 보고는 계속 강조되었는데, 세계구호위원회의 활동이 단순히 옷과 식량만이 아니라, 복음주의적 회심에 강조점을 두고 있었다는 점을 보여준다.

실제로, 세계구호위원회는 한국에서의 활동을 맡을 복음주의 단체로 동양선교회(Oriental Missionary Society, 현재의 One Mission Society)를 선택했다. 이전부터 일본과 한국 그리고 중국에서의 복음주의적 선교방법을 인정한 것이었다.[23] 그리고 그 활동은 엘마 길보른(1920-2017)이 맡게 되었다.[24]

엘마 길보른은 1900년대 초반 동양선교회 설립자 가운데 하나였던 어니스트 길보른(Ernest Albert Kilbourne, 1865-1928)의 손자다. 그의 아버지는 "버드" 길보른(Edwin Lawson Kilbourne, 1891-1989)으로 동양선교회 부총재로서 1920년대 중국에서 사역을 지휘하였다. "버드" 길보른에게는 세 아들이 있었는데, 첫째는 서울신학대학(교) 2대 학장을 지낸 에드윈(Edwin, 1917-2015)이고, 그 다음은 쌍둥이인 어니(Ernie, 1920-2017)와 엘마(Elmer)이다.[25] 어니는 일본선교사로 일했으며, 엘마는 한국에서 80개 이상의 구호단체와 함께 활동했고, 인도에서 200여 개의 교회

---

22) Miles S. Mullin, II, "Shall We Let Them Die? Postwar Evangelicalism and Global Social Ministry," p.54.

23) Miles S. Mullin, II, "American Evangelicals' Global Vision Began in Korea" https://www.patheos.com/blogs/anxiousbench/2015/02/american-evangelicals-global-vision-began-in-korea-2/ (2021년 1월 18일).

24) Elmer Kilbourne, *Missionary Maverick*, (Greenwood, IN: OMS International, 2009), p.125.

25) 박창훈, 「에드윈 길보른과 해방 후 한국성결교회의 재건: 서울신학대학교를 중심으로」, 서울신학대학교 편, 『길보른 연구논총』, 서울신학대학교, 2016, 120쪽. 이들의 생애에 대해서는 다음의 기사를 참조하라. 「성결교회 주춧돌 놓은 길보른家 3대의 한국 인연」, 『국민일보』, 2011년 11월 22일 기사. http://news.kmib.co.kr/article/view.asp?arcid=0923853432 (2021년 2월 26일).

와 10여 개의 신학교를 세운 선교사이다.[26]

태평양전쟁이 발발하기 직전 1940년 말 동양선교회 선교사들이 한국에서 철수하자, 한국성결교회는 자치의 길을 걷게 되었다. 그래서 1945년 해방이 되어 동양선교회 선교사들이 한국으로 복귀했을 때, 자치적인 한국성결교회와 동양선교회는 새로운 관계 정립을 모색하여야 했다. 한국전쟁이 발발하자 동양선교회의 도움이 절실했던,[27] 한국성결교회는 1952년 제7회 총회에서 헌법(4편 16장 6절 128조 9항)을 수정하여, 동양선교회 파송선교사 가운데 대표 3인을 회원으로 인정하면서, 한국성결교회의 정식회원으로 받아들였다.[28] 그러므로 한국에서의 책임을 길보른에게 맡겼다는 것은 세계구호위원회의 활동이 구체적으로 한국성결교회를 통해 진행된다는 실제적인 의미와 함께, 미국 복음주의협회가 그 대행자로 한국성결교회를 인정했다는 상징적인 의미가 있게 되었다.

세계구호위원회의 공식적인 활동은 1954년부터 시작되었으나,[29] 길보른을 통한 동양선교회의 구호사업은 그 이전에 이미 시작되었다. 동양선교회는 전쟁 중인 1950년부터 1952년 11월 30일까지 102,883달러를 UN을 통해 전달했으며,[30] 전후에도 계속 구호품을 제공했는데 1954년에 한국성결교회 총회에 보고된 동양선교회의 구호품은 다음과 같다.

---

26) Elmer Kilbourne, *Missionary Maverick*, Preface.
27) 박명수, 「엘마 길보른과 전후 한국 교회의 재건」, 서울신학대학교 편, 『길보른 연구논총』, 25~28쪽.
28) 『기독교대한성결교회 제7회 총회록』, 1952, 48쪽.
29) 카바40년사 편찬위원회 편, 『외원사회사업기관활동사: 외국민간 원조기관 한국연합회 40년사』, 홍익제, 1995, 424쪽; 최원규, 「외국민간원조단체의 활동과 한국 사회사업발전에 미친 영향」, 119쪽.
30) 카바40년사 편찬위원회 편, 『외원사회사업기관활동사: 외국민간 원조기관 한국연합회 40년사』, 65~66쪽.

〈표 1〉 1954년 한국성결교회 총회에 보고된 동양선교회에서 전달된 구호품[31]

| 품 목 | 입하 · 출하량 |
|---|---|
| 고의(헌옷) -상자품 | 전년도 조월(이월) 1,115상자, 입하총수 4,279상자, 출하총수 5,348상자, 후기년도 조월 46상자 |
| 고의 -마대포장품 | 전년도 조월 3대, 입하총수 403대, 출하총수 403대, 후기년도 조월 3대 |
| 영양소 | 전년도 조월 9상자, 입하총수 1,106상자, 출하총수 678상자 1통, 후기년도 조월 436상자 5통 |
| 분유 | 입하총수 59상자, 출하총수 53상자, 후기년도 조월 6상자 |
| 고화 (헌신발) | 입하총수 40대, 출하총수 40대 |

총회는 선교부를 통해 구호품을 받고, 지방회로 분배하고, 교역자, 십자군전도대, 사회사업기관, 납치교역자 가족, 특별구제, 선교사, 신학교, 본부 및 선교부 순으로 배분하였다.[32] 직접 구호물자를 수송선으로부터 받아 긴급한 지역의 사람들에게 나누는 일을 하면서, 길보른은 새로운 상황에 직면하였다.

첫째, 교회에 있는 부엌과 창고를 통해 음식을 나눌 때, 구호품을 받으러 오는 사람들은 자연스럽게 전도지를 받고 설교를 들어야 했다. 그러나 구호물자를 나누면서 전도를 하는 것이 "급식 그리스도인"(rice Christian)을 양산한다는 것을 깨닫게 되었다. 이에 길보른은 복음을 받아들이거나 받아들이지 않거나, 교회에 출석하거나 출석하지 않거나, 인도적인 차원에서 필요로 하는 모든 사람에게 음식을 나누기 시작했다.[33]

둘째, 막대한 구호물자를 나눌 때, 빈번하게 절도의 문제가 발생했

31) 『기독교대한성결교회 제9회 총회록』, 1954, 26~29쪽.
32) 카바40년사 편찬위원회 편, 『외원사회사업기관활동사: 외국민간 원조기관 한국연합회 40년사』, 424쪽; 박명수, 「엘마 길보른과 전후 한국 교회의 재건」, 50쪽.
33) Elmer Kilbourne, *Missionary Maverick*, pp.125-126.

다. 이에 길보른은 자신을 도울 분배관리인(distribution manager)을 찾
았는데, 그가 바로 동양선교회의 J.B. 크라우스(J.B. Crouse, Jr.) 선교사
였다.[34] J.B. 크라우스의 도움으로 구호물자는 체계적으로 그리고 효
과적으로 나누어졌으며, 그는 이후 한국외원단체연합회(Korea Association
of Voluntary Agencies)에서 구호분과의장으로 활동하였다.[35]

　마지막으로, 구호물자를 무료로 나누는 것이 한국인들의 자존심을
상하게 하며, 자립의 기회를 박탈할 수 있다는 점이었다. 그래서 길보
른은 물자를 무료로 나누어주는 것보다는, 물자를 통해서 한국인들이
일하게 만드는 사업을 하기 시작했다. 우선 교인 중에서 직접 물자를
나누고, 음식을 준비하는 일에 종사하였다. 또 어떤 사람들은 간호를
돕기도 했고, 길을 놓고, 도랑을 파며, 다리를 건설하는 일을 맡았
다.[36] 다시 말해, 길보른을 통해, 세계구호위원회의 활동은 단순한 구
호의 차원에서 재활사업으로 발전하기 시작했다. 길보른은 이러한 사
회사업을 위해, 전쟁 중 1952년 3월 5일 부산에서 출범하여 비공식적
으로 활동하다가 1954년 5월 4일 정관이 채택된 한국외원단체연합회
(KAVA)에 참여하여,[37] 다른 구호단체들과도 연합하여 활동을 전개하
기 시작했다.

　한편, 한국성결교회 내에서 복음전파를 중심으로 하여야 함에도 사
회사업으로 인해 교회의 본질이 훼손되는 것이 아니냐는 우려가 전쟁

34) Elmer Kilbourne, *Missionary Maverick*, pp.126-127.
35) 카바40년사 편찬위원회 편, 『외원사회사업기관활동사: 외국민간 원조기관 한
　　국연합회 40년사』, 101쪽.
36) Elmer Kilbourne, *Missionary Maverick*, p.127.
37) 카바40년사 편찬위원회 편, 『외원사회사업기관활동사: 외국민간 원조기관 한
　　국연합회 40년사』, 67~69쪽. 해방 후 1946년 미군정하에서, 해외에서 들어온
　　전재민들을 돕기 위해 의류와 잉여물자를 공동으로 관리했던 민간단체들이
　　었던 LARA(Licenced Agencies for Relief of Asia)가 그 전단계의 단체이다.

직후부터 본격적으로 대두되기 시작했다. 먼저, 전쟁 후에 고아들을
돌보는 것은 너무나 중요한 일임에도, 고아원을 운영하는 이들 가운데
는 불쌍한 고아를 동원하여 광고하고 이를 개인적인 치부의 수단으로
사용하는 바리새인과 같은 이들이 있음을 고발하고 있다.[38] 전쟁을 겪
으면서 교단이 선교부를 통한 많은 양의 구호품을 나눈다고 하면서,
실제로 구령을 위한 본질적인 시간과 자세를 잃어버렸고, 예수님처럼
고아와 과부를 돕는다고 하면서 구령이라는 본업을 방기했다는 것이
다.[39] 결국 성결교회의 설립목적이 "직접전도"이기에, 총회나 동양선
교회를 통해 사회사업을 추진하는 것에 강력하게 반대하는 여론의 강
하게 있었다.[40]

이에 길보른은 1958년 10월 동양선교회와는 별도로 세계구호위원회
라는 자체 지부를 세웠고,[41] 사무실을 서울의 충정로 3가에 두고, 회장
에 길보른, 부회장에 J.B. 크라우스와 제리 샌더즈(Jerry Sandoz)를 임명
하고, 총무로 한국인 고경환 장로를 두어 실무를 맡게 하였다.[42] 길보
른은 이후 16년 동안 하루에 76,000명에게 급식할 수 있었다고 회고하
고 있다.[43]

일시적인 구호사업만이 아니라, 사회사업에 대해 생각을 하게 된 길
보른에게 때마침 미국의 공법 480호(Public Law 480)를 통해 정부 차원
의 지원을 받을 수 있는 길이 열렸다. 1954년 7월 10일부터 시행된
PL480은 1955년 한국 정부와 미국 정부 사이에 "한미 양국 정부 간의

---

38) 「자선사업에 대하여」, 『활천』 256호, 활천사, 1954, 1~2쪽.
39) 「교계편상」, 『활천』 258호, 활천사, 1954, 45~46쪽.
40) 「성결교회와 사회사업」, 『활천』 271호, 활천사, 1955, 1~2쪽.
41) 이천영, 『성결교회사』, 기독교대한성결교회 출판부, 1970, 138쪽.
42) 「세계구호위원회」, 『기독교대백과사전』 전 21권, 기독교문사, 2000, 9: 375쪽.
43) Elmer Kilbourne, *Missionary Maverick*, p.125.

원조협정: 한미잉여농산물협정"으로 구체화 되었는데, 미국의 잉여농산물을 받을 때, 한국의 구매인은 달러가 아니라, 한국 통화로 한국에 있는 미국 기관에 상환(대충자금)하게 되었다.[44] 이로 인해, 미국의 잉여농산물을 통한 수익은 한국 내에서만 사용될 수 있었다. 처음에는 정부 사이에서만 거래가 가능했던 자금은 1963년 이후 민간단체에서도 구호자금을 받을 수 있었고, 외국민간원조단체에서 이 잉여농산물의 수익을 통해 지역사회개발사업에 이용할 수 있었다.[45] 길보른은 이러한 변화를 "자선"(dole)에서 "재활"(rehabilitation)로의 변화였다고 평가한다.[46]

1966년부터 한국 정부의 보사부가 잉여농산물을 통한 사업을 관장하게 되면서, 미국의 잉여농산물을 통한 외국민간원조단체가 시행하

---

[44] "Food for Peace," https://en.wikipedia.org/wiki/Food_for_Peace (2021년 2월 26일). 미국 정부 내의 "평화를 위한 식량" 위원회를 통해 추진된 것으로, 이를 위해 1955년 한국 정부는 미국 정부와 "한미 양국 정부 간의 원조협정: 한미잉여농산물협정"을 맺었으며, 대충자금은 주로 방위비로 사용되었다. 경제적인 면에서 미국은 자국 내에서 1953년 이후 급속히 증가한 농산물 재고를 해소하는 것이었으며, 이로 인해 한국의 동일한 농산물에 대한 가격경쟁력은 상실되었다. 특히 가공되지 않은 밀가루, 설탕, 원면 등이 유입되어, 한국에서는 3백 산업(제분, 제당, 면방직)이 호황을 누리게 되었다. 김보현, 「한미잉여농산물협정(韓美剩餘農産物協定)」, 『한국민족문화대백과사전』 (2015), http://encykorea.aks.ac.kr/Contents/Index?contents_id=E0075718 (2021년 2월 26일).

[45] 「PL480, 또 다른 십시일반의 기적」, http://www.jnuri.net/news/articleView.html?idxno=17124 (2021년 2월 26일). 「PL480농산물의 종결」, https://news.joins.com/article/1568237 (2021년 2월 26일). PL-480은 1981년 5월 18일까지 지속되었는데, 이를 통해 55년에서 67년까지는 무상, 68년부터 71년까지는 유·무상혼합, 72년부터 81년까지는 완전유상으로 미잉여농산물이 도입되었다. KAVA의 활동과 관련하여 1963년부터 1972년 6월까지 지원을 받을 수 있었다. 최원규, 「외국민간원조단체의 활동과 한국 사회사업발전에 미친 영향」, 207쪽.

[46] 카바40년사 편찬위원회 편, 『외원사회사업기관활동사: 외국민간 원조기관 한국연합회 40년사』, 113쪽.

던 자조정착사업, 학교급식, 일반영세민구호, 모자보건 등 4개 사업은 점차 정리되었다. 그리고 1970년대 초반까지 잉여농산물 원조를 통한 사업은 점차 감소하게 되었다.[47] 이에 따라, 세계구호위원회 등은 이제까지의 사업을 통한 구호에서 점차 사회복지의 필요성과 자립적인 운영에 대한 준비와 그 교육을 강화하기 시작했다.[48]

전쟁 후, 20여 년이 지난 1970년대 초 이제까지 외국민간원조단체의 지원으로 사회사업을 하던 기관들은 재정적인 독립을 위해 노력하기 시작했으며, 이를 위해 사회사업가의 쇄신, 사업기관의 개방성, 지역주민과의 소통 등을 모색하여야 했다.[49]

## 5. 세계구호위원회의 한국 활동

### 1) 전쟁고아시설 지원

한국전쟁으로 인해 가장 긴급하게 구호의 대상이 된 이들은 바로 고아들이었다. 1945년 42개 고아원(1,819명)이었던 것이, 1952년에는 280개 고아원(30,473명)이 운영되었다가, 1955년에는 484개(50,471명)까지 치솟았다. 동양선교회를 통한 고아원 지원은 물자가 도착했을 때에 나누어지는 부정기적인 지원으로 이루어졌으며, 그 지역은 경기, 강원, 충북, 전남, 경북, 경남 등이었다.[50] 세계구호위원회의 주요 구호물품 가

---

[47] 「미, 잉여농산물구호품 앞으론 보사부가 맡게 돼」, 『기독공보』, 1965년 11월 27일, 1쪽.
[48] 「깁슨 박사가 강사: 기성 시성장심령수양회」, 『기독공보』, 1966년 5월 14일, 3쪽. 당시 강연의 제목은 <사회복지 행정과 국가시책>이었다.
[49] 송윤규, 「사회사업의 자립책모색」, 『기독공보』, 1971년 1월 16일, 4쪽.

운데 하나는 헌옷이었다.[51]

## 2) 아동후원

아동후원 사업은 고아원, 모자원, 또는 극빈가정의 아동과 외국의
후원자를 연결하여, 매월 일정한 후원금을 송금하는 방식으로 진행되
었다. 동양선교회에서는 경남지역 1개 시설 55명의 아동에게 매월 5달
러씩을 후원하였다. 사무실을 통해 전달된 후원금으로 음식, 의복, 교
육 등의 혜택을 받을 수 있었다.[52]

## 3) 모자원 지원

전쟁으로 인해 발생한 수많은 미망인이 자활할 수 있도록 자녀후원,
뜨개질·편직 등의 기술교육, 그리고 생활물품 지원 등이 이루어졌는
데, 동양선교회는 이를 위한 시설을 건립하거나 개축하는 데 물품을
지원했다. 동양선교회를 통한 구호금품 원조는 부정기적인 방법으로
이루어졌다.[53]

## 4) 급식구호

세계구호위원회를 통한 사업 가운데 가장 두드러진 사업 중 하나로,

---

50) 최원규, 「외국민간원조단체의 활동과 한국 사회사업발전에 미친 영향」, 137~
   141쪽.
51) 위의 책, 171쪽.
52) 위의 책, 143~147쪽.
53) 위의 책, 147~150쪽.

1964년에는 고아원, 영아원, 모자원, 나환자 수용소 등에 매일 13,000명의 음식을 제공하였다. 또한 한국 정부와 함께 강원도와 전라남도 다도해 지역의 교회를 통해, 3개월에 한 번씩 42,000명의 극빈자에게 양곡을 분배하였다. 특히 서울 신설동 로터리에서 극빈자와 노동자 500여 명에게 점심 제공을 하였다.[54] 1968년 한 해에 2,200만 명에게 급식을 지원하였다.[55]

### 5) 수해주민 구호

1959년 태풍 세라의 영향으로 수해를 입어, 1백만 명의 수재민이 발생하고, 35,000개의 건물이 파괴되었으며, 1,000명이 사망하고, 1,000명이 실종되었을 때, 길보른은 세계구호위원회를 통해 1백만 파운드(454톤)의 음식과 15,000 파운드(6.8톤)의 옷을 나누었다.[56] 또한 1962년 전라남도 순천지역에 수해가 나서, 사망자 224명, 반파·유실가옥 1,692동, 수재민 3,030가구(13,964명)가 발생했을 때도, 세계구호위원회는 지역교회(수정동 교회)를 통해 옥수수가루, 밀가루, 분유, 보리, 찐 밀 등의 양식을 4차에 걸쳐 모두 1,239세대 6,850명에게 나누어주었다.[57]

---

54) 「기독교기관순례: 세계구호위원회」, 『기독공보』, 1964년 6월 13일, 2쪽.

55) 카바40년사 편찬위원회 편, 『외원사회사업기관활동사: 외국민간 원조기관 한국연합회 40년사』, 424쪽.

56) Elmer Kilbourne, "Disaster in the Wake of Typhoon Sara" *The Oriental Missiona ry Standard* (1959. 12), http://www.ismc.or.kr/CmsHome/sub_04_03_01.eznic?T= C&c=&c1=&c2=&c3=&w=&sn=27194&page=1 (2021년 3월 7일). 이 양은 대략 26,000명의 3개월 치 양식에 해당하는 것이었다.

57) 『수정동교회 교회일지』, 1962년 10월 14일; 1963년 3월 31일.

## 6) 정착사업 및 간척사업 지원

세계구호위원회는 처음 전쟁 중 남하한 전재민의 정착을 위한 사업으로 일산의 월남 피난민을 지원하였다. 난민들의 정착을 돕는 사업은 제주도 서귀포, 전라남도 무안, 해남, 영광, 그리고 경기도 부천 등으로 확대되었다.[58]

외국민간원조단체들은 이처럼 난민들의 정착과 자립을 도울 뿐만 아니라, 베이비부머들을 대비하는 식량을 증산한다는 목표를 가지고, 간척사업을 지원하였다. 간척사업은 특히 5·16 이후 등장한 정권의 경제개발정책에 보조를 맞춘 것이었다.[59]

전라남도는 19개 시군에서 163개 사업장, 7,639세대, 40,300명이 이 사업에 참여하였는데, 장흥 1,858세대(22개 사업장), 구례 857세대(18개 사업장), 영암 736세대(9개 사업장), 함평 650세대(21개 사업장) 등 4개 군이 전라남도 전체 사업의 54%에 달했다. 이 사업으로 전체 15,614.968정보(1정보=3,000평)가 매립되었으며, 이 가운데 세계구호위원회에서는 6개소를 지원하였다.[60]

---

58) 「기독교기관순례: 세계구호위원회」, 『기독공보』, 1964년 6월 13일, 2쪽.

59) 한봉석, 「1960년대 미공법 480호 2관과 3관 원조의 의미: 주한 케어의 '근로를 위한 식량'(Food fo Work)을 중심으로」, 『사림』 74, 2020, 109쪽.

60) 「전남제주 지역 정착사업 사료」, http://db.history.go.kr/id/ss_010_0010_0010_0020_0010 (2021년 3월 3일). CARE(국제원조구호기구. Cooperative for American Remittances to Europe 또는 Cooperative and Remittance for Europe and the Far East, 현재 Cooperative for Assistance and Relief Everywhere)에서 20개소, KCWS(기독교봉사회)에서 12개소, NCWC(천주교구제회)에서 9개소, SDA(제7일안식교예수재림교)에서 2개소를 지원하였다. 이 모든 것은 PL480의 2관과 3관에 의한 것이었다. PL480의 2관은 자조근로사업, 3관은 자조정착사업 또는 근로를 위한 식량사업을 위한 지원으로 구분한다. 1960년대 정부에 의해 전용되어, 원래 목적처럼 인도주의적으로 사용되지 못했다는 사회복지 측

특히 1962년 9월 1일 전라남도 무안군 청계면에서 시작된 간척사업
은 세계구호위원회의 재정지원을 받은 대표적인 사업이었다. 1961년
부터 목포 북교동성결교회에서 주도한 이 간척사업은 섬과 섬 사이의
공유수면을 막아 150만 평을 농지로 만들어 식량을 증산하며, 농어민
150세대에게 토지를 무상분배하고, 기독교 정신을 가진 농업학교와 농
장을 건설한다는 계획으로 시도되었다. 처음에는 청계면 청계리부터
상향면 왕산리까지 3m 50cm의 제방을 길이 750m까지 쌓아서 바닷물
을 막고, 그 사이를 흙으로 매립한 것이었다.[61]

이 외에도 세계구호위원회는 의료서비스 원조사업(OMS), 지역사회
개발사업, 그리고 한국교회와 협력하여 교회건축 및 운영, 종교교육
(OMS) 등을 담당했다.[62]

세계구호위원회는 1970년 84개 고아원, 120개 탁아소, 20개 학교
49,000명에게 급식을 지원하였으며, 6개 모자원, 3개 나환자 수용소와
1개의 요양원을 지원하고 있었다.[63] 1971년 1월 현재 세계구호위원회
후생시설에는 영아원 13개, 모자원 5개, 고아원 54개 등 7,800여 명이
혜택을 입고 있으며, 1968년 한 해만 180만 달러를 지원하기도 하였
다.[64]

면에서의 평가도 있다. 앞의 책, 한봉석, 「1960년대 미공법 480호 2관과 3관
원조의 의미: 주한 케어의 '근로를 위한 식량'(Food for Work)을 중심으로」, 80쪽;
「미, 잉여농산물구호품 앞으론 보사부가 맡게 돼」, 『기독공보』, 1965년 11월
27일, 1쪽.

61) 「옥답을 눈에 그리며: 다도해에 간척 공사활발」, 『기독공보』, 1964년 5월 9일,
3쪽.
62) 최원규, 『외원사회사업기관활동사: 외국민간 원조기관 한국연합회 40년사』,
178~182쪽.
63) 카바40년사 편찬위원회 편, 『외원사회사업기관활동사: 외국민간 원조기관 한
국연합회 40년사』, 424~425쪽.
64) 「전환점에선 기독교사회사업」, 『기독공보』, 1971년 1월 16일, 5쪽.

한국에서 활동한 5대 기독교사회사업단체(CCF, CWS, 선명회, WRC, 컴패션) 가운데 하나인 세계구호위원회는 1973년에 철수하였다.[65] 그 대표로 활동한 엘마 길보른의 공로를 기념하여 전북대학교는 1966년 2월 25일 명예법학박사 학위를 수여했고,[66] 한국 정부는 대통령 훈장을 수여했다.[67] 회심을 일으키는 복음전파 그 이상으로 구호사업과 사회사업에 헌신한 길보른의 열정은 세계구호위원회가 철수한 이후로도, 서울신학대학교 사회복지학과[68]와 길보른종합사회복지관[69]을 통해 계속 이어지고 있으며, "직접전도"라는 구호가 일방적으로 크게 울리는 곳에서는 여전히 불편한 양심을 자극하고 있다.


## 6. 나가는 말

한국전쟁으로 곤경에 처한 한국인들을 위한 기독교 자원단체의 활동은 긴요하고 절실한 것이었다. 절박한 생존의 위기에 직면한 한국사회에 이들의 구호활동은 수많은 사람을 살리고 한국사회가 본격적인 자립과 성장의 길로 갈 수 있도록 도움을 주었다. 제2차 세계대전 중에 곤경에 처한 유럽을 돕고자 결성된 전쟁구호위원회는 이후 세계구

---

[65] 「세계구호위원회」, 『기독교대백과사전』, 9: 375쪽.
[66] 『기독공보』, 1966년 3월 12일, 3쪽.
[67] 박명수, 「엘마 길보른과 전후 한국 교회의 재건」, 9쪽.
[68] 1981년 10월 20일 인가. https://www.stu.ac.kr/CmsHome/stu01_05_01.eznic (2021년 3월 7일).
[69] 1991년 3월 개원. http://www.kilbo.or.kr/2019/bbs/contents.php?bo_table=sub050 402 (2021년 3월 7일). 길보른종합사회복지관은 "엘마 길보른 선교사의 그리스도적인 사랑과 봉사의 이념을 바탕으로 한국의 불우아동에게 하나님의 사랑을 실천하는 의미에서 설립되었다."

호위원회로 발전하였고, 비유럽권까지 활동영역을 넓힌 미국복음주의
협회의 상설기구였다. 세계구호위원회는 곤경에 처한 이들에게 구호
의 손길을 내밀면서 그들의 영혼까지 구원할 수 있으리라는 두 가지
목적을 가지고 구호사업을 진행하였다.

세계구호위원회의 한국 활동은 정기적 지원보다는 부정기적인 지원
(성탄절, 부활절, 추수감사절)과 부분적인 지원(구호물자가 나왔을 때)
을 통해 이루어졌다. 그래서 연구를 수행하면서, 자료 활용에 어려움
이 있었다. 다시 말해, 세계구호위원회의 활동으로 나누어진, 특정 기
간의 정확한 구호품의 양을 확정하기가 힘들다는 것이다. 특히 한국의
세계구호위원회는 자매기관인 동양선교회와 함께 활동했기에 분할 또
는 중복 기록되어 있고, 또 민간단체로서 교회를 통해 지원한 것이기
에 철저한 통제로 이루어졌다고 할 수도 없다. 여기에 PL480에 의한
지원을 받은 후로는 한국 내에서 이루어진 활동의 통계는 더 복잡하게
되었다. 그래서 신문기사, 선교보고, 자료집 등을 이용할 때는 각 시기
에 보고된 통계에 의존할 수밖에 없는 한계가 있다. 세계구호위원회의
한국에서의 활동을 정리하면서 다음과 같은 결론을 얻을 수 있었다.

첫째, 세계구호위원회의 한국 활동은 처음 구호활동에서 시작하여
점차 사회사업으로 발전하였다. 처음 구호는 전쟁고아, 미망인과 그
가족, 전재민 등에게 집중되어 그들이 생계를 이어갈 수 있도록 옷과
양식을 나누는 일이었다. 한국전쟁 후에도 세계구호위원회는 모자원,
탁아소, 나환자촌과 병원 등을 지원하였고, 특히 수재로 인한 이재민
을 돕는 일에 나섰다. 그러나 엘마 길보른을 통한 구호사업은 한국인
들이 단순히 수혜적인 차원에 구호품을 받는 것에서 더 나아가 스스로
일하여 자립할 수 있는 사회사업으로 발전하였다. 특히 정착사업과 간
척사업을 지원하면서, 거주지와 농토를 마련하여 난민들이 스스로 소

득을 올려서 자립할 수 있도록 하였다. 그리하여 세계구호위원회가 한
국을 떠날 때는 사회사업에서 더 나아가 보다 보편적이고 일반적인 형
태의 사회복지를[70] 시도할 수 있는 경험과 자원(특별히 인적자원)을
남겨주었다.

둘째, 세계구호위원회의 한국 활동은 한국성결교회를 통해 진행되
어, 교단이 사회의 약자들에게 관심을 두고 인도주의적 프로그램을 시
도하는 계기를 제공하였다. 세계구호위원회가 한국의 책임자로 세운
엘마 길보른은 동양선교회의 선교사였으며, 동양선교회가 한국성결교
회의 회원으로서 구호활동을 진행했기에, 교단에 속한 개교회를 통해
분배가 이루어졌다. 특히 세계구호위원회가 추구하는 "회심을 위한 구
호활동"은 전도를 통한 외형적인 성장과 함께 교단이 사회사업 그리고
사회복지의 측면에서 한국 사회에 기여할 수 있는 길을 열어놓았다.
그러나 다른 한편으로, 구호활동과 사회사업을 둘러싼 교단내의 갈등
이 계속 꼬리를 물었으며, 이로 인해 1960년대 교단분열의 한 이유가
되기도 하였다. 그런 면에서 세계구호위원회를 주도하고 있는 미국복
음주의협회의 이중목적(회심과 구제)은 현실적으로 쉽게 추구할 수 없
는 난제였음을 드러냈고, 복음주의를 표방하는 단체가 사회참여를 모

---

70) 월터 프리드랜더(Walter A. Friedlander)는 "사회복지란 개인의 안녕과 사회질
서유지를 위해 기본적으로 필요하다고 인식된 욕구를 충족시키기 위한 규정
들을 강화하거나 보장하는 법률, 프로그램, 급여 및 서비스들의 조직화된 체
계"라고 정의하며, 반면에 "사회사업은 개인, 집단, 지역사회가 사회적 혹은
개인적 만족을 얻고 독립할 수 있도록 돕는 인간관계에 있어서의 과학적 지
식과 기술에 기초한 전문적 서비스"라고 정의한다. 즉 사회복지는 사회사업
보다 포괄적인 의미로 사용하여, 사회복지는 '이상적'으로 '바람직한 사회건
설'을 위해 전 국민을 대상으로 하기에 '일반적'인 반면, 사회사업은 '실천적'
으로, 인간의 존엄성을 강조하기 때문에, '개별적'이라는 것이다.
http://blog.naver.com/PostView.nhn?blogId=maruyichi2&logNo=60003614833
(2021년 3월 7일).

색하는 곳에서는 반복되는 문제임을 보여주었다.

셋째, 세계구호위원회의 한국 활동은 전쟁을 통해 형성된 반공의식을 더 강화하는 기능을 하였다. 이는 "기독교 선진국"으로부터 구호품을 받는다는 의식을 갖는 한국인만이 아니라, 세계구호위원회를 후원하는 후원자들에게도 동일하게 작용하였다. 공산주의 세력의 확산을 막기 위해서, 한국을 지원해야 한다는 명분은 자연스럽게 태평양 양측의 보수적인 복음주의자들이 반공의식을 공유하게 만들었다.

마지막으로, PL480을 통한 미국정부의 세계구호위원회의 지원은 사회사업을 더 강화한 측면이 있으나, 상대적으로 자발적 활동의 한계를 드러냈다. 처음 세계구호위원회의 구호품은 옷과 신발이 주류를 이루었으나, PL480의 지원을 받아 양식을 나누는 일과 이를 통한 정착사업 및 간척사업으로 발전하였다. 이렇게 미국 정부의 지원을 받아 사업은 확대되었으나, PL480의 지원이 끊기는 때에 한국에서의 활동을 멈추는 결과를 가져왔다. 물론 한국 활동을 마무리하던 때는 한국사회가 그만큼 자립경제를 이룩하는 시점에 해당하기는 하지만, 세계구호위원회를 위시한 자원단체들의 자발적 활동역량은 그만큼 위축되었음을 입증하는 것이었다. 그런 점에서 PL480에 대한 평가를 이제까지처럼 정치·경제적인 측면만이 아니라, 사회복지와 민간자원단체의 측면에서 평가하는 것이 요청된다.

# 참고문헌

기독교대백과사전편찬위원회, 『기독교대백과사전』 전 21권, 기독교문사, 2000.

김흥수, 「한국전쟁시기 기독교 외원단체의 활동」, 『한국기독교역사연구소소식』 64, 2004.

_____, 「한국전쟁시기 기독교 외원단체의 구호활동」, 『한국기독교와 역사』 23, 2005.

박명수 외 8인, 『길보른 연구논총』, 서울신학대학교 출판부, 2016.

박명수, 『이명직과 한국성결교회』, 서울신학대학교 출판부, 2008.

윤정란·안교성, 「한국전쟁기 한국교회 주도권 경쟁과 기독교 외원단체의 구호활동」, 『한국기독교역사연구소소식』 99, 2012.

이병성, 「밥 피어스 선교사의 한국전쟁에 대한 인식」, 『한국종교사회학회』 9, 2021.

이은선, 「6·25 전쟁과 미국 복음주의와 한국교회」, 『영산신학저널』 44, 2018.

이천영, 『성결교회사』, 기독교대한성결교회 출판부, 1970.

최원규, 「외국민간원조단체의 활동과 한국 사회사업발전에 미친 영향」, 서울대학교 대학원 박사학위 논문, 1996.

한봉석, 「1960년대 미공법 480호 2관과 3관 원조의 의미: 주한 케어의 '근로를 위한 식량'(Food for Work)을 중심으로」, 『사림』 74, 2020.

카바40년사 편찬위원회 편, 『외원사회사업기관활동사: 외국민간 원조기관 한국연합회 40년사』, 홍익제, 1995.

Kilbourne, Edwin W. Bridge across the Century, Greenwood, IN: OMS International, 2001.

Kilbourne, Elmer. Missionary Maverick, Greenwood, IN: OMS International, 2009.

Mullin, Miles S. II, "Postwar Evangelical Social Concern: Evangelical Identity and the Modes and Limits of Social Engagement, 1945-1960," Vanderbilt University Dissertation, 2009.

_____, "Shall We Let Them Die? Postwar Evangelicalism and Global Social Ministry: The Early Years of World Relief, 1944-1950," Fides et Historia 46:1, 2014.

Henry, Carl., 『복음주의자의 불편한 양심』(The Uneasy Conscience of Modern Fundamentalism), 박세혁 역, IVP, 2009.

Bennington, David. Evangelicalism in Modern Britain: A History from the 1730s to the 1980s Grand Rapids: Baker Book House, 1989.

기타자료

『기독교대한성결교회 총회록』, 1952년, 1954년.

『활천』, 256호 (1954), 258호 (1954), 271호 (1955).

『기독공보』, 1964년 5월 9일, 1964년 6월 13일, 1965년 11월 27일, 1966년 3월 12일, 1966년 5월 14일, 1971년 1월 16일.

The Oriental Missionary Standard, 1959년 12월.

『수정동교회 교회일지』, 1962년 10월 14일, 1963년 3월 31일.


인터넷 자료

https://en.wikipedia.org/wiki/World_Relief

https://www.nae.net/statement-of-faith/

https://en.wikipedia.org/wiki/National_Association_of_Evangelicals

https://www.evangelicalpress.com/about-epa/history-of-epa/a-brief-history-of-the-evangelical-press-association/

https://www.patheos.com/blogs/anxiousbench/2015/02/american-evangelicals-global-vision-began-in-korea-2/

http://news.kmib.co.kr/article/view.asp?arcid=0923853432

https://en.wikipedia.org/wiki/Food_for_Peace

http://encykorea.aks.ac.kr/Contents/Index?contents_id=E0075718

http://www.jnuri.net/news/articleView.html?idxno=17124

https://news.joins.com/article/1568237

http://db.history.go.kr/id/ss_010_0010_0010_0020_0010

https://www.stu.ac.kr/CmsHome/stu01_05_01.eznic

http://www.kilbo.or.kr/2019/bbs/contents.php?bo_table=sub050402

http://blog.naver.com/PostView.nhn?blogId=maruyichi2&logNo=60003614833

# 한국전쟁 전후의 월드비전 창립과 활동

박명수

## 1. 들어가는 말

1950년 미국의 복음전도자 밥 피얼스(Bob Pierce)에 의해서 한국의 어려운 선교기관을 돕기 위해 시작된 월드비전[1]은 점점 아동 후원 프로그램을 발전시켰고, 현재 세계에서 가장 큰 기독교자선단체가 되었다. 본 논문의 목적은 제2차 세계대전 이후 미국 복음주의의 변화와 밥 피얼스의 선교활동을 통해서 한국 월드비전의 시작을 역사적으로 재구성하는 것이다.

월드비전에 대한 최초의 학문적인 연구는 해밀톤(John R. Hamilton)에 의해서 진행되었다. 그는 특별히 피얼스의 기록영화를 중심으로 월드비전을 연구하였다.[2] 월드비전의 전반적인 역사에 관해서는 킹

---

[1] 원래 한국 명칭은 선명회, 그러나 1998년 월드비전 국제총회에서 각국 명칭을 월드비전으로 통일하기로 결정. https://www.worldvision.or.kr/business/worldvision/kor_worldvision/history.asp (2021년 4월 7일 검색).

(David P. King)에 의해서 박사학위 논문으로 연구되어 졌는데, 특별히 미국의 복음주의의 흐름, 선교단체들의 성향, 국제사회의 변화를 살펴보면서 월드비전의 전반적인 모습을 가장 학문적으로 다루고 있다.[3] 2019년에 책으로 출판된 이 연구는 월드비전 연구에 획기적인 기여를 한다고 본다. 최근 월드비전에 대한 연구 동향은 어떻게 작은 복음주의적인 선교단체가 세계 최대의 자선단체로 발전할 수 있었는가 하는 점이다.

국내에서는 민경배 박사의『월드비전 한국 50년 운동사』가 집필되었다.[4] 이 책은 월드비전에 대한 많은 자료를 우리에게 제공해주고 있으나 월드비전의 배경과 국제 복음주의와의 관계에 대해 충분한 연구가 되어 있지 않다. 최근에는 이은선교수가 1950년대의 한국 복음주의를 설명하면서 미국의 빌리 그래함, 밥 피얼스와 그리고 월드비전에 관한 연구를 하였다.[5] 아직 한국 월드비전의 배경과 창립과정에 대한 포괄적인 연구가 부족하다고 본다.

본 연구를 위해서 우선 필자는 월드비전의 배경이 되는 미국 복음주의를 살펴보고, 이어서 월드비전의 창립자인 밥 피얼스의 초기 내한 활동과 아울러서 밥 피얼스가 함께 사역한 인물들을 살펴보려고 한다.

[2] John R. Hamilton, "An Historical Study of Bob Pierce and World Vision's Development of the Evangelical Social Action Film", PhD dissertation, University of Southern California, 1980.

[3] David P. King, "Seeking A Global Vision: The Evolution of World Vision and American Evangelicalism", PhD dissertation: Emory University, 2012. 이 논문은 수정을 거쳐 책의 형태로 출판되었다. David P. King, God's Internationalist: World and Evangelical Humanitarianism, Philadelphia, PA: University of Pennsylvania, 2019.

[4] 민경배,『월드비전 한국 50년사』, 홍익재, 2001.

[5] 이은선,「6·25 전쟁과 미국 복음주의와 한국교회」,『영산신학저널』44, 2018, 199~237쪽.

월드비전의 초기역사에서 밥 피얼스와 월드비전은 분리할 수 없다. 그러므로 본 논문은 피얼스의 생애를 통해서 월드비전의 창립배경과 과정을 살펴보고자 한다. 많은 학자들은 월드비전의 성공은 이 단체가 자신의 정체성을 지키면서도 변화하는 상황에 잘 적응했기 때문이라고 주장한다. 본 논문은 월드비전의 창시자 밥 피얼스가 어떻게 이런 이 같은 이중적인 과제를 수용했는가에 주목하고자 한다.

## 2. 제2차 세계대전 이후의 미국 복음주의의 변화과 밥 피얼스

### 1) 제2차 세계대전 이후의 미국 기독교의 변화

미국의 복음주의는 진화론을 둘러싼 1925년 스콥스 재판사건 이후에 공적 영역에서 물러났다. 그리하여 라인홀드 니버는 1930년대에 이제 근본주의라고 불리는 복음주의 시대는 끝났다고 주장하였다. 이제 미국교회의 주류는 진보주의가 장악하게 되었고, 이들은 루즈벨트 시대를 지나가면서 개인구원 보다는 사회구원을 강조하게 되었다. 여기에 비해서 근본주의는 세상과 구별하여 전천년설을 신봉하면서 개인구원에 집중하였다. 근본주의는 공적인 영역에서는 물러났지만 개교회적인 차원에서 새로운 부상을 위해서 준비하고 있었다.

진보주의가 주요 교단과 신학교를 장악하여 주류 기독교가 되었지만 근본주의는 사회전면에서 물러나 자신들만의 새로운 진지를 구축하기 시작하였다. 그들은 먼저 대중 속으로 깊이 들어갔다. 그리하여 근본주의자들은 진보주의자들의 세속화에 반대하여 순수한 신앙과 종말론을 함께 강조하였다. 여기에 말 없는 많은 평신도들이 호응하였

다. 이렇게 해서 근본주의 교회들이 성장하자 이들은 자기들만의 새로
운 영역을 개척하기 시작하였다. 즉, 성경학교를 만들어서 자신들의
세계관을 전하고, 자신들과 비슷한 신앙을 가진 교파를 만들어서 새로
운 네트워크를 구축하고, 새로운 잡지를 만들어서 이들 사상을 보급하
며, 새로운 커뮤니케이션인 방송과 TV를 사용하여 공격적으로 자신들
의 생각을 전파하였다.

1940년대 초, 미국교회는 새로운 두 가지 준비를 하고 있었다. 하나
는 유엔과 같은 성격의 세계교회협의회(WCC)를 만들어 전세계 교회를
하나로 만들자는 운동이다. 이런 움직임은 제2차 세계대전 이전부터
있어 왔지만 이것이 열매를 맺은 것은 1948년이다. WCC의 배후에는
전통적인 선교를 비판하는 호킹(William E. Hocking)을 중심으로 한 진
보주의자들이 자리 잡고 있었기 때문에 전통적인 선교에 대해서는 회
의적이었고, 또한 WCC에는 공산권에 속한 정교회가 정식회원으로 가
입해 있었기 때문에 공산주의에 대해서 포용적이었다.

다른 한 가지 흐름은 종전과 함께 새롭게 등장하는 복음주의운동이
었다. 이 새로운 운동은 지금까지 수면 아래서 조용하게 성장하던 복
음주의 기독교를 수면 위로 드러나게 만들었다. 이들은 자신들이 전통
적으로 주장하던 개인구원과 함께 종전 이후 새로운 위협으로 등장한
공산주의로부터 자유세계를 지키는 것을 사명으로 하는 새로운 복음
주의 운동이었다. 과거 복음주의(혹은 근본주의)는 개인구원을 강조하
면서 강력한 종말론과 함께 세속으로부터의 분리를 주장하여왔다. 하
지만 새로운 복음주의 운동은 개인구원과 함께 공산주의를 막고 자유
세계를 지켜야 한다는 새로운 비전을 갖게 되었다. 이들에게 공산주의
는 모든 세속화의 총화이자 결정체였으며, 미국적인 문화와 기독교를
위협하는 대적이었다.[6]

원래 루즈벨트는 전후 세계를 유엔을 통하여 소련과 함께 이끌어 가려고 했다. 하지만 미국은 전후 소련이 동구권을 공산화하는 것을 보면서 소련과의 타협이 어렵다는 것을 깨닫게 되었다. 특별히 이런 생각은 루즈벨트의 뒤를 이어 새롭게 대통령이 된 트루만에게 강력하게 나타났다. 이런 트루만의 생각은 1947년 3월 소위 트루만독트린으로 나타나고, 소련과의 타협보다는 소련에 대한 봉쇄를 주장하게 되었다.

트루만은 이런 소련과의 대립을 단순한 정치, 경제, 군사적인 측면에서만 이해하지 않고, 이것을 종교적인 측면으로 끌고 갔다. 그리하여 트루만은 종교에서 큰 파트너를 찾으려고 하였다. 먼저 그는 교황청에 도움을 요청하였고, 동구권의 공산화로 인해서 큰 피해를 입은 카톨릭은 여기에 적극적으로 호응하였다. 다음으로 그는 1948년 설립된 세계교회협의회(WCC)에 공산주의와 대결하는데 협조해 달라는 요청을 하였으나 WCC는 여기에 매우 소극적이었다. 이런 상황 가운데 복음주의자들이 트루만에게 접근했지만 트루만은 이들을 신뢰하지 않았다. 오히려 복음주의자들과 손을 잡은 것은 1953년에 대통령이 된 아이젠하워이었다. 아이젠하워는 미국 주류교회가 속해있는 WCC보다는 새롭게 등장하는 전국복음주의자협회(NAE)의 입장을 지지하였다. 이렇게 해서 미국의 복음주의 기독교는 미국의 주류 정치와 결합하게 된 것이다.

사실 종전 이후 하나님이 미국에게 민주주의와 기독교전파라는 사명을 주셨다는 소위 "명백한 운명"(Menifest Destiny)을 믿는 신앙은 새롭게 등장하는 복음주의자들에게 가장 잘 어울리는 것이었다. 진보주의가 이런 미국의 전통적인 가치에 대해서 회의를 갖는 동안에 이들은

---

6) 조지 마스든, 박용규 역, 『근본주의와 미국문화』, 생명의 말씀사, 1997, 448~459쪽 참조.

미국의 전통적 가치를 더욱 강조함으로써 전후 미국의 애국심과 함께 소위 전후 복음주의의 부흥을 가져왔던 것이다.

## 2) YFC의 출현과 밥 피얼스의 등장

그러면 구체적으로 이렇게 전후 복음주의의 중심에서 새로운 흐름을 이끌어 간 단체는 무엇인가? 종전 이후 미국에는 수많은 복음주의 단체들이 새롭게 등장하고 있었다. 특별히 19세기를 전후해서 등장했던 성결운동, 오순절운동이 복음주의 전선의 주역으로 등장하였고, 여기에 주류 교단에 속해있던 복음주의자들이 합세해서 NAE를 구성하였다. 이 단체는 주로 지적인 전통을 가진 뉴잉글랜드 성직자들에 의해서 주도되었고, 대외적으로는 복음주의 운동의 중심에 서 있게 되었다.

하지만 종전 이후 복음주의 운동에 큰 활력을 불어넣은 것은 바로 YFC(Youth for Christ)이다. 이 단체에서 한국교회와 밀접한 관계를 맺고 있는 빌리 그래함과 밥 피얼스가 출현한 것이다. 이들은 당시 복음주의자들 가운데서 가장 어린 신세대에 속하는 사람들이었다. 이들은 미국 복음주의와 해외 선교에 새로운 활력을 불러일으켰고, 과거의 전통적인 근본주의와는 구별되는 새로운 복음주의를 형성하게 되었다.

YFC는 1940년대 초에 미국 전역을 걸쳐서 일어났던 청소년 집회에 그 뿌리를 두고 있다. 미국 주류의 청소년 기독교 기관들이 기독교적인 정체성을 잃어버리면서 근본주의 서클에서 여기에 대한 강력한 비판이 일어났다. 이들은 기독교단체와 비기독교단체 사이의 아무런 차이를 느끼지 못한다고 주장하면서 YMCA와 YWCA에서 C, 즉 Christian을 빼야 한다고 주장하였다.[7]

그러나 이들은 전통적인 근본주의 스타일을 그대로 답습한 것도 아니었다. 전통적인 근본주의자들도 복음을 전하는 새로운 방법, 즉 라디오나 TV를 수용하였다.[8] 하지만 이들은 당시 유행하는 세속적인 스타일(헤어스타일, 복장, 언어)을 받아들이지는 않았다. 그러나 새로운 복음주의자들은 새로운 방법만이 아니라 새로운 스타일도 받아들인 것이다. 복음주의는 전통적인 신앙을 지키면서도 변화하는 사회에 적응하려는 성향을 갖고 있다. 새로운 복음주의 운동은 항상 과거의 정체성을 지키면서 새로운 환경에 적응하는 DNA를 가지고 있는 것이다. 밥 피얼스는 이런 전통을 계승하는 것이다.

이 같은 새로운 방법을 가지고 1940년대 초, 막 태평양전쟁이 시작된 상황에서 미국 전역에 걸쳐서 수많은 청소년집회가 열렸고, 기대 이상으로 많은 청소년들이 모여 들었다. 그리고 이런 운동을 하나의 강력한 조직으로 만든 사람이 바로 존슨(Torrey Johnson)이다. 시카고 바이블 교회의 담임목사이며, 휘튼대학 동문회 회장이고, NAE 시카고 지역의 중심인물인 그는 1944년 전쟁이 막바지에 이르렀을 때, 시카고에서 YFC집회를 열었다. 존슨은 이 집회에 25살짜리 빌리 그래함을 강사로 세웠다. 이 집회는 상당한 성공을 거두었다.

이것을 계기로 존슨은 1945년 시카고에서 대대적으로 청소년을 위한 집회를 계획하고, 아울러서 국제 YFC를 조직하려고 생각하였다. 존슨은 이것을 위해서 미국 전역에 걸쳐서 42명의 전도자와 집회 디렉터를 모았다. 이때쯤 밥 피얼스가 존슨의 모임에 참석한 것으로 보인다. 피얼스는 당시 등장하고 있던 새로운 청소년집회에 깊은 관심을 가졌고, 존슨은 이런 피얼스에게 남 캘리포니아 지역에 YFC잡지를 판매하

---

7) Joel A. Carpenter, *Revive Us Again: The Reawakening of American Fundamentalism*, New York: Oxford University Press, 1997, p.162.

8) Carpenter, *Revive Us Again*, p.164.

는 책임을 맡겼다. 피얼스는 이 기회를 통해서 이 지역의 사람들을 알게 되었고, 1944년 가을에 시애틀 지역의 YFC 창립을 위한 디렉터로 초빙되었고, 이 지역을 YFC지부 가운데서 가장 활동적인 지역으로 만들었다. 이런 것들을 통해서 피얼스는 빌리 그래함과 함께 존슨이 이끄는 YFC의 떠오르는 새로운 스타로 부상하게 되었다. 1945년의 첫 번째 창립 집회에 피얼스는 11명의 지역 부총재의 하나로 부상되었다. 이렇게 해서 YFC는 빌리 그래함과 피얼스의 홈 베이스가 되었다.9)

밥 피얼스(1914-1976)는 원래 성결운동이라고 불리는 복음주의적인 전통에서 성장하였다. 그는 어려서부터 캘리포니아에 있는 나사렛교회에서 자랐고, 이 교회는 그에게 가족과 같았다. 그는 나자렛교회에서 운영하는 파사데나 나자렛대학에 입학하였다.

그런 가운데 피얼스는 로레인 존슨(Lorraine Johnson)과 결혼했는데, 그의 장인 플로이드 존슨(Floyd B. Johnson)은 보다 깊은 신앙적 전통을 갖고 있었다. 존슨은 항상 자신의 가문을 "진홍색 실"(Scarlet Thread)의 전통을 갖고 있다고 자랑했는데, 그것은 철저한 복음주의적인 것이었다. 그의 할머니는 어려서부터 "온전하고, 거저 주신 구원"(Salvation Full and Free)의 복음을 들었는데, 이것은 성결운동의 전형적인 메시지였다.10) 여기에서 온전한 구원이란 성결을 말하는 것이요, 거저 주신 구원이란 값없이 순간적으로 주시는 은혜를 말한다. 이런 분위기에서 자란 플로이드는 청년시절에 시카고에서 폴 레이더(Paul Rader)의 설교를 듣고 예수를 인격적으로 만났다. 레이더는 시카고의 제일 큰 교회

---

9) King, "Seeking A Global Vision," pp.26-27.

10) Marilee Pierce Dunker, *Man of Vision: The Candid Complete Story of Bob and Lorraine Pierce, Founders of World Vision and Samaritan's Purse*, Waynesboro, GA: Authentic Media, 2005, p.15.

인 무디교회의 설교자이자 미국 성결운동 교파의 하나인 기독교연합
선교회(Christian and Missionary Alliance, C & MA)의 중심인물이었다. 아
울러서 레이더는 미국에서 최초로 방송설교를 시작한 인물로 시카고
의 복음주의를 주도하고 있었다.[11]

은혜를 경험한 플로이드는 레이다의 사역자가 되었고, 그의 방송사
역을 맡아서 진행하면서 C & MA의 일원이 되었다. 플로이드의 사역은
전국적으로 알려지기 시작하였고, LA의 나사렛교회의 초청을 받아서
이 지역에서 전도 집회를 하게 되었다. 이런 가운데 피얼스는 플로이
드의 딸, 로레인을 만나게 된 것이다.[12] 플로이드는 이제 LA지역에서
도 알려진 인물이 되었고, 당시 LA지역에서 센세이션을 일으키며 부흥
을 주도하던 에이미 맥퍼슨(Aimee Semple McPherson)의 초청을 받아
엔젤누스 템플(Angelnus Temple)에서 13개월 동안 그와 함께 사역하였
다. 이 단체 역시 C & MA와 비슷한 전통에 속하는 교파였다. 맥퍼슨과
계약이 끝난 1938년에 플로이드는 LA에 로스 엔젤리스 전도센타(Los
Angeles Evangelistic Center)를 세웠다. 이제 피얼스는 로레인 아버지 교
회에서 부교역자로 사역하게 되었다. 피얼스가 기독교 사역을 배운 것
은 바로 장인의 교회에서였다.

피얼스는 로레인을 만난 다음에 더 이상 학교를 다니지 않고 복음전
도사역에 종사하였다. 그가 원래 속해있던 나사렛교회는 대학을 졸업
하지 않은 사람에게 안수를 주지 않았기 때문에 그는 침례교회로 가서
안수를 받았다.[13] 나사렛교회와 C & MA는 다 같이 성결을 강조하는

---

11) Carpenter, *Revive Us Again*, pp.126-129.
12) King, "Seeking A Global Vision," pp.16-18.
13) King, "Seeking A Global Vision," 17쪽 각주 18번 참조. 피얼스는 침례교단과
　　는 별다른 네트워크를 갖고 있지 않았다. 실제로 월드비전은 한국에서 성결
　　교회나 장로교회에 비해서 침례교와 함께 사역을 하지 않았다.

단체로서 체험을 강조하는 복음주의의 한 그룹이다. 이 그룹은 정통교
리를 주장하기 위해서 투쟁하는 칼빈주의적인 계열의 근본주의와는
달리 체험을 강조하는 부흥운동의 전통을 갖고 있었다. 사실 이런 성
결운동의 특징은 그의 사역에서도 잘 나타나고 있다. 그는 일본복음전
도대나 동양선교회(OMS), 그리고 폴 리스(Paul Rees)와 같은 인물들과
함께 사역했는데, 이들은 모두 성결운동의 배경을 갖고 있다.14) 이들
의 이런 전통은 교리적인 차이보다는 체험적인 신앙에서 공통분모를
찾고 있다. 그리하여 피얼스는 교파를 넘어 폭 넓게 많은 사람들과 협
력할 수 있었다.

1945년 종전을 앞두고 미국에서는 일종의 청소년집회의 대 부흥이
일어났다. 그리고 그 중심에는 YFC가 있었고, 여기에는 빌리 그래함과
밥 피얼스가 있었다. 이들은 전통적인 기독교의 메시지를 가지고 있지
만, 이것을 대중들에게 전달하는 방법은 완전히 새로운 것이었다. 이
들은 복음을 그 시대의 언어로 복음을 전하려고 노력하였다. 예를 들
면 1944년 6월 10일 복음전도집회를 개최하면서 며칠 전에 일어났던 6월
4일 노르망디 상륙작전의 D-Day를 본받아 "D-Day---Day of Destiny"라는
명칭을 붙였다.15) 이들은 일반 오락산업의 기교를 모방하여 자신들의
집회를 이끌어 나갔다. 또한 이들은 자신들의 집회를 충분히 홍보하였
고, 여기에는 팜플렛, 넷트웍, 신문 및 방송광고 등을 사용하였다. 이
런 집회에는 당연히 대중스타들이 요구되었다. 따라서 이들은 유명한
기독교인 연예인이나 운동선수들을 초청하였다. 이런 집회를 위해서

---

14) 피얼스는 웨슬리안 성결운동계통의 학교인 테일러대학교와 아주사퍼시픽대
학교의 이사를 지냈다. 리챠드 게만, 『너의 마음을 깨뜨리라』, 보이스사,
1978, 399쪽의 「피얼스박사의 인적사항」 참조.

15) Carpenter, *Revive Us Again*, p.165.

이들은 실업가들로 구성된 기독교실업인회(Christian Business Men's Committee)의 재정적인 후원을 받았다.

이런 YFC의 전략은 매우 성공적이었다. 이 같은 YFC집회의 절정은 1945년 5월 말, 메모리얼 데이에 열린 시카고 YFC의 집회였다. 시카고의 솔져 필드에서 열린 이 모임에는 약 7만 명의 젊은이들이 모였으며, 이것을 기회로 미국 전역에 이 집회는 확산되었다. 미국 전역에서 300-400여 개의 집회가 열렸고, 매주 평균 약 30만에서 40만의 청중들이 참여했다. 당시 미국의 최대 언론 재벌인 히스트(William R. Hearst)는 자기가 경영하는 22개의 언론에 이 집회를 보도할 것을 요구했다.[16) 이것은 미국에서 스코프 사건 이후 복음주의집회가 미국의 일반 잡지에서 처음으로 중요하고, 우호적으로 다루어졌다.[17) 미국에 복음주의의 새로운 시대가 열리고 있는 것이다.

이런 복음주의의 새로운 시대는 당시 미국에 일기 시작한 새로운 민족주의와 결부되었다. 30년대 대불황을 경험한 미국은 전통적인 미국의 가치에 대해서 회의적이었다. 하지만 제2차 세계대전이 미국 주도의 승리로 끝나가면서 미국의 경제는 부흥하기 시작하였고, 아울러서 미국적인 가치에 대해서도 자신을 갖기 시작했다. 이런 상황에서 소련이 동구 유럽을 공산화하기 시작하는 것은 이런 미국적인 세계질서에 도전하는 것이라고 생각되었고, 이것을 막고 미국을 지키는 것이 복음주의의 사명이라고 본 것이다. 여기에 가장 앞장선 사람이 바로 YFC의 존슨이었다.

존슨의 시카고집회의 설교는 기독교의 복음을 전하여 러시아, 즉 공산주의를 막아야 한다는 내용이었다. 그는 독일이 두 차례나 전쟁에서

---

16) https://en.wikipedia.org/wiki/William_Randolph_Hearst(2020년 12월 26일 검색).
17) Carpenter, *Revive Us Again*, p.167.

진 것은 그들이 하나님을 떠난 것에 대한 하나님의 심판이며, 미국이
전쟁에서 이긴 것은 세계에서 가장 경건한 신앙을 지키려고 노력했기
때문이라고 말하였다. 그는 1차 세계대전이후 세계복음화에 실패했기
때문에 전쟁이 일어났다고 주장하면서 제2차 세계대전 후에 미국의
가장 중요한 과제는 세계 전도이며, 동시에 공산주의를 막는 것이
다.18) 존슨은 이것을 위해서 전후 YFC의 활동은 국제적이어야 하며,
그래서 1946년에 국제 YFC를 창립하였다. 그는 국제 YFC의 이름으로
전 세계에 선교사를 보내는 운동을 시작하였다. 1950년 맥아더도 일본
에 민주주의를 확고하게 세우기 위해서 YFC에 선교사를 보내 달라고
요청하기도 했다. 이것은 마치 19세기 말에 학생자원운동이 세계선교
를 위해서 감당한 역할과 같은 것이다.

1947년과 1948년의 일 년 사이에 YFC는 전 세계에 10개 팀의 선교사
를 파송하였다.19) YFC가 이들 지역에서 행하는 것은 바로 미국에서
주도했던 청소년집회를 이들 지역에서 개최하는 것이다. 원래 YFC가
중점을 두었던 것은 유럽이었다. 당시 미국인들은 독일을 비롯한 유럽
이 미국의 도움을 받지 아니하면 공산화될 것이라고 보았다. 이 지역
에 파송된 사람은 YFC의 대표인 존슨과 새로운 스타 빌리 그래함이었
다. 하지만 유럽 못지않게 중요한 지역이 중국이었다. 중국은 미국선
교의 중요한 중심지였다. 존슨은 피얼스에게 중국으로 갈 것을 권했
다. 그러나 피얼스는 아무런 준비가 없었다. 하지만 그는 우선 하와이
에 가는 비행기를 탔고, 그가 그곳 공항에 내렸을 때, 빌리 그래함은

---

18) Jay D. Learned, "Billy Graham, American Evangelicalism, and the Cold War
Clash of Messianic Visions, 1945-1962", PhD diss., University of Rochester,
2012, pp.52-53.
19) King, "Seeking A Global Vision," pp.36-37.

LA지역의 YFC집회에서 모금한 300불이 피얼스에게 전달되었다. 이것
으로 그는 중국에 가서 사역할 수 있었다. 당시 YFC는 신앙선교의 원
칙에 의해서 하나님이 주시는 대로 재원을 공급받으면서 사역을 진행
하였다.[20]

### 3) 밥 피얼스의 중국선교와 월드비전의 기원

당시 중국 기독교는 특별히 복음주의적인 기독교의 특별한 관심의
대상이었다. 중국 총통 장개석은 그의 부인 송미령과 함께 철저한 기
독교인으로 모택동의 공산당과 싸우고 있었는데, 미국의 복음주의 기
독교인들은 장개석을 도와야 한다고 생각했다. 공산주의를 반대하고,
미국의 도움이 절실했던 장개석은 미국의 젊은 복음주의자들을 환영
했고, 그를 지지하는 미국의 타임즈와 뉴스 윅의 발행인인 루스(Henry
Luce)의 지원으로 피얼스의 활동은 미국에 널리 보도되었다. 1947년
이루어진 이 방문에서 피얼스는 4개월 동안 중국을 순회 방문하였고,
이때 17,852명이 예수 그리스도를 주로 영접하기로 결단하였다.[21] 특
별히 송미령은 피얼스에게 지금 중국의 전쟁은 단지 정치적, 군사적
전쟁이 아니라 영적 전쟁이라고 말했다. 피얼스는 미국으로 돌아와서
기독교인들에게 미국은 중국 기독교인들을 포기할 것인가? 아니면 도
울 것인가?를 도전하였다.[22] 여기에서 피얼스에게 있어서 기독교와 반

---

[20] Michael S. Hamilton, "More Money and More Ministry: The Financing of North American History Since 1945", *More Money and More Ministry: Money and Evangelicals in Recent North American Ministry*, ed. Larry Eskridge and Mark A. Noll, Grand Rapid, MI: Eerdmans, 2000, pp.105-106.

[21] Dunker, *Man of Vision*, p.73; King, "Seeking A Global Vision," pp.40-41.

[22] King, "Seeking A Global Vision," p.42.

공은 동의어였다.

밥 피얼스의 공헌은 여기에 하나의 새로운 주제를 덧붙였다는데 있다. 그것은 바로 자선이다. 젊은 피얼스는 중국에 가서 그곳에서 묵묵하게 희생적으로 사역하는 선교사들을 만났다. 그는 쿤밍에서 일하는 중국내지선교회의 여선교사 베쓰 엘버트(Beth Albert)를 만났는데, 나병환자 요양원을 운영하고 있었다. 이 지역의 책임자는 나병환자를 별도지역에 격리시켜 놓고, 길거리에서 나병환자를 보면 사살하라고 명령했다. 앨버트는 이들을 찾아가서 이들을 돌보아 주었다. 앨버트는 주변의 미군을 찾아가서 먹을 것을 얻어다가 그들에게 주었고, 군대에서 남은 것들을 모아서 움막을 지어 주었다. 당시 미군과 미국인들은 여기에서 철수하고 있었다. 앨버트는 이들과 함께 고통을 나누면서 이들을 도왔다. 피얼스는 앨버트를 100% 헌신된 선교사라고 불렀다. 그는 이 선교사를 도와야 한다고 생각했다.[23]

이런 가운데 피얼스는 아모이(Amoy) 지역에서 미국 그랜드 래피드에서 온 화란 개혁파 선교사 휠케버(Tena Hoelkeboer)의 초청을 받아 그녀가 운영하는 400명 규모의 여학교에서 집회를 하게 되었다. 이 집회에서 피얼스는 미국에서 하던 대로 예수를 그리스도로 받아들이고, 이것을 집에 가서 말하라고 외쳤다. 이 집회에서 결단하고 신앙을 받아들인 화이트 제이드(White Jade, 白玉)라는 이름의 어린 여학생이 피얼스가 가르쳐 준대로 집에 가서 아버지에게 예수를 믿게 되었다고 말했다. 그의 아버지는 이 여학생을 구타한 뒤 집에서 쫓아냈고, 이 여학생은 휠케버에게 왔다. 휠케버는 피얼스에게 "이제 어떻게 할거냐?"고 물었다. 당시 휠케버는 이 여학생을 보호할 능력이 없었다. 피얼스는

23) Franklin Graham, Bob Pierce, *This One Thing I Do*, Dallas: Word Publishing, 1983, pp.69-70.

자신이 갖고 있는 5달러를 주면서 이 아이를 부탁하는 한편 앞으로 계속해서 후원하겠다는 약속을 하였다. 이것이 월드비전이 시작된 이유였다.[24]

피얼스는 중국이 영적으로 궁핍할 뿐만이 아니라 육체적으로도 궁핍하다는 사실을 알고, 새로운 사명을 갖게 되었다. 그것은 중국의 궁핍을 미국 기독교인들에게 알려 그들을 돕도록 하는 중간자의 역할을 자기가 맡아야 한다는 것이다. 휠케버가 했던 말, "이제 어떻게 할 것인가?"는 피얼스가 미국에 돌아와서 그가 초청받은 집회에서 가장 많이 반복했던 말이다. 1947년 10월 중국에서 다시 미국으로 돌아온 피얼스는 9개월 동안 약 67,000불을 모금하였다.

피얼스는 다시 중국으로 돌아갈 것을 생각하면서 새로운 선교방법을 생각했다. 그것은 중국의 실상을 미국인들에게 보여주기 위해서 카메라와 필름을 준비했다는 것이다. 피얼스는 원래 학교에서 선교의 준비를 한 사람이 아니다. 그는 현장에서 배웠고, 그것을 바로 현장에서 적용하였다. 피얼스는 "사진 한 장이 천마디 말의 가치가 있다. … 당신의 카메라는 사람들에게 말로서 결코 설명할 수 없는 육체적 영적인 필요를 설명해 줄 것이다."고 말했다. 피얼스는 중국으로 돌아가서 "굶주리는 아이들, 쓰레기 더미에서 자는 가족, 의료시설이 없는 나병환자 시설들"을 카메라에 담았다. 이것은 피얼스의 사역이 성공하게 된 또 다른 중요한 요소이다.[25]

1948년 피얼스는 다시 중국으로 돌아왔다. 그는 주로 중국의 도시선교에 집중하였다. 자신이 미국에서 모금한 내용을 그는 이곳에서 사역

24) Graham and Lockerbie, Bob Pierce, p. 73; King, "Seeking A Global Vision," p.42.
25) King, "Seeking A Global Vision", p.45.

하는 선교사들에게 나누어 주었다. 피얼스는 대부분의 선교사들은 중국에서 놀라운 일들을 하고 있으며, 이들에 대한 경제적인 도움은 너무나 미약해서 그들의 생존을 위협한다고 보았다. 특별히 신앙선교 단체에서 파송된 사람들의 현실은 더욱 어려웠다. 피얼스는 이들의 헌신적인 모습을 미국사회에 알려 주어야 한다고 생각했다. 이들을 돕는 것은 결국 중국인들을 돕는 것이다. 피얼스는 자신이 새로운 전도사역이나 자선사역을 시작해야 한다고 생각하지 않았다. 단지 지금 하고 있는 일들을 미국사회에 알려서 이들을 도와야 한다고 보았다. 여기에 피얼스 사역의 특징이 있었다.

피얼스가 1948년 중국에서 보았던 또 다른 중요한 모습은 중국이 공산화되고 있다는 것이다. 그는 이전에 자신과 관계를 맺고 활동하던 사람들이 공산당에 의해서 죽임을 당했다는 것을 알고 경악했다. 그는 이렇게 말했다. "공산주의의 위협은 매 시간 중국의 전 지역으로 확산되고 있습니다. 대부분의 북부지역은 이미 가버렸습니다. 학생회관은 아직 열려있습니다. 그러나 이들도 곧 순간적으로 닫히게 될 것입니다. 오늘은 아직 추수의 날입니다. 내일은 아마도 선교사들이 중국 전 지역에서 철수하는 것을 보게 될 것이다. 그 다음에는 우리 기회의 문이 닫히게 될 것입니다. 아마도 영원히 닫히게 될 것입니다."[26] 피얼스의 마음은 급박했다. 만일 지금 기회를 잃어버린다면 복음으로 아시아를 변화시킬 기회는 영영히 사라질 것이라고 생각했다.

밥 피얼스는 중국에서 돌아와서 1949년에는 전년에 그의 중국선교 경험을 책으로 남겼다. 이것이 존더반에서 출판된 *The Way to the Harvester*이었다. 바로 이 시점에서 중국은 공산화되어 이제 모택동의

---

26) 앞의 책, p. 46.

손으로 들어가게 되었다. 당시 미국 정부는 아직도 공산주의의 현실을 직시하지 못하고, 여전히 공산주의와 협력 가능성을 생각하고 있을 때, 피얼스는 자신이 경험한 중국을 생생하게 미국사회에 알렸다. 이 책은 출판되지 5개월 안에 만부가 팔렸고, 이것은 공산주의의 위협과 아시아의 중요성을 미국사회에 알리는 중요한 계기가 되었다.

피얼스는 중국을 미국에 알렸다. 그리고 중국과 미국이 무엇이 다른 가도 설명하였다. 특별히 그는 중국인의 환대에 대해서 설명하였다. 만일 중국이 복음화 된다면 이것은 세계선교의 또 다른 중심이 될 것이라고 주장했다. 피얼스는 복음전도는 그리스도의 사랑과 함께 해야 한다고 주장하였다. 전도와 사회참여를 동시에 주장한 것이다. 중국인이 느끼는 물질적인 고통과 함께 할 때, 그들의 영적인 문제도 해결할 수 있다는 것이다. 그는 신학자들이 복잡하게 생각하는 것을 그의 삶 속에서 간단하게 설명하였다. 사실 칼 헨리가 1947년 근본주의자들이 사회문제에 대해서 관심을 가져야 한다고 이야기 했을 때, 피얼스는 이것을 그의 삶을 통해서 구체적으로 증거하고 실천하고 있었던 것이다.

피얼스는 지금 중국에서 벌어지고 있는 전쟁은 기독교와 공산주의 사이에서 일어난 전쟁으로 이해했다. 여기에서 그는 복음주의 기독교인들은 공산주의와 맞서 싸울 수 있는 거의 유일한 집단으로 생각했다. 이런 점에서 피얼스는 장개석에 대해서 매우 높게 평가하였다. 많은 미국인들이 장개석을 무능하고 부패한 사람으로 묘사했지만 피얼스는 장개석이 이 전쟁의 본질을 잘 이해하고 있는 복음주의 기독교인이라고 주장하였다. 피얼스는 지금 세계는 공산주의와 기독교의 전쟁터이며, 지금 아시아는 절박한 극적인 전환점에 서 있다고 주장하였다. YFC 선교사 던롭(Merrill Dunlop)이 "만일 우리가 오늘 일본을 복음화하지 못하면 내일 우리는 다시 일본과 싸워야 할 것이다"고 말한 것과 같이[27] 피얼스는 중국을 복음화하는 것이 바로 중국을 공산주의에 넘겨주지 않는 길이라고 주장했다. 아울러서 피얼스는 미국 기독교인들에게 이런 상황에서 복음전도와 함께 가난하고, 병든 중국인들을 위해서 "이제 어떻게 할 것인가?"를 물었던 것이다. 이것이 바로 월드비전의 씨앗이 되었던 것이다. 하지만 피얼스가 예견했던 것처럼 이제 중국의 공산화와 함께 피얼스는 다시 중국으로 돌아갈 수 없었다. 1949년 피얼스는 상당한 낙심 가운데 빠져 있었다.

## 3. 제2차 세계대전 이후 한국기독교의 변화와 밥 피얼스의 월드비전 창립

### 1) 밥 피얼스의 첫 번째 한국 방문과 구국전도운동

일반적으로 한국교회사에서는 피얼스가 한국에 처음 온 것은 1949년이라고 알려졌다. 이 주장의 기원은 김양선으로 그는 『한국기독교해방 10년사』에서 "세계적 대부흥가 피얼스 목사는 6·25사변 전년에 래한하여 초유의 대부흥운동을 일으킨 것을 필두로, 전후 5차에 亘(긍)하여 대부흥회를 열었다."고 기록하였고, 부록에서는 이것을 1949년 9월이라고 정리했다.[28] 민경배는 『월드비전 50년 운동사』에서 "피어스 목사는 이미 1949년 9월에 한국을 방문한 적이 있다. 그때, 그는 남대문교회에서 부흥집회를 가지면서 한국에 대한 열렬한 인연을 가지기 시

---

27) 앞의 책, p. 46.
28) 김양선, 『한국기독교해방십년사』, 대한예수교장로회총회교육부, 1956, 93, 358쪽.
   밑줄은 필자의 강조.

작하였다."고 주장하였다.[29) 이런 주장은 월드비전의 오재식 회장에 의해서 반복되었다.[30) 이것은 현재 한국에서 서술되고 있는 거의 모든 교회사 관련 기술에서 반복되고 있다.

그러나 이런 주장은 입증되기 어렵다. 피얼스의 딸 로레인이 쓴 그의 아버지의 전기에 따르면 피얼스는 1949년 피얼스는 중국이 공산화되면서 다시 중국에 가지 못하자 많이 방황하기 시작하였다. 그러는 동안에 1949년 여름에 한국에서 활동하던 OMS의 길보른형제로부터 한국을 방문해 주었으면 좋겠다는 제안을 받았다. 전후 1947년부터 중국에 와서 사역을 하던 이들은 이곳에서 피얼스의 순회집회를 도왔고, 이것이 인연이 되어서 이들은 서로를 잘 알게 되었다. 그러나 중국의 공산화로 더 이상 중국에 머물 수 없게 된 이들은 1949년 1월에 한국에 와서 이곳의 OMS 사역을 지속하였다. 그 해 6월에 한국교회는 미군 철수를 반대하는 대대적인 집회를 열었고, 이것은 이들 형제에게 큰 영향을 미쳤다. 그리고 이들은 그 해 여름에 피얼스를 한국으로 초청하였다.[31)

중국 가는 길이 막혀있어 좌절하고 있는 가운데 한국에서 온 초청은 피얼스를 흥분하게 만들었다. 하지만 상황은 좋지 않았다. 그의 아내는 임신 중이었고, 한국 갈 돈도 모금되지 못했다. 아내의 도움으로 겨우 여비를 마련한 피얼스는 왠지 모르지만 한국에 가기 위해서 파리행을 택했다. 파리에 맡겨 놓은 카메라 수리를 위해서라고 하지만 모든 것이 확실하지 않았다. 이것을 그의 딸은 "잘못된 방향"(wrong direction)이라고 불렀고, 이 기간 그의 모습을 성경의 탕자와 같다고 평가했다.

---

29) 민경배, 앞의 책, 114쪽.

30) 앞의 책, 556~559쪽.

31) Dunker, *Man of Vision*, p.87.

파리에서 피얼스는 인도로 간다고 집에 편지했지만 실제로 인도에는
가지도 않았고, 파리에 그냥 머물러 있었다. 로레인은 이것을 알고 실
망했고, 결국 병원에 실려갔다. 이 소식을 들은 피얼스는 다시 미국으
로 돌아왔다. 피얼스는 한동안 영적인 육체적인 침체에 빠져 있었
다.[32]

　이런 상황 가운데 1950년 3월에 피얼스는 한국에 왔다. 밥 피얼스가
한국에 대해서 기록한 첫 번째 책은 1951년에 쓴 *The Untold Korea
Story*였는데, 여기에서 그는 첫 번째 한국행을 설명하고 있다. 이 당시
피얼스는 일본선교에 대해서 관심을 갖고 있었는데, 미군당국의 제한
때문에 가능하지 않았다. 그러던 중 1950년부터 맥아더의 특별명령으
로 선교사들이 일본으로 돌아와서 활동하게 되었고, 이런 기회에 피얼
스는 일본선교를 계획하였다. 피얼스는 일본선교를 계획하면서 동시
에 한국에 있는 자신의 친구인 엘마 길보른에게 편지를 보내 한국에서
한 두주 집회를 가질 수 있도록 해 줄 것을 요청하는 편지를 보냈다.
그런데 이 편지는 놀랍게도 딱 들어맞았다. 길보른은 피얼스에게 한국
에는 하나님에 대한 갈망이 있으며, 지금 한국에는 부흥을 위한 갈망
이 강력하게 일어나고 있다고 지적하면서 한국을 방문할 것을 요청하
였다. 이 편지에서 엘마 길보른은 1949년 6월에 전국의 교회들이 모여
서 공산주의로부터 한국을 지키며, 민족을 구원해 달라는 대규모의 집
회를 소개하였다. 피얼스는 여기에 감동을 받았다. 그렇게 해서 1950년
3월에 피얼스는 한국을 처음 방문한 것이다.[33]

　그러면 당시 한국에서 일어난 복음전도의 열기는 무엇인가? 그것은
1950년 초부터 일기 시작한 구국전도운동이다. 정부 수립 직후부터 남

---

32) Dunker, *Man of Vision*, pp.87-93.
33) Bob Pierce, *The Untold Korea Story*, Grand Rapids, MI: Zondervan, 1951, pp.6-7.

로당은 대한민국을 전복시키려고 노력했다. 이것은 1948년 10월 여순 반란사건으로 잘 나타나고 있다. 이런 반란은 지리산 지역으로 확산되었고, 1949년 말 남원읍 서북교회의 김봉용전도사가 서울로 올라와 교회 지도자들을 만나 지리산전투지구에 특별전도대를 만들어서 전도와 함께 선무작업을 해줄 것을 요청하였다. 이 구국전도운동은 한국의 복음화가 새로 세워진 나라를 지킬 수 있다는 믿음에서 출발했다.

여기에 앞장선 것이 바로 한경직 목사였다. 여기에 장로교선교사 보켈(Harold Volkel, 한국명 옥호열)과 디캠프(Otto DeCamp, 한국명 감의도), OMS 선교사 엘마 길보른(Elmer Kilbourne)도 참여하였다. 이 운동은 점점 전국규모의 운동이 되었고, 당시 한국교회의 유일한 연합기관인 한국기독교협의회는 1950년을 구국전도의 해로 정하고, 구국전도운동(Save the Nation Evangelistic Crusade)을 시작하였다. 이 운동의 대표는 한경직이었고, 각 교단의 대표들이 여기에 참여하였다. 이들은 3월 19일부터 네 그룹으로 나누어서 1그룹과 2그룹은 지리산, 3그룹은 38선, 4그룹은 대구에 집중해서 전도와 선무활동을 하도록 했다.[34]

길보른이 바로 이와 같이 구국전도운동에 참여하고 있을 때, 피얼스에게 연락이 왔고, 길보른은 이것을 구국전도운동에 알렸던 것이다. 이렇게 해서 이미 구국전도운동이 시작되어 진행되고 있던 1950년 3월 27일에 그는 한국에 도착하여 구국전도운동에 합류하게 되었다. 피얼스는 그의 한국전도여행의 모든 계획은 완전히 한국인에게 맡긴 채 한

34)「구국전도의 해」,『활천』, 1950년 5월; Harry A. Rhodes and Achibald Campbell, *History of the Korea Mission Presbyterian Church in the U. S. A.* Vol. II. 1935-1959, Seoul: The Prebyterian Church of Korea Department of Education, 1965, p.244;『영락교회 30년사』, 대한예수교장로회영락교회, 1983, 95쪽; Elma Kilourne with Ed Earny, *Missionary Maverick*, Greenwood, ID: OMS Intranational, 1989, p.91.

달 동안 이 집회를 위해서 헌신하기로 결정하였다.[35] 그러므로 피얼스
의 첫 번째 한국집회는 한국주류의 연합기관인 한국기독교연합회와
함께 한 것이었다.

이것은 제2차 세계대전 이후 미국복음주의의 새로운 흐름이다. 미
국 복음주의는 이전의 분리주의적인 태도에서 벗어나서 주류교단에서
도 협력자를 찾았으며, 해외에서는 오히려 주류교단과 손을 잡고 활동
하였다. 비록 미국에서 밥 피얼스는 변두리인물이었지만 그가 한국에
왔을 때 그는 세계적인 부흥사로 소개되며, 미국 기독교를 대표하는
인물로 부각되었다. 이것이 미국의 복음주의가 미국 본토에서 보다 해
외에서 더 주도적인 역할을 담당하게 되는 이유가 되었다고 본다.

당시 한국사회에서 스포츠는 큰 인기가 있었다. 특히 한국사회는 혼
란스러웠지만 마라톤에 큰 관심을 보여 1947년 보스턴 마라톤대회에
서 3등, 1950년 대회에서 1, 2, 3등을 차지하는 쾌거를 이룩하였다.[36]
구국전도운동준비위원회는 스포츠 열기를 전도와 연결시키려고 했다.
그래서 피얼스에게 미국의 유명한 육상선수 도즈(Gill Dodds)와 함께
올 것을 요청하였다. 그는 미국의 유명한 중거리 경주 선수로서 기록
보유자였다. 그런데 피얼스는 도즈뿐만이 아니라 미국 대학생권수챔
피언이었던 핀들리(Bob Findley)와 함께 한국에 왔다.[37] 원래 미국의
YFC는 대중들이 좋아하는 스포츠를 통하여 복음을 전하는 새로운 방
법을 개발하였고, 이것은 성공적이었다.[38] 특별히 도즈와 핀들리는 다
같이 깊은 신앙을 가진 사람들로서 복음전도에 대한 열정을 갖고 있었

---

35) Pierce, *The Untold Korea Story*, p.7.
36) http://www.redian.org/archive/53798 (2021년 1월 6일 검색).
37) Pierce, *The Untold Korea Story*, p.8.
38) Carpenter, *Revive Us Again*, p.166.

다. 복음을 전하기 위해서 새로운 방법을 사용할 수 있다고 생각하는
점에서 한국의 구국전도운동과 YFC는 같은 생각을 갖고 있었다. 피얼
스와 이들 선수들이 전국을 순회하면서 복음을 전할 때 그 열기는 폭
발적이었다.

밥 피얼스는 한국에 도착하여 OMS 길보른의 집에 머물렀고, 다른
사람들은 장로교선교사의 집에서 머물렀다. 도착 다음 날 피얼스는 거
대한 환영회에 참석하였는데, 여기에는 58명의 장로교, 감리교의 지도
자들과 선교사들이 포함되어 있었다. 그야말로 당시 한국교회 지도자
들이 거의 참여하였다.[39] 여기서부터 피얼스는 한국에서는 세계적인
부흥사로 소개되었고, 그의 활동은 한국교회 전체를 상대로 하게 되었
다. 미국의 조그만 선교단체의 배경도 없는 선교사가 선교지에 와서는
국가적인 인물로 등장하게 되는 것이다.

환영식이 있던 날 저녁에 피얼스는 한경직 목사가 시무하는 영락교
회에서 설교를 하였는데, 약 1,500여 명이 의자도 없이 앉아서 예배를
드렸다. 한경직 목사가 강단에 나와서 "자, 기도합시다"라고 했을 때
온 청중이 한 마음으로 하나님께 민족과 교회를 위해서 기도하는 모습
은 피얼스를 감동하게 만들었다. 피얼스는 이런 모습은 미국에서는 오
순절파교회에서나 볼 수 있는데, 그런 모습을 한국의 장로교에서 보게
되었다고 말했다.[40]

다음 날, 피얼스는 대구로 가서 집회를 인도했다. 이것은 구국전도
대의 계획대로 진행되는 것이었다. 9주간 동안 진행된 피얼스의 한국
집회는 대구에서 11일 동안 진행되었는데, 그 당시 진행되었던 매일의
일정은 아침 5시 30분에 제일장로교회에서 새벽기도로 시작하였고, 7시

---

39) Pierce, *The Untold Korea Story*, p.26.
40) 위의 책, p.27.

30분에 아침을 먹고, 9시에 학교에 가서 전도집회를 한 다음에 결신자들을 모아서 구도집회를 하고, 오후에는 여학교를 방문하여 오전과 같은 전도집회를 하였고, 저녁에는 일반인들을 상대로 대구공설운동장에서 전도집회를 개최하였다.

이곳에서 집회는 매우 성공적으로 진행되었다. 특별히 도즈는 육상선수로서 세계적인 수준의 달리기 시범을 보여 준 다음에 신앙간증을 시도하였다. 복싱선수 핀들리의 메시지 역시 많은 사람들의 관심을 끌었다. 특별히 그의 메시지에는 성령의 강력한 역사가 임재하는 것 같았다. 이것은 일반인들의 큰 관심을 보였다. 대구시장은 기독교인이었는데 매일 저녁마다 집회에 참여하였다. 시청에서는 할 수 있는 협조를 다 해 주었다. 피얼스의 집회는 단지 기독교행사가 아니라 공적인 시행사로 전환되는 것 같았다. 학교들도 이 집회에 학생들이 참여할 수 있도록 일찍 하교시켰다. 라디오와 신문 등 많은 매체들이 이 모임을 중요한 기사로 보도하였다.[41] 피얼스의 전도집회 전체를 통해서 약 25,000명이 새롭게 기독교를 받아 들였다. 기독교는 한국에서 일종의 공적인 종교가 되어가고 있는 것 같았다.

피얼스는 근본적으로 YFC의 복음전도자였다. 이 운동은 전후 미국과 세계의 청소년들에게 기독교의 복음과 민주주의를 전파하였다. 공산주의는 주로 학생들을 대상으로 활동하기 때문에 학교가 복음화가 되면 공산주의는 발붙일 곳을 잃게 된다. YFC는 복음에는 공산주의를 막아낼 수 있는 소금이 충분하기 때문에 반공은 기독교복음으로 가능하다고 믿었다.[42]

이런 생각은 공산주의의 위협에 있는 한반도의 많은 사람들에게 공

---

41) 위의 책, pp.31-32.
42) 위의 책, p.6.

감을 얻었다. 대구의 공립고등학교 교장은 자신은 신자가 아니지만 자기 학교 전체 학생 1,500명으로 하여금 피얼스의 집회에 참석하도록 하였다. 그는 어른들은 공산주의에 속지 않지만 어린 학생들은 쉽게 공산주의에 넘어간다고 하면서 오직 기독교만이 이런 공산주의에서 젊은 학생들을 돌이키게 할 수 있다고 말했다.[43]

하지만 피얼스의 가장 중요한 강조점은 복음전도였다. 그는 YFC의 부총재로서 한국에 와서 YFC의 활동을 촉진하였다. 한국의 YFC는 이미 명신홍 목사의 노력으로 시작되었고, 명신홍 목사는 1948년 스위스 비텐베르그(Beatenberg)에서 열린 제1차 세계전도대회에 한국대표로 참석하기도 하였는데, 당시 그는 대구에서 목회하여 피얼스의 집회를 도왔다. 명신홍과 더불어서 김치선도 당시 한국 YFC의 멤버로서 활동했다.[44] 피얼스의 집회는 항상 결신을 촉구하고, 구도자를 교육하는 것으로 이어지는데, 아마도 이런 한국 YFC의 조직이 여기에 도움이 되었으리라고 본다.

피얼스는 부산에서 5일간의 집회를 한 다음에 다시 서울로 올라왔다. 이곳에서 약 10일간의 대대적인 집회를 개최하였다. 서울의 집회는 장로교, 감리교, 성결교, 구세군에 속한 약 50교회가 힘을 합하여 진행하였다. 모임 장소는 남산 밑에 새롭게 건축을 준비하고 있는 남대문교회 부지였다. 남대문교회는 자신의 교회 부지에서 집회를 열기를 원했다. 남대문교회는 원래 세브란스병원에서 예배를 드리는 교회였다. 그러나 해방 후 김치선목사의 열정적인 목회 때문에 크게 부흥하였고, 당시 서울의 가장 대표적인 교회의 하나가 되었다. 임시정부의 수반이었던 김구가 자신이 출석할 교회를 찾던 중, 이 교회를 택했

43) 위의 책, pp.30-31.
44) 위의 책, p.32, 40.

다는 것은 이런 현상을 보여 주는 예라고 볼 수 있다. 이렇게 되자 이들은 1950년 3월에 세브란스와는 별개로 독자적인 건물을 짓고자 남창동 282번지에 1,777평의 대지를 구입하고,[45) 대한민국의 독립을 기념하는 기념비적인 건물을 지을 원대한 계획을 가졌다.[46) 그리고 우선 100평 정도의 대형 천막을 세우고, 이곳에서 예배를 드리기 시작하였다.

이 집회를 위하여 임시로 약 3천 명을 수용할 수 있는 대형천막을 치고, 바닥에는 가마니를 깔았다. 피얼스는 이런 상황에 얼마나 참석할 수 있을까 염려했지만 막상 시작하자마자 천막 내부에 3,000명 이상이 참석하였고, 천막 바깥에 약 5,000명이 들어오지 못하고 서 있었다. 하지만 집회가 계속됨에 따라 신자들은 더욱 많이 늘어났다. 다음 날에는 12,000명이 참석하였고, 금요일에는 16,000명, 주일에는 20,000명이 출석하였다. 정확한 숫자를 계수하기 위해서 서울신학교(현 서울신학대학교) 학생들이 문 앞에 서서 참석인원을 계수하기도 하였다. 또한 서울지역교회의 여전도사들과 장로들은 결단한 결신자들을 위한 상담원으로서 활동하였다. 피얼스는 특별히 이 서울집회에서 과거 공산당에 속했던 사람이 회개하고, 강단에 나와서 만 명의 청중 앞에서 바로 며칠 전에 자신이 범한 살인행위에 대해서 공개적으로 자백하는 것을 기억했다.[47) 피얼스의 이 서울집회는 한국부흥운동의 하나의 중요한 변환점이 되었다.

피얼스는 한국집회를 위해서 두 사람의 통역의 수고를 언급하고 있는데, 한 사람은 성결교회의 최석모 목사였고, 다른 이는 한경직 목사

45) 정성환, 「한국교회의 해방 전후사 인식(1): 남대문교회를 중심으로」, 『신학과 목회』 28집, 2007, 31쪽.
46) Pierce, *The Untold Korea Story*, p.40.
47) 위의 책, pp.42-43.

였다. 최석모 목사는 성결교회의 중요 지도자로서 오랫동안 통역을 해
왔다. 그리고 1949년의 12개월 안에 16개 개척교회를 세웠을 뿐만이
아니라 그곳의 교역자들에게 생활비를 마련해 주었고, 이것을 위해서
자신의 월급의 50%를 삭감하였다.[48] 하지만 그는 1950년 공산주의자
들에 의해서 납북되었다. 한경직의 통역은 한마디, 한마디 정확했으
며, 피얼스의 가장 귀한 파트너가 되었다. 한경직에 대해서는 다시 언
급할 것이다.

  필자는 이 장의 앞부분에서 한국의 교회사 관련서적들은 다같이
1949년 밤 피얼스가 한국에 와서 김치선과 함께 남산에서 집회를 열었
다고 기록하고 있다는 것을 지적하였다. 하지만 위에서 지적한 대로
피얼스가 한국에 처음 온 것은 1950년 3월이었다. 또한 남산집회는 남
대문교회가 신축할 예정인 장소에서 열렸는데, 남대문교회가 신축부
지를 산 것은 바로 1950년 3월이었다. 그리고 이 장소에서 같은 해 4월
에 대규모의 전도집회가 열렸던 것이다. 1959년 피얼스가 이승만 박사
로부터 받은 사회복지분야 공익표창에도 그가 처음 한국에 온 것은
1950년이라고 언급하고 있다.[49] 선교사들도 남산에서 피얼스가 집회
를 연 것은 1950년 봄이었다고 기록하고 있다.[50]

  서울집회를 마친 다음 경무대에서 이승만대통령으로부터 연락이 왔
다. 피얼스는 이승만을 방문하였다. 사실 피얼스는 이미 이승만을 집
회에 초청하였고, 이승만은 집회에 와서 차 안에서 피얼스가 하는 설
교를 들었다. 이 자리에서 이승만은 한국인들은 중국의 공산화로 인해

---

48) 위의 책, p.42.

49) 민경배, 앞의 책, 226~227쪽.

50) Rhodes and Campbell, *History of the Korea Mission Presbyterian Church in the
U. S. A.* Vol. II. 1935-1959, p.245.

서 기독교인들이 죽은 것처럼, 한국이 공산화된다면 기독교인이 그 첫 번째 표적이 될 것이라는 것을 알고 있다고 말했다.[51] 이승만은 또한 아직 공산주의자들이 남한의 정부를 무너뜨리지 못하는 이유는 전국 적으로 일어나고 있는 놀라운 영적인 부흥이라고 말하면서 피얼스에 게 이런 일들을 지속해 줄 것을 요청하였다.[52] 피얼스와 이승만은 정 신적으로 동질적이었다.

피얼스는 이어서 대전, 개성, 그리고 인천에서 집회를 가졌다. 당시 대전에는 외국선교사로는 장로교의 아담스 가정만이 사역을 하고 있 었다. 이곳은 불교가 강했기 때문에 서울이나 대구와 같은 부흥을 경 험하지는 못했다. 다음으로 피얼스는 개성에 갔는데, 이것은 38선이라 는 다큐멘터리를 만들어 한반도의 분단을 알려주려는 생각 때문이었 다. 원래 인천집회는 계획이 되어있지 않았지만 인천의 교회들이 연합 하여 집회를 요청하였다. 할 수 없이 집회를 개최했는데, 기대했던 것 이상의 결과를 얻었다.

이렇게 9주간에 걸친 집회를 마치고, 피얼스는 일본에 들러 집회를 인도하고, 이어서 대만으로 가서 장개석을 면담하고, 집회를 인도하였 다. 이 집회를 통하여 복음과 민주주의를 수호하였으며, 아울러서 이 곳에 있는 사람들의 진정한 필요가 무엇인지를 알게 되었다.

## 2) 6·25 한국 전쟁의 발발과 밥 피얼스의 월드비전 창립

밥 피얼스는 귀국한 다음에 미국 기독교인들에게 한국에 대해서 보 고하였다. 그는 한국의 많은 선교단체들에게 후원을 약속했고, 이것을

51) Franklin Graham, Bob Pierce, *This One Thing I Do*, p.146.
52) Pierce, *The Untold Korea Story*, p.5.

위해서 미국 전역을 돌아다니며 순회강연을 해야 했다. 특별히 6월 23일 (금)과 24일(토)에 이들은 인디애나 주 와이오나(Wiona) 호수에서 열린 OMS 선교대회에 특별강사로 초대되어 최근 그들이 한국에서 일으킨 놀라운 부흥운동에 대해서 보고하였다. 특별히 이들은 한국에서 집회를 할 때 눈먼 자가 보고, 귀먹은 자가 듣고, 앉은뱅이가 걷는 놀라운 역사가 일어났다는 것을 보고하고, 한국 신자들에게 일어나고 있는 성령의 역사를 설명하였다.[53]

　그런데 바로 토요일 저녁에 북한군이 남침했다는 라디오 방송이 나왔고, 그 다음 날 주일 예배에 이 소식이 OMS 선교대회에 참석한 사람들에게 알려졌다. 이 소식을 듣자마자 어떤 이들은 한국을 위해서 기도하기 위해 자리를 떠나기도 하였다. 이들은 한국기독교인들이 다시 순교자의 면류관을 쓰게 될 것인가를 염려하면서 하나님께 자유세계가 이들을 위해서 참전해 줄 것과 이런 기회를 통해서 북한에도 복음을 전할 수 있는 기회가 오기를 기도했다.[54]

　밥 피얼스는 한국전도집회를 마치고 귀국한 다음에 미국의 복음주의자들에게 한국을 널리 알렸고, 빌리 그래함도 이런 루트를 통해서 한국사정을 잘 알고 있었다고 생각된다. 빌리 그래함과 밥 피얼스는 매우 가까운 친구였고, 그가 처음 중국에 갈 때 빌리 그래함은 그를 위해 모금해 주었다. 1949년 가을 빌리 그래함은 로스앤젤레스에서 기념비적인 집회를 가졌고, 여기에서 그는 전후 미국 종교계의 새로운 스타로 부상하였다. 그의 집회는 러시아가 원자폭탄을 개발했다는 소식이 외쳐질 때 개최되었는데 빌리 그래함은 스탈린과 공산주의는 기독

---

53) Esther H. Erny, "Wiona Convention Review," *The Missionary Standard*, August 1950, p.13.

54) Erny, "Wiona Convention Review", p.12.

교가 싸워야 할 가장 큰 적이라고 외쳤다.[55] 당시 피얼스는 미국에 머물면서 YFC의 LA지역 책임자로 빌리 그래함을 도왔다. 1950년 봄 밥 피얼스가 한국에서 집회를 개최하는 동안에 빌리 그래함은 미국 보스톤에서 대대적인 집회를 열었다. 피얼스는 1950년 6월에 빌리 그래함이 총장으로 있던 미네소타 미네아폴리스의 노스 웨스턴대학에서 명예 법학박사학위를 받았다.[56] 이것은 빌리 그래함이 중국과 한국에서 이룩한 피얼스의 업적을 인정했기 때문이라고 본다.

그리고 6월 25일에 한국전쟁이 일어났고, 이것은 공산주의의 위협에 촉각을 느끼던 많은 미국 기독교인들에게 큰 충격이 되었다. 중국의 공산화에 이어 한국이 공산화된다면 미국은 안전한가? 당시 복음주의의 새로운 인물로 부상하고 있던 빌리 그래함은 7월 14일에 트루만 대통령과 면담을 약속해 놓고 있었다. 그는 미국의 복음화와 공산주의의 저지를 주요 과제로 생각했다. 이런 상황에서 그래함은 트루만에게 전보를 쳤다. 빌리 그래함은 이 전보에서 수백만의 사람들이 트루만을 위해서 기도하고 있다고 말하면서 "지금 공산주의와 마지막 결전을 벌일 것을 강력하게 권고함. 세계의 어느 지역보다도 인구 비례상 한국은 기독교가 많음. 우리는 그들을 그대로 내버려 둘 수 없음"이라는 전보를 보냈다.[57] 빌리 그래함은 아마도 피얼스로부터 한국에 관한 이야기를 들었을 것이라고 생각된다.

투르만은 6월 30일 한국에 지상군을 파견하기로 결정했다. 그는 이 결정이 자신의 대통령 기간에 가장 어려운 결정이었고, 이것은 히로시

---

[55] Learned, "Billy Graham, American Evangelicalism, and the Cold War Clash of Messianic Visions, 1945-1962," pp.103-115.

[56] 리챠드 게만, 앞의 글, 309쪽.

[57] Nancy Gibbs and Michael Duffy, *The Preacher and Presidents: Billy Graham in the White House*, New York: Center Street, 2007, p.16.

마에 원폭을 투하하는 것보다 어려운 것이었다고 밝혔다. 빌리 그래함
은 7월 14일 약속된 날에 투르만을 만났다. 그를 만나기 바로 전, 10시
에 각의에서 한국전쟁을 위해서 의회에 10조 달러의 예산 신청을 결의
했다. 그리고 12시에 빌리 그래함을 만나서 이 사실을 알려 주었다. 빌
리 그래함은 트루만에게 한국인들은 무시무시한 공포를 느끼고 있으
며, 여기에 귀를 기울여주고, 한국인들을 격려해 줄 것을 요청하였다.
빌리 그래함은 또한 트루만에게 우리가 하나님께 돌아가지 않으면 이
런 시련을 미국이 견딜 수 없을 것이라고 말했다.[58]

이 같은 상황 가운데서 미국 복음주의 기독교는 한국을 돕는 여러
가지 일을 하였다. 그 중의 하나가 바로 밥 피얼스의 모금활동이다. 여
기에서 중요한 역할을 하는 것이 그가 만든 영화필름 "38선"이다. 우리
가 이미 위에서 언급한 것처럼 피얼스는 필름이라는 새로운 수단을 그
의 선교에 도입하였고, 이미 1948년 중국을 다녀온 다음에 "중국의 도
전"(China Challenge)이라는 영화를 만들어서 상당한 효과를 얻었다. 피
얼스는 이 영화를 통해서 한편의 사진이 천 마디의 말보다 낫다는 것
을 알게 되었다. 피얼스는 "38선"을 가지고 미국 전역을 순회하면서 모
금활동을 하였다.[59]

이 필름은 출시 즉시 "금 세기에 만들어진 영화 센세이션"이라는 제
목으로 선전되었고, 1954년에는 "한국이 전쟁의 화염에 휩싸이기 전에
나온 마지막 완성되고, 사실에 충실한 필름 다큐멘트"라는 평가를 받
았다. 이 영화는 피얼스가 한국에서 찍은 필름과 설명으로 구성되었
다. 첫 장면에 "한국, 전선의 활동"이라는 글자가 나오고 있으며, 한국
전쟁이 일어나기 바로 전에 이승만과 찍은 사진이 나온다. 이 영화는

58) 앞의 책, pp.17-18.
59) John R. Hamilton, "An Historical Study of Bob Pierce," p.50.

북한에서 그들의 집을 공산주의자들에게 넘겨주고 월남한 2만 명의
피난민 캠프를 보여주고 있다. 이들이 무신론적인 공산주의 아래 살기
보다는 오히려 자유를 찾아 월남하기를 선택했을 때, 수천 명이 죽임
을 당하고, 포로로 잡혔다. 피난민 캠프는 일본인들이 쓰레기 처리장
으로 사용하던 장소에 만들어졌는데, 이곳에서 이들은 먹고살 것을 위
해서 하루 종일 2, 3센트를 벌고 있었다. 지난겨울 이 피난민 캠프의
1살 미만의 아이의 70%가 이런 환경에서 죽어갔다. 선교사들은 이들
을 돕고자 노력했고, 아이들은 "나의 부모가 나를 포기했을 때, 주께서
는 나를 맡아 주셨다"고 말했다. 이 필름의 초점은 죽어가는 아이들이
었다. 피얼스는 이들을 위해서 모금활동을 벌였다.[60]

아울러서 피얼스는 이 필름에서 선교사들이 운영하는 한국 유일의
나병요양원과 나환자의 자녀들을 위한 시설들을 미국 기독교에 소개
하고 있다. 또한 이 필름은 순교와 시련 가운데서 탄생한 한국교회에
대해서도 소개하고 있다. 한국 기독교는 현재 약 60만 명이며, 외국에
자체적으로 선교사를 보내는 아시아에서 유일한 교회이다. 이와 더불
어서 피얼스는 일제시대에 한국 기독교가 어떻게 일본의 박해를 견뎠
는가도 보여주고 있다. 특별히 피얼스의 눈길을 끌었던 것은 한국여인
들의 신앙이었다. 이들은 매일 냇가에 나가서 흰 옷을 빨래하며, 모든
가사일과 농사일을 하면서도 매일 6시에 교회에 나가서 새벽기도를
하고 있다는 것이다. 또한 피얼스는 자기가 전국적으로 돌아다니면서
인도한 전도집회에 대해서도 소개하고 있는데, 여기에는 진실된 회개
와 성령의 역사가 나타나고 있었다.[61] 이 필름은 미국 기독교인들에게
그들의 신앙을 다시 한 번 각성하게 만들면서 한국을 위해서 헌신하도

---

60) 앞의 책, pp.63-64.

61) John R. Hamilton, "An Historical Study of Bob Pierce," pp.64-65.

록 하였다.

이렇게 한국을 위한 모금이 구체화되자 피얼스는 한국을 돕는 조직을 만들었다. 이것이 월드비전이다. 6·25 전쟁이 발발한 지 약 3달 후인 9월 22일에 오레곤주 포틀랜드에 세워진 월드비전은 "환상(비전)이 없는 민족은 망한다"(잠언 2장 18절)는 성경말씀에 기초하였는데, 사실 월드비전은 YFC의 집회 명칭이었다. 피얼스의 월드비전은 YFC의 복음전도와 반공정신을 계승하는 것이었고, 처음 월드비전을 위하여 함께 일할 사람으로 초청한 것은 그가 포틀랜드 YFC에서 함께 일했던 필립(Frank Phillips)이었다.[62] 이 단체는 "복음주의적 교파연합적인 선교봉사기관으로서 이미 설립되어 있는 복음주의적인 선교기관을 통하여 긴급히 도움이 필요로 하는 세계의 요구에 응답하기 위한 조직"이라고 정의되었다.[63]

월드비전의 초기 창립정신에 나타난 월드비전의 성격은 다음 몇 가지로 요약할 수 있다. 첫째, 월드비전은 복음주의적인 초교파 운동이라는 것이다. 이것을 월드비전이 예수 그리스도를 인류의 유일한 구원자라고 믿는 복음주의 기독교 신앙에 근거한 단체라는 것을 말하는 것이다. 그러나 동시에 이 단어는 이와 같은 기본적인 원칙에만 동의하면 교파와 관계없이 함께 일할 수 있는 단체라는 것이다. 여기에서 월드비전은 "원칙에는 일치를 비원칙적인 것에는 자유를"이라는 복음주의의 흐름을 그대로 따르는 것이며, 이것은 전후 새롭게 등장하는 복음주의를 잘 반영하는 것이다.

둘째로 월드비전은 자신들이 새로운 단체를 만들어서 사역을 하는 것이 아니라 기존에 있는 여러 복음주의적인 선교단체와 손을 잡고 활

---

62) King, *God's Internationalist*, 42.

63) Dunker, *Man of Vision*, 97-100.

동하는 것이다. 이것은 초기 월드비전의 역사에 있어서 매우 중요한 것이다. 피얼스는 그의 전도집회를 위해서 수많은 선교단체들을 만났고, 이들이 각각 자신의 영역에서 최선을 다하고 있음에도 불구하고, 미국교회로부터 거기에 합당한 지원을 받지 못하고 있다고 보았다.

셋째로, 월드비전은 긴급히 도움을 필요로 하는 단체나 개인에게 즉각적이고, 신속한 응답을 하기 위해서 만들어진 것이다. 밥 피얼스의 많은 행동들은 거의 즉흥적이었다. 그는 가는 곳마다 필요한 곳을 보게 되었고, 그 필요에 응답하여 가능한 대로 복잡한 절차를 거치지 않고 즉각적으로 응답하였다. 이것은 기존의 관료조직이나 선교단체들이 할 수 없는 것이다. 그리하여 피얼스는 선교지의 급박한 필요를 곧바로 미국의 기독교인들에게 전하여 중간 단계를 거치지 않고, 곧 바로 하나님의 사랑을 전할 수 있었던 것이다.

월드비전의 이런 성격은 피얼스가 처음부터 함께 사역했던 한경직 목사의 말 가운데서도 확인된다. 그는 "월드비전의 사업은 구체적이거나 조직적이지 못했어요. '이게 선명회 사업이다'고 한 것이 아니라 당시 상황에 맞추어서 정말 어렵고 힘든 사람들이 있으면 돕기를 시작했습니다. 원래 피얼스의 성품이 그런데다가 그만큼 긴박감이 있었습니다."고 말했다.[64]

원래 한국에 있던 선교단체를 돕기 위해서 미국에서 만들어졌던 월드비전은 전쟁이 확대되면서 고아들을 돕는 일들에 많은 노력을 기울이기 시작하였다. 특별히 불쌍한 전쟁고아를 미국 기독교인들에게 소개하여 일대일로 연결하는 프로그램은 큰 성과를 거두게 되었고, 특히 모금에 있어서 엄청난 성과를 거두게 되었다. 이런 상황에서 이제 한

---

64) 한경직, 「창설자 밥 피얼스 목사와 나」, 『한국선명회 40년 발자취』, 한국선명회 40년사 편찬위원회, 1993, 14쪽.

국의 고아를 미국의 기독교인과 연결시키기 위해서는 한국에 사무실을 만들 필요가 있었다. 이렇게 해서 1953년 피얼스는 중국에서 고아들을 위해서 사역하던 러에츠부부(Erwin and Florence Raetzes)를 한국으로 초청하였다.

라에츠는 원래 중국의 기독교아동복리회(Christian Children Fund)에서 일했다. 이 단체는 1938년에 세워졌는데 학자들로부터 아동후원 프로그램을 처음 보급한 공로를 인정받고 있으며, 1950년대 말에는 아세아를 넘어선 전 세계적인 조직이 되었고, 미국 전체의 사립자원단체 가운데 7번째를 차지했다. 이 단체의 원래 이름은 중국아동복리회(China Children Fund)이었는데, 1949년 중국의 공산정권이 이들을 떠나도록 강요했을 때 그 이름을 기독교아동복리회로 바꾸었다. 그런데 CCF는 기독교인들로부터 후원을 받으면서도 점점 불교신자들 가운데서도 직원을 채용하기 시작했고, 전도와 같은 사역을 포기했다. 여기에 대해서 라에츠는 불만을 가졌다.[65]

피얼스는 당시 한국에서 고아사업을 확장해 나가고 있었고, 라에츠는 기존의 고아사업에 대해서 불만을 가지고 있었다. 그래서 1953년 한국전쟁이 끝나는 해에 피얼스는 라에츠를 한국에 초대하였다. 이렇게 해서 월드비전 한국지부가 형성되게 되었다. 당시 사무실은 종로 5가 장로교선교부 사무실에 있었고, 1954년에는 손종율을 총무겸 통역으로 채용하였다. 1955년에는 대한민국 보사부에 외원단체로 등록하였다.[66] 이렇게 한국에 사무실을 만든 다음, 피얼스의 한국 고아후원 사업은 매우 활성화되었다. 처음에는 한국의 기존선교기관을 돕는 것을 주요 목적으로 하다가 고아후원 사업이 주 사업으로 전환되는 것이다.

---

65) King, *God's Internationalist*, p.73.
66) 민경배, 앞의 책, 214~215쪽.

## 3) 월드비전의 초기 사역과 밥 피얼스의 협력자들

위에서 언급한 것처럼, 월드비전의 초기 사역은 바로 기존의 복음주의적인 선교단체를 돕는 것이었다. 피얼스는 중국과 한국 등에 전도집회를 인도하면서 이들 선교단체와 협력하였고, 이들에게 필요한 자금을 지원하였다. 이런 사역은 1950년 10월 그가 한국에 다시 돌아옴으로써 본격적으로 시작되었다. 그러나 전시이기 때문에 한국에 아무나 들어 올 수 없었다. 그래서 그는 미국 복음주의 신문 크리스챤 다이제스트의 기자의 자격으로 한국에 다시 올 수 있게 되었다.[67]

피얼스는 신문기자의 자격으로 한국에 왔기 때문에 민간인이 갈 수 없는 전선까지 그는 갈 수 있었다. 지난 봄에 피얼스가 한국에 왔을 때, 주된 목적이 전도집회였다면 이번에는 한국인들의 참상을 보고 세계에 알리는 것이었다. 피얼스는 중공군의 개입으로 후퇴가 시작되는 어려운 상황에서 전선을 돌아다녔다. 그에게 가장 큰 관심은 전쟁의 상황 보다 전쟁 때문에 고통당하는 고아와 과부들이었다. 피얼스는 이들을 볼 때마다 가슴이 찢어지는 것을 느꼈다. 그리고 그는 이것을 하나님이 그에게 주시는 마음이라고 생각했다. 그래서 그는 자신의 성경에 "하나님의 마음을 찢는 것과 함께 나의 마음을 찢게 하라"는 구절을 적어 넣었다.[68] 이것은 그 후 월드비전의 모토가 되었다.

피얼스와 함께 그의 사역에 동참했던 엘마 길보른은 이렇게 말했다. "그는 상처받은 사람들과 함께 그들의 고통을 대속적으로 감당할 수 있는 능력을 가진 내가 아는 유일한 사람이다." 피얼스는 우는 사람과 함께 울고, 웃는 사람과 함께 웃었다. 엘마 길보른은 피얼스가 감당할

---

67) 리챠드 게만, 앞의 글, 309쪽.
68) 리챠드 게만, 『너의 마음을 깨뜨리라』의 책 이름은 여기에서 유래했다.

수 없는 것을 약속하는 것을 보면서 걱정을 할 때 마다, 피얼스는 하나
님이 주신다고 대답하였다. 그는 이 약속을 미국의 집회에 가서 눈물
로 호소했던 것이다. 피얼스의 이런 행동은 미국의 기독교인들의 가슴
속에 하나님의 사랑을 일깨웠다. 그래서 미국의 유명한 기독교 잡지,
크리스챤니티 투데이는 "제2차 세계대전 이후 북미 복음주의자들 가운
데서 어떤 누구도 단단한 체구의 로버트 윌라드 피얼스보다 기독교의
사회적 책임감을 더 많이 일깨운 사람은 없다."고 기록했다.[69]

이때부터 피얼스는 한국에서 본격적인 사역을 시작하게 되는 것이
다. 피얼스의 한국사역 원조 내역을 보면 북장로교선교부, 남장로교선
교부, 카나다연합교회, 감리교선교부, OMS, 하나님의 성회, 침례교선
교회 등 거의 모든 교파의 선교단체와 연결되어 있으며, 네비게이트와
같은 선교단체와 한경직 목사, 백선엽 장군과 같은 개인도 포함되어
있다. 그러나 피얼스와 가장 밀접한 관계를 맺은 것은 OMS의 엘마 길
보른과 북장로교 선교부의 보켈, 디캠프, 킨슬러, 아담스, 프로보스트,
그리고 한국인으로서는 한경직 목사를 들 수 있다. 따라서 이들을 중
심으로 피얼스의 한국사역을 간략하게 설명하고자 한다.[70]

① 엘마 길보른과 OMS[71]

우리는 이미 위에서 피얼스와 한국교회를 연결시킨 인물이 OMS의

---

69) *The Missionary Standard*, March 1968, p.16; Edwin W. Kilbourne, *Bridge Across the Century*: Volume I. Japan·Korea·China, Greenwood, ID: OMS International, 2001, p.246에서 재인용.

70) 민경배, 앞의 책, 628쪽.

71) 밥 피얼스와 OMS에 관한 자세한 내용은 박명수, 「엘마 길보른과 해방 후 한국교회의 재구성」,『길보른연구논총』, 서울신학대학교출판부, 2016을 참조하시오.

엘마 길보른이라는 사실에 대해서 설명하였다. 피얼스는 원래 나자렛 교회 출신이고, 그의 처가도 C&MA의 영향을 받았다. 그러므로 크게 보아 그는 복음주의 전통 가운데서도 성결운동에 속한다고 말할 수 있다. 이것은 그의 신앙이 교리적인 복음주의가 아니라 부흥운동적인 체험적인 복음주의에 속한다는 사실에서도 잘 알 수 있다. 이런 피얼스는 선교지에서도 동질집단을 찾았고, 이런 점에서 OMS는 피얼스에게 매우 중요한 단체였다. 그의 자서전 『너의 마음을 깨뜨리라』에서 한 장을 걸쳐서 OMS의 기원과 활동에 대해서 설명하고 있다.[72]

OMS도 자신들의 사역에서 월드비전에 진 빚이 많다는 것을 인정하고 있다. OMS 총재였던 어니는 "우리의 짐은 그의 짐"이었다고 말하면서 대만과 홍콩의 신학교 건물을 지어주었고, 서울의 하젤 기념교회(현 아현교회)도 바로 피얼스가 도와준 것이라고 말했다.[73] 우리는 초교파 선교단체들이 비록 교파소속은 묻지 않는다고 해도, 자신과 함께 파트너로 일하는 사람들의 신앙적 스타일이 무엇인가는 따진다는 것을 알 수 있다.

밥 피얼스는 그가 한국에 올 때마다 주로 OMS의 선교사관에서 머물렀다. 그리고 피얼스가 한국에서 활동할 때, 그를 가장 가까이에서 도와 준 사람이 바로 엘마 길보른이다. 원래 OMS는 직접전도를 강조하는 선교단체이지만 엘마 길보른은 피얼스와 같이 가장 구체적인 필요를 채워줌으로써 그들을 전도한다는 새로운 전략을 세웠다. 아마도 엘마는 OMS 선교사 가운데서 피얼스와 함께 전후 복음주의의 변화를 적극적으로 수용하는 선교사였다.

---

72) 리챠드 게만, 『너의 마음을 깨뜨리라』, 141~152쪽.
73) Edwin W. Kilbourne, *Bridge Across the Century*: Volume I. Japan·Korea·China, pp.245-246.

OMS와 밥 피얼스는 다같이 철저한 반공주의자들이었다. 이들은 중국이 공산화되는 것을 목격하였고, 그 다음에 중국에서 기독교인들이 어떤 고통을 겪는가를 지켜보았다.

OMS는 1948년에 한반도에서 미국과 소련의 동시 철수는 한반도의 공산화를 가져올 것이라고 보면서 이런 상황에서 한국의 희망은 오직 교회에 있다고 보았다.[74] 1949년 6월 23일 서울운동장에서 신구교 기독교인들이 모여 합동 국가 방위대회를 열고 미군철수를 반대하고, 자유민주주의를 지지하는 대중집회를 개최하였다.[75] 약 11만 명이 모인 이 집회를 보면서 중국의 공산화 이후 한국에 도착한 길보른형제는 큰 감명을 받았다. 길보른형제는 1950년 1월에 쓴 글에서 지금 전 세계에서 공산주의를 제어할 수 없다는 생각이 일반적인데, 한국에서는 공산주의가 정지되었으며, 이것은 기독교 덕분이라고 소개하고 있다.[76] 전쟁이 발발한 다음에도 피얼스는 같은 생각을 반복하고 있다. 사람들은 한국전쟁을 공산주의와 민주주의의 전쟁이라고 말하는데, 한국사회에서 민주주의란 실체가 없으며 실질적으로는 공산주의와 기독교의 싸움이라는 것이다. 남한의 민주주의를 지키는 것은 바로 기독교였다.[77] 이런 점에서 OMS와 밥 피얼스는 같은 생각을 공유하고 있는 것이다.

OMS가 전후에 한국에 왔을 때, 한국에는 월남 기독교인들로 인해서 많은 어려움을 겪고 있었다. 곧 이어서 한국전쟁이 일어났고, 이것은

74) Paul Haines, "Korea Pre-and Post-War," *The Oriental and Inter-American Missionary Standard*, April 1948, pp.10-11.
75) 「기독교계, 방위대회를 개최하고, 결의문과 격문 채택」, 『동아일보』, 1945년 6월 24일.
76) "Communism Can be Stoped," *The Missionary Standard*, January 1950, p.8, 18.
77) Edwyl[Edwin] Kilbourne, "Korea and Christianity in Perspective", *The Missionary Standard* , May 1951, p.6.

많은 문제를 만들어 냈다. 엘마 길보른은 피얼스에게 도움을 요청하였고, 피얼스는 기쁘게 엘마의 요청을 받아들였다. 피얼스가 1950년부터 OMS를 도운 내용은 성결교회 교역자 보조와 같은 교회지원과 고아원, 여자 나병환자, 혼혈아 보호, 모자사업과 같은 일반 구호사업이었다.[78]

## ② 한경직과 영락교회

밥 피얼스가 엘마 길보른을 통해서 한국에 왔다면 그 다음에 밥 피얼스로 하여금 한국에서 활동하게 하는데 가장 큰 공헌을 한 인물은 한경직 목사였다. 그는 자신의 프린스턴신학대학원 친구인 옥호열선교사를 통하여 피얼스와 알게 되었고, 그가 1950년 봄에 한국에 왔을 때, 그의 통역을 담당하였다. 사실 피얼스는 미국의 복음주의 전통의 작은 그룹에 속하는 인물이었지만 한경직은 이미 한국교회에서 매우 중요한 위치에 있었던 인물이었다. 피얼스는 한경직을 통해서 한국의 주류교회와 관계를 형성할 수 있게 되었고, 한경직은 피얼스를 통해서 미국의 복음주의 세계와 연결할 수 있었다.

한경직은 한국 주류교회를 대표하는 인물이다. 그는 한국의 가장 대표적인 선교부인 북장로교가 키운 인물이다. 장로교선교부가 세운 숭실전문학교을 졸업하고, 미국 장로교의 본산 프린스톤신학대학원을 졸업한 그는 신의주 제2교회에서 목회하면서 이 지역에서 가장 큰 교회로 성장시켰다. 이때 그는 한쪽 다리가 없는 오갈 데 없는 복순이라는 아이를 위하여 고아원을 만들고, 주변에 있는 아이들을 돌보아 주었다. 이것이 바로 보린원의 출발이다. 한경직에게 기독교의 복음은

78) 민경배, 부록 「월드비전 한국에 대한 원조 내역」, 『월드비전 한국 50년 운동사』, 617~627쪽.

이웃사랑으로 이어져야 했다. 일제는 한경직을 미국 유학파라는 이유로 목회직에서 추방하였고, 한경직은 일제 말 보린원에서 고아를 돌보았다.[79)

1945년 8월 15일 일본이 항복하자 그는 신의주 자치를 책임지는 위치에 있게 되었다. 그러나 곧 바로 진주한 소련군에 의해서 한경직이 민족주의자들과 함께 세운 자치위원회는 인민위원회로 바뀌게 되었고, 공산주의자들이 주도권을 갖게 되었다. 한경직은 민주주의를 지향하는 인사들과 함께 사회민주당을 만들어서 여기에 대항했지만 소련의 무력을 배경으로 하는 공산주의자들을 당할 수가 없었다. 결국 한경직은 1945년 9월 하순 서울로 월남하였고, 같은 해 11월 북한에서 내려온 월남민들과 함께 영락교회를 세웠다, 이런 과정에서 한경직은 철저한 반공주의자가 되었다.[80)

한경직 목사는 월남하여 미군정과 한국교회 사이에서 여러 가지 일을 했다. 우선 월남한 기독교공동체를 대신하여 미군정에 호소해서 상당한 적산을 불하받게 했고, 미국에서 한국 사정을 파악하기 위해서 온 웨드마이어장군이나 유엔임시위원단에 월남민을 대표해서 북한 사정을 알리기도 하였다. 또한 1948년 5 · 10 선거에서는 월남민들을 대표하여 남한에 단독정부를 세우는 것을 지지하기도 하였다. 이런 과정을 통해서 한경직은 대한민국에서 국제사회에 한국기독교를 소개하는 일을 하였다.[81) 이것은 6 · 25 전쟁 당시에도 마찬가지였다. 1951년 봄

79) 한경직, 『나의 감사』, 238~256쪽; 박창훈, 「한경직목사의 사회봉사」, 『한경직목사와 한국교회』, 대한기독교서회, 2015, 185~188쪽.
80) 박명수, 「해방 직후 신의주 기독교민족주의자들의 국가건설운동」, 『숭실사학』 43, 2019 참조.
81) 박명수, 「대한민국의 건국과 한경직」, 『한경직목사와 한국교회』, 대한기독교서회, 2015.

한경직은 다른 기독교지도자들과 함께 미국의 지원을 얻기 위해 민간
외교의 길을 걷기도 하였다.[82]

밥 피얼스가 한국에서 이런 한경직을 만나게 된 것은 축복이었다.
사실 밥 피얼스가 한국에서 처음 행한 전도집회는 한경직이 주도해서
기독교의 복음으로 좌익을 선무하려는 의도로 만든 것이었다. 이미 언
급한 대로 이 운동은 큰 성과를 거두었다. 이 당시 밥 피얼스는 대구에
서 열리던 장로교 총회에서 인사할 수 있는 기회를 갖게 되었는데, 이
것은 처음부터 피얼스가 한국의 주류 기독교와의 관계에서 활동하고
있다는 것을 보여준다.[83] 밥 피얼스는 다시금 1950년 10월 한국을 방
문하였고, 그는 한경직에게 한국을 위해서 무엇을 할 수 있을까를 물
었다. 여기에 대해서 한경직은 현재 한국의 목회자들이 실망하고 있기
때문에 이들에게 위로와 용기를 주는 것이 필요하다고 건의하였다. 이
렇게 해서 생긴 것이 바로 전국교역자수양회였다. 이 운동은 그 후에
도 계속 지속되어 복음전도와 반공 강화에 기여하였고, 월드비전의 중
요한 사업 가운데 하나였다. 이것은 한경직과 월드비전에 함께 한 사
역이라고 말할 수 있다.[84]

피얼스는 한경직 목사를 존경했다. 그래서 그가 1951년에 출판한
*The Untold Korea Story*에서 "현대의 출애굽"이라는 제목 아래 한 장을
할애해서 한경직의 이야기를 담고 있다. 여기에서 그는 그가 어떻게
북한을 탈출했으며, 남한에 와서 피란민을 위해서 어떤 일을 했는가를
설명하고 있다.[85] 영락교회 30년사는 피얼스가 영락교회를 위해서 도

---

82) 김양선, 앞의 책, 80쪽.
83) Pierce, *The Untold Korea Story*, p.45.
84) 『영락교회 35년사』, 115~116쪽.
85) Pierce, *The Untold Korea Story*, pp.45-49.

와준 내용을 다음과 같이 소개하고 있다. 1) 부산의 다비다 모자원 설립, 2) 한경직 목사 고급 지프차 기증, 3) 영락교회 전자오르간 기증, 4), 챠임벨 기증, 5). 영락교회 증축공사 헌금 등이다.[86] 한경직은 피얼스와 함께 한국 월드비전의 창립자로 평가된다. 피얼스가 처음으로 아내와 함께 한국에 온 1959년에 피얼스 부인은 영락교회 전체 신자들 앞에서 인사를 하였는데, 이때 여기에 참여한 많은 여신도들은 피얼스 부부가 한국교회를 위해서 당한 희생을 생각하여 눈물을 흘렸다.[87]

### ③ 북장로교선교부의 보켈

실질적으로 피얼스는 한국에 와서 한국의 가장 중요한 선교부인 북장로교선교부와 함께 일을 하였다. 이것은 매우 중요한 의미를 갖는다. 미국에서 비주류 복음전도단체가 피선교지에서는 주류로서 활동할 수 있다는 것을 보여 주는 것이다. 실질적으로 북장로교선교부의 공식적인 역사는 해방 이후 한국 장로교선교부를 방문한 외부 인사로서 밥 피얼스를 가장 자세하게 소개하고 있다. 여기에는 그가 한국장로교회를 위해서 수고한 내용이 상세하게 기록되어 있다.[88]

이렇게 피얼스와 한국장로교회를 연결한 인물은 바로 보켈 선교사였다. 보켈은 한경직과 프린스턴신학대학원 동기동창이었고, 오랫동안 영락교회의 협동목사였다. 그는 일찍이 20세기 전반의 미국 복음주의의 영향을 많이 받았다. 그는 성결운동의 일환인 "승리의 생활" 집회에서 은혜를 받았고, 무디성서학원에서 공부했으며, 신앙선교의 아버

---

86) 『영락교회 35년사』, 118~119쪽.
87) Dunker, *Man of Vision*, 144.
88) Rhodes and Campbell, *History of the Korea Mission Presbyterian Church in the U. S. A.* Vol. II. 1935-1959, p.377.

지 허드슨 테일러를 존경했다. 또한 그가 한국에 올 수 있도록 도와준
인물은 미국의 유명한 보수주의자인 반하우스(Donald G. Barnhouse)였
다.[89] 반하우스는 지금 서구 문명은 제동장치가 없이 언덕으로 내려가
는 것과 같으며, 이것을 막지 못하면 모두가 파멸에 이른다고 강조하
였다. 그는 나중에 월드비전 국제본부의 이사가 되었다.[90] 이런 보켈
이 피얼스와 마음이 통한다는 것은 자연스러운 것이다. 또한 보켈은
OMS에도 알려진 인물이었다. 보켈은 1939년 원산에서 열린 선교사 집
회에서 OMS와 관련된 성결부흥사, 제이콥스(Aletta Jacobsz)의 설교를
들었는데, 여기에서 "일생을 변화시키는 경험"을 했다.[91] 이 집회에는
당시 길보른 형제들도 참석했었다. 길보른과 보켈은 오래 전부터 아는
사이였다.

보켈은 1929년 한국에 왔지만 1940년 태평양전쟁이 일어나기 전 미
국으로 철수하였다가 미군 공군 군목으로 약 3년간 일하다가 종전 후
다시 한국에 선교사로 와서 1949년에는 한국기독교협의회에서 일했
다. 여기에서 그는 엘마 길보른을 만났으며, 이들은 마음을 합하여 피
얼스를 한국에 초청한 것이다. 당시 OMS와 한국성결교회는 한국기독
교협의회의 멤버였다.

보켈은 6·25한국전쟁으로 일본으로 갔다가 다시금 군목이 되어 한
국전에 참여하여 맥아더의 인천상륙작전과 함께 서울로 왔다. 그리고
얼마 있지 않아 유엔군이 북한에 진격할 때 함께 평양에 갔다가 일주

---

89) 마은지, 「옥호열선교사의 한국의 기억, 기록 고찰」, 『한국기독교문화연구』
    13, 2020, 90, 91, 101쪽.

90) King, God's Internationalist, pp.51, 88.

91) 배귀희, 『옥호열』, 숭실대학교기독교문화연구원, 2020, 25~26쪽; The Voelkel
    Collectives, ed., Harold Voelkel, A Family Anthology, Norwich, Vermont: 2012,
    pp.25-26.

일 후에 원산으로 배속되어 한국인의 흥남철수를 도왔다. 1·4 후퇴
이후에는 거제도에서 주로 포로들을 위한 사역을 하였다. 여기에서 보
켈은 다른 군목들과 함께 포로들에게 복음을 전하는 일에 종사하였
다.[92] 여기에 피얼스는 적극적으로 도왔다. 당시 포로들을 위해 피얼
스는 집회를 인도하고, 반공영화를 보여 주며, 재정적으로 도왔다.[93]
반공포로 전도운동은 피얼스의 중요한 사업 가운데 하나였다. 피얼스
의 전쟁포로를 위한 사업은 한국전쟁이 끝난 다음에도 보켈을 통해서
상당한 기간 동안 지속되었다.[94]

　피얼스는 보켈 외에도 북장로교 선교사들과 깊은 관계를 맺었다. 피
얼스가 한국에 처음 올 때, 보켈과 함께 전도집회의 호스트로서 활동
했던 분이 바로 디캠프(Edward Otto DeCamp), 성경학원 운동의 창시
자 킨슬러(Francis Kinsler), 북장로교 한국 대표였던 아담스(Edward
Adams), 대구 동산병원의 하워드 마펫(Howard F. Moffett), 경주지역 선
교를 담당했던 프로보스트(Raymond C. Provost) 등이다. 피얼스는 이
들과 함께 다양한 방법으로 한국과 교회를 도왔다.

---

92) 이종만, 「한국전쟁기간 미국 북장로교회 한국선교부의 활동」, 『이화사학연구』
　　40, 2010, 201~244쪽.
93) 강신정, 「한국의 포로선교」, 『한국기독교대백과사전』 15권, 기독교문사, 1985,
　　898쪽; Dunker, *Man of Vision*, 110-111; Graham, Bob Pierce, *This One Thing I
　　Do*, pp.121-125.
94) 민경배, 부록 「월드비전 한국에 대한 원조 내역」, 『월드비전 한국 50년 운동
　　사』, 617~627쪽.

## 4. 나가는 말

우리는 이상에서 월드비전의 창립과정에 대해서 살펴보았다. 이상의 내용을 다음의 몇 가지로 정리할 수 있다고 생각한다.

첫째, 밥 피얼스와 월드비전은 제2차 세계대전 전후 미국의 복음주의의 산물이라는 것이다. 이 복음주의는 한편으로는 기독교의 근본교리를 그대로 간직하고 있다는 점에서 근본주의와 같지만 변화하는 시대에 복음을 설득력 있게 전하려고 한다는 점에서 상당한 융통성을 갖고 있다는 것이다. 이것은 두 가지 측면에서 설명할 수 있다. 하나는 복음을 새로운 스타일로 전해야 한다는 것이다. 따라서 전후 복음주의는 대중 오락매체의 전달방법을 적극적으로 수용하였고, 특별히 밥 피얼스는 필름을 그의 사역에 크게 활용하였다. 다른 하나는 전후 미국 복음주의의 주요 사명은 기독교를 공산주의로부터 보호해야 한다는 시대적 과제였다. 이것은 전후 냉전시대의 미국의 방향과 일치하는 것으로써 사람들에게 큰 호응을 받았다.

둘째, 밥 피얼스는 복음주의 가운데서도 부흥운동적인 성결운동의 전통을 배경으로 하고 있다는 점이다. 밥 피얼스는 나사렛교회에서 자랐고, 그의 장인은 A. B. 심프슨의 C & MA에 속해있었다. 이런 그의 배경은 아시아에서 이들과 같은 신앙을 가진 OMS(OMS)와 깊은 관계를 갖게 만들었다. 이런 피얼스의 신앙은 한국과 다른 나라에서도 이런 전통에서 자기의 동역자를 찾게 하였다. 피얼스의 이런 체험적인 신앙은 우는 사람과 함께 울고, 웃는 사람과 함께 웃는 그리스도의 사랑을 실천하는 신앙적인 배경이 된다고 생각된다. 피얼스의 사역의 출발점은 바로 이런 체험적 신앙을 강조하는 부흥집회였으며, 보켈과 같은 다른 전통의 선교사들도 여기에 함께 참여하여 온건한 복음주의를 확산시켰다.

셋째, 밥 피얼스는 중국과 한국에서의 위와 같은 전통의 선교사들이 어렵고, 힘든 가운데서 복음과 사랑을 실천하는 것을 보고, 이들을 돕는 것이 자신의 사명이라고 생각하였다. 피얼스는 처음에 자신이 새로운 선교단체를 만들려고 한 것이 아니라 이미 열심히 사역을 하고 있으나 경제적으로 어려운 선교사들의 사역을 미국교회에 알려 그들을 도우려고 생각한 것이다. 피얼스는 중국과 한국에서 위대한 신앙의 인물들을 보았고, 이들에게 큰 도전을 받았다. 그리고 이들의 신앙을 미국사회에 알려 미국교회를 각성시키려고 하였고, 아울러서 그들의 헌신을 통하여 선교단체를 도우려고 하였다. 이것은 1950년 초대 월드비전의 창립정신에 잘 나타나는 것이다. 그러나 얼마 후, 월드비전은 아동 후원 프로그램을 통해서 고아들을 직접 돕는 프로그램을 진행하게 되었고, 점점 선교단체를 돕는 것 보다는 고아를 돕는 것이 주 사업이 되었다.

넷째, 월드비전은 한국의 선교단체를 돕기 위해서 1950년 미국에서 시작되었고, 한국에서 선교사역을 활성화하기 위해서 1953년에 한국지부가 만들어 졌다. 중국의 공산화로 위기의식에 빠진 미국인들에게 1950년 6·25 전쟁은 한국을 공산주의에 넘겨주어서는 안 된다는 점에 공감하고, 월드비전은 많은 후원을 받게 되었다. 또한 북한 공산정권의 위협에 직면한 한국 기독교는 기독교와 반공의식으로 무장한 밥 피얼스와 긴밀한 관계를 맺게 되었고, 이것은 월드비전이 한국에서 뿌리를 내리게 되는 중요한 이유가 된다. 피얼스와 함께 사역한 OMS, 북장로교선교회, 한경직 등은 중국과 북한에서 실지로 공산주의의 위협을 경험한 사람들이었다. 특별히 피얼스는 한국 기독교의 주류세력인 북장로교선교사들과 한국 기독교의 대표적인 지도자인 한경직과의 협력을 통해서 한국 기독교에 깊숙이 뿌리를 내릴 수 있게 되었다.

다섯째, 월드비전은 미국 내에서는 냉전체제를 이끌어 나가는 정치 지도자들과 연대했을 뿐만이 아니라 아시아에서는 반공을 중심으로 하는 장개석과 이승만과 깊은 관계를 유지하면서 발전할 수 있었다. 이 점에서 미국 국내에서 진보적인 기독교가 공산주의의 위협을 과소 평가하면서 미국 주류사회에서 점점 그 영향력을 잃어갔고, 아시아의 지도자들과 의견의 불일치를 경험했지만, 복음주의 기독교는 미국 내 에서 점점 그 세력을 얻어가고 있었고, 아시아에서 종교의 자유와 반 공이라는 국가적 과제와 일치함으로서 상당한 정치적인 입지를 확보 하게 되었다.

이상의 연구를 통해서 우리는 월드비전에 대해서 다음 몇 가지를 새 롭게 인식할 수 있다. 첫째, 월드비전은 복음주의 가운데 성결운동의 토양에서 자랐다. 둘째, 월드비전은 선교기관들을 돕는 것이 가장 중 요한 사업이었으며, 이것을 통하여 고아들을 도왔다. 셋째, 월드비전 은 비록 미국에서는 작은 비주류 단체였지만 한국에서는 한국교회의 주류세력인 북장로교회와 가장 대표적인 인물인 한경직을 파트너로 삼았다. 넷째, 한국교회사학계는 밥 피얼스가 한국에 처음 온 것은 1949년 9월이고 알려졌지만 이것은 사실과 다르며 그가 처음 온 것은 1950년 3월이다. 다섯째, 월드비전은 다양한 선교단체를 도움으로 교 파를 뛰어넘어 폭넓은 지지를 얻게 되었다. 여섯째, 아시아의 국가지 도자들과의 협력을 통하여 월드비전의 국제적인 위치는 점점 확고하 게 발전했다.

많은 학자들은 월드비전의 성공은 자신의 정체성을 지키면서도 변 화하는 사회에 잘 적응했기 때문이라고 주장한다. 본 논문을 통해서 우리가 발견할 수 있는 것은 밥 피얼스는 한편으로는 그리스도의 복음에 충실하지만 변화하는 상황에 따라서 그 시대와 장소의 필요를 잘 파악하고, 거기에 대처해 왔다는 것이다. 따라서 월드비전의 적응력은 월드비전의 창시자인 밥 피얼스에게서 유래한다고 말할 수 있다.

# 참고문헌

강신정, 「한국의 포로선교」, 『한국기독교대백과사전』 15권, 기독교교문사, 1985.

김양선, 『한국기독교해방십년사』, 대한예수교장로회총회교육부, 1956.

리챠드 게만, 『너의 마음을 깨뜨리라』, 보이스사, 1978.

마은지, 「옥호열선교사의 한국의 기억, 기록 고찰」, 『한국기독교문화연구』 13, 2020.

민경배, 『월드비전 한국 50년사』, 홍익재, 2001.

박명수, 「대한민국의 건국과 한경직」, 『한경직목사와 한국교회』, 대한기독교서회, 2015.

_____, 「엘마 길보른과 해방 후 한국교회의 재구성」, 『길보른연구논총』, 서울신학대학교 출판부, 2016.

_____, 「해방 직후 신의주 기독교민족주의자들의 국가건설운동」, 『숭실사학』 43, 2019.

박창훈, 「한경직목사의 사회봉사」, 『한경직목사와 한국교회』, 대한기독교서회, 2015.

배귀희, 『옥호열』, 숭실대학교기독교문화연구원, 2020.

『영락교회 30년사』, 대한예수교장로회영락교회, 1983.

이은선, 「6·25 전쟁과 미국 복음주의와 한국교회」, 『영산신학저널』 44, 2018.

이종만, 「한국전쟁기간 미국 북장로교회 한국선교부의 활동」, 『이화사학연구』 40, 2010.

정성환, 「한국교회의 해방 전후사 인식 (1): 남대문교회를 중심으로」, 『신학과 목회』 28집, 2007.

한경직, 「창설자 밥 피얼스 목사와 나」, 『한국선명회 40년 발자취』, 한국선명회 40년사 편찬위원회, 1993.


Carpenter, Joel A. Revive Us Again: The Reawakening of American Fundamentalism. New York: Oxford University Press, 1997.

_____, Youth for Christ Movement and Its Pioneers, New York: Garland, 1988.

Dunker, Marilee Pierce. Man of Vision: The Candid Complete Story of Bob and Lorraine Pierce, Fouders of World Vision and Samaritan's Purse.

Waynesboro, GA: Authentic Mdia, 2005.

Gibbs, Nancy and Duffy, Michael. The Preacher and Presidents: Billy Graham in the White House. New York: Center Street, 2007.

Graham, Franklin and Pierce, Bob. This One Thing I Do. Dallas: Word Publishing, 1983.

Hamilton, John R. "An Historical Study of Bob Pierce and World Vision's Development of the Evangelical Social Action Film." PhD dissertation: University of Southern California, 1980.

Hamilton, Michael S. "More Money and More Ministry: The Financing of North American History Since 1945." More Money and More Ministry: Money and Evangelicals in Recent North American Ministry. ed. Larry Eskridge and Mark A. Noll. Grand Rapid, MI: Eerdmans, 2000.

Kilbourne, Edwin W. Bridge Across the Century: Volume I. Japan, Korea, China. Greenwood, ID: OMS Inernational, 2001.

Kilourne, Elma with Earny, Ed. Missionary Maverick. Greenwood, ID: OMS Intrernatonal, 1989.

King, David P. "Seeking A Global Vision: The Evolution of World Vision and American Evangelicalism." PhD dissertation: Emory University, 2012.

_____. God's Internationalist: World and Evangelical Humanitarianism. Philadelphia, PA: University of Pennsylvania, 2019.

Learned, Jay D. "Billy Graham, American Evangelicalism, and the Cold War Clash of Messianic Visions, 1945-1962." PhD diss., University of Rochester, 2012.

Pierce, Bob. The Untold Korea Story. Grand Rapids, MI: Zondervan Publishing House, 1951.

Rhodes, Harry A. and Campbell, Achibald. History of the Korea Mission Presbyterian Church in the U. S. A. Vol. II. 1935-1959. Seoul: The Prebyterian Church of Korea Depattment of Education, 1965.

# 한국기독교세계봉사회(KCWS)의 지역사회개발사업

김가흔

## 1. 들어가는 말

한국기독교세계봉사회(Korea Church World Service/이하 KCWS)는 해방 이후부터 1970년대 초까지 활동했던 개신교계 외원단체이다. 미국에서 교파연합으로 조직된 구호단체 기독교세계봉사회(Church World Service/이하 CWS)의 한국 내 조직으로 WCC와도 밀접한 관계가 있었다. KCWS는 한국전쟁 당시 구호와 재건 사업을 활발하게 했으며, 외원단체 연합인 KAVA(Korea Association of Voluntary Agencies)의 결성에도 주도적인 역할을 했다. 그렇지만 전후 미국의 원조 정책이 구호에서 재건으로, 재건에서 자조로 변화했고, KCWS도 시대의 흐름에 따라 지역사회개발사업으로의 전환을 모색하게 되었다.

1950년대 KAVA를 비롯한 외원단체의 활동이 한국사회에 미치는 영

향이 컸기 때문에 당시에는 KAVA를 두고 '제2의 보사부'라는 별명까지
있을 정도였다. 외원단체에 대한 기존의 연구는 사회복지의 형성이라
는 맥락[1] 혹은 기독교사적 범주를 크게 벗어나지 못하고 있다. 단체에
대한 개별 연구도 활발한 편이나, 대부분 단체가 조직된 배경을 알아
보거나 사업의 내용을 정리하는 데 그치는 경향이 있다.[2] KCWS에 대
한 기존 연구 역시 대부분 조직의 구성이나 1950년대의 구호사업에 국
한되어 있다. 김흥수는 한국전쟁과 관련된 자료를 정리해서 자료집을
냈으며,[3] 한국전쟁 당시의 구호활동을 살피는 과정에서 KCWS의 초기
모습을 최초로 밝혔다.[4] 최근에는 한국 사회복지사의 기독교적인 연
원을 밝히는 맥락에서 외원단체의 활동을 정리하면서 더 많은 사실관
계를 밝혀내기도 했다.[5] 다만 여기서도 구호단체의 한 사례로써 살펴
본 것에 불과했다. 윤정란은 KCWS의 한국전쟁 당시의 활동이 미국의
대외정책의 영향을 받았으며 미국NCC와 WCC, 그리고 CWS의 밀접한
관계를 통해 반공주의로 귀결된다고 비판했다.[6] Kai Yin Allison Haga
는 선교사와 기독교 집단이 한국의 반공주의적 반제국주의적 내셔널

---

[1] 최원규, 「외국민간원조단체의 활동과 한국사회사업 발전에 미친 영향」, 서울
대 사회복지학과 박사학위논문, 1996.

[2] 박명수, 「한국 월드비전(World Vision)의 배경과 창립과정」, 『한국교회사학회
지』 58집, 2021; 박창훈, 「세계구호위원회(World Relief Commission)의 한국
활동과 그 의의: 엘마 길보른(Elmer Kilbourne)의 활동을 중심으로」, 『한국교
회사학회지』 58집, 2021; 장금현, 「외국민간원조단체연합회(Korea Association
of Voluntary Agencies)와 기독교 관계」, 『영산신학저널』 56호, 2021 등.

[3] 김흥수 엮음, 『WCC도서관 소장 한국교회사 자료집-한국전쟁 편』, 한국기독
교역사연구소, 2003.

[4] 김흥수, 「한국전쟁 시기 기독교 외원단체의 구호활동」, 『한국기독교와 역사』
23호, 2005.

[5] 김흥수, 「해외원조단체의 활동」, 『서울사회복지사 3권』, 서울역사편찬원, 2017.

[6] 윤정란, 『한국전쟁과 기독교』, 한울아카데미, 2015.

리즘 형성에 미친 영향을 살폈다.[7] 장금현도 KCWS와 KAVA의 설립까
지의 과정을 세밀하게 추적했으며, 이 과정에서 KAVA의 결성에 KCWS
의 역할이 컸음을 밝히기도 했으나 역시 1950년대 초반까지를 살펴보
는 데 그쳤다.[8] 즉 KCWS의 활동이 흔히 외원단체 하면 생각하는 것처
럼 기관 지원이나 시설의 운영을 통한 구제사업에 국한되지 않았음에
도 불구하고 이를 총체적으로 다루는 연구가 없음을 확인할 수 있었다.

한편 윤정란이나 Kai Yin Allison Haga의 연구에서 구호사업에 대한
국제적 공조의 구조가 있었음을 살펴보았던 점에 주목할 필요가 있다.
외원단체의 활동에 해당 단체의 지향점과 역량뿐 아니라 미국의 정책,
그리고 세계교회의 흐름 등이 중층적으로 영향을 미쳤음을 확인할 수
있기 때문이다. 따라서 단체의 초기 활동을 정리하는 데서 그치지 않
고 사업의 변화상을 두루 살피면서 어떤 맥락에서 각 사업을 추진할
수 있었는지, 이런 변화가 한국사회에 미친 영향은 어떠했는지를 함께
따져봐야 한다. 최근에 미국의 대외정책과 외원단체의 관계에 주목한
접근이 이루어지기 시작한 것은 이런 연구의 필요성에 대한 공감대가
형성되고 있음을 의미할 것이다.[9]

---

[7] Kai Yin Allison Haga, *An overlooked dimension of the Korean War : The role of Christianity and American missionaries in the rise of Korean nationalism, anti-colonialism, and eventual civil war, 1884-1953*, College of William & Mary-Arts & Sciences, 2007.

[8] 장금현, 「외원단체연합회 설립과정과 특성: 한국기독교세계봉사화와 외국민간원조단체연합회를 중심으로」, 『대학과 선교』 제48집, 한국대학선교학회, 2021.

[9] 이소라, 「1952-55년 한미재단의 활동과 역사적 성격」, 『한국사론』 62, 서울대학교 국사학과, 2016; 임다은, 「유엔한국재건단(UNKRA)의 조직과 활동」, 『한국사론』 66, 2020; 한봉석, 「1960년대 미공법 480호 2관과 3관 원조의 의미-주한 케아의 '근로를 위한 식량'(Food for Work)을 중심으로」, 『史林』 74, 수선사학회, 2020a; 「구호물자에 담긴 냉전: 주한 케아(C.A.R.E.)의 패키지로 살펴

이 연구는 1950년대 이후의 지역사회개발사업이 민간의 외원단체 차원에서 어떻게 전개되었는지 살펴보려는 시도이다. 한봉석은 종교 색이 없던 단체인 C.A.R.E.[10]를 살펴보고 미공법 480호(PL-480)가 도입되는 과정에서 인도주의적 구호라는 본래의 목적이 사라지고 경제개발 수단으로 변질되었다고 주장했다.[11] 그렇지만 개신교계 단체의 입장에서 지역사회개발은 단순히 경제적 성장을 위한 사업이 아니었다. 이 시기 외원단체의 활동이 기본적으로 미국의 원조정책과 미공법 480호의 영향을 받기는 했지만, KCWS의 경우에는 미국의 정책에만 좌우되지 않았다. WCC를 통해 세계교회와 물적으로 연결되어 있을 뿐 아니라, 사회적 복음의 구체적 실현 방법을 모색해가던 신학적, 사상적 연결고리도 있었기 때문이다. 다만 본문의 내용 전개에서는 KCWS의 전쟁 전후 구호활동이나 기관사업은 기존 연구에서 정리한 것이 많으므로 간략하게 다루고 넘어가도록 한다. 이 글에서는 기존 연구에서 다루지 않았던 활동의 전환 모색부터 중점적으로 살필 것이다.

KCWS는 활동의 시작이 내한 선교사들에 의한 것이었던 만큼 KNCC를 통해서 한국교회의 목소리가 전달될 수 있는 특성이 있었다. 물론 사업의 수행 과정에서 조직의 특성에 대한 이해가 서로 달라 한국교회와 여러 차례 갈등을 빚기도 했다. 그렇지만 외원단체들이 철수를 준비하기 시작하는 1960년대 후반 무렵에는 KNCC를 비롯한 한국교회로 자연스럽게 사업이 이관될 수 있었다. 따라서 KCWS의 지역사회개발 사업을 살펴보는 것은 1970년대 한국교회를 중심으로 전개되었던 사

---

보는 냉전과 인도주의」, 『통일과 평화』 12집 1호, 서울대 통일평화연구원, 2020b.

[10] 'The Cooperative for American Relief Everywhere', 주한케아, 혹은 케아라고도 불렸다.

[11] 한봉석, 앞의 글, 2020a, 108~109쪽.

회참여운동이 어떤 외적 배경에서 이루어졌는지 이해할 수 있는 좋은
방법이다.


## 2. 전쟁구호와 기관사업

한국전쟁의 발발로 구호활동의 요구가 증대함에 따라 1951년 5월 공
식 출범한[12] KCWS는 1953년쯤에는 각 군 단위까지 지역위원회 구성
을 갖추게 되었다. 전쟁이 아직 끝나지 않던 시기에 지역단위 조직의
형성에는 교회의 역할이 컸다.[13] 초기 조직 구성은 아담스(Edward
Adams)를 이사장으로 각 교단별 선교부와 KNCC 관계자, 장로회, 감리
회, 구세군, 성결회의 대표들로 이루어진 이사회와 행정실무진의 이중
적 구조였다.[14] 실무진에는 8명의 외국인 행정 직원과 130명의 한국인
직원이 있었다. 행정 총책임자는 아펜젤러(Henry D. Appenzeller)였고,[15]
한국인 총무는 1952년까지는 심천, 1953년부터는 김종환이었다.[16] 아

---

[12] 1940년대에도 CWS의 위임을 받아 구호물자를 관리하는 선교사들이 있었으
며 이때는 CWS 한국지부(Korean Branch)라는 용어를 주로 사용했다. KCWS
가 조직되기까지의 세계교회의 배경에 관해서는 장금현, 앞의 글 참고. 초기
조직에 참여한 인물에 관해서는 김흥수, 앞의 글, 2005 참고.

[13] J. B. Atkinson, "Korea Church World Service", *Ecumenical Review* 6-4, 1954,
p.467.

[14] Harry A. Rhodes·Archibald Campbell, *History of the Korea Mission Presbyterian
Church in the U.S.A Volume // 1934-1959*, Seoul, 대한예수교장로회총회교육
부, 1984, p.322.

[15] 아담스는 이사장(Chairman of the board)으로 상징적인 역할이 더 컸고, 실무
는 아펜젤러를 중심으로 이루어졌다. 또한 같은 직함인 행정 대표(Executive
Director)는 이사회가 없어진 뒤에는 전체 KCWS의 대표를 의미하기도 했다.

[16] 「CWS 3회 총회개최 우방제국에 감사-총무의 모호한 보고로 말성!!」, 『기독공
보』 1952.5.5; 「CWS 총회 원만 종료 -심총무 사임 후임 김종환씨」, 「기독공보」,

동복지, 전쟁과부, 대부, 가축, 결핵, 인사의 총 7개 특별위원회를 뒀는데 이 시기 KCWS 활동의 역점을 잘 보여준다.[17] 전쟁이 끝나고 사업이 확장됨에 따라 부산에 있던 KCWS 사무실을 서울로 이전하기도 했다.

1950년대 중반까지 KCWS의 주요 사업은 의료사업, 기관사업, 물자분배사업(Material Aid)의 세 가지였다. 의료사업은 팔다리 절단자(amputee) 재활, 결핵 퇴치 운동, 소아마비 아동 지원 등이 있었으며, 지역사회와 연계해서 의료클리닉을 운영하기도 했다. 사업 특성상 약품이나 의료기기 등 필요한 물품이 많았으며 전문적인 인력도 필수적이었기 때문에 전체 예산에서 큰 비중을 차지했다. 또 원활한 사업을 위해서 선교사와 관계가 깊은 병원(세브란스, 광주제중원 등)이나 단체(기독교연합봉사회)와 연합사업으로 추진하는 경우가 많았다.[18] 기관사업은 미실회,[19] 고아원, 과부의 생계를 돕기 위한 기술학교, 모자원, 보육원 등을 직접 운영하거나 혹은 관련된 기관에 물자를 지원해주는 방식이었다. 이때 지원받는 단체는 대부분 개신교 교단이나 단체에서 운영하

---

1952.10.27; 기사에서는 심천 총무의 보고 내용에 대한 불만이 제기되었음을 지적하고 있으나 김광우의 회고(『나의 목회 반세기』, 바울서신사, 1984, 174~177쪽)에 따르면 물품 착복 등의 문제가 있었고, 총무의 경질로 이어졌다고 한다.

[17] 김흥수, 앞의 글, 2005, 109~110쪽.

[18] 연합사업이라 함은 관련 기관에 물자를 지원하는 것으로 그치지 않고 운영을 함께 했기 때문에 KCWS의 사업인 동시에 해당 기관의 사업이라는 의미가 된다. 그러나 각각의 입장에서 쓰인 기록이나 연구에서는 이런 관계에 대해 거의 언급하고 있지 않아 상황의 파악에 어려움이 있다. 일례로 팔다리 절단자 재활사업의 경우 초기에 사업을 이끌었던 토리 박사(Dr. R. A. Torrey)가 KCWS 소속이자 선교부 연합의 사회사업 조직인 기독교연합봉사회 소속이었다. 또 사업장은 기독교연합봉사회 사업지인 대전에 위치했으나 건축비나 운영비의 일부는 KCWS에서 제공했다.

[19] 한국전쟁 중에 사망하거나 납북된 목회자의 부인 등 남은 가족을 지원하기 위한 단체.

는 기관이었다. 물자분배사업은 구호물품을 현장에 직접 지급하는 방식(dole-type)으로 이루어졌다. 피난민 거주지 인근에 급식소나 우유급식소(Milk Station) 등을 운영하고, 풍수해 등으로 재민이 발생하면 요구호자에게 물자를 제공했다.[20] 반년 주기로 열리는 실행위원회에 보고된 예산은 도입 물자가 적게는 7,000톤, 많게는 9,000톤 내외의 규모였으며, 이와 별개로 현금 지원도 수만 달러 규모였다.[21] 대부분 미국 NCC나 WCC를 통해 들어온 것이었으며 루터교세계구제회,[22] 캐나다 연합교회 등의 후원도 있었다.

1950년대 중반까지 KCWS의 사업은 전쟁으로 어려움을 겪는 이들을 돕고, 전쟁으로 파괴된 곳을 재건하는 활동이 많았다. 1953년에는 월남민 등 전쟁 난민구호의 일환으로 신촌(Sin Chon) 지역에 한국정부로부터 저렴하게 땅을 빌려 집을 짓고 피난민 출신 농민 50가정을 이주시키는 사업을 수행하기도 했다.[23] 1950년대 중반의 한국은 아직 전쟁 피해가 다 복구되지 않았기 때문에 외원단체의 사업은 물자를 필요한

---

20) 1950년대 초반의 구제사업의 세부적인 사항들은 김흥수, 앞의 글, 2017, 34~42쪽 참고.

21) 「구제사업에 큰 업적, 승동교회서 CWS 제7회 총회」, 『기독공보』, 1954.5.1; 「CWS 사업 활발 56년도 예산안 통과」, 『기독공보』, 1955.11.7; 「기독교세계봉사회 업적」, 『기독공보』, 1955.11.5; 「CWS 사업 활발, 반년간 45만 구호」, 『기독공보』, 1957.5.6.

22) 루터교세계구제회(Lutheran World Relief/LWR Inc.)는 CWS 소속 단체는 아니었으나 해외사업을 활발하게 벌이면서 KCWS를 통해서 한국에서 사업을 했다. 해마다 KCWS 예산에서 루터교세계구제회가 차지하는 비중은 적지 않았고, 1960년대에는 각종 보고를 뉴욕의 CWS 본부, WCC, 그리고 루터교세계구제회에 각기 보냈을 정도로 KCWS 사업에서 중요도가 컸다.

23) J. B. Atkinson, ibid., p.467; 자료가 많지 않아 이 시기에 신촌 외의 다른 지역에서의 사업 수행 여부는 확신할 수 없다. 그렇지만 KCWS의 마을 단위 사업으로는 최초로 보이며, 이후 본격적인 지역사회개발사업을 수행하게 되었을 때 전사(前史)로 의미가 있었을 것이다.

곳에 분배하는 일만으로도 퍽 분주했을 것이다. 그렇지만 차츰 물질적 지원 위주의 사업에서 더 나아가 이들이 스스로 설 수 있도록 하는 자조로의 방향 전환이 요구되기 시작했다.


## 3. 지역사회개발사업

### 1) 지역사회개발로의 전환

1950년대 중반, KCWS를 비롯한 일부 외원단체는 구호에서 지역사회 개발사업으로 방향 전환을 모색하기 시작했다. 물론 이런 방향 전환이 단순히 이들 단체의 관심이나 역량에서 비롯된 것만은 아니었다. 여러 연구에서 공통적으로 지적하는 것처럼 미국의 단체 본부, 그리고 그 배후에는 미국 정부의 정책과 목적이 바탕에 깔려 있었다. 미국의 대한정책이 한국인들이 자력으로 생활할 수 있도록 하는 방향으로 나아가고 있을 뿐 아니라, 이 과정에서 민주주의와 반공주의를 비롯한 미국적 가치를 지역사회에 이식하고자 했기 때문이다. 같은 맥락에서 유엔한국재건단(UNKRA)은 1956년에 신생활교육원을 만들어서 농촌사회의 자력갱생과 개발 및 생활의 향상에 기여할 농촌지도자를 훈련시켰다.[24] 1957년 11월에는 합동경제위원회(CEB) 산하에 지역사회개발위원회가 만들어졌는데, 마을 단위의 개발계획, 정책 실행을 위한 정보 제공, 농촌 개량에 대한 협조 방식의 검토, 자조 활동에 관한 정보 수

---

24) 허은, 「美國의 對韓 文化活動과 韓國社會의 反應」, 고려대학교 박사학위논문, 2005, 137~138쪽; 이 조직은 후에 농촌진흥청의 농촌지도자훈련원으로 이어진다.

집 등을 목표로 했다.[25] 이와 연동되어 경제조정관실(OEC)도 지역사
회개발국을 설치해 관련 업무를 수행했다. 즉 1950년대부터 시작된 지
역사회개발사업은 미국의 저개발국에 대한 원조를 종국적으로는 대폭
감소시키기 위한 것으로, 지역민들을 교육해서 자조 정신을 고취시키
고 경제적 성장을 통한 자립을 도모하는 형태로 나타났다.

여기에 1954년부터는 미국의 잉여농산물을 저개발국 원조에 사용할
수 있도록 하는 미공법 480호, 소위 '평화를 위한 식량'법이 발효되면
서, 2관 항목과 3관 항목에 의해 외원단체가 미국 정부의 지원을 받아
피원조국에서 사업을 할 수 있게 되었다.[26] 특히 민간단체의 원조에
관해 규정한 3관 항목에 의해 도입된 물자는 외원단체의 사업 영역을
확장할 수 있는 발판이 되었다. 당시 이러한 흐름에 맞춰 지역사회개
발사업을 수행할 수 있었던 대표적인 단체로 KCWS와 가톨릭구제회,
C.A.R.E.가 있었다. 그 밖의 단체는 여건이나 활동 목표의 한계로 여전
히 기관 운영이나 구제사업에 머물러 있었다.

그렇지만 KCWS의 활동의 성격을 미국 원조당국의 사업을 대리 수
행하는 것으로만 보기는 어렵다. KCWS의 지역사회개발로의 이행은
사회적 복음주의 운동에서부터 시작하여 '하나님의 선교(Missio Dei)'
개념[27]으로 이어지는 일련의 방향성 아래 놓여 있었기 때문이다. 즉

---

25) 이현진, 「1950년대 한미합동경제위원회의 운영과 역할」, 『한국민족운동사연
  구』 48, 2006, 32~33쪽.

26) 미공법 480호 2관은 난민정착과 재난구호 등을 위해 사용할 수 있었고, 목적
  에 부합한 사업에 한해서 잉여농산물을 인건비로 지급이 가능했다. 이에 비
  해 3관은 민간단체를 통해 잉여농산물을 배급하도록 했으나 대가성을 갖지
  않고 요구호자에게 분배만 가능했다(한봉석, 앞의 글, 2020a 참조).

27) '하나님의 선교'는 1952년 국제선교협의회(IMC) 빌링겐 총회에서 처음 언급
  되었고, 1954년 WCC의 에반스톤 총회를 통해 더욱 확산되었다(정병준, 「세
  계교회협의회(WCC) 에큐메니칼 신학의 전개」, 『한국기독교와 역사』 40호,

세계교회에서 기독교의 사회적 사명이 어려운 개인을 돕는 자선에 그쳐서는 문제를 제대로 해결하기 어렵다는 이해를 바탕으로 근본적인 해결을 모색하고, 사회의 구조적 모순을 인지하기 시작했던 것이다. 이러한 일련의 신학적 조류를 CWS 본부나 KCWS의 직원들도 공유하고 있었다. 1960년 사업 보고서 머리말에서 이러한 정서를 잘 확인할 수 있다. 보고서의 필자는 4 · 19 혁명 당시의 풍경을 전하며 KCWS 트럭에 구호물자 대신 시위 학생들이 실려 거리를 누비는 모습이 교회의 나아가야 할 바를 잘 보여준다고 적었다. 즉 공공의 영역에 사회 정의가 부족해서 어떤 결핍이 발생할 때 이 요구를 채워주는 것이 교회의 역할이며, 개인을 돕는 자선의 수준에서 더 나아가 개인이 자선을 필요치 않도록 국가와 공동체에 영향을 미치기 위해 노력해야 한다는 것이다.28)

① 삽교 프로젝트

지역사회개발의 첫 시도는 삽교지역을 대상으로 한 마을공동체 사업이었다. 1954년부터 유엔한국재건단의 지원을 받아 민간단체 연합인 농촌진흥사업단의 모범농촌 사업이 시작되었고,29) KCWS도 동참해서 2년 계획의 사업을 시작했다.30) 삽교는 감리교 선교부의 관할지로 1920년대부터 충청도 지역 선교사업의 구심점이 되었던 곳으로 사업 참여자를 모집, 선정하기에 유리한 지역이었다. 시범사업인 만큼 삽교에서의 경험은 이후 다른 사업의 바탕이 될 것이었다. 이 사업의 목표

---

2014, 84쪽).

28) Hallam C. Shorrock Jr., "report of korea church world service program during 1960 and plan for 1961", Presbyterian Historical Society Archives, p.i.

29) 「모범농촌부락설치본격화」, 『동아일보』, 1954.6.4.

30) 「문화농촌 후보지 엣씨 일행이 답사」, 『조선일보』, 1954.11.23.

는 지역민들의 자발적인 참여로 공동의 필요를 충족시켜 나갈 수 있는
공동체를 형성하는 데 있었다. 물질 공여 중심의 구제에서 지역사회개
발로의 전환이 얼마나 효과적일지 우려도 있었지만, 궁극적으로는 사
람들이 이 사업을 이해하고 협동할 수 있을 것으로 전망했다.[31] 공동
사업에 대한 공동체적 요구가 뚜렷하게 드러나 있었기 때문이었다. 실
제로 사업의 결과로 문맹률이 줄어들었고, 협동조합이 운영되어 이익
을 분배하는 기념식을 갖기도 했다.[32]

　1959년 보고서에 따르면, 이 무렵 인근 지역에 총 21개의 자발적인
협동조직이 형성되어 있었으나 한국정부의 중앙집중형 협동조합에 흡
수되었고 이후로는 소그룹 활동 이상의 것은 할 수 없었다고 한다.[33]
바뀐 상황에 대처하기 위해서 지역민들로 구성된 자문위원회를 통해
조언을 얻기도 했다. 본부에서 직접 파견하는 외국인 직원도 이브 골
드를 마지막으로 현장을 떠났다. 예산이 대폭 줄어든 상황에서 1960년
부터는 배규환을 총 책임자로 하여 7명의 한국인 직원이 농민을 위한
대부업, 모자 보건, 결핵 클리닉 등을 운영하는 수준으로 규모가 축소
되었다.[34] 인건비 외의 예산이 거의 없는 상황에서도 프로그램이 지속
될 수 있었던 것은 그동안의 노력으로 사업이 어느 정도 자리 잡았고

31) "Korea Church World Service a half yearly report(1955)", 김흥수 엮음, 『WCC도
　서관 소장 한국교회사 자료집 - 한국전쟁 편』, 398쪽.
32) 「문맹자 없는 부락」, 『조선일보』, 1955.8.30; 「협동조합 강습회」, 『조선일보』,
　1955.10.19.
33) Hallam C. Shorrock Jr., "is the emergency over? a report about korea and the
　programs of korea church world service during 1959", Presbyterian Historical
　Society Archives, p.49.
34) 1950년대 후반의 통계는 확인하지 못했으나 예산과 인력 등이 축소된 1959년
　에만 천여 명의 산모와 그 아기들이, 1960년에는 1,700명 이상이 모자 보건
　클리닉을 방문했으며, 결핵 클리닉에서 관리하는 사람도 3,300건에 달할 정
　도로 지역사회에 미치는 영향이 컸다.

소규모 대부업의 상환률이 80%에 달했던 덕분이었다. 1963년까지는 삽교에 인력이 파견되었고, 이후로 사업이 마무리 되었던 것으로 보인다.[35] 그렇지만 이 시범사업이 곧바로 다른 현장으로 확산되지는 못했다. 유엔한국재건단의 활동이 끝나고 관련 업무가 경제조정관실로 이관되면서 해당 기관의 직접 사업으로 정책이 바뀌었기 때문이다.[36] 따라서 1960년대 중반까지 농촌사업은 미공법 480호의 원조 물자 등을 이용한 단기사업 위주로 진행되었다. 단기사업은 농업시설을 개량하기 위한 마을의 공동사업에 인건비와 자재를 지원하는 방식으로 이루어졌으며, 저수지 공사나 양수장 설치 등이 대부분이었다.[37] 이러한 미공법 480호에 의한 사업은 한국민사원조처(KCAC)와 주한미국경제원조처(USOM) 등 미원조당국과의 업무적 협의가 바탕이 되었다. 또한 KCWS는 저개발국에 종자를 지원하는 CROP(Christian Rural Overseas Program)과 가축을 지원하는 헤이퍼 프로젝트(Heifer Inc./HPI)의 한국 내 대행기구로서 종자 보급과 가축 도입으로도 지역사회에 크게 기여했다.[38]

② 응암동 프로젝트

1950년대 후반에 접어들면서 두 방향에서 활동에 새로운 물꼬가 트

---

[35] KCWS, "A statement of mission", Presbyterian Historical Society Archives, 1963, p.5.

[36] 허은,『美國의 對韓 文化活動과 韓國社會의 反應』, 140쪽.

[37] 「한국기독교연합회 제19회 총회록」,『한국기독교사회운동사 자료집 제4권』, 한국기독교교회협의회, 2019, 333쪽.

[38] 헤이퍼 프로젝트는 농민에게 가축을 지원하고 교배로 얻은 첫 새끼는 다른 이에게 재분양하는 방식으로 가축 보급률을 늘리는 것을 골자로 한 사업이었다. 확인되는 자료에 따르면 1959년 한 해 동안 염소 56두, 젖소 39두, 돼지 13두, 토끼 50두, 벌집 31통을 얻어서 새로운 이에게 지급했다. 1964년 무렵에는 더 이상 헤이퍼 프로젝트를 직접 관리하지는 않았으나 수송을 보조해주었고 젖소, 염소, 돼지를 포함 총 75마리의 가축을 도입했다.

이기 시작했다. 하나는 수재민 공동체로 시작한 응암동 프로젝트였다. 1958년 9월, 대규모 홍수가 발생해서 한강 유역에 살던 수만 명이 수해를 입었다. 정부는 이들을 도심 외곽이던 서대문구 응암동으로 대피시켰고, 미국 원조당국의 지원을 받아 이 지역에 1,200호 규모의 마을을 형성하려는 계획을 세웠다.[39] 당시 KCWS를 비롯한 외원단체들은 이들이 안정적인 주거를 얻을 때까지 천막촌에서 생활하는 데 필요한 의식주의 물품을 제공하는 역할을 맡았다.[40] 그렇지만 수재민의 수에 비해 1,200호의 주택은 턱없이 부족한 것이었다. KCWS는 미국 전역에서 모금된 2만 5천 불의 자금과 네덜란드, 뉴질랜드, 일본 교회에서 제공받은 구호물품을 바탕으로 1,200호에 포함되지 못한 더욱 열악한 사정의 수재민을 돕기 위한 주택 건설에 나섰다.[41]

부지에 40동의 주택을 지어 80세대를 입주시킨 뒤에는 WCC와 KNCC의 지원을 받아서 커뮤니티센터를 세웠다. 당시의 여건상 주택을 제공하는 것으로 끝날 문제가 아니라, 응암동 거주민 개개인에 대한 도움(personal ministry)이 제공될 필요가 있다고 판단했기 때문이다.[42] 영국 NCC 소속으로 KCWS로 파견된 톨(Dove Toll)이 이 사업의 총 책임을 맡아 1963년까지 활동했다. 커뮤니티센터에서는 1959년 11월부터 부모의 경제활동을 돕기 위한 보육원, 의료클리닉, 바느질강습, 어머니클럽 등의 활동을 시작했다. 이 사업은 KCWS에서 건축했던 가호의 범위를 넘어서 1960년에는 참여하는 인원이 240명까지 늘어났고, 거리를 방황하는 청소년들을 위한 프로그램도 시작할 수 있었다.

39) 「응암동서 주택건립기공식 이촌동 수재민에 보금자리」, 『경향신문』, 1958.10.31.
40) 「구호받는 응암동 수재민 가톨릭구제회 온정으로」, 『경향신문』, 1958.11.27; 「우유죽으로 살아온 반년, 이촌동 수재민의 어제 오늘」, 『조선일보』, 1959.4.10.
41) 「세대입주식 수재민후생주택」, 『동아일보』, 1960.2.16.
42) Hallam C. Shorrock Jr., ibid., 1959 pp.53-54.

사회사업가를 파견해서 150개의 가정을 매주 방문해서 경제적, 의료적, 정신적으로 필요한 도움을 제공하기 위한 노력을 하기도 했다. 이 직원은 동시에 이들의 경제적 사정에 대한 조사를 수행했다. 당시 도시에서 8마일 떨어진 외곽이라 자체적인 경제 기반이 없던 응암지역에서 사업을 지속하기 위해서는 기초적인 조사가 필요했기 때문이었다.[43] 다만 자료의 부족으로 이 조사가 현장에서 실제로 프로그램에 이용되었는지는 확인할 수 없었다.

주목할 만한 것은 주민들의 영적인 삶의 향상이 사업의 목적 중 하나로 보고서에 명시되어 있다는 점이다. 따라서 커뮤니티센터에서 예배나 성경공부 등의 프로그램이 진행되기도 했고, 1960년 크리스마스 행사 때는 마을 사람들이 450명이나 모이는 등 지역사회에서 어느 정도의 영향력을 발휘했던 것으로 보인다. 그렇지만 1963년 말로 톨의 임기도 끝났고 당초에 예정되었던 인건비 지원도 끝났다. 이후로는 추가적인 지원을 받지 못해 사업이 종료되었다.[44]

③ 난민 정착을 위한 개간사업

두 번째 활로는 피난민 정착사업의 일환인 개간사업이었다. 여기에는 미공법 480호로 도입한 대량의 잉여농산물이 사용되었다. 피난민 정착사업은 한국전쟁이 끝나감에 따라 한국정부와 유엔한국재건단의 공조로 시작했고, KCWS도 합류했다. 사업의 대상에는 월남민뿐 아니라 상이군인과 전쟁유가족이 포함되었고, 1960년대에는 경제 발전에 따라 도시의 철거민, 재해 피해자, 지역의 영세민 등도 대상이 되었다.

43) Hallam C. Shorrock Jr., "report of korea church world service program during 1960 and plan for 1961", pp.33-34.
44) KCWS, ibid., 1963, p.5.

KCWS의 사업은 국가에서 이들이 정착할 토지를 대여 등의 방법으로 제공해주면 주택을 짓고 농사를 위한 기반 시설을 마련해 생활할 수 있도록 도와주는 방식이었다. 기존의 농토를 이용하기보다는 개간을 통해 새로 마련된 지역에 정착시키는 사례가 가장 흔했으며, 어촌에서는 염전이나 양식장을 만들기도 하였다.

KCWS의 난민정착사업은 1950년대 후반 월남민 출신 개척사업가 김형서와 사업을 같이하게 되면서 그 규모가 커졌다. 김형서는 한국정착사업개발흥업회(흥업회)를 설립하고 전남 해안가에 대규모 간척사업을 벌였던 인물이었다. 난민 출신으로 기반이 없던 김형서는 사업 추진 과정에서 어려움을 만나자 외원단체의 도움을 청했고, 이 과정에서 몇 개의 단체가 사업에 동참하게 되었다. KCWS는 미공법 480호에 의거한 물자를 제공하는 것 외에도[45] 루터교세계구제회 등의 지원을 받아 자금을 지원하는 등 흥업회와 함께 하는 사업의 비중을 크게 늘렸다. 흥업회는 KCWS의 원조로 인건비를 지급하거나 운영비를 충당할 수 있었다. 대규모의 개간사업장으로 대표적인 곳이 장흥군 대덕면과 고흥군 해창만 간척사업이었고, 이밖에도 계룡, 만석, 금풍, 인월 지역의 사업장이 있었다.[46]

---

[45] KCWS, "program report, 1964", Presbyterian Historical Society Archives, p.3.
[46] 각 사업장별 사업의 종류와 규모 등은 다음과 같다.

| | 종류 | 면적 (정보) | 참가자 (호) | 식량 | 의류 | 자금 | 완공 | 소출 | |
|---|---|---|---|---|---|---|---|---|---|
| 계룡 | 저수지 | 335 | 334 | 374,080 | 39 | 2,897$ | 완공됨 | 700석 | 8,750$ |
| 대덕 | 저수지 | 750 | 1230 | 1,377,600 | 224 | 15,901$ | 미완 | 15톤 | 1,320$ |
| 만석 | 제방 | 32 | 40 | 44,800 | 4 | 1,858$ | 미완 | - | - |
| 금풍 | 제방 | 460 | 524 | 335,360 | 116 | 9,969$ | 미완 | - | - |
| 인월 | 고지 간척 | 32 | 56 | 62,720 | 6 | 406$ | 미완 | 225석 | 1,809$ |

대덕면 사업은 1961년부터 준비해서 1962년 11월에는 거대한 준공식을 개최했으며[47] 1966년에 결실을 맺었다. 이 사업에는 5년간 양곡 5천 706톤, 자재값 16만 8,450달러, 헌옷 1,500부대, 한화 총 2억 5천 7백만 원어치의 물품이 KCWS를 통해서 지원되었다. 총 1천 962가구가 취로에 참여해 약 300만 평의 농지를 조성했으며 사업에 참여했던 이들 중 908가구에 농토가 분배되었다.[48] 간척지 완공을 소개한 기사를 보면 농토를 분배받은 이들은 피난민이 554가구, 지역민이 108가구, 자활단원이 191가구, 나머지 기타였다. 흥업회를 중심으로 피난민의 정착을 돕기 위한 사업으로 시작했으나 정부 시책에 맞춰서 '무의탁부랑아'로 이루어진 자활단을 일부 수용했고, 사업의 규모가 커짐에 따라 지역민들도 합류했다. 이런 형태는 다른 지역의 간척사업에서도 대동소이했다.[49] 해창만 사업은 1964년부터 시작했으나 원활한 물자 보급이 어려워 공사가 잠시 중단된 적도 있었다.[50] 그렇지만 공사는 다시 지속되었고 1969년 7월에 완공을 보게 되었다.[51] 1966년도부터는 미공법 480호 사업이 한국정부로 이관됨에 따라 KCWS는 중간에 활동을 중단했고,

---

47) 「백만평의 새 옥토 장흥 앞바다를 매워 5천여 난민들의 정착지로」, 『경향신문』, 1962.11.17; 「옥토 3백만평 박의장도 장한 개척정신을 치하」, 『경향신문』, 1962.11.27.

48) 「새 농토 3백만평 난민의 피땀 5년」, 『조선일보』, 1966.4.21; 「바다 위에 쌓은 땀의 대지 장흥대덕간척농토」, 『동아일보』, 1966.5.30; 「대덕간척지 준공 5년 만에 783정보 옥토로」, 『경향신문』, 1966.5.30.

49) 정부의 피난민 정착사업에 관해서는 김아람, 「한국전쟁기 황해도민의 서해안 피난과 전후 전라남도 정착」, 『동방학지』 180집, 2017 참조.

50) 「해창만 매워 옥답 3000여정보」, 『동아일보』, 1964.7.6; 『조선일보』에는 사업의 중단과 관련되어 KCWS의 사정을 알리며 양해를 구하는 입장문 광고가 실리기도 하였다(「고흥간척지정착사업에 관하여 관계단체에 대한 경과해명서」, 『조선일보』, 1964.6.30).

51) 「근 4년만에 준공을 본 우리나라 최대의 해창만 간척지」, 『동아일보』, 1969.7.14; 「바다메워 새땅 3천여정보」, 『조선일보』, 1969.7.14 등.

이후에는 흥업회와 정부의 합작으로 사업이 진행되었다.

도움이 필요한 곳이라면 어디든 원조를 제공하는 것이 CWS의 활동 방침이었고, 전쟁 난민은 당시 도움의 손길을 가장 필요로 하는 이들이었다. 그렇지만 한편으로는 월남민의 다수가 기독교인으로 공산정권을 피해온 이들이었으며, 한국 개신교 지형에서 이들이 차지하는 중요도와 비중이 크다는 사실 역시 KCWS의 난민사업에 영향을 미쳤을 것이다. KCWS의 난민정착사업은 1964년 보고서에 따르면 132개의 사업장에 120만 원어치의 지원을 했으며 지원액의 80% 정도가 미공법 480호의 지원에 따른 잉여농산물이었다. 사업의 형태로는 간석지 개간이 32개소, 임야 개간이 69개소, 기타 농토 개간이 23개소, 어촌 시설이 5개소, 축산 시설이 3개소였다. 그렇지만 미공법 480호에 기반한 사업이 한국정부로 이관되면서 개간사업 또한 1966년 7월 1일부로 종료되었다.[52]

## 2) 한국인의 자립지원

해방 이후 한국에서 활동한 외원단체의 목표는 한국이 어느 정도의 경제적 성장을 이루고 자체적인 역량으로 지속될 수 있게 하는 것이었다. 특히 막대한 물자를 무상 제공하는 방식의 사업 단계를 지나 자조로 방향이 전환됨에 따라 1960년대에는 한국인의 역량을 이용하는 사업 비중이 늘어났고, 그만큼 전체 예산 규모는 줄여나가는 추세였다. 상술한 것과 같이 1960년대 중반 이후로는 미국 잉여농산물을 이용한 사업은 중단되었고, 비슷한 시기에 사회단체 등록에 관한 법이 종교단

---

52) 「한국기독교연합회 제20회 총회록」, 『한국기독교사회운동사 자료집 제4권』, 한국기독교교회협의회, 2019, 508쪽.

체를 포함하도록 개정이 논의되는 등 외원단체에 대한 한국정부의 방침이 직접적이고 통제적으로 변화하기도 했다. 따라서 더 이상의 사업이 의미 없으리라는 판단하에 KCWS를 비롯한 외원단체들이 차근차근 철수를 준비하게 된다. 이 시기 KCWS의 활동은 철수 뒤에도 한국인들이 자립할 수 있도록 하는 방향에서 전개되었다.

① 사회사업가 양성

응암동 프로젝트에서 시작된, 개인과 가정을 직접 방문하면서 관리하는 케이스워크 방식의 사회사업은 이후 다른 지역으로 확산되었다. 1950년대 후반까지 한국에서 사회사업의 영역은 극히 제한적이었다. 당시 한국정부는 사회적으로 도움이 필요한 이들을 눈앞에서 치우는 방식의 해결책 외의 대안을 갖고 있지 못했다. 마치 수해를 입은 도시 빈민을 도심에서 거리가 있는 응암동에 격리 수용했던 것과 같은 방식으로 비가시화 시켜나갔다. 사회 문제에 적극적으로 대응할 수 있는 국가적 역량이 없었기 때문이었다. 또한 사회사업을 수행할 수 있는 인력도 부족했다. 이화여자대학과 중앙신학교에 사회사업학과가 있었으나 실습 과정이 없어 이론적 교육에 그쳤다. 그나마도 대학을 졸업하고 관계 기관에 취업할 수 있는 곳은 외원단체나 종교계 시설 외에는 거의 전무했다고 한다.53)

따라서 이 시기에는 대부분의 사회문제 특히 고아나 부랑인 문제를 시설 수용이나 집단 이주를 통해 해결해가는 한계를 보였다. 그렇지만 케이스워크 중심의 사회사업의 필요성을 느끼는 이들도 있었다. 이들 중 상당수는 외원단체나 미국 원조기관에 몸담고 있던 외국인들이었

---

53) 성민선, 「Rekkebo의 기록을 통해 본 한국 사회사업의 초기(1955-1965)」, 『사회복지리뷰』 15집, 가톨릭대학교 사회복지연구소, 2010, 134쪽.

다. 여기에 1958년에 서울대학교 사회사업과가 신설되면서 사회사업
에 대한 제도적 기반이 조금씩 늘어나기 시작했다.[54] KCWS가 응암동
프로젝트에서 가정 단위를 기본으로 하는 접근이 가능했던 것도 이러
한 흐름을 바탕으로 하고 있었다.

영역을 확장한 KCWS는 총 20명가량의 사회복지 직원에게 도움이
필요한 가정을 30케이스씩 할당했으며 대상 지역은 서울과 부산 두 군
데였다. 그렇지만 현장 경험이 부족했던 직원들로 이루어진 사업은 얼
마 지나지 않아 어려움에 빠졌다. 마침 자문격으로 도움을 주던 서울
대 교수 백근칠도 다른 기관의 일로 바빠서 관계를 지속할 수 있는 상
황이 아니었다.[55] 이에 KCWS는 1963년부터는 한노재단 소속으로 캐
나다유니테리언한국봉사회(USC)와 사업을 같이 하던 레케보(Gotfred
Rekkebo)와 그의 조수 조기동 두 사람에게 문제의 해결을 부탁했다.
또한 뉴욕 본부에서는 1964년부터 사회사업을 전담할 전문 직원으로
헤이즈(Mrs. Elizabeth Heyes)를 새롭게 파송했다. 레케보와 조기동의
도움을 받는 한편 헤이즈를 중심으로 가정복지부가 새롭게 조직되었
다. 사회사업 담당 직원들은 3명씩 팀으로 묶어서 한 사람당 50개의
도움이 필요한 가정을 맡았다. 이들과 약 10개월간 접촉해서 가정이

---

54) 서울대에 사회사업학과가 설치된 데에도 미국 원조기관의 정책적 이해관계
가 있었다. 결국 이 시기 사회사업가를 양성하는 대부분의 기관이 미국이나
기독교와 관련이 있었던 것이다. 공임순, 「김학묵이라는 에이전시-서울대학
교 사회사업학과 신설을 둘러싼 미국 발 원조의 회로」, 『한국학연구』 47, 인
하대학교 한국학연구소, 2017 참조.
55) 관련 보고서에는 언급이 없지만 백근칠이 조직한 한국사회봉사회의 창립이
1963년이므로 아마도 이 무렵 관련된 일로 바빠졌고 KCWS와의 관계가 자연
스럽게 해소된 것으로 생각된다. 한편 레케보의 회고에 따르면 1960년대 초
반부터 KCWS 측에서 레케보에게 접촉해서 사회복지사업에 도움을 요청했
다고 한다. 백근칠의 자문을 받던 시기에 사업이 제대로 되지 않았던 어려움
을 짐작해볼 수 있다(성민선, 앞의 글, 140쪽).

유지되기 위해 필요한 것을 파악하고, 가능한 도움을 주었다.[56] 직원들 중 일부는 목포의 결핵아동병원이나 세브란스 등의 의료기관에서 활동하기도 했다. 헤이즈는 서울과 부산을 오가며 이들을 감독했으며 사업은 조금씩 자리를 잡아갔다.[57] 1964년에는 19명의 사회사업가가 서울과 부산에서 5,500세대에 도움을 주었고,[58] 1965년에도 총 18명이 활동했다.

사업 초기의 어려움이 훈련된 사회사업가의 부족에서 기인했다는 판단 하에 1967년부터는 관련 전공생을 훈련시키는 프로그램의 운영을 시작했다. 이를 위해 사회사업 자문 역할의 밀러(Helen Miller)도 새롭게 합류했다. 관련 전공의 학생들에게 한 학기 과정으로 현장 실습 기회를 제공하고 강습도 했다. 이 프로그램으로 1967년 한 해 동안 총 68명의 졸업반 학생이 한 학기 동안 실습을 받았다.[59] 헤이즈와 밀러는 KCWS에만 머물지 않고 KAVA에서 사회복지분과 위원장 등을 역임했고 외부 강연과 자문 활동도 활발히 했다. 이런 노력들은 외원단체의 철수가 가시화된 시기에 조직이 철수한 뒤에도 한국에서 사회사업을 유지하기 위한 것이었다. 사회사업과 훈련 프로그램 운영에도 CWS 본부의 지원 외에 루터교세계구제회의 재정 지원이 큰 도움이 되었다.

② 마을공동체 사업

한편 잉여농산물을 이용한 사업을 지속할 수 없게 되면서 지역에서

---

56) KCWS, 『한국기독교봉사회 연간보고서 1965』, 11쪽.
57) Elizabeth Hayes, Family Welfare Department Annul Report 1954, "program report, 1964", Presbyterian Historical Society Archives, pp.18-20.
58) 「한국기독교연합회 제18회 총회록」, 『한국기독교사회운동사 자료집 제4권』, 한국기독교교회협의회, 2019, 193쪽.
59) KCWS, 『한국기독교세계봉사회연간보고서 1967』, 9쪽.

새로운 사업 영역이 필요해졌다. 이를 위해서 1964년에 1년간 새로운 프로젝트를 위한 연구 기간을 가졌으며, 사업 수행에 필요한 자금은 CWS와 루터교세계구제회에서 충당했다.[60] 삽교에서의 경험과 1년간의 연구를 바탕으로 1965년부터 경기도 묵동과 어룡의 두 개 마을에서 마을공동체사업을 시작했다.[61] 한국인 직원인 조치원이 가족들과 함께 묵동 마을에 거주하면서 사업을 관리했다. 두 지역에서의 사업이 성공적으로 수행됨에 따라 1968년부터는 시흥·용인·화성·이천·여주에 열 개의 마을을 추가로 선정해서 총 5명의 직원을 파견했다.[62] 이때 담당 직원의 선정에는 KCWS 자문위원회와 한국정부의 협조가 있었다.[63]

마을공동체사업은 마을에 자생적이고 자립적인 공동체 조직을 만들어 운영하는 것이었다. 공동의 목표를 달성하기 위한 설비 마련을 추진하고, 생산 증대와 농가소득 향상, 그리고 생활개선과 공중보건까지를 아우르는 것으로, 이 과정에서 지역의 4-H클럽 등과 협업도 활발하게 이루어졌다. KCWS 직원들은 초기에 현장에서 공동체 조직을 도왔고, 농사를 위한 시설을 마련하기 위한 마을 공동의 사업을 위한 물자를 보조해주었다. 또 KCWS 의료사업부의 이동식진료소와 연계해서 공중보건 교육을 실시하기도 했다. KCWS의 사업 목표는 마을이 자립할 수 있도록 하는 것이었기 때문에 시설에 필요한 자금을 무상지원하기보다는 대출해주고 소득이 생길 때 상환하도록 하는 방식을 주로 이

---

60) KCWS, ibid., 1964, pp.11-12.
61) KCWS, 『한국기독교봉사회 연간보고서 1965년』, 15쪽; 어룡은 현 의정부시 의정부1동, 묵동은 현 중랑구 묵동으로 추정된다.
62) 정인섭, 「농촌 지역사회 개발사업」, 한국기독교세계봉사회, 1970.5, 1쪽(민주화운동기념사업회 소장).
63) KCWS, 『한국기독교세계봉사회 연간보고서 1968』, 5쪽.

용했다. 마을공동체사업에는 5년간 총 3,500여 만 원의 예산이 사용되었는데 이 중에 2,600여 만 원은 마을에서 자체적으로 부담한 금액이었다.[64] 이 밖에도 기독교연합봉사회 농촌부와의 연계 사업으로 잡지『농민생활』을 발간할 때 인쇄비용을 지원하고 잡지를 받아서 배포하기도 했다.[65]『농민생활』의 기사는 농촌의 생활개선을 위한 방법, 새로운 영농법 소개, 농작물이나 가축 품종에 대한 안내 등이 주를 이루고 있으며 KCWS는 잡지의 보급을 통해 농업과 농민 생활의 개선을 도모하고자 했다.

농촌지역에서 각종 사업을 선정하고 실행할 수 있었던 데에는 각지의 지역위원회가 바탕이 되었던 것으로 보인다. 비슷한 규모의 예산으로 사업을 하던 C.A.R.E.의 경우 지역의 조직이 KCWS만큼 촘촘하게 구성되어 있지 않았다. 그에 비하면 KCWS는 읍면 단위지역까지 KCWS와 협력 가능한 지역의 작은 교회들이 있었고, 이런 구조를 통해서 현장의 목소리를 듣고 지역의 요구에 대응할 수 있었다. 정인섭의 보고서 맺음말에서 참가자들과 현장에서 접촉하게 되는 일선 교회의 목사나 교회 지도자의 자질 함양을 당부하는 대목을 통해 KCWS의 농촌사업과 지역 교회의 밀접한 관계를 확인할 수 있다.

한편으로 농촌에서의 마을공동체사업에는 1920년대부터 YMCA 중심으로 수행되었던 농촌계몽운동이나 혹은 기독교 이상촌운동의 지향점이 근간이 되었을 것으로 보인다. 이 시기 각 교단이나 KNCC 사회국 등에서도 농촌사업을 실시하고 있었다. 그렇지만 농촌 선교나 교회 개척의 측면이 강하게 부각되었던 교단 중심의 사업에 비해 KCWS의 농촌사업은 종교적 성격이 뚜렷하지는 않았다. 다만 인적 구성의 측면에

---

64) 정인섭, 앞의 글, 6쪽.
65) J. B. Atkinson, ibid., p.467.

서 교회가 중심에 위치하고 있었고, 그만큼 참가자 대부분이 기독교인이거나 적어도 교회와 가까운 인물들로 구성되었음은 짐작해볼 수 있다. 농업 중심의 저개발 국가에 머물던 한국에서 농촌사업은 단순히 생활개선을 위한 접근이 아니었다. 그보다는 농촌의 마을 단위까지 기독교적 이상을 바탕으로 한 자립적 공동체를 만들고자 했던 것이며, 근대화와 산업화에서 파생된 사회모순을 해결하고자 하는 종교적 접근의 일환이었다.

## 4. 한국교회로의 사업 이관

살펴본 것처럼 KCWS의 지역사회개발사업은 세계교회의 흐름과 CWS 본부의 사업 방침을 바탕으로 하고 있었으나 안으로 한국교회와의 관계는 그다지 밀접하지 못했다. 지역위원회를 통해서 여러 현장에서 지역교회와의 결합은 가능했으나, 사업의 방향을 정하거나 계획을 수립하는데 한국교회의 요구사상이 직접 반영되지는 않았다. 이렇게 된 원인은 KCWS의 결성과정에서 제삼자라고 할 수 있는 선교사가 중심이 되면서 양자의 관계가 복잡해졌기 때문이었다. 일반적으로 CWS의 지부는 해당 지역 NCC의 산하기관으로 함께 활동하는 것이 기본 방침이었지만 KCWS는 KNCC 소속으로 있으면서도 실제 활동은 별개로 이루어졌다. 따라서 매년 총회에 사업 내용을 보고했으며, KNCC 총무 등 관계자가 실행위원회에 당연직으로 참여하는 정도로 느슨한 관계를 맺어갔다. KNCC에서는 KCWS를 조직 내로 포섭하고자 재단법인화를 추진했으나 큰 효과는 없었다.[66]

이사회와 실무진으로 이원화되어 있던 KCWS의 구조는 1950년대 중

반쯤 이사회 대신 실행위원회 체제로 바뀌었다.[66] 실무진의 행정 대표
(Executive Director)가 위원장으로 회의 소집 권한을 가졌으며 각 선교
부와 교단에서 위원을 파견했다. 아펜젤러 사후에 본부에서 직접 파송
된 직원의 비중이 늘어나면서 내한 선교사의 영향력이 약화된 상황에
서[68] 구조가 개편되면서 KCWS 사업에 관한 의사결정 구조도 변화했
던 것으로 보인다.[69]

1958년에는 당시 대표인 크레이풀(James Claypool)이 김종환 총무의
해임을 요구하면서 갈등이 불거졌다. 이는 KCWS의 한국교회에 대한
불만의 표출일 뿐 총무 개인의 문제가 아니었기 때문에 사건은 원만하
게 마무리되었지만,[70] 갈등이 완전히 해결된 것은 아니었다. 1961년에
는 모리슨(Colin W. Morrison)이 대표로 부임하면서는 실행위원회의 해
산을 요구했다. 실행위원들은 이 사안을 모욕으로 받아들였고, KCWS
와 한국교회의 사이는 급속도로 나빠졌다. 실행위원들은 자문위원회
를 만들자는 KCWS의 제안을 거부했고,[71] 뉴욕 본부에 문제 해결을 촉

---

66) 「재단법인 구성추진 - CWS관리자총무인준」, 『기독공보』, 1959.2.23.
67) 조직 변화의 정확한 시점은 확인하지 못했다. 『기독공보』, 1955.10.10에 제4회
    실행위원회 회의가 9월 28일에 개최되었다는 기사가 있으므로 그 얼마 전쯤
    으로 짐작해볼 뿐이다.
68) Harry A. Rhodes·Archibald Campbell, ibid., p.326.
69) 행정 대표를 포함한 외국인 직원의 인사권은 CWS 본부에 있었고, 한국인 직
    원의 인사권은 초기에는 실행위원회가, 1960년대에는 별도로 구성된 인사위
    원회가 가지고 있었음을 생각할 때 CWS 본부의 영향력이 결성 당시보다는
    강화되었음을 짐작할 수 있다.
70) 「총무 경질 않으면 사업 중지? CWS 관리자 발언에 관심 집중」, 『기독공보』,
    1958.1.13; 「CWS 크레이풀씨 관리자 발언 사과 취소 김종환 총무 미국 유학
    조건 사임」, 『기독공보』, 1958.1.27; 김종환 후임 박태화가 1959년부터 1961년
    까지, 이윤구가 1961년도부터 1965년도까지 한국인 총무로 일을 맡아보았다.
71) 「CWS문제 조정 논의 활발 현지교회의 합일된 해결책이 급무」, 『기독공보』,
    1962.2.5.

구하는 항의 서한을 보내기도 했다.[72] KNCC 사회부에서는 관련 연구 위원회를 꾸리는 등 중재를 위해 노력했지만,[73] 양자의 갈등은 쉽게 해소되지 않았다.

갈등의 원인이 무엇인지 직접 드러나 있지는 않지만, 확인되는 몇 가지 자료를 바탕으로 짐작은 해볼 수 있다. 먼저는 1953년에 전후의 활동 방침을 정리하면서 일반적인 내용에 추가로 '종교나 정파의 차별 없이 봉사', '교회 간 상호협력을 증진' 같은 구절을 포함시켰던 것이다. 특히 종교의 차별 없이 요구호자에게 도움이 제공되어야 한다는 내용은 이후로 수차례 반복되었으며, 그만큼 현장에서는 이 원칙이 잘 지켜지지 않았음을 의미한다. 두 번째는 현장에서 요구호자에게 직접 지원되어야 할 물품이 판매되어 시장에 떠도는 일이 많았던 점이다. CWS는 시장에 물품이 풀리는 사안에 민감하게 반응하며 철저하게 금지했으나 한국교회 담당자들은 사업 수행 과정에서 불가피한 일로 치부했다.[74] 여기에 더해서 물품을 지원받았던 기관의 개인이 저지른 비리와 착복 사례도 심심찮게 발생했기 때문에 CWS에서는 이에 따른 불신이 상당히 누적되어 있었다.[75] 한국교회도 KCWS가 교회를 위한 사업보다 미공법 480호의 잉여농산물 사업에 큰 비중을 두고 활동하는 것에 불만을 가지고 있었다.[76] 미공법 480호 관련 사업은 미 원조당국

---

72) 「한국교회에 대한 냉대 무관심은 이해難, KCWS 문제 해결에 기대 각 교파 책임자 주한선교부 대표 연서로 공한」, 『기독공보』, 1962.3.26.

73) 「한국기독교연합회 제15회 총회록」, 『한국기독교사회운동사 자료집 제3권』, 한국기독교교회협의회, 2019, 421~422쪽.

74) 김종환, 「10회 CWS 총회를 앞두고」, 『기독공보』, 1955.10.31.

75) 「시중에 판매된다고 CWS 구호물자 취급 논의」, 『기독공보』, 1957.3.4; 1955년 예장 제40회 총회록 보고 내용 중에도 "구제품은 절대로 매매하여 교회 경비로 쓰는 일을 금할 것이며 이런 일이 있을 때에는 원조가 중지되며 도리어 미국 정부에 배상을 지불하게 된다고 경고를 하였다"는 언급이 있음.

의 방침에 따라 수행되었던 만큼 한국교회에서 관여할 수 있는 영역이 아니었기 때문이다. 따라서 한국교회 대다수의 입장에서 일반 구호 예산이 줄어드는 지역사회개발로의 전환은 달갑지 않은 변화였다. 여기에 KCWS의 건물이나 재산을 처분하는 과정에서 실행위원회보다는 대표의 개인적 판단이 더 강하게 작용하는 등의 상황이 겹치면서 불만이 커져갔다.[77]

결국 문제는 조직의 성격에 대한 양자의 이해가 달랐기 때문에 발생한 것이었다. 한국교회는 KCWS가 한국교회의 입장을 대변해서 활동하는 구호기관이기를 바랐고, 종종 이 사업의 대상을 한국인 전체가 아닌 한국의 기독교인으로 해석했다. 이 때문에 지원 물자를 전쟁으로 파괴된 교회 건물을 다시 짓고 교세를 확장하는 데 사용했고, 교단끼리의 경쟁에 이용되기도 했다. 그렇지만 CWS의 활동 목표는 봉사에 있었다. 즉 한국에서 에큐메니즘과 보편인권의 가치를 바탕으로 어려운 이를 돕는 기독교 정신이 발휘되기를 바랐던 것이다. 1962년 전직 대표 쇼락이 방한해서 문제의 해결을 돕기로 약속하면서 한국교회의 사회봉사 책임을 강조했던 것도 이런 맥락에서였다.[78] KCWS는 해외의 원조가 한국에 공급될 뿐 아니라 한국교회도 세계교회의 일원으로서 책임을 져야 한다고 보았으며, 1950년대부터 한국교회의 자발적 참여를 요청해왔다.[79] 또 어려움을 겪는 타국 교회에 대한 지원을 요청하기도 했다.[80]

76) 「사설 국내교회 연합사업을 재고하자」, 『기독공보』, 1962.1.29; 「CWS 관계개선문제 원시점으로 복원? 자문위 구성안 거부기세」, 『기독공보』, 1963.5.13.
77) 유호준, 『역사와 교회』, 대한기독교서회, 1993, 332쪽.
78) 「한국교회의 주체성 지닌 봉사활동 긴요, CWS 개편에 새 전기 촉구」, 『기독공보』, 1962.5.28.
79) 「5백만환 구호비 CWS서 각 교파에 호소」, 『기독공보』, 1955.12.19.

일련의 갈등 과정을 거치면서 한국교회의 지도자들은 결국 사회봉
사의 기독교적 사명을 한국교회의 주체적인 역량으로 해내지 못하고
외원단체에 의존하고 있는 것이 문제라고 인식하게 되었다.[81] 여기서
더 나아가 독자적 봉사단체가 필요하다는 데까지 이어졌다.[82] 1960년
대에는 여러 선교부가 각기 속한 한국교회와 조직적 통합의 수순을 밟
아가고 있었다. 한국의 경제적 형편도 전쟁 직후보다는 상당 부분 개
선되었다. 내외적으로 한국교회가 자립하기 위한 역량이 쌓여갔으며,
또 그렇게 되어야 한다는 인식이 확대되는 시점이었다. 새로운 조직을
구성하려는 시도와 더불어 KCWS와 관계를 개선하려는 시도가 각 방
향에서 모두 이루어졌다.[83] KCWS에서도 한국교회와의 관계가 개선되
지 않고서는 사업의 장기지속성을 갖기 어렵다는 판단하에 여러 사업
분야에 앞서 가장 우선시 되는 과제로 한국교회와의 관계 증진과 책임
등이 강조되었다.[84] 조직구성을 다시금 정비하면서 대표를 포함한 각
직원들의 위상과 역할을 정리하기도 했다.[85] 1963년에는 한국기독교
봉사회가 출범했으며[86] KCWS는 이와 별개로 사업을 지속했다.[87]

---

80) 「한국기독교연합회 제14회 총회록」, 『한국기독교사회운동사 자료집 제3권』, 한국기독교교회협의회, 2019, 343쪽.
81) 「사설 - 국내교회 연합사업을 재고하자」, 『기독공보』, 1962.1.29.
82) 「새 단체의 봉사회 조직 준비-헌장기초위원을 선정코 추진」, 『기독공보』, 1962.6.4.
83) 「CWS문제 관계개선위원회-NCC 사회위서 11명 선정」, 『기독공보』, 1962.12. 24; 「관계개선문제협의-모리슨씨 현지교회 참여 시인」, 『기독공보』, 1963.3. 11; 「자문기관 결성에 합의-CWS와의 관계개선 대의 최종 인준」, 『기독공보』, 1963.4.8; 「CWS 관계개선 문제 원시점으로 복원? 자문위 구성안 거부 거세」, 『기독공보』, 1963.5.13.
84) KCWS, ibid., 1963, pp.1-2
85) KCWS, "Korea Church World Service-Staff Relationships, Arrangements and Procedures", Presbyterian Historical Society Archives.
86) 「한국기독교연합회 제17회 총회록」, 『한국기독교사회운동사 자료집 제4권』,

이렇게 한국교회의 독자적 영역이 구축되자 오히려 관계개선의 실마리가 쉽게 풀렸다. 1964년부터 KCWS의 제안대로 자문위원회가 구성되었고,[88] 부임 직후부터 지속적으로 갈등을 빚던 모리슨이 3년의 임기를 마치고 홍콩으로 전근 가고, 새로운 대표 올리버(A. M. Oliver)가 파견되어 왔다. 한국교회와의 관계에 새로운 장이 열린 것이다. 물론 앞에서 살펴본 것처럼 이 시기는 KCWS가 철수를 준비하던 시점이었다. 이런 여건에 한국교회의 자구적 노력이 맞물려 자연스럽게 관계가 이어질 수 있었던 것으로 보인다. 1971년 KCWS의 철수 후 남은 재산과 사업은 KNCC와 한국기독교봉사회에 이관되었다.[89]

## 5. 나가는 말

이상으로 KCWS의 지역사회개발사업이 어떤 배경에서 어떻게 전개되었는지 알아보았다. 이를 통해서 한국전쟁 이후 한국사회와 개신교

---

55쪽; 창립총회는 1963년 7월 23일에 개최.

[87] 이런 사정 때문에 1960년대 중반부터는 각 교단 총회록 등에 KCWS에 대한 언급을 찾아보기가 힘들다. 특히 예장 통합 총회에서는 1950년대부터 꾸준히 한국인 총무 혹은 실무진 대표가 총회에 직접 보고 할 만큼 밀접한 관계를 유지했으나, 1964년 이후로는 CWS와의 관계가 아예 끊어진 것처럼 보일 정도로 관련된 내용이 줄어든 것을 확인할 수 있다. 예장 통합 교단 기관지였던 『기독공보』의 경우에도 크게 다르지 않았다.

[88] 초기 자문위원들은 한국교회 대표로 이해영, 김지복, 장준용, 김형남, 존 달리(Bishop John Daly), 윤종선, 강신명, 박병호, 이환신, 정기환, 강원용, 김해덕, 안희국, 키엘(Greenfield C. Kiel), 그리고 선교부 대표로 위트너(George Whitener), 크레인(Paul Crane) 총 16인으로 구성되었다(KCWS, ibid., 1964, p.2).

[89] KCWS 철수와 사업 이관에 관해서는 연규홍, 『한국기독교사회봉사회40년사』, 한국기독교사회봉사회, 2003, 51~59쪽.

의 형성에서 외적 요인이 어떤 방식으로 영향력을 발휘했는지 부분적
으로나마 살펴볼 수 있었다. KCWS의 지역개발사업은 기본적으로는
미 원조당국의 정책적 목표와 방향을 바탕으로 하고 있었다. 그렇다고
해서 KCWS의 사업이 민간단체의 일반적인 역할, 즉 관이 주도하는 사
업이 미치지 못하는 영역을 맡아 활동하는 것만을 의미하지는 않는다.
KCWS의 모든 사업은 기독교 정신을 바탕으로 어려운 곳에 직접 들어
가서 필요한 이들을 돕는 활동이었다.

물론 KCWS의 지역사회개발사업 중 상당 부분은 1970년대에 국가주
도적 농업정책인 새마을운동으로 이어지는 경제적 개발사업이었다.
이는 실질적인 도움을 줄 수 있는 가장 손쉬운 방법이기 때문이다. 그
렇지만 새마을운동에 관한 최근의 연구에서 밝혀지듯이[90] 군사정권의
일방적 사업이 아니라 오히려 1960년대에 형성된 각 지역에서의 자발
적인 농촌운동의 흐름이 국가권력에 강제로 포섭되는 과정이었음을
상기할 필요가 있다. 반면에 KCWS의 지역사회개발사업이 이후에
NCCK나 한국기독학생회총연맹(KSCF)의 농촌운동, 도시빈민운동으로
이어졌던 것도 KCWS가 한국교회에 미친 영향을 잘 보여준다 하겠다.

지면의 한계로 KCWS의 다양한 활동을 다 담아내지 못한 점은 아쉬
움으로 남는다. 특히 지역사회개발사업의 수행에서 해당 지역의 교회
와는 어떻게 관계를 맺어갔는지, 어떤 이들이 참여했는지 같은 세부적
인 사례를 확인하지 못한 점은 자료의 부족을 감안하더라도 이 글의
큰 한계로 생각한다. 신학적 이해의 깊이가 부족해서 활동의 이면에
있는 사상적 조류를 읽어내는 데에도 어려움이 있었다. 1950년대에서
1960년대 기독교계 사회사업에 참여했던 사람들의 다양한 동기를 확

---

90) 김영미, 『그들의 새마을운동』, 푸른역사, 2009.

인하기 위해서 이들의 사상을 확인하는 것은 중요한 작업일 것이다. 기회가 된다면 지역의 사례와 더불어 좀 더 세부적으로 살펴보는 후속 작업을 할 수 있기를 바란다. 마지막으로 한국정부와 외원단체의 관계에 대해서 함께 살펴보지 못한 것은, 이 시기 KCWS를 비롯한 외원단체의 사회적 역할을 확인하는 데 한계로 작용했다. 역시 이후에 좀 더 다뤄져야 할 것으로 생각한다.

# 참고문헌

『기독공보』, 『감리회보』, 『감리교생활』, 『기장회보』

『동아일보』, 『경향신문』, 『조선일보』, Ecumenical Review, Christian Century

『대한예수교장로회총회록』, 『한국기독교장로회 총회회의록』, 『한국기독교사회
    운동사 자료집–한국기독교연합회 총회록』.

김흥수 엮음, 『WCC도서관 소장 한국교회사 자료집–한국전쟁 편』, 한국기독교역
    사연구소, 2003.

한국기독교세계봉사회, 『한국기독교봉사회 연간보고서』, 1965.

_____, 『한국기독교세계봉사회연간보고서』, 1967.

_____, 『한국기독교세계봉사회 연간보고서』, 1968.

정인섭, 『농촌지역사회 개발사업』, 한국기독교세계봉사회 1970년 5월 29일자 보
    고서(민주화운동기념사업회 소장).

연규홍, 『기독교연합봉사회 50년사』, 사회복지법인 기독교연합봉사회, 1999.

_____, 『한국기독교사회봉사회 40년사』, 한국기독교사회봉사회, 2003.

유호준, 『역사와 교회』, 대한기독교서회, 1993.

카바40년사편찬위원회, 『외원사회사업기관활동사: 외국민간원조기관한국연합회
    40년사』, 1995.

공임순, 「김학묵이라는 에이전시 – 서울대학교 사회사업학과 신설을 둘러싼 미
    국 발 원조의 회로」, 『한국학연구』 47, 인하대학교 한국학연구소, 2017.

김흥수, 「한국전쟁 시기 기독교 외원단체의 구호활동」, 『한국기독교와 역사』 23호,
    2005.

_____, 「기독교연합봉사회: 1950년대의 기독교 연합사업 연구」, 『한국기독교와
    역사』 33호, 2010.

성민선, 「Rekkebo의 기록을 통해 본 한국 사회사업의 초기(1955-1965)」, 『사회복
    지리뷰』 15집, 가톨릭대학교 사회복지연구소, 2010.

윤정란, 『한국전쟁과 기독교』, 한울아카데미, 2015.

이종만, 「해방 직후 내한 선교부의 연합단체와 그 역할」, 『장신논단』 39, 장로회
    신학대학교 기독교사상과문화연구원, 2010.

이현진, 「1950년대 한미합동경제위원회의 운영과 역할」, 『한국민족운동사연구』
    48, 2006.

장금현, 「외원단체연합회 설립과정과 특성: 한국기독교세계봉사회와 외국민간원

조단체연합회를 중심으로」, 『대학과 선교』 제48집, 한국대학선교학회, 2021.

정병준, 「세계교회협의회(WCC) 에큐메니칼 신학의 전개」, 『한국기독교와 역사』 40호, 2014.

최원규, 「외국민간원조단체의 활동과 한국사회사업 발전에 미친 영향」, 서울대 사회복지학과 박사학위논문, 1996.

한봉석, 「1960년대 미공법 480호 2관과 3관 원조의 의미 - 주한 케아의 '근로를 위한 식량'(Food for Work)을 중심으로」, 『史林』 74, 수선사학회, 2020.

허은, 「美國의 對韓 文化活動과 韓國社會의 反應」, 고려대학교 박사학위논문, 2005.

"Korea Church World Service reports, 1959-1966", Presbyterian Historical Society Archives(https://digital.history.pcusa.org/)

Fey, Harold E, *Cooperation in compassion : the story of church world service,* N.Y., 1966.

Harry A. Rhodes·Archibald Campbell, *History of the Korea Mission Presbyterian Church in the U.S.A Volume II 1934-1959,* 대한예수교장로회총회교육부, 1984.

# 컴패션의 태동과 스완슨(Everett Swanson)의 전쟁고아 구호활동

곽병구

## 1. 들어가는 말

많은 이들이 한국 기독교에 대하여 기존의 신자들이 이탈하는 비율이 높아지고 타종교에 비해 대사회적으로 신뢰도를 잃는 속도가 현저하게 빠르며 기독교에 대한 불신의 사회적 분위기는 가속화되고 있다고 말한다. 이런 현상에 대한 이유를 분석하면서 많은 이들은 기독교 내부 지도자들의 문제나 운영의 문제, 비호감적인 전도방식을 지적한다. 외부적인 문제로는 가장 먼저 "공익적 차원으로서 사회활동의 부족 내지 미진"[1]을 지적하며 타종교에 비해 대사회적인 활동이 현저하게 미흡함을 지적한다. 이런 현실 속에서 과거를 통해 현재를 돌아보

---

[1] 강병오, 「한국 개신교의 사회적 신뢰 실추 원인과 대책」, 『신학과 선교』 41, 2012, 72쪽.

고 미래를 설계하는 것이 역사의 기능인 것을 기억하며 이제 현대 기독교는 과거를 통해 현재의 우리의 모습을 돌아보고 과거 속에서 다시 회복해야할 모습이 있다면 그리해야 할 것이다.

현재 한국 기독교가 외부에 비치고 이해되는 모습과는 달리 한국 기독교는 선교 초기부터 다양한 영역에서 공익적 차원으로서의 사회활동을 강조하며 많은 사회봉사활동을 직간접적으로 진행해왔다.[2] 특별히 6·25 한국전쟁의 발발로 수많은 사회적 문제들이 발생하기 시작하자 민간차원에서 구호활동이 시작되었다. "한국전쟁기 이후 한국의 사회복지를 상징하는 분야는 아동복지였다."[3]라고 할 수 있을 만큼 한국전쟁 당시와 전후 한국사회의 최대 화두는 '아동복지'에 대한 문제였다. 이러한 상황에 따라 외원단체의 대규모 원조가 시작되어 1954년 기준으로 전국 414개의 시설[4] 중 266개의 고아원을 지원(28,748명)하였다.[5]

외원단체 중에서도 외국의 기독교회와 기독교 구호 단체들은 다른 단체들보다도 더 많은 구호 물품과 재정, 구호 인원들을 통해 구호활동에 나섰고[6] 민간 외원단체 중 기독교 배경의 외원단체가 대부분을

[2] 김인수, 『한국기독교회사』, 한국장로교출판사, 2005, 99~129쪽.
[3] 서울특별시 사회복지 협의회, 「서울의 사회복지 역사연구」, 2017, 102쪽; http://www.s-win.or.kr/swin/html/main/sub.htm?ptype=view&idx=61652&page=1&code=swin21&mainMenu=07&subMenu=01&pageNum=&searchopt=subject&searchkey=2017&mainMenu=07&subMenu=01&pageNum=,/ 2021년 5월 13일 3시 접속.
[4] 위의 글, 103쪽; http://www.s-win.or.kr/swin/html/main/sub.htm?ptype=view&idx=61652&page=1&code=swin21&mainMenu=07&subMenu=01&pageNum=&searchopt=subject&searchkey=2017&mainMenu=07&subMenu=01&pageNum=,/ 2021년 5월 13일 3시 접속.
[5] 최원규, 「외국민간원조단체의 활동과 한국 사회사업 발전에 미친 영향」, 서울대학교박사학위논문, 1996, 142쪽.
[6] 전후 가장 많은 구호활동을 펼친 단체는 미국 가톨릭 복지위원회 소속 가톨

차지하였다.[7] 전후 한국사회의 형성과정에서 큰 문제 중 하나였으나 그것을 국가가 모두 책임질 수 없던 무렵 기독교 외원단체의 역할은 지대했다.[8] 전후(戰後) 한국사회 전체가 흔들렸던 혼돈의 시대에 한국 기독교는 한국사회가 다시 흔들리는 뿌리를 세우고 새롭게 형성하는 과정에서 무엇이 가장 시급하며 우리는 무엇을 할 수 있는가를 먼저 고민했다. 그리고는 그것을 실행에 옮겼다.

본 연구자는 6·25 한국전쟁 이후 한국사회의 회복과 형성과정에서 가장 필요하고 어려웠던 문제인 전쟁고아들에 대한 구호와 돌봄을 통해 한국사회의 회복에 이바지하였던 기독교의 기여를 밝히고자 한다. 특별히 그 과정에서 본 연구에서는 개설서적인 측면의 기독교 구제, 구호활동을 살펴보지 않고 한 단체를 소개하려 한다.

전쟁 이후 한국사회가 회복되고 새롭게 형성되는 과정에서 기독교의 역할에 관한 연구, 그중에서도 특별히 사회복지에 관한 연구와 관련하여서는 외원단체에 대한 부분적인 접근과 연구만 이뤄지던 중 1995년 이르러 최원규에 의해 외원단체에 관한 종합적인 연구가 이뤄지게 된다. 최원규는 그의 박사학위 논문인 「외국민간원조단체의 활동과 한국사회사업 발전에 미친 영향」이라는 논문을 통하여 구한말에

릭 구제위원회(Catholic Relief Service)와 미국 기독교교회협의회 소속 기독교 세계봉사회(Church World Service)였다. 김흥수, 「한국전쟁 시기 기독교 외원단체의 구호활동」, 『한국기독교와역사』 23, 2005, 98쪽.

[7] 한국전쟁 중 내한한 외원단체들은 모두 1953년 7월 8일자로 KCAC(한국민사원조처, UNCACK에서 1953년 개편된 단체)에 등록해야 했는데, 1955년 1월 기준 KCAC에 등록된 외원단체는 49개였고, 그 중 40개의 단체가 기독교 배경을 가지고 있었다. 최원규, 앞의 글, 117~118쪽.

[8] 1958년 기준 보건사회부 1년 예산은 10억 9천 8백만 원이었고, 외원도입액은 3억 9천 8백만 원이었다. 이후 1961년을 기점으로 외원도입액(20억 5천 5백만 원)이 보건사회부 예산(9억 5천만 원)을 넘어섰다. 한국선명회, 『한국선명회 40년 발자취』, 한국선명회, 1993, 209~220쪽.

서부터 6·25 한국전쟁 이후까지 전반적인 외원단체의 활동을 살펴보고 시기별로 나누면서 각 시기별로 외원단체들이 한국사회와 한국의 사회복지 발전사에 미친 영향을 재정과 수치상의 비교를 통하여 상세히 기록하였다.

더불어 외원단체 전반을 망라하며 외원단체의 활동목적을 통해 단체들을 분류했다. 하지만 최원규의 외원단체에 관한 연구가 개설서의 역할은 충분하나 개별 외원단체에 관한 연구는 미진하기에 본 논문은 컴패션에 관한 연구를 통하여 개별 외원단체에 관한 개별 사례를 밝히려 한다.[9]

본 연구는 전후 한국사회 형성기였던 외원단체의 주활동기에 기독교 외원단체 중 가장 활발했던 월드비전(선명회), 기독교아동복리회(CCF), 동양선교회(OMS)와 더불어 4대 외원단체 중 하나[10]이나 다른 단체들에 비해 국내 연구가 거의 전무하고 대부분의 사회복지 개설서,

---

9) 최근에 이르러서 서울신학대학교 현대기독교역사연구소를 중심으로 전후(戰後) 기독교가 한국사회 형성에 끼친 역할을 연구하며 기독교가 사회복지 분야에 공헌한 역할들과 과정에 대해 중점적으로 연구하기 시작하였고 개별 단체들에 대한 심층 연구가 본격적으로 시작되었다. 박명수, 「한국 월드비전(World Vision)의 배경과 창립과정」, 『한국교회사학회지』 58, 2021; 박창훈, 「세계구호위원회(World Relief Commission)의 한국활동과 그 의의: 엘마 길보른(Elmer Kilbourne)의 활동을 중심으로」, 『한국교회사학회지』 58, 2021; 장금현, 「외국민간원조단체협의회(Korea Association of Voluntary Agencies)와 기독교 관계」, 『영산신학저널』 56, 2021; 장금현, 「외원단체연합회 설립과정과 특성: 한국기독교세계봉사회와 외국민간원조단체연합회를 중심으로」, 『대학과 선교』 48, 2021; 윤은순, 「1950-60년대 아동복지의 내용과 성격」, 『한국민족운동사연구』 107, 2021; 최현종, 「정부의 복지정책과 종교사회복지」, 『Asian journal of religion and society』 9, 2021; 윤은석, 「전후 한국 감리교회의 고아원 사업 연구: 자생, 자립, 자선」, 『장신논단』 53, 2021; 윤은석, 「기독교연합봉사회의 수족절단자 재활사업 연구; 사회봉사와 신앙의 관점에서」, 『ACTS신학저널』 47, 2021.
10) 서울역사편찬원, 『서울사회복지사』 제3권, 경인문화사, 2017, 52쪽.

외원단체에 관한 연구에서도 누락된 컴패션[11]을 구체적으로 소개하고자 한다. 또한 미국 복음주의 흐름에서 미국복음주의협회(NAE)와 같은 시기에 조직되었던 십대선교회(Youth For Christ, YFC)의 주요 인물 중 하나였고 빌리 그래함(Billy Graham)과 밥 피어스(Bob Pierce)[12]와 함께 한국 부흥전도단을 구성했으나 거의 연구되지 않았던 컴패션의 설립자 에버렛 스완슨(Everett Swanson)이라는 인물을 다루고자 한다. 그가 한국에 컴패션을 설립하게 된 배경, 시대적 배경, 컴패션의 주요 활동에 대해 살펴보며 전후 한국사회 형성기에 공헌한 역사적 의의와 특징에 대해 다루고자 한다. 특별히 구호활동을 통해 한 영혼이 전인적으로 회복되고 성장하는 것에 초점을 둔 단체라는 것을 드러내려 한다.

이를 위한 연구자료로는 대부분 1차 자료를 활용하여 진행한다. 에버렛 스완슨의 일기와 편지 그리고 설교문과 메모, 가족들의 증언과 간증문, 당시 재정보고서와 이사회 회의록, 내부 기관 잡지 등을 활용코자 한다. 다만 이 자료들이 사료 분실로 컴패션 국제본부에도 실물 자료로 보관되어 있지 않고 사진 자료로만 보관되고 있어 구체적인 서지사항을 기록할 수 없는 자료들도 다수 있는 한계가 있다.

---

11) 1952년 창설 이래 1993년 3월까지 41년 동안 연평균 83개 시설의 8,839명(연평균) 아동으로 지원한 후원금은 모두 40,529,268 달러이며, 한국 아동 복지에 기여한 공로를 기려서 창설자 에버렛 스완슨 목사에게 문화 훈장(1964.6)을, 총재 헨리 하비 목사에게는 목련장(1970.1)을, 4대 총재 에릭슨 목사에게도 목련장(1984.5)을 수여하였다. 『컴패숀회 창립 41주년 기념회 순서지』, 1993.4.19.

12) 본명은 로버트 윌라드 피어스(Robert Willard Pierce)이지만 본고에서는 통상적으로 많이 불리는 애칭인 밥 피어스(Bob Pierce)로 기록하기로 한다.

## 2. 컴패션 설립의 시대적 배경

대한민국 역사 속에 해방 이후 가장 큰 역사적 흔들림과 아픔은
6·25 한국전쟁이었다. 이 전쟁 속에서 가장 큰 어려움을 겪은 대상 중
하나는 바로 전쟁의 참상 속에서 부모와 보호자를 잃은 전쟁고아들과
기아로 인한 요보호아동(要保護兒童)들이었다. 부모와 보호자를 잃은
인생의 기반을 전부 잃어버린 아이들의 아픔과 실제적인 의식주의 생
존과 '미래'를 향한 지렛대 형성의 문제는 전쟁 당시와 또 전후 복구과
정에서 너무도 중요한 문제였다. 전후 베이비붐으로 인해 아동 수는
급증한 상황이었고 전쟁을 지나며 정부는 극심한 재정난에 봉착해 있
었다.

광복 시기 전국에 38개의 시설에 3,000여 명의 고아가 있었으나 전
쟁 시기를 지나며 1950년에는 215개의 시설에 24,000여 명의 아동이,
1955년에는 496개 시설에 53,592명의 아동이 수용될 정도로 가파르게
증가해갔다. 빠른 증가세 속에 정부지원과 국내의 민간 재정과 자원으
로 계속하여 늘어나는 수많은 전쟁고아와 보호아동을 구호한다는 것
은 어려운 일이었다.[13] 또한 1950년대 초 요보호아동에 대한 국가의
개입은 응급구호에 집중하는 사후보호의 차원이 강했고 아동구호의
문제를 국가의 문제보다는 가정의 영역으로 보아 최소화하여 개입하
려는 기조가 강하던 때였기에 전후 아동보호는 주도적 위치에서 실질

---

[13] 1952년 3월 UNCACK(유엔한국민사지원단) 보고서에 따르면 전쟁으로 인한
피난민의 수가 2,618,000명이었고 전재민·이재민이 3,420,000명이었으며, 기
아와 인플레이션과 같은 경제 문제로 인한 빈민이 4,368,000명이므로 총합
10,406,000명에 달했다. "국제연합 한국통일부흥위원단보고서" http://theme.ar
chives.go.kr/viewer/common/archWebViewer.do?singleData=Y&archiveEventId=0
049281916/2021년 5월 13일, 오후 2시 접속.

적인 조치를 취할 주도자가 필요했다.[14]

고아들에 대한 구호는 UN 연합군 중 개별 나라들을 통해서나 외원단체[15]의 지원에 의존하여 진행될 수밖에 없었으며 주로 시설에 아동들을 수용하는 방식으로 구호가 이뤄졌다. 그 과정에서 고아원이 급격히 증가해갔으나 모두를 수용하기에는 부족했고, 많은 아이들이 거리로 나와 구걸·껌팔이 등으로 연명해 갔으며 또 어떤 아이들은 소매치기와 같은 범죄의 현장에 방치되기도 했다. 이것은 정부 차원에서도 중차대한 문제로 인식되었지만, 이 전쟁고아의 문제는 마땅한 대책을 찾지 못한 채 지속하여갔다.[16]


## 3. 컴패션의 설립과 발전

### 1) 에버렛 스완슨의 생애와 십대선교회(YFC), 세계구호위원회(WRC), 그리고 동양선교회(OMS)

1913년 12월 13일, 일리노이주의 시카모어의 한 농장에서 스웨덴 출신의 부모 슬하에 태어난 에버렛 프란시스 스완슨(Everett Francis Swanson, 이하 스완슨, 1913.12-1965.11)은 1923년 4월 부활주일에 시애

---

14) 문선화 외 3인, 『한국사회와 아동복지』, 양서원, 2012, 59~62쪽.
15) 외국민간원조단체란 외국에 있는 본부의 지원으로 국내에서 보건·교육·생활보호·재해구호·지역사회개발 등의 사회복지사업을 하는 비영리 사회사업 단체로서 그 사업에 필요한 재원이 외국에서 마련되고 실질적인 운영주체가 외국인인 단체로 정의한다. 외국민간원조단체에 관한 법률(1963.12.7, 법률 제1480호)" https://terms.naver.com/entry.naver?docId=1228284&cid=40942&categoryId=31713/2021년 5월 13일, 오후 3시 접속.
16) 소현숙, 「전쟁고아들이 겪은 전후」, 『한국근현대사연구』 84, 2018, 325~326쪽.

틀의 퀸 앤 침례교회(The Queen Anne Baptist Church)에서 주일학교 예배를 드리던 중 회심의 체험을 하였다. 현지 기준 15살이 되던 해 지역에서 복음을 전하는 전도대에서 활동하면서 교도소, 요양원 등을 순회하며 설교하는 전도자가 되었고, 고등학교를 졸업한 후에는 마차를 타고 이동하면서 텐트를 치고 생활하며 순회전도 사역을 시작했다.

이후 워싱턴 버논의 임마누엘 침례교회(Immanuel Baptist Church)의 부르심을 받아 7년 동안 사역을 하였고 1944년부터는 시카고의 센트럴 애비뉴 침례교회(Central Avenue Baptist Church)에서 다시 7년간 사역하였다. 그러던 중 1950년 7월 22일에 그는 더 큰 사명[17]으로의 부르심을 깨닫게 되고 교회를 사임한 후 1년 안에 전 세계를 순회하며 복음을 전하러 떠난다.

스완슨이 시카고에서 사역을 하던 시기의 미국에는 많은 복음주의 단체들이 발흥하고 있었다. 특별히 스완슨이 목회하던 시카고에서는 1942년 복음주의 신앙을 기반으로 다양한 교파들이 연합해 극단적인 근본주의를 반대하고 복음전도에서는 협동한다는 입장을 가진 미국복음주의협회(National Association of Evangelicals)가 조직되고 있었다.[18] 이 미국복음주의협회와 거의 비슷한 시기에 조직된 십대선교회(Youth For Christ, YFC)는 본래 1930년대에 대학 선교를 위해 조직된 청소년

---

[17] ① 하나님이 부르시는 곳이면 전 세계 어디든 전임 전도 사역을 시작하는 것 ② 9월 10일 목사직에서 사임하여 내년 1951년 1월에 바로 떠날 수 있도록 준비하는 것 ③ 하나님께서 약속하신 대로 나의 모든 필요를 제공해 주실 것을 믿는 것(빌립보서 4:19) ④ 육체적으로나 물질적으로, 또 내 가족의 영성을 돌보시는 하나님을 신뢰하는 것 ⑤ 다른 사람들을 그리스도께로 인도하기 위해 노력을 다하며, 부흥을 위해 기도하고 일하는 것. 『당시 컴패션 사내 잡지: The Ministry of COMPASSION in KOREA』, 1966.

[18] 박명수, 「해방 이후 한국성결교회의 사회인식」, 『한국기독교와 역사』 15, 2001, 87쪽.

전도 단체들에 의해 조직되었다.[19] 십대선교회는 미국 내의 주요 도시에서 대규모 청소년 전도집회를 상당한 성과 가운데 이끌면서 1945년에 청소년 전도에 종사하는 사역자들이 모여 국제 YFC를 조직하였고[20] 미국복음주의협회와 함께 미국 복음주의 진영의 주류 조직이 되었다.[21]

당시 스완슨은 이 십대선교회에 소속[22]되어 활동하였는데 이 YFC의 인연을 통해 YFC의 초대회장인 토리 존슨(Torrey Johnson)[23]을 스완슨 복음전도회 창립 시 자문위원으로 위촉하게 되었고,[24] 빌리 그래함과 함께 YFC의 주요 인물이었고 월드비전의 창립자가 되는 밥 피어스와 함께 부흥전도단을 조직하여 한국 순회 부흥집회에 함께하게 된다.[25]

이 시기에 미국복음주의협회는 기존 전후 서유럽복구계획을 위해 주로 활동했던 전쟁구호위원회(War Relief Commission)을 상설위원회로 변경하며 그 이름도 세계구호위원회(World Relief Commission)로 바꾸었다. 이름을 변경하며 동시에 활동지역도 변경하여 비유럽권으로 활동을 확장했는데 그때 6·25전쟁이 일어났고 세계구호위원회의 상

---

19) 박명수, 『근대사회와 복음주의』, 한들출판사, 2008, 280쪽.
20) 박명수, 「현대 복음주의 운동의 현황」, 『성결교회와 신학』 3, 1999, 45쪽.
21) 이은선, 「6.25전쟁과 미국 복음주의와 한국교회」, 『영산신학저널』 44, 2018, 203쪽.
22) YFC본부 홈페이지에서 전직 YFC 소속 전도자들에게서 시작된 기독교 단체의 목록을 확인할 수 있었다. https://www.yfcteens.com/about/endorsements/ 2021년 8월 25일, 오후 3시 접속.
23) NAE 시카고 지역의 중심인물로 1945년 YFC(Youth For Christ)의 초대회장에 선출된 전도자이다. 존슨은 전후 YFC의 이름으로 세계 곳곳에 선교사를 보내는 운동을 시작하였고, 빌리 그래함(Billy Graham)과 밥 피어스로 애칭되는 로버트 윌라드 피어스(Robert Willard Pierce)와 함께 미국에서 청소년 집회의 대부흥을 이끌었던 인물이다. 박명수, 앞의 글, 2021, 57~62쪽.
24) 『에버렛 스완슨의 일기』, 1961.9.15.
25) 민경배, 『월드비전 한국 50년 운동사』, 월드비전, 2001, 113~114쪽.

설위원회로서의 첫 활동은 한국이 무대가 되었다. 그리고는 동아시아에서 활발히 활동하고 있던 동양선교회(Oriental Missionary Society, OMS)를 한국에서의 활동 파트너로, 엘마 길보른(Elmer KIlbourne)을 담당자로 지정하였다.[26]

스완슨은 십대선교회 시기부터 세계구호위원회의 일원으로 활동하고 있었고 한국에서 활동하는 동안에도 선교보고와 후원편지를 계속하여 세계구호위원회로 보내며 소통하였다.[27] 따라서 스완슨의 한국에서의 스완슨 복음전도회의 창립과 전쟁고아구호활동의 배경에는 미국 복음주의 진영의 주류 조직이었던 미국복음주의협회(NAE), 십대선교회(YFC)와 더불어 한국을 아시아에서의 첫 활동지로 삼았던 세계구호위원회(WRC)와 그 파트너였던 동양선교회(OMS)가 있었음을 알 수 있다.

이런 한국 사역 배경 속에서 스완슨은 1951년 가을 일본을 시작으로 필리핀, 인도, 아프리카와 아시아, 유럽으로 떠났다. 스완슨이 일본에 있는 동안 6·25 한국전쟁이 진행 중이었고 그는 한국으로 들어가는 것이 가능할 수 있도록 기도하였다. 그 때 도쿄 한 복판에서 찬송가를 흥얼거리는 피터 반 리에롭(Peter VanLierop, 반피득)[28] 선교사를 마주

---

26) 박창훈, 앞의 글, 109~111쪽.

27) 『스완슨 복음전도회에 쓴 에버렛 스완슨의 편지』, 1960.1.4.

28) 1949년 미 북장로교 파송 선교사로 한국에 들어온 인물로, 전쟁으로 피폐해진 한국에는 '교육'이 가장 시급한 문제라고 보았다. 1954년 경북 안동에 학교법인 경안학원(경안고, 경안여고, 경안중, 경안여중)을 설립했으며, 서울 대신동의 미혼모 보호시설인 '애란원'을 설립하였다. 한국에서는 '반피득' 선교사로 활동하였으며, 스완슨의 한국방문을 주선한 이 인연으로 훗날 스완슨 복음전도회 창립 시 자문위원으로 함께 활동하게 된다. 「선교사 반피득 박사 별세」, 『조선일보』, 2012년 8월 14일; http://www.chosun.com/site/data/html_dir/2012/08/14/2012081400070.html/2021년 6월 7일, 오후 11시 접속; 한국컴패션 서정인 대표와의 인터뷰. 컴패션 4층 회의실, 2021년 3월 31일 오후 2시.

치게 되고 그 인연으로 한국의 대구에서 사역하던 로버트 라이스
(Robert Franklin Rice) 목사로부터 초청을 받아 한국을 방문케 되고 그
곳에서 전쟁의 실상을 마주치게 된다. 3주간을 한국에서 보내면서 한
국의 교회들을 방문하였고 군부대와 전방의 미군부대를 방문하였
다.[29]

　이듬해인 1952년에는 국방부 군목실 실장이었던 김형도 목사[30]의
초대로 다시 한국을 방문하여 한국 부대를 방문하게 된다. 당시 한국
에서 가장 큰 규모의 부대에서 복음을 전하는 기회를 얻었고 많은 군
장병들이 그 자리에서 회심하는 일들을 경험하였다.[31] 이렇게 두 차례
의 한국 방문과정에서 전쟁 과부와 수많은 거리의 고아들을 보게 되었
고 군 병원을 방문하면서 상처입고 병들고 죽어가는 젊은이들을 목격
했다. 한국에 머무는 동안 한 선교사는 스완슨에게 "스완슨, 당신은 이
곳이 많은 도움과 기회들을 필요로 하는 것을 보았습니다. 당신은 이
제 무엇을 하겠습니까? 어찌 살아갈 셈입니까?" 질문을 받은 그는 계
속하여 고민에 잠겼고 돌아가는 비행기 안에서 이들을 위한 도움의 결
단을 하게 된다.[32]

　스완슨에게 이 도전은 개인적인 강한 소명으로 들렸다. 하지만 현실

29) 『에버렛 스완슨의 일기』, 1961.9.15.
30) 스완슨의 1961년 9월 15일 일기는 Kim Pyung Do라고 기록하고 있으나, 전쟁
　　당시 국방부 군목실장이던 Kim Hyung Do 목사(장로교 통합 측)를 잘못 기록
　　한 것으로 보인다. 「병과, 그것이 알고 싶다: 육군군종병과」, 『조선일보』, 2011년
　　2월 11일; https://bemil.chosun.com/nbrd/bbs/view.html?b_bbs_id=10002&num=1811/
　　2021년 6월 10일 오후 2시 접속.
31) 이 경험은 훗날 스완슨이 한국에서의 활동 당시 군목, 군인교회와 협력하여
　　사역을 하는 계기가 되었다. 스완슨이 한국 사역 초기인 1953년에 후원하였
　　던 춘천 북평남강애육원(현재 강원재활원) 김요희 권사 인터뷰. 강원재활원
　　사택, 2021년 3월 17일 오후 2시 30분.
32) 『에버렛 스완슨의 일기』, 1961.9.15.

을 돌아보니 이 소명을 실행하기에는 그것을 뒷받침할 조직을 갖추지
못한 '한 사람'일 뿐이었다. 그리하여 스완슨은 바로 수천 명의 남녀를
초대할 특별한 계획을 실행하기 시작하였는데, 그것은 교회와 주일학
교 그룹 등이 후원자가 되어 수천 명의 고아들을 돌보고 가정을 제공
하는 것이었다. 이들을 빠르게 효과적이고 경제적으로 연결하기 위해
스완슨은 한국에 상주하고 있던 선교사들의 도움으로 고아원을 짓고,
동시에 한국 기독교인들이 이미 시작한 많은 빈곤한 고아원의 지원도
맡았다.[33]

## 2) 컴패션의 설립과 발전 과정

1952년 가을, 스완슨은 한국 선교사를 통해 한국으로 구호금을 보내
기 시작한다. 그가 가장 처음 보낸 1,000달러는 강원도 삼척 근방의 북
평에 집을 구입하는데 쓰였다. 그곳은 스완슨의 사역 중 첫 번째 고아
원으로 세워졌고 신애원이라 명명되었다. 1953년에는 두 번째로 후원
금들을 모아 대구에 땅을 사고 "New Life Boys and Girls Home"이라고
명명한 고아원을 세워 50명의 고아들이 진정한 기독교 가정을 가질 수
있도록 도왔다. 이윽고 그는 한국의 전쟁 고아를 돕기 위한 조직 구성
을 결심했다. 부흥집회를 다닐 때마다 사람들에게 한국의 상황에 대해
이야기했고 많은 이들이 동참하였기에 후원금을 잘 관리하기 위해서
비영리 단체의 설립이 필요하다고 느꼈다.[34]

---

33) 『컴패션 사내 잡지: The Ministry of COMPASSION in KOREA』, 1966.
34) 1952년 가을 신애원 후원으로부터 시작된 스완슨 복음전도회의 활동 규모는
   해가 갈수록 커졌고 위의 시설 중에는 고아 및 구걸하던 거리의 아이들을 위
   한 쉼터가 대부분이었고 1961년을 기준으로 나병환자 아이들 중 감염되지 않
   은 아이들을 위한 시설 3곳, 과부들을 위한 시설 2곳, 청각·시각·언어 장애를

그렇게 1956년 4월 19일 훗날 컴패션으로 이름이 변경되는 스완슨 복음전도회(Everett Swanson Evangelistic Association, ESEA)를 설립했다. 스완슨 복음전도회는 일리노이주 시카고의 쿡 카운티에 본부를 세웠고 대표로 에버렛 스완슨목사, 부대표로는 스완슨의 아내인 미리암 스완슨(Miriam Swanson), 재무이사로 오랜 고향 친구이자 의사였던 구스타브 햄웰(Gustav Anders Hemwall)로 이사진을 구성했다.

자문위원으로는 정신과 의사였던 데이빗 알 버스비(David R. Busby), 기독교 변호사이자 의사였던 로버트 코터(Robert E. Corner), YFC의 초대회장이었던 토리 존슨(Torrey Johnson), 공인회계사이자 기독교 작가였던 엘머 티 올슨(Elmer T. Olson), 전국 주일학교 총회 사무총장 클레이트 에이 리스리(Clate A. Risley), 침례교 총회 사무총장 로렌스 스완슨(Lawrence F. Swanson), 한국 선교사 피터 반 리에롭(Peter VanLierop, 반피득), 한국인 현지 비서 피터 강(Peter Kang)으로 구성했다.[35]

스완슨 복음전도회는 10개의 신앙신조를 바탕으로 하였는데 그 내용은 이와 같다. 첫째, 우리는 구약성경과 신약성경이 하나님의 영의 감동으로 쓰인 오류 없는 완전한 것임을 믿는다. 둘째, 우리는 삼위일체 하나님을 믿는다. 셋째, 우리는 동정녀 마리아에게서 성령으로 잉태되어 탄생하신 완전한 하나님이자 완전한 인간이신 예수 그리스도를 믿는다. 넷째, 우리는 성령이 죄를 깨닫게 하고, 믿음을 주고, 신자를 거듭나게 하여 그리스도의 몸으로 세례를 준다고 믿는다. 다섯째, 우리는 인간이 하나님의 형상대로 지어졌음을 믿는다. 여섯째, 우리는 주 예수 그리스도께서 성경의 말씀대로 우리 죄를 위하여 죽으시고 구

---

가진 아이들을 위한 시설 1곳, 미혼모와 아이들을 위한 시설 1곳이 포함되어 있었다. 『에버렛 스완슨의 일기』, 1961.9.15.
35) 『에버렛 스완슨의 일기』, 1961.9.15.

속의 피를 흘리신 것을 믿는다. 일곱 번째, 우리는 믿음으로 주 예수
그리스도를 영접하는 모든 사람은 성령으로 거듭나서 하나님의 자녀
가 됨을 믿는다. 여덟 번째, 우리는 십자가에 못 박히신 주님의 육신의
부활을 믿는다. 아홉 번째, 우리는 임박한 재림과 전천년설을 믿는다.
열 번째, 우리는 모든 세속적인 관행에서 벗어나고 그리스도를 위해
헌신하고 봉사하는 것이 행복한 그리스도인의 삶을 위한 유일한 성경
적 기초로 믿는다.[36]

위의 신앙신조를 바탕으로 스완슨 복음전도회는 설립 정관에 분명
한 설립목적을 명시하였다. 그 내용은 첫째, 합법적인 수단들을 모두
사용하여 예수 그리스도의 복음을 남녀노소에게 전달한다. 둘째, 기독
교 복음주의 예배 및 활동을 수행하는 기관 및 개인을 홍보, 계획, 조
직 및 지원한다. 셋째, 전 세계에 복음을 전파하기 위해 모든 유형의
기독교 복음주의 문학 및 자료의 배포 및 보급을 장려하고 지원하는
것이었다.[37]

〈표 1〉 스완슨 복음전도회의 고아원 설립/후원 현황[38]

| 시기 | 고아원 수(증가) | 합계(개소) | 후원 어린이(명) |
|---|---|---|---|
| 1952년 가을 | 1 | 1 | |
| 1953년 봄 | 2 | 2 | |
| 1953년 가을 | 3 | 3 | |
| 1953년-1957년 | 9 | 12 | |
| 1958년 | 4 | 16 | |
| 1959년 | 26 | 42 | 900 |
| 1960년 | 29 | 71 | 2,278 |

36) 『스완슨 복음전도회 신앙신조문』.
37) 『스완슨 복음전도회 정관』, 1956.4.19.
38) 『컴패션 재정 결산 보고서 : Progress Through The Years Korean Orphanages Supported by Compassion Inc』.

| 시기 | 고아원 수(증가) | 합계(개소) | 후원 어린이(명) |
|---|---|---|---|
| 1961년 | 42 | 113 | 4,567 |
| 1962년 | 44[39] | 157 | 8,011[40] |

스완슨의 초기 사역은 이미 형성되어 있던 한국의 고아원에 보낼 지원금을 모금하여 후원하는 방식이었다. 그러나 시간이 얼마 지나지 않아 한국의 기독교인들이 자신들의 집을 개조해서 고아들의 기숙사로 사용했던 고아원을 새롭게 짓는 건축/건축후원을 그들의 사역으로 정해 확장했고 재정 후원 규모는 해가 갈수록 커져갔다.[41]

〈표 2〉 스완슨 복음전도회의 고아원 재정 후원 현황[42]

| 시기 | 금액(달러) |
|---|---|
| 1952년 | 1,000 |
| 1953년 | 7,340 |
| 1954년 | 12,020 |
| 1955년 | 12,105 |
| 1956년 | 24,388 |
| 1957년 | 67,125 |
| 1958년 | 76,648 |
| 1959년 | 161,495 |
| 1960년 | 344,906 |
| 1961년 | 485,219 |

---

39) 1962년에는 <표 1>의 기존 고아원 후원 44개에 더하여 별도 50개소의 새로운 고아원 건물을 건축하였다. 『컴패션 재정 결산 보고서 : Progress Through The Years Korean Orphanages Supported by Compassion Inc』.

40) 1963년에 이르러 12,040명의 어린이를 후원하게 된다. 『컴패션 재정 결산 보고서 : Progress Through The Years Korean Orphanages Supported by Compassion Inc』.

41) 1962년 기준 157개의 후원 고아원을 통해 후원하는 어린이 인원은 17,035명이었고, 직원을 포함하여 19,622명을 후원하고 있었다. 『컴패션 재정 결산 보고서 : Progress Through The Years Korean Orphanages Supported by Compassion Inc』.

42) 『에버렛 스완슨의 일기』, 1961.9.15.

이후 2년여의 건축후원 활동을 하는 동안 스완슨은 시설의 확보와 증가보다 더 중요한 것이 어린이들 개인의 전인격적인 성장과 발달이라는 것을 인식하고 이를 위한 재정이 더욱 필요함을 느꼈다. 2년의 준비 끝에 스완슨은 1954년에 이르러 1:1 결연프로그램이라는 후원 프로그램을 신규 도입하였다. 이 1:1 결연프로그램을 계기로 스완슨 복음전도회는 컴패션(Compassion)으로 명칭을 변경하였고 이전보다 조직적인 단체로 발전하게 되었다. 1966년 기준으로 전국 173개소(〈표 3〉 참조)를 후원 및 운영하며 6·25전쟁 후 활동한 외원단체 중 4대 외원단체로 성장한다.

이에 컴패션의 전신 스완슨 복음전도회의 초기 사무실이 위치했던 경상북도에서는 경상북도 지사 명의의 명예 도민증[43]을 수여했고, 보건사회부 장관 감사장과 건국대학교 명예 법학박사 학위를 수여 받았다.[44] 컴패션으로의 명칭 변경과 확장된 단체의 설립 이후 스완슨은 2년이 채 지나지 않아 뇌종양에 걸려 숨을 거두기 전 11개월의 병투병과 입원 끝에 1965년 11월 15일(52세) 하나님의 부르심을 받게 된다.[45] 이후 이사회는 선교사 출신 헨리 하비(Henry Harvey) 목사를 대표로 임명하였고 스완슨의 아내 미리암 스완슨이 부대표로 스완슨의 한국사역을 이어갔다.[46]

---

43) 『Certificate of Honorary Citizenship Be it Known That : 명예도민증 헌정 사진 자료』, 1963.11.8.
44) 『스완슨의 형 로렌스 스완슨의 간증』, 1965.11.18.
45) 『스완슨의 형 로렌스 스완슨의 간증』, 1965.11.18.
46) 「스완슨의 아내 미리암 스완슨의 간증: 30년의 도전」 (1982).

### 〈표 3〉 컴패션이 후원하고 설립한 전국의 고아원 현황표(1966)[47]

| 서울 및 경기도 (33개소) | 강원도 (2개소) | 충청도 (17개소) | 경상도 및 부산 (89개소)[48] | 전라도 (32개소) |
|---|---|---|---|---|
| 성남보육원 | 남강애육원 | 애민원 | 의보영아원 | 고창행복원 |
| 천애원 | 명동보육원 | 청주보육원 | 중생원 | 개정보육원 |
| 벧엘육아원 | 경상도 및 부산 | 춘광애육원 | 성혜원 | 순창애육원 |
| 신명영아원 | 영주보육원 | 기신영아원 | 선린원 | 무장애육원 |
| 자애원 | 애광보육원 | 혜능보육원 | 애망원 | 이산애육원 |
| 향림원 | 부산베다니보육원 | 보령학사 | 대명모자원 | 군산맹아학교 |
| 청운보육원 | 부산천애보육원 | 향림원 | 충애보육원 | 전북맹아원 |
| 서울혜생원아동관 | 아동자선원 | 영명보육원 | 베다니성화원 | 순천성신원 |
| 에스더원 | 평화의 집 | 송악육아원 | 대광보육원 | 명성고아원 |
| 서울 천사의 집 | 우정보육원 | 성실영아원 | 동광보육원 | 영산희망원 |
| 천우원 | 근화양육원 | 신생성육원 | 신농원 | 삼세보육원 |
| 영생애육원 | 안보육영원 | 충남농아원 | 청동원 | 전남애육원 |
| 임마누엘 여맹원 | 선아원 | 시온보육원 | 경북기독보육원 | 용진육아원 |
| 영진직업보도센터 | 남광영아원 | 천안영아원 | 군위자혜원 | 백록육아원 |
| 파주보육원 | 진해희망원 | 보령원 | 평화보육원 | 영산보아원 |
| 동광원 | 애리원 | 대전기독교자혜원 | 성신원 | 전남신애원 |
| 애시보육원 | 고성숭의원 | 논산애육원 | 영생원 | 가나안복지원 |
| 수원육영원 | 동명보육원 | 경상도 및 부산 | 베다니보육원 | 목포소망원 |
| 인애원 | 경남박애원 | 성광원 | 희망의집 | 귀계원 |
| 향진원 | 마산애육원 | 상록원 | 베다니성산원 | 인성원 |
| 평택천혜보육원 | 사천신애원 | 안성원 | 선애원 | 함광영아원 |
| 동진보육원 | 진주신애원 | 청학원 | 자비의집 | 목포수훈영아원 |
| 화랑보육원 | 서울보육원 | 성현원 | 신망애원 | 목포애양영아원 |
| 영종보육원 | 마산선양원 | 희락원 | 형제보육원 | 목포농아원 |
| 에덴육아원 | 혜림학원 | 천혜보육원 | 안동신행원 | 구도재생원 |
| 보라매보육원 | 진해소망원 | 자광보육원 | 경주성혜원 | 전남농아원 |
| 평택애향원 | 새벗동산원 | 자광보육원 | 경주경정보육원 | 보생원 |
| 성육보육원 | 단성애육원 | 서울애린원 | 왜관보육원 | 목포영생원 |
| 신명보육원 | 백양원 | 호림천사원 | 포항영아원 | 여수삼혜원 |
| 화성자혜원 | 갱생원 | 대생보육원 | 힐사이드보육원 | 장성기독보육원 |
| 주내자원 | 남혜자혜원 | 부산시온원 | 경남아동보호소 | 성광애육원 |
| 풍농직업소년원 | 영신보육원 | 성덕원 | 성등원 | 제남보육원 |
| 가나안기독학원 | 자생원 | 해운대보육원 | 동산원 | |
| | 옹천신애원 | 함안신생원 | 호산나원 | |
| | 진주기독육아원 | 창녕선린원 | 마산자애원 | |
| | 동광육아원 | 거제도성노원 | 무궁애학원 | |
| | 진해보육원 | 성지원 | | |

---

47) 『컴패숀시설앨범(Compassion Orphanage Album)』, 1966.6.1.

48) 1966년 기준 서울 및 경기도 소재 33곳, 강원도 소재 2곳, 충청도 소재 17곳, 전라도 소재 32곳인 숫자에 비해 경상도 및 부산 소재의 숫자는 89곳으로 타

## 4. 초기 컴패션의 활동과 특징

### 1) 일대일 결연 프로그램의 도입과 급격한 성장

전쟁 고아들에 대한 후원 사업에 있어 스완슨이 처음 관심을 가진 부분은 그가 미국에서 전도자로서 형성하고 있던 플랫폼을 활용하여 한국에 고아원을 지을 예산을 더 많이 확보하는 것이었다. 그의 초기 사역은 아이들의 거주시설을 더 많이 확보하고 짓도록 돕는 것에 집중되어 있었다. 그렇게 구호활동을 하던 중 스완슨은 고아원을 짓고 후원하는 활동은 지속성에 있어 한계가 있다는 생각을 하게 되었고, 또 어린이들의 전인격적인 성장을 위한 지원이 중요하다는 생각을 하게 되었다.

후원이 일시적으로 끝나지 않고 지속가능하며 실제적인 후원 방법이 무엇이 있을지를 고민하던 스완슨은 1954년에 이르러 「1:1 결연프로그램, one-to-one sponsorship」[49]을 새롭게 도입했다. 이 프로그램은 미국의 한 개인이 위험에 처한 한국 어린이를 위한 성서 기반 교육, 음식, 의복, 쉼터제공, 의료서비스를 제공할 수 있도록 돕는 것으로, 후원자 한 가정이 큰 재정적인 부담 없이 어린이 한 명을 쉽게 도울 수 있는 방법이었다.[50]

---

지역에 비해 압도적인 수치를 보인다. 그것은 아마도 컴패션의 본부가 63년 이전까지 소재한 위치가 대구였기에 근방 지역을 위주로 더 활발한 교류가 있었던 것에서 그 원인을 추정한다. 스완슨이 한국 사역 초기인 1953년에 후원하였던 춘천 북평남강애육원(현재 강원재활원) 김요희 권사 인터뷰. 강원재활원 사택, 2021년 3월 17일 오후 2시 30분.

[49] 스완슨의 1:1 결연 프로그램은 2003년 한국 컴패션이 재설립 되었을 때 신임 한국 컴패션 대표인 서정인 대표에 의해 '영친(영적 부모) 결연 프로그램'으로 발전하였다. 『한국컴패션 이사회 회의록』, 2003.12.11.

1명의 어린이 당 4달러[51]를 월간 지원하는 것으로 후원자에게는 아동의 사진과 아이에 대한 정보가 담긴 보고서와 아이에 대한 정보지가 전달되었고, 학령기의 아이를 후원하는 후원자에게는 아동의 학업진도에 대한 보고서까지 전달하여 후원자가 아이의 유대감이 끊어지지 않도록 연결고리를 형성해주었다.[52] 일회성으로 끝날 수 있는 고아원 건설 및 확보 후원 사업에 비해 이 1:1 결연프로그램은 미국의 많은 가정과 개인으로부터 한국의 전쟁 고아 어린이가 자립 가능하게 자랄 때까지 지속적인 후원을 하도록 도왔다.[53]

10년 후 미국의 가정들로부터 1:1 후원을 받는 한국의 어린이는 1만명 이상이 되었다. 계속해서 늘어나는 후원자 가정과 어린이들을 연결시키고 관리하기에는 시카고의 스완슨 집 지하의 스완슨 복음전도회 사무실은 너무 비좁았고 그리하여 시카고의 얼빙 파크 로드(Irving Park Road)에 새로운 사무실을 열게 되고 새로운 사무실을 연 지 얼마 되지 않아 스완슨 복음전도회는 1963년 '컴패션'(Compassion Inc.)으로 명칭을 변경하게 된다.[54]

---

50) 『컴패션 50주년 기관지 : The One』, 2002.11.
51) 1959년에 이르러서는 8달러로 증가했고 한국 복음전도자(목회자)들을 지원하는 후원은 월간 10달러로 증가했다; Lorie Henry Lee, *"NOW THAT YOU HAVE SEEN : A Historical Look at Compassion International 1952-2013"* Southeastern Baptist Theological Seminary Dissertation (2014), p.41.
52) 『에버렛 스완슨의 일기』, 1954.9.3.
53) 한국컴패션 서정인 대표와의 인터뷰. 컴패션 4층 회의실, 2021년 3월 31일 오후 2시.
54) 『컴패션 50주년 기관지 : The One』, 2002.11.

〈표 4〉스완슨 복음전도회/컴패션의 연도별 후원 어린이 변화 추이[55]

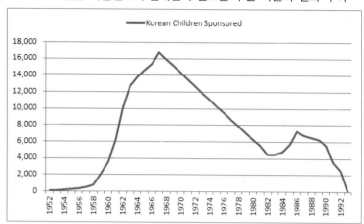

〈표 4〉에서 볼 수 있듯이 1952년부터 1958년까지 완만한 성장세를
보이던 스완슨 복음전도회의 후원 사역은 1958년 이후 매우 빠르고 급
격한 성장세를 보인다. 이에 따라 스완슨은 미국 시카고 본부와 지속
적으로 협의하면서 재정의 준비 및 본부의 확장과 대구에 있는 한국센
터를 서울로 이전하는 새로운 한국센터의 이전과 확장을 준비했다.[56]
1958년 이후 후원 어린이 숫자를 급속도로 늘릴 수 있었던 이유는
스완슨이 한국에서의 사역을 시작하기 이전에 사역했고 교류했던 미
국 침례교회와의 지속적인 교류와 기관소식지 제작 및 발송을 통한 한
국 사역에 대한 홍보, 미국을 방문하여 부흥집회를 인도하면서 더 많
은 이들에게 지속적으로 한국의 전쟁 고아 후원사역에 대한 필요성을
수년간 지속적으로 피력했기 때문이다. 더불어 스완슨 복음전도회의
설립 정관에 드러난 후원 이사들과 주요 구성원들을 볼 때 스완슨의

---

55)『컴패션 내부 재무 보고서 : Korea Program Financial Summary』.
56)『스완슨 복음전도회에 쓴 에버렛 스완슨의 편지』, 1960.1.4.

주 후원·교류 대상에 의료계 인사들이 있는 다수 포함되어 있는데 이
들을 통해 스완슨은 많은 의료물자와 장비들을 지속적으로 후원받아
사역을 확장해갈 수 있었다.[57]

컴패션의 사역이 이렇듯 급격히 성장하면서 초기 6년 동안은 시스
템의 완비나 조직의 전문적인 구성에 대한 필요성을 느끼지 못했겠으
나 배가 이후 스완슨은 한국 후원 어린이와 타국의 후원자들을 연결하
고 관리하는 시스템과 그 시스템을 유지하고 보강할 인원과 조직을 구
축해야 할 필요성을 느꼈다.

〈표 5〉 수혜국 시기 스완슨 복음전도회 / 컴패션의 후원 수입 변화 추이[58]

후원 어린이의 증가뿐만 아니라 1:1 결연의 증가와 함께 후원 수입

57) 컴패션 수혜국 당시 마지막 대표 김영주 대표와의 전화 인터뷰. 2021년 6월
25일 오후 3시.
58) '컴패션'으로 단체의 명칭을 변경하기 시작한 1963년에 후원 증가의 최고점
을 경신했다. 『컴패션 내부 재무 보고서 : Korea Program Financial Summary』.

의 폭발적인 증가 또한 동반되었다. 스완슨에게는 몰려드는 후원 수입
을 투명하고 건강한 절차를 통해 집행할 만한 더 잘 준비되고 갖춰진
조직이 필요했다.[59] 또한 스완슨이 계획했던 것보다 빠른 시간 안에
급속도로 사역은 계속 성장했고 스완슨은 이사회와의 의논 끝에 이 단
체에서 '스완슨'의 이름을 제외하도록 하는 것이 너무도 중요한 시점이
라고 생각하게 되었다. 그 이유 중 하나는 현재 단체의 이름이 너무 길
고, 스완슨 복음전도회가 미래적으로 지향하고 있는 가치를 제대로 담
고 있지 못하다는 것이었다. 마지막으로 특별히 사람들은 어떤 단체의
리더가 죽거나 영향력을 잃었을 때는 염려하게 되는데 단체에 리더의
이름이 들어가 있으면 그것이 더욱 심화되기 때문이었고,[60] 크게 성장
하고 있는 복음 사역의 이름에 자신들의 이름을 사용하는 것을 불편하
게 느꼈기 때문이었다.[61]

1963년, 이러한 스완슨의 의견과 이사회의 동의를 거쳐 스완슨 복음
전도회는 1959년에 스완슨이 후원자들과 중보기도자들에게 처음으로
기관 소식지를 제작하여 보낼 때 명명했던 소식지의 이름, 마태복음
15장 32절[62]의 말씀에 영감을 얻어 명명했던 "연민"이라는 의미의
"Compassion"을 그대로 사용하여 단체의 명칭을 변경케 되며[63] 다음의
사명 선언문을 공표한다. "예수 그리스도의 이름 안에서 가난으로부터
어린이를 구출하는 것을 사명으로 하여, 지상명령에 대한 응답으로 국

---

59) 『스완슨 복음전도회에 쓴 에버렛 스완슨의 편지』, 1960.1.4.
60) 『에버렛 스완슨의 일기』, 1962.10.4.
61) 『스완슨의 아내 미리암 스완슨의 간증: 30년의 도전』, 1982.
62) "예수께서 제자들을 불러 이르시되 내가 무리를 불쌍히 여기노라 그들이 나
와 함께 있은 지 이미 사흘이매 먹을 것이 없도다. 길에서 기진할까 하여 굶
겨 보내지 못하겠노라"
63) 『컴패션 50주년 기관지 : The One』, 2002.12.

제 컴패션은 어린이들의 옹호자로서 존재한다. 어린이들을 그들의 영적, 경제적, 사회적 그리고 육체적 가난으로부터 구출하기 위해 그리고 어린이들을 책임성 있고 책임을 완수하는 그리스도인 어른으로 성장하도록 돕기 위해 존재한다."

## 2) 의료 지원 활동

컴패션의 의료활동은 약품과 보급품 지원, 직접적인 의료 지원, 재활 기관 연결 등으로 이뤄졌다. 약품과 보급품 지원을 위해서는 매년 100만 달러 상당의 물품들을 한국으로 운송하고 서울에 유통단지를 설립했다. 유통단지를 통해 컴패션 소속과 후원 고아원을 지원하는 의료기관들에게 월 단위로 배포하였고 기관마다 매년 지속 후원 적합성을 판단하여 갱신여부를 결정하였다.[64]

의료지원을 위해서는 기본적으로 컴패션 소속의 간호사가 컴패션 소속 및 후원 고아원을 방문하여 의료활동을 하였다. 또한 아이들의 신체적 혹은 정신적인 장애 확인 및 후속 치료 필요를 확인한 후 적절한 치료를 받을 수 있도록 지역 대도시(서울, 대구, 부산, 광주 등)의 병원으로 연결해 주었다. 이후 병원에서 수술 등의 필요사항을 확인한 후 재정 필요사항에 대해 뉴스레터와 후원 편지를 통해 미국의 후원자들에게 도움을 요청하도록 연결해주었으며 대구의 장로교 어린이 병원 등의 기독교 재단의 재활 기관을 연결하여 후속 치료를 받을 수 있도록 지속적으로 돌보았다.[65]

---

64) 『컴패션 이사회 회의록』, 1966.9.9.
65) 『컴패션 뉴스레터와 부록 모음집 1954-1975』.

## 3) 직업학교 설립 및 직업훈련 지원 활동

컴패션은 고아원을 세우고 후원하는 것만큼 직업훈련을 매우 중요한 부분으로 여겼다. 고아들이 보살핌을 받아야 할 뿐 아니라 한국사회의 유용한 일원으로 준비되어야 한다는 것이 컴패션의 주요한 가치였다. 컴패션은 두 개의 특별한 직업학교를 운영했는데 한 곳은 남자아이들이 농사를 배우는 김포 농장학교였고, 또 다른 곳은 여자 아이들이 예술, 공예, 영어 타자, 가정 경제, 뜨개질, 바느질, 미용 등의 다양한 항목들을 배울 수 있는 영진 직업학교(이후 교육센터로 확장)였다. 다른 경우 고등교육을 희망하거나 대학, 대학원 과정에 진학하기를 희망하는 원생의 경우 학위과정을 진행할 수 있도록 새로운 후원자를 연결하여 학비를 후원하는 등66) 후원에 관한 모든 나이 제한 없이 교육활동 전반을 지원하였다.67)

더불어 미국 시카고 소재의 폴크 브라더스 재단(Polk Bros. Foundation)과 연계하여 후원 아이들 중 일부를 학생 비자로 미국으로 데려가68) 강력한 지역사회와 가정의 지원 네트워크, 창의적인 청소년 개발 프로그램을 통하여 학생들이 사회적, 감정적, 예술적으로 성장할 수 있도록 도왔다. 이를 통해 한국의 전쟁고아들이 자신들의 잠재력을 발견하고 지역 공동체와 함께 일하고, 더 넓은 세계로 시선을 돌리게 되어69) 건강한 관계형성과 잠재력을 발휘하는 전인격적인 인간으로 성장하도록 돕기도 하였다.

---

66) 『컴패션 뉴스레터와 부록 모음집 1954-1975』.
67) 『컴패션 이사회 회의록』, 1966.7.20.
68) 『컴패션 이사회 회의록』, 1966.11.21.
69) https://www.polkbrosfdn.org/ 2021년 12월 11일 오후 7시 접속.

## 4) 현지 교역자 자립 지원 활동

컴패션은 1961년 9월 기준 190명의 목회자와 신학교 진학을 준비하는 30명의 학생들을 지원하는 등 전쟁 고아 구호활동뿐만 아니라 한국 땅에 교회가 세워지고 지속적인 지원이 이뤄져서 교회가 자립하게 되는 것을 기쁨으로 여겨 후원하였다.[70] 또한 '특수 교역자 제도'를 운영하여 벽지에서 교회를 세우고 전도하는 개척전도사를 초교파로 3년간 기한부로 지원하고 병원, 요양원, 교도소 등 특수한 환경에 있는 이들을 대상으로 사역하는 교역자를 돕는 활동을 진행하였다.[71]

## 5) 웜 프로젝트 도입(WARM, Winter Aid Relief Money)

웜 프로그램은 한국 내에서 활동하던 타단체의 활동과는 현저하게 구별되는 것이었다. 이 프로그램은 후원자들을 모집하여 컴패션이 후원하는 모든 고아원의 아이들에게 겨울 의류를 제공하는 것으로 한국의 겨울이 유독 추웠던 것에서 본 프로그램이 착안됐다. 긴 코트의 겨울 의류 제공의 목적은 단순히 추위를 이겨내도록 돕는 것뿐만이 아니라 어린이들이 겨울철 스케이트 놀이를 하거나, 눈싸움을 하는 등 나이에 맞는 야외활동을 적극적으로 할 수 있도록 돕는 것, 바로 아이들의 눈높이에서 겨울철 가장 필요한 것을 돕는 것에 있었다.[72]

---

70) 『에버렛 스완슨의 일기』, 1961.9.15.

71) 『컴패션 기관지: 컴패션의 어린이들』.

72) 스완슨이 한국 사역 초기인 1953년에 후원하였던 춘천 북평남강애육원(현재 강원재활원) 홍기종 이사장 인터뷰. 강원재활원 사택, 2021년 3월 17일 오후 2시 30분; 『컴패션 기관지: 컴패션의 어린이들』.

### 6) 입양 정책과 절차 지원활동

컴패션은 입양 정책과 절차에 관해 한국인 고아 입양을 요청하는 사람들을 위한 지원서와 정책 명세서를 준비해 주는 활동을 했다. 이때 미국의 기독교 선교단체인 위닝올복음주의교회(Evangelical Church Winning All, 약칭 ECWA)의 조언과 협력을 통해 절차를 지원했다. 컴패션은 특별히 이 입양 절차 지원 시 입양이 야기할 수 있는 많은 문제들에 대해 항상 고민했기에[73] 입양지원자가 '거듭난 기독교인'이어야 한다[74]는 중요한 조건을 명시했다.

## 5. 나가는 말

6·25 한국전쟁의 시간을 지나면서 한국사회를 지탱하던 축들은 그 뿌리부터 흔들렸다. 사회를 건강하게 지탱해야 할 바탕이 되는 하층부의 축들이 무너지자 가장 큰 영향을 받은 것이 혼자서는 자신들을 유지하고 지탱할 힘이 없는 아동들이었다. 홀로 설 힘이 없는 이들에 대한 보호의 문제, 그것이 전후 한국사회가 다시 회복되는 과정에서 온 사회가 함께 감당하고 마음을 집중해야 할 문제였다. 그러나 전후 한국사회와 국가 시스템은 그 문제를 충분한 고민과 집중 가운데 감당할 여력이 없었다. 그 때 사회와 국가의 역할을 함께 짊어져서 대한민국의 미래세대가 건강히 형성되도록 돕기 위해 들어온 이들이 기독교 외원단체였고 그 한 기둥에 컴패션이 있었다. 이 컴패션이라는 외원단체

---

73) 『컴패션 이사회 회의록』, 1966.9.9.
74) 『컴패션 이사회 회의록』, 1966.7.20.

의 태동에 관한 연구, 한국을 무대로 한 전쟁 고아 구호활동에 대한 연구를 통해 다음과 같은 내용들을 정리할 수 있다.

　첫째, 기독교 외원단체들이 각각의 단체로 활동하였지만 복음주의 전통을 배경으로 이미 접촉점들을 형성하고 있었다는 것이다. 외원단체의 주활동기에 가장 활발히 활동한 월드비전과 컴패션의 창립자들은 미국복음주의협회(NAE)와 같은 시기에 조직된 십대선교회(YFC) 안에서 활동하며 한국 부흥전도단을 구성하는 등 접촉점을 갖고 있었다. 외원단체의 또 다른 대표주자인 동양선교회(OMS)와는 세계구호위원회(World Relief Commission)라는 연결다리 속에서 접촉점을 갖고 있었다. 따라서 컴패션의 전쟁고아구호활동의 배경에는 미국 복음주의 진영의 주류조직들(NAE, YFC, WRC, OMS)이 있었음을 알 수 있고 이를 통해 전후 한국의 회복을 도왔던 대표적 외원단체들은 서로 다른 배경 속에서 각자 다르게 활동한 단체들이 아니라 동일한 신앙배경을 공유하고 있었음을 알 수 있다.

　둘째, 건물을 세우고 기반시설을 확충하는 활동도 매우 중요한 의미를 가지지만 결국 한 명의 전인격적인 성장을 위한 지원을 고민할 때 활동의 반경이 더욱 넓어진다는 것이다. 컴패션은 스완슨 복음전도회로 출발할 당시 새로운 고아원을 짓고, 기존에 존재하던 고아원이 유지되도록 돕는 사역에 집중하였지만 2년 후 1:1 결연프로그램을 새롭게 도입하고 한 개인이 자립할 때까지 인생 전반적인 것을 돕도록 하는 사역에 집중하였다. 이 1:1 결연프로그램의 도입 이후 스완슨 복음전도회는 당초 스완슨의 기대보다 폭발적으로 성장하였고 조직과 시스템을 갖추며 컴패션으로 성장했다. 이를 통해 결국 건물과 조직이라는 효율적인 수단보다, 비효율적으로 보이는 한 사람에 대한 관심이 기독교적 가치관의 실현을 지속성장가능하게 하며 활동역량을 강화함을 알 수 있다.

셋째, 컴패션은 단순히 전쟁 고아들의 의식주를 해결하여 삶을 잘 유지하도록 도움을 주는 것을 목표로 삼지 않았다. 컴패션은 전쟁 고아들이 자신의 삶을 잘 유지하는 것이 목표가 되게 하지 않고 자신이 한국사회의 유용한 일원으로 준비되어져야 한다는 분명한 도전의식과 목표를 갖도록 도왔다. 컴패션이 두 개의 직업학교를 운영하여 다양한 영역을 선택하여 배울 수 있는 기회를 제공하고 대학과 대학원 과정에 진학하기 원할 때 미국에서 새로운 후원자를 연결하여 계속하여 성장할 수 있도록 도왔다. 또한 컴패션은 특수 교역자 제도를 운영하여 지원할 때에도 교회를 세우는 개척전도사를 3년의 기한부 지원하며 도움을 받는 이가 자립에 대한 도전의식을 가지고 성장하도록 돕는 것을 목표로 했다. 이를 통해 컴패션의 사명과 활동은 결국 한국사회의 재형성과정에서 일원이 되어 사회 재건의 원동력이 되어야 할 아이들이 책임을 완수하는 '그리스도인 어른'으로 성장하도록 돕기 위한 것이 최종목표였음을 알 수 있다.

# 참고문헌

한국선명회, 『한국선명회 40년 발자취』, 한국선명회, 1993.
서울역사편찬원, 『서울사회복지사』 제3권, 경인문화사, 2017.
문선화 외 3인, 『한국사회와 아동복지』, 양서원, 2012.
김인수, 『한국기독교회사』, 한국장로교출판사, 2005.
박명수, 『근대사회와 복음주의』, 한들출판사, 2008.
민경배, 『월드비전 한국 50년 운동사』, 월드비전, 2001.
강병오, 「한국 개신교의 사회적 신뢰 실추 원인과 대책」, 『신학과 선교』 41, 2012.
소현숙, 「전쟁고아들이 겪은 전후」, 『한국근현대사연구』 84, 2018.
박명수, 「해방 이후 한국성결교회의 사회인식」, 『한국기독교와 역사』 15, 2001.
박명수, 「현대 복음주의 운동의 현황」, 『성결교회와 신학』 3, 1999.
이은선, 「6.25전쟁과 미국 복음주의와 한국교회」, 『영산신학저널』 44, 2018.
박명수, 「한국 월드비전(World Vision)의 배경과 창립과정」, 『한국교회사학회지』 58, 2021.
박창훈, 「세계구호위원회(World Relief Commission)의 한국활동과 그 의의」, 『한국교회사학회지』 58, 2021.
김흥수, 「한국전쟁 시기 기독교 외원단체의 구호활동」, 『한국기독교와 역사』 23, 2005.
최원규, 「외국민간원조단체의 활동과 한국 사회사업 발전에 미친 영향」, 박사학위논문 서울대학교 대학원, 1996.
Lorie Henry Lee, "NOW THAT YOU HAVE SEEN : A Historical Look at Compassion International 1952-2013" Southeastern Baptist Theological Seminary Dissertation, 2014.
[컴패숀회 창립 41주년 기념회 순서지] (1993.4.19.)
[당시 컴패션 사내 잡지: The Ministry of COMPASSION in KOREA] (1966)
[에버렛 스완슨의 일기] (1961.9.15.)
[스완슨 복음전도회에 쓴 에버렛 스완슨의 편지] (1960.1.4.)
[스완슨 복음전도회 신앙신조문]
[스완슨복음전도회 정관] (1956.4.19.)
[컴패션 재정 결산 보고서 : Progress Through The Years Korean Orphanages

Supported by Compassion Inc]

[Certificate of Honorary Citizenship Be it Known That : 명예도민증 헌정 사진 자료] (1963.11.8.)

[스완슨의 형 로렌스 스완슨의 간증] (1965.11.18.)

[스완슨의 아내 미리암 스완슨의 간증: 30년의 도전] (1982)

[컴패숀시설앨범(Compassion Orphanage Album)] (1966.6.1.)

[컴패션 뉴스레터와 부록 모음집 1954-1975]

[한국컴패션 이사회 회의록] (2003.12.11.)

[컴패션 50주년 기관지 : The One] (2002)

[에버렛 스완슨 일기] (1954.9.3.)

[컴패션 내부 재무 보고서 : Korea Program Financial Summary]

[컴패션 기관지: 컴패션의 어린이들]

[스완슨 복음전도회에 쓴 에버렛 스완슨의 편지] (1960.1.4.)

[에버렛 스완슨 일기] (1962.10.4.)

[컴패션 이사회 회의록] (1966.7.20.)

[컴패션 이사회 회의록] (1966.9.9.)

[컴패션 이사회 회의록] (1966.11.21.)

http://www.s-win.or.kr/swin/html/main/sub.htm?ptype=view&idx=61652&page=1&code=swin21&mainMenu=07&subMenu=01&pageNum=&searchopt=subject&searchkey=2017&mainMenu=07&subMenu=01&pageNum=,.(검색일 2021.5.13.)

http://theme.archives.go.kr/viewer/common/archWebViewer.do?singleData=Y&archiveEventId=0049281916.(검색일 2021.5.13.)

https://terms.naver.com/entry.naver?docId=1228284&cid=40942&categoryId=31713.(검색일 2021.5.13.)

https://www.yfcteens.com/about/endorsements.(검색일 2021.8.25.).

http://www.chosun.com/site/data/html_dir/2012/08/14/2012081400070.html.(검색일 2021.6.7.)

https://bemil.chosun.com/nbrd/bbs/view.html?b_bbs_id=10002&num=1811.(검색일 2021.6.10.)

https://www.polkbrosfdn.org.(검색일 2021.12.11.)

한국컴패션 서정인 대표와의 인터뷰. 컴패션 4층 회의실, 2021년 3월 31일 오후 2시.

스완슨이 한국 사역 초기인 1953년에 후원하였던 춘천 북평남강애육원(현재 강
　원재활원) 김요희 권사 인터뷰. 강원재활원 사택, 2021년 3월 17일 오후
　2시 30분.
컴패션 수혜국 당시 마지막 대표 김영주 대표와의 전화 인터뷰. 2021년 6월 25일
　오후 3시.

# 감리교회 고아원사업

윤은석

## 1. 들어가는 말

1950년에 발발한 민족상잔의 비극으로 인해 수많은 사람들이 죽는 가운데 필연적으로 나타나게 된 것은 고아였다. 전쟁으로 부모가 죽거나 부모와 헤어지게 된 이들은 양육의 사각지대에 놓여 거리를 방황하였고, 범죄에 연루되기도 하였다. 고아원에 수용된 고아의 수는 해방 직후 6,800여 명이었으나, 전쟁 이후에 급격하게 늘어서 1951년에 24,945명이 되었고, 1953년부터는 5만 명이 넘었다.[1] 전쟁으로 인해 급증하여 범죄의 가해자와 피해자가 된 고아는 그 시대의 산물이자 그 시대를 이해하는 하나의 지표이다.

이에 여러 연구자들이 6·25전쟁과 고아라는 주제에 접근하여 의미 있는 연구 결과를 냈다. 소형숙은 전쟁고아의 등장과 이들에 대한 수

---

[1] 蘇賢淑, 「전쟁고아들이 겪은 전후-1950년대 전쟁고아 실태와 사회적 대책」, 『한국근현대사연구』 84, 2018. 3, 328-329쪽.

용시설, 고아원에서의 생활수준, 고아원의 수혜를 받지 못하던 이들의
삶과 정부의 대책 등을 다루며 전쟁고아에 대한 전체적인 연구를 진행
하였다.2) 최옥채는 사회사적 관점에서 『동광』이라는 잡지의 기사를
분석하여 1950-1970년대 아동복지사업의 특징들을 확인하였다.3) 이러
한 연구들이 전체적인 고아원 사업에 대한 고찰이라면, 각개의 고아원
에 집중하는 연구들도 진행되었다. 이방원은 해방 후 황온순의 원불교
의 보화원 설립과 전후 한국보육원의 설립에 미친 영향을 다루었다.4)
1949년에 설립되어 전쟁기간에 고아들을 돌본 박순이와 충현원에 대
한 연구는 유혜량이 담당하였다.5) 가마쿠라 보육원과의 연관성 속에
서 한경직 목사의 영락보린원을 고찰한 연구도 있다.6) 하나의 연구의
일부로서 고아사업을 다룬 연구들도 발견되었다.7)

　그러나 이러한 연구들은 개신교가 하나의 교단으로서 진행한 고아
사업에는 접근하지 않았다. 당시 장로교, 감리교, 성결교 등의 개신교
교단들은 전쟁이 야기한 다양한 문제들과 함께 거리를 배회하는 고아
의 문제에도 개입하였다. 그리하여 전국적으로 여러 개신교 교단의 고
아원들이 설립되었는데, 이들의 형성, 발전과 사회적 기여를 다룰 필

2) 위의 논문, 321-351쪽.
3) 최옥채, 「동광에 비친 1950-70년대 한국 아동복지의 전재-사회사 관점 중심
으로」, 『한국사회복지학』 69, 2017. 3, 9-32쪽.
4) 이방원, 「전쟁고아의 어머니, 황온순(1903~2004)의 아동복지활동」, 『서울과
역사』 99, 2018. 6, 49-86쪽.
5) 유혜량, 「박순이 선생의 삶과 생명존중사상 : 충현원의 설립과 역할을 중심으
로」, 『사회복지역사연구』 1(1), 2018. 11, 106-132쪽.
6) 김범수, 「영락보린원(永樂保隣院)의 역사연구 : 가마쿠라(鎌倉)보육원 경성지
부와의 관계를 중심으로」, 『사회복지역사연구』 1(1), 2018. 11, 26-46쪽.
7) 최원규, 「한국전쟁 중 국제연합민사원조사령부(UNCAC)의 전재민 구호정책
에 관한 연구」, 『전략논총』 8, 1996. 12, 148-150쪽; 이은선, 「6·25전쟁과 미국
복음주의와 한국교회」, 『영산신학저널』 44, 2018. 6, 219-222쪽.

요가 있다. 물론 황미숙은 전후 감리교회의 사회사업을 연구하면서 고
아원 사업도 다루었다.[8] 전후 감리교 고아원 사업을 전반적으로 소개
한 이 연구의 장점에도 불구하고 감리교 고아원들의 설립과정, 그리고
개체 고아원의 자립의 과정과 사회적 기여에 대한 평가는 아직 미지의
영역으로 남아있다.

본 연구는 전후 한국 감리교회의 고아원 사업에 대해서 다룬다. 감
리교회는 총리원 차원에서 먼저 고아원 사업을 하지 않았다. 각지의
교인 및 교회가 전쟁고아의 현실을 방기할 수 없어서 고아원을 시작하
였고, 이후에 감리교회 총리원이 미국 감리교회의 지원을 받아서 운영
비 및 자립을 지원해주었다. 본 연구는 이러한 각개의 고아원들의 설
립과정을 살펴볼 것이다. 두 번째로 본 연구는 각개 고아원들의 자립
의 과정을 살펴볼 것이다. 감리교 총리원은 30여 개의 고아원들을 모
두 직영으로 운영할 수 없었다. 그래서 임시 보조의 형식을 취하면서
자립경영의 방안을 모색하였다.[9] 마지막으로 감리교회의 고아원 사업
에 대한 양적, 질적 평가를 통해 전쟁으로 어둡던 시기 한국 감리교회
가 사회에 던진 빛의 크기를 확인할 것이다.

---

[8] 황미숙, 「한국 전쟁과 구호활동 : 감리교의 구호활동을 중심으로」, 『한국기독
교문화연구』 11, 2019. 6, 42-50쪽.

[9] 본 연구에서 "자립"은 경제적 의미로, "독립"은 정치적 의미로 사용하였다.
교단의 경제 지원을 받지 않게 되는 것이 자립이고 교단과의 예속 관계에서
벗어나는 것이 독립이다.

## 2. 전후 감리교 고아원의
### 자생적 형성과 감리교 총리원의 지원 배경

3년간 이어진 전쟁은 거리를 배회하는 수많은 고아들을 양산하였고, 전쟁 중이던 정부는 부족한 재정과 인력으로 인해 1952년 2월 15일 당시 고아원에 고아 1인당 백 원씩의 부식비만을 지원해줄 수 있었다.[10] 1952년에 시내버스 요금은 400원에서 500원으로 올랐다는 것과 12면의 감리회보의 한 부의 가격이 1953년에 1,500원으로 인상되었다는 사실 속에서 당시 100원의 가치가 어떠한지 알 수 있다.[11]

전쟁의 폐허 속에서 정부의 고아 돌봄의 공백에 참여하려는 사회유지들이 있었고, 이 중에는 개신교인들이 많이 있었다.[12] 그리고 이러한 개신교인들 가운데 감리교인들도 다수 포함되어 있었다. 중요한 것은 전쟁 초기에 감리교 총리원 차원에서 고아들을 돌볼 수 없었다는 것이다. 전쟁은 교회의 지도자, 건물, 조직을 와해시켜버렸고, 총리원은 수습에도 힘겨워하였다. 전쟁 이후 감리교 총리원은 류형기 목사를 중심으로 1950년 성탄절 어간에 선교사들의 도움을 얻어 부산 부민동 2층집을 매입하여 총리원 사무실로 사용할 수 있었다. 그리고 여기서 했던 것은 미국 감리교 해외구제위원회(Methodist Committee for Overseas Relief, 이하 MCOR)의 지원 속에서 교역자들에 대한 배급이었다.[13] 당

---

10) 「戰災孤兒救濟强化 社會事業家大會席上崔長官言明」, 『동아일보』, 1952년 2월 16일, 2쪽.
11) 「市內뻐스料金百圓을 引上」, 『마산일보』, 1952년 6월 6일, 2쪽; 「감리회보 값을 올림」, 『감리회보』, 1953년 1월, 8쪽.
12) 「宗教財団(3) 基督教 <下>」, 『매일경제』, 1969년 9월 20일, 3쪽. "사회사업 혹은 복지후생사업은 거의가 基督教[기독교] 계통의 사업이다. 兒童福祉施設[아동복지시설]의 경우 총 5백 82개 중 基督教[기독교] 계통이 90% 이상을 차지하고 있다."

시 교육국 총무였던 김광우의 기억에 따르면 당시 감리교 총리원은 "적산가옥 같은 조그만 살림집"에 간판만 단 채로 피난교역자의 현황 파악과 구호사업을 하였다.14)

이처럼 초기 미국 감리교회의 지원은 대부분 교역자들을 위한 것이 었고, 1952년이 되어서야 감리교 평신도들도 구제하였다.15) 1952년이 되어도 감리교 총리원은 겨우 교역자와 감리교 평신도들을 구제할 수 있었을 뿐 고아원 등의 사회사업은 손도 대지 못했다. 그리하여 감리교회의 고아원 사업은 총리원과는 무관하게 교인들을 중심으로 시작되었다. 1954년에 보고된 전국 감리교 고아원의 현황은 다음과 같다.

〈표 1〉 1954년 전국 감리교 사회국 소속 고아원 현황(총 31개)16)

| 경천애인사(서울) | 자혜원(천안) | 향린원(창원) | 평해보육원(제주) |
|---|---|---|---|
| 충현육아원(서울) | 충남후생원(아산) | 에덴보육원(부산) | 향애원<br>(충북 음양) |
| 개성보육원(서울) | 성화애신원(천안) | 평화원(창원) | 영신보육원 |
| 자선단(서울) | 성광보육원(인천) | 보생원(사천) | 동인학원(김해) |
| 계명원(인천) | 공주육아원(공주) | 성안고아원(성안) | 대구보육원(대구) |
| 삼일애육원(수원) | 대전기독교사회관(대전) | 재단법인<br>홍아원(사천) | 애광원(이천) |
| 성육원(평택) | 대천고아원(보령) | 신생원(마산) | 여광원(여주) |
| 에덴원(평택) | 군산기독교사회관(군산) | 화생보육원(제주) | |

위의 고아원 중 감리교 총리원에서 설립한 곳은 없었다. 선교사들이 담당한 두 곳(공주육아원, 대전기독교사회관)을 제외하고는 모두 한국 교인들과 관련이 있었다. 한국 교인들이 담당한 고아원들은 유형별로

13) 류형기, 『은총의 팔십오년 류형기 감독 회상기』, 한국기독교문화원, 1983, 161쪽.
14) 김광우, 『金光祐牧師回顧錄 나의 牧會半世紀』, 크리스챤라이프사편집부, 1984, 158-159쪽.
15) 文昌謨, 「社會局 事業의 展望」, 『감리회보』, 1952년 2월, 7쪽.
16) [제3회 감리교회 총회회의록] (1954), 31-32쪽.

셋으로 분류가 가능하다. 먼저 전쟁 전의 고아원을 재건하여 운영하는 형태이다. 어윤희는 1937년에 개성에서 오기환, 한철호 등과 함께 유린보육원을 설립하며 70명의 고아들을 돌보았다. 그러다 해방이 되자 1949년에 서울로 와서 마포의 서강에서 유린보육원을 재건하였고, 6·25전쟁 후에도 서울을 떠나지 않고 흩어진 고아들을 찾아 돌보며 25년간을 고아사업에 매진하였다.[17] 방수원은 1937년에 서울에서 고아원(향린원)을 운영하며 200여 명의 고아들을 돌보았다. 이후 6·25전쟁의 1·4후퇴 당시에 일부를 제외하고 대부분의 고아를 미군의 후방 수송 작전에 맡기며 헤어져야 했고, 일부의 고아들만이 그와 함께 부산으로 피난을 가게 되었다. 이때 방수원은 1951년 3월 1일부터 경남 의창군 천가면 가덕도에서 노 젓는 배로 20분 거리에 있는 무인도를 시찰하였고, CAC(Civil Assistance Community=민간원호기구)의 지원을 받아 동년 5월 7일에 아동 30명과 함께 이 섬에 진우도라는 이름을 붙이고 향린원을 재건하였다. 향린원의 원아는 1955년에는 300명 가량까지 성장하였다.[18] 제주도의 화생보육원은 "1925년 12월 24일에 서울 사직공원에서 약 60명의 고아들을 모아 국밥을 끓여 먹이며 글을 가르쳐 주던 것이 첫 시작이었고 답십리에 자리 잡고 있다가 6·25동란 때 1951년 3월에 제주도로 가서" 고아원 사업을 계속하였다. 평해보육원은 1949년 10월 1일에 서울 동대문 밖에서 시작했다가 전쟁 이후 1951년 1월 18일에 제주도로 피란가서 그 사업을 지속하였다.[19] 안홍석은 원

---

17) 이채옥, 「어윤희 여사의 생애를 더듬어」, 『새가정』 9(2), 1962. 2, 55쪽; 이덕주, 「끌 수 없는 불꽃 어윤희 장로」, 『새가정』 1986. 12, 52쪽; 「故魚允姬女史葬禮式엄수」, 『동아일보』, 1961년 11월 23일, 3쪽; 「어윤희 장로 인권옹호 표창 받다」, 『감리교생활』, 1960년 2월, 95쪽.

18) 「眞友島의 兒童民主市 眞友島에서 文啓俊記者發」, 『조선일보』, 1955년 6월 20일, 2쪽; 박소연, 『물신 신고 태평양을 건널거나』, 도서출판 한겨레, 1987, 27-87쪽.

래 해방 이전에 함북 청진에서 고아를 양육하다가 해방 이후 서울로
와서 경성자선단을 세우고 고아를 돌보았는데, 유아 30명, 8세 미만 30명,
8세 이상 18세미만 40여 명을 수용하고 있었다.[20] 전쟁 이후에도 안흥
석은 자선단을 지속하였다.

두 번째 유형은 전쟁 이후 교회나 교인이 주체가 되어 신설한 고아
원이다. 교회적으로 고아원을 세운 경우는 음성교회였다. 음성교회의
담임목사인 김종순은 교회 차원에서 1952년 3월 1일에 향애원을 설립
하였다. 이 고아원에는 4월경에는 25명, 7월경에는 40명가량의 고아가
수용되어있었다.[21] 교인이 설립의 주체가 된 경우로는 신상갑과 최말
종과 김달홍이 있었다. 신상갑은 후포교회의 교인으로 교회에 종을 헌
납할 정도로 열심이 있는 사람이었는데, 전쟁고아를 위해 고아원(영신
보육원)을 세웠다.[22] 함안교회의 최말종 장로는 1933년에 마산중앙장
로교회 장로로 취임하였고, 해방 이후 마산중앙교회가 감리교회에 가
입하였다. 이후 전쟁이 발발하자 그는 자신의 사재를 털어 신생고아원
(성안고아)도 설립하여 1962년 은퇴하기까지 고아들을 돌보았는데,
이 과정에서 함안감리교회도 개척하였다.[23] 홍아원은 1951년에 감리

19) 유증서, 「제주지방을 찾아서」, 『감리교생활』, 1959년 2월, 65-66쪽.

20) 「"별"을 동무삼는 孤兒들」, 『독립신보』, 1946년 8월 4일, 4쪽.

21) 「음성교회 고아원」, 『감리회보』, 1952년 7월, 12쪽; 「香愛園을 設立 隱城監理敎
    서」, 『동아일보』, 1952년 4월 8일, 2쪽; http://www.eumseongch.co.kr/ (2021. 1.
    6. 검색) 향애원 설립 일자를 참고함; 「향애원을 도와주십시요」, 『감리교생활』,
    1961년 7월, 16쪽. 이후 향애원은 사업을 확장하는 과정 속에서 빚을 지게 되
    어 어려움을 겪었다. 이에 MCOR과 한국 감리교회에서 모금을 진행하였다.

22) 「교회를 위한 헌물도 가지 가지」, 『감리회보』, 1954년 6월, 15쪽.

23) 「◎함안교회◎ 최말종 장노의 특지」, 『감리회보』, 1952년 3·4월, 11쪽; 「咸安
    信生院長崔末鍾氏隱退」, 『마산일보』, 1962년 10월 19일, 3쪽; 「경남지방」, 『감
    리교생활』, 1964년 3월 1일, 16쪽; http://masanjungang.org/(2021. 1. 6. 검색).
    교회 연혁에서 최말종에 대한 내용 참고.

교인 김달홍과 그 부인이 "거액의 사재를 쾌척하여 설립"하였다. 그는 자신의 재산 기여를 통해 재단법인을 만들고 고아원을 운영하였다.[24] 위의 명단에는 없으나 감리교인인 고수선이 "1953년 10월 20일에 23명의 고아를 제주시로부터" 위탁받아서 시작한 홍익보육원도 있다. 이 고아원은 1959년에 137명의 원아, 9명의 직원으로 성장하였다.[25]

세 번째 유형은 타인이 설립하거나 타인이나 기관의 자본으로 설립되었으나 과정을 거쳐서 감리교회로 인계되는 경우이다. 1954년 1월 25일에 원주에 설립된 학림원은 국고 25만 환과 지방 유지의 의연금 10만 환으로 시작하였고, 원장에는 감리교 목사인 이창호가 취임하였다.[26] 1954년에 작성된 위의 감리교 고아원 현황을 보면, 설립 당시 학림원이 감리교회에 소속되지 않았지만, 적어도 1956년에는 감리교회에 가입되어 있었다.[27] 위의 명단에는 없는 것으로, 신인원은 부산에서 일반 사회유지에 의해서 설립되었으나 사회유지는 운영에 어려움을 겪고 포기하였고, 결국 부산지방의 감리교 목회자들이 고아원을 인수하였다.[28]

당시 고아원들은 고아의 수에 따라 정부로부터 부식비를 지원받았지만, 앞서 언급한 바와 같이, 그 액수는 터무니없이 적었다. 1954년 4월 당시에도 하루에 일인당 외국쌀 3홉과 부식비 3환이 전부였으며, 부식비의 경우 8개월간 지급받지 못하고 있었다.[29] 그리하여 고아원의 운

---

24) 「弘雅園에 運營難 糧配마저끊어져」, 『동아일보』, 1955년 12월 13일, 3쪽.
25) 유증서, 「제주지방을 찾아서」, 『감리교생활』, 1959년 2월, 64-65쪽.
26) 「原州에 鶴林園 六日開院式盛大」, 『동아일보』, 1954년 3월 13일, 2쪽.
27) [감리교회 동부중부남부연회록] (1956), 193쪽.
28) 한영선, 「부산지방을 찾아서」, 『감리교생활』, 1959년 3월, 74-75쪽.
29) 「悲鳴올리는 各孤兒院 經營難으로 苦心」, 『경향신문』, 1954년 4월 12일, 2쪽; 민경배, 『월드비전 한국 50년 운동사(1950~2000)』, 홍익재, 2001, 143쪽. 밥 피어스 목사는 전쟁 당시 내한하여 1951년에 대구에서 한 여성 기독교인이 세 칸의

영에는 어려움이 많았고, 감리교회와 관련된 고아원들은 감리교 총리원에 도움을 요청하였다. 하지만 총리원은 1952년 6월에 "유치원, 고아원, 여자사업관 등 사업비. 과거에는 어쨌든지 현재로 아직 이러한 사업비는 한 푼도 없습니다. … 이러한 사업이 필요하면 지금의 현상으로는 지방 자치 혹은 교회 자치로 할 수밖에 없을 것입니다"라는 답을 줄 수밖에 없었다.[30] 왜냐면 당시 한국 감리교회는 절대적으로 미국 감리교회를 의존하고 있었는데, 미국 감리교회에서 사회사업의 명목으로 후원금을 보내주지 않았기 때문이다.

한국 감리교회가 총리원 차원에서 고아원 사업에 참여할 수 있게 된 계기는 바로 1952년, 교단 차원의 전국 감리교회 관련 사회사업기관에 대한 조사였다. 이것은 류형기 감독 등 감리교 총리원 임원들이 1952년 3월 초에 "미국 감리교 선교사업연구대회와 4년 총회에 참석"할 때에 필요하였기 때문이다. 아마도 류형기 감독이 미국 감리교 총회에 사회사업의 현황을 보고하려고 했던 것 같다. 여하튼 이때 각 교회에 요청된 사회사업기관 보고 항목에는 피난민 수, 납치된 자의 수, 사상자 수, 고아원, 양로원, 육아원(탁아소, 영아관), 부녀관 등의 사회사업 기관들이 포함되었다.[31]

그리고 류형기 감독은 1952년 3월 11일에 김보린 선생과 함께 부산에서 시애틀로 갔고, 이어서 콜로라도 스프링스에서 선교사업연구대회(3월 23일-4월 5일)에 참여하였다. 총회는 4월 23일부터 5월 5일까지 샌프란시스코에서 열렸고, 류형기는 5월 2일에 이 총회에 참석하였다.

---

집에서 100명의 아동들을 양육하는 광경을 목격하였다. 어떤 이들은 20-30명의 고아들과 아침으로만 연명하고 있었다. 당시 기독교인이 담당하는 고아원뿐 아니라, 대부분의 고아원들은 운영에 재정적인 어려움이 있었다.
30) 「어떠한 事業補助費를 請求할까」, 『감리회보』, 1952년 6월, 8쪽.
31) 文昌謨, 「社會局 事業의 展望」, 『감리회보』, 1952년 2월, 7쪽.

이후 그는 방문하는 교회, 만나는 사람들에게 한국 교회의 상황을 전하다가 11월 말에 부산을 통해 귀국하였다.[32] 이 방문 때 미국 감리교회는 그에게 사회사업에 대한 모종의 약속을 했다. 그리하여 그는 귀국 후에 미국의 구제금의 지속, 농촌사업을 위한 원조 등 미국교회의 사회사업 지원에 대한 약속을 설명하였다.[33] 고아원과 관련된 약속의 결과는 1953년 5월부터 확인되었다. 미국 감리교회는 1953년 5월부터 2,000불씩 고아 원조금을 보내왔고, 동년 11월에는 한국 감리교회와 연관된 고아원을 시찰하기 위해 "미스 포스트"가 내한하였다.[34]

이러한 배경 속에서 한국 감리교회는 사회사업으로 활동의 범위를 확대하였다. 1953년 1월 14일에 열린 총리원 이사회에서는 '모교회에서 오는 교역자 생활비보조액을 될 수 있는 대로 줄이고 그 돈으로 개척전도와 기타 기독교 사업에 충당하기로 작정"하였다.[35] 또한 1953년 연회에서 12월 둘째 주일에 사회사업 주일 예배를 드리며 헌금 전액은 사회사업에 쓰기로 결의하였다. 사회사업 추진위원도 박현숙 등 5인을 선정했으며, "총리원 사회국 내에 「기독교 대한 감리회 사회사업협회」를 조직"하여 감리교회와 관련된 사회사업기관의 상호연대를 추구하였다.[36] 이러한 노력은 1953년 후반기에 총리원 사회국의 감리교회 관련 고아원에 대한 일인당 400환의 시탄비 원조로 이어졌다.[37]

1954년 초에는 미국 감리교회에서 고아원 지원 명목으로 2만불이 총

---

32) 류형기, 『은총의 팔십오년 류형기 감독 회상기』, 172-179쪽.
33) 「社會局事業의 回顧와 展望」, 『감리회보』, 1953년 1월, 16쪽.
34) [제3회 감리교회 총회회의록] (1954), 27쪽. 매월 2,000불 지원 출처;「선교사들의 환송회」, 『감리회보』, 1953년 12월, 4쪽. 포스트 내한 출처.
35) 류형기, 「감독의 편지」, 『감리회보』, 1953년 2월, 1쪽.
36) 문창모, 「부흥년과 사회 사업」, 『감리회보』, 1953년 12월, 14쪽.
37) 위의 글, 15쪽.

리원으로 송금되었다. "중앙협의회 구제위원회에서는 우선 그 중 五천
불(약 一백 二十만환)을 각 고아원 원아비례로 분배하"였고, 사회국 총
무인 문창모로 하여금 각 고아원의 실정을 조사하게 하였고, 여기에
헬렌 포스트가 참여하였다. 이러한 조사에 기초하여 일인당 400환 정
도로 27개의 고아원에 최소 일만 환에서 최대 15만 육천 환을 보조해
주었다. 성탄절에는 고아 일인당 백 환을 보조하여 성탄절에 따뜻한
밥상을 제공할 계획도 세웠다.[38] 더 나아가 각지에 있는 감리교회 관
련 고아원들의 건축비와 토지매입비를 보조해주었다.[39]


## 3. 감리교 고아원의 자립경영 추구

1950년 6월 25일에 발발한 전쟁은 1953년 7월 27일에 어느 누구도 승
리를 주장할 수 없는 상태로 막대한 피해만 남긴 채 휴식에 들어갔다.
휴전은 미국 감리교회의 한국 감리교회에 대한 지원의 방향을 단순한
구호에서 재건과 사회사업으로 전환시켰다. 1954년 6월 23일부터 30일
까지 미국 감리교회에서 파견한 9명과 내한 선교사 대표 18인, 한국 감
리교회 대표 25인, 도합 대략 50인의 대표들은 대천에 모여서 한국 감
리교회의 재건의 방향을 논의하였다. 여기서 고아원과 양로원의 사업
은 자립경영의 체제로 전환하기로 하고 그 방법을 고민하였다. 또한

---

38) 문창모, 「事會局 事業의 回顧와 展望」, 『감리회보』, 1954년 2·3월, 6쪽; 「방대한
재건계획과 뻗어가는 감리교회의 전망」, 『감리회보』, 1954년 2·3월, 8쪽. 중앙
협의회에서 통과된 1954년 예산의 총액은 748,500환인데, 이 중 고아원 보조
는 48,000환, 부랑아구호비는 44,000환이었다. 이러한 예산은 미국 감리교회
의 고아원 예산 지원의 결과로 보인다.
39) 류형기, 「감독의 편지」, 『감리회보』, 1954년 6월, 2쪽.

11월에 미국 감리교회에서 한국 감리교회 원조를 목적으로 한 헌금 운동을 벌이기로 결정하였는데, 이를 위해 류형기 감독은 1954년 9월 7일에 서울을 떠나 미국에 가서 한국의 현실을 알렸고, 11월 14일에 진행된 헌금은 목표인 100만 불을 크게 상회한 160만 불이 나왔다. 미국 감리교회는 160만 불 중 70%는 복구사업에 30%는 구제사업에 쓰기로 결정하였다.[40)

한편 대천회의에서는 미국 감리교 선교부에 사회사업 전문가를 요청하였다. 이에 1954년 11월에 고아원을 담당하기로 한 메리언 쇼(Marion B. Shaw, 서매련)를 비롯하여 10여 명의 선교사들이 내한하였다.[41) 서매련 선교사는 사회국의 고아원 및 양로원 위원, 아동양호위원회의 위원으로 활동하였고, 1956년 3월에는 채핀(Mrs. Ana B. Chaffin) 선교사의 뒤를 이어 MCOR의 한국 책임자로 활동하면서 한국 감리교회의 사회사업에 크게 기여하였다.[42)

한국 감리교회 내부에서도 사회사업을 위한 변화가 있었다. 원래 한국 감리교회에는 선교정책 수립을 위한 최고기관으로 동수의 선교사

40) 황미숙, 「내한 미국감리교회 선교사들의 사회복지사업 연구, 1885-1960」, 미간행 박사학위논문, 목원대학교 대학원, 2014, 178-180쪽; 윤은석, 「6·25전쟁과 미국 감리교회의 한국 감리교회 지원 : 1950년부터 1955년까지」, 『ACTS 신학저널』 39, 2019. 4, 73-75쪽.
41) 류형기, 「감독의 편지」, 『감리회보』, 1954년 11월, 2쪽. 11월 『감리회보』에서 곧 선교사들이 올 것이라고 류형기는 공지하였다; 「새로오신 선교사 환영회」, 『감리회보』, 1954년 12월, 13쪽. 그리고 11월 중순 정동 이화학교에서 총리원과 서울 3개의 지방이 주최한 선교사 환영회가 열렸으므로 11월에 내한한 것이 분명하다; 황미숙, 「내한 미국감리교회 선교사들의 사회복지사업 연구, 1885-1960」, 184쪽. 1954년 12월에 내한했다는 황미숙의 기록은 오기이다.
42) [제9회 감리교회 동부연회회의록] (1958), 314쪽. 고아원 및 양로원 위원 출처; 유증서, 「누가 선한 사마리아인이 될 것인가」, 『감리회보』, 1957년 8·9월, 6쪽. 아동양호위원 관련 출처; [제8회 감리교회 총회회의록] (1958), 127쪽. MCOR 책임자 관련 출처.

와 한국 감리교인이 참여했던 중앙협의회가 있었다.[43] 1952년 3-4월경
에 중앙협의회는 미국에서 보내주는 구제목적의 자금을 사용하기 위
해 류형기 감독을 위원장으로 하여 하부조직인 구제위원회를 조직하
였다.[44] 구제위원회 내에는 고아원 위원회, 미망인사업위원회, 기숙사
위원회, 농촌사업위원회, 융자위원회 등의 분과위원회가 생기기 시작
했고, 1954년에 와서는 미국 감리교회의 지원의 방향이 단순 구제가
아닌, 재건과 사회사업을 향하게 되면서 1954년 10월 7일에 구제위원
회를 "사회사업위원회"로 개칭하기로 하였다.[45]

한편 1954년 10월 7일의 구제위원회(이후 사회사업위원회) 모임에서
는 고아원 사업의 방향이 결정되었다. 미국 감리교회에서 사회사업의
재정을 지원해준다고 하더라도, 감리교회와 관련된 모든 고아원의 재
정을 완전히 보조하는 것은 불가능했다. 그리하여 관련 고아원들을 두
그룹으로 구분하여 한 그룹은 "임시보조"라는 명목하에 약간의 보조금
을 지급하고, 다른 그룹은 "항구대책보조"란 이름으로 자립자영이 가
능하기까지 보조해주기로 하였다.[46] 이것은 "분산주의(分散主義)에서
중점주의로 전환"이었다. 경영자의 실력이나 시설의 수준 등을 고려하
여 미래의 전망이 좋은 기관을 엄선하여 중점적으로 지원하겠다는 것
이다.[47]

---

43) 「中央協議會의 位置와 政策」, 『감리회보』, 1952년 2월, 2쪽; 한국기독교역사학
　　회, 『한국 기독교의 역사』 II, (주)기독교문사, 2017, 187쪽.
44) 「救濟委員會組織」, 『감리회보』, 1952년 3·4월, 13쪽.
45) 「사회사업 위원회의 새 이름과 그 내용」, 『감리회보』, 1954년 11월, 2쪽, 중앙
　　협의회의 하위 조직이 구제위원회라는 말은 여기서 나옴.
46) 「사회사업 위원회의 새 이름과 그 내용」, 『감리회보』, 1954년 11월, 2쪽, 10여
　　개의 고아원들이 "항구대책보조"의 대상이 될 예정이었고, 점차 그 대상을
　　확대시키기로 하였지만, 이루어지지는 못했다.
47) 김광우, 「사회사업의 회고와 전망」, 『감리회보』, 1955년 1·2월, 4쪽.

이러한 중점주의 정책의 대상으로 선정된 기관은 바로 진우도의 향린원이었다. 앞서 언급한 바 있는, 방수원 원장이 진우도에서 재건한 향린원은 한국 감리교회의 전폭적인 지원의 대상이 되기 전부터 국내 일반 언론의 주목을 받았던 곳이다.[48] 1951년 방수원은 진우도의 고아원을 "진우도 아동민주시"라고 명명하며 고아들에게 민주주의 정신과 자립정신을 길러주려고 하였다. 이를 위해 시장과 시의원을 직접 선거를 통해 선출하도록 하였고, 총무국, 재무국, 경찰국 등 7개의 국의 국장과 국원을 의회에서 선출하게 하는 등 많은 권한을 고아들에게 위임하였다. 진우도 내에서 학업, 농업, 목축업, 신앙교육, 민주시민교육 등을 하는 시스템을 방수원은 고아들과 함께 이루어 나갔다. 1951년 늦가을에 UN 기자단은 진우도에 방문하여 고아들의 민주적 회의 과정을 지켜보았고, 그 결과 진우도의 소식은 국내외로 전해지게 되었다. 무엇보다도 진우도는 매년 8월 15일에 광복절을 기념하여 아동올림픽을 개최하였다. 이것은 1952년부터 시작하여 1955년까지 지속되었다.[49]

진우도 고아원의 명성과 역량은 한국 감리교회의 지원의 대상의 조건에 부합하였고, 감리교회에서는 1953년 성탄절까지 진우도에 50평의 건물을 신축하고 1954년 1월에 서울의 전쟁고아 200여 명을 입주시켰다. 여기에 대한 책임은 향린원의 방수원 원장에게 일임하였고, 운영비로 75만 환을 지원하였다. 그리고 류형기 감독은 향린원을 계속적으

---

48) 「거리의 孤兒收容」, 『경향신문』, 1952년 2월 1일, 2쪽; 「진우도민주市 創立一周 記念式」, 『동아일보』, 1952년 5월 7일, 2쪽.

49) 박소연. 『물신 신고 태평양을 건널거나』, 97-147, 230-271쪽. 방수원 원장은 1955년 아동올림픽 때 감리교 총리원에서 파견한 감독관과 마찰을 빚었고, 그해 사임하게 되었다; 「孤兒의樂園 「眞友島」」, 『경향신문』, 1955년 8월 21일, 3쪽; 「眞友島民主市兒童体肉大會」, 『마산일보』, 1955년 7월 3일, 2쪽.

로 지원하겠다고 약속하였다.[50] 이러한 지원은 미국 감리교회 인디아
나 교구의 계속적인 지원으로 가능했다.[51]

한국 감리교회는 진우도의 고아원(감리교회와의 제휴 이후 진우원)
을 위해 계속적으로 지원하였다. 1955년 5월 28일에 진우도에는 미 8군
의 4만 5천 불의 건축 물자 지원과 한국 감리교회의 2만 불의 건축비
지원을 통해서 "건평 七十평의 학교 한 채와 三十평의 병원 그리고 五
十평의 식당과 五十평의 기숙사(九동)"가 완공되었다. 또한 정부와 동
일하게 매인당 3홉의 식량을 매일 지원하였고, 이에 진우도에서는 타
고아원보다 두 배의 식사를 할 수 있었다.[52] 진우도 고아원은 미국 감
리교회의 교인들의 특별 헌금의 대상이 되었고, 미국 감리교회의 지원
은 일차적으로 진우도 고아원을 대상으로 하였다.[53] 이후 늦어도 1961년

50) 문창모, 「事會局 事業의 回顧와 展望」, 『감리회보』, 1954년 2·3월, 7쪽; 「眞友島
에 서울浮浪兒收容」, 『조선일보』, 1953년 12월 30일, 2쪽. 박소연. 『물신 신고
태평양을 건널거나』, 207쪽. 방수원은 감리교회의 지원의 때를 1953년 10월
중순으로 기억하였다.
51) 김광우, 「사회국 사업의 전망」, 『감리회보』, 1954년 11월, 3쪽.
52) 「眞友島의 兒童民主市 眞友島에서 文啓俊記者發」, 『조선일보』, 1955년 6월 20일,
2쪽; 「진우도 아동민주시의 발전」, 『감리회보』, 1954년 12월, 10쪽.
53) 「총리원 결산보고」, 『감리회보』, 1958년 2월, 9쪽. 1956년도 1월부터 5월까지
의 사회국 결산에는 진우도라는 항목으로 수입 50,210환, 지출 35,000환이라
고 기록되었다. 진우도 외에는 결산항목에서 개별적인 고아원이 등장하지 않
았다. 같은 기간 고아원의 항목으로는 수입 5,533,944환, 지출 5,494,000환이
었다, 한국 감리교회의 진우도 고아원에 대한 전폭적인 지원을 말한 다른 기
록들과 비교할 때, 35,000환은 미국 독지가의 특별 기부 또는 특별헌금으로
보인다; 선교사 서매련, 「감리교회 해외구제위원회란?」, 『감리회보』, 1958년
6월, 6쪽. "MCOR의 자금은 자진 희사(喜捨)로 된 것이니 때로는 어떤 특별한
사업을 지적해서 희사된 것도 있고 때로는 어떤 사업을 지정하지 않은 채 희
사된 것도 있다. … 이 돈들이 한국에 여러 감리교회 고아원들과 특히 진우원
에 원조할 수 있게 한 것이다." 서매련의 언급은 진우도 항목의 35,000환이
특별 사업을 위한 기부임을 짐작하게 하며, 진우도 고아원이 한국 감리교회
의 지원 대상의 우선순위였음도 알게 한다; [감리교회 동부중부남부연합연회

에 진우원은 MCOR의 직영 고아원이 되었다.[54]

MCOR의 또 다른 직영 고아원은 은평천사원이었다. 은평천사원은 윤성렬 목사가 전쟁고아 5명의 보금자리를 마련하자, 여기에 존 죠셉 타이즈(John Joseph Theis) 선교사 등 여러 선교사가 협조하여 미국 감리교회와 미8군 등의 지원을 얻어내 1959년 3월 18일에 서울 서대문구 구산동에 천막을 치고 시작했던 고아원이다. 특별히 "미국에서 한국에 유람온 미스터 슬레트씨가" 5,000불을 후원하고 미8군에서는 80평의 건물을 지어주면서 은평천사원은 보다 발전할 수 있었다. 1961년 당시 은평천사원의 자산은 대지 2,500평, 건물은 5동, 농지는 1,500평이었고, 원아는 103명이었다.[55] 이후 1961년 가을부터 은평천사원은 MCOR 직영으로 운영되었고 그 결과 "식당과 직원 숙사를 겸한 약 200평의 건물을 신축"하였다.[56] 1961년 9월 20일부터 22일까지 MCOR의 연구기도회가 은평 교역자 수양관에서 열렸는데, 이때 참가자들은 1시간 동안 은평천사원을 방문하여 위로하였다.[57] 이것이 MCOR 직영으로 운영되는 계기였을 수 있다.[58]

---

록] (1959), 217쪽. 1959년도 고아원 사업비는 25,980,400환이었는데 이 비용은 "진우원 운영비와 일반 보육원의 수리비, 시설비, 강습회비 등으로 사용"되었다는 보고도 진우원이 특별 지원 대상이었음을 알게 해준다.

54) [감리교회 중부동부남부연합연회록] (1961), 349쪽. 직영고아원이란 말은 1961년 연회록에 처음 나옴; [감리교회 동부중부남부연합연회록] (1957), 188쪽. 1957년 연회록에는 사회국 직속 고아원이라고 나옴. 감리교 총리원 사회국에서 직영으로 운영하다가 MCOR 직영체로 전환되었음을 알 수 있다.

55) [감리교회 중부동부남부연합연회록] (1961), 259-260쪽; http://www.ahfc.or.kr/01/com01.php (2021. 1. 7 검색). 연혁 참고.

56) 「은평천사원 신관신축 봉헌식」, 『감리교생활』, 1962년 2월, 11쪽; [감리교회 동부남부중부연합연회록] (1962), 295쪽.

57) 「M.C.O.R 사업 연구 기도회」, 『감리교생활』, 1961년 11월, 12쪽.

58) 은평천사원에 대한 추가 자료들을 참고할 것. 「고아원 창설의 소식」, 『감리교생활』, 1959년 5월, 75쪽; 「봉사의 길은 열리다」, 『감리교생활』, 1959년 7, 8월,

10여 개의 고아원을 목표로 했으나, 실질적으로 "항구대책보조"의 대상은 진우원과 천사원 둘이었다. 그 외의 고아원들은 "임시보조"의 대상이었다. 임시보조 대상의 고아원들은 자립하는 것이 중요했다. 그리하여 감리교회에서는 직영 고아원을 제외하고는 자립의 방안들을 마련하였다. 크게 두 가지인데, 재단설립 지원과 외원단체와의 제휴였다. 이외에 양호회원 모집과 개교회와의 결연이 있었지만, 큰 효과는 없었다.

당시 감리교회 고아원들의 자립자영을 위해서는 재단설립이 필요했다. 정부는 1955년 초에 "신년도 사업계획의 하나로 각고아원의 「재단설립」을 꾀할 것을 발표"하였다.[59] 그동안 정부는 전쟁 기간에 급증하는 고아로 인해 재단 설립 여부를 철저히 감독하지 않은 채 고아원을 인가해 주었다. 이로 인해 전국의 500개 가량의 고아원 중에 430여 개가 재단 설립이 안 된 고아원이었고, 휴전 이후 미군과 유엔군의 철수로 원조가 줄어들자 재정적 어려움에 처하게 되었다.[60] 이에 정부는 고아원의 재단화를 추진하면서 1956년에 "각 고아원마다 최소한 二百만환의 부동산(不動産)과 五십만환 이상의 동산이 있어야 하며 그 재산에서 나오는 이득금으로서 고아를 양육하여야" 한다는 재단설립 기준을 제시하였다.[61] 이러한 정부의 지침 속에서 1959년에는 전국의 499개의 고아원 중 388개가 재단설립을 완료하였고, 기준에 미달된다고 판정을 받은 강원도 원주의 승정보육원은 폐쇄 조치되었다.[62] 이러

95쪽.

59) 「保育院을 「財團」으로」, 『경향신문』, 1955년 1월 12일, 2쪽.

60) 「孤兒保護에 危機」, 『동아일보』, 1955년 10월 1일, 3쪽.

61) 「整備段階에든 孤兒院」, 『동아일보』, 1956년 3월 29일, 3쪽.

62) 「施設基準未達 孤兒院을 閉鎖 一次로 『승정保育院』」, 『동아일보』, 1959년 7월 24일, 3쪽.

한 상황에서 감리교회는 감리교 고아원들의 재단 설립을 위한 부동산 매입을 도와주었다. 연도별 고아원 사업비를 보면 감리교회의 재단설립 지원을 쉽게 이해할 수 있다.

〈표 2〉 1954-1963 고아원 사업비[63]

| 연도 | 1954 | 1955 | 1956 | 1957 | 1958 |
|---|---|---|---|---|---|
| 사업비 | 11,680,341 | 21,779,440 | 24,111,110 | 22,984,660 | 25,980,400 |
| 연도 | 1959 | 1960 | 1961 | 1963 | |
| 사업비 | 26,838,025 | 44,843,634 | 19,868,680 | 7,095,993 | |

* 화폐 단위 : 환

〈표 3〉 1953-1961 감리교 고아원 사업 통계[64]

| | 1953 | 1955 | 1956 | 1957 | 1958 | 1959 | 1960 | 1961 |
|---|---|---|---|---|---|---|---|---|
| 고아원 | 31 | 35 | 31 | 31 | 32 | 33 | 35 | 35 |
| 고아 | 3,738 | 3,157 | | 3,593 | 3,942 | 4,242 | 4,203 | 3,890 |
| CCF가입 | 3이상 | 11 | 12 | 12 | 12 | 12 | 11 | 12 |
| WV가입 | | 8 | 14 | 17 | 17 | 19 | 22 | 17 |
| 재단법인 | | | 10 | 22 | | 32 | 32 | 33 |
| 양호회원 | | | | 188 | 223 | 79 | 30 | |
| 양호회 사업비 | | | | 72,300 | 269,000 | 154,700 | 91,400 | |

* 1955년에는 5개의 고아원의 고아 수가 포함되지 않았다.
* CCF(Christian Children's Fund)=기독교아동복리회, WV(World Vision)= 선명회
* 1961년에는 스완슨복음전도회(Everett Swanson Evangelistic Association)에 가입 4곳

---

63) [제8회 감리교회 총회회의록] (1958), 129쪽. 1954-1957년도 출처; [제9회 감리 교회 동부연회회의록] (1958), 315쪽. 매년 연회는 직전 연도의 사업내용을 보고하였다. 그리하여 1958년 연회 때 보고된 고아원 사업비는 1958년 총회에서 1957년의 사업비라고 보고한 금액과 동일했다. 그러므로 매 연회(총회도)의 고아사업의 통계는 이전 연도로 반영할 것이다; [감리교회 동부중부남부 연합연회록] (1959), 217쪽. 1958년도 출처; [감리교회 동부중부남부연합연회록] (1960), 232쪽. 1959년도 출처; [감리교회 중부동부남부연합연회록] (1961), 348쪽. 1960년도 출처; [감리교회 동부남부중부연합연회록] (1962), 296쪽. 1961년도 출처; [감리교회 중부동부남부연회록] (1964), 194쪽. 1963년도 출처.

 감리교회의 고아원 사업비는 1955년부터 크게 증가하는데, 이는 앞서 언급했던 1954년 11월에 진행된 미국 감리교회의 헌금과 임시보조의 대상인 고아원들의 재단설립을 위한 보조의 영향으로 이해할 수 있다. 이에 한국 감리교회는 각 고아원의 동산 매입을 위해 재정을 지출하였고, 그 결과 1956년부터 감리교회에 소속된 고아원들의 재단 설립이 시작되었고, 1959년에 이르면 거의 다 완료하였다. 1959년에 재단설립이 거의 완료가 되자 감리교 사회국은 추가로 고아원의 가입을 허용하였다.65) 그 결과 1960년에 2개의 고아원이 사회국에 가입되었다.

 사실 미국 감리교회는 1958년부터 고아원 지원금의 감축을 예고하였다. 이로 인해 각 고아원에 운영비 보조 명목의 지원금은 점점 줄어들 수밖에 없었다.66) 그러나 사업비 총액에 있어서는 증가했는데, 그 원인은 바로 재단설립을 위한 동산매입과 건축이었다. 1956년 연회의 보고에 따르면, 고아원 사업비는 "건물건축매입, 토지매입, 생활비보조, 자립계획 완성" 등을 위해 사용되었다.67) 1961년의 연회 때에도 사

64) [제3회 감리교회 총회회의록] (1954), 31-32쪽. 1953년 통계 출처; 위의 책, 27쪽. 1953년에 CCF 가입 단체들은 최소한 인천계명원, 군산기독교사회관, 천안자혜원이다; [감리교회 동부중부남부연회록] (1956), 192-193쪽. 1955년 통계 출처. CCF 통계는 도표에 기록된 것을 합산했다; [감리교회 동부중부남부연합연회록] (1957), 188쪽. 1956년 통계 출처; [제9회 감리교회 동부연회회의록] (1958), 316쪽. 1957년 통계 출처; [감리교회 동부중부남부연합연회록] (1959), 217쪽. 1958년 통계 출처; [감리교회 동부중부남부연합연회록] (1960), 232쪽. 1959년 통계 출처; [감리교회 중부동부남부연합연회록] (1961), 348-349쪽. 1960년 통계 출처; [감리교회 동부남부중부연합연회록] (1962), 295-296쪽. 1961년 통계 출처.
65) 유증서, 「사회국 사업개관」, 『감리교생활』, 1959년 1월, 76-77쪽. 1959년에 "육아사업에 있어서는 대체로 시설을 갖추고 재산을 마련하여 재단법인도 구성하고 … 어느정도 자리가 잡혀가고 있"다고 한 것은 당시 재단법인의 완료도를 짐작하게 한다.
66) 한영선, 「취임임사—중임을 맡고—」, 『감리회보』, 1958년 10·11월, 10쪽.

회국은 각 고아원들에 대해 "대체로 시설비, 건축비, 수리비 등으로 보조"하였다고 보고하였다.[68] 비록 1959년에 재단등기는 대부분 마무리되었지만, 이와 관련된 사업비 지출은 최소한 1961년(1962년 연회의 보고)까지 계속되었고, 이로 인하여 감리교회의 고아원에 대한 운영비 보조는 줄어들었지만, 전체 사업비 지출은 늘어났다. 감리교회의 각개 고아원에 대한 지원은 적어도 1963년까지는 지속되었다.[69]

1961년의 고아원 사업비의 급격한 감소는 MCOR이 진우원과 은평천사원을 직접 운영하므로 해당 고아원 사업비가 감리교 사회국에 취급되지 않았기 때문으로 보인다. 앞서 언급한 대로 1961년에 진우원과 은평천사원은 MCOR의 직영으로 운영되었다. 1958년의 사업보고(1959년 연회)에 따르면, 1958년의 고아원 사업비에는 진우원 운영비가 포함되었다.[70] 그리고 1963년의 자료에 따르면, 진우원과 은평천사원은 MCOR의 운영비 전액을 보조받기 때문에 고아원 사업비에 포함되지 않았다고 나온다.[71] 1958년과 1963년 사이에 MCOR 직영고아원과 관련하여 사회국의 고아원 사업비의 내역에 변동이 있었음은 분명하고, 변동의 해는 MCOR의 직영체가 되는 1961년이라고 보는 것이 합리적이다.

---

67) [감리교회 동부중부남부연회록] (1956), 194쪽.
68) [감리교회 중부동부남부연합연회록] (1961), 349쪽; 박신오, 「감리교 사회사업의 현황과 전망」, 『감리교생활』, 1961년 1월, 14쪽. 당시 감리교회 고아원들은 3달에 1번 모이는 MCOR 보육위원회를 통해 긴급시설비를 지원받았다.
69) 유증서, 「사회국 사업 전망」, 『감리교생활』, 1963년 10월 15일, 6쪽. "감리교 사회사업기관인 고아원 … 등에 대한 감리교회의 원조는 대부분 MCOR(감리교 해외구제 위원회)와 남선교부 및 여선교부 보조비로써 충당하고 있습니다."
70) [감리교회 동부중부남부연합연회록] (1959), 217쪽.
71) 「구제와 복구 그리고 피난민 정착」, 『감리교생활』, 1963년 3월 1일, 6쪽.

재단설립과 함께 감리교 본부에서 고아원의 자립자영을 위해 선택한 방법은 외원 단체 가입이었다. 사회국은 1954년에 십여 처의 고아원이 CCF에 가입되도록 주선하였다.[72] 1959년 2월 당시에 31개(진우원, 천사원 제외)의 감리교 고아원 중 30개가 외원단체에 가입되어 지원을 받고 있었고, 제주도의 홍익보육원만이 가입되지 않은 상태였다. 이에 사회국의 유증서는 제주도를 시찰하여 이 사실을 보고하였고, 1959년이 가기 전에 감리교회의 모든 고아원이 외원 단체에 가입되었다.[73] 홍익보육원의 외원단체 가입에는 감리교회 측의 모종의 노력이 있었던 것 같다.[74]

한국 감리교회가 고아원의 자립경영을 위해 추구한 또 다른 방법은 아동양호회원 모집이었다. 1957년 3월 서울에서 개최된 삼부 연합연회 당시 사회사업위원회는 회비 200환의 회원을 모집하여 아동양호에 활용하기로 결정하고 아동양호위원회를 조직하였다.[75] 이렇게 모여진

---

[72] 김광우, 「사회국 사업의 전망」, 『감리회보』, 1954년 11월, 3쪽.
[73] 유증서, 「제주지방을 찾아서」, 『감리교생활』, 1959년 2월, 65쪽. <표 3> "1953-1961 감리교회 고아원 사업 통계"에 보면 1959년에 이미 모든 고아원이 외원 단체에 가입되었음을 알 수 있다. 그러므로 1959년이 지나가기 전에 홍익보육원은 외원 단체에 가입되었다.
[74] 박신오, 「감리교 사회사업의 현황과 전망」, 『감리교생활』, 1961년 1월, 14쪽; 1961년 당시 감리교회에 가입된 고아원들은 모두 CCF나 WV에 가입되어 보육비를 지원받았다; 민경배, 『월드비전 한국 50년 운동사(1950~2000)』, 622-627쪽. 월드비전은 1955년부터 감리교회 고아원을 지원해주었다. 연도별로 보면 1955년에 10,448불, 1956년에 41,780불 90센트, 1957년에 55,429불, 1958년 76,749불이었다. 1958년 이후의 자료는 분실로 추정된다.
[75] 유증서, 「누가 선한 사마리아인이 될 것인가」, 『감리회보』, 1957년 8·9월, 6-7쪽. 위원장에는 민응식 목사, 위원은 문창모, 이응식, 서매련, 유증서, 전덕규, 홍석영, 양계석, 김남수였다. 아동양호회원은 개인의 희망에 따라 고아원이나 고아 개인과 결연을 하여 후원할 수 있었고, 후원받은 고아의 사진과 이력은 후원자에게 보내졌다.

돈은 1957년에 매달 200환씩 14개의 고아원에 보내졌다.[76] 아동양호회
원 모집은 초기의 계획과는 달리 지속적으로 교단적인 호응을 끌지는
못했다. 1958년을 정점으로 후원자들이 줄어들더니, 1960년을 끝으로
아동양호회비에 대한 기록은 사라졌다. 그래서 1961년 1월에 양호회원
모집이 "시원치 않아서 한국교회 사회사업을 돕는 미국 MCOR에 대하
여서도 면목(面目)이 서지를 못하고 있"다고 하였다.[77]

감리교 본부의 고아원에 대한 정책은 자립경영이었다. 한시적인 미
국 교회의 지원이 있는 동안에 각 고아원은 자립경영의 체계를 갖추어
야 했다. 이에 1959년 2월 17일에 대전에서 열린 제2회 사회사업 연구
회에 참여한 24명의 고아원 원장들은 농업, 공업, 수산업, 기술업을 통
해 자립경영을 이룩하려고 한다고 보고하였다.[78] 1962년에 접어들면
서 감리교 본부 측은 MCOR의 보조가 영원하지 않을 것을 강조하며 더
욱 더 자립경영을 강조하였다.[79] 그와 함께 감리교 사회국에서는 감리

---

76) 유증서, 「사회국 사업개관」, 『감리교생활』, 1959년 1월, 77쪽. 이 글에서 유증
서는 작년부터 아동양호회원을 모집했다고 하였다. 이것은 1958년부터 아동
양호회원 모집이 시작된 것으로 오해할 수 있지만, 유증서의 글이 1958년에
작성되고 1959년 1월호『감리교생활』에 게재되었음을 감안하면 충분히 이해
할 수 있는 부분이다. 1958년 기준으로 작년이란 의미이다.
77) 박신오, 「감리교 사회사업의 현황과 전망」, 『감리교생활』, 1961년 1월, 16쪽;
「공주 김영배씨의 특지」, 『감리교생활』, 1962년 5월, 14쪽. 1962년에 김영배
가 2만 4천 환을 아동양호회비 명목으로 기증하였으나, 이것은 총회, 연회의
기록에서 찾아볼 수 없다. 김영배는 불신자였으나 그의 부인이 개신교인이었
다; 「아동양호회원 명단」, 『감리교생활』, 1959년 11월, 94쪽. 1959년도의 기록
에 보면 아동양호회비는 1,000환으로 나온다. 이후에 회비가 인상되었음을
알 수 있다.
78) 유증서, 「사회사업 연구회를 지내고 나서」, 『감리교생활』 1959년 4월, 63-64쪽.
79) 윤창덕, 「한국 사회 사업의 장래」, 『감리교생활』, 1962년 11월, 10쪽. "현 사회
사업기관이 자력으로 운영해 나갈 수 있는 경제적인 기반을 하루 속히 확립
하여야 될 것입니다. … 사회사업에 대한 보조라는 것은 영구적이 되지 못하
는 것입니다. 그중 MCOR의 보조를 예로 든다면 … 어떠한 시기가 지나가면

교회의 사회기관과 개교회와의 결연운동을 추진하였다. 1962년 4월에 감리교회의 고아원, 양로원 명단을 공고하며 개교회에서 하나의 기관을 선정하여 자매결연을 맺어줄 것을 요청하였다.[80]

　MCOR의 지원 감소로 인해 감리교 본부의 고아원에 대한 지원비에 한계가 찾아오는 상황에서 재단이사 선정의 문제는 자립경영을 넘어 감리교 고아원들의 독립을 촉진시켰다. 1959년 1월에 감리교 본부는 고아원의 재단이사 구성 지침을 공고하였는데, 7명의 이사에 5명은 감리교회 측 인물이어야 했다.[81] 이에 각개 고아원 측에서는 이의가 있었던 것 같고, 이에 1960년 1월에 사회국의 유증서는 개인의 기관은 이사 구성을 자유롭게 할 수 있으나 "감리교 산하 사회사업기관이 된다면 단순히 감리교인이 운영하는 기관과는 그 의미와 성격이 달라"야 함을 지적하며 다시 한 번 재단 이사 구성의 조건을 분명히 하였다.[82] 하지만 감리교회의 재단이사 구성 지침을 모든 고아원들이 따랐던 것

---

그 보조는 끊어지고야 말 것입니다." 유증서, 「사회국 사업 전망」, 『감리교생활』, 1963년 10월 15일, 6쪽. "감리교 사회사업기관인 고아원 … 등에 대한 감리교회의 원조는 대부분 MCOR(감리교 해외구제 위원회)와 남선교부 및 여선교부 보조비로써 충당하고 있습니다. 그러나 이러한 보조비가 무기한 계속될 수 없고 언젠가는 모든 보조가 종결되는 때가 올 것이므로 조속한 시일 내에 완전 독립하는 방향으로 나아가야 할 것으로 압니다."

80) 「교회와 보육원, 양로원의 결연운동」, 『감리교생활』, 1962년 4월, 5쪽.
81) 유증서, 「사회국 사업개관」, 『감리교생활』, 1959년 1월, 77쪽. 감리교 사회국에 가입하려면 6가지 조건이 충족되어야 했다. 먼저는 원장이 감리교인이어야 하고, 두 번째는 시설이 있어야 하며, 세 번째는 재단법인이 있어야 하되, 재단이사는 소속지방의 감리사 1명, 소속된 감리교회 목사 1명, 총리원에서 파견한 인물 2명, 선교사 1명, 원장 1명, 보조기관 직원 1명으로 구성해야 했다. 네 번째는 기독교 교육을 해야 하고, 다섯 번째는 감리사의 추천을 받아야 했다. 여섯 번째는 선명회에 가입할 경우 사회국에 가입하여도 보조는 받을 수 없다는 것이다.
82) 유증서, 「사회사업기관 기구에 대하여」, 『감리교생활』, 1960년 1월, 82쪽.

390 해방 후 한국사회 형성과 기독교 사회복지

은 아니다. 1962년의 연회의 보고에 따르면 총리원 사회국의 지시에 따라 재단이사를 구성한 곳이 17개, 사회국의 지시를 따르지 않은 곳이 16개였다.83) 재단이사를 감리교 본부의 지침을 따르지 않은 고아원은 MCOR에서 탈퇴되었다.84) 물론 MCOR에서 탈퇴된 16개의 고아원은 한국 감리교회와의 관계는 유지하고 있었다. 그러나 1964년 연회에는 감리교 사회국에 소속된 총 35개의 고아원 중 5곳이 보고하지 않았다고 나온다.85) 아직 감리교 본부와의 관계는 유지했으나 보고체계에 있어서 균열이 감지되었다. 그리고 적어도 1966년에는 감리교회는 이전과 같이 소속된 고아원들을 후원하지 못했다.86) 사회국에서 고아원들의 수효를 파악하고 있었던 것은 1967년 연회가 마지막이었다.87) 1967년 이후에는 감리교회 관련 고아원들이 독립했을 가능성이 높다.

---

83) [감리교회 동부남부중부연합연회록] (1962), 295-296쪽.
84) 「구제와 복구 그리고 피난민 정착」, 『감리교생활』, 1963년 3월 1일, 6쪽. 당시 MCOR에 소속된 고아원은 17개였다. 나머지 16개 고아원은 자의든 타의든 탈퇴되었다고 볼 수 있다.
85) [감리교회 중부동부남부연회록] (1964), 194쪽.
86) 「활발히 움직이는 감리교회가 되자-사회국」, 『기독교세계』, 1966년 12월 8일, 13쪽. "과거에 외국에서 구호물자나 구호금이 올 때에는 꽤 교회가 헐벗고 굶주린 자를 돌보는 것 같았으나 근자에 와서는 사회에 대하여 부끄러울 정도이다. 고아, 양로, 극빈자, 수난자, 불구자, 넝마주이 등 수없이 많은 무리가 교회를 쳐다보며 손을 벌리고 있다는 사실을 우리 그리스도인들은 깨달아야 할 것이다." 그리고 사회국 관련 글에서 고아원 지원에 대한 언급은 없이 농촌교회 문제를 주로 언급하였다.
87) [감리교회 중부동부남부연회록] (1967), 178쪽.

## 4. 감리교 고아원의 자선에 대한 평가(양적, 질적)

한국 감리교회의 고아원의 일차적인 목적은 전쟁으로 인해 방황하
는 고아들에 대한 돌봄이었다. 이러한 자선의 역할과 그 결과는 어떠
하였을까? 객관적 수치를 기초로 한국 감리교회의 자선의 역할을 양
적, 질적으로 평가해 보도록 하겠다. 연도별 전체 고아의 수와 감리교
회에서 담당한 고아의 수는 다음과 같다.

〈표 4〉 전국 고아원 대비 감리교 고아원 비율[88]

|  |  | 1953 | 1955 | 1956 | 1957 | 1958 | 1959 | 1960 | 1961 |
|---|---|---|---|---|---|---|---|---|---|
| 전국 | 고아원 | 440 | 419 | 428 | 440 | 465 | 462 | 472 | 505 |
|  | 고아 | 53,964 | 45,260 | 46,481 | 48,594 | 51,630 | 51,188 | 53,304 | 52,460 |
| 감리교 | 고아원 | 31 | 35 | 31 | 31 | 32 | 33 | 35 | 35 |
|  | 고아 | 3,738 | 3,157 |  | 3,593 | 3,942 | 4,242 | 4,203 | 3,890 |
| 감리교 비율(%) |  | 7.1(6.9) | 8.4(7.0) | 7.2 | 7.1(7.4) | 6.9(7.6) | 7.1(8.3) | 7.4(7.9) | 6.9(7.4) |

  \* 괄호 안은 고아 비율, 괄호 밖은 고아원 비율
 \*\* 소수점 두 번째 자리 반올림.(이후 모든 통계에서 동일)
\*\*\* 1955년은 감리교 5개 고아원의 고아수 미포함

전체 고아원 대비 한국 감리교회 고아원의 원아 비율은 전반적으로
7% 중후반이었고 고아원의 비율은 7%정도 되었다. 1959년에 감리교회의
교인은 248,889명이었다.[89] 이는 1959년 대한민국의 인구인 35,831,808명

---

88) 姜五佺 편, 『韓國統計年鑑』, 經濟企劃院調查統計局, 1963, 408-409쪽; 보건사회부,
  『한국아동복지사업(1949-1958)』, 保健社會部, 1958, 4-6쪽. 蘇賢淑, 「전쟁고아들
  이 겪은 전후-1950년대 전쟁고아 실태와 사회적 대책」, 329쪽. 재인용. 1953년
  통계 출처.
89) Harry A. Rhodes, Archibald Campbell, *History of the Korea Mission Presbyterian
  Church in the U.S.A. Volume II 1935-1959*, The United Presbyterian Church in
  the U.S.A., 1964, 409쪽.

의 0.7%에 해당하는 수치였다.[90] 전체 인구의 0.7% 해당하는 사람들이 전체 고아의 7% 이상을 감당했다. 당시 한국 감리교회는 대한민국 전체 국민이 감당했던 것보다 더 많은 고아를 책임졌음을 알 수 있다. 물론 미국 감리교회의 지원이 있었기에 가능했던 것도 사실이다.

이러한 양적 평가와 함께 질적 평가를 병행하고자 한다. 질적 평가의 요소로는 교육, 사회화, 인성교육으로 정하였다. 그리고 교육의 효과를 확인하기 위해 상급학교로의 진학률을, 사회화의 효과를 판단하기 위해 직업보도를, 인성교육의 효과를 평가하기 위해 소년범의 개도의 사례를 살펴볼 것이다.

여기서는 감리교 고아원의 중등교육과 고등교육의 진학률을 전체 고아원과 일반사회와 비교할 것이다.[91] 1969년 중학교 무시험 진학제도가 시행되기 전까지는 국민학교 졸업자는 중학교의 입학시험에 합격하고 입학금을 내야 중학생이 될 수 있었다.[92] 당시 가난한 학생들은 학비로 인해 중학교를 포기하는 경우도 있었다.[93] 진학률은 감리교

90) 「萬物相」, 『조선일보』, 1959년 3월 26일, 1쪽.
91) 피정만, 『한국교육사이해』, ㈜도서출판 하우, 2011, 200-201쪽. 참고로 1954년부터 대한민국 정부는 의무교육 6개년 계획을 실시하여 1959년에는 국민학교 취학률이 96.4%에 도달하였다. 당시 대부분의 학생들이 초등교육의 수혜를 받았기에 국민학교 취학률은 비교의 의미가 없다. 이에 중학교부터 대학교까지의 진학률을 전체 고아원과 일반 사회와 비교해보도록 할 것이다; 「100명의 아버지」, 『조선일보』, 1959년 4월 11일, 4쪽. 1959년 서울 지역의 경우 홍제 보육원의 오주선 원장에 따르면 국민학교는 학용품과 교통비 외에는 돈이 들지 않으나 중고등학교는 일반 가정만큼은 아니어도 학비를 내야 했다; 「새 共和國에의 提言 孤兒를 돌아보라」, 『조선일보』, 1960년 8월 2일, 4쪽. "國民學校[국민학교]는 이미 義務敎育[의무교육]을 實施[실시]하고 있으므로 大端[대단]한 어려움은 없으나"
92) 피정만, 『한국교육사이해』, 206쪽.
93) 강승구, 『강경제일감리교회 100년사』, 기독교대한감리회 강경제일교회 100년사 편찬위원회, 2008, 118쪽. 1961년 당시 강경제일감리교회의 6학년 학생 30여

고아원의 학생의 학업성취의 척도가 되며, 감리교회가 학생들에게 제공한 학업보조를 알게 해준다.

〈표 4〉 감리교 고아원의 학생 통계[94]

|  | 1957 | 1958 | 1959 | 1960 |
|---|---|---|---|---|
| 학생수 | 2,436 | 2,386 | 2,551 | 2,818 |
| 초등생 | 1,730(71%) | 1,627(68.2%) | 1,668(65.4%) | |
| 중학생 | 495(20.3%) | 524(22%) | 611(24%) | |
| 고등생 | 183(7.5%) | 211(8.8%) | 240(9.4%) | |
| 대학생 | 28(1.2%) | 24(1%) | 32(1.3%) | |
| 직업보도 | 153 | 279 | 38 | 295 |

* 괄호 안은 전체 학생에 대한 해당 학생의 비율

여기서는 각 교육과정의 상대비율을 통해 진학률을 추정할 것이다. 진학률이란 하급학교의 학생이 상급학교로 진학하는 비율을 의미한다. 보다 세부적인 자료가 없이, 위의 통계로 정확한 진학률을 구하는 것은 무리이다. 다만 해당연도의 교육과정에 따른 학생 수의 상대비율을 통해서 진학률의 큰 그림은 그릴 수 있다. 초등교육과정과 중등교육과정(중고등학교)은 동일한 6년이기에, 두 교육과정의 상대비율은 중등교육과정의 진학률을 짐작하게 하는 한 요소가 된다. 위의 표를 통해 진학률의 큰 그림을 간단히 이해하자면, 초등교육과정과 중등교육과정의 전체 학생 대비 비율이 유사할수록 상대비율이 높은 것이고, 중등교육 과정으로의 진학률이 높다고 추정할 수 있다. 연도별로 양 교육과정의 학생 비율의 차이의 큰 흐름은 결국 진학률을 반영한다.[95]

---

명은 중학교 시험에 합격하고도 입학금이 없어서 진학을 포기하였다.

[94] [제9회 감리교회 동부연회회의록] (1958), 315쪽. 1957년 통계 출처; [감리교회 동부중부남부연합연회록] (1959), 217쪽. 1958년 통계 출처; [감리교회 동부중부남부연합연회록] (1960), 232쪽. 1959년 통계 출처; [감리교회 중부동부남부 연합연회록] (1961), 348쪽. 1960년 통계 출처.

1961년에 대한민국 고아원의 입소자 59,000여 명 중 41%는 초등학교, 13%는 중학교, 5%는 고등학교, 대학교에는 264명이 재학 중이었다고 한다.[96] 그러므로 인원수로 환산하면 대략 전체 학생 35,074명 중 24,190명이 초등학생(69%)이었고, 7,670명이 중학생(21.9%), 2,950명이 고등학생(8.4%), 264명이 대학생(0.7%)이었고, 초등교육과정 대 중등교육과정의 상대비율은 43.9%, 중학생 대 고등학생의 상대비율은 38.5%였다. 1959년도 감리교 고아원의 경우 전자는 51%, 후자는 39.3%로 전체 고아원보다 높았고, 감리교회의 고아원의 중고등학생의 비율이 증가 추세에 있던 점을 고려하면, 1961년에 비교우위의 정도는 더 컸을 수 있다.

일반사회의 진학률은 1956년 중학교 진학률 53%, 고등학교 진학률은 72%, 1957년 중학교 진학률 44%, 1957년 고교 진학률 66%였다.[97] 1962년도 중학교 진학률은 46%, 고등학교 진학률은 54.6%, 1965년 중학교 진학률은 47.2%, 고등학교 진학률은 69.1%, 대학진학률은 28.9%였다.[98] 1959년도 대학진학률은 25%였다.[99] 전반적으로 1950년대 중

---

95) 특정 학년의 학생 수가 다른 학년과 지나치게 다름으로 인해 교육과정의 상대비율과 진학률이 큰 차이를 보일 수 있다. 가령 모든 학년의 학생 수가 10,000명이나 초등학교 6학년의 학생만 1,000명이고, 1,000명이 그대로 중학교에 다 진학했다면 진학률은 100%이지만, 졸업자로 인해 중고등학생은 51,000명, 초등학생은 60,000명이 되어 초등학생 대비 중고등학생은 85%가 된다. 그러나 이러한 극단적인 사례들은 없을 것으로 보이고, 교육과정에 따른 상대비율은 진학률을 대체적으로 반영한다고 볼 수 있다.

96) 「十一年의 歲月은 흘렀는데…」, 『조선일보』, 1961년 3월 3일, 3쪽. 대학생은 전체 고아의 4부, 즉 4%라고 하는데 5만 구천 명의 4%면 2,360명이다. 4부는 4리에 대한 오기로 보인다. 264명은 59,000명의 0.447%, 즉 4리에 해당한다.

97) 「中高校 進學率低下」, 『조선일보』, 1958년 3월 19일, 2쪽.

98) 「우리나라 中等教育의 現況 및 改善點 (2) 等差없애 入學競爭止揚」, 『조선일보』, 1962년 6월 21일, 2쪽. 1962년 출처; 「中學進學率 47.2%」, 『경향신문』, 1964년 11월 27일, 3쪽. 1965년 중학교 진학률 출처; 「교육부 '통계로 본 교육 발자

반부터 1960년대 중반까지 국민학생의 중학교 진학률은 대략 50%정도,
중학생의 고등학교 진학률은 70% 이하, 대학 진학률은 20%대였다.[100]
앞서 언급하였듯이, 감리교 고아원의 상급학교 진학률을 정확하게 알
수는 없다. 그러나 상대비율을 통해 진학률의 큰 그림은 그려볼 수 있
다. 감리교 고아원의 초등교육 대비 중등교육의 학생 비율은 1957년
39.2%, 1958년 45.2%, 1959년 51%였다. 감리교 고아원의 중학생 대비
고등학생 비율은 1957년 37%, 1958년 40.3%, 1959년 39.3%였다. 감리교
고아원의 고등학생 대비 대학생 비율은 1957년 15.3%, 1958년 11.4%,
1959년 13.3%였다. 대학교육이 4년 과정이었음을 고려하면 10% 정도
로 추정할 수 있다. 상대비율로 추정한 감리교 고아원의 학생들의 중
학교 진학률은 1960년대 접어들면서 전체 평균과 유사했으나, 고등학
교와 대학교 진학률은 평균에 미치지는 못했다. 이로 볼 때, 교육의 측
면에서 감리교회의 고아원 사업은 중학교까지는 일반사회에 비슷한
수준까지 도달했으나, 고등학교와 대학교 교육에서는 일반사회만큼
교육의 기회와 재정을 지원했다고 말하기 어렵다.[101]

---

취' 발간 대학 진학률 65년—29% 97년—60%」, 『매일경제』, 1997년 12월 1일,
37쪽. 1965년 고등학교 및 대학교 진학률 출처.

99)「敎育週間맞이 敎育講演 간추림 ② 中等敎育의 反省 및 改善點」, 『조선일보』,
1960년 10월 11일, 4쪽.

100) 피정만, 『한국교육사이해』, 206쪽. 중학교 진학률의 증가는 1968년 2월에 제
정된 중학교 무시험 진학 제도에 기인하였다. 1969년부터 시행된 이 제도로
인해 1969년에는 중학교 진학률이 61.8%로 처음 60%를 넘어섰고, 1972년에
는 71%로 70%를 초과하였다. 그러나 1960년대 중반까지만 해도 50% 정도
를 유지하였다.

101) P기자,「고아의 할머니 어윤히 여사를 찾아서」, 『감리교생활』, 1961년 3월,
49-50쪽. 참고로 어윤희 장로가 운영하던 서울의 유린보육원에는 1961년 당
시 59명의 입소자가 있었는데, 미취학 아동이 9명, 국민학생이 33명, 중학생
이 17명이었다. 당시 유린보육원의 입소 연령은 만 6세에서 19세까지였다.
취학 연령의 학생들은 다 학교에 다니고 있었다.

고아들에게 교육 못지않게 중요한 것은 사회의 일원으로 살아가는 것이다. 이를 위해 필요한 것은 직업보도, 즉 직업교육이었다. 당시 한국 정부는 만 18세 이상의 고아들을 연장고아라고 하여 더 이상 구호 대상에 포함시키지 않았다.[102] 1956년에 보건사회부는 전국의 후생시설을 정비하면서 18세 이상의 연장 고아들을 퇴원시킬 것을 지시하였다. 당시 대략 5만 명 중 10%인 5,000명이 만 18세 이상이었는데, 고등학교 및 대학교에 다니는 학생들에 대한 지원도 끊겠다고 선언하였다.[103] 대신 정부는 갈 곳 없는 연장 고아들을 위해 직업보도소를 만들어 직업교육을 시켰다. 1965년까지 매년 1천여 명의 18세 이상의 연장 고아들이 고아원을 나와야 했는데, 이 중에서 500명만이 직업교육을 받을 수 있었다.[104] 매년 500명 이상은 직업활동에 대한 준비 없이 외롭게 사회의 찬바람을 맞이해야만 했다.

이러한 때에 감리교회는 고아들의 직업교육에 관심을 가졌다. 1955년부터 감리교 사회국은 인천에 정부의 보조로 소년관을 세워서 연장 고아들의 직업 훈련을 할 계획을 가지고 있었다.[105] 그리고 1957년부터 연장고아 사업보고가 나오는데, 1957년에 1,250,000환의 사업비 지출, 1958년에는 직업보도기관 한 개에 1,501,500환의 사업비 지출, 1959년에는 직업교육 9종에 연장고아사업비 1,200,000환 사업비 지출, 1960년 직업교육 10종에 연장고아사업비 7,950,000환 사업비 지출과 직업보도기관 추가 신설(총 2개)이 있었다.[106] 1961년에 새롭게 등장한 직업보

102) 박소연, 『물신 신고 태평양을 건널거나』, 212쪽; 「職業輔導策을 講究 千名의 年長孤兒」, 『조선일보』, 1954년 4월 24일, 2.
103) 「年長孤兒들 어디로」, 『조선일보』, 1956년 11월 27일, 2쪽.
104) 「法에서도 버림받은 年長孤兒에 「福音」」, 『조선일보』, 1965년 4월 29일, 7쪽.
105) 김광우, 「사회사업의 회고와 전망」, 『감리회보』, 1955년 1·2월, 4쪽.
106) [제8회 감리교회 총회회의록] (1958), 130쪽. 1957년 사업비 출처; [감리교회

도소는 경기도 여주읍 여광 직업보도원이었다.[107] 1963년에 직업보도소에서 가르쳤던 것은 "농사과, 이발과, 미용과, 양지 및 재봉과, 국, 영문타이프과, 인쇄과, 등사과, 사진과, 도자기과, 목공과 및 운전과"였고, 이 교육을 마친 학생의 취업률은 100%였다.[108]

그리고 확인 가능한 감리교회의 직업보도생은 1957년에 153명에서 점점 증가하였다. 1959년의 경우 기록상은 38명으로 나오나 238명에 대한 오기일 수 있다. 위의 통계만으로 감리교 고아원의 직업보도비율을 분명히 알 수는 없다. 다만 어느 정도의 수준인지 추정은 가능하다. 앞서 일반사회의 만 18세 이상의 고아 중 50% 이하가 직업보도교육을 받을 수 있었다. 1965년도 전국 고아원의 원아 총수는 50,679명이었고, 이 중 1,363명이 직업보도시설에서 교육을 받고 있었고, 비율로는 2.7% 정도였다.[109] 매년 해당 연령의 절반 이하의 연장고아가 직업교육의 수혜를 받았을 때, 전체 고아의 2.7%였다는 것이다. 감리교 고아원의 경우, 원아 총수에 대한 직업보도생 비율을 구해보면, 1958년 4.3%, 1959년 7.1%, 1960년 0.9%(오기라면 5.6%), 1961년 7.0%가 나온다. 감리교 고아원이 비율상으로 2배 이상 더 높다. 참고로 고등학생, 대학생이 많을수록 연장고아는 적어지기에, 학생비율이 더 높은 감리교 고아원

동부중부남부연합연회록] (1959), 217쪽. 1958년 사업비 출처; [감리교회 동부중부남부연합연회록] (1960), 232쪽. 1959년 사업비 출처; [감리교회 중부동부남부연합연회록] (1961), 349쪽. 1960년 사업비 출처.

107) [감리교회 동부남부중부연합연회록] (1962), 296쪽.
108) 「구제와 복구 그리고 피난민 정착」, 『감리교생활』, 1963년 3월 1일, 6쪽. 참고로 감리교회의 직업보도기관에는 다른 고아원의 원아들도 와서 교육을 받았다.
109) [1965년 보건사회통계연보] http://www.mohw.go.kr/react/jb/sjb030301vw.jsp (2021. 1. 12 검색) 보건복지부 홈페이지-정조-연구/조사/발간자료- 보건사회통계연보 자료. 1965년 이전의 자료는 통계화 되지 않았다.

398 해방 후 한국사회 형성과 기독교 사회복지

의 연장고아 비율은 전체 고아에 비해 낮을 수밖에 없다. 그럼에도 감리교회의 전체 고아 대비 연장고아 직업보도생 비율이 일반사회보다 월등히 높은 것은 일반사회보다 더 많은 직업교육의 기회가 제공되었음을 보여준다.

또한 직업보도기관 외에 각 고아원에서 자체적으로 직업교육을 시키는 경우도 있었다. 화생보육원은 1959년 기준으로 총 105명의 원아를 수용하고 있었는데, 유치원부터 대학생까지의 합이 총 83명이었다. 이 외에 12명의 사람은 목축, 이발 등의 직업교육을 받았다.110) 학생이 아닌 사람이 총 22명이었는데, 유치원 이하의 영아를 제외하면 학생 이외의 대부분의 원생들은 직업교육을 받았다고 볼 수 있다. 또한 MCOR 직영체인 진우원 역시 연장고아들의 직업교육을 자체 내에서 해결하고 있었다. 1959년 당시 원장이던 김혁은 농업고등학교 교장을 역임한 인물로 진우도 내의 농경지를 이용하여 농업교육을 시켰다. 부산 인근 동래군의 향농원에도 연장고아의 직업교육을 위한 농지가 3만 평 정도 있었다.111)

지금까지 통계를 중심으로 감리교 고아원의 교육과 사회화의 수준을 평가해 보았다면, 이제 사례를 중심으로 인성교육의 측면을 다루어 볼 것이다. 당시 고아들의 범죄가 많았고, 고아원의 교육을 강조하는 글도 신문에 게재되었다.112) 범죄를 저지르고 감리교 고아원에 들어온 학생들이 변화된 삶을 살아간다면, 이것은 인성적 기여라고 볼 여지가 있다.

감리교회 소속 고아원 중 하나인 학림원에서는 1955년 7월 25일에

---

110) 유증서, 「제주지방을 찾아서」, 『감리교생활』, 1959년 2월, 65-66쪽.
111) 한영선, 「부산지방을 찾아서」, 『감리교생활』, 1959년 3월, 73-75쪽.
112) 「少年犯罪增加와 對備策」, 『조선일보』, 1957년 4월 14일, 1쪽.

회개 운동이 일어났다. 당시 18세였던 최군은 저녁기도 시간에 폐회선
언에도 불구하고 일어나서 자신의 죄에 대한 회개의 소원을 표명하였
다. 그리고 앞자리에 나와서 15분 동안 울면서 자신의 죄를 고백하였
고, 이것이 도화선이 되어서 당시 모였던 60여 명 중에서 21명이 등단
하여 공개적으로 죄를 고백하였다. 집단적인 회개 사건 이후 학림원
원생들은 시간이 허락하는 대로 산과 냇가에서 찬송과 기도 생활을 하
였다고 한다.[113] 1년 뒤에는 20명에 가까운 학림원의 원생들이 2주일
간 산에서 벌목을 하여 판 돈으로 비용을 삼아 50리 길을 걸어서 원주
의 부흥회에 참여하였다. 그리고 은혜 체험의 결과로서 가가호호 방문
전도를 실천하였다.[114] 당시 각종 범죄에 연루되어 있던 고아들의 회
개와 이를 통한 신앙으로의 집중은 범죄의 재범을 막고 건전한 인성을
가진 사회인으로 출발하게 한다는 측면에서 중요한 인성교육의 효과
라고 볼 수 있다. 그러나 이러한 인성교육의 효과는 좀 더 객관적으로
볼 필요가 있다. 학림원에 수용되었던 최우현(20)과 이기창(19)은 2년
뒤 1957년에 원주에서 3회에 걸쳐 강도행각을 벌이다가 경찰에 체포되
었다.[115] 여기서 최우현이 2년 전에 회개했던 최 군일 가능성이 있다.
만일 그렇다면 최 군은 회개 후에 다시 범죄에 가담한 것이고, 회개를
통한 인성교육의 효과가 완전하지는 않았다고 말하는 것이 공정할 것
이다.

　방수원 원장이 설립한 진우도의 향린원에는 유사하나 다른 사건이
일어났다. 그의 고아원이 사회에 알려지게 되자 부산 경찰서에서는 각
종 범죄에 연루되었던 부랑아들을 방수원 원장에게 의뢰하였고, 결국

113) 「학림 고아원아들의 회개의 불길」, 『감리회보』, 1955년 9월, 9쪽.
114) 이창호, 「학림 고아원 고아들의 선교운동 고열」, 『감리회보』, 1956년 6월, 9쪽.
115) 「原州서도 强盜 두명 被檢」, 『조선일보』, 1957년 9월 13일, 3쪽.

진우도로 전입되었다. 그러나 오래가지 못하고 이 중에서 소년원에 수
감된 경험이 있는 철웅(18)이란 학생을 포함하여 부산의 부랑아 10명
과 기존의 원생 3명이 고아원의 건축자재를 훔쳐서 집단으로 고아원
을 탈출하는 사건이 발생하였다. 이에 방수원은 진해와 부산을 수색하
였고, 결국 경찰의 도움을 얻어서 부산에서 탈출한 고아들을 잡을 수
있었다. 방수원은 이들을 용서하고 다시 받아주었고, 이들은 진우도의
일원으로 잘 훈육 받을 수 있었다. 철웅은 이후 방수원이 병으로 병원
에 입원해 있을 때, 그를 찾아와서 눈물로 지난날의 과오를 사죄하였
다. 이후 철웅을 포함하여 22명의 학생들이 방수원의 도움을 받아 부
산의 고등학교에 입학하였고, 철웅을 단장으로 하여 한 집에서 공동생
활을 하였다.[116]

사실 당시 고아원을 탈출하여 부랑의 삶을 사는 고아들은 많았
다.[117] 그리고 이들은 다시 범죄에 빠져들곤 하였다. 1954년에 서울 소
년원에 수감되어 있는 130명 중 90%가 부모 없는 고아였다.[118] 그런
고아들을 중심으로 세워진 학림원에서 2명이 다시 범죄의 길로 돌아
갔지만, 그럼에도 20여 명이 회개하여 새로운 삶을 다짐하고, 소년원
경험이 있던 철웅을 포함한 부산의 부랑아들이 방수원을 통해 마음을
잡고 고등학교까지 진학한 것은 감리교 고아원의 인성교육의 효과의
일면을 보여준다고 할 수 있다. 인성교육의 질적 평가는 수치화 할 수
없다는 것과 사료의 불충분으로 인해 두 가지 사례를 소개하는 것으로
마칠 수밖에 없다.[119]

---

116) 박소연. 『물신 신고 태평양을 건널거나』, 171-181, 189-192, 212쪽.
117) 「孤兒들 生涯가 憂慮」, 『경향신문』, 1955년 11월 11일, 3쪽.
118) 「未就學者 수두룩」, 『경향신문』, 1954년 5월 5일, 2쪽.
119) 박경원, 「부랑아 전도 여행기」, 『활천』, 1963년 4월, 49-51쪽. 서울신학대학
    생 4명이 1962년 12월 20일에 인천 남방 16마일 지점의 선감도에 방문하여

## 5. 나가는 말

본 연구는 한국 감리교회가 전쟁 이후에 고아사업을 한 것을 자생, 자립, 자선의 주제로 살펴보았다. 한국 감리교회와 관련된 고아원들은 대부분 교단 차원이 아닌, 개인 혹은 개교회의 차원에서 시작하였다. 전쟁 초기 교역자 구호에도 힘겨워했던 감리교 본부가 손을 댈 수 없었던 전쟁고아 문제에 뛰어든 것은 각지의 교인들과 교회였다. 이들의 유형을 크게 셋으로 분류해 보았는데, 전에 운영하던 고아원을 전후에 재건한 경우, 새롭게 시작한 경우, 타인 혹은 타기관과 관련된 고아원이 감리교인에게 인계되는 경우였다. 감리교 본부가 운영에 어려움을 겪던 각각의 고아원에 지원할 수 있게 된 것은 류형기 감독이 1952년 방미하면서부터였다. 이후 1953년 5월부터 미국 감리교회는 고아원 사업의 명목으로 보조금을 보내왔고, 이를 통해 한국 감리교회는 각지의 고아원들을 지원할 수 있었다.

휴전 이후 한국 감리교회의 고아원 지원의 방향은 단순 구제에서 자립경영체제 구축으로 전환되었다. 특별히 1954년 6월에서 열린 대천회의의 결과 고아원은 자립경영을 하기로 결정되었고, 동년 11월에 미국 교회의 160만 불 헌금은 한국 감리교회의 고아원 사업에 활기를 띠게 하였다. 그럼에도 30여 개가 되는 고아원들을 항구적으로 지원해 줄 수 없었기에 "임시보조"와 "항구대책보조"라 나누어서 전략적으로 고아원을 지원하였고, 항구적으로 지원받은 고아원은 진우원과 은평천

---

신앙에 기초한 교육, 오락활동, 기도회 등을 하였고, 250여 명의 부랑아들은 다 예수님을 믿기로 결단했고, 신앙의 간증을 하며 기도하는 사람도 생겼다. 감리교 고아원은 아니었지만, 신앙을 통한 부랑아들의 변화의 기록들은 감리교 고아원의 신앙을 통한 인성교육의 효과를 짐작하는 하나의 토대가 될 수 있다.

사원이었다. 한국 감리교회는 나머지 고아원들의 자립경영을 위해 재단설립을 도와주었고, 외원단체와의 제휴를 추진하였다. 그 결과 1959년에는 대부분의 고아원들은 재단설립을 이루었고, 외원단체에도 가입하였다. 자립경영을 위해 한국 감리교회가 추진한 양호회원모집은 큰 효과가 없었다. 감리교회 소속 고아원들의 독립은 미국 감리교회의 지원 감소 속에서 재단이사 선임을 둘러싼 갈등이 벌어지면서 촉진되었고, 1967년에는 진우원과 천사원을 제외하고 감리교회와 직접적인 관계가 있는 고아원은 없을 것으로 판단된다.

이러한 감리교회의 자선의 역할을 양적, 질적으로 평가해 보았다. 양적으로 볼 때 감리교회는 전체 국민의 0.7%였지만, 당시 고아의 7%를 담당했다고 언급하였다. 질적 평가를 위해서 고아원의 교육 수준, 사회화 훈련 정도, 인성교육을 살펴보았고, 감리교회의 고아원의 진학률은 일반 고아원에 비해 높았고, 전체 사회의 평균과 비교할 때는 중등교육 진학률은 유사했고, 고등학교, 대학교는 낮았다. 고아의 사회화를 평가하기 위한 척도는 직업보도율이었다. 감리교회의 고아원의 직업보도율은 정확하지는 않아도, 일반사회에 비해 확실히 높다고 말할 수 있을 만큼의 수치상의 차이가 있었다. 인성교육의 효과를 살펴보기 위해 소년범의 회개를 소개한 학림원과 진우원의 사례를 제시하였다. 비록 재범에 빠진 소수의 경우가 있었을지라도 사회에서 각종 범죄에 연루되었던 고아들이 감리교 고아원에 들어와서 회개를 하는 사례들은 인성교육적 효과를 예상하는 하나의 통로가 된다고 보았다.

본 연구는 감리교회의 고아원 사업만을 다루었다. 한국 개신교계가 담당한 전후 고아사업은 이보다 더 많을 것이다. 장로교, 성결교, 침례교 등에서 담당한 고아들의 전체적인 그림을 그린다면 한국 개신교계의 고아원 사업의 양과 질을 명확히 알 수 있을 것이다. 훗날 여러 연

구자들의 노력을 통해 고아원 사업이 완성될 때 본 연구가 큰 그림의
일부로서 역할을 하게 되길 바라며 연구에 쉼표를 찍는다.

# 참고문헌

강승구, 『강경제일감리교회 100년사』, 기독교대한감리회 강경제일교회 100년사 편찬위원회, 2008.

姜五佺 편, 『韓國統計年鑑』, 經濟企劃院調査統計局, 1963.

김광우, 『金光祐牧師回顧錄 나의 牧會半世紀』, 크리스챤라이프사편집부, 1984.

김범수, 「영락보린원(永樂保隣院)의 역사연구 : 가마쿠라(鎌倉)보육원 경성지부와의 관계를 중심으로」, 『사회복지역사연구』 1(1), 2018. 11.

류형기, 『은총의 팔십오년 류형기 감독 회상기』, 한국기독교문화원, 1983.

민경배, 『월드비전 한국 50년 운동사(1950~2000)』, 홍익재, 2001.

박소연, 『물신 신고 태평양을 건널거나』, 도서출판 한겨레, 1987.

蘇賢淑, 「전쟁고아들이 겪은 전후-1950년대 전쟁고아 실태와 사회적 대책」, 『한국근현대사연구』 84, 2018. 3.

유혜량, 「박순이 선생의 삶과 생명존중사상 : 충현원의 설립과 역할을 중심으로」, 『사회복지역사연구』 1(1), 2018.

윤은석, 「6·25전쟁과 미국 감리교회의 한국 감리교회 지원 : 1950년부터 1955년까지」, 『ACTS 신학저널』 39, 2019.

이덕주, 「끌 수 없는 불꽃 어윤희 장로」, 『새가정』, 1986. 12.

이방원, 「전쟁고아의 어머니, 황온순(1903~2004)의 아동복지활동」, 『서울과 역사』 99, 2018. 6.

이은선, 「6·25전쟁과 미국 복음주의와 한국교회」, 『영산신학저널』 44, 2018. 6.

이채옥, 「어윤희 여사의 생애를 더듬어」, 『새가정』 9(2), 1962. 2.

최옥채, 「동광에 비친 1950-70년대 한국 아동복지의 전재-사회사 관점 중심으로」, 『한국사회복지학』 69, 2017. 3.

최원규, 「한국전쟁 중 국제연합민사원조사령부(UNCAC)의 전재민 구호정책에 관한 연구」, 『전략논총』 8, 1996. 12.

피정만, 『한국교육사이해』, ㈜도서출판 하우, 2011.

황미숙, 「내한 미국감리교회 선교사들의 사회복지사업 연구, 1885-1960」, 미간행 박사학위논문, 목원대학교 대학원, 2014.

_____, 「한국 전쟁과 구호활동 : 감리교의 구호활동을 중심으로」, 『한국기독교문화연구』 11, 2019. 6.

한국기독교역사학회, 『한국 기독교의 역사』 II, ㈜기독교문사, 2017.

Rhodes, Harry A. *Archibald Campbell, History of the Korea Mission Presbyterian Church in the U.S.A. Volume II 1935-1959*, The United Presbyterian Church in the U.S.A., 1964.

[제3회 감리교회 총회회의록] (1954).
[감리교회 동부중부남부연회록] (1956).
[감리교회 동부중부남부연합연회록] (1957).
[제9회 감리교회 동부연회회의록] (1958).
[감리교회 동부중부남부연합연회록] (1959).
[감리교회 동부중부남부연합연회록] (1960).
[감리교회 중부동부남부연합연회록] (1961).
[감리교회 동부남부중부연합연회록] (1962).
[감리교회 중부동부남부연회록] (1964).
[감리교회 중부동부남부연회록] (1967).
『감리회보』, 『감리교생활』, 『경향신문』, 『기독교세계』, 『독립신보』, 『동아일보』, 『마산일보』, 『매일경제』, 『조선일보』, 『활천』.

http://www.eumseongch.co.kr/ (2021. 1. 6. 검색).
http://masanjungang.org/(2021. 1. 6. 검색).
http://www.ahfc.or.kr/01/com01.php (2021. 1. 7. 검색).
http://www.mohw.go.kr/react/jb/sjb030301vw.jsp (2021. 1. 12. 검색).

# 루벤 토레이(Reuben Torrey)와 의수족 사업

윤은석

## 1. 들어가는 말

1945년 8월 15일 일제의 압제로부터 대한민국이 자유를 찾게 되자, 중일전쟁(1937)과 태평양전쟁(1941-1945) 기간에 한국을 떠났던 선교사들이 다시 한국을 찾았다. 1946년에 북장로교회에서는 플레처(Archibald G. Fletcher), 블레어(William N. Blair), 애덤스(Edward Adams), 보켈(Harold Voelkel) 등 7인이, 남장로교는 윌슨(Robert M. Wilson)이, 감리교에서는 빌링스(Bliss W. Billings), 베커(Arthur L. Becker), 젠센(Anders K. Jensen)이 각 교파에서 가장 먼저 한국 땅을 밟았다. 각 교파들은 한국 개신교인들과의 관계 속에서 선교부를 재건하였다.[1]

---

[1] 안종철, 『미국 선교사와 한미관계, 1931-1948 : 교육철수, 전시협력 그리고 미군정』, 한국기독교역사연구소, 2010, 262~263쪽, 268~272쪽; 한국기독교역사학회, 『한국 기독교의 역사』 III, 한국기독교역사연구소, 2016, 25~26쪽.

각 선교부가 재건되면서 한국 사회를 위한 연합봉사기관의 결성이
추진되었다. 1948년 서울에서 초교파 선교회의가 개최되었는데, 이때
시골지역의 사회사업과 지도자 훈련의 필요성이 논의되었다. 그리하
여 북장로교, 남장로교, 감리교, 구세군 4개의 선교단체는 대전에 연합
봉사기구를 만들기로 결정하였다.2) 1949년 10월 10일 이사회는 구성이
되었고, 초대 이사장은 애덤스가 담당하였고, 충남 대덕군 회덕면 중
리의 대지를 매입하며 본격적으로 기독교연합봉사회의 출발의 기치가
세워졌다. 기독교연합봉사회는 1950년 4월부터 대전 삼성동에서 40명
의 학생들을 대상으로 농민학교를 운영하였고, 6·25전쟁으로 인해 잠
시 사업이 중지되긴 했으나, 이후 농민학원, 시범농장, 수족절단자 재
활사업, 결핵요양원, 영아원, 고아원을 운영하며 전쟁으로 인해 피폐해
진 한국 사회에 기독교 정신에 기인한 사랑의 빛을 던져주었다.3)

지금까지 기독교연합봉사회에 대해 진행된 연구는 주로 사회봉사에
초점을 맞추었다. 기독교연합봉사회의 사업을 전체적으로 조망한 김
흥수의 연구와 기독교연합봉사회의 사업 중 농민학원을 다룬 한규무
의 연구, 그리고 기독교 연합봉사회의 통사는 주로 사회봉사의 측면에
서만 접근하였다.4) 사실 사회봉사는 기독교연합봉사회의 헌장에 나오

2) Harry A. Rhodes, Archibald Campbell, *History of the Korea Mission Presbyterian Church in the U.S.A. Volume II 1935-1959*, New York: The United Presbyterian Chruch in the U.S.A., 1964, 136쪽.
3) 김흥수, 「기독교연합봉사회: 1950년대의 기독교 연합사업 연구」, 『한국기독교역사연구소』 33, 2010.9, 86~87쪽, 103쪽; 연규홍, 『기독교연합봉사회 50년사』, 사회복지법인 기독교연합봉사회, 1999, 41쪽.
4) 김흥수, 위의 글, 81~108쪽; 한규무, 「1950년대 기독교연합봉사회의 농민학원 설립과 운영」, 『한국기독교역사연구소』 33, 2010.9, 109~132쪽. 한규무의 연구는 농민학원 원생의 조건으로 세례교인과 소속교파의 지방회장 추천서가 있었다는 것과 원생들의 교파적 배경이 다양했음과 원생들의 일과에는 경건 예배와 기도가 있었다는 것을 언급했으나, 연구 자체가 신앙의 관점에서 진

는 주요 가치이다. 헌장의 2장 목적은 "예수그리스도의 교훈을 한국국
민 일상생활에 적용할 것을 실지로 보이며 이 봉사사업에 지도자가 될
기독교남녀신자를 훈련함"이었다.5) 먼저는 그리스도의 가르침을 실제
의 삶에서 증명하기 위해서, 더 나아가 봉사하는 기독교 지도자를 양
성하기 위해 이 봉사회를 세운다는 것이다.6) 그러하기에 기독교연합
봉사회와 사회봉사는 잘 부합하는 주제이지만, 사회봉사와 함께 기독
교 신앙 역시 기독교연합봉사회와 분리할 수 없는 주제이다. 기독교연
합봉사회의 목적의 첫 번째인 그리스도의 교훈을 삶으로 증명한다는
것 자체가 기독교적이다. 기독교연합봉사회의 사회봉사는 기독교 신
앙과는 분리될 수 없는 것이다. 그러하기에 기독교연합봉사회의 활동
은 기독교 신앙의 관점 속에서 회심, 개종, 세례 등의 신앙의 결과로도
살펴보아야 한다.7)

---

행된 것은 아니며, 농민학원을 통한 신앙적 결과는 다루지 않았다. 연규홍, 『기
독교연합봉사회 50년사』, 200쪽. 기독교 방송 청취와 세례신과 성찬식에 대한
기록이 아주 짧게 기술된 것을 제외하고는 신앙의 관점에서의 기술은 눈에
띄지 않는다.

5) [基督敎聯合奉仕會憲章] (1950. 2. 10).

6) Harry A. Rhodes, Archibald Campbell, *History of the Korea Mission Presbyterian Church in the U.S.A. Volume II 1935-1959*, 136쪽.

7) 기독교의 사회사업 속에서 신앙의 결과들을 언급하는 연구들은 많지 않다.
장금현, 「프란시스 킨슬러(Francis Kinsler)와 성경구락부(BibleClub) 운동」,
『신학과 실천』 68, 2020.2, 527~553쪽. 이 연구는 성경구락부의 발전과정을
3단계에 걸쳐서 소개하였으나, 성경구락부가 교회의 성장과 전도에 미친 영
향은 다루지 않았다. 윤은순, 「근현대 안동지역 기독교의 정착과 지역사회에
서의 역할」, 『지방사와 지방문화』 22(1), 2019.5, 214~217쪽. 이 연구는 안동
지역의 개신교를 연구하면서 안동 개신교계가 6·25전쟁 이후 벌였던 사회사
업을 소개하였다. 그러나 이러한 사회사업의 신앙적 결과는 다루지 않았다.
손신, 「선교적 공동체로서 신학대학교 사회복지사역의 당위성과 역할: ACTS
의 지역사회 섬김을 위한 과제를 중심으로」, 『ACTS 신학저널』 42, 2019.12,
280~293쪽. 현재 아세아연합신학대학교가 위탁 운영하는 사회복지단체들을

그리하여 본 연구는 기독교연합봉사회의 활동을 사회봉사와 신앙의 관점에서 접근할 것이다. 기독교연합봉사회는 앞서 언급한 바와 같이 대전에서 여러 사업들을 전개하였다. 이 중에서 본 연구는 수족절단자 재활사업을 다룬다. 김흥수나 연규홍의 연구에는 수족절단자 재활사업에 대한 내용이 포함되었다. 그러나 신앙의 관점에서 접근하지 않았을 뿐 아니라, 기독교연합봉사회의 연구를 전체적으로 다루다보니, 사업에 대한 부분도 개략적인 설명에 머무를 수밖에 없었다. 본 연구는 이전의 연구에 더하여 수족절단자 재활사업의 내용을 보다 충실하게 다룰 것이며, 신앙의 결과들도 언급할 것이다.

## 2. 직업교도원의 재활 및 직업교도사업

루벤 토레이(Ruben A. Torrey)는 장로교 선교사였지만, 기독교세계봉사회(Church World Service)의 파송을 받고 1952년 6월 30일에 부산을 통해 내한하였다.[8] 그는 사업 준비 과정에서 장로교의 폴 킹스베리(Paul A. Kingsbury, 김승배)와 감리교의 딘 쇼웬거트(Dean L. Schowengerdt, 서인근), 그리고 한국의 기독교연합봉사회와 관계를 맺게 되었다. 킹스베

---

다룬 이 연구는 역사적 연구가 아니며, 사회사업의 현황과 결과와 의미를 다루었을 뿐 신앙의 결과에 대한 언급은 찾아보기 어렵다. 윤은석, 「웨슬레 구락부의 발전과 특징: 지역사회 교육과 개척 교회」, 『ACTS 신학저널』 43, 2020.4, 52~55쪽. 이 연구는 감리교회의 웨슬레 구락부라는 교육사업을 통해 교회가 개척되고 전도가 동력을 얻었음을 언급하였다.

8) 그의 부친은 무디성경학교의 초대 교장이자 성령을 통한 부흥운동을 했던 루벤 토레이(Ruben Archer Torrey, 1856-1928)였다. 그러므로 그는 토레이 II세였고, 토레이 II세의 아들은 대천덕 신부(Ruben Archer Torrey III, 1918-2002)였다.

리와 쇼웬거트는 미국에서 한국 선교를 준비하는 중에 토레이를 만나
서 수족절단자 재활사업에 동참하기로 하고 3달 동안 의수족제작기술
을 습득하였다.[9] 이들이 선교 준비가 점점 가시화되자 기독교연합봉
사회는 1952년 6월 27일 부산 감리교 선교사 사무실에서 회의를 갖고
토레이에게 "장소와 기타 편의를 제공"하여 수족절단자 재활사업을 담
당할 것을 청원하기로 하였다.[10] 그리고 동년 7월 10일에는 토레이의
수족절단자 재활사업을 위한 건물(학교)의 건축 장소를 먼저 제공하고
적극 협조하자는 건의사항이 가결되었다.[11] 이후 여러 회의를 거쳐서
1953년 1월 13일에 건축위원으로 토레이, "서인근, 쭈듸, 김용섭, 양화
석, 장세환"이 선정되었고, 총책임은 토레이가 맡게 되었다.[12] 이후 토
레이는 1952년 10월경에 대전으로 옮겨서 수족절단자 직업교도원(이
하 직업교도원)의 건축을 감독하였고, 9개월의 건축 과정을 거쳐 1953년
7월경에 건물 일곱 채가 준공되었을 것으로 추정된다.[13]

---

9) 클레어 토레이 존슨, 『내사랑, 황하를 흘러』, 국민일보 출판국, 1990, 289~295쪽;
   「人事欄」, 『감리회보』, 1952년 12월, 19쪽. 쇼웬거트의 내한 소식 및 활동 전망에
   대한 기사이다.
10) 「기독교연합봉사회 1차 이사회 회의록」 (1952. 6. 27). 참고로 이사회 회의록
    과 사업보고서와 직업교도원과 관련된 영문으로 된 보고서는 대전의 기독교
    연합봉사회관에 소장되어있다.
11) 「기독교연합봉사회 2차 이사회 회의록」 (1952. 7. 10).
12) 「기독교연합봉사회 6차 이사회 회의록」 (1953. 1. 13). 부산에서 열린 회의.
13) 「기독교연합봉사회 4차 이사회 회의록」 (1952. 10. 3). 대전에서 열린 회의로
    토레이는 참석자 명단에 없다. 「기독교연합봉사회 5차 이사회 회의록」 (1952.
    12. 3). 대전에서 열린 회의로 토레이가 참석자 명단에 있다. 토레이는 10월에
    서 12월 사이에 대전으로 이전했을 것으로 추정된다. 「救濟再建사업각부문本
    格化」, 『기독공보』, 1953년 10월 26일, 1쪽. 1953년 10월 22일에 진행된 CWS
    사업보고(4월부터 9월까지)에 따르면, "義手足事[의수족사]업=토리 博士[박사]
    의 指導[지도]에 依[의]하여 近百名[근백명]의 患者[환자]를 治療[치료]하였으며
    大田[대전]에는 職[직]업 보導所[도소]로 七個[칠개]의 建物[건물]을 建築[건축]
    하였"다고 나온다. 건물의 준공은 1953년 9월을 초과할 수 없다. 클레어 토레

대전에서 건축이 진행되는 동안 토레이는 종종 서울의 세브란스 병
원을 방문하여 병원 내에서 임시 의수족제작소를 운영하는 킹스베리
를 만나곤 하였다. 이 만남의 결과 토레이의 소개로 정간모(장애인)는
킹스베리의 의수족 제작사업에 동참하게 되었다. 또한 토레이는 밴 플
리트(James Alward Van Fleet) 장군을 비롯한 미군의 후원을 받아서 세
브란스병원 내 어린이 수족절단자를 위한 병동 설치와 운영을 지도하
였다.[14]

직업교도원은 1953년 7월에 시작하였다. 직업교도원에는 킹스베리
와 정간모가 설치한 의수족 제작소가 있었다.[15] 본 직업교도원이 정식

---

이 존슨, 앞의 책, 299~306쪽. 이 자료에 따르면, 건축은 9개월이 걸렸다. 그러
므로 늦어도 1952년 12월에는 착공되었다. 그리고 9개월의 건축 기간에 토레
이는 서울의 세브란스 병원을 방문하였고, 세브란스 병원 내 어린이 수족절
단자들을 위한 병동 설치에 관여하였다. 「手足切斷된 者에 福音 世醫大病院에
診療所設置」, 『조선일보』, 1953년 1월 23일, 2쪽. 세브란스 병원 내의 어린이
수족절단자를 위한 병동은 1953년 1월 21일에 설치되었다. 이 계획의 감독은
토레이였고, 킹스베리는 의수족 제작 지도를 담당하고 있었다. 병동 설치 계
획과 과정에 소요된 시간을 적어도 한 달이라고 가정하면, 적어도 12월에는
토레이가 세브란스에 방문을 하였다는 것이다. 12월에 방문하자마자 미군과
의 접촉을 통해 어린이 병동의 계획이 수립되었다는 것은 우연에 가깝다. 그
는 미군을 만나러 간 것이 아니고, 그의 동역자인 킹스베리를 만나러 세브란
스 병원에 갔던 것이다. 미군 접촉까지의 기간도 고려할 경우 10-11월 정도에
그가 세브란스 병원에 방문하기 시작했다고 보는 것이 보다 합리적일 것이
다. 앞서 언급하였듯이, 그가 세브란스에 방문했던 것은 수족절단자 재활센
터의 건축 기간 중이었다. Harry A. Rhodes, Archibald Campbell, History of the
Korea Mission Presbyterian Church in the U.S.A. Volume II 1935-1959, 142쪽.
본 사업의 수족절단자를 위한 직업교도원은 1953년 7월에 시작하였다. 건물
이 없이는 직업교도원을 시작할 수 없다. 이 점을 감안할 때, 1953년 7월에는
일곱 채의 건물이 완공이 되었을 것으로 보이고, 건축기간이 9개월이었으므로
10월에 착공되었다고 볼 수 있다. 토레이의 대전 이전도 10월이었을 것이다.
14) 클레어 토레이 존슨, 앞의 책, 303~306쪽;「手足切斷된 者에 福音 世醫大病院에
診療所設置」, 『조선일보』, 1953년 1월 23일, 2쪽.
15) Harry A. Rhodes, Archibald Campbell, History of the Korea Mission Presbyterian

적으로 개원하게 된 것은 1954년 5월 25일(개원식)이었다. 이미 2일 전인 23일에 봉헌식을 했고, 25일에는 이미 훈련받고 있던 원생 60여 명과 내빈 50여 명이 참석한 가운데 사회부장관대리와 보건부장관대리와 충남도지사가 축하를 하고, 김종환 총무가 사회를 담당하며 본 기관의 정식 출발을 알렸다.[16]

중요한 것은 이 기관이 의수족 제조와 사용 훈련뿐 아니라, 직업교육까지 담당했다는 것이다. 원래 의수족 제공 및 훈련은 전주, 대구, 서울, 대전에서 시행되었다. 그러나 다른 곳과 달리 대전에서는 의수족 제공을 넘어 경제적으로 자립하여 가정과 사회에 적응시키려는 목적을 가지고 직업교육을 시켰다.[17] 그러므로 직업교도원을 사회봉사의 측면에서 접근할 때, 의수족 제조 및 재활과 함께 직업교육의 정도도 확인해야 한다. 먼저 의수족 제조 및 사용 훈련의 정도를 살펴보겠다.

의수족제조는 1954년 8월에만 25개를 생산하는 등, 1954년 8월까지 대략 1년 동안 128개의 의수족과 다수의 목발이 제조되었다.[18] 1961년 한 해 동안 150여 개의 의수족을 만드는 것을 포함하여 1961년 12월 사업종료까지 2,000여 명이 의수족을 받았다.[19] 그러니 1953년 7월부터 8년 이상 동안 매년 평균 250개 정도를 만들었다는 의미이다.

제조된 의수족을 환자에게 착용시키기에 앞서서 먼저 진찰을 해야

---

*Church in the U.S.A. Volume II 1935-1959*, 142쪽.

16) 「義手足事業院開院式을 擧行」, 『기독공보』, 1954년 6월 7일, 2쪽; Ruben A. Torrey, Jr, 「Annual Report of the TaeJon Vocational Training Center of the Korea Amputee Rehabilitation Program in connection with the Taejon Union Social Service Center for 1954」. 여기에 23일 봉헌식과 25일 개원식의 내용이 나온다. 또한 개원 전 여러 달 직업교도원을 운영하고 있었음도 언급되었다.
17) 「기독교연합봉사회 수족절단자직업교도원 사업보고서(1961년 하반기)」.
18) 「기독교연합봉사회 1954년 1-8월 보고서」.
19) 「기독교연합봉사회 수족절단자직업교도원 사업보고서(1961년 하반기)」.

했다. 진찰 결과 모든 환자에게 의수족이 제공되지는 않았다. 단적으로 1955년도 3월까지 진찰받은 환자의 누계는 537명, 척도를 잰 환자의 누계는 304명, 의수족 완료 환자의 누계는 233명이었다.[20] 즉 진찰을 한 후 의수족을 착용해야 한다고 판단되면, 환자의 신체의 길이를 쟀다. 그러나 척도를 쟀다고 다 의수족을 제공받았던 것은 아니다. 척도를 잰 사람보다 의수족을 착용한 사람의 누계가 적다. 이는 의수족 제작 속도가 환자의 증가 추세를 따라잡지 못해 생긴 결과로 보인다.[21]

의수족을 착용한 절단 장애인들은 의수족 사용 훈련을 했다. 의수족 사용 훈련의 교사는 양손 절단자인 김기춘과 전에 전도사로 사역하던 상이군인 출신 신임식이었다.[22] 의수족을 착용한 모든 사람이 자유자재로 의수족을 사용할 수 있었던 것은 아니다. 1955년 4-8월의 보고를 보면, 훈련완료자의 비율을 알 수 있다.

---

20) 「기독교연합봉사회 1955년 1·4분기 각부사업보고서 및 1956년도재정예산서」 3~4쪽.

21) W. A. Visser't Hooft, 「To the Members of the Executive Committee」 (1953. 9. 25), 김흥수 편, 『WCC도서관 소장 한국교회사 자료집 -한국전쟁 편』, 한국기독교역사연구소, 2003, 388쪽. 대전, 서울, 전주의 의수족 제작소를 찾은 도합 500명의 사람들이 적절한 의수족이 만들어지기까지 측정을 하고 일시적인 목조물을 받았다는 보고를 보면, 당시 측정 수와 의수족 착용 수의 차이를 이해할 수 있다; 「Korea Church World Service- a half yearly report」 (1955. 5. 13), 김흥수 편, 『WCC도서관 소장 한국교회사 자료집 -한국전쟁 편』, 한국기독교역사연구소, 2003, 399쪽. 수족절단자 재활사업은 의수족 착용이 다가 아니었다. 때로는 남은 팔다리를 의수족에 맞게 하기 위한 수술을 해야 하고, 목조물을 착용하는 기간이 있기도 하고, 착용한 의수족을 사용하는 훈련을 하는 등 긴 과정이었다.

22) 「기독교연합봉사회 1957년 상반기 각부사업보고서」; 「기독교연합봉사회 1958년 하반기(7-12월) 각부사업보고서」. 김기춘은 이후 축산부에서 일했고, 결혼 후에 도움을 얻어 집을 구매하고 닭과 돼지 사육을 시작하였다. 그는 더 이상 직업교도원에서 일하지 않았던 것으로 보인다. 같은 기간에 신임식은 서울의 총회신학교 입학을 이유로 사임하였다.

〈표 1〉 의수족 착용자와 훈련완료자 비교

|  | 4월 | 5월 | 6월 | 7월 | 8월 | 합계 | 누계(1955.8) | 누계(1957.12) |
|---|---|---|---|---|---|---|---|---|
| 착용 | 18 | 18 | 25 | 19 | 14 | 94 | 388 | 717 |
| 훈련완료 | 12 | 14 | 11 | 15 | 8 | 60 | 230 | 499 |

* 합계는 1955년 4-8월의 총합, 누계는 해당 연도까지 누적된 수치.

1955년에는 대략 60% 정도의 의수족 착용자가 훈련을 완료할 수 있었고, 이후 점점 훈련도가 높아지면서 1957년 말에는 훈련 완성도가 70%에 육박하게 되었다. 의수족 사용에 익숙해진 절단 장애인들은 직업 훈련을 받았다. 직업 교도의 종목들은 시간이 지남에 따라 점점 다양해졌다.

1955년 3월까지 직업교도원 내에는 의수족 제작, 피복부, 목공부, 죽세공부, 금속세공부(철공), 직조부, 농사부, 시료원, 잡역이 있었다. 직조부가 있기는 했지만, 원생은 1명에 불과했다. 다른 부서의 원생이 최소 2명(시료원)에서 최대 11(피복부)명에 달했던 것에 비해 직조부의 원생이 적었던 이유는 당시 직조부를 운영하기 위한 준비 중이었기 때문이다.[23] 직조부는 1955년 4-8월 사이에 직업교도원의 목공부에서 제작한 4대의 수직기 중 2대를 직업교도원 내에서 사용하면서 공식적으로 시작하였다. 이외에 이 기간에 새롭게 추가된 것은 의수족사용훈련, 재봉교육, 수공업교육, 축산교육, 소년 수공업이었고, 전에 있던 시료원은 보고에 나오지 않는다.[24]

1956년 9월 8일에 직업교도원의 교도 종목을 살펴보면, 사무부, 의료

---

23) 「기독교연합봉사회 1955년 1·4분기 각부사업보고서 및 1956년도재정예산서」 6쪽.

24) 「기독교연합봉사회 1955년 2-3·4분기 각부사업보고서」; 「기독교연합봉사회 수족절단자직업교도원 사업보고서(1955년 9월-12월)」. 진수철 집사가 농민학원 건물에서 직조부를 지도하기 시작했다.

부, 염농부, 양재부, 시계부가 추가되었음을 알 수 있다. 사무부나 의료부는 교도생이 한 명에 불과했지만, 양재부는 14명, 염농부는 9명, 시계부는 7명으로 많은 교도생들이 참여한 종목이었다.[25] 1959년 1월 -6월 사이에 10만환의 가스 용접기구가 도입되어 철공부에서 용접기술도 가르칠 수 있었고, 과거와 같이 시내에 가서 교육받을 필요가 없게되었다.[26] 1960년 상반기에는 양화부와 왕굴부가, 1961년 상반기에는 여자 양재부가 신설되었다.[27]

직업교도원은 자체 내에서 제공할 수 없는 직업 훈련은 외부와의 연계를 통해 해결하였다. 1956년 7-12월 사이에는 하지 절단자 여성 한 명이 직업교도원의 재정 지원을 받고 동래 정양원에 가서 미용훈련을받았고, 상지 절단자 두 명(청년과 소년)도 동래 정양원에서 기계제도 및 기타를 훈련받았다.[28] 1961년 상반기에는 교도생 두 사람이 서울의 한미직업학교 이발과를 우등생으로 졸업했다.[29]

교도생들은 직업교도원 내에서 일을 배울 뿐 아니라 수당도 받았다. 1955년 3월 당시 매월 직업교도원의 지출이 525,300환이었는데, 이 중교도생 수당이 25,300환이었다. 당시 직업을 배우던 원생이 총 48명인데, 수당을 받았던 사람은 23명이었다.[30] 초기에는 일인당 한 달에 1,000환 정도를 받았던 것 같고, 모든 원생에게 수당이 주어지지는 않았다. 그러나 1958년에 이르면 모든 부서에서 일하는 교도생들에게 시

25) 「기독교연합봉사회 1956년 상반기(1-6월) 각부사업보고서」.
26) 「기독교연합봉사회 1959년 상반기(1-6월) 각부사업보고서」.
27) 「기독교연합봉사회 수족절단자직업교도원 사업보고서(1960년 상반기)」;「기독교연합봉사회 수족절단자직업교도원 사업보고서(1961년 상반기)」.
28) 「기독교연합봉사회 1956년 하반기(7-12월) 각부사업보고서」.
29) 「기독교연합봉사회 수족절단자직업교도원 사업보고서(1961년 상반기)」.
30) 「기독교연합봉사회 1955년 1·4분기 각부사업보고서 및 1956년도재정예산서」, 6쪽.

간당 5환에서 15환까지 주었고 수당금의 일부는 은행에 예금해주었다.[31]

절단 장애인들은 보통 직업 기술 습득까지 약 2년간 직업교도원에 머물렀다.[32] 평균적으로 교도생들의 수는 100여 명 되었다.[33] 직업 훈련을 마치거나 징계를 받거나 그 밖의 사유로 퇴원을 할 수 있었다. "퇴원자가 있으면 즉시 신원생이 대치되어 늘 만원을 이루었"다.[34] 실제로 1955년 9-12월의 보고에 따르면, 퇴원자는 33명, 신규 입원자는 49명이었다.[35]

징계로 인한 퇴원의 경우 파업, 절도 등의 명백한 잘못이 있어야 했다. 1957년 5월에 일부 원생들이 파업투쟁을 하였는데, 파업의 방향은 직조부 책임자에 대한 반대로 점점 심화되었고, 결국 파업 선동자 7인의 퇴원과 직조부 책임자의 사표 수리와 원감의 교체로 마무리되었다.[36] 1956년 1-6월 사이에도 두 명이 퇴원, 한 명은 처분 유예라는 징계를 받았는데, 사유는 창고의 곡물과 물자 절도와 관련이 있었던 것 같다.[37]

직업교도원은 훈련을 마치고 퇴원하는 절단 장애인들에게 직업 활동을 할 수 있도록 도움을 주었다. 1958년 상반기에는 유병월이라는

---

31) 「기독교연합봉사회 1958년 하반기(7-12월) 각부사업보고서」.

32) 클레어 토레이 죤슨, 앞의 책, 325쪽.

33) [감리교회 동부중부남부연합연회록] (1957), 195쪽. 훈련생은 평균적으로 100명이라고 나온 기록의 출처; [감리교회 동부중부남부연합연회록] (1960), 235쪽. 당시 교도생의 수는 109명이었다. 전체적으로 볼 때 교도생의 수는 100여 명 되었던 것 같다.

34) 「기독교연합봉사회 1956년 상반기(1-6월) 각부사업보고서」.

35) 「기독교연합봉사회 수족절단자직업교도원 사업보고서(1955년 9월-12월)」.

36) 「기독교연합봉사회 1957년 상반기 각부사업보고서」.

37) 「기독교연합봉사회 1956년 상반기(1-6월) 각부사업보고서」.

절단장애 청년이 직업교도원에서 훈련을 받고 전주의지창에 파견을
받아 갔다. 일에 잘 숙련이 되어서 선교사(기술자)가 안식년으로 귀국
하자 책임직을 대리하였다.[38] 1958년 7-12월 사이에 한 명의 남자와 두
명의 소녀 절단 장애인이 직업교도원의 도움으로 시내영아원에서 일
할 수 있었고, 한 젊은 청년(4년 전에 입원한 무의탁 고아 출신)은 세
공부에서 일을 배우고 돌아가서 직업 활동을 하였다.[39] 1959년 1-6월
사이에 퇴원하는 교도생들은 자신의 사업을 하도록 도구와 재료를 지
원받았고, 그리하여 세 명의 시계수선업자, 두 명의 인장업자가 있었
고, 목공업, 축산업, 바구니 제조업, 그 외의 사업을 시작하는 사람들이
있었다.[40]

직업교도원은 교육에도 관심을 가졌다. 1954년에는 아침마다 배우
지 못한 소년소녀들을 위해 읽기, 쓰기, 산수 수업을 열었다.[41] 절단
장애 아동에 대한 관심은 공교육으로 확대되어 1956년 상반기에 다섯
명의 소년을 직업교도원 인근의 국민학교에 입학시켰고, 한 명은 자신
의 집 인근의 학교에 입학하도록 조처했다.[42] 1958년 7-12월 사이에 두
명의 소년과 세 명의 소녀 절단 장애인을 중학교에 보냈고, 네 명의 소
년은 국민학교에 보냈고, 한 명의 청년과 한 명의 여성은 성경학교 다
니는 동안 직업교도원에서 생활하게 하였다. 한 명의 청년은 대학교에
보냈고, 2명은 야간신학교에 보냈다. 도합 14명이 졸업까지 도움을 받

---

38) 「기독교연합봉사회 1958년 상반기 각부사업보고서」.

39) 「기독교연합봉사회 1958년 하반기(7-12월) 각부사업보고서」.

40) 「기독교연합봉사회 1959년 상반기(1-6월) 각부사업보고서」.

41) Ruben A. Torrey, Jr, 「Annual Report of the TaeJon Vocational Training Center
of the Korea Amputee Rehabilitation Program in connection with the Taejon
Union Social Service Center for 1954」.

42) 「기독교연합봉사회 1956년 상반기(1-6월) 각부사업보고서」.

을 예정이었다.[43] 1959년 1-6월 사이에는 22명의 소년들이 학교에 다니고 있었다.[44]

당시 직업교도원을 찾는 사람들 중 다수는 전상자가 아닌 일반부상자였다. 1954년도 상반기에는 대략 교도생의 43%가 전상자(戰傷者), 57%가 일반부상자였다. 그러나 시간이 지남에 따라 일반부상자의 비율이 증가하였다. 1957년 6월 30일까지 직업교도원을 찾은 절단 장애인들의 합이 717명이었고, 그 중 36%가 전상자, 64%는 일반 부상자였다. 일반 부상자 중에서 철도 부상자가 가장 많았고, 다른 부상자보다 두 배가 많았다. 2위는 기계 부상자, 3위는 자동차 부상자였다.[45]

1955년 9-12월 사이에 직업교도원은 활동의 외연을 확장하였다. 이전에는 수족절단자만을 대상으로 하였지만, 기록상 이때부터 시각장애인에게도 직업훈련을 시켰다. 천광리 맹인부락에서는 남자 두 명, 여자 두 명이 직업교도원에 와서 훈련을 받고 12월 29일에 수료식을 하였다.[46] 직업교도원은 1956년 1-6월 사이에는 기존의 시각장애인을 넘어 일반 고아들에게도 직업교도를 확대하였다. 이 기간에 천광리 맹인부락의 네 명에게 직조기술을, 세 명에게 죽세공 기술을 가르쳤고, 성화원의 소년고아 여섯 명에게는 목공부와 죽세공부에서 직업교도에 참여하게 하였다.[47]

43) 「기독교연합봉사회 1958년 하반기(7-12월) 각부사업보고서」; [감리교회 동부중부남부연합연회록] (1959), 221. 학생 14명은 국민학교 4, 중학교 5, 대학교 1, 성경학교 2, 야간신학 2명이었다. 감리교 연회의 보고는 이전 연도를 반영한다.
44) 「기독교연합봉사회 1959년 상반기(1-6월) 각부사업보고서」.
45) 「기독교연합봉사회 1957년 하반기 각부사업보고서」.
46) 「기독교연합봉사회 수족절단자직업교도원 사업보고서(1955년 9월-12월)」. 수료식 일자가 2월이라고 되어 있으나 12월의 오기로 보인다.
47) 「기독교연합봉사회 1956년 상반기(1-6월) 각부사업보고서」.

1961년 사업이 종료되기까지 원장과 원감의 교체가 몇 차례 이루어졌다. 먼저 1955년 9-12월 사이에 원감의 교체가 있었다. 이전의 원감이 가정생활에 문제가 있어서 해임되고, 기술주임이었던 정간모가 후임 원감으로 임명되었다.[48] 1956년 1-6월 사이에 킹스베리와 박노정이 직업교도원 사업에 처음부터 공이 많았기에 협동 원장으로 임명되었다.[49] 1956년 2월초에 정간모 원감은 한미재단의 장학금으로 도미하여 훈련 및 견학을 하였다. 원감의 자리는 이경우와 진수철 집사가 대리하였다.[50] 그러나 1957년 5월에 일부 원생들이 일으킨 파업으로 인해 원감이 교체되었고, 1957년 상반기의 부원장(원감)은 박노정이었다.[51] 아마도 파업으로 인해 박노정이 협동 원장에서 원감으로 직책 변경을 했던 것 같다. 박노정은 1957년 7-12월 사이에 회계 업무도 담당하였으나 가을부터 폐가 상하여 결핵요양원에서 치료를 받고 있었다. 이에 강은미가 박노정의 회계를 대리하였다.[52] 1958년 12월에 박노정은 사임을 했는데, 폐병 때문이었던 것으로 보인다. 1959년부터 박노정의 후임으로는 송기현이 교도원감으로 부임하였다.[53] 송기현은 네 달 동안만 원감의 역할을 하였고, 1959년 5월에는 임영수 장로가 목포의 남장로 교회의 추천으로 직업교도원에 방문한 후에 6월 4일부터 새로운 원감으로 취임하였다.[54] 임영수 장로는 1960년 9월에 소천하였다.[55]

---

48) 「기독교연합봉사회 수족절단자직업교도원 사업보고서(1955년 9월-12월)」.
49) 「기독교연합봉사회 1956년 상반기(1-6월) 각부사업보고서」.
50) 「기독교연합봉사회 1956년 하반기(7-12월) 각부사업보고서」.
51) 「기독교연합봉사회 1957년 상반기 각부사업보고서」.
52) 「기독교연합봉사회 1957년 하반기 각부사업보고서」.
53) 「기독교연합봉사회 1958년 하반기(7-12월) 각부사업보고서」.
54) 「기독교연합봉사회 1959년 상반기(1-6월) 각부사업보고서」.
55) 「기독교연합봉사회 수족절단자직업교도원 사업보고서(1960년 하반기 7-12월)」.

그 이후에는 새로 원감이 임명되었다는 기록은 없다.

원장인 토레이는 1957년이 정년이었으나, 1956년에 유임이 건의되었고, CWS와 미국북장로교외지선교부에서 허락을 하여 1958년까지 활동하기로 되었다.[56] 1958년 상반기에 토레이의 후임으로 존 스틴스마(John Steensma)가 오기로 결정되었다. 스틴스마는 수년 전에 양 팔을 잃은 절단자로 12년간 수족절단자 복위사업과 불우아동을 위한 사업에 종사하였다.[57] 스틴스마는 1958년 10월 1일에 가족과 함께 내한하였다. 스틴스마의 언어 습득 기간을 고려하여 토리 박사가 1959년 9월 16일까지 총무직을 수행하기로 하였다. 토레이의 공식 직함은 1958년 하반기까지는 원장, 1959년 상반기부터는 총무였다.[58] 스틴스마의 공식 직책은 1959년 하반기까지는 총무, 1960년부터는 원장이었다.[59] 토레이가 1959년 9월에 은퇴하고 귀국했던 것을 감안하면, 토레이가 총무로 있는 동안 스틴스마도 총무로 불렸고, 공식적으로 1959년 1월부터 1959년 12월까지 원장직은 공석이었던 것 같다.[60]

직업교도원에서는 직원들의 파견 훈련도 추진하였다. 1956년 7-12월 사이에 이 간호사가 동래의 정양원에 1개월간 파견되어 물리요법을 훈련받았다. 1956년 2월초에 정간모 원감은 한미재단의 장학금으로 도

---

56) 「기독교연합봉사회 1957년 상반기 각부사업보고서」.

57) 「기독교연합봉사회 1958년 상반기 각부사업보고서」.

58) 「기독교연합봉사회 1958년 하반기(7-12월) 각부사업보고서」; 「기독교연합봉사회 1959년 상반기(1-6월) 각부사업보고서」. 이때부터 토레이의 직책이 총무로 보고된다.

59) 「기독교연합봉사회 수족절단자직업교도원 사업보고서(1959년 7월-12월)」. 이때부터 스틴스마가 보고하는데, 총무라고 보고하였다. 「기독교연합봉사회 수족절단자직업교도원 사업보고서(1960년 상반기)」. 이때는 스틴스마의 보고자 직책이 원장으로 나온다.

60) Harry A. Rhodes, Archibald Campbell, *History of the Korea Mission Presbyterian Church in the U.S.A. Volume II 1935-1959*, 142쪽.

미하여 훈련 및 견학을 하였다.[61] 이후 정간모는 6개월간의 미국 유학을 마쳤고, 미국 유학 중인 1956년 7월에는 영국 런던에서 열린 절단자 복위사업대회에도 참가하였고, 스코틀랜드와 영국 외의 유럽 국가들을 방문하였다. 1957년 6월 보고 당시에 그는 아프리카의 선교부 병원의 의수족 관련 기관의 설립을 돕고 있었고, 추가로 6개월 뒤에 귀국 예정이었다.[62] 그는 1958년 9월 말 즈음에 귀국하여 기술 감독의 업무를 맡아보았다.[63]

건물의 변화는 직업교도원의 외적인 발전을 잘 드러내준다. 앞서 언급하였듯이 1953년 7월경에 직업교도원 관련 일곱 채의 건물이 준공되었다.[64] 이후 지어진 건물들은 다음과 같다. 1955년 10월에 직조공장과 철공장과 세 동의 창고가 준공되었다.[65] 직업교도원은 1958년 7-12월 사이에 퇴원자에 비해 신입원생의 수가 배나 많게 되자 기숙사의 공간 부족으로 인해 원생들과 함께 방 4칸에 20-35명이 수용 가능한 새로운 집을 세웠다.[66] 1957년 7-12월 사이에 목공소로 이용되던 건물을 헐고 23평의 건물을 개축하였고, 여기서는 죽세공 등의 제작 작업을 하였다.[67] 1959년 2월 중에는 절단자들로 구성된 작업반이 기숙사 용도의 건물을 신축하였고, 곧이어 큰 돼지우리를 지었고, 절단 장애인 농부들의 숙소(2가정)는 준공을 앞두고 있었다. 업자에게 맡긴 건축은 원감 사택, 4개의 방의 기숙사, 철공소(교도사업 확장용), 큰 목재 창고가

61) 「기독교연합봉사회 1956년 하반기(7-12월) 각부사업보고서」.

62) 「기독교연합봉사회 1957년 상반기 각부사업보고서」.

63) 「기독교연합봉사회 1958년 하반기(7-12월) 각부사업보고서」.

64) 「救濟再建사업각부문本格化」, 『기독공보』, 1953년 10월 26일, 1쪽.

65) 「기독교연합봉사회 1956년 상반기(1-6월) 각부사업보고서」.

66) 「기독교연합봉사회 1958년 하반기(7-12월) 각부사업보고서」.

67) 「기독교연합봉사회 1957년 하반기 각부사업보고서」.

있고, 이것은 7-8월에 건축이 완료될 예정이었다.[68] 이외에도 건물의 수리 및 용도 변경 등이 있었지만, 신축 및 개축만을 소개하였다. 한편 1959년 말에 본부 사무실이 시내에서 직업교도원 내로 이전하였다.[69] 그러므로 1959년에 적어도 20개 정도의 건물이 직업교도원 내에 있었다고 볼 수 있다. 건물의 수로 본다면, 1953년 7개에서 3배가량 많아졌음을 알 수 있다.

직업교도원은 기독교세계봉사회의 재정지원에 절대적으로 의존하고 있었다.[70] 이 말은 기독교세계봉사회의 지원에 직업교도원의 지속 여부가 달렸다는 의미이다. 외부의 조건과 상관없이 직업교도원의 봉사가 계속되기 위해서는 자급자족이 필요했다. 이런 배경 속에서 직업교도원은 1957년에 자급자족을 목표로 하였다. 이를 위해 필요한 것은 직업교도원에서 직원과 교도생들이 생산하는 제품이 결국 이윤을 내야 했다.[71] 하지만 적자의 경영이 흑자로 전환되는 것은 쉽지 않았다. 1959년 1-5월 기간에 직업교도원의 의수족 제작소, 목재공, 금속공, 재봉업, 죽세공업, 직조업, 축산업 중에서 흑자를 보인 것은 금속공 외에는 없었다. 이 기간에 수입 총액은 3,428,226환, 지출 총액은 4,036,656환

68) 「기독교연합봉사회 1959년 상반기(1-6월) 각부사업보고서」.
69) 「기독교연합봉사회 수족절단자직업교도원 사업보고서(1959년 7월-12월)」.
70) 「Semi-Annual Financial Summery Statement July. - Dec, 58 Taejon Vocational Training Center」; 「Semi-Annual Financial Summery Statement Jan. - June, '59 Taejon Vocational Training Center」; 「Semi-Annual Financial Report Amputee Vocational Training Center Jan. to June. 1961」. 1958년 7-12월 기간에 총 지출은 11,237,795환이었고, 이 중 기독교세계봉사회의 지원은 8,154,510환이었다. 1959년 1-6월 기간에 총 지출 15,196,671환 중 기독교세계봉사회의 지원은 9,569,336환이었고, 1961년 1-6월 기간에는 총 지출 13,911,855환 중 기독교세계봉사회의 지원은 12,428,985환이었다. 매년 직업교도원의 재정의 절반 이상은 기독교세계봉사회가 담당하였다.
71) 「기독교연합봉사회 1957년 상반기 각부사업보고서」.

으로 608,430환의 적자를 냈다.[72] 이에 1960년 하반기에는 다량생산체
제로 들어갔고, 선교사와 외국 수출로 판로를 확보하였다. 또한 시내
에 판매점을 만들어서 판매의 증가를 모색하였다.[73] 그 결과 1961년
하반기에 순수입이 3,727,894환을 기록하였다. 흑자로의 전환의 요인
은 선교사와 외부 인사들의 구매가 증가했기 때문이었다. 시내 판매점
의 경우 상점 책임자(절단자)가 수입의 일부분을 횡령하였고, 상점 안
에 자신의 사업을 시작하여 전체적인 이윤 증가에 기여하지를 못했다.
그리하여 상점은 폐쇄되었다.[74]

　직업교도원은 1961년 12월을 마지막으로 문을 닫았다.[75] 1953년부터
시작되어 8년 이상 지속된 이 사업은 2,000여 명에게 의수족을 착용시
켜 주고, 매년 100여 명에게 직업교도를 시키는 등 전쟁과 철도 사고
등으로 수족이 절단된 한국인들에게 재기의 희망을 전해주었다. 직업
교도원의 직접적인 수혜자와 그것을 지켜보는 한국인들의 직업교도원
의 사회봉사에 대한 시각을 짐작할 수 있는 것이 있다. 1957년 6월에
루벤 토레이가 전임 회장인 보켈(Harold Voelkel, 옥호열)에 이어 장로
교 선교회 회장이 되었을 때, 직업교도원에 있던 소년들이 주변의 목
발과 여러 재료로 의사봉을 만들어 전달하였다.[76] 당시 한국의 일반신
문은 토레이에 대해 "숭고한 인류애 정신을" 발휘했다고 평가했다.[77]

[72] 「Statement of Profit and Loss, Taejon Vocational Training Center. Jan.- May, 1959」.
[73] 「기독교연합봉사회 수족절단자직업교도원 사업보고서(1960년 하반기 7-12월)」.
[74] 「기독교연합봉사회 수족절단자직업교도원 사업보고서(1961년 하반기)」.
[75] Harry A. Rhodes, Archibald Campbell, *History of the Korea Mission Presbyterian Church in the U.S.A. Volume II 1935-1959*, 142쪽; [감리교회 동부남부중부연합 연회록] (1962), 301쪽. 1962년부터 서울 CWS 본부로 사업을 이전하였다.
[76] 클레어 토레이 죤슨, 앞의 책, 332~333쪽.
[77] 「無料로 義手足주고 治療」, 『조선일보』, 1959년 9월 2일, 3쪽.

이러한 것들은 이 사업에 대해 느끼는 한국인들의 감사의 마음을 잘 대변해준다고 하겠다.


## 3. 직업교도원의 신앙활동과 그 결과

루벤 토레이는 단순히 사회사업에만 관심이 있던 인물이 아니었다. 그는 영혼구원에 열정이 있는 인물이었다. 그래서 그는 1952년 7월 7일에 "내가 온 것은 단순히 절단수족을 고쳐주기 위해서만은 아니다. 이 치료로 말미암아 저들로 예수를 믿는 신자가 되게 함에 있다고 말하였다."[78] 실제로 그는 대전에서 활동하던 중 대전에 주둔하던 미군의 군목 역할도 했는데, 이때 그는 해리라는 유태인 미군을 전도하였다.[79] 복음 전도에 관심이 있던 그의 발언과 모습은 직업교도원에서의 영혼구원의 모습을 기대하게 한다.

먼저 토레이와 직업교도원의 신앙 실천을 살펴보자. 토레이는 규칙적으로 "아침 식사가 끝나고, 동역자들과의 성경읽기 및 기도 시간을 마"치고 사무실로 갔다.[80] 이러한 규칙적인 경건회는 확대되어 1956년 1-6월 사이에 "본원에서 매일 아침마다 사업개시 전에 보던 예배를 지금은 농장과 육아원, 농민학교, 그리고 결핵요양원 등에 종사하는 직원 및 고용인들과 함께 보고 있"었다.[81] 토레이를 중심으로 몇몇 동료들과 매일 행해지던 사적인 경건회가 공적으로 직업교도원에서 실시

78) 「人類愛의 使徒 토리—안수산 博士來韓歡迎」, 『기독공보』, 1952년 7월 14일, 1쪽.
79) 클레어 토레이 존슨, 앞의 책, 311~313쪽.
80) 위의 책, 317쪽.
81) 「기독교연합봉사회 1956년 상반기(1-6월) 각부사업보고서」.

되었고, 더 나아가 기독교연합봉사회 전체로 퍼진 것을 알 수 있다.

직업교도원의 신앙적 측면을 언급할 때, 간과해서는 안 되는 것이 바로 예배당이다. 예배당의 유무와 위치는 해당 기관의 신앙적 관심과 긴밀히 연관되어있다. 직업교도원에서 예배당은 직업교도원의 중심에 위치하였고, 수요일 저녁과 주일에 예배가 거행되었다. 그리고 예배당은 직업교도원의 성장과 함께 발전하였다. 초기에는 대충 채색되지 않은 나무로 만든 종탑만이 예배당임을 알려줄 뿐이었고, 예배당 주변은 정리되지 않았다.[82] 그러다가 1959년 7-12월 사이에 예배당의 천장이 정비되고 전기가 새로 가설되었다.[83] 1960년 상반기에는 예배당의 출구 앞에 계단을 만들어서 비와 눈이 오는 상황에도 원생들의 교회 접근을 용이하게 하였다. 이외에 예배당 앞에 나무와 꽃과 풀을 심을 계획을 세웠다.[84]

직원교도원의 주된 업무는 절단 장애인들의 재활과 사회복귀였지만, 이들의 영혼 구원도 간과하지 않았다. 그래서 직업교도원에서는 여러 방법으로 전도를 시도하였는데, 대표적인 것은 방송 및 매체전도였다. 1955년도 1-3월 기간에 매주 1-2회 환등기로 영화를 상영하였고, 라디오 수신기 한 대를 입수하여 기독교 방송을 들려주었다. 기독교 방송의 경우 수신 상태와 청취자수가 보고되었다. 축음기와 음반 또한 입수되어서 기숙사에서 기독교 음악을 들려주었고, 미국의 모 교회가 "쌍안사진 실체경"을 사진들과 함께 기부하여서 기숙사의 각방에서 오락용도로 이용되었다. 소형 영사기와 영사막도 입수되었다. 이것은 방에서 그림을 보여주기 위한 것이었다.[85] 이러한 것들은 기독교라는 언

---

82) 클레어 토레이 죤슨, 앞의 책, 324쪽.
83) 「기독교연합봉사회 수족절단자직업교도원 사업보고서(1959년 7월-12월)」.
84) 「기독교연합봉사회 수족절단자직업교도원 사업보고서(1960년 상반기)」.

급이 없어도, 기독교적 내용을 담았을 것으로 추정된다. 방송전도의
효과를 높이기 위해 1955년 9-12월 사이에 공군 김양근 대위(전기학 전
문, 통신학교 대위)가 각방에 확성기를 무료로 설치하여 기숙사와 각
작업장에서 사무실에서 트는 축음기나 라디오를 들을 수 있게 하였다.
그 결과 교도생들은 매일 저녁마다 기독교 방송을 들을 수 있었다.[86]

직업교도원은 방송전도와 함께 절단 장애인들을 전도하기 위해 목
회자를 청빙하였다. 1954년까지는 심인식 전도사가 직원교도원의 목
회자로 활동하다가 대구신학교에 입학하기 위해 1955년 1-3월 사이에
사임하였다. 이에 잠시 동안 장로와 집사에 의해 교회 예배가 진행되
었다.[87] 심인식의 후임 목회자로는 1955년 9-12월 사이에 감리교의 이
호긍 전도사가 부임하였다. 이호긍에 대해 토레이가 기대한 바는 "여
러 가지 예배인도만 아니라 원생들의 신앙적 협조자가 되기를 바라는"
것이었다.[88] 즉 교도생들의 신앙 상담 및 전도를 해주기를 바랐던 것
이다. 이에 이호긍은 1956년 1-6월 사이에 "원생들의 종교생활 및 개인
사생활 지도면을 향상시키고 있으며 저녁마다 숙사를 순번제로 순회
하며 예배와 성경공부를 실시하"였다.[89] 이호긍은 1957년 상반기에 한
쪽 다리를 잃은 열 살 정도의 박완구가 입원하자 매일 저녁마다 심방

85) 「기독교연합봉사회 1955년 1·4분기 각부사업보고서 및 1956년도재정예산서」,
    1~2쪽.
86) 「기독교연합봉사회 수족절단자직업교도원 사업보고서(1955년 9월-12월)」;
    「기독교연합봉사회 1956년 상반기(1-6월) 각부사업보고서」. 확성기의 최종
    적 설치는 1956년 3월에 이루어졌다. 그전에는 기숙사만 연결되었던 것 같
    고, 3월에는 모든 건물에 연결되었다고 나오는 것으로 보아, 3월에는 모든 건
    물에 연결 완료되었던 것 같다. 여기에 김양근 대위가 공군의 통신학교 대위
    임이 나오며, 비용은 특별기부로 충당되었다.
87) 「기독교연합봉사회 1955년 1·4분기 각부사업보고서 및 1956년도재정예산서」 1.
88) 「기독교연합봉사회 수족절단자직업교도원 사업보고서(1955년 9월-12월)」.
89) 「기독교연합봉사회 1956년 상반기(1-6월) 각부사업보고서」.

하여 기도하는 법을 알려주었다.[90] 이호긍은 4년 정도 시무한 후 1960년 2월에 사임했는데, 이유는 직업교도원에서 전도사가 아닌 목사를 청빙하고자 하였기 때문이다. 그리하여 동년 5월 1일에 장로교의 송창서 목사가 원목으로 부임하였다.[91]

직업교도원 내에 주일학교가 운영되며 어린이 전도도 시도되었다. 1954년에 교회의 주일학교에는 100명 이상의 어린이들이 참여하였고, 하기아동성경학교, 성탄절 행사도 열렸다.[92] 주일학교 참여 인원은 일 년 뒤에 더욱 증가하였다. 1955년 4-8월까지 매주 주일학교에는 150여 명이 참석하였고, 참석자의 다수는 직업교도원에 입원한 아동들이었고, 인근의 마을에서 오는 경우도 있었다.[93] 1956년 7-12월에는 주일학교에 90명 정도가, 하기아동성경학교에는 112명이 참여하였고, 성탄절에는 1,000명가량이 모여서 성탄을 축하하였다.[94]

원장인 토레이가 직업교도원에게 직접 전도한 것은 기록상 찾기 어렵다. 그러나 그의 전도에 대한 열정은 예배당, 매주 수요일과 주일의 예배, 방송 전도, 목회자 청빙과 주일학교 운영에 반영되었다. 이외에도 직업교도원에서 전도의 흔적을 발견하는 것은 어려운 일이 아니다. 한경직 목사의 교회의 한 청년 집사는 전쟁 기간에 지뢰 폭발로 다리 하나를 잃었는데, 토레이의 직업교도원에서 "의수족 사업을 하고 특별

90) 「기독교연합봉사회 1957년 상반기 각부사업보고서」. 이호긍의 업무는 예배 인도 및 기숙사 심방만이 아니었다. 그는 1957년에 유행병이 만연하게 되자 시내의 백병원 원장의 의술 자문하에 유행병 관련 업무도 겸임하였다.
91) 「기독교연합봉사회 수족절단자직업교도원 사업보고서(1960년 상반기)」.
92) Ruben A. Torrey, Jr, 「Annual Report of the TaeJon Vocational Training Center of the Korea Amputee Rehabilitation Program in connection with the Taejon Union Social Service Center for 1954」.
93) 「기독교연합봉사회 1955년 2—3·4분기 각부사업보고서」.
94) 「기독교연합봉사회 1956년 하반기(7-12월) 각부사업보고서」.

히 많은 전도를" 하였다.[95] 1960년 9월에 소천한 임영수 장로는 스틴스마의 평가에 의하면 "다만 장로일 뿐만 아니라 참 친구요 또한 열렬한 전도자"였다. 1960년 12월 중에 원생과 직원을 중심으로 특별집회를 열었는데, 설교는 한국인 한 명과 선교사 한 명이 담당하였다. 그리고 성탄절 전주에 직원과 원생들은 가가호호 방문하여 국수를 나누어주었는데, 이것의 목적은 호의와 친절과 전도였다.[96]

직업교도원의 여러 가지 전도의 시도는 의미 있는 결과를 냈다. 1954년에 직업교도원에서 20명 이상이 세례를 위한 학습반에 등록하였다. 집으로 돌아간 환자들로부터 100편 이상의 편지가 왔는데, 이것은 다시 찾은 삶에 대해 감사의 내용을 담고 있었고, 대부분은 예수님을 주로 인정하는 신앙을 분명히 보여주었다.[97] 1956년 7-12월 사이에는 처음으로 세례와 성찬식이 거행되었는데, 네 명이 세례를 받았고, 26명이 요리문답에 참여하였다.[98] 이후 매년 세례식이 있었고, 1959년 5월 24일에는 4차 세례식이 거행되었는데, 11명의 절단 장애인들이 세례를 받았고, 두 명이 입교인이 있었고, 29명의 학습인과 한 명의 유아세례자(직원 가정의 아이)가 있었다. 그리하여 2년 반(1956-1959) 동안에 40여 명의 세례자, 5명의 입교인, 6명의 유아세례, 91명의 학습인이 생기게 되었다.[99]

95) 한경직, 『한경직목사설교전집』 2, (사)한경직목사기념사업회, 2009, 16~17쪽. 1955년 6월 26일에 "인생고와 사명관"이라는 제목으로 한 설교.
96) 「기독교연합봉사회 수족절단자직업교도원 사업보고서(1960년 하반기 7-12월)」.
97) Ruben A. Torrey, Jr, 「Annual Report of the TaeJon Vocational Training Center of the Korea Amputee Rehabilitation Program in connection with the Taejon Union Social Service Center for 1954」.
98) 「기독교연합봉사회 1956년 하반기(7-12월) 각부사업보고서」.
99) 「기독교연합봉사회 1959년 상반기(1-6월) 각부사업보고서」. 1956년은 하반기에 수세를 하였고, 1959년은 상반기에 수세를 행하였기에 세례 행사의 기

신앙적 결실은 단순히 기독교인의 수만 늘린 것이 아니었다. 보다 깊은 신앙을 보여주는 기독교인들도 배출되었다. 1956년 성탄절 직전에 직업교도원의 기도실 옆에 큰 종이 달리게 되었는데, 이것은 교도생들이 돈을 염출하여 구입한 것이었다.[100] 훗날 자신의 미래를 위해 저축해야 되는 교도생 수당으로 종을 구입했다는 것은 교도생들의 마음이 어디를 향하고 있는지를 잘 보여주며, 이들의 신앙이 깊어졌음을 드러내는 한 증거이다.

직업교도원을 거쳐 간 사람들이 전도의 일꾼이 되어 많은 구령의 결과를 내는 경우도 있었다. 어떤 장로는 수년 전에 직업교도원에서 의수 착용과 훈련을 받고 돌아가서 한 산간에서 전도하여 교회를 시작했다. 이곳에는 주일학교만 100명가량 모였는데, 이 사실은 기독교 대학생들이 방문하고 보고함으로 알려지게 되었다. 이 교회는 가난하여 아직 전도사는 청빙하지 못하여 앞서 언급한, 직업교도원 출신의 장로가 예배를 인도하였다.[101]

김 씨는 청주의 폴 크레인의 병원에서 의족을 받았고, 여기서 기독교인이 되었다. 이후 그는 대전의 직업교도원에서 훈련을 받았고, 자신의 마을로 돌아가서 다시 농사를 지을 수 있었다. 그는 자신의 마을에서 9개월 동안 전도의 삶을 살아서 결국 기독교인이 한 명도 없던 마을에서 대부분(대략 300명)이 기독교인이 되는 일이 벌어졌다. 그러자 김 씨는 대전의 직업교도원으로 와서 기독교 사역을 위한 동역자를

---

간은 2년 반이다.
100) 「기독교연합봉사회 1956년 하반기(7-12월) 각부사업보고서」.
101) 「기독교연합봉사회 1958년 상반기 각부사업보고서」. 장로가 전도하여 교회를 세웠다는 명확한 기록은 없다. 그러나 산간마을에 유년주일학교 위주로 모이고, 예배인도도 장로가 한다는 사실은 장로의 개척으로 시작되었음을 추정케 한다.

요청하였다. 이에 몇 사람이 그 마을에 기독교 공동체를 세우기 위해 파송되었다.[102]

직원과 교도원 중에서 신학교에 가는 경우도 있었다. 1958년 7-12월 사이에 박노정 원감 외에 3명의 직원이 사임을 했는데, 이 중 한인수 집사와 부전도사였던 신임식의 사임은 서울 총회신학교 입학을 위한 것이었다. 또한 한 명의 청년과 한 명의 여성은 직업교도원에서 생활하면서 성경학교에 다녔다. 직업교도원은 두 명의 청년을 야간신학교에 보냈다.[103] 직업교도원에서 목회자 양성기관인 신학교 입학자가 여럿 배출되었다는 사실은 직업교도원이 단순한 직업 훈련을 넘어 깊은 신앙을 기초로 목회자가 되는 통로가 되었음을 보여준다.

토레이와 그의 후임인 스틴스마는 이 사업의 신앙적 열매에 대해 다음과 같이 표현하였다. 토레이는 "그 사역은 참 감격적인 기회였다. 4백 50명의 사람들이 재활의 길을 갔다. 그들 중 대부분은 그리스도를 영접하고 세상으로 돌아가 그들이 체험한 주님의 사랑을 증거했다"라고 하였다.[104] 스틴스마는 "기독교를 증거하는 자로서 절단교도원은 한국 사회와 교회에 그 자취를 남겼습니다. 교도원 원생 중 소수가 성령의 감화를 받아 교도원을 떠났으나 이들은 교회와 사회에서 활동적인 인사가 되었습니다."[105] 둘의 표현은 모순된 것 같으나 거짓이 아니었다. 토레이의 표현대로, 직업교도원에 들어온 절단 장애인들은 대부분 기독교 신앙을 받아들였다. 그러나 성령을 통해 속사람이 변화되어서 목

---

102) 클레어 토레이 죤슨, 앞의 책, 327~328쪽. "김씨가 직업훈련소를 방문하려 왔을 때 그는 모든 옛 친구들에게 열렬한 환영을 받았다"라는 문장은 김씨가 직업교도원에서 훈련받았음을 내포한다.
103) 「기독교연합봉사회 1958년 하반기(7-12월) 각부사업보고서」.
104) 클레어 토레이 죤슨, 앞의 책, 334쪽.
105) 「기독교연합봉사회 수족절단자직업교도원 사업보고서(1961년 하반기)」.

회자가 되거나 전도에 매진하는 경우는 소수였다. 앞서 살펴본 바와 같이, 스틴스마의 표현에 해당되는 사람들은 산간에 교회를 세운 장로, 김씨, 한인수 집사, 신임식 등이 여기에 해당하였다. 그러므로 직업교도원의 신앙의 결실은 다수의 개종자와 소수의 사명자를 만들어낸 것이라고 하는 것이 공정할 것이다.

전도 외에 토레이를 중심으로 한 직업교도원의 신유 신앙을 짐작할 만한 사건이 있다. 1958년 상반기에 직업교도원의 철공부 책임자의 딸이 병으로 인해 전주예수병원에 입원했는데, 의사들은 회생의 가능성이 없다고 하였다. 그러나 "끊임없이 하나님 앞에 간구한바 특별하신 은사로 쾌유함을 얻어 돌아오게" 되었다. 이러한 신유 기도에는 직업교도원의 교도생들도 참여했을 것이다. 같은 기간 직업교도원에서는 19공탄으로 난방을 하다가 가스 유출로 인한 가스 중독 사고가 두 번 일어났다. 이들은 이른 시간에 발견되어 살아날 수 있었는데, 토레이는 "하나님의 도우심"이라고 표현하였다. 또한 이외에 이호긍 전도사의 질병으로부터 나은 사건도 "주님의 도우심"이었다.106) 토레이는 가스 사고에서 살아난 것과 질병에서 나은 것을 하나님의 도우심으로 이해했고, 직원의 딸의 병 앞에서는 신유를 위해 기도하였다. 이것은 토레이와 직업교도원의 신유 신앙을 이해할 수 있는 한 단면이다.

## 4. 나가는 말

본 연구는 6 · 25 전쟁의 결과 급증한 수족 절단 장애인들을 위해 루

---

106) 「기독교연합봉사회 1958년 상반기 각부사업보고서」.

벤 토레이를 중심으로 시작된 직업교도원을 연구하였다. 대전의 기독
교연합봉사회 내에서 시작된 이 사업에 대해 여러 연구자가 연구하였
으나, 사회봉사의 관점에서 직업교도원의 재활사업에만 집중하였다.
본 연구는 사회봉사와 함께 신앙의 측면을 고찰하였다. 이를 통해 알
게 된 사실은 다음과 같다.

　루벤 토레이는 1952년 6월 30일에 기독교세계봉사회의 파송을 받고
내한하여 기독교연합봉사회와의 제휴를 맺었다. 1952년 10월경에는 대
전으로 이거하였고, 1953년 7월경에 직업교도원을 위한 일곱 채의 건
물을 준공하였다. 동년 7월부터 직업교도원은 운영을 시작했고, 정식
봉헌식과 개원식은 각각 1954년 5월 23일과 25일에 거행되었다.

　대전의 직업교도원에서는 의수족 제작, 의수족 착용 및 훈련, 직업
훈련이 제공되었다. 의수족은 1953년 7월부터 1961년 12월까지 8년 이
상의 기간 동안에 2,000여 명의 절단 장애인들에게 제공되었다. 의수
족 착용에 앞서서 환자 진찰이 시행되었고, 이후 환자의 신체의 길이
가 측정되었다. 진찰자와 척도 측정자, 의수족 착용자의 수는 동일하
지 않았는데, 진찰자의 전부가 의수족 착용 대상자가 아니었고, 착용
대상자가 되어도 의수족 제작 속도가 대상자들의 수를 따라잡지 못했
기 때문이었다. 의수족 착용 후 이를 익숙하게 사용하도록 훈련을 해
야 했다. 훈련은 절단 장애인인 김기춘과 신임식이 담당하였고, 초기
에는 60% 정도가 사용 훈련을 완료하였고, 1957년 말에는 70% 정도가
훈련을 마칠 수 있었다.

　직업교도원 내에 직업 훈련 종목은 초기 의수족 제작, 피복부 등 9개
정도였지만, 시간이 지남에 따라 직조부, 재봉부, 축산부, 양재부, 시계
부, 양화부, 왕굴부 등이 추가되며 발전의 모습을 보여주었다. 직업교
도원 내에서 제공할 수 없는 직업 훈련은 타기관에 훈련을 위탁하여

절단 장애인들에게 도움을 주었다. 미용이나 이발 등이 여기에 해당했다.

직업교도원의 교도생들은 수당도 받았고, 2년 동안 훈련을 받으며 퇴원 이후의 삶을 준비하였다. 징계로 인해 퇴원하는 교도생을 제외하면 퇴원생들의 구직 등의 사회적응은 직업교도원이 지원해주었다. 직업교도원 내의 미취학 아동의 취학에도 도움을 주었고, 몇몇의 학생들은 중학교를 넘어 대학교까지 다녔다. 1955년 하반기부터는 절단 장애인을 넘어 시각장애인도 교육의 수혜를 받았고, 곧이어 일반 고아들도 교육의 대상이 되었다. 당시 직업교도원을 찾았던 절단 장애인들의 다수는 전상자가 아닌 일반부상자였다.

본 연구는 직업교도원 내의 원장과 원감의 현황을 정리하였다. 초대 원장은 루벤 토레이였고, 1958년까지 원장의 직을 유지하다가 1958년 10월 1일에 존 스틴스마가 후임자로 내한하자 1959년에는 총무직으로 자리를 옮겼다. 그리고 토레이가 1959년 9월 16일에 이한하자 1960년부터 스틴스마가 원장직을 맡았다. 원감은 1955년 9-12월 사이에 정간모가 취임하였고, 1956년 2월 초에 정간모의 도미 유학으로 인해 이경우와 진수철 집사가 대리업무를 보았다. 1957년 5월의 파업으로 인해 박노정이 원감의 직임을 맡았고, 1957년 하반기에 박노정의 폐병이 발생하였고, 이로 인해 1958년 12월에 박노정은 원감의 자리에서 사임하였다. 1959년 1월부터 4월까지는 송기현이 원감의 자리에 있었고, 동년 6월 4일에 임영수가 원감으로 취임했으나 1960년 9월에 소천하였다.

본 연구는 직업교도원의 건물의 변화도 추적하였다. 초기 일곱 채의 건물은 1959년 말에 대략 20개까지 증가하여 외적으로 크게 발전하였다. 1957년부터 직업교도원은 여러 부서의 작업을 통해 자급자족을 하려고 하였지만, 순수익을 나타냈던 것은 폐원의 해인 1961년이었다.

사회사업에 대한 연구와 더불어 신앙적인 활동과 그 결과들도 이 연

구에서 다루어졌다. 토레이의 내한의 목적은 사회봉사와 함께 영혼구
원이었다. 그는 규칙적인 성경 묵상과 기도의 삶을 살았고, 이것은 직
업교도원을 넘어 기독교연합봉사회 전체로 확대되었다. 직업교도원의
중심에 위치한 예배당에서는 수요일 저녁과 주일에 예배가 드려졌고,
기숙사 방송, 목회자 청빙, 주일학교 운영은 전도의 수단이었다. 이러
한 전도의 열기는 직업교도원의 직원과 교도생들에게도 영향을 미쳤
고, 그 결과 1956년부터 1959년까지 40여 명의 세례자와 91명의 학습인
등의 가시적인 성과도 얻게 되었다.

　수치로 표현할 수 없는 깊은 신앙의 모습들도 감지되었다. 직업교도
원을 거쳐 간 사람들이 돌아가 전도를 통해 교회를 세우기도 하였고,
직원과 교도생 중에서 신학교에 가는 경우도 있었다. 이러한 깊은 신
앙에의 헌신의 모습은 스틴스마의 표현으로 확인할 수 있었고, 다수의
개종의 모습은 토레이의 언급에서 확인할 수 있었다. 토레이와 직업교
도원의 신유 신앙의 흔적도 본 연구에서 다루어졌다.

　본 연구는 6·25전쟁 이후 한국에 왕성하게 행해졌던 사회사업 중
수족절단자 직업교도원을 다루었다. 많은 연구가 기독교 사회사업에
접근하면서 사회봉사의 측면만을 다루었다. 그러나 기독교 사회사업
은 기독교 신앙과 따로 떼어놓을 수 없다. 사회사업의 동기는 기독교
신앙이고, 영혼을 구원하신 하나님에 대한 신앙이 사회사업의 동기가
된다. 이런 측면에서 본 연구는 그동안 간과되었던 사회사업을 통한
신앙의 결실, 즉 영혼 구원을 다루었다. 반면 기독교연합봉사회의 다
른 사회사업들, 더 나아가 한국 기독교가 행한 많은 사회사업과 영혼
구원과의 연관성은 본 연구에서 다루지 않았다. 본 연구가 하지 못한
많은 연구는 더 훌륭한 연구자의 손에서 빛을 발하게 될 것을 기대하
며 본 연구에 쉼표를 찍는다.

# 참고문헌

김흥수, 「기독교연합봉사회: 1950년대의 기독교 연합사업 연구」, 『한국기독교역 사연구소』 33, 2010.9.

손신, 「선교적 공동체로서 신학대학교 사회복지사역의 당위성과 역할 : ACTS의 지역사회 섬김을 위한 과제를 중심으로」, 『ACTS 신학저널』 42, 2019.12.

안종철, 『미국 선교사와 한미관계, 1931-1948 : 교육철수, 전시협력 그리고 미군 정』, 한국기독교역사연구소, 2010.

연규홍, 『기독교연합봉사회 50년사』, 사회복지법인 기독교연합봉사회, 1999.

윤은석, 「웨슬레 구락부의 발전과 특징 : 지역사회 교육과 개척 교회」, 『ACTS 신 학저널』 43, 2020.4.

윤은순, 「근현대 안동지역 기독교의 정착과 지역사회에서의 역할」, 『지방사와 지방문화』 22(1), 2019.5.

장금현, 「프란시스 킨슬러(Francis Kinsler)와 성경구락부(BibleClub) 운동」, 『신학 과 실천』 68, 2020.2.

존슨, 클레어 토레이, 『내사랑, 황하를 흘러』, 국민일보 출판국, 1990.

한경직, 『한경직목사설교전집』 2, (사)한경직목사기념사업회, 2009.

한국기독교역사학회, 『한국 기독교의 역사』 III, 한국기독교역사연구소, 2016.

한규무, 「1950년대 기독교연합봉사회의 농민학원 설립과 운영」, 『한국기독교역 사연구소』 33, 2010.9.


Rhodes, Harry A, Campbell, Archibald. History of the Korea Mission Presbyterian Church in the U.S.A. Volume II 1935-1959. New York: The United Presbyterian Chruch in the U.S.A., 1964.

Visser't Hooft, W. A. 「To the Members of the Executive Committee」 (1953. 9. 25).

김흥수 편, 『WCC도서관 소장 한국교회사 자료집 –한국전쟁 편』, 한국기독교역 사 연구소, 2003.

「Korea Church World Service- a half yearly report」. (1955. 5. 13).

김흥수 편, 『WCC 도서관 소장 한국교회사 자료집 –한국전쟁 편』, 한국기독교역 사연구소, 2003.

「人事欄」, 『감리회보』, 1952년 12월, 19쪽.

「人類愛의 使徒 토리―안수산 博士來韓歡迎」, 『기독공보』, 1952년 7월 14일.

「救濟再建사업각부문本格化」, 『기독공보』, 1953년 10월 26일.

「義手足事業院開院式을 擧行」, 『기독공보』, 1954년 6월 7일.

「手足切斷된 者에 福音 世醫大病院에 診療所設置」, 『조선일보』, 1953년 1월 23일.

「無料로 義手足주고 治療」, 『조선일보』 1959년 9월 2일.


[감리교회 동부중부남부연합연회록] (1957).

[감리교회 동부중부남부연합연회록] (1959).

[감리교회 동부중부남부연합연회록] (1960).

[감리교회 동부남부중부연합연회록] (1962).


[基督敎聯合奉仕會憲章] (1950. 2. 10).

「기독교연합봉사회 1차 이사회 회의록」 (1952. 6. 27).

「기독교연합봉사회 2차 이사회 회의록」 (1952. 7. 10).

「기독교연합봉사회 4차 이사회 회의록」 (1952. 10. 3).

「기독교연합봉사회 5차 이사회 회의록」 (1952. 12. 3).

「기독교연합봉사회 6차 이사회 회의록」 (1953. 1. 13).

「기독교연합봉사회 1954년 1-8월 보고서」.

「기독교연합봉사회 1955년 1·4분기 각부사업보고서 및 1956년도재정예산서」.

「기독교연합봉사회 1955년 2―3·4분기 각부사업보고서」.

「기독교연합봉사회 수족절단자직업교도원 사업보고서(1955년 9월-12월)」.

「기독교연합봉사회 1956년 상반기(1-6월) 각부사업보고서」.

「기독교연합봉사회 1956년 하반기(7-12월) 각부사업보고서」.

「기독교연합봉사회 1957년 상반기 각부사업보고서」.

「기독교연합봉사회 1957년 하반기 각부사업보고서」.

「기독교연합봉사회 1958년 상반기 각부사업보고서」.

「기독교연합봉사회 1958년 하반기(7-12월) 각부사업보고서」.

「기독교연합봉사회 1959년 상반기(1-6월) 각부사업보고서」.

「기독교연합봉사회 수족절단자직업교도원 사업보고서(1959년 7월-12월)」.

「기독교연합봉사회 수족절단자직업교도원 사업보고서(1960년 상반기)」.

「기독교연합봉사회 수족절단자직업교도원 사업보고서(1960년 하반기 7-12월)」.

「기독교연합봉사회 수족절단자직업교도원 사업보고서(1961년 상반기)」.
「기독교연합봉사회 수족절단자직업교도원 사업보고서(1961년 하반기)」.


Ruben A. Torrey, Jr. 「Annual Report of the TaeJon Vocational Training Center of the Korea Amputee Rehabilitation Program in connection with the Taejon Union Social Service Center for 1954」.
「Semi-Annual Financial Summery Statement July. - Dec, 58 Taejon Vocational Training Center」
「Statement of Profit and Loss, Taejon Vocational Training Center. Jan.- May, 1959」.
「Semi-Annual Financial Summery Statement Jan. - June, '59 Taejon Vocational Training Center」.
「Semi-Annual Financial Report Amputee Vocational Training Center Jan. to June. 1961」.

# 1960년대 아동복지사업과
# 기독교아동복리회(CCF) 활동

윤은순

## 1. 들어가는 말

한국전쟁으로 수많은 고아가 양산되었다. 가정에서 안전하게 자라야 할 아동들은 부모를 잃고 거리를 떠도는 고아가 되어 비참한 삶을 연명하였다. 이들은 전후 한국사회의 가장 큰 아픔이자 해결해야 할 과제였다.

전후 고아에 대한 선구적 연구로서 김아람과 소현숙은 1950년대 양산된 전쟁고아들이 국가·사회적 대책이 충분하지 못한 상황에서 점차 '부랑아'라는 잠재적 범죄자로, 처리의 대상으로 취급되어지는 과정과 부랑아대책의 실상을 추적하였다.[1] 유진은 1960년대 선도와 교화의 대상이 된 부랑아에 대한 치안권력의 통치기술과 선도담론을 분석

---

[1] 김아람, 「5.16군정기 사회정책- 아동복지와 '부랑아' 대책의 성격」, 『역사와현실』 82, 2011; 소현숙, 「전쟁고아들이 겪은 전후-1950년대 전쟁고아 실태와 사회적 대책-」, 『한국근현대사연구』 84, 2018.

하였다.[2]

정부의 고아문제 및 아동 정책에 대한 연구는 사회복지학에서 이루어졌다. 연구자들은 1961년 아동복리법과 1981년 아동복지법의 제정을 중심으로 1950년대를 자선적 아동보호단계, 1960년에서 1970년대까지를 외원에서 벗어나지 못한 잔여적 아동복리정책기, 이후 아동복지정책 모색기로 구분하고, 이는 성장제일주의 위주의 복지정책이라고 밝히고 있다.[3]

이 시기 고아구호는 대부분 전후 내한한 외원단체들에 의해 이루어졌다. 최원규는 아동구호에 상당한 역할을 한 외원단체의 조직과 활동, 전체 규모를 정리하고 이후 한국사회사업에 미친 영향을 분석하였다.[4] 한국어린이재단의 문헌들은 아동구호 외원단체 중 가장 규모가 컸던 CCF(Christian Children's Fund, 기독교아동복리회)의 아동구호 및 복지활동의 변화상을 알려준다.[5]

그 동안의 연구는 전쟁고아에 대한 연민과 부랑아에 대한 편견, 외원단체[6]에 의존한 구호활동, 정부의 미진한 고아 정책 등을 다루었다.

[2] 유진, 「거리의 치안권력과 '선도'의 통치기술-1960년대 청소년보호정책과 부랑아·우범소년」, 『사회와역사』 123, 2019.

[3] 이혜경, 「경제성장과 아동복지정책의 변용: 한국의 경험」, 『한국아동복지학』 1, 1993; 송주미·성영혜, 「한국 아동복지관의 변천과정 연구-정책분석을 중심으로」, 『한국가족복지학』 4(2), 1999.

[4] 최원규, 「외국민간원조단체의 활동과 한국 사회사업 발전에 미친 영향」, 서울대 박사학위논문, 1996.

[5] 차윤근, 『CCF38년사: 사랑은 국경을 넘어』, 한국어린이재단, 1986; 어린이재단, 『한국사회복지60년 그리고 어린이재단60년』, 2010; 초록우산 어린이재단, 『아이들이 행복한 세상을 위해 초록우산 어린이재단 70년사』, 2019.

[6] 최원규는 '외국민간원조단체'를 본부가 소재하고 있는 본국정부의 직접 통제를 받지 않고 외국에서 원조 활동을 전개하는 비영리 민간조직체라 하였다. 이하 외원기관, 혹은 외원단체로 약칭하기로 한다.

넘쳐나는 고아문제에 대해 정부의 정책은 부재한 가운데 외원단체에만 의존했다는 것으로 정리될 수 있을 것이다.

응급적이고 일회적인 아동구호에서 항상적이고 제도화된 아동복지로 나아가는 전사(前史)로서 1960년대를 보다 폭넓게 파악하기 위해서는 아동복리법 제정 이후 1960년대의 정부의 아동복지정책과 초기 한국인 아동복지관계자들의 인식을 살펴볼 필요가 있다. 그동안의 연구에서 상대적으로 제외되었던 이들의 역할이나 입장이 어떻게 나타나는지 살펴봄으로써 1960년대 아동복지의 성격과 1970년대 이후 한국인 중심으로 본격화하는 아동복지사업의 배경을 파악할 수 있을 것이다.

이에 이 글에서는 당시 아동구호 외원단체 중 규모와 지원액에서 가장 큰 부분을 차지했던 CCF의 활동을 살피고, 한국인 아동복지관계자들의 역할과 인식을 CCF한국연합회가 사회복지 전문잡지로 발간한 『동광』을 통해 보고자 한다.[7]

1960년대에 집중하는 이유는 해방 후 아동복지에 대한 정부의 제도가 일차적으로 수립되는 것과 CCF를 비롯한 외원단체들의 활동이 1970년대에 한국에 대한 지원종결을 계획하고 마감하는 가운데 한국인 사회복지전문가들이 본격적으로 등장하기 때문이다.

---

[7] 1948년 한국지원을 시작한 미국 아동구호단체 CCF(Christian Children Fund)는 1955년 재단법인 '기독교아동복리회'를 설립하고 구호활동을 전개하였다. 1970년 첫 한국인 지부장이 취임한 뒤 1971년 사회복지법인으로 변경하였고, 1976년 '한국지원종결10개년계획'을 수립한 이래 1979년 '한국어린이재단'으로 재단명을 변경하였다. 1986년 CCF는 모든 지원을 종결하고 철수하였고 현재 초록우산 어린이재단으로 이어지고 있다. CCF한국연합회는 1953년 CCF에 가입한 한국인 시설장들이 결성한 단체이다.

## 2. 고아의 양산과 정부의 대책

### 1) 1950년대 전쟁고아의 양산

한국전쟁으로 인한 수많은 피해 가운데 가장 가슴 아픈 것은 수많은 고아, 미아, 기아의 양산이라 할 것이다. 부모를 잃고 거리를 배회하며 구걸하는 고아의 수는 대략 10만 명이라 하였다. 전쟁 직후 하루 10-20명의 갓난아기가 버려졌는데, 거리에 유기되는 영아는 춘궁기에 급증하였고 여아가 남아에 비해 3배 이상 많았다.[8]

가정에서 양육되지 못하는 아이들은 구호시설에 수용되었는데, 이 시설들은 거의 민간에 의해 설립 운영되는 것들이었다. 한국전쟁 직후 고아원이 우후죽순으로 늘어나 전쟁 전보다 2배 이상 증가하였다. 이전의 고아원은 선교사에 의해 운영되는 것들이 많았고, 한국인들에 의해서도 전쟁 중 대거 설립되었다. 갈 데 없는 전쟁고아를 자기 집에 거두어 먹이면서 시작한 영세한 경우가 많았다. 좁은 방안에 발 디딜 틈 없이 많은 어린아이들이 꽉 들어차 생활하였고, 난방이나 수도시설도 열악했다. 어린 영아들은 그보다 나이 많은 열 살에서 열두 살쯤 된 여자아이가 돌보는 형편이었다.[9] 하루 최소 4홉의 양곡이 배고픔을 면하기 위해 필요했는데, 시설수용 아동에게 지급되는 양은 3홉 정도였고 그나마도 제때에 이루어지지 않아 대부분 영양실조 상태였다.[10]

미처 구호시설에 수용되지 못한 아동들은 거리에서 생존을 이어갔

---

8) 「버림받은 어린 生命들」, 『경향신문』, 1957년 11월 6일.
9) William F. Asbury to J.Calvitt Clarke, 17 set.1953.
10) 「예산없는 구호사업 부식비가 日三圓」, 『조선일보』, 1953년 5월 26일; 「말아 닌 孤兒들의 生活」, 『조선일보』, 1955년 12월 16일.

다. 이들은 '부랑아'로 지칭되었다. 비행집단에서 소매치기나 구걸, 구두닦이, 미군기지의 '하우스보이', 매춘 알선 등으로 먹을 것을 구했다. 빈곤은 1960년대까지 부랑아 발생의 원인이 되면서 춘궁기에 더욱 늘어나는 형편이었다. 정부는 이들을 단속하여 시설전원이나 연고자 이송으로 처리하고자 했으나 인도 후 다음날이면 재단속되는 일이 빈번했다.[11]

정부는 이미 해방 후 월남·귀환자를 비롯하여 요구호 아동이 격증하는 상황에서 1947년 보건후생국장 통첩으로 「후생시설의 운영강화에 관한 건」을 각 도지사에게 시달하였다. 그 내용은 "요구호 아동에 대하여 전적으로 국비를 보조하는 것은 불가능하므로... 당해시설로 자급자족하도록 극력 추진할 것"이라는 것으로서, 정부는 요보호아동에 관한 시설보호에 민간의 자발적인 자선활동을 적극 권장하였다.[12]

한국전쟁 중 정부는 폭증하는 피난민에 대한 구호를 위해 유엔민간원조사령부(UNCACK)의 도움을 받아 1951년부터 정부내 관계부처(보건사회부, 내무부, 국방부, 농림부, 재무부 및 외자청)와 UNCACK의 합동으로 '중앙구호위원회'를 구성하고 각 시·도 단위에서도 구호위원회를 조직하여 전재민 구호사업을 전개했다. 구호재원은 외국에서 지원된 구호품으로 충당했고 외원의 시설 설립이 주요한 가운데, 이는 정부의 기준이나 인가 없이 가능하였다. 정부는 1952년 4월 「사회사업을 목적으로 하는 법인설립 허가 신청에 관한 건」과 같은 해 10월 「후생시설 운영요령」을 제정하면서 시설, 수용인원, 처우 등에 대해 규정하고 감독하려 했지만 잘 지켜지지는 않았다. 외원단체 활동을 법적으로 보장하는 동시에 관리·감독할 수 있는 제도적 수단은 1955년 「한

---

11) 김영수, 「부랑아의 실태와 사회의 무관심」, 『동광』 10권 1호, 1966, 10~15쪽.
12) 송주미·성영혜, 앞의 글, 8쪽.

미 간 민간구호에 관한 협정」을 통해서야 가능하게 되었다. 일련의 조치들은 피난민 및 요구호 아동에 대해 민간차원의 개입을 기대하고 외원의 지원에 적극 기댄 것으로써, 복지체제의 출발이 국가의 영역이 아닌 외원에 의존한 민간이 중심이 되는 것이었다.[13]

해방 당시 38개 고아원에 대략 6,800여 명의 아동이 수용되어 있던 것으로 파악되는데 전쟁발발 직후인 1951년 대략 23,000여 명으로 폭증하고 이후 1960년대까지 지속적으로 증가하였다.[14]

〈표 1〉 아동복리시설 수용자 실태표(보건사회통계연보 각 년도)

| 연도 | 기관수 | 수용아동 총수 |
|---|---|---|
| 1957 | 440 | 48,594 |
| 1958 | 465 | 51,630 |
| 1959 | 481 | 53,016 |
| 1960 | 491 | 56,042 |
| 1961 | 527 | 55,385 |
| 1962 | 514 | 51,855 |
| 1963 | 528 | 56,494 |
| 1964 | 525 | 61,963 |
| 1965 | - | 69,487 |
| 1966 | 588 | 71,709 |
| 1967 | - | 71,816 |
| 1968 | 576 | 66,211 |
| 1969 | 562 | 61,830 |

1961년까지도 전국 아동복리시설 527개소 가운데 국공립은 겨우 11개밖에 되지 않았고, 거의 민간운영시설이었다.[15] 대부분의 민간 시설은

[13] 카바40년사편찬위원회 편, 『외원사회사업기관활동사-외국민간원조기관한국연합회40년사』, 홍익제, 1995, 64~65쪽.
[14] 해방 당시 구호시설 수용인원에 대해 소현숙은 6,800명, 이혜경은 3,000명이라고 하는 가운데, 보건사회부 아동과장이 1967년 『동광』에 쓴 글에는 1947년 6,881명으로 되어 있어 정확한 통계를 찾지 못하였다.

외원 원조, 정부 보조, 자체 재단수입, 기부금, 원조물자 등으로 운영되었는데, 이 가운데 외원의 지원이 절반을 훨씬 넘었고, 국고보조는 10% 내외였다.[16)

1953년 정부는 시설수용 아동에게 일인당 하루 양곡 3홉, 혹은 소맥분 250g을 지급하고 부식비로 일인당 하루 3원을 지급하였다. 1956년 19원, 1957년 30원이 되었으며, 1957년 이후 매년 4억 원 이상의 부식비 보조가 예산에 책정되었다. 이는 보건사회부 일반예산액의 43%에 해당하는 금액으로서, 전체 구호예산의 대부분을 차지하였다. 하지만 그것은 외원단체의 지원액에 한참 못 미치는 수준이었다.[17)

## 2) 1960년대 아동복지정책

1961년 군사정권은 당초 법안에 있던 '모든 아동의 건전육성'이라는 구상을 국가재정의 어려움을 이유로 무산시키고, 요보호아동에 한정하여 아동복리법을 제정하고 이들에 대한 국가의 책임을 법제화 하였다. 아동복지에 대한 역사적 경험이 없던 가운데, 정부 예산은 군에 집중적으로 책정되었고, 정부 총 예산 대비 보건사회부예산 비중은 1960년대 들어 그 이전보다도 감소하여 나라 전체 예산의 2-3%를 차지하는 정도에 그쳤다. 보건사회부 예산 안에서도 1954년에서 1959년까지 복지예산 총액이 증가할 때, 군경원호사업비가 빠른 속도로 증가한 반면 사회복지예산이 감소한 것과 마찬가지로 군사정권은 반공국가 건설의

---

15) 지역별 아동복리시설은 서울 44(국립 2), 경기 81(국립 1), 충북 14, 충남 57 (도립 1), 전북 31(시립 1), 전남 52(국립 1), 경북 84(시립 1), 경남 130(시립 2), 강원도 23(시립 2), 제주 11.『보건사회통계연보』, 1961.
16) 김만두,「자립에의 자세- 외원의존의 탈피」,『동광』9권 1호, 1965, 13~19쪽.
17) 이혜경, 앞의 글, 203~204쪽.

목적에 맞게 군사원호제도 중심으로 복지제도를 재편하였다.[18]

사회복지사업에 투입해야 할 많은 자원을 대공투쟁에 충당하기 때문에 사회복지에 미흡함을 면할 수 없고 이를 극복하기 위해 외원단체의 도움이 필요하다는 것이 정부의 입장이었다.[19] 외원에 의존하는 아동구호가 1950년대 이어 1960년대에도 계속되면서 외원단체의 아동구호 지원액이 보건사회부 보다 많아 실질적 환율 기준으로 1.4배에서 2.5배에 달했다.[20] 1957년 전체 아동복리시설에 투입되는 재원 가운데 국고보조는 26.8%, 외원보조가 32.8%였는데, 1962년 각각 20.2%, 56%, 1969년 26.2%, 51%로 외원단체의 지원 비율이 더욱 증가하였다.[21] 외원단체 가운데 CCF와 선명회를 비롯한 주요 5개 단체의 아동복지사업 지원액이 이미 보건사회부 예산의 절반을 차지하고 있었다.[22]

경제개발5개년계획을 시작으로 경제성장의 강조와 실질적인 성장에도 불구하고 복지로의 지출은 답보되었다. 이러한 가운데 정부는 시설 유지 비용의 최소화와 요보호아동 발생의 예방을 강조하면서 시설아동의 가정복귀를 추진하였다. 어떤 이유라도 시설보다 가정에서의 양육이 바람직하다는 논리가 뒷받침되었지만 시설아동 구호에 국고 지출을 억제하기 위한 것이 우선적이었다.[23]

---

18) 1954년 보사부 예산의 23.9%를 차지하던 사회복지사업비는 1959년 1.9%로 급락하였고, 1954년 35.7%를 차지하던 군경원호비는 1959년 56.2%로 상승하였다. 남찬섭, 「1950년대의 사회복지」, 『월간복지동향』 81, 2005, 28~34쪽; 남찬섭, 「1960년대의 사회복지」, 『월간복지동향』 83, 2005, 24~28쪽.

19) 1965년 KAVA연찬회 박정희 치사 내용, 『외원사회사업기관활동사-외국민간원조기관한국연합회40년사』, 1995, 102~103쪽.

20) 윤홍식, 「이승만 정권시기 한국복지체제: 원조복지체제의 성립, 1948-1960」, 『사회복지정책』 45, 2018, 127~128쪽.

21) 『한국사회복지연감』 1972, 76쪽.

22) 이혜경, 앞의 글, 211쪽.

23) 정책추진에 앞서 조사한 바에 따르면 1961년 8월 현재 전국 시설에 있는 아

1962년 경제개발5개년계획의 일환으로서 보건사회부가 추진한 사회
개혁사업은 "무상구호에서 근로구호, 시설구호에서 거택구호"였다. 보
건사회부는 '사회사업5개년계획'으로 부랑아의 정착사업과 고아들의
일반가정 결연을 계획하였다.[24] 매년 늘어가는 구호예산과 외원보조
에도 불구하고 요구호자가 늘어가는 현상에 "거저먹는 습성"을 버리고
근로를 통해 자활할 것을 강조하는 가운데, 아동구호시설에 투입되는
비용을 줄이기 위해 거택구호와 국내입양을 추진하였다. 인구증가율
을 낮추기 위한 산아제한의 가족계획과 해외이민도 이와 연결되어 추
진되었다.[25]

이를 위해 시·도·군에 아동복리위원회와 아동상담소를 설치하고
아동복리지도원으로 하여금 가정환경조사, 입양·위탁·거택구호 업
무 등 요보호아동의 탈시설화와 제반 아동복리 증진에 관한 업무를 담
당하게 하였는데, 1961년 대한양연회를[26] 발족시켜 이를 대행하게 하
였다. 道보건국장이 양연회 지부장을 겸직하고, 전국 각 시군구에 아
동복리지도원을 1명씩 배치하였다. 구체적으로 추진된 탈시설보호 정
책은 거택구호, 입양, 위탁, 정착이었다.

거택구호는 부양의무자 또는 연고자가 있는 시설아동을 가정에 돌

---

동 수는 62,607명으로 이들을 위한 예산은 국고 10억 원, 원조 19억 원, 자체
9억 원, 기타 6억 원이 소요되고 있었다. 김아람, 앞의 글, 344쪽.
24) 「浮浪兒 孤兒위한 '사랑의 오개년계획'」, 『동아일보』, 1961년 11월 24일.
25) 「5分間 인터뷰 ⑪ 鄭保社部長官」, 『조선일보』, 1962년 1월 15일.
26) 1954년 사회부 아동과 주관으로 한국아동양호회를 설립하고 입양정책을 뒷
받침하는 업무 시작하였으나 정부의 예산지원은 없었다. 1961년 보건사회부
는 대한양연회로 이름을 바꾸고 전국 각 시·도에 지부를 두고 시·도 보건사회
국장을 지부장으로 겸직 발령하였다. 1964년 시·도 지부의 인원과 사업을 시·
도 보건사회국으로 이관하였고, 국외입양업무는 대한양연회에서 맡아 하게
하였다. 보건복지부, 『보건복지70년사』 3권, 2015, 159~160쪽.

아가게 하고 약간의 보조금을 지급하는 것이었다. 위탁에는 독지가에 기댄 무료위탁과 시설의 연장아동을 기업이나 공장에 알선해서 취업할 수 있도록 하는 고용위탁, 경제적 지원을 하는 유료위탁이 있었다. 유료위탁의 경우 국비로 월 300원, 실정에 따라 지방비보조 200-300원과 외원보조금을 지원하였다. 국내입양은 전국 무자녀가정을 대상으로 만 6세 이하 시설수용 아동 입양을 추진하고, 보건사회부 장관을 비롯하여 고급공무원을 중심으로 '고아 한 사람씩 맡아 기르기 운동'을 전개하였다. 이밖에도 시설거주 18세가 넘는 연장아동과 부랑아의 경우 입대시키거나 정착을 주선하는 방법을 취했다. 연장고아들의 해외 집단이민도 계획되어 파라과이 농장에 연장고아 50명과 이들을 보호할 10가구를 이주시켰다.27)

1962년 시행 첫해 입양 1,100명, 유료위탁 2,500명, 무료위탁 500명, 고용위탁 2,000명, 거택구호 2,000명, 정착 183명, 군입대 800명을 목표로 하여 서울 2,440명, 경기 1,260명, 강원 380명, 경북 1,550명 등을 각 도에 배정하여 실행케 하였다.28)

〈표 2〉 입양 위탁 및 거택구호 사업 실적(보건사회통계연보 각 년도)

| 연도 | 총수 | 귀가조치 | 거택구호 | 유료위탁 | 무료위탁 | 고용위탁 | 국내입양 | 국외입양 | 정착 | 입대 |
|---|---|---|---|---|---|---|---|---|---|---|
| 1962 | 12,436 | 5,069 | 1,311 | 1,775 | 1,376 | 645 | 833 | 254 | 808 | 365 |
| 1963 | 9,089 | 2,181 | 2,498 | 1,430 | 766 | 415 | 849 | 442 | 276 | 232 |
| 1964 | 8,124 | 2,847 | 1,808 | 561 | 728 | 391 | 918 | 462 | 321 | 88 |
| 1965 | 7,674 | 4,357 | 90 | 523 | 691 | 530 | 903 | 451 | 36 | 93 |
| 1966 | 8,059 | 4,304 | 675 | 426 | 687 | 429 | 943 | 442 | 60 | 93 |

27) 「불우한 어린이 모두구호」, 『경향신문』, 1962년 5월 5일; 「年長孤兒 集團移民」, 『동아일보』, 1965년 11월 19일.
28) 「거센 세파 잊고 따뜻한 가정에」, 『경향신문』, 1962년 6월 23일.

〈표 2〉는 정부정책 발표 후 시행된 위탁보호 결과이다. 시행 첫해에 가장 많은 성과를 낸 후 나아지지 않는 양상을 볼 수 있다.[29] 가정으로 돌려보내진 아동이 빈곤 때문에 다시 거리에 나오는 경우가 많았고, 유료위탁의 경우 사실상 보호자나 친인척이 담당하면서 전체적으로 위탁사업은 잘 진행되지 않았다.[30] 유료위탁 예산도 점차 없어지는 가운데, 시설보호를 중심으로 하던 외원단체에 거택구호로 전환할 것을 요청하였으나, 외원단체는 사무량 증가, 담당자 인건비 상승, 양곡 입수의 불규칙 등을 이유로 소극적 태도를 취하는 경우가 많았고, 종교가 다른 가정에 아동을 보내지 않으려는 경우도 있었다.[31] 외원단체의 상당수가 기독교계통으로서 선교 목적을 배제하지 않았다. 외원단체들은 서구세계 후원자들에게 배고픈 아동의 지원을 통해 그들의 인도주의적이고 기독교적인 선함을 베푸는 것을 확인해주는 방법과 효과적인 모금의 홍보를 위해 시설구호를 통한 단체적인 관리와 효율성을 더 선호하였다. 입양의 경우 사후입양도 포함된 수로서, 특히 입양은 부계혈통을 중시하는 문화 속에서 배타적인 인식이 큰 가운데 그나마 이루어지는 경우에도 남자아이와 불임을 숨기기 위한 갓난아기의 요구가 많아 큰 실적을 기대하기 어려웠다. 국내입양의 어려움은 해외입양으로 대치되었다.[32] 주로 부랑아를 대상으로 한국사회복지사업연합회를 통해 재건개척단을 꾸려 시도한 황무지 개간과 정착 또한 제대

---

29) 1968년 이후 전체적인 실적 총수가 증가하는데, 이는 1967, 1968년 실시된 대대적인 귀가조치와 이후 대폭 늘어난 해외입양 때문이다.

30) 보건복지부, 『보건복지70년사』 3권, 142~143쪽, 160~164쪽.

31) 최종도, 「아동복리관계법령상담」, 『동광』 7권 3호, 1963, 55~59쪽.

32) 보건사회부는 1961년 7월 '고아입양특례법안'을 국무회의에 제출하고 국가재건최고회의는 9월 의결하였는데, 이 법의 주목적은 해외 입양 절차를 규정하여 해외 입양을 합법화하는 것이었다. 1962년에서 1976년까지 국내입양 20,164명에 비해 해외입양은 34,691명이었다. 이혜경, 앞의 글, 207~208쪽.

로 이루어지지 않았다.33) 보건사회부 내부에서도 위탁재원의 부족, 시
설장 및 외원기관의 비협조, 사후지도에 필요한 인력 부족으로 사업실
적이 저조하다고 자평하였다.34)

또한 정부는 시설수용을 제한하기 위한 방안으로 탁아시설의 설치
도 권장하였는데, 국가와 사회복지법인만 설치할 수 있던 탁아시설을
일반법인과 외원단체도 설치인가를 받아서 할 수 있도록 하였다. 그
결과 1960년 24개소, 1,130명이던 탁아소는 1966년 116개소, 10,110명,
1970년 377개소, 29,906명으로 늘어났다.35)

한편, 시설수용 억제를 위해 육아시설의 신설과 육아시설로의 목적
변경도 금지되었다. 정부는 기존 육아시설은 직업보도, 부랑아, 장애
아를 위한 특수시설로 변경하여 운영할 것을 장려하고, 시설이 열악한
고아원은 폐쇄시켰다. 문제를 가진 아동만 시설에 남기고 건강한 아동
은 모두 가정으로 돌아가게 한다는 취지였다. 그러나 1960년대 후반까
지 시설수용 아동 수는 꾸준하게 늘어 1966년 7만 명을 넘어 같은 해
위탁이나 입양된 아동 8,079명에 비해 훨씬 많았다. 대다수 고아원이
개인소유였고, 시설장들은 자산이 되는 시설의 감축을 원하지 않았던
것도 큰 영향을 미쳤다.

국내입양 및 거택구호 강화는 1970년대까지 이어졌지만 크게 성과

---

33) 포천에서는 부랑아들이 땅과 먹을 것이 없어 서울로 되돌아 왔고, 서산의 경
    우 배급받으며 몇 년 동안 버티었지만 결국 폐촌위기에 처했다. 「정착사업지
    로 보내」, 『경향신문』, 1962년 5월 7일; 「浮浪의 마감' 또 속아」, 『경향신문』,
    1962년 5월 10일; 「서산 자활정착 사업장 폐촌의 위기」, 『경향신문』, 1968년
    7월 11일. 이에 대한 자세한 것은 김아람, 앞의 글 참고.
34) 1967년 당시 사회복지 관련학과 졸업생 중 복지분야 근무자는 50%가 채 되
    지 않았고 시설과 기관 종사자는 34%에 불과하였다. 최종도(보건사회부 아동
    계장), 「한국아동복리사업의 전망(하)」, 『동광』 11권 3호, 1967, 20~29쪽.
35) 최종도, 「아동복리사업의 방향」, 『동광』 67, 1974, 11쪽.

를 거두지 못했다. 여기에는 아동의 건전한 육성이라는 아동복지의 추구보다 실상 구호예산을 절감하려는 목적이 우선되었기 때문일 것이다. 정부는 버려지는 아동에 대한 문제를 산아제한의 가족계획, 혼혈아동의 국외입양, 연장아동의 이민으로 해결하려 하였다. 가족계획, 탁아사업은 부녀자의 근로고취, 유휴노동력의 활용을 위한 방편으로 자조자립을 강조하는 재건국민운동, 새마을운동과 맞물려 진행된 것으로 아동복지의 애초의 목적보다 경제성장 강조에 방점이 있는 것이었다.

1969년 CCF와 선명회 등 대표적 아동구호 외원단체가 1만여 명의 고아원조를 중단하기로 결정하면서 정부는 대책에 부심할 수밖에 없었다. 당시 보건사회부 전체 고아사업 예산으로 양곡·부식·생계비를 포함하여 불과 4억 3,000만 원밖에 확보하지 못한 상황에서 외원이 담당하던 원조가 끊기면 정부가 최소 3억 2,250만 원의 추가재원을 마련해야 할 형편이었다. 거택구호와 입양의 실적이 저조한 가운데 외원으로부터 자립할 수 있는 사회적 보호운동과 정책이 요구되었다.[36]

## 3. CCF의 아동구호 활동과 지원 내용

기독교아동복리회는 미국 장로교 목사 클라크(J.Calvitt Clarke)가 설립한 비영리, 초교파 아동구호기관이다. 중국 극동구호기관(New East Relief)과 국립맹아기금회에서 활동하던 그는 1938년 전쟁고아 및 빈곤아동을 돕기 위한 구호기관으로 중화아동복리회(China Children Fund,

---

36) 「올해 만여 고아원조 끊겨」, 『동아일보』, 1969년 1월 10일.

CCF)를 미국 버지니아주 리치몬드에 창설하였다. 그러나 1948년 후 중국의 공산화가 진행되면서 후원금이 제대로 전달되지 않게 되자 중국에서 철수하였다. 후원하던 아동을 홍콩으로 피난시키면서 해외사업 본부를 상해에서 홍콩으로 옮기고 지원영역을 한국, 대만, 마카오, 필리핀 등지로 확대해 갔다.[37]

제2차 세계대전 전후 등장한 미국의 자선단체들은 미국정부의 냉전정책에 편입되면서, 자신들의 자선과 박애를 미국 외교정책과 충돌하지 않는 '인도주의' 구호의 형식으로 전환하였다.[38] 당시 기독교는 미국에서 문화적 영향력의 정점에 서 있었고, 미국정부는 공산주의에 맞서기 위한 방편으로 기독교를 공적신앙을 발전시키려 하였다.[39] 트루먼과 아이젠하워 정권은 민간구호단체 특히 기독교 구호단체를 통해 냉전정책에 대한 국내 지원을 동원했다. 기독교적 가치와 미국을 동일시하는 '기독교 미국주의(Christian Americanism)'는 '훌륭한 기독교인이 훌륭한 미국인'이라는 신념으로 미국 교회와 정부, 언론의 장려 속에 광범위하게 확산되었다.[40]

클라크는 애국을 주제로 자주 설교하면서 애국심을 기독교와 동일시했던 대표적인 인물이었다. 한국전쟁이 발발하자 그는 한국은 민주주의가 공산주의에 대항하는 자리가 될 것이며 미국이 공산주의의 위협으로부터 자유세계를 지키기 위해, 기독교적 사랑의 실천을 위해 고

---

37) 『CCF38년사』, 51~53쪽.
38) 한봉석, 「인도주의 구호의 '냉전적 기원'-1950년대 주한케어(C.A.R.E.)의 우유 급식사업과 '푸드 크루세이드'(Food Crusade)-」, 『사이間SAI』 28, 2020, 53쪽.
39) William Inboden, *Religion and American Foreign Policy, 1945-1960*, (Cambridge University Press, 2008), p.29.
40) Arissa H. Oh, *To Save the Children of Korea*, (Stanford University Press, 2015), pp.79-80.

아들을 후원해야 한다고 하였다. 아동후원은 미국인들에게 민주주의
를 수호하고 기독교인다운 선량함을 실천한다는 자긍심을 주는 동시
에 한국에서의 미국의 역할을 긍정적으로 정립하는 데에도 도움이 되
었다.[41]

　한국전쟁은 CCF 사업의 중심을 한국으로 옮기는 계기가 되었다. 전
쟁 중 남한의 상황을 목도한 밀스(Verent J. Mills)는 클라크에게 한국에
대한 긴급구호를 요청하였다. 홍콩사무소 책임자였던 밀스가 1948년
10월 구세군사관학교 사령관 로드의 초청으로 방한한 이후, CCF는 구
세군후생학원,[42] 혜천원(구세군), 절제소녀관[43] 등 3개 시설 400명의
아동을 대상으로 한국에서의 첫 지원사업을 시작하였고, 이듬해 안양
기독보육원, 충북희망원을 추가하여 5개 시설을 지원하던 중이었다.
한국전쟁으로 광범위한 전쟁고아가 발생하자 CCF는 한국에서의 본격
적인 활동을 전개하기에 이른다.

　이에 1951년 2월 6일 명칭을 중화아동복리회에서 기독교아동복리회
(Christian Children Fund)로 변경하고 본격적인 한국에서의 지원사업을
시작하였다. 홍콩과 일본에서의 활동에 이어 한국에서의 아동구호를
위해 UN 및 한국민사원조처(KCAC) 등과 접촉하고 협의하였다.[44] 1951년
4월 부산에서 사워(C.A.Sauer) 목사를 위원장으로 한 CCF한국위원회를

---

[41] J. Calvitt Clarke Ⅲ, *Fifty years of begging:Dr. J. Calvitt Clarke and Christian Children's Fund*, (Archway, 2018), pp.224-230.

[42] 1918년 12월 일본인 고바야시의 재정후원으로 서대문구 평동에 고아 23명을 수용하면서 시작되었다. 1948년 10월 150명의 아동이 CCF로부터 지원받았다.

[43] 1948년 Ethel Underwood가 서울시 용산구 청암동 136번지에 대지 1,478평에 75평의 2층 벽돌 건물을 사재로 마련하여 소녀 7명을 수용하고 기독교절제소녀관으로 창립함과 동시에 CCF에 가입하였다. 이듬해 Ethel Underwood Girl's Home으로 명칭을 변경하였다. 현재 사회복지법인 에델마을.

[44] V.J. Mills to Dr. Clarke, 11. Feb. 51., 19. Mar. 1951.

구성하고 육아시설 가입 추천업무를 수행했다.[45] 한국에서 선교와 복지사업을 선도하던 기독교세계봉사회(CWS), YMCA, YWCA, 구세군, 호주장로교, 캐나다연합교회, 미장로교의 리더들로 구성된 자문위원회가 이를 도왔다.[46]

휴전 후 지원 시설은 더욱 늘어나 현장감독관 애즈버리(William F.Asbury)에 따르면 1953년 5,150명을 지원했는데, 이는 당시 UNKRA가 아동구호를 위해 할애한 예산에 해당하는 금액과 맞먹는 규모였다. KACA가 쌀, 의복 등 현물을 지원하면서 현금을 지급하지 않았던 것에 비해 CCF는 현금을 지원함으로써 시설에서 필요한 것을 살 수 있었다.[47] 지원시설은 1954년 65개 시설 7,880명으로 확대되었고, 같은 해 12월 CCF사무실을 서울로 이전하였다.

CCF한국지부는 이사회 아래 CCF한국지부장, 총무로 이루어지는 단순한 조직이었다. 1954년 알렌 시틀러(Arlene Sitler)가 1대 한국지부장으로 부임한 이래 1970년까지 모두 외국인이 지부장을 맡았고, 1970년 6월 송윤규가 한국인 최초 지부장을 맡은 이래 이후 어린이재단으로 이어진다.[48] 지부장 및 총무부에서 시설순방을 통해 시설의 신규가입 또는 종결을 결정하였고, 실무부서로 총무 아래 서신실, 기록실, 서무

---

45) CCF한국위원회 위원으로 아펜셀러(H.D. Appenzeller), 피치(George A. Fitch), 레인(H.W.Lane), 아담스 (Edward Adams), 언더우드(John T. Underwood), 오긍선, 이용설이 위촉되었다. 초대총무는 노진박이었다(이배근, 「한국어린이재단 시설복지35년의 소고 및 전망」, 『동광』 80, 1983, 14쪽).
46) William F. Asbury to Dr. J. Calvitt Clarke, Sep. 17, 1953.
47) Ibid.
48) 1대 Arlene Sitler(1954.3-1955.10), 2대 Ernest T. Nash(1955.10-1958.11), 3대 William H. Henry(1958.11-1962.3), 4대 James C. Hostetler(1962.3-1967.1), 5대 William J. Adames(1967.1-1970.6), 6대 송윤규(1970.6-1974.11), 7대 차윤근 (1974.11-1995. 한국어린이재단 초대 회장).

실, 경리실을 두었다.[49]

한편, 외원기관이라는 한계로 사업 수행에 법적 제약이 많이 따르자 항구적 사업전개를 위해 한국내 법인을 설립하기로 하였다. 1955년 6월 3일 '재한기독교아동복리회' 법인 설립총회를 개최하고 10월 15일 재단법인으로 허가를 받았다. "기독교 정신에 입각하여 부친 없는 아동 및 요구호 아동을 보호 부양하고 그들에게 교육을 부여함을 목적으로 한다"는 정관을 제정 발표하였다.[50]

CCF의 지원시설은 크게 육아원(고아원), 영아원(만3세 미만), 특수시설, 탁아소 및 기타로 구분된다. 1957년 CCF가 전세계에 지원하고 있는 시설 및 아동은 32개국 257개 시설, 20,624명이었다. 그 중 한국 내 시설 및 아동은 전체의 약 절반에 가까운 75개 시설, 9,786명에 달했다.[51] CCF가 지원하는 육아시설의 58%는 1948~1957년 사이에 설립된 것으로서 해방 후부터 휴전 후 4년까지의 기간에 가장 많이 설립되었고, 가입도 이 시기에 전체 육아원의 68%가 가입하였다. 영아원의 경우 1950~1953년 집중적으로 설립되어 1952~1953년 가입한 경우가 대부분으로서 전쟁으로 인한 응급구호의 성격이 더욱 짙다. 주변의 고아를 거둬 개인적으로 고아원을 시작한 기독교인들의 시설에 CCF의 지원이 시작된 경우가 많았다.[52]

CCF의 지원은 CCF에 가입한 아동구호시설에 있는 아동을 대상으로 한 것으로서, CCF와 아동구호시설은 상호간의 협약에 의해 가입체결

---

49) 『CCF38년사』, 189쪽.
50) 창립총회 위원장 오긍선, 법인 이사장 노엘 브라가(Noel Braga), 밀스, 오긍선, 한경직, 서병호(경신학교 교장)가 초대 이사로 선임되었다.
51) 『CCF38년사』, 121쪽.
52) Edmund W. Janss, *Yankee Si the story of Dr. J.Calvitt Clarke and his 36,000 children*, 1961, pp.85-86.

을 확인하고 수용아동 전체 혹은 부분에 대한 아동별 후원금을 받는
형태였다. 후원자가 양부모가 되고 아동이 양자녀가 되는 형태의 일대
일 결연방식(Sponsorship System)이었다. 1951년 아동 1인당 월 2달러로
시작하여 차츰 4달러가 보통이었고, 간혹 6~8달러씩 지급되기도 하였
다. 1957년 대개 월 7달러 50센트 정도였다. 1969년 월 12달러까지 상
승하였는데, 후원자는 형편에 따라 전체후원이 아닌 일부금액을 지원
할 수도 있었다. 보조금은 매월 정기 보조금 외에 후원자가 아동에게
직접 사용하도록 용도를 지정해 보내는 특별축하금이 있다. 특수 목적
의 특별사업비, 시설 건축을 위한 지원금 등의 특별복지기금, 아동의
만성질환 치료 및 수술 등의 의료복지기금과 분유 지급같은 물품 지원
도 이루어졌다.[53]

CCF는 새로운 시설을 지원할 때마다 가입시설과 협약을 체결하고
상호 간 역할과 의무를 문서화 하였다. 하지만, 재정적 지원을 받으니
만큼 시설에서 지킬 협약의 내용은 CCF가 할 것보다 훨씬 많았고 구체
적이었다. 협조사항이었지만 CCF는 지원받는 시설들의 운영 상태를
분기별로 평가하여 신규가입 및 협약종결을 결정하였기에 강제적 성
격의 의무사항이 많았다. CCF 측의 협약사항으로는 전문적 프로그램
개발, 모든 아동의 결연을 위한 노력, 시설 직원 훈련과 교양 목적의
강습회 및 세미나 개최, 서신 번역 업무 등이 있었다. 이에 비해 시설
에서 지켜야 할 사항은 훨씬 많았는데, 우선 CCF의 지원에 적합한 아
동가입기준을 만들어 제출하고, 규정양식에 맞는 서류를 구비해야 하
며 후원자에게서 온 편지나 선물, 현금에 대해 4일 이내 감사편지를
작성해야 했다. 아동신상의 변화가 생길 경우 즉시 신고하여 후원아동

---

53) 어린이재단, 앞의 책, 77~80쪽.

을 교체하고 후원자와의 연락은 지부를 통해서만 하도록 하였다. 보조
금은 아동양육에만 직접 사용하며 관리비로 사용하지 않고, 다른 어떠
한 '후원자 관계' 형식의 원조를 받는 것도 금지했다. 시설은 연간 예산
안 및 재정상황을 제출해야 했고, CCF 직원이 가입아동의 부재 여부나
수혜상황을 점검할 때 협조해야 하고, 훈련과 교양 목적의 CCF회의·
강습·세미나에 참석해야 했다. 또한, CCF와 시설 간 이해관계로 문제
가 발생했을 경우 CCF를 상대로 손해배상청구소송을 제기하여 CCF가
피해 받는 일이 없도록 해야 하고, 소송경비든 배상금 관련이든 그 밖
의 재판에 대한 어떠한 손실이나 지출피해를 CCF가 입지 않도록 한다
는 것이 명시되었다.[54]

특히 CCF는 후원자와 아동 간 친밀한 유대감 형성을 위한 서신교환
을 강조하였다. CCF를 매개로 하여 후원자와 아동 간 후원금이 전달되
는 결연방식이었기 때문이다. 아동 입장에서는 도와주는 후원자에게
감사의 마음을 가시적으로 보여주는 것으로써, 후원자에게는 정신적
만족과 지속적 후원을 유도하는 수단으로서 편지가 이용되었다. CCF의
지원이 종결되기 전 15년간의 통계를 보면, 후원자 1명이 1년에 평균
0.97통의 편지를 결연아동에게 보낸 것으로 나타난다. 후원자가 편지
를 보내지 않아도 후원에 대한 감사편지는 의무적이었다. 편지에는 아
동의 가정·학교생활, 특별한 흥미, 지역 풍습 등이 표현되도록 하였으
며, 분노·비관·부정적 내용이나 정치적·군사적 견해는 피하도록 하

---

54) "CCF와 가입시설은 본 협약서에 규정된 바에 따라 CCF가 시설에 원조를 제
공한다는 전제하에 상호협약을 체결할 것을 희망한다. CCF와 시설 간 정식
관계의 합법성은 본 협약서에 의거하여서만 인정된다. 시설은 CCF의 대행기
간이 아니다. CCF와 시설은 서로 독립적이다. 시설은 CCF를 대신하여 어떠
한 협정을 체결하거나 여하한 형태로든지 CCF를 구속하거나 담보로 저당할
권한이 없을 뿐 아니라 할 수도 없고 하지도 않을 것이다."(시설협약서 전문).

였다.55)

후원자의 국적은 미국이 90% 이상으로 압도적이었고 캐나다, 독일, 호주 등이었다. 후원자들은 가정주부가 가장 많았고, 학생, 간호사, 사무직, 교사의 등이었다. 후원자들의 편지 속에 나타난 후원동기를 보면 인류애, 동정, 기독교적 사랑 등의 표현이 보이는데, 호기심이나 외로움이 계기가 되기도 했고, 시혜적 태도나 선민의식이 나타나기도 하였다. 기부를 통한 세금혜택도 후원요인이 되었다. 오랜 기간 서신왕래를 하던 중 입양하는 경우도 종종 있었다.56)

한편, CCF의 지원은 이미 설립된 시설을 CCF에 가입시켜 아동 일인당 일정액을 지원하는 형태였는데, 몇몇 직영시설도 있었다. 부산보건원,57) 부산 라이트하우스,58) 남북애육원59)이 직영시설의 대표적인 경

---

55) 『CCF38년사』, 129~131쪽.

56) 『CCF38년사』, 122쪽. CCF가 해외입양을 본격적으로 전개한 것은 아니지만, 후원자와의 관계 속에서나 여타 프로그램을 통해 입양이 나타나기도 한다. 이 글에서는 국내아동 지원에 대해서만 다루고 해외입양에 대해서는 별도로 연구하기로 한다.

57) 1955년 1월 부산시 초장동에 설립하여 주로 장기치료와 요양이 필요한 시설 아동의 결핵치료를 담당하였다. 1957년 부산 아미동에 건물을 매입한 데 이어 1962년 암남동 대지 1만 3,223㎡를 매입하여 1964년 11월 75개 병상을 갖춘 현대식 병원을 준공하였다. 1966년 1월 비영리기관으로 개설허가를 받아 명칭을 부산아동회복원으로 변경했다. 1971년 부산아동자선병원(원장 송윤규)과 합병하고 부산아동병원으로 명칭을 변경했다. 어린이재단, 앞의 책, 38~40쪽.

58) 사워로부터 시각장애인 지원활동을 제의받은 밀스가 클라크에게 요청하여 캘리포니아 주재 한콕재단(Hancock Foundation)으로부터 1만 달러를 지원받아 맹아시설로 설립하였다.

59) 1951년 홍성유가 설립 후 1953년부터 CCF에 가입해 지원을 받다가 1962년 5월 CCF한국지부의 직영시설로 전환됐다. 1955년 3월 CCF와 AFAK의 지원으로 서울 상도동에 15개 동을 신축해 본격적인 소사제도(小舍, Cottage System)로 운영하였다. 1965년 원내에 상은유치원을 병설하여 지역 내 미취학 아동들이 입학하였고, 1980년 영등포구 도림동 소재 영진직업보도소를 인수하여

우이다. 특히 남북애육원의 경우 일반가정과 같은 옥내구조로 적당한
간격으로 떨어져 있는 단독 건물 안에 1명의 보모와 10명 내외의 아동
들로 생활하는 소사(小舍)제도로 운영되었으며, 이후 다른 시설들도
소사로 전환하도록 권장하였다. 안양기독보육원,[60] 한국보육원,[61] 충
현영아원,[62] 대전 천광원(맹아시설), 충북 광화원(맹아시설), 호성보육
원, 익산시온원 등은 시설 건립, 건물 매입 등의 지원을 받았다.

　1960년대에도 시설수용아동 수는 줄어들지 않았다. 이 시기 아동들
은 전쟁고아보다 빈곤과 가정문제로 버림받은 아이들이었다. 유기되
는 아이들은 전쟁직후보다 오히려 증가하였다. 더욱이 1960년대 들어
서면서 가출아동이 기하급수적으로 증가하였는데 그 원인은 빈곤이었
다.[63] 아동구호시설에 집중되는 후원금은 가정보다 환경이 나은 고아
원으로 부모가 아이를 맡기는 관행을 낳기도 하였다. 가난한 부모들은

---

직업교육을 병행하였다. 시설보모와 어린이집 보육교사 훈련프로그램을 실
시하여 사회복지종사자 훈련기관으로 공식 지정받았다. 초기에는 유니세프
의 지원을 받아 교육이 실시되었고, 지원이 중단되면서 서울시의 지원을 받
아 서울사회복지교육원으로 운영되었다. 위의 책, 35~38쪽.
60) 오긍선이 설립한 기독보육원은 한국전쟁 후 CCF가 1,500달러를 투자하고
KCAC가 시멘트와 목재를 기증하여 온돌 등의 한국식 건축양식을 적용하여
신축하고, 소사제도로 운영하였다. Willam F. Asbury to Dr. J. Calvitt Clarke,
Sep.17, 1953.
61) 한국보육원은 Russel L.Blaisdel, Dean Hess의 'The kiddycar Airlift' 작전으로
유명하다. 클라크는 이에 대대적인 홍보를 통해 후원자를 모았고, 1951년 11월
363명이 CCF의 후원을 받았다. 이 유명한 일화로 고아 35명이 미국으로 건너
가 직접 영화에 출연했고 ("Battle Hymn"), 1958년에는 40명의 고아들이 홍콩
CCF의 초청으로 홍콩을 방문했다.
62) CCF와 후원자 1명이 충현에 별관을 건축하는 것을 지원하였는데, 이 별관은
외국에 입양 보낼 혼혈아동의 수용을 위한 것이었다. Edmund W. Janss, p.84.
63) 통계를 보면 유기아동은 1957년부터 1960년까지 매년 2천 명 이상, 1961-1962년
은 매년 4천 명 이상 발생하였다. 가출아동은 1960년 3,090명에서 1964년
29,652명으로 1960년대 중반 정점에 달했다. 『보건사회통계연보』.

먹이고 입히고 공부할 수 있는 고아원에 아이를 맡기고 아이가 커서 일을 할 수 있을 때 찾아갔다. 이러게 맡겨진 아동은 '기숙아동(boarding children)'으로 불렸다.[64]

이에 가정안정이 요구호 아동을 지원하는 데 우선되어야 한다는 인식이 확산되었다. 가정의 경제적 안정을 통해 시설보다 가정에서의 양육이 가능한 방법이 모색되었다. CCF한국지부는 본격적인 가정복지사업을 위해 거택구호사업(Family Helper Project)을 시작하기로 하고 아펜셀라어린이회(Appenzeller Children's Project)를 조직하여 1963년 4월 서울분실을 설치하고 차츰 지역을 넓혀갔다. 450명의 아동이 미국 후원자들과 결연을 맺는 것을 시작으로 1965년 인천에 분실을 설치한 데 이어, 1967년까지 전국에 14개 아센셀라어린이회를 직영하며 서구식 사회사업 방법론에 의한 운영을 시도했다. 이는 CCF의 사업이 구호사업에서 사회사업으로 전환되는 계기로 작용했다.[65]

이는 앞서 살펴보았듯이 1962년 정부의 '거택구호' 방침과 부합하는 것이었다. 정부는 외원단체의 시설 지원을 점차 줄이고 주로 거택구호에 사용되도록 하였다. 이에 따라 CCF는 사회복지전문가의 도움을 받아 사업을 계획하고 경제적 이유만으로 아동을 포기하려는 부모를 돕고 아동의 교육이 지속되도록 하는 데 목표를 두고 거택구호 사업을 시작하였다.[66] 때문에 명칭도 정부 시책과 사회 흐름에 따라 '아펜셀라 어린이회 ○○분실'에서 1968년 '거택구호○○분실', 1975년 '○○사회복지관'으로 바뀐다. 1968년 당시 전국의 분실은 도청이나 시청 혹은

---

64) 카바40년사편찬위원회 편, 앞의 책, 114~115쪽.
65) 김석산, 「한국어린이재단 35년간의 가정복지사업에 대한 고찰과 전망」, 『동광』 80, 1983, 47~50쪽.
66) 하스테틀러, 「거택구호사업을 시작하면서-CCF사업의 일환으로」, 『동광』 7권 1호, 1963, 4~6쪽.

시민회관 내에 설치되어 정부방침과 연계하고 있음을 알 수 있다.[67] 다만, 1962년 클라크 내한 시 시설보호를 계속해야 한다는 입장을 견지하면서 CCF는 시설구호를 중단하지 않았고, 1967년을 정점으로 시설 수를 감축해갔다.

아펜셀라어린이회는 양친사망, 한부모가정, 부양의무자가 환자인 빈곤한 가정의 아동이 시설에 수용되는 것을 방지하기 위해 매월 정기적으로 학비 및 생계비를 지원하였다. 케이스워커라 불리는 사회복지 담당자가 일정수의 가정 및 아동을 담당하여 현금을 지원하고 아동에게 직접적으로 사용되는지 관리하였다. 1968년 대전복지관 통계상 1인당 월 후원 금액은 1,620원이었는데, 이는 당시 백미 두말을 살 수 있는 비용이었다. 케이스워커는 경제적으로 빈곤한 가정의 아동이 무료로 치료를 받을 수 있는 길을 주선하기도 하였고, 각 지부에 조직된 신용협동조합을 통해 보조금 입금과 자립자금 마련을 위한 재원을 융자받게 하였다. 재정, 교육, 의료 등의 가정문제 상담을 통해 가정의 안정과 구성원들의 자립심을 길러주는 것을 노력하였다.[68]

CCF는 지원이 필요성이 잘 드러나게 하기 위해 거택구호 후원자에게 보내는 아동의 소개서에 아동의 내력을 자세히 적고 반드시 사진을 첨부하였다. 또, 후원자와 아동 간 일대일결연이라는 특징을 들어 CCF의 지원을 받는 아동이 다른 결연사업기관에 이중으로 가입할 수 없도록 하였다. 아동은 일반적으로 고등학교 교육을 마치고 자립할 수 있는 연령인 만 18세까지 지원을 받을 수 있었다. 그러나 취업, 생활향상 등으로 더 이상 도움이 필요 없거나 이사, 무단가출, 기타 이유로 도움을 계속 받을 수 없을 경우 교체되었다.

---

67) 『CCF38년사』, 94~95쪽.
68) 위의 책, 97~100쪽.

가정 중심의 지원을 위해 시작한 다른 사업은 탁아소 지원이다. 소
득수준이 낮은 빈곤가정의 맞벌이 부부나 한부모가정 자녀들을 대상
으로 1964년 부산 애린탁아소와 서울 구세군탁아소 지원을 시작으로
전국 37개 탁아소 아동에게 매월 보조금을 지원하였다. 37개 탁아소는
1966년 당시 전국 116개 탁아소의 32%에 해당하는 것이었다. 1967년
재단법인 인가를 받은 정의원의 경우 당국으로부터 아동 1인당 5백 원
의 보육비를 부모로부터 받도록 허가받았지만, 납부하는 아동은 절반
도 되지 않는 실정이었다. 이러한 때, CCF의 탁아소 지원금은 운영에
큰 도움이 되는 것이었다. 탁아소 지원은 여타 외원의 지원이 거의 없
는 가운데 CCF의 지원이 월등했다.[69]

한편, CCF는 거택구호를 시작하면서 한국인 전문가 양성 및 교육에
도 관심을 기울였다. 구호중심에서 나아가 전문적인 아동복지사업을
도모하기 위해 사회복지학을 전공한 전문가를 채용하였다. 아펜셀라
어린이회 시작 당시 서울대학교 사회사업학과 1회 졸업생이 업무를
담당함으로써 아동복지의 전문화를 꾀했다. 본부에는 가정복지사업의
계획 및 평가, 집행의 책임을 담당할 가정복지부장을 사회복지전공자
로 임용하였다. 1968년부터 본부조직에 총무 외에 아동복지조정관 제
도를 두어 아동복지 관계 업무를 전담토록 하였다. 사회복지를 전공한
전문가와 더불어 보건사회부에 근무하던 인물들도 합류하면서 인적
보강이 이루어졌다.[70] 지원받은 아동이 성장하여 사회복지사 내지 시
설 종사자가 되는 경우도 있었다. 1969년부터 '보육교사강습회'를 실시
하여 보육지침을 배부하고 교육함으로써 시설종사자들의 자질향상에

69) 위의 책, 303쪽.
70) 보건사회부에서 근무하던 천영수는 1967년 아펜셀라 순천분실장으로, 최종
도는 1976년 아동복지 조정관으로 부임한다. 김석산, 앞의 글, 71~72쪽.

도 노력하였다.[71]

 CCF 외에 양친회, 캐나다아동구호재단, 기독교세계봉사회 등도 거택구호에 현금을 지원하였는데, 양친회와 더불어 CCF의 지원액이 가장 많았다. 그러나 외원단체의 거택구호실적은 1966년 9,160명 303,041,583원에서 1970년 10,718명, 375,718,220원으로 증가폭이 크지 않다. 외원단체의 거택구호에 지출하는 금액은 1969년까지도 시설구호의 1/3 수준밖에 되지 않았다.[72] CCF는 1968년 당시 거택구호로 8,700명의 아동을 지원하고 있었는데, 시설구호아동 수는 13,904명으로 거택구호 아동수보다 훨씬 많다. 시설구호가 여전한 가운데 거택구호가 시작되었지만 직영에 따른 비용 부담, 전문 사회복지사의 채용과 관리 등 갖춰야 할 것들이 많아 크게 확산되지 못했다.[73]

 사실 클라크는 거택구호에 부정적이었다. 시설에 대한 통제권을 포기하는 것에 양가적 태도를 보였다. 한국의 변화를 위험한 것으로 간주하였고, CCF를 위협하는 것으로 보았다. 그러나 이러한 그의 의견은 내부적으로 비판을 받았고, 최소 한국에서는 아동과 가족을 돕기 위한 프로그램이 추진되었다. 비록, 아동과 가정의 완벽한 자립으로 나아가는 데까지 이르지는 못했지만 이러한 CCF의 변화는 향후 다른 나라의 구호에도 적용되었다.[74]

---

71) 「소식: 동광뉴스」, 『동광』 90, 1970, 52쪽.

72) 최종도, 「兒童福利事業의 方向」, 『동광』 67, 1974, 14쪽.

73) 14개 지역 분실 개설 이후 운영과정에서 인사, 재정, 행정 측면의 여러 문제점이 노출되면서 1971년까지 인천, 목포, 군산, 순천, 부산, 대구, 제주 7개 분실이 폐쇄되었다. 이후 다른 법인이 운영하는 사회복지관을 재정적으로 지원함으로써 직원 직접 채용이나 사무실 운영하지 않는 지원사회복지관제도를 운영하였고, 1970년 들어 대도시 빈민지역에 집중하여 사회복지관을 늘려갔다. 어린이재단, 앞의 책, 53~54쪽.

74) J. Calvitt Clarke Ⅲ, op. cit., pp.245-246.

1960년대 후반 외원단체들의 철수가 논의되는 가운데 CCF는 한국에
대한 원조를 차츰 줄일 준비를 하고 있었다. 시설수용 지원 위주에서
다른 사업으로 전환해가는 가운데, 아동복지조정관이었던 송윤규가
1970년 한국인 최초 CCF한국지부장으로 선임되었고, CCF한국지부에도
많은 변화가 시작되고 있었다.

## 4. 1960년대 아동복지의 성격과 문제의식

1953년 CCF의 지원을 받는 시설원장들을 중심으로 CCF한국연합회
가 결성되었다. 각 지방별 대표와 임원 등 7명 내외의 실행위원회로
구성된 연합회는 1967년 전국 110개 시설이 참여하는 대규모 조직으로
발전하였다. 연합회는 아동복지 세미나 및 전문가 초청 특강 등을 통
해 정보와 자료를 공유하고, CCF 후원자에 대한 우편물 및 홍보물 발
송을 지원했다. 아동복지사업의 동향을 파악하고 이를 알리는 역할도
수행했는데, 바로 1957년 1월 창간한 잡지 『동광』의 발행이었다. CCF
연합회 회장이던 오긍선은 창간사를 통해 "후원의 손길에만 만족할 것
이 아니라 자급자족에 노력을 기울여 우리들 사회사업가의 자존심을
잃지 않아야 할 것이며, 이 동광을 통하여 서로가 배우고 연구하여 결
격을 제거하는 데 힘을 얻고자 하는 바"라고 하여 자립을 위한 연구의
목적을 분명히 하였다. 아동복지에 대한 전문적 논문뿐만 아니라 사회
사업 상호 경험 공유, 칼럼과 문학, CCF한국지부 및 연합회 소식까지
게재하여 지식 교류와 복지 증진에 역할을 하였다. 특히, CCF연합회
회원뿐만 아니라 여타 아동시설운영 담당자들의 글이 많이 실려 있어
현장의 분위기를 파악하는 데 유용하다. 또한, 보건사회부 아동담당

공무원이 정부의 정책을 소개하거나 문답을 통해 설명함으로써 정부와 사회복지현장을 매개하는 역할도 하였다. 『동광』을 통해 1960년대 아동복지의 특징을 살펴보면 다음과 같다.

첫째, 전적으로 외원에 의존하는 아동구호의 형태였다. 전후 절대빈곤의 한국에게 외원단체의 지원은 즉각적이고 실질적인 도움이 되었다. 현실적인 구호는 이후 아동복지체계를 구축하는 데 재정적 밑바탕이 되는 동시에 학문적으로도 영향을 미쳤다.

외원의 활동은 응급구호 중심의 시혜주의적 방식으로 작동하였다. 원조에 기반한 '사회사업'은 그것이 지속적으로 시혜적 영역이라는 인식을 확산시켰다.[75] 당연하게도 이후 외원단체의 철수는 아동구호 및 복지활동이 사회적 시스템에 의해서 작동되는 것이 아니라 여전히 시혜적 차원에 머물게 하는 한계를 가져온다. "도움을 받는 사람이 필요로 하는 것을 도외시하고 자기들의 흥미나 관심에 따라 갖다 안겨주는 식"이어서 "그 도움을 받아 과연 얼마나 자립하게 되었느냐"고 반문하는 까닭이 여기 있었다.[76]

또한, 단체수와 규모면에서 압도적이었던 미국 외원단체의 구호프로그램은 미국주도의 세계질서 재편이라는 미정부의 정치적 의도를 실질적으로 가능케 해주는 역할을 하였다. 대부분 기독교 신앙에 기반한 이들의 활동은 아동시설에서 기독교 교육을 강조하거나 종교에 따른 구호의 차별을 드러내기도 하였다.[77] 창립자 클라크와 후원자들 대

---

75) 정근식·주윤정, 「사회사업에서 사회복지로: '복지' 개념과 제도의 변화」, 『사회역사』 98, 2013, 24쪽.

76) 「民間外援 韓國의 썰물 기독교봉사회 撤收계기로 살펴본 問題點」, 『동아일보』, 1971년 6월 5일.

77) 김형태, 「육아시설에서의 기독교 교육」, 『동광』 13권 3호, 1969, 6~11쪽; 셜리 프레즐러, 「어린이 성경 공과 교수법」, 『동광』 13권 4호, 1969, 5~12쪽.

부분 기독교인으로서 후원아동이 성경교육받기를 원했고, 이것은 CCF 가입시설 원장들에게 환영받으며 대부분의 시설들에서 종교교육이 이 루어졌다. CCF 2대 총재였던 캠프(Verbon E.Kemp)가 CCF연합회 총회 시 당부한 사항은 종교교육의 고양이었고, 아펜셀라어린이회는 종교 가 다르다는 이유로 지원을 중단해 비난을 받았다.78)

이러한 배경아래 불우한 자신의 처지와 비교되는 '잘사는 나라 미국 의 선한 기독교인 후원자'의 이미지는 CCF한국지부장이었던 하스테틀 러(James C.Hostetler)가 말했듯 후원받는 아이들에게 "The Great White Father"로 비춰지면서 미국에 대한 환상과 동경을 심어주었고 미국문 화와 기독교에 대한 영향력이 확대되는 계기로 작용하였다.79) CCF가 강조한 서신교환을 위해 후원에 대한 편지를 어떻게 써야 하는지 아동 에게 가르치는 것은 시혜에 대한 감사의 종용이라 할 것이다. 그리고 이것은 후원자와 아동 모두에게 어떤 식으로든지 건강한 관계는 아닐 것이다.80)

미국중심의 원조는 여타 분야와 마찬가지로 미국의 영향력이 확대 되는 계기로 작용하면서 미국식 사회사업 이념이 자리잡게 되었다. 거 택구호를 실시하는 과정에서 케이스워커들은 개인의 생활의욕을 일으 켜주고 자립정신을 고취하며 "팔자소관"이라는 생각을 바꿔 "계획적이 고 신념있는 생활을 하도록 한다"고 하였다. 이는 결국 빈곤과 같은 사 회구조적 원인을 개인문제로 접근하는 방식으로서 미국식 사회사업의 특징을 드러낸다.81)

---

78) 「종교달라 구호 중단」, 『경향신문』, 1967년 11월 13일.
79) J. Calvitt Clarke Ⅲ, op. cit., p.223.
80) 강은숙(CCF번역실장), 「후원자와 편지-감사편지는 정성껏」, 『동광』 7권 1호, 1963, 57~60쪽.
81) 이건우, 「워커수기」, 『동광』 11권 2호, 1967, 54~57쪽.

둘째, 실질적으로 시설아동들이 겪는 고아, 부랑아에 대한 사회의 냉담과 편견 문제이다. 전통적인 유교적 가부장제하에서 아동의 양육은 전적으로 가정 내의 문제였다. 한국전쟁으로 수많은 고아 및 기아, 혼혈아가 나타났지만, 이들에 대한 구호는 가정으로 수렴되지 못했고, 시설보호의 형태가 가장 많았다. 그러나 이들에 대한 사회의 시선은 따뜻하지 않았다. 시설아동들이 "인간동물원"에서 일방적으로 육성되어 불만불평이 포화상태이며 책임감이 없고 불량함이 몸에 배었다고 하였다.[82]

'보여주기식'으로 방문하는 후원자들의 자선에 기댄 시설에서 생활하는 아동들은 자선에 감사하는 마음과 동정적 시선에 대한 불편함을 동시에 가지며 일반가정의 아이들과 확연히 비교되는 생활격차로 학교생활에 적응하기 힘들었다.[83] 더구나 이들이 취학하거나 취업할 때는 그 문제가 더욱 심각하게 드러났다. 제대로 된 교육을 받지 못한 아이들은 취업준비 또한 되어있지 않은 채 사회에 내몰렸고, 군 제대 후에도 갈 데가 없어 시설로 돌아오는 지경이었다.[84]

정부는 시설에 있는 12세 이상 아동을 대상으로 직업보도시설을 통해 취업을 대비한다고 하였지만, 1965년 당시 전국 13개 국공사립 시설에 수용된 인원은 대상인원의 절반에도 못 미치는 상태였고, 이곳에서 교육을 받고도 취업 기회를 얻기는 어려운 형편이었다.[85]

1966년 CCF 산하 73개 시설 10세 이상 아동 610명을 대상으로 실시한 조사에서 아동들이 가장 힘들어하는 것은 시설에서 지내는 현재의

---

82) 권순영, 「보육원아와 비행소년」, 『동광』 7권 1호, 1963, 29~31쪽.
83) 「복남이의 넋두리-보육원, 학교, 사회」, 『동광』 7권 3호, 1963, 33~35쪽.
84) 김해득, 「우리원 설계: 새사람이 되자」, 『동광』 9권 1호, 1965, 41~44쪽.
85) 장규식, 「직업교육의 현황과 전망」, 『동광』 10권 1호, 1966, 4~9쪽.

불편함이 아니라 장래문제였다. "갈 곳이나 받아주는 곳이 세상에 없다", "사회에 나가 혼자 살 자신이 없다", "어떻게 직업을 구할지 모르겠다", "장래문제를 의논하거나 지도해주는 사람이 아쉽다"는 응답 속에서 고아들의 미래에 대한 불안감과 사회진출의 고민을 엿볼 수 있다.86)

『동광』에는 시설에서 성장한 아동의 소개가 간혹 보이는데, 모범사례로 선정된 것이 분명한 이들의 모습은 파독간호사, 미국입양, 월남 파병 군인으로 나타난다.87) 시설아동의 사회로의 진출이 쉽지 않았음을 단적으로 보여준다 하겠다.

셋째, 아직 아동복지에 대한 인식과 제도가 정리되지 않았다. 인도적 차원에서 시작된 고아원 운영이 사업화되면서 각종 비리가 횡행하였다. 아동 한 명 당 정해진 후원금을 지원하는 프로그램은 고아원 원장들로 하여금 최대 숫자의 아동을 계속 명단에 올리게 하였다. 고아원 근처에 사는 아이들을 명단에 끼워 넣어 숫자를 부풀리기도 했기에 원조기관은 명부를 가지고 나와 사진과 대조하거나 야간에 와서 신발을 헤아려 보기도 하였다. 시설원장이 기부 받은 음식과 옷을 암시장에 내다 팔고 아동들에게 노동을 시키는 등의 부정행위로 이득을 챙기는 경우도 있었다. 자체 재단수입은 없으면서 구호물자를 받는데 수완을 발휘하여 외원에만 의존해서 시설을 경영하는 사회사업가들을 일컫는 "고아원 갑부"라는 용어가 유행하였다.88) 군산의 영아원 원장은 정부 및 CCF의 지원금을 횡령하고 원아 45명을 영양실조로 사망케 하

---

86) 이진삼, 「기독교아동복리회 산하 시설의 아동 양육에 대한 문제점」, 연세대학교 연합신학대학원 석사학위논문, 1967.
87) 「편지: 원 출신자들의 소식」, 『동광』11권 2호, 1967.
88) 「孤兒와 福祉」, 『조선일보』, 1960년 12월 11일.

여 유기치사, 업무횡령 등으로 구속되었다.[89] 정부와 CCF, 인근 미군 부대로부터 정기적 지원을 받던 양주 한일보육원에서는 90여 명의 고아들이 원장의 횡령과 저급한 처우에 집단 탈출하는 일도 있었다.[90] 한국고아원장들의 비리행위뿐만 아니라 외원단체에서 후원금을 횡령하는 일도 있었다.[91]

아동복지에 관한 뚜렷한 지식이나 사회적 합의, 제도 및 규정이 구축되지 못한 상황에서 개인에 의해 난립한 시설의 문제가 드러났고, 때문에 사회적으로 물의를 일으키는 상황들이 야기되는 형편이었다. 개인적으로 운영되는 시설과 시설장들의 부패는 정상적인 아동복지로의 발전과 정당한 정책요구를 가로막는 요인으로도 작용했다.

넷째, 아동복지에 대한 문제의식이 제기되기 시작하였다. 외원기관에 의존하는 비중이 높고 아동복지에 대한 인식도 아직 정착되지 못한 채 문제적 사건도 많았지만, 1960년 중반 이후 아동시설 종사자들과 사회복지 전공자들을 중심으로 고민과 문제의식이 싹트기 시작한다. 이 시기는 아동복지에 관한 인식이 채 정립되지 못한 가운데 아동복지관의 확립과 제도화에 대한 모색이 시작되는 혼재된 양상을 보인다. 아동복지에 대한 학문적 윤리적 의식이 결여된 열악한 시설구호의 현장과 아동복지관의 정립과 확산을 모색하는 노력이 공존한 시기라고 할 것이다.

우선적으로 아동시설 관련자들은 스스로의 윤리의식을 제고할 것을 다짐하였다. 일각의 횡령, 밀수 등의 비리행위로 사회사업이 지탄을

---

89) 「二年동안 45명 굶어죽게한 혐의」, 『동아일보』, 1963년 7월 26일.
90) 「90여 고아들 집단탈출」, 『동아일보』, 1962년 2월 13일; 「蔡원장인퇴 결정」, 『동아일보』, 1962년 2월 14일.
91) 「32萬달라 가로채」, 『동아일보』, 1968년 1월 19일.

받고 있는 점을 지적하고 반성하는 가운데 사회사업가의 윤리강령을
제정할 것을 제안하고, 다른 나라의 사회사업가 윤리규정도 소개하였
다.[92] 또한, 사회사업 및 아동보육을 위한 철학적 모색도 시작하였다.
아직 사회복지라는 개념보다 사회사업이라는 말이 쓰이고 있는 초기
였지만 사회복지에 대한 개척정신을 강조하였다.[93] 나아가 사회사업
관련자들이 견지할 태도로서 충실한 아동시설의 운영을 강조하였
다.[94]

이를 위한 아동복지전문성이 요구되었다. 현장 보육교사들의 교육
을 비롯한 전문가 양성의 필요성을 인식하고 주장하는 한편, 사회복지
를 전공한 전문가들은 현장 직원들의 지도에 대한 실질적인 교육안을
제안하였다. 아동복지를 이해하고 실천할 수 있는 보모양성을 목적으
로 한 교육과 시설직원 훈련에 필요한 구체적인 방법이 제시되었다.[95]
시설에서의 교육방법과 방침, 건강 및 위생관리에 대한 논의도 이루어
졌다.[96]

무엇보다 외원단체 원조에서 나아가 한국인 사회사업의 자립이 강
조되었다. 외국원조가 아닌 한국민의 지지와 참여로 사회사업이 전개
될 때 한국사회사업이라 할 수 있을 것이라 하였고 "자선적 종교가들

---

92) 강만춘, 「사회사업가의 윤리문제-사회사업가 윤리강령의 제정을 촉구하면서」,
『동광』 7권 1호, 1963, 18~22쪽; 김만두, 「사회사업가의 윤리적 규정(미국편
소개)」, 『동광』 7권 1호, 1963, 23~28쪽.

93) 이영순, 「한국사회사업가의 진로」, 『동광』 21호, 1962; 노창섭, 「한국사회사업
의 철학적 모색과 그 문제점」, 『동광』 7권 3호, 1963, 7~11쪽.

94) 김득봉, 「사회사업과 우리의 태도」, 『동광』 5권 1호, 1961, 14~19쪽.

95) 김만두, 「보모훈련을 통한 아동복지」, 『동광』 7권 1호, 1963, 49~61쪽; 구자헌,
「施設職員現任訓練의 指導方法」, 『동광』 8권 1호, 1964, 29~35쪽.

96) 구자헌, 「아동복지시책 제언」, 『동광』 5권 1호, 1961, 20~25쪽; 정희경, 「보육
시설에 있어서의 카운슬링의 방향」, 『동광』 7권 1호, 32~37쪽; 조효섭, 「시설
아동을 위한 여가지도」, 『동광』 7권 1호, 38~42쪽.

에 의한" 것이 아닌 국민적 합의를 통한 사회사업의 자립을 촉구하였
다. 미국, 일본, 필리핀 등 해외의 선진적인 아동복지 현황을 소개하면
서 한국에서의 제도적 적용을 고민하였다. 원조에서 벗어나 자립하기
위해서는 미국의 사례를 추종하지 말고 한국의 풍토에 적용될 것을 찾
아야 할 것이라는 의견도 덧붙여졌다.[97] 주체적인 아동복지를 위해 일
관성 있는 훈련교육기관의 설립, 지역사회의 자원개발, 지역주민들의
공동모금활동도 제안되었다. 아동실습교육과 자립책으로 양계사업을
운영하는 시설을 소개하는 등의 자립방안도 꾸준히 이어졌다.[98]

자립과 관련하여 외원단체가 중점을 두었던 시설구호에서 탈피하여
아동, 가정, 사회 전체의 사회복지로의 전환이 도모되었다. 외원단체
는 그동안 '아동복지사업'보다 '육아시설사업'을 중심으로 역할을 해왔
음을 환기하면서 이제 시설중심에서 벗어나 아동과 사회전체의 복지
를 도모해야 한다는 주장에 무게가 실렸다.[99] 아동의 정상적인 성장을
위해 가정생활이 보장되지 못할 경우에 대한 대안이 강구되었고 가족
복지가 강조되었다.[100] 거택구호 담당자들의 사례보고가 다수 게재되
어 가족복지에 대한 관심을 제고시켰다.

이제 이전의 급박했던 '아동구호'에서 발전하여 '아동복지'에 대한 고
민과 연구가 진행되었다. 시설아동 관리에서 나아가 모든 아동에게
"튼튼하게 태어나 건전하게 키워지며 교육받을 권리, 정신적·도덕적
훈련받을 권리, 유희·오락을 받을 권리"가 있음을 인지하고 이를 위
한 연구를 착수하였다.[101] 이에 '어린이 독서', '충분한 놀이', '아동심리

97) 이신복, 「한국사회사업이 나가야할 길」, 『동광』 7권 2호, 1963, 4~9쪽.
98) 백근칠·이신복, 「가정 및 아동복지종사자 훈련회의참관기」, 『동광』 7권 1호, 1963, 7~11쪽; 김학묵, 「R형에게 드리는 글」, 『동광』 8권 1호, 1964, 5~9쪽.
99) 김만두, 「자립에의 자세- 외원의존의 탈피」, 『동광』 9권 1호, 1965, 13~19쪽.
100) 이명흥, 「아동복지사업과 가정의 위치」, 『동광』 7권 3호, 1963, 12~16쪽.

상담'이라는 제목하에 일반 아동 대상의 학습 · 심리 · 상담 · 건강 등의
아동학 관계 글들이 다양하게 게재되었다.

1970년 3월 『동광』은 통권 50호를 발행하면서 이를 기념하고 1970년
대를 맞이하는 방향을 설정하였다. 사회사업을 향한 비판의 수용과 개
선의 약속, 사회 변화에 따른 적응 · 발전, 시설 아동에게 더 효과적인
양육방안의 연구, 아동복지에 관한 학술자료 제공을 다짐하고 있다.
전쟁고아의 구제에서부터 시작된 구호가 아동복지에 관한 문제의식의
성장으로 이어지면서 다음 시대를 준비하고 있었다.[102]

## 5. 나가는 말

한국전쟁 후 고아대책은 전쟁고아를 시설에 보호하고 부랑아를 수
용하는 데 중점이 있었다. 정부는 넘쳐나는 고아의 수요를 감당할 수
없었고, 민간 독지가를 중심으로 고아원들이 세워졌는데, 영세한 이들
시설들은 주로 외원단체들의 후원에 의해 유지되었다. 전쟁으로 인한
외원의 응급적인 원조는 전적으로 구호의 성격이었다. 엄밀히 말해서
이 시기는 구호와 구제는 이루어졌지만, 아동복지정책은 시행되지 않
았다.

1961년 아동복리법이 요구호에 한정하여 제정되었다. 정부는 시설
구호에 들어가는 예산을 줄이기 위해 거택구호 · 국내입양 · 위탁보
호 · 정착 등의 대책을 내놓았지만 큰 실적을 거두지 못하는 가운데,

---

101) 함처식, 「아동복지의 전제」, 『동광』 6권 4호, 1962, 34~38쪽.
102) 양계석, 「서장: 동광의 방향 설정- 동광50호 발간에 즈음하여」, 『동광』 50권,
1970, 5~6쪽.

1960년대 말까지도 시설아동의 수가 위탁보호 아동의 수보다 월등하게 많았고 여전히 외원단체에 기댄 것이었다. 경제개발이 중심이 되면서 사회복지는 뒷전으로 밀렸다. 일각에서는 시설 종사자들의 비리로 사회의 지탄을 받았고, 여전히 시설출신 아동들의 취업과 사회로의 진출은 어려운 상태였다.

CCF의 활동은 전후 응급 구호에 많은 도움이 되었다. CCF한국지부는 초기 즉각적인 구호의 역할을 감당하고 한국의 아동복지관계자들과 영향을 주고받으면서 이후 한국어린이재단에 인계하고 철수하였다.

1960년대 중반 이후 빈곤으로 인한 가정붕괴가 기아발생의 원인으로 지목되면서 아동구호를 위한 전제로서 가정복지사업에 대한 관심이 증대되었다. 전쟁의 구호적 성격에서 나아가 복지로의 전환이 모색되기 시작하였다. 외원에 대한 의존이 여전한 가운데 아동복지관이 정립되지 못하고 있었음에도 불구하고 한국인 아동복지전문가들과 사회사업가들에 의해 초보적이지만 주체적인 아동복지에 대한 의식이 싹트기 시작한다. 사회사업가의 윤리의식 제고, 자립으로의 준비, 전문가 양성, 일반아동으로까지 확장되는 아동복지에 대한 고민들이 그것이다. 구호 중심의 현장 한편에서 아동복지 및 사회복지로의 확장이 도모되는 가운데 아동복지에 대한 문제의식이 조금씩 나타나고 있음을 볼 수 있다. 아직 제도적으로 확립되지는 못하였지만, 이러한 문제의식이 1970년대 외원기관의 철수에 대비하여 아동복지사업이 성장하는 발판이 되었다.

# 참고문헌

『경향신문』『동아일보』『조선일보』
『동광』
『보건사회통계연보』


보건복지부, 『보건복지70년사』, 2015.
카바40년사편찬위원회 편, 『외원사회사업기관활동사-외국민간원조기관한국연합
　　　회40년사』, 홍익제, 1995.
차윤근, 『CCF38년사: 사랑은 국경을 넘어』, 한국어린이재단, 1986.
어린이재단, 『한국사회복지60년 그리고 어린이재단60년』, 2010.
초록우산 어린이재단, 『아이들이 행복한 세상을 위해 초록우산 어린이재단 70년
　　　사』, 2019.
박차상 외, 『한국사회복지법강의』, 학지사, 2003.
아리사 H. 오, 『왜 그 아이들은 한국을 떠나지 않을 수 없었나』, 뿌리의집, 2019.


김아람, 「5.16군정기 사회정책- 아동복지와 '부랑아' 대책의 성격」, 『역사와현실』
　　　82, 2011.
남찬섭, 「1950년대의 사회복지」, 『월간복지동향』 81, 2005.
남찬섭, 「1960년대의 사회복지」, 『월간복지동향』 83, 2005.
소현숙, 「전쟁고아들이 겪은 전후-1950년대 전쟁고아 실태와 사회적 대책-」, 『한
　　　국근현대사연구』 84, 2018.
송주미·성영혜, 「한국 아동복지관의 변천과정 연구-정책분석을 중심으로」, 『한
　　　국가족복지학』 4(2), 1999.
유진, 「거리의 치안권력과 '선도'의 통치기술-1960년대 청소년보호정책과 부랑
　　　아·우범소년」, 『사회와역사』 123, 2019.
윤홍식, 「이승만 정권시기 한국복지체제: 원조복지체제의 성립, 1948-1960」, 『사
　　　회복지정책』 45, 2018.
이진삼, 「기독교아동복리회 산하 시설의 아동 양육에 대한 문제점」, 연세대학교
　　　연합신학대학원 석사학위논문, 1967.
이혜경, 「경제성장과 아동복지정책의 변용: 한국의 경험」, 『한국아동복지학』 1,

1993.

정근식·주윤정, 「사회사업에서 사회복지로: '복지' 개념과 제도의 변화」, 『사회역사』 98, 2013.

최원규, 「외국민간원조단체의 활동과 한국 사회사업 발전에 미친 영향」, 서울대 박사학위논문, 1996.

한봉석, 「인도주의 구호의 '냉전적 기원'-1950년대 주한케어(C.A.R.E.)의 우유급식사업과 '푸드 크루세이드'(Food Crusade)-」, 『사이間SAI』 28, 2020.

William F. Asbury to J.Calvitt Clarke, 17 set.1953.

V.J. Mills to Dr. Clarke, 11. Feb. 51.

V.J. Mills to Dr.Clarke, 19. Mar. 1951.

William F. Asbury to Dr. J. Calvitt Clarke, Sep. 17, 1953.

Edmund W. Janss, Yankee Si the story of Dr. J.Calvitt Clarke and his 36,000 children, (New York: William Morrow& Co., 1961)

Arissa H. Oh, To Save the Children of Korea, (Stanford University Press, 2015),

J. Calvitt Clarke III, Fifty years of begging: Dr. J. Calvitt Clarke and Christian Children's Fund, 2018, Archway,

William Inboden, Religion and American Foreign Policy, 1945-1960, Cambridge University Press, 2008.

# 부산청십자의료보험조합의 설립과 운영

류호준

## 1. 들어가는 말

2019년 말 코로나가 발생했고, 이듬해인 2020년 세계는 코로나로 인해 유례없는 세계적 팬데믹에 빠졌다. 이런 상황에서 한국은 체계적이고, 효율적인 방역체계와 시민들의 의식 높은 참여로 다른 국가에 비해 성공적인 방역을 했다고 평가받고 있다. 이런 방역의 바탕에는 여러 요소가 있지만 전국민건강보험제도를 통한 의료환경 및 시민의식의 선진화도 이바지한 바가 있다고 본다.

전국민건강보험은 1987년 의료보험법이 개정되고, 1989년 7월 7일부로 전국의료보험이 시행된 것에서 그 출발점을 찾는다. 이때 시행된 전국민의료보험 역시 어느 날 갑자기 시작된 것은 아니었다. 전국민의료보험이 시작되기 전에 그 공백을 메울 뿐만 아니라 근간이 됐던

의료보험단체가 있었으니 바로 부산청십자의료보험조합이다. 부산청십자의료보험조합은 의료보험사에서 전국민의료보험제도의 기틀을 마련한 단체로 평가받고 있다.[1]

부산청십자의료보험조합은 여러 학자에 의해서 연구되었다. 그중에 대표적인 연구성과는 부산청십자의료보험조합에서 1989년 해체 이후 발간한 『청십자통감』이다. 『청십자통감』은 설립자인 장기려 박사의 일대기를 포함하여, 그 배경과 설립 및 운영과정을 상세하게 기록하였고, 부산청십자의료보험조합이 의료보험사업의 확대를 위해 했던 여러 노력을 비롯하여 당시 언론의 보도, 각종 통계를 잘 정리해놓았다. 하지만 『청십자통감』은 일차적인 자료로써의 성격이 강하고, 조합 스스로 펴낸 결과물로 다소 긍정적인 면만을 부각한 경향이 있다. 이 밖에도 설립 조합원인 장기려 박사는 「부산 청십자 의료보험 관리운영 방식」, 「임의 2종 조합의 운영실태와 개선: 부산청십자조합」, 「청십자의료보험사업의 전개 과정과 향후의 과제」 등의 논문에서 부산청십자의료보험조합을 다루었고,[2] 함께 설립을 주도한 채규철은 서울대학교 보건대학원 석사학위논문인 「한국 민간의료보험에 관한 고찰」에서 부산청십자의료보험조합을 다루었다.[3] 여기까지는 부산청십자의료보

---

1) 강성욱 외 3명, 「의료보장체계개선에 대한 청십자의료보험의 정책적 함의」, 『사회보장연구』 제33권 제2호, 2017, 1~15쪽; 김병우, 「지역사회조직론의 관점에서 본 청십자운동의 의의에 관한 연구」, 인제대학교 석사학위논문, 2004; 여익환, 「부산청십자의료보험조합운영에 대한 분석적 고찰」, 인제대학교 석사학위논문, 1991; 의료보험연합회, 『醫療保險의 발자취: 1996년까지』, 의료보험연합회, 1997; 정원각, 「의료, 양서, 육아 등의 협동조합」, 김형미 외 4명, 『한국 생활협동조합운동의 기원과 전개』, 푸른나무, 2012, 274~303쪽.

2) 장기려, 「임의 2종 조합의 운영실태와 개선: 부산청십자조합」, 『의료보험』 제51호, 1982, 27~32쪽; 장기려, 「부산 청십자 의료보험 관리 운영 방식」, 『의료보험』 제59호, 1983, 40~50쪽; 장기려, 「청십자의료보험사업의 전개과정과 향후의 과제」, 『의료보험』 제100호, 1989, 75~83쪽.

조합의 내부자들에 의한 연구 결과물들이다.

외부자의 입장에서 이뤄진 부산청십자의료보험조합에 대한 연구도 다수 있는데, 그 분야도 다양하다. 먼저 사회복지 분야에서는 여익환, 김병우의 석사학위논문이 있는데, 부산청십자의료보험조합을 지역사회조직론의 관점에서 연구 분석하였다. 한편 의학 분야에서는 의료보장으로써 부산청십자의료보험조합을 연구한 결과물들이 있는데, 가장 최근에는 강성욱이 연구한 것으로 부산청십자의료보험조합을 통해 현재 건강보험정책을 진단하면서 개선방향을 탐색하였다. 또한 협동조합 분야에서도 부산청십자의료보험조합을 연구한 결과물로 정원각의 연구가 있다. 정원각은 부산청십자의료보험조합을 소비자협동조합(또는 생활협동조합)의 하나로 규정하면서 '난곡희망의료협동조합', 그리고 '주민교회 의료협동조합'과 거론하며 역사적 의미를 짚어냈다.

그런데 안타깝게도 부산청십자의료보험조합이 기독교인들에 의해서 기독교 정신에 입각하여 실행된 단체임에도 불구하고 신학 분야에서는 단독 연구가 거의 이루어지지 않았다. 대부분의 연구는 장기려라는 인물에 대한 연구의 한 부분으로 다루고 있을 뿐이다.[4]

본 연구는 기독교 정신에 입각하여 기독교인을 중심으로 시작된 부산청십자의료보험조합의 설립과 운영 살펴봄으로 기독교에서 시작한 민간주도의 비영리 의료보험조합이 어떻게 전개되었으며, 그 과정에

---

3) 채규철, 「한국 민간의료보험에 관한 고찰」, 서울대학교 석사학위논문, 1974.
4) 이종대, 「張起呂의 生涯와 思想」, 기독신학대학원대학교 석사학위논문, 2001; 황우선, 「장기려의 생애와 기독교 신앙」, 인제대학교 석사학위논문, 2004; 손봉호, 「장기려 박사」, 『철학과 현실』 37호, 1998, 298~301쪽; 조형균, 「성산(聖山) 장기려(張起呂) 박사(1909-1995) - 그 생애의 비밀을 찾아서 -」, 『신학연구』 46호, 2004, 299~319쪽; 이상규, 「장기려박사의 신앙과 사상」, 『고신신학』 5호, 2003, 65~91쪽.

서 사회에 어떤 영향을 주었고, 그 영향에 대해서 사회는 어떻게 반응하고 평가하였는지 살피고 그 의의를 짚어보고자 한다.

## 2. 부산청십자의료협동조합의 배경

### 1) 초기 한국 의료보험의 실상

우리나라 의료보험의 시작은 제도적으로 보자면 1963년 12월 17일 「의료보험법」이 제정되고, 1964년 3월 17일 시행되면서부터이다. 처음 의료보험법이 제정되고 시행됐을 당시에는 의료보험이 실제로 적용되지 못했다. 그 이유는 첫째, 사전에 철저한 준비나 계획 없이 필요성만 강조하여 시작한 것이고, 둘째, 법 자체가 강제적용방식이 아니라 임의적용방식을 채택하였다는 것이다. 셋째는 가장 중요한 이유인데 국가에서 의료보험을 위해 지원해줄 재원이 없었던 것이다. 이런 까닭에 1963년에 제정된 의료보험법은 오랫동안 명목상으로 시범 운영되다가 1977년 제2차 의료보험법 개정이 단행되면서 500인 이상의 사업장 근로자와 공업단지의 근로자로부터 강제적용이 됐고, 이로써 본격적으로 실시되었다.[5]

1963년 의료보험법을 제정하기 전에 당시 보건사회부는 국민의료비 부담능력을 평가하기 위하여 제1차 국민건강조사를 실시하였다. 1963년 11-12월 2개월간 서울 내에 1,000가구를 대상으로 실시하였고, 그 결과 당시 우리나라 국민소득은 94.4달러로 국민 1인당 월간 의료비지출이

---

5) 김민식, 「의료보험 행정의 역사적 변천 과정 소고」, 『한국행정사학지』 11권, 2002, 271쪽.

66원 70전인 것으로 밝혀졌다.[6] 부산청십자의료보험조합이 시작할 무렵인 1968년 담배 한 갑이 100원이라고 했으니 거의 의료비에 지출하지 않았다고 보는 것이 맞을 것이다.

1965년 도시지역의 빈곤인구는 4백 24만 4천 명, 농촌 지역의 빈곤인구는 7백 50만 5천 명으로 모두 합하면 1천 1백 74만 9천 명이다. 당시 총인구가 2천 8백 70만여 명이었으니 빈곤 인구가 전체의 40.9%가량을 차지하고 있었다.[7] 또한, 13년이 지난 후인 1979년 서울시에서 조사한 자료에 따르면 빈곤 가구가 생활이 어렵게 된 이유로 가장 우선으로 꼽은 것이 17.4%로 '질병'이었다.[8] 이는 의료의 문턱이 빈곤 가구들에게 한없이 높기만 했다는 것을 잘 드러내 주는 조사 결과이다.

## 2) 성경연구를 위한 "부산모임"

빈곤 인구의 문제는 6·25 전쟁 후 피난민이 모여들고 정착한 부산 지역에서도 심각하였다. 장기려 박사 역시 이북 출신으로 피란 목적으로 부산에 왔었다가 정착하여 의사로 활동하고 있었다. 기독교인으로서 또한 의사로서 빈민들에 대한 의료에 관심이 많았던 장기려 박사는 빈민들에 대한 의료구제에 고민이 있었다. 그러던 중 자신이 주도하던 성경연구 모임인 부산모임에서 그 방안을 발견하고 실행하게 된다. 부

6) 최천송,『의료보장정책론』한국사회보장연구소, 1980, 70쪽.
7) 부산청십자의료보험조합,『靑十字通鑑: 1968. 5. 13~1989 스무 해의 발자취』, 부산청십자의료보험조합, 1989, 178쪽.
8) 최일섭,「빈곤계층의 실태와 사회정책적 과제」,『사상과정책』제1권 제2호, 1984, 69쪽; 부산청십자의료보험조합,『靑十字通鑑: 1968. 5. 13~1989 스무 해의 발자취』, 178쪽에서 재인용. 자료에 따르면 질병 다음으로 '가구주의 사망'(13.4%), '무직·무기술'(12.6%), '실직'(5.9%) 등이 뒤따르고 있다.

산모임은 장기려 박사가 부산대학교 의과대학 교수로 있던 시절에 만든 독서토론 및 성경연구 모임으로 부산의대 외과학 교실 학생들이 주로 참석하였다. 이 모임은 매주 일요일마다 있었고, 한 달에 한 번은 함석헌 선생을 초청하여 성경강해를 듣기도 했다.[9] 1956년부터 시작된 모임은 1968년 농촌운동에 관심을 두고 덴마크에서 유학을 다녀온 후 국내에서 운동가로 활동했던 채규철이 합류하게 되면서 새로운 전기를 맞게 된다. 채규철은 함석헌과 교류하던 중 부산모임과 장기려 박사를 소개받았고, 부산모임에 참여하여 자신이 덴마크에서 경험한 의료보험을 연구주제로 발표하였다. 이미 북한에서 의료보험을 경험했던 장기려 박사는 월남한 이후에 남한에서도 의료보험을 실시하고자 하는 의지를 갖고 있었다.[10] 장기려 박사는 부산청십자의료보험조합을 시작하기 십수 년 전인 1951년 6·25전쟁 때에 제3육군병원 원보를 통해 의료보험에 대한 구체적인 생각을 밝혔고, 이후 의료혜택에 대한 구체적인 내용을 군에 제안했지만 "같이 일할 수 있는 협력자를 얻을 수 없어 단념하고 있었다."고 한다.[11] 이후 장기려 박사는 경남구제회의 전영창, 한상동, 김상도의 제안을 받아 빈민을 위한 무료진료

---

9) 위의 책, 129쪽.

10) 1946년 3월 23일 북조선임시위원회 위원장 김일성은 「20개조 정강」을 발표했는데 그 중에 15조는 "노동자와 사무원들의 생명보험을 실시하며 노동자와 기업소의 보험제를 실시할 것"을 담고 있고, 20조는 "국가 병원수를 확대하여 전염병을 근절하며 빈민들을 무료로 치료할 것"을 담고 있다. 그리고 같은 해 12월 9일 「사회보험법」과 「노동자·사무원 및 그 부양가족들에 대한 의료상 방조실시와 산업의료시설 개편에 관한 결정서」를 채택하고, 다음 해인 1월 27일부터 전체 노동자·사무원을 대상으로 하는 사회보험에 의한 무상치료제를 실시하였다. 변종화, 『남북한보건의료제도 비교연구』, 한국보건사회연구원, 1993, 16~17쪽.

11) 장기려, 「한 늙은 의사의 이야기」, 1989년 다이어리 9월 4일 주간 스케줄 지면. 지강유철, 『장기려, 그 사람』, 홍성사, 2007, 350쪽에서 재인용.

소인 복음병원에 동참하게 된다.[12] 복음병원에 있으면서 장기려 박사
는 영세민들이 돈이 없어 치료받지 못하는 상황을 안타까워하며 성경
공부 모임인 부산모임에서 자주 고충을 토로하였다고 한다.[13] 평소 의
료보험에 대한 생각을 하고 있었으나 협력자를 찾지 못했던 장기려 박
사는 부산모임에 새로 참여한 채규철이 발표한 의료보험에 대한 연구
발표를 듣고, 그것을 실천해보자며 모임에 참석한 이들에게 제안하였
다. 이것을 계기로 부산청십자의료보험조합이 시작하게 되었다.[14]


## 3. 부산청십자의료보험조합의 설립과 운영[15]

### 1) 태동기(1968~1970년)

장기려 박사와 채규철 등 부산모임에서부터 의료보험조합을 설립하
기로 결의한 이들은 명칭을 두고 고민하였다. 후보는 둘이었는데, 기
독교 정신에 입각한 의료보험조합인 것을 반영하여 "크리스챤"을 넣자
는 의견과 미국의 블루크로스(Blue Cross)운동과 그 맥락이 유사하고,
비기독교인들도 참여할 수 있도록 "청십자"를 넣자는 의견이 있었
다.[16] 결국, 의료보험조합의 이름은 "청십자"로 정해졌다.

---

12) 위의 책, 268쪽.
13) 위의 책, 351쪽.
14) 부산청십자의료보험조합, 『靑十字通鑑: 1968. 5. 13~1989 스무 해의 발자취』,
    149~50쪽.
15) 시대구분은 『청십자통감』을 따랐다. 다만 개척기와 과도적 성장기, 정착기와
    성숙기를 각각 한 절로 통합하여 다루었다.
16) 「「청십자」라는 명칭은 「크리스챤」·「복음」 중 창립총회서 최종선택」, 『청십자
    소식』 제103호. 실제 한국의 청십자운동과 미국의 블루크로스운동은 서로 관

의료보험조합을 시작하기로 했지만, 처음부터 난관에 부딪히게 되었다. 조합이라 하는 것은 결국 조합원이 모집되어야 운영을 할 수 있는데 당시 사람들은 '의료보험' 자체에 대해서도 생소하게 여겼을 뿐만 아니라 적은 비용으로 비싼 의료비를 감당할 수 있다는 것을 신뢰하지 못했다. 이런 이유로 조합원 모집에 난항이 예상되었는데, 이 문제를 해결해 준 것이 부산지역 교회와 성도들이다. 장기려 박사를 비롯한 의료보험조합 발기인들은 의료보험조합의 설립을 위해 지역교회 100곳에 공문을 보내어 도움을 호소하였고, 지역교회는 이에 응답하여 17명이 준비총회에 참석하게 되었다.[17]

준비총회에 앞서 소위원회를 구성하여 「정관」을 만들었는데, 소위원회에는 채규철, 손창희, 조광제, 서원길, 장지석이 위원으로 참여하였는데, 이들의 공통점은 모두 기독교인이었다는 것이다. 소위원회에서 채택한 「정관」은 분명한 방향성을 갖추고 있었다. 첫째는 영리를 목적으로 하지 않는다는 것이고, 둘째는 철저히 민주주의의 원칙을 따라 운영한다는 것이고, 셋째는 가입을 원하는 사람은 누구든지 가입할 수 있고, 마찬가지로 탈퇴를 원하는 사람은 언제든 탈퇴할 수 있다는 것이다. 먼저 영리를 목적으로 하지 않는다는 것은 책정된 보험료에서 드러난다. 정관에 따르면 보험료는 1인당 월 60원이었고, 가입비는 1인당 100원이었으며 가족이 가입 시 5인 이상이면 500원까지만 가입비로 받았다.[18] 다음으로 민주주의 원칙을 따른 것은 회원가입과 탈퇴가 자

---

계되어 있지 않다. 부산모임에서 의료보험조합이 논의된 후 추후에 자료를 수집하던 중 미국의 블루크로스운동을 알게 되었고, 그 목적과 의미의 동질감을 알고 명칭을 차용한 것이다.

17) 부산청십자의료보험조합, 『靑十字通鑑: 1968. 5. 13~1989 스무 해의 발자취』, 196쪽.
18) 위의 책, 198쪽.

유로웠다는 것과 의결기관으로 '운영위원회'를 만들어 조직을 운영·
감독하는데 조합원들이 참여할 수 있도록 했다는 것이다. 운영위원회
는 조합원인 사업주가 다섯 명, 조합원을 대표하는 대의원(지역대표)
중에서 다섯 명을 선출하여 10명으로 구성되었고, 임기는 1년으로 하
였다.[19] 장기려 박사는 1968년 5월 13일 부산청십자의료보험조합 창립
총회 석상에서 "초대 교회에서는 재산공유 즉 유무상통했던 것을 우리
는 알고 있습니다. 그러나 그것은 현 사회주의 국가나 공산주의 국가
에서 하듯이 강제된 제도는 아니었습니다."라고 연설하였는데, 이북
출신 의료인으로 북한에서 실시된 의료보험을 경험한 그로써는 공산
주의의 강제적인 방식과 차별성을 두고자 했던 것과 더불어 기독교인
으로서 자발적 봉사와 헌신이라는 기독교적 가치가 작용한 것으로 보
인다.[20] 마지막으로 가입을 원하는 사람은 누구든 가입할 수 있고, 탈
퇴를 원하는 사람은 언제든 탈퇴할 수 있다는 것은 민주주의 원칙과
함께 반영된 기독교 정신으로, 기독교인들을 중심으로 시작했지만, 기
독교인을 위한 단체로만 남는 것이 아니라 기독교 밖으로 그 외연을
확장하고, 지역사회에 선한 영향력을 행사할 수 있는 원동력으로 작용
했다. 이는 앞서 살펴본 바와 같이 이름에 "크리스챤"이 아닌 "청십자"
를 넣은 것과 같은 맥락이다. 무엇보다 가입자에 대해 종교적 차별을
두지 않은 것은 이후 부산청십자의료보험조합이 폭발적으로 성장하여
기반을 공고히 할 수 있는 근거로 작용하였다고 보인다.[21]

---

19) 위의 책, 198쪽.
20) 장기려, 「청십자의료보험을 창립하면서」, 『회고록·인생록』, 기독문화사, 1985, 377쪽.
21) 「정관풀이③」, 『청십자 뉴-스』 제39호: "「제4조 (자격)회원의 자격은 국적 종교에 관계없이 이 정관 제3조에 찬동하고 소정의 절차에 의하여 가입금 및 회비를 납부하므로 취득한다. 단, 가족 단위로 가입함을 원칙으로 한다.」 질

1968년 5월 13일 부산지역 23개 교회에서 28명의 대표가 자발적으로 나섰고, 이들이 대의원이 되어 창립식을 거행하였다. 이로써 대의원 28명을 비롯한 조합원 723명이 "건강할 때 이웃 돕고, 병났을 때 도움 받자"는 슬로건으로 부산청십자의료보험조합을 시작하였다. 창립 한 달 만에 교회는 12개가 더 늘어났고, 조합원은 406명이 늘어나 35개 교회에서 1,129명이 조합에 가입하였다. 부민교회(120명)와 부산제일교회(112명)에서 제일 많은 가입자가 있었고,[22] 그 외에도 여러 교회가 조합에 동참하여 조합의 모습을 갖추어가기 시작했다. 같은 해 12월 말 자료에 따르면 가입교회와 가입자는 더욱 증가하여 56개 교회 740세대 1,662명이 가입하였다.[23] 하지만 이런 성장에도 불구하고 부산청십자의료보험조합은 조합원들의 회비 미납으로 인해 적자가 발생했고, 재정적으로 어려움에 놓이게 되었다. 창립 후 첫 달인 6월과 다음 달 7월에는 각각 56,976원, 10,2755원의 흑자를 내었지만 8월부터는 19,0541원의 적자가 발생했고 연말에 결산하니 총 39,806원이 적자로 집계되었다.[24]

그러나 창립 다음 해인 1969년 부산청십자의료보험조합은 새로운 전기를 맞으면서 고질적인 문제였던 재정적 건전성을 확보하게 된다.

---

병에는 국경이나 신앙의 규제를 받지 않으며 인간이 사는 곳에는 질병이 따르게 마련이다. 그러므로 국적 종교가 문제가 안 되며 정관 제3조의 사업과 목적에 찬동을 하는 사람은 누구에게나 가입의 문을 열어 놓은 것이다."라며 가입 자격에 대해 풀이한다. 아직 지역보험이 실행되기 전에는 지역에도 구애받지 않았으나, 1976년 12월 22일 의료보험법이 전면 개정되면서 지역주민에 대하여는 제2종 임의적용 의료보험을 실시하게 되었다. 이로 인해 부산지역과 지역보험이 설립되지 않은 지역민만 가입 가능하게 되었다.

22) 부산청십자의료보험조합, 『靑十字通鑑: 1968. 5. 13~1989 스무 해의 발자취』, 210쪽.
23) 위의 책, 216쪽.
24) 위의 책, 216쪽.

먼저 부산청십자의료보험조합이 스웨덴(瑞典)아동구호연맹(Swedish Save the Children Federation, S.S.C.F)과 통합하게 된 것이다. 부산청십자의료보험조합 발기인으로 참여했던 김영환은 스웨덴아동구호연맹에서 사회복지부장으로 일하고 있었고, 부산청십자의료보험조합을 준비할 때부터 스웨덴아동구호연맹과의 통합에 대한 논의가 있었다고 한다. 1969년 4월 28일 기독사회관에서 청십자 측 33명, 스웨덴아동구호연맹에서 17명의 대의원의 참석하여 통합총회를 하였고, 통합을 결의하여 「부산청십자의료보험조합」으로 새롭게 출발하였다. 당시 청십자 측 회원은 799세대 1,964명이었고, 스웨덴 측은 11,636명으로 통합하여 14,000명 규모의 의료보험협동조합으로 발돋움하게 되었다. 또한 같은 해 7월 29일 자로 보건사회부로부터 법인설립 인가를 받게 되었고, 이로써 정부보조금을 신청할 수 있게 되었다. 부산청십자의료보험조합은 규모적, 재정적 안정을 바탕으로 조직과 활동을 확대해나갔고, 대외적으로도 많은 관심을 받아 보건사회복지부 관계자들과 세계보건기구(WHO)와 국제노동기구(ILO) 관계자들도 방문하여 현황을 살펴보고 가기도 했다.[25]

한편 부산청십자의료보험조합은 창립 초기인 1968년 8월 10일부터 소식지 「청십자 뉴-스」를 발간하여 청십자운동의 취지를 조합원들에게 설명하고 각종 조합 수입지출 결산, 회의일정 및 결과 안내, 정관풀이, 의료정책, 건강정보, 회비납부 독려, 의료보험 혜택 사례 등을 전함으로 조합이 안정화 되고 성장하는 데 큰 역할을 했다. 여기에서 눈여겨볼 것은 두 가지인데, 하나는 제94호까지 거의 매호 실린 장기려 박사의 글이고, 다른 하나는 1980년대부터 시행한 백지고지서이다. 장기

25) 「WHO.ILO에서 본조합에 시찰차 래방」, 『청십자 소식』 제16호.

려 박사는 소식지인 『청십자 뉴-스』를 통하여 본 조합의 설립과 운영의 취지와 목적을 반복적으로 강조하였다. 소식지에 실린 장기려 박사의 글에 따르면 "조합의 근본목적은 자기중심주의에서 진리중심으로 돌이키자는 데"26) 있고, "청십자 운동은 우리가 서로 협동함으로 모든 고난을 극복하여 인생의 삶의 뜻을 올바르게 파악하고 사회와 국가에 유익을 주는데 있는 것"이라고 하였다. 장기려 박사는 기독교의 하나님 사랑과 이웃 사랑이라는 진리가 "협동정신"을 통해 발현된다고 보았고, 이를 의료보험조합이라는 기관으로 구현한 것이다. 다른 하나는 「청십자 뉴-스」가 백지고지서 납부의 배포 수단으로서 역할을 한 것이다. 백지고지서는 조합과 조합원의 신뢰를 구축하는 데 기여하였고, 이를 통해 이뤄낸 높은 납부율은 조합이 성공적으로 발전하는 데 중요한 역할을 했다.27) 소식지는 제60호까지 「청십자 뉴-스」로 발간되다가 1977년 개정된 의료보험법 시행28)으로 제2종 의료보험조합이 되면서

---

26) 「자기 중심 주의에서 진리 중심으로」, 『청십자 소식』 제4호.

27) 부산청십자의료보험조합, 『靑十字通鑑: 1968. 5. 13~1989 스무 해의 발자취』, 252쪽.

28) 1976년 의료보험법 개정은 당시 집권자였던 박정희 대통령의 의지가 반영된 것으로 많은 반대가 있었지만 박정희 대통령의 신임을 받고 임명받은 보사부 장관 신현확에 의해서 추진되었다. 박정희 대통령이 의료보험실시에 의지를 갖게 된 배경에 대해서는 다양한 의견이 있다. 그 중 대표적인 것 중 하나는 1971년 남·북 적십자 회담과 1972년 7.4 공동성명을 발표하면서 한국이 외교적 입장에서 공산주의 국가인 북한은 이미 무상의료보장제도가 실시되고 있지만 남한에서는 그렇지 않다는 점이 작용했다는 의견이 있고, 다른 하나는 1972년 10월 유신 이후 정·경 유착된 재벌과 정치군부 세력이 정당성을 확보하기 위해서였다는 의견이 있다. 마지막으로 경제개발 5개년 계획에 사회개발에 대한 부족함이 있었고, 이것이 1977년부터 시작되는 제4차 경제개발 5개년 계획에 사회개발분야가 강조되면서 의료보험을 도입하게 되었다는 의견이 있다(김명희, 「한국사회복지정책 산출과정에 관한 연구: 의료보험을 중심으로」, 고려대학교 석사학위논문, 1999, 34~35쪽).

「청십자 소식」으로 명칭을 변경하였다.

## 2) 개척 및 과도적 성장기(1971~1979년)

　1970년대에 들어서면서 청십자운동은 점차 전국적인 관심을 받기 시작했다. 1970년 7월 2일 서울에 「한국청십자의료협동조합」이 창립되었고, 서울뿐만 아니라 광주·인천·수원·제주 등에서 조합이 우후죽순처럼 생겨나기 시작했다. 이런 활발한 움직임 속에 1972년 11월 2일 서울에서 전국 청십자의료협동조합 관계자 및 사회 각계각층의 인사 150여 명이 참석하여 「한국청십자의료협동조합중앙회」를 창립하였다.[29] 하지만 청십자운동의 전국적인 확산에도 불구하고 성공적인 결말에 이르지 못했다. 서울, 수원, 대전, 전주, 옥구, 대구 등 7개 지역조합이 법인설립 인가 신청을 냈지만 재원 지원불가를 이유로 신청이 반려됐고, 그 결과 운동의 동력이 약화되었기 때문이다. 다른 지역에서 시작한 청십자운동은 정부의 비협조와 지역주민들의 외면 속에서 점차 그 존립 자체가 어렵게 되어갔지만 반면에 부산지역 청십자운동은 부산시의 지원 아래 더욱 확대되어갔다. 1974년 보건사회복지부장관

---

[29] 한국청십자의료협동조합 중앙회 임원명단:
· 총재: 김유택(전 경제기획원 장관)
· 고문: 김명선, 장기려, 주요한, 백낙준, 한경직, 노기남, 최덕신
· 부총재: 박동규, 정희섭, 최태섭
· 상임부총재: 신용연
· 전무이사: 채규철
· 당연직 이사: 홍종관, 김용환, 조동수
· 이사: 김유택, 박동규, 정희섭, 최태섭, 채규철, 박현길, 곽창열, 유경손, 오형법, 허정, 임진창, 조중건, 조홍제, 김입삼, 김종대, 김일수, 김상현, 서병호, 김효규, 조진섭, 이명수, 황빈, 김장환, 신기훈, 남병국, 권익수, 노병곤, 신용연
· 감사: 이삼열, 노병진, 김용관

을 지내고, 9·10대 국회의원을 지낸 정희섭 의원의 도움을 받아 당시 부산시장으로 있던 박영수 시장의 협조를 이끌어낸 것이다. 이로써 부산청십자의료보험조합은 부산시로부터 감천, 용호, 남부민 등 정책 이주지역의 저소득층에 대한 가입비 50% 지원을 받게 되었다.[30] 그 결과 그 해 1천 3백여 세대 5천여 명이 가입하는 실적을 내었고, 재정도 흑자로 전환되었다.[31]

이 시기만 해도 부산청십자의료보험조합에는 두 가지 해결해야 할 문제가 있었다. 하나는 직영의료기관의 필요성이었고, 다른 하나는 만성 적자의 원인인 미납 회원들을 지도하여 납부하도록 하는 것이었다. 이 둘을 해결하기 위해서 부산청십자의료보험조합은 다방면으로 노력하였는데, 직영의료기관을 건립을 위해서 1974년부터 모금을 하였고, 1975년 8월 4일 〈청십자의원〉을 개원하게 된다. 다른 한편 미납문제에 있어서는 1976년 3월 13일부로 '지도과'를 신설하여 미납 회원들의 납부 지도를 전담하도록 하여 미납문제해결에 각고의 노력을 기울였다.[32]

## 3) 정착 및 성숙기(1980~1986년)

1980년대에 들어서면서 부산청십자의료보험조합은 정착하게 된다. 이때 몇 가지 의미 있는 변화들이 있었다. 그중에서 몇 가지를 언급하면 다음과 같다. 먼저 보험료 징수 방법이 변화되었다. 초기부터 1980년

---

30) 부산청십자의료보험조합, 『靑十字通鑑: 1968. 5. 13~1989 스무 해의 발자취』, 234쪽.
31) 위의 책, 234쪽.
32) 위의 책, 239, 249쪽.

대 전까지는 직원 등이 직접 가정으로 찾아가는 '방문 징수제'로 하였다. 그러나 가입자가 늘어나면서 '방문 징수제'로 회비를 징수하는 데에 인력이나 시간이 부족할 수밖에 없게 되었고, 이에 부산은행의 도움을 받아 부산은행을 보험료납부 지정은행으로 하고 '자진 납부제'로 전환하였다. 여기에서 청십자의료보험조합만의 특이점이 나타나는데 보험료납부고지서를 '백지'로 발행하여 회원이 자발적으로 회비를 납부하도록 한 것이다. 결과는 회비납부율이 94%로 집계되는 등 성공적이었다.[33] 백지 보험료납부고지서 발행이 가능했던 것에는 두 가지 측면이 있었다. 첫째는 수시로 변경되는 회원의 사항을 반영하여 납부고지서를 발행하는 데 어려움이 있었다는 것이고, 둘째는 상호 간의 깊은 신뢰가 바탕에 자리 잡고 있었다는 것이다.

또한 1982년부터 보험급여 지출결정을 위한 자체 「진료비 심사」를 시작하였다. 급격한 회원 증가와 지정의료기관의 증가로 보험급여비 청구 건수와 금액도 증가하였기 때문에 진료비 심사를 위한 전문위원을 만들 수밖에 없었던 것이다. 그리하여 1982년 11월 29일 제39차 운영위원회의 결의로 「진료비심사 위원회」를 발족하였다.[34]

이 밖에도 1981년 6월 20일 동래지부를 시작으로 하여 5개 지부(사하, 부산진, 북구, 남구, 마산)를 순차적으로 설치하였고, 1983년 9월 30일 자로 회원 수가 100,000명을 넘었고, 이에 따라 지정진료기관 수도 145개(1983.9.30. 기준)로 확대되었다.[35]

특별히 1980년대는 조합원이 폭발적으로 증가한 시기인데 그 추이를 보면, 1981년 7월 31일 30,000명(지정진료기관 38개), 1982년 4월 30일

---

33) 위의 책, 252쪽.
34) 위의 책, 256~57쪽.
35) 위의 책, 254~55쪽.

50,000명(지정진료기관 102개), 1983년 9월 30일 100,000명(지정진료기관 145개)로 매년 200%에 가까운 증가세가 나타난다.[36] 장기려 박사는 이런 조합의 성장세에 대해서 평가하기를 "1977년 중순 이후부터는 1종 보험이 실시되니까 보험에 든 사람들이 혜택을 받게 되자 많은 시민들에게 잘 알려지게 되었읍니다. 그 전에는 회원을 증가시키기 위해서 지도과를 두어가지고 무척 애를 썼는데 77년 이후에는 우리 지도과에서 그렇게 많이 힘쓰지 않아도 가입하는 수가 점점 늘어갔읍니다"라고 하였다.[37] 1980년대 조합원의 증가세는 앞서 소개한 조합의 노력도 있었지만 1977년 7월 1일부터 정부에서 500인 이상 사업장 및 공단 사업장 근로자 대상으로 강제 시행한 개정된 의료보험법 시행으로 의료보험에 대한 대중의 인식이 개선되고, 그 필요성이 증가하였기 때문으로 분석된다.

## 4) 전환기(1987~1989년)

청십자운동은 1983년 10만 명의 회원을 확보한 후 3년 6개월 만에 회원 수가 20만 명에 이르고 1989년 2월 28일에는 24만 명에 이르게 됐다.[38]

부산청십자의료보험조합은 의료보험조합의 역할뿐만 아니라 다양한 방면으로 그 사업을 확대하여 설립 초기부터 가져온 기독교 정신으로써의 협동정신을 바탕으로 가난하고 어려운 이웃들을 돕고자 했다.

---

36) 위의 책, 255쪽.
37) 「사회에서 신용얻으니 '만사형통'」, 『청십자 소식』 제128호; 장기려, 「부산 청십자 의료보험 관리 운영 방식」, 『의료보험』 제59호, 1983, 32쪽.
38) 부산청십자의료보험조합, 『靑十字通鑑: 1968. 5. 13~1989 스무 해의 발자취』, 263쪽.

먼저 초창기부터 해오다가 1984년 중단됐던 무료건강진단을 1987년부터 재개하였다. 무료건강진단 항목은 ① 소변검사 ② 혈액검사 ③ 흉부 간접촬영으로 이루어졌고, 가입 후 3개월 이상이 된 조합원이라면 연 1회 받을 수 있었다.[39] 또한, 1976년 직원 대상으로만 운영되었던 신용협동조직 「청십자신용협동조합」의 가입대상을 조합원까지 확대하여 의료적 협동을 넘어 경제적 협동 공동체로 그 사업을 확대하였다. 그리고 신용협동조합 조직을 바탕으로 농어촌 직거래 사업을 추진하여 1988년부터 실시하여 큰 성과를 내기도 하였고, 이를 계기로 1988년 「청십자소비조합」을 설립하여 300여 평 규모(3층 빌딩)를 임대하여 판매장을 만들고 생활필수품과 농산물 등을 조합원 대상으로 판매하였고, 조합원들의 적극적인 참여로 큰 호응을 얻었다.[40]

1987년 의료보험법이 개정되었고, 이에 따라 1989년 7월부로 전국민 의료보험이 실시되면서 부산청십자의료보험조합은 자동해산을 맞게 되었다. 부산청십자의료보험조합은 자동해산에 대한 대응으로 병원을 매입하여 그 사업의 안정성을 꾀하고자 하였으나 물색한 매입대상마다 매입인가가 반려됨으로 다른 방법을 강구해야했다. 부산청십자의료보험조합이 자동해산을 앞두고 가장 중요하게 생각한 것은 '청십자 정신'을 계승하는 것이었다. 여러 논의 끝에 의료보험조합의 재산 및 사업을 사회복지법인 한국청십자사회복지회로 인계하고, 새로운 사업으로 「본인부담금을 위한 의료비 공제사업」을 시행하였다.[41]

사업을 의료보험에서 의료공제로 전환 이후 법인은 병원매입을 시도하였는데, 결국 실패로 돌아가고 이때 발생한 경제적 손실로 법인

---

39) 위의 책, 263쪽.
40) 위의 책, 264~65쪽.
41) 위의 책, 226~67쪽.

운영권을 김진홍 목사가 대표로 있었던 두레청십자로 이전하게 된다.
하지만 이후 두레청십자가 운영하는 청십자사회복지회가 청십자정신
에서 멀어졌다고 판단한 이들이 있었고, 장기려 박사의 모교회인 부산
산정현교회 교인을 중심으로 법인 운영권을 되찾는 운동이 일어났다.
그 결과 2003년 두레청십자로부터 부산산정현교회가 법인 운영권을
이양받게 되었다.[42] 2017년 부산의 시온성교회가 다시 청십자사회복
지회 운영권을 인수하였고, 현재 청십자사회복지회는 부산에 소재하
고 있는 모라종합사회복지관을 운영하고 있다.[43]

## 4. 부산청십자의료보험조합에 대한 지역사회 및 정부의 반응

### 1) 교계

청십자통감에 따르면 청십자운동 초기에는 이에 대한 교계에 대한
반응은 두 갈래로 나뉘었다. 한쪽에서는 청십자운동을 교파문제로 여
기고 고신교단의 사업으로만 인식하였다.[44] 또한 당시 대부분의 사람
들이 의료보험에 대한 사전 인식이 결여된 상태였기에 청십자운동에

---

42) 김기태 외 21명,『부산 사회복지의 역사와 토착화』, 공동체, 2007, 616쪽.
43) 모라종합사회복지관 홈페이지: http://www.moraswc.or.kr/.
44) 정규한,『부산지역 의료 130년사』, 연문씨앤피, 2008, 203쪽; 부산청십자의료
보험조합,『靑十字通鑑: 1968. 5. 13~1989 스무 해의 발자취』, 234쪽: 1969년 7월
기준으로 부산청십자의료보험조합에는 총 35개 교회가 참여했고, 각 교단별
가입현황은 고신 16개, 통합 10개, 합동 2개, 감리 2개, 기장 1개, 백석 1개,
기타 3개로 고신 측 교회가 압도적으로 많고 가입자 수도 마찬가지로 총
1,129명 중에 고신 671명, 통합 339명, 합동 35명, 감리 46명, 기장 17명, 백석
5명, 기타 16명으로 고신 측 가입자가 절반 이상을 차지한다.

대한 부정적인 평가가 있었다. 이런 교계 내의 인식은 청십자운동 참
여에 고신 측 교회가 주를 이루는 양상으로 나타났고, 또한 100개 교회
에 호소문을 보냈지만 23개의 교회에서만 참여하게 되는 등 의료보험
에 대한 사전 인식 결여는 낮은 참여율로 나타났다. 출발부터 주변의
부정적인 시선과 의료보험에 대한 이해가 부족한 열악한 상황이었지
만 청십자운동은 일부 적극적으로 참여하는 교회들의 협력을 통하여
운동의 동력을 확보할 수 있었다. 설립 당시 23개였던 가입 교회는 6개
월도 되지 않아 56개 교회로 두 배 이상으로 증가하였고, 고신 측 이외
에도 타 교단교회들도 부산청십자의료보험조합에 가입함으로 초교파
적인 단체로 거듭났다.45) 이에 기독교 언론들도 청십자운동을 긍정적
으로 다루어 청십자운동이 확산되는 데 기여하였다.46)

## 2) 언론

청십자운동은 시민들이 조합원으로 참여해야 운영할 수 있는 사업
이었기 때문에 여론이 중요했다. 초창기 청십자운동은 '환자를 끌려는
수단,' '가난한 사람들의 돈을 착취하려는 수작' 등으로 비판받기도 했
지만, 언론에서 호의적인 기사를 보도하자 청십자운동에 대한 여론의
인식도 변화하는 데 도움이 되었다. 1971년 7월 30일에는 MBC에서, 8월

---

45) 부산청십자의료보험조합, 『靑十字通鑑: 1968. 5. 13~1989 스무 해의 발자취』,
216쪽.
46) 「생활정보: 닥쳐온 질병 부담없이 치료하자」, 『주간시민』, 1971년 3월 10일
자; 「희생과 봉사로 질병퇴치에 앞장」, 『기독시보』, 1973년 10월 14일자; 「비
싼의료비 극복하는 길」, 『가톨릭시보』, 1974년 4월 26일자; 「민간의보 청십자
15년」, 『교회연합신보』, 1983년 5월 22일자; 「민간차원 의보 처음 설립」, 『크
리스챤신문』, 1986년 3월 8일자; 「의료보험조합 효시, 청십자 막내리다」, 『교
회복음신문』, 1989년 6월 19일자.

17일에는 『부산일보』에서 청십자운동을 소개하였고, 방송과 기사가
나간 이후 전화문의와 서신안내 요청이 쇄도하였다고 한다.[47] 중앙언
론사 중에서는『동아일보』가 1970년 8월 27일자「영세민 건강지켜 2년」
이라는 제목으로 처음 청십자운동을 보도하였고, 이후『조선일보』에
서 1972년 9월 8일자「청십자운동에의 기대」,『한국일보』가 1972년 11월
2일자「의료보험…청십자운동」이라는 제목의 보도를 하여 청십자운동
에 대한 여론의 이해를 돕고, 긍정적인 반응을 이끌어내는데 기여하였
다.[48] 이 밖에도 다른 중앙언론사와 주간·월간지, 의약전문지 등에서
청십자운동을 보도 및 소개하였고, 특히 부산지역 언론사인『부산일보』,
『국제신문』은 청십자운동을 상세히 소개하여 조합을 홍보하는 데 큰
도움을 주었다.[49]

1980년 중반에 이르러서는 전국민의료보험에 대한 관심이 증대되었
고, KBS와 MBC는 부산청십자의료보험조합 창립 18주년 행사를 보도
하며, 부산청십자의료보험조합이 "전국민의보화에 큰 자극제" 역할을
한 것으로 평가하였다.[50]

### 3) 정부: 부산청십자의료보험조합과 전국민의료보험

부산청십자의료보험조합은 보사부와 협력하여 전국민의료보험의
시행될 수 있는 밑바탕을 제공하였다. 먼저 보사부로터 자영자의료협
동조합 시범조합으로 지정된 부산청십자의료보험조합은 보사부의 정

---

47)「의료보험 소개에 감사」,『청십자 뉴-스』제33호.
48) 부산청십자의료보험조합,『靑十字通鑑: 1968. 5. 13~1989 스무 해의 발자취』,
414~19쪽.
49) 위의 책, 435~40쪽.
50)「창립18주년기념행사스케치」,『청십자 소식』제219호.

책수립에 기여할 질병 정보 및 각종 자료를 제공하는 등 상호협조 아래 의료보험을 일반화하는데 보조를 맞췄다.[51] 또한 세계보건기구와 국제노동기구에서 한국의 사회보험에 대한 자문을 위해 파견된 브릿지만(Bridgman)과 토스카토스(Tsougatos)는 한국의 사회보험제도와 의료제도의 개황을 파악하고자 1969년 11월 14, 15일 양일간 복음병원을 방문하였다.[52]

1969년 12월 16일에는 보사부 사회보장 심의위원회 연구위원인 강남희가 방문하여 의료보험의 육성책과 전망을 비롯하여 건의 사항을 직접 청취하였다.[53]

1976년 의료보험법이 개정되면서 임의가입에서 강제가입으로 일부 조정됨에 따라 어느 정도 소득이 되는 사람들이 의료보험의 혜택을 보기 시작했다. 하지만 상대적으로 소외됐던 농·어촌 지역의 불만이 야기됐고, 정부는 농·어촌 지역을 대상으로 시범적으로 의료보험을 실시하였다. 이때 6개 조합이 시범 운영되었는데 1차로 1981년 옥구, 홍천, 군위가 선정되었고, 2차로 1982년 강화, 보은, 목포가 선정되었다. 하지만 운영 3년차인 1984년 6개 조합 합계 13억 1천 2백여만 원의 진료비를 미지급하게 되었고, 보사부는 시범조합이 미지급한 진료비를 지원해주었다.[54] 이런 상황에서 임의가입으로 운영되던 자영자의료보험조합인 부산청십자의료보험조합이 정부의 주목을 받게 되었다. 당시 운영되던 7개의 자영자의료보험조합 중에 유일하게 부산청십자의료보험조합만이 상대적으로 큰 규모에서 흑자로 운영되고 있었기 때

---

51) 「보사부 의료보험 정책에 기여 청십자의 각종통계」, 『청십자 뉴스』 제15호.
52) 「WHO. ILO에서 본조합 시찰차 내방」, 『청십자 뉴스』 제16호.
53) 「사회보장심의위원회 강남희 위원 본조합 시찰차 내방」, 『청십자 뉴스』 제17호.
54) 「각종소식: 시범보합에 정부대여금 13억원 지원」, 『청십자 뉴스』 제178호.

문이다. 1986년 1월 17일 정부시찰단[55]은 부산청십자의료보험조합을
방문하여 임의조합임에도 불구하고 흑자재정을 유지하는 요인을 분석
하고, 의료보험 확대적용을 위한 자료수집 및 의료보험 확대 시 필요
한 정책 자료 개발을 위한 현장답사를 시행하였다.[56]

　1989년 7월 1일로 전국민의료보험이 실시되면서 부산청십자의료보
험조합은 자동해산하게 되었는데, 이때 조합의 실무자 중 51명이 부산
지역 도시의료보험조합의 직원으로 분산 배치되었고, 이로써 정부 주
도 의료보험에도 참여하여 운영에 기여하였다.[57]

## 5. 나가는 말: 평가와 의의

　이상에서 부산청십자의료보험조합의 설립과 운영, 그리고 이에 대
한 사회의 반응을 살펴보았다. 부산청십자의료보험조합은 민간에서
주도한 의료보험조합으로써 국내에서는 독보적인 성공을 거둔 사례로
평가할 수 있으며, 종교적으로는 기독교 정신에 입각한 의료보험협동
조합운동으로 기독교의 사회적 참여의 순기능의 한 사례로 평가할 수
있다.

　물론 부산청십자의료보험조합은 성공적인 사례로 여겨지지만 분명

---

55) 방문자는 신무성(경제기획원 예산실 서기관), 장수만(경제기획원 예산실 사
　　무관), 이관종(내무부 재정과 사무관), 정도영(보건사회부 보험제도과 사무
　　관), 이곤호(보건사회부 보험제도과 주사)였다.
56) 「『임의조합』흑자재정유지 요인분석 및 의보 미적용계층『의보화 방안』연구
　　차」, 『청십자 뉴-스』 제200호.
57) 정원각, 「의료, 양서, 육아 등의 협동조합」, 274쪽; 「해산에 즈음한 공지사항:
　　법인 해산공고」, 『청십자 소식』 제375호; 「해산 동시 조합의 전직원은 각지역
　　조합 분산 배치」, 『청십자 소식』 제379호.

한계도 있었다. 대부분의 사회사업이 그렇듯이 그 분야가 잔여적인 차원에서 민간에서 주도하다가 관에서 주도하는 방향으로 전환이 될 때 더 이상 사업을 지속시킬 자원과 동력을 상실하게 된다는 것이다. 부산청십자의료보험조합도 1968년 어렵게 지역교회들의 도움을 받아 시작하여 21년간 여러 우여곡절을 겪으며, 성공적으로 조합을 운영했지만 결국 국가에서 의료보험을 주도하기로 하자 더 이상 그 사업을 지속할 수 없게 되었다. 이런 양상은 부산청십자의료보험조합에만 나타나는 문제가 아닌 기독교 사회복지(뿐만 아니라 다른 분야로써 교육 등) 전반에서 나타나는 한계이다. 이 문제는 종교계와 정부가 서로 연구하여 해결책을 모색해야 할 주제라고 본다.

또 다른 한계는 순수하게 민간자본만으로는 조합을 운영하는 데 어려움이 있다는 것이다. 부산청십자의료보험조합이 민간주도로 설립된 민간단체로 성공적으로 조합을 운영할 수 있었던 것은 일정부분 중앙정부와 부산시에서 지원해주는 보조금이 있었기 때문이다. 만일 정부보조금과 부산시 보조금이 없었더라면 부산청십자의료보험조합도 조합을 운영하고 유지하는데 상당한 어려움을 겪고, 실패할 수도 있었다. 하지만 정부 인가를 받아 보조금을 지원받았고, 부산으로부터 영세지역에 대한 지원금을 받음으로 금전적인 부분에서 어려움을 어느 정도 해소할 수 있었다. 부산청십자의료보험조합은 이를 통해 성공적인 조합 운영을 할 수 있었다.

앞서 언급한 것과 같은 한계가 있었지만 부산청십자의료보험조합은 그 설립과 운영에서 의미 있는 의의를 내포하고 있으며 그것을 다음의 몇 가지로 정리할 수 있다.

첫째, 기독교 정신이다. 부산청십자의료보험조합이 성공할 수 있었던 주된 요인은 기독교 정신으로써의 협동정신에 있었다고 보인다. 이는 설립 단계에서부터 나타난다. 장기려 박사를 비롯한 발기인들은 기독교인으로서 가난과 질병에 시달리는 이웃들에 대한 연민으로 사업을 추진하였고, 사업을 추진함에 있어서도 기독교 정신에 따라 영리를 추구하기보다는 손해를 보더라도 이웃을 도와야 한다는 태도로 사업에 임했다. 대표이사를 비롯한 운영진의 이런 태도는 조합원들과 지역사회의 신뢰를 이끌어내어 조합원 확보에 기여하였다.

둘째, 운영에 반영된 민주적인 원칙과 투명성 제고이다. 부산청십자의료보험조합은 기독교정신에 따른 민주적이며, 투명한 방식을 채택했으며, 이런 운영방식은 대의원제도와 운영위원회 설치 및 운영, 그밖에 조합의 여러 사업을 진행하기 위해 설치한 여러 위원회를 통해서 확인할 수 있다. 무엇보다 인사, 회계 등 공개하기 민감한 사항들도 조합원들에게 투명하게 공개함으로 신뢰를 얻었으며, 이런 정보를 공유하며 조합원들과 소통하는 통로 조합 소식지인『청십자 소식』(전신 청십자 뉴스)을 적극적으로 활용하였던 점도 눈여겨볼 점이다. 이런 조합의 민주적인 운영은 설립 초기부터 해체까지 대표이사로 역임했던 장기려 박사의 신앙관이 반영된 결과로 보인다.[58]

셋째, 설립 단계에서 지역교회의 적극적인 참여이다. 부산청십자의

---

58) 장기려 박사는 스스로도 부산청십자의료보험조합의 성공 요인 중에 하나로 "민주적 경영"을 꼽았다(「사회에서 신용얻으니 "만사형통"」,『청십자 소식』제128호). 또한 장기려 박사의 글에서 그의 신앙관이 민주적 경영과 관련 있음을 미루어 짐작할 수 있다. 「회원여러분에게」,『청십자 소식』제83호: "구원이라 함은 사람들이 죄의 속박에서 해방되어 자유롭게 사람답게 사는 것을 뜻합니다. 우리 청십자 운동은 우리가 서로 협동함으로써 모든 고난을 극복하여 인생의 삶의 뜻을 올바르게 파악하고 사회와 국가에 유익을 주는데 있는 것입니다; 「사랑이 주는 교훈」,『청십자 소식』제205호: "사람은 스스로운 사랑으로 할 때 하나님의 자녀다운 사랑에 가까운 행동을 하게 된다고 본다. 그래서 여러 가지 협동조합이 형성되어서 이익의 평균분배를 지혜와 자유를 갖고 하려고 하는 운동이 일어나게 되었다."

료보험조합을 시작할 당시만 해도 의료보험에 대한 인식은 현저히 결여되어 있었고, 이런 상황에서 비영리 목적일지라도 의료보험협동조합에 가입할 조합원을 확보하기란 어려운 실정이었다. 이때 조합원 확보 및 확대에 마중물이 되어준 것이 부산지역 교회들이었다. 앞서 살펴본 것처럼 준비총회에서부터 지역교회 대표들이 참가하여 사업에 동참하였고, 설립 이후 23개 교회에서 700여 명의 조합원이 가입하여 운동이 좌초되지 않고 지속될 수 있는 역할을 했다. 다만 설립 초기 아쉬운 것은 앞서 지적했듯이 교회들의 참여가 고신교단을 중심으로 협소하게 진행되었다는 것이다. 하지만 이내 교단을 벗어나 초교파적인 운동이 되었고, 더 나아가서는 종교를 넘어서 부산이라는 한 지역, 넓게는 청십자운동이라는 이름으로 전국적인 범위에서 영향을 미쳤다.

넷째, 개방성이다. 부산청십자의료보험조합은 기독교인들에 의해서 계획되고, 교회들의 적극적인 참여를 통해 시작되게 되었지만, 기독교만을 위한 단체로 남지 않았다. 이미 정관에서부터 종교와 인종, 정치적인 이유로 가입이 제한되지 않는다는 것을 분명하게 밝혔고, 지역의보로 가입이 지역민으로 제한되기 전까지 어느 누구라도 가입을 원하는 사람은 가입할 수 있었다. 이런 조합의 개방성은 이후 조합이 크게 성장하는데 바탕이 되었다고 볼 수 있다.

다섯째, 1989년 전국민의료보험이 실시되는데 크게 기여하였다. 1963년 의료보험법이 제정되고 이듬해 시행하였지만 허울뿐 실제적인 운영이 되지 않았던 대한민국 의료보험의 현실에 실제적인 의료보험을 본격적으로 처음으로 시작한 것이 부산청십자의료보험조합이었다. 이후 다양한 의료보험단체들이 생겨났지만 기업 산하 또는 공공기관 산하 조합이 아닌 곳은 그 규모가 영세하거나 오래 유지하지 못하고 곧 실패한 반면 부산청십자의료보험조합은 자영자의료보험조합으로

써는 전국민의료보험이 시작되기 전까지 성공적으로 조합을 운영했으며, 의미 있는 자료, 체계, 경험을 축적하여 보사부가 전국민의료보험을 실시하는 데 많은 도움을 주어 그 기여가 크다. 현재에도 많은 관계자는 부산청십자의료보험조합을 국민건강보험의 효시로 평가하며, 선구적 역할을 했다고 본다.

끝으로 1960년대 가난과 질병으로 많은 이들이 어려움 겪는 것을 보고 기독교인들을 중심으로 시작된 청십자의료보험조합은 코로나로 지역사회가 어려움에 빠진 이때에 역할을 모색하는 교회들에게 좋은 함의를 준다고 생각한다. 부산청십자의료보험조합이 기독교정신으로 가난한 자들을 위한 실제적이고 구체적인 사업을 실시한 것처럼 한국교회들도 코로나로 어려움에 처한 가난한 이웃, 가난한 나라들을 위한 실제적이고 구체적인 사업을 실시할 수 있으리라 사료된다. 앞으로 교회들이 연합하여 다양한 형태의 사업을 통해 복음을 전파하고, 하나님나라 실현의 영역을 확장할 수 있길 제언한다.

# 참고문헌

1. 1차 자료

부산청십자의료보험조합, 『靑十字通鑑: 1968. 5. 13~1989 스무 해의 발자취』, 부
　　산청십자의료보험조합, 1989.

『청십자 소식』 1~385호


2. 2차 자료

강성욱·유창훈·최지헌·권영대, 「의료보장체계개선에대한청십자의료보험의정책적
　　함의」, 『사회보장연구』 제33권 제2호, 2017.

김기태·문선화·유기형 외, 『부산 사회복지의 역사와 토착화』, 공동체, 2007.

김명희, 「한국사회복지정책 산출과정에 관한 연구: 의료보험을 중심으로」, 고려
　　대학교 석사학위논문, 1999.

김민식, 「의료보험 행정의 역사적 변천 과정 소고」, 『한국행정사학지』 11권,
　　2002.

김병우, 「지역사회조직론의 관점에서 본 청십자운동의 의의에 관한 연구」, 인제
　　대학교 석사학위논문, 2004.

변종화, 『남북한보건의료제도 비교연구』, 한국보건사회연구원, 1993.

손봉호, 「장기려 박사」, 『철학과 현실』 37호, 1998.

여익환, 「부산청십자의료보험조합운영에 대한 분석적 고찰」, 인제대학교 석사학
　　위논문, 1991.

의료보험연합회, 『醫療保險의 발자취: 1996년까지』, 의료보험연합회, 1997.

이상규, 「장기려박사의 신앙과 사상」, 『고신신학』 5호, 2003.

이종대, 「張起呂의 生涯와 思想」, 기독신학대학원대학교 석사학위논문, 2001.

장기려, 『회고록·인생록』, 기독문화사, 1985.

_____, 「임의 2종 조합의 운영실태와 개선: 부산청십자조합」, 『의료보험』 제51호,
　　1982.

_____, 「부산 청십자 의료보험 관리 운영 방식」, 『의료보험』 제59호, 1983.

_____, 「청십자의료보험사업의 전개과정과 향후의 과제」, 『의료보험』 제100호,
　　1989.

_____, 「한 늙은 의사의 이야기」, 1989년 다이어리 9월 4일 주간 스케줄 지면.

정규한, 『부산지역 의료 130년사』, 연문씨앤피, 2008.

지강유철, 『장기려, 그 사람』, 홍성사, 2007.
채규철, 「한국 민간의료보험에 관한 고찰」, 서울대학교 석사학위논문, 1974.
최일섭, 「빈곤계층의 실태와 사회정책적 과제」, 『사상과정책』 제1권 제2호,
       1984.
최천송, 『의료보장정책론』, 한국사회보장연구소, 1980.
황우선, 「장기려의 생애와 기독교 신앙」, 인제대학교 석사학위논문, 2004.


『동아일보』, 『조선일보』, 『한국일보』, 『부산일보』, 『국제신문』, 『주간시민』,
『기독시보』, 『가톨릭시보』, 『교회연합신보』, 『크리스챤신문』, 『교회복음신문』

# 1960-1970년대
# 반애란(Eleanor van Lierop) 선교사의
# 요보호여성 복지사업과 애란원

강슬기

## 1. 들어가는 말

6·25전쟁이 끝난 직후 한국 사회는 황폐하고 혼란스러웠다. 가정은 파괴되고, 빈민은 넘쳐나고, 전쟁미망인들과 집안의 어린 여아들은 가족의 생계를 위하여 집을 나와 노동시장으로 향했다. 아무런 교육경험도, 기술도 없는 순진한 여성들은 무작정 상경한 기차역에서 이들을 노리는 포주에 의해 성매매의 위험에 빠지는 경우가 빈번했다. 빈곤과 무지에 처한 여성들은 성매매를 강요당하며 헤어 나오기 힘든 상처와 절망으로 고통 받고 있었다.

미 북장로회의 반애란 선교사(Eleanor van Lierop, 1921-2015)는 이러한 한국의 요보호여성들이 안정된 분위기 속에서 사회 복귀를 준비할

수 있도록 1960년 4월 1일 성매매여성 전담 복지시설인 '은혜의 집(애
란원의 전신)'을 설립하였다. 또한 성매매여성, 가출 소녀, 기아(棄兒)
등 한국 사회에서 가장 낮고 천하게 여겨지던 여성들이 삶의 변화를
경험하고 사회에서 자신의 역할을 온전히 감당할 수 있도록 기독교 신
앙에 입각한 재활 프로그램을 통해 그들을 지원하였다. 미국의 한 여
성 선교사가 전후 한반도에서 시작한 사역은 성매매여성의 인권 보호
와 태아의 생명존중, 미혼모의 모성보호 등 철저한 기독교 정신을 바
탕으로 한국 사회의 왜곡된 인식을 개선하는 데 중요한 역할을 담당하
였다.

　반애란 선교사의 은퇴 이후 은혜의 집은 1982년 애란원으로 그 명칭
을 변경하여, 강한 모성과 책임감으로 아기의 양육을 원하는 미혼 엄
마들이 자립기반을 쌓아 퇴소할 수 있도록 미혼모자세대 지원사업을
본격적으로 전개하였다. 모성보호, 가족보존 등의 설립 이념을 계승하
여 준비되지 않은 임신을 한 한국 여성들에게 입양 외의 다양한 대안
을 제공하고자 노력해왔던 애란원은 현재 국내에서 가장 큰 규모의 미혼
모자 보호시설로서 미혼모자의 자립 및 지역사회 정착, 청소년 미혼모의
학업 지속, 미혼모 자녀의 양육 지원과 아동학대 예방 등 여러 가지 사업
을 추진[1]하며 한국 사회복지의 발전에 긍정적으로 기여하고 있다.

　이처럼 애란원의 설립과 반애란 선교사의 복지활동이 한국 현대사
에 끼친 영향이 적지 않음에도 불구하고, 이에 관한 역사를 구체적으
로 다룬 연구는 전무한 실정이다. 따라서 이 글의 목적은 1960-1970년
대 반애란 선교사의 요보호여성을 대상으로 한 선교활동과 그녀의 여
성 인식이 한국 사회의 변화와 발전에 미친 영향을 살펴보는 것이다.

---

1) 「생명을 책임지는 모습, 귀하게 봐주세요」, 『여성신문』, 2014년 6월 17일.

또한 애란원의 설립과 운영이 한국 교회사 및 사회복지사에서 어떠한 위상을 차지하고 있는지 그 역사적 의의를 분석해보고자 한다.

덧붙여 이 글은 1차 자료로 활용된 반애란 선교사의 미발간 사례집인『Lord of the Dance』[2]를 발굴하였다는 데 연구사적 의의를 가진다. 한국에는 마포삼열이라는 이름으로 잘 알려진 사무엘 마펫 선교사의 아들이자 장신대와 프린스턴 교수를 역임한 사무엘 휴 마펫(Samuel H. Moffett)의 서문이 쓰여 있는 이 책은 당시 어떤 이유에서인지 정식 출판이 되지 못했다. 그러나 애란원의 설립 초기 역사와 반애란 선교사의 선교활동, 그리고 애란원을 통해 성장한 약 20명의 소녀들의 재활 사례가 구체적으로 제시되어 있어 1960-1970년대 당시의 사회상을 파악하는 데 매우 귀중한 자료가 되리라 생각된다.

## 2. 해방 이후 사창의 성행과 정부의 성매매여성 수용정책

### 1) 미군정기 공창제 폐지와 사창의 성행

미군정기는 새로운 국가 수립이라는 과제를 놓고 다양한 정치·사회단체의 조직과 활동이 급팽창한 시기였다. 이러한 시대적 분위기 속에서 탄생한 여성단체는 여성을 보호할 수 있는 법적 제도적 장치를

---

2) 이 책이 쓰여진 정확한 시기와 장소는 미상이다. 다만 반애란 선교사의 은퇴 이후 애란원이 장로교총회 소속기관으로 귀속된 내용까지 기록되어있는 것으로 보아, 한국을 떠난 이후 자신의 사역을 회고하며 자전적인 목적으로 저술하였을 것으로 추측된다. 훗날 애란원에서 원고의 사본을 전달받아 애란원의 반연간지인『사랑을 심는 사람들』에 번역된 내용 일부(총 216쪽 중 110쪽)를 연재 중에 있다.

마련하기 위한 목적으로 여성 관련 입법 제정에 주력하였다.[3] 좌·우
익 여성단체는 공창제 폐지에 대하여 정치적 입장을 떠나 비교적 한목
소리를 내고 연대하였다. 1945년 8월 17일 결성된 해방 이후의 첫 여성
단체인 '건국부녀동맹'[4]은 공·사창 및 인신매매 철폐를 행동강령 중
의 하나로 정하였다.[5] 1945년 12월 22일 결성된 '조선부녀총동맹'[6]은
1946년 3월 9일 하지 중장에게 성매매의 근본적 폐지를 주장한 '공사창
제폐지 결의문'을 제출하였다.[7] 이러한 사회적 요구에 미군정은 1946년
5월 17일 법령 제70호 "부녀자의 매매 혹은 그 매매 계약의 금지"를 공
포하였다.[8] 그러나 이 법령은 인신매매만을 금지할 뿐 개인의 자유의
사에 의한 성매매는 인정하는 것이었다.

　미군정은 1946년 9월 14일 보건후생부 산하에 여성 관련 업무만을
전담하는 부인국(부녀국으로 개칭)을 설치하였다. 이후 공창제 폐지과
정은 부녀국과 우익여성운동단체 주도의 '폐업공창구제연맹'에 의해
전개되었다. 폐업공창구제연맹은 지난 1946년 공포된 법령 제70호가
단순 인신매매 금지령에 불과한 점을 들어 공·사창 폐지에 대한 법령
을 제안해달라고 청원하였다. 사회 전반에서 공창제 폐지에 대한 여론

3) 정진성 외, 『한국현대여성사』, 한울아카데미, 2004, 17쪽.
4) 건국부녀동맹은 건국을 위한 여성의 조직기반을 확립하기 위한 목적으로 유
　영준, 박순천, 정칠성, 황신덕, 유각경, 허화백, 노천명 등이 중요 발기인이 되
　어 탄생하였다(전경옥·유숙란 외, 『한국여성정치사회사 2』, 숙명여자대학교
　출판부, 2005, 287쪽).
5) 이승희, 「한국여성운동사 연구 - 미군정기 여성운동을 중심으로 -」, 이화여자
　대학교 박사학위논문, 1991, 59쪽.
6) 조선부녀총동맹은 1945년 결성되었던 건국부녀동맹에서 우익계가 탈퇴하면
　서 좌익여성 단체가 되었고, 그 이후 조선부녀동맹으로 명칭이 변경되었다
　(전경옥·유숙란 외, 앞의 책, 45쪽).
7) 양동숙, 「해방 후 공창제 폐지과정 연구」, 『역사연구』 9, 2001, 215쪽.
8) 「공창제도 철폐령의 공포」, 『동아일보』, 1946년 5월 27일.

이 높아지자 마침내 11월 14일 "공창제도 등 폐지령"이 공포되었다. 그리고 마침내 1948년 3월 19일 공창제 폐지의 시행을 위한 행정명령 제16호가 공포됨으로서, 공창은 긴 역사의 막을 내렸다.[9]

그러나 공창제 폐지법 제정 후 성매매여성들은 구체적인 보호 대책이 마련되지 못한 상황에서 아무런 준비도 없이 거리로 내몰려 생존을 걱정해야 하는 상황에 놓였다. 공창 문제의 주무부서였던 부녀국도 실질적인 대안은 마련하지 못한 채 성병 치료, 교화지도를 강조했으나 이 역시 행사성의 강연이나 좌담회가 대부분이었다.[10] 이런 상황을 악용한 업주들에 의해 공창은 그대로 사창으로 이어져, 해방 이후에는 사창이 공창 폐지 이전보다도 더욱 확산되는 악순환을 맞게 되었다. 이들은 미군과 한국인 남성을 상대로 부대 근처의 막사와 판자집, 여인숙, 도시의 홍등가 등에서 성매매업을 이어나갔다.[11]

사창의 성행은 단지 공창에서 일하던 성매매여성들이 살 방도를 찾기 위해 다시금 성매매를 시작하는 데에만 있지 않았다. 전후 복구과정에서 인플레이션에 따른 물가상승, 실질임금 저하, 식량난은 심각한 생활고를 유발하였다. 한국의 많은 농촌 여성들, 특히 남편을 잃고 살 길이 막막해진 전쟁미망인이나 빈곤한 시골가정에서 끼니조차 이을 길이 막연한 어린 여성들은 아무런 교육이나 준비 없이 무작정 서울로 상경하여 돈이 되는 일이라면 어디라도 뛰어들었다. 포주들은 밤늦게 지방에서 올라오는 기차에서 내려 어리둥절하며 갈 곳을 몰라 주춤거리는 젊은 여성들에게 접근하여 며칠 재워주고 먹여준다는 명목으로

---

9) 양동숙, 앞의 글, 228쪽.

10) 정진성 외, 앞의 책, 32쪽.

11) 박유미, 「해방 후 공창제 폐지와 그 영향에 관한 연구」, 『역사와실학』 41, 2010, 65쪽.

서울역 근처의 사창가로 데리고 갔다. 여성들이 무언가 잘못되었다는
것을 깨닫고 나가려 하면, 포주는 문밖에 건장한 남성들을 세워두어
"나가면 맞아 죽는다"고 위협하거나 "재워주고 먹여준 빚을 갚으라"[12]
하며 성매매를 강요하였다.

시골에서 상경한 여성들은 이처럼 대부분 '펨푸(포주)'의 유인이나
감금, 협박의 과정을 거쳐 성매매여성이 되었다. 서울역뿐 아니라 남
대문 시장이나 공장이 몰려있던 영등포 지역에서도 취업을 하지 못하
고 거리를 배회하는 소녀들에 대한 인신매매가 공공연히 일어났다.[13]
1955년경 보건사회부당국자의 추산에 따르면 전국에 약 5만 명이 훨씬
넘는 성매매여성들이 생겨났다. 서울의 인구가 총 130만 명이었던 당
시 상황에 비추어 볼 때, 이는 서울의 성년남자 8명에 성매매여성 1명[14]
이라는 적지 않은 비율이었다.

## 2) 1950년대 정부의 성매매여성 수용정책과 사회적 상황

이러한 사회적 문제를 해결하기 위해 사회부 부녀국은 성매매에 취
약한 전재미망인과 가출소녀, 재범의 우려가 있는 탈성매매여성의 수
용을 목적으로 한 모자원, 자매원, 수산장, 직업보도소 등의 시설을 건
립하였다. 1953년 서울시 용산구의 '전재미망인 수용소' 설립을 시작으
로 1958년에 이르면 모자원 60개소, 자매원 6개소, 수산장 87개소 등이
마련[15]되었으나, 이러한 시설에서의 격리수용은 성매매여성을 사회정

---

12) 「연금까지 하고」, 『조선일보』, 1955년 6월 17일.
13) 최을영, 「성매매 관련 신문기사에 대한 프레임 분석」, 전북대학교 석사학위논
    문, 2007, 42쪽.
14) 「無防備地帶 私娼」, 『동아일보』, 1955년 11월 29일.
15) 전경옥·유숙란 외, 앞의 책, 110쪽.

화를 위한 단속의 대상[16]으로서만 인식했던 시대적 한계로 인해 사실
상의 감금과도 다를 바가 없었다.

여성들이 극심한 생활고로 인해 최후의 생활 수단으로 성매매에 뛰
어들게 된다는 사실이 밝혀졌음에도 불구하고[17] 성매매여성에 대한
사회적 인식은 여전히 냉랭하였다. 여성의 정절과 순종에 대한 유교적
규범은 성매매여성들을 도덕적 최하층민으로 주변화시켰고, 한국 사
회의 엄격한 계급의식으로 사회적 위계의 밑바닥에 놓인 이들은 정상
적인 사회에서 차단당했다.[18] 신문지상에는 극심한 생활고에도 정조
를 잃지 않기 위해 산에서 풀뿌리를 캐 먹다가 영양부족으로 아사하고
만 여성의 이야기가 "정조를 팔아 몸을 망치는"[19] 성매매여성들과 대
비되어 소개되었다. 이러한 글에는 정조를 팔아 목숨을 연명하느니 차
라리 굶어 죽는 편이 낫다는 당대의 인식이 그대로 반영되어 있음을
볼 수 있다.

1962년 서울시 윤락여성선도위원회가 시내 387명의 성매매여성을
상대로 한 실태조사는 당시 성매매여성들이 처했던 현실을 더욱 구체
적으로 드러낸다. 이들은 30%가 집안의 장녀로서 식구를 벌어 먹여야
하는 책임을 가지고 있었다. 또한 학교에 전혀 못 가보거나 국민학교
중퇴자는 절반에 가까운 43%로 정상적인 교육의 기회를 제공받지 못
한 경우가 많았다. 가장 다수의 성매매여성들에게 행복은 "누구 앞에
서나 떳떳이 사는 것(62명)"이었다. 그리고 이들은 가장 불안을 느끼게
하는 요소로 자신들의 성매매 행위를 "남이 알거나(143명)", "앞으로 살

---

16) 위의 책, 154쪽.
17) 「私娼團束問題」, 『동아일보』, 1958년 6월 19일.
18) 정진성 외, 앞의 책, 123쪽.
19) 「휴지통」, 『동아일보』, 1953년 1월 22일.

아갈 자신이 없는 문제(76명)" 등을 호소하였다.[20]

　이러한 설문조사에서는 여성들에게 지워진 사회적 신분의 저하로 인한 빈곤, 교육의 부재로 인한 무지라는 굴레에서 벗어나지 못한 성매매의 책임을 오로지 여성 개인에게만 묻던 당시의 사회적 인식으로부터 비롯된 여성들의 자기혐오가 드러난다. 대부분의 성매매여성들은 자신들이 원치 않게 맞이하게 된 현실의 비참한 상황이 무엇보다 사회 구조적인 병폐에 의한 것이기에, 스스로의 힘으로 벗어날 수 있는 대안이나 출구가 없다고 비관적인 결론을 짓고 있었다.[21] 이처럼 불우한 환경에서 먹고살기 위해 사창가로 내몰린 성매매여성들은 그곳에서조차도 포주에 의한 구조적인 착취에 시달리며 전후 한국 사회의 가장 낮고 어두운 곳에서 갱생의 기회조차 잃어가고 있었다.

## 3. 반애란 선교사의 초기 선교와 애란원[22]의 설립 과정

### 1) 반애란 선교사의 선교활동과 요보호여성 복지사업의 전개

　엄격한 유교 질서에 따른 가부장 문화가 유지되어오던 한국 사회에

---

20) 「살기위한 最後手段」, 『조선일보』, 1962년 4월 18일.

21) Eleanor Van Lierop, 「A Startling Request」, *Lord of the Dance*, p.14.

22) 본래 '은혜의 집'이라는 이름으로 개소한 애란원은 1977년 반애란 선교사의 은퇴 후 그 뜻을 기리기 위해 1982년에 은혜의 집이 보유하고 있는 자산을 대한예수교장로회 통합총회에 증여하여 관리하게 하고, 애란원으로 명칭을 변경하였다(「애란원 60주년 발자취」, 『사랑을 심는 사람들』 48, 2020, 6쪽). 은혜의 집 이후 개소한 희망의 집, 기쁨의 집, 믿음의 집, 신앙의 집은 1983년 신축된 이후 애란원으로 통칭되고 있다. 이 글에서는 애란원의 초기 활동을 설명하기 위해 각 시설의 명칭을 가급적 분리하여 서술하였다.

서 기독교가 최초로 여성의 교육권을 확보하고 여성들의 인권 확립에 절대적으로 기여했다는 점은 부정할 수 없는 역사적 사실이다. 특히 기독교가 한국 여성들의 인권을 가장 앞장서서 보호하고 변호할 수 있었던 까닭은, 누구보다 한국 여성들의 삶에 밀착되어 있었으며, 이들의 필요를 가장 잘 알 수 있는 위치에 있었던 여선교사들의 적극적인 활동 때문이었다.[23] 그러나 안타깝게도 기독교 선교사들이 제공하는 교육과 계몽의 수혜는 오랜 일제강점 이후 연이은 전쟁이 불러온 경제적 궁핍으로 인하여 한반도 전역에 골고루 미치지 못했다. 특히 농촌 지역에서는 수많은 어린이들이 입을 하나라도 더 줄이기 위한 목적으로 버려지거나 팔려갔으며, 그들 중 대다수는 여아들이었다.[24] 하지만 초기 한국 기독교의 역사가 그랬듯이, 해방 이후에도 기독교는 여전히 소외된 여성들의 비참한 삶을 외면하지 않았다. 그 중 하나가 반애란 선교사의 요보호여성 복지활동이었다.

반애란 선교사는 그녀의 책 *Lord of the Dance*의 서문을 쓴 사무엘 H. 마펫의 표현처럼 "서울의 어두운 사창가와 빈민가를 돌아다닐 가능성이 가장 적은 편에 속하는"[25] 경건한 미국 여성이었다. 미시간주 포티맥에서 성공적인 목회 활동을 하고 있던 장로교 목회자의 자녀로 태어나 어린 시절부터 보수적인 기독교적 분위기에서 성장한 반애란은 일찍 자신의 일생을 하나님께 바치기로 결심했다. 그녀는 미시간대의 IVF 동아리에서 남편 반피득(Peter Van Lierop) 선교사를 만났다. 반피

---

23) 강선미, 『한국의 근대 초기 페미니즘 연구』, 푸른사상, 2005, 190쪽.

24) 1962년 미아보호소에 대한 경향신문의 통계자료에 따르면 입소한 어린이 중 기아는 453명으로 집계되었다. 이들 중에서는 여아가 남아에 비해 배 이상이었으며, 대부분이 10세 전후의 어린이들이었다(「迷兒와 棄兒 잃어버린 父母의 陽地」, 『경향신문』, 1962년 10월 29일).

25) Samuel Hugh Moffett, 「Foreword」, *Lord of the Dance*.

득 선교사의 아버지는 무디 성서학교를 졸업하고 벨기에에서 선교활동을 하던 네덜란드계 미국인 선교사였다. 반피득 선교사는 남다른 선교의 사명을 가진 아버지처럼 언젠가 자신도 선교사로서 사역을 할 것이라는 비전을 가지고 있었다. 이러한 남편과 함께 반애란 선교사도 자연히 선교에 대한 열정을 품게 되었다. 제2차 세계대전이 한창이던 1943년 결혼한 이들 부부는 전쟁이 끝나고 함께 피츠버그 신학교에 입학하며 본격적으로 선교를 준비하였다.[26]

반피득 선교사는 초기에 중국 선교를 염두에 두고 있었으나, 우연한 기회에 한반도에서 있었던 1907년 대부흥운동에 대한 역사를 알게 되었고 그 이후 한국 선교를 준비하게 되었다. 1949년 한국에 온 반애란 선교사 부부는 6·25 전쟁이 발발하자 장로교 선교부의 지시로 잠시 일본으로 피신해 있었다가, 2년 뒤 다시 한국 안동으로 돌아왔다. 이들은 기독교 교육을 통해 한국 사회를 책임질 기독교 인재를 양성하는 미션스쿨 설립의 비전을 가지고 경안고교를 개교하였다. 그러나 당시 연세대 총장으로 있던 백낙준 박사가 반피득 선교사에게 연세대에서 함께 일하자는 제안을 보내왔고, 이후 반피득 선교사는 연대 기독교 교육학과에서 강의를 담당하며 신학대 학장을 맡아 1977년 은퇴할 때까지 봉사하였다.[27]

한편, 반애란 선교사는 남편이 대학에서 사역하는 동안 한국 여성들을 위한 사회사업에 전력했다. 반애란 선교사가 한국의 성매매여성에 대한 관심을 가지게 된 계기는 사역 초기 한 미국인 군목으로부터 "왜 선교사들은 군인들이 시내로 외출할 때, 그들을 상대로 성매매를 하려

---

26) 편집부, 「복음으로 세계를 섬긴 반애란 선교사 부부」, 『사랑을 심는 사람들』 48, 2015, 5쪽.
27) 앞의 글, 6쪽.

고 군대 막사 주변을 서성거리는 여성을 위하여 무언가를 하려고 하지 않느냐"[28]는 질문을 받았을 때였다. 당시 성매매여성을 상대로 한 복지활동에 대한 지식이나 경험이 전무했던 반애란 선교사는, 이 일을 어디서부터 시작해야 할지에 대한 막막함으로 망설일 수밖에 없었다.

그러나 이러한 사명에 대한 도전은 다시금 그녀의 마음을 강하게 두드리게 되었다. 어느 날 그녀에게 영어를 배우던 연세대학교 신학과 학생 두 명이 기차역에서 호객행위를 하던 젊은 여성을 그녀 앞에 데려왔다. 가련한 성매매여성을 위해 자신들의 선생이 무엇인가를 해줄 수 있을 것이라고 기대하고 있는 학생들 앞에서, 반애란 선교사는 '한낱 영어교사일 뿐인 내가 무엇을 할 수 있을까?'라고 망설이면서도 그녀를 흔쾌히 받아주었다. 그리고 YWCA에 연락하여 그녀가 머물만한 숙소를 구해주고, 적당한 일자리를 찾아줄 것을 약속하였다.[29]

이 일을 계기로 반애란 선교사는 성매매여성 전담 복지사업의 필요성을 느끼고 도처에 자문을 구하기 시작했다. 소식을 듣고 찾아온 연세대학교 졸업생 장의옥[30]이 반애란 선교사의 활동에 합류하였다. 그러나 이러한 사업에 대한 재정적 지원을 요청했을 때, 정부는 "한번 매춘부는 영원한 매춘부"[31]라며 그들의 제안을 무시하였고, 한국 사회복지의 민간 부문에서 선도적 역할을 감당해왔던 교회들조차도 "우리 크리스천 고등학교와 대학에 좋은 여학생들도 많은데 왜 이런 나쁜 여자들에게 시간을 낭비하려 하는지 모르겠다"[32]는 부정적 답변을 내놓았

---

28) Eleanor Van Lierop, 「Introduction」, *Lord of the Dance*, p.3.
29) Eleanor Van Lierop, 「A Startling Request」, *Lord of the Dance*, p.12.
30) 장의옥 선생은 이후 이러한 한국의 요보호여성을 위한 활동을 '여성복지협회 (Girls Welfare Association)'로 발전시키며 보다 전문적인 활동을 하기 위해 노력하였다.
31) Eleanor Van Lierop, 「Introduction」, *Lord of the Dance*, p.4.

다. 장로교 선교부는 반애란 선교사에게 이 일이 얼마나 인정받지 못하고 비생산적인 일이 될지를 누차 강조하였다. 그러나 반애란 선교사는 사회가 외면하는 성매매여성들을 돌보는 사역은 교회가 마땅히 해야 할 일이며 의무라고 여기고, "이것이 주님께서 허락하신 일이라면 필요에 따라 재정을 제공하실 것"[33]이라는 장로교 선교부 대표 리처드 베어드(Richard Baird)의 조언을 따라 성매매여성을 위한 복지사업을 본격적으로 추진하였다.

## 2) '은혜의 집' 설립과 성매매여성 재활 프로그램의 도입

반애란 선교사는 장의옥 복지사와 함께 성매매여성을 찾아 유흥가를 돌아다니며 인터뷰를 하기 시작했다. 인터뷰 결과 여성들이 성매매를 그만두기 위해 당장 살 집과 직장을 얻을 수 있는 기술을 가장 필요로 한다는 것을 깨달은 반애란 선교사는 KCWS(Korea Church World Service)에서 지원받은 1,000달러로 1960년 4월 1일 서대문구 대현동에 성매매여성 전담 복지시설인 은혜의 집(House of Grace)을 건립하였다. 초대 원장으로는 미국 오하이오 주립대학교에서 석사학위를 받은 이화여대 이명흥 교수가 재직하였고, 1년 후에는 반애란 선교사가 직접 원장으로 나서서 운영[34]하였다.

은혜의 집과 반애란 선교사의 활동이 세간에 알려지자 더 많은 소녀들이 경찰이나 입양기관, 타 사회복지기관 등의 보호 의뢰와 그들의 고객인 군인들의 손에 이끌려 은혜의 집을 찾아왔다. 이에 은혜의 집

---

32) 위의 글.
33) 위의 글.
34) 애란원, 『애란원 50년사』, 34쪽.

바로 옆에는 가출 소녀들을 보호하는 희망의 집(1963년)이, 캠프 카이저(Keizer, 현 경기도 포천군 영북면 운천리) 근처에는 미군 상대 성매매여성들을 보호하는 신앙의 집(1967년)이, 서대문구 봉원동에는 미혼모를 보호하고 양육을 지원하는 기쁨의 집(1973년)이 필요에 따라 차례로 건립[35]되었다.

반애란 선교사가 이들 모두를 수용할 큰 건물을 마련하지 않고 생활권을 따로 분리한 이유는 소녀들이 각자 처한 입장에 따라 서로 다른 문제를 가지고 있었기 때문이었다. 예컨대 미군을 대상으로 성매매를 해왔던 신앙의 집 소녀들은 원치 않게 성매매의 길에 접어들게 된 은혜의 집 소녀들에 비해 성매매를 통한 사치스러운 생활에 익숙해 있었으며 흡연, 음주, 마약중독 등의 심각한 문제를 안고 있었다.[36] 이처럼 반애란 선교사는 입소한 여성들의 상황과 특성을 세세히 나누어 살피고 각자에게 맞는 특별한 프로그램을 제공하려고 노력하였다.

은혜의 집은 열악한 예산에도 불구하고 설립 초기부터 직원 채용의 조건을 4년제 대학 사회사업 전공자로 규정[37]하며 기존의 단순 수용 시설이 아닌 복지시설로서의 전문성을 모색하였다. 또한 가정과 동일한 환경에서 생활하며 기독교적인 가정 문화를 체험할 수 있게 하는 '코티지 시스템(Cottage System)'을 도입하여 각 집마다 10-15명의 소녀당 1명의 사감을 배치하고 이들의 일상생활을 지도하고 감독하게 하였다.[38] 3명의 사감들은 신앙심 깊고 훌륭한 자질을 갖춘 보호자로서

---

35) 「애란원 60주년 발자취」, 『사랑을 심는 사람들』 48, 2020, 6쪽.

36) Eleanor Van Lierop, 「Introduction」, *Lord of the Dance*, p.9.

37) 한상순, 「애란원 설립자 반애란 선교사님이 뿌리신 씨앗과 열매」, 『사랑을 심는 사람들』 48, 2015, 19쪽.

38) 서연순, 「윤락에 있어서의 시설 보호와 Cottage System의 비교」, 『사회사업』 9, 1975, 8쪽.

소녀들과 의식주를 같이하며 기독교 가정의 포근함과 따듯함을 느끼
도록 배려하였고, 주일에는 교회에 함께 나가며 신앙심을 키워주었
다.[39] 매주 월요일 아침에는 반애란 선교사의 집으로 사회사업가들이
모두 모여 사례회의를 열고 각각의 사례들을 어떻게 돕는 것이 최선일
지 토의하며 슈퍼비전을 받았다.

　반애란 선교사와 사회사업가들은 교육의 경험이 전무 하다시피 한
소녀들의 필요를 충족시키기 위해 다양한 재활 프로그램을 마련하였
다. 처음에는 이들을 위한 과목을 결정하는 것조차도 난관이었지만,
봉원교회 등 지역 교회 목회자와 성도들, 주한 외교관 부인들의 모임
인 소롭티미스트(Soroptimist) 회원들, 연세대 박대선 총장 부인과 김형
석 교수 부인 등 연대 교수 부인회[40] 등이 자원봉사자로서 헌신적으로
이 일을 도왔다. 캐나다 연합교회의 베이리스(Olive Bayliss), 침례교 선
교부의 존스(Nita Jones) 선교사 등 여성 선교사들 또한 자원봉사자로
참여하여 성경과 기독교의 삶, 음악 등을 가르쳤다.[41]

〈표 1〉 애란원의 초기 재활 프로그램[42]

| 분류 | 활동 |
| --- | --- |
| 기독교생활 | 채플(매일 아침 9시), 상담, 성경공부(매주 2시간), 성경구절 암송 |
| 가사 | 요리, 바느질, 청소, 정원 가꾸기 |
| 문화생활 | 음악, 예술, 공예, 의상 만들기, 뜨개질, 코바늘, 재봉, 꽃꽂이 |
| 교양 | 읽기, 쓰기, 수학, 역사, 지리, 의사소통 |

39) 애란원, 『애란원 50년사』, 37쪽.
40) 「신앙으로 새 女性을 키우는 여성 厚生 협회」, 『기독공보』, 1973년 5월 5일.
41) 애란원, 앞의 책, 36쪽.
42) Eleanor Van Lierop, 「Introduction」, *Lord of the Dance*, pp.9-11.

6-8개월간의 재활 프로그램을 마치고 사회로 나갈 준비가 된 소녀들은 미용, 양재, 타자 등 직업기술을 배울 수 있는 직업훈련학교에 보내졌다. 소녀들은 그곳에서 교육을 받으며 졸업장을 수료하고 취업전선에 나설 수 있었다. 이러한 위탁 교육에는 큰 비용이 들었지만, 반애란 선교사는 이를 감수하고 기관에서 직접 직업교육을 하지 않았다. 소녀들의 직업 선택지가 기관에서 실시하는 교육 과정으로 한정되어 자신의 적성과 맞지 않는 공부를 하는 상황을 예방하고 싶었기 때문이었다.[43]

은혜의 집이 세워진 이후, 10년 동안 그곳을 거쳐나간 소녀들은 약 1천 2백여 명이었고 이들 중 85%가 기독교 신앙을 가지게 되었다.[44] 1969년 한 해에만 성매매여성 40명 중 20명이 이발소, 미장원, 양장점 등에 취직을 했고 가출소녀 140명 중 42명이 귀가, 66명이 가정부, 공장, 병원, 이발소 등에 직업을 얻었다.[45] 가정부로 일하러 가는 소녀들에게는 기관에서 직접 만든 계약서를 주어 방과 식사, 합리적인 급여가 보장되도록 조치하였다.[46] 퇴소 이후에는 직접방문이나 서신을 통하여 이들이 다시 찾은 인생을 잘 영위해 나갈 수 있도록 사후관리를 철저히 하였다.[47] 이처럼 복지에 방점을 둔 은혜의 집의 입소자 관리에 대한 소문은 성매매여성들 사이에도 퍼져서, 정부가 운영하는 시립부녀보호소에서는 은혜의 집을 보내달라고 간청[48]하는 이들이 생겨날

---

43) 위의 글, p.107.

44) Eleanor Van Lierop, 「Interude」, *Lord of the Dance*, p.110.

45) 「한국에서 일하는 異国여성(6): 은혜원 원장 엘렌 반 리에럽 女史」, 『경향신문』, 1969년 3월 17일.

46) Eleanor Van Lierop, 「The Lost Rabbit」, *Lord of the Dance*, p.71.

47) 「신앙으로 새 女性을 키우는 여성 厚生 협회」, 『기독공보』, 1973년 5월 5일.

48) Eleanor Van Lierop, 「I was Born Like This」, *Lord of the Dance*, p.154; Eleanor Van Lierop, 「A Communist Finds Jesus」, *Lord of the Dance*, p.214.

정도였다.

### 3) 성매매여성 대상 정부 기관과의 협력

1961년 윤락방지법 제정 이후 요보호여자에 대한 보호지도소 수용
이 법제화되면서 '부녀보호소'나 '부녀직업보도소'로 불리는 시설이 다
수 설립되었다.[49] 그러나 공공 부녀보호지도소에서는 수용 위주의 부
실한 기술교육 속에 여성들의 연이은 퇴소 및 재입소가 빈번하게 발생
하였다.[50] 정부는 당시 대표적인 민간 직업보도소로 평가받던 은혜의
집 사회사업가들이 이룬 성과를 통하여 전문성을 갖춘 사회사업가의
필요성을 깨닫게 되었다. 이에 성매매여성의 교화갱생에 대한 기존의
정책이 문제가 있었음을 인정하고 반애란 선교사에게 시설 운영에 대
한 도움을 요청하였다. 반애란 선교사는 정부 기관의 조직 수립과 계
획을 검토하는 과정에서 사회사업가, 사감, 관리자가 서로의 사례를
함께 연구하거나 토론할 수 있는 주간 사례회의의 도입을 요청하였
다.[51]

또한 당시 몇 안 되는 사회사업학과 관련 최고의 전문성을 가진 인
력으로 구성되어 있었던 은혜의 집은 사회사업가를 훈련하여 정부 기
관에 파견하는 일도 담당하였다. 1968년 1월에는 은혜의 집에서 훈련
받은 사회사업가들이 망우리의 경기여성직업훈련원에 처음으로 파견
되었으며, 68년 가을에는 영등포의 서울시 직업훈련원 등의 시설에 두
명의 사회사업가가 파견되었다. 사회사업가를 훈련하여 파견하는 이

---

49) 김아람, 「1960~80년대 사회정화와 여성수용」, 『사회와역사』 129, 2021, 158쪽.
50) 김대현, 「1950-60년대 '요보호'의 재구성과 '윤락여성선도사업'의 전개」,
    『사회와역사』 129, 2021, 41쪽.
51) Eleanor Van Lierop, 「Interude」, *Lord of the Dance*, p.110.

러한 은혜의 집 프로그램은 정부로부터 좋은 반응을 얻었고,[52] 개선
사항들은 '부녀보호지도소 운영개선 방안'[53]에 적용되었다.

1969년 9월 성매매여성을 위한 국립 사회복지기관인 '행복원'의 건립
을 앞두고 반애란 선교사는 영적 지도와 상담에 기반을 두는 은혜의
집 신앙 프로그램의 도입을 추진하였다. 정부는 이를 즉각 반영하여
행복원 내 교회의 설립과 운영을 허가하였다.[54] 은혜의 집 소속 사회
복지사 5명이 파견된 행복원이 건립되자 반애란 선교사는 NCC에 소녀
들의 영적 성장을 위해 예배와 성경공부, 성가대 연습을 주관할 원목
을 제공해달라고 요청하였다. 반애란 선교사가 직접 마련한 신앙 지도
프로그램은 성경공부와 성경 암송, 성경 통신 강좌 수강, 주 1회 예배
라는 3단계로 구성[55]되었다.

은혜의 집은 성매매여성의 복지에 있어 간과되고 있던 상담의 중요
성을 부각시켰다. 대다수의 성매매여성은 아동기 애정결핍으로 인한
정서적 불안과 그에 따른 자기방어 등의 심리적 요인[56]으로 재활에 어
려움을 겪는 경우가 많았다. 이화여대 사회사업학과 졸업생인 주금희,
권화옥, 김원실 등이 당시에는 드물었던 상담 전담 사회사업가로 봉사
하며 상담의 효과성을 입증하였다. 은혜의 집에서 이들의 활약은 전국

---

52) 김대현의 연구에 따르면, 윤락여성선도사업에 '종교적인 어떤 관련'을 주는
  일, 즉 여성복지 기능을 종교기관에게 외탁하는 관례는 보건사회부·서울시,
  윤락여성선도위원회를 비롯하여 한국여성단체협의회 등 여성단체 모두에게
  전반적으로 호응을 불러일으켰다(김대현, 앞의 글, 41쪽; 애란원, 앞의 책,
  36~37쪽).

53) 「婦女指導所 새 運營策 마련」, 『조선일보』, 1970년 9월 4일.

54) 「서울특별시립행복원설치조례시행규칙제정(제876호)」, 1970년 2월 11일(국가
  기록원, 2021년 6월 11일 검색).

55) Eleanor Van Lierop, 「Interude」, Lord of the Dance, p.108.

56) 서연순, 앞의 글, 19~20쪽.

에 40여 개의 부녀상담소가 개소[57])되고 정부에 의해 지어진 성매매여
성 집단 수용시설 행복원에도 상담 전문가가 배치되는 결과를 낳았
다.[58])

　성매매여성을 단순히 먹이고 재우는 것이 아니라 삶의 비전을 제시
하고 새로운 인생의 전기를 마련해주려는 반애란 선교사의 사역 목표
가 사회적인 공감대를 형성하게 되면서, 애란원의 요보호여성 복지활
동은 성매매여성 재활에 있어 전문성을 띤 사회사업기관의 중요성과
사회사업가 양성의 필요성에 대한 사회적 인식을 이끌어내며 기독교
민간단체로서 한국 사회복지계에 선진적인 역할모델을 제시[59])하였다.
또한 1년 남짓한 기간만으로도 여성들의 미래가 완전히 바뀔 수 있다
는 가능성을 시사하며 한국 정부와 사회로 하여금 성매매여성의 재활
과 갱생에 더욱 많은 관심과 지원을 쏟도록 하는 데 기여하였다.


## 4. *Lord of the Dance*에 드러나는
   요보호여성복지의 기독교적 특성

### 1) 성매매여성의 재활 가능성에 대한 긍정적 인식

① 성매매여성에 대한 사회적 편견 극복
*Lord of the Dance*의 서문에서 반애란 선교사는 성매매여성들의 변

---

57) 「婦女相談所 40個所新設」, 『동아일보』, 1963년 2월 12일.
58) 이화여대학교 사회복지학과오십년사편집위원회, 『사회복지학과 50년사: 1947-997』, 이화여자대학교사회복지학과, 1997, 213쪽.
59) 「女性團體協 「불우女性」 세미나」, 『경향신문』, 1975년 12월 3일.

화를 '발레'에 묘사하였다. 그녀는 발레에서 단계와 움직임을 배울 때 근육과 힘줄을 늘리는 과정에서 고통이 느껴지듯, 이들의 인생도 새로운 습관을 형성하고 자제력을 발휘하는 과정에서의 고통을 잘 이겨내면 얼마든지 변화가 가능하다고 주장하였다. 그리고 그 고통을 이겨내고 승리할 힘을 주실 분은 "슬픔이 변하여 춤이 되게 하시는(시 30:11)" 하나님이라는 사실을 강조하였다.

반면 성매매여성에 대한 당시 사회의 경멸적인 시선은 그들의 재활과 갱생에 가장 큰 장애요소였다. 성매매여성에 대한 반애란 선교사의 초기 사역은 바로 이러한 편견과의 싸움이었다. 당시 정부는 성매매여성들을 일종의 교도소와 다름없는 '시립부녀보호지도소' 등의 시설에 법적 근거도 없이 강제로 입소시키고 의무적으로 직업훈련에 참여하게 함으로써 심각한 인권문제를 발생시켰다. 정부의 입장에서 가장 시급한 문제는 여성 개인의 인권유린보다도 성매매로 유발되는 성병의 급속한 확산[60]에 있었기 때문이었다. 따라서 강제 수용을 당한 성매매여성들이 배고픔과 열악한 환경에 불만을 품고 부녀보호소를 집단 탈출하는 사건이 종종 벌어졌으며,[61] 경찰의 단속으로 연행된 여성들이 "부녀보호소에 수용되느니 차라리 죽겠다"[62]며 호송차량에서 탈출하여 사망하거나 크게 다치는 사건이 발생하였다.

반애란 선교사는 이처럼 한 건물에 50명에서 100명의 여성들을 무리지어 수용하고 한 두 명의 사감과 사회사업가만 배정하는 정부의 복지정책에 반대하였다. 성매매여성들은 대개 지독한 자기혐오와 죄책감,

---

60) 심지어 사창을 통해 번지는 성병의 창궐을 막기 위해 공창이 존속되어야 한다는 공창제 존속론이 제기될 정도였다(박유미, 앞의 글, 49쪽).
61) 「배고픔에 못배긴 娼女百 25名 深夜 집단脫走」, 『조선일보』, 1963년 11월 9일.
62) 「淪落女 5名이 脫出」, 『조선일보』, 1968년 7월 18일.

자신을 팔아버린 부모에 대한 분노 등의 심리적 문제를 가진 경우가
많았으므로 이들에게는 정부에서 제공하는 수준보다 훨씬 더 밀착된
보살핌과 감독이 필요하다고 보았던 것이다. 은혜의 집 여성들은 15명
의 입소자 당 1명의 사회복지사와 1명의 사감을 배정받아 가정이 주는
따스한 분위기 속에서 마음의 안정을 되찾고[63] 보다 적극적으로 재활
에 대한 의지를 다질 수 있었다. 이처럼 은혜의 집 출신 여성들이 보여
준 성공적인 재활의 사례를 통하여 성매매여성들을 격리수용 하는 데
목적을 두었던 기존 복지시설들은 이후 이들의 재활과 갱생의 가능성
에 보다 역점을 두는 운영방침을 적용하게 되었다.

도덕적으로 타락한 성매매여성은 정상적인 가정을 이룰 수 없을 것
이라는 편견 또한 성매매여성들의 미래를 어둡게 만들고 있었다. 정부
에서는 1963년과 1964년에 걸쳐 성매매여성의 갱생과 선도를 위해 여
성들을 부랑아들과 결혼시키는 합동 결혼을 대대적으로 추진하였다.
성매매여성은 일반 남성과 함께 가정을 이룰 수 없을 것이라는 선입견
에서 비롯된 정책이었다. 그러나 시립부녀보호소의 '합동 결혼의 성과
분석' 조사 결과 당시 결혼한 350쌍 중 45쌍은 완전 파경을 맞았으며
40%도 가정불화 등으로 결혼생활이 위태로운 상태라는 사실이 확인되
면서, 정책은 결국 실패하였음이 입증[64]되었다.

한편, 반애란 선교사는 은혜의 집 소녀들도 얼마든지 일반인과 다를
바 없는 건강한 가정을 이룰 수 있다고 믿었다. 『Lord of the Dance』의

---

[63] 은혜의 집에 대한 당시 세간의 인식을 보여주는 한 연재소설의 내용은 다음
과 같다. "윤락여성을 받는 은혜원과 가출아들을 받는 희망원이라는 집두 있
는데 미혼 산모를 요양시키는 기쁨의 집이 제일 분위기가 좋아요. 사감이 아주
좋아서 꼭 가정집 같다니까. 조용히 앉아서 뜨개질이나 수놓는걸 배우구 사감
아주머니한테서 신앙선도도 받구." (「徘徊」, 『경향신문』, 1975년 3월 12일).

[64] 「成敗半半」, 『조선일보』, 1966년 10월 5일.

사례에서 결혼을 결정한 성매매여성들은 성실하고 신앙이 독실한 기
독교인 남성을 만나 결혼하는 경우가 대부분이었다. 신문에 소개된 은
혜의 집과 소녀들의 기사를 보고 이들을 자신의 아내로 맞아들이기를
원하는 남성들이 은혜의 집을 찾아오기도 하였다.[65] 반애란 선교사는
때로는 중매에 앞장서기도 하며 이들의 결혼을 적극적으로 주선하였
다. 예비부부는 결혼 전에 엄격한 직업훈련과 예비결혼 상담에 참여하
여야 했다. 또한 결혼 이후에도 지속적인 상담과 관찰을 받을 것이 약
속되었다.[66] 은혜의 집 여성들을 위한 연세대학교 교수 부인들의 자원
봉사도 건강한 기독교 가정에 대한 모델링에 중요한 역할[67]을 하였다.
반애란 선교사를 가장 기쁘게 하는 일은, 퇴소한 소녀들이 명절이나
특별한 날 아이들을 데리고 은혜의 집을 방문하는 것이었다.

② 성매매여성 복지에 대한 긍정적 관심 유도
은혜의 집에 입소한 성매매여성들이 변화되고 새 삶을 찾아가는 과
정을 지켜보며 한때 성매매여성에 대한 사역에 부정적 편견을 가졌던
교회들과 기독교 사회복지기관들도 반애란 선교사의 사역에 적극적인
호응과 관심을 보이기 시작하였다. 세브란스 병원은 자선 예산으로 매
주 목요일 기본적인 건강검사와 더불어 결핵, 성병, 간질, 임신 등에
대한 진료를 통해 소녀들의 의료문제를 해결해주는 한편, 소녀들이 일
반 대중들과 접촉할 기회를 가질 수 있도록 기프트샵의 운영을 위한
공간을 마련해주었다. 은혜의 집 인근의 봉원교회, 소망교회, 대현교
회, 창천교회, 새문안교회, 신촌성결교회, 대신감리교회, 혜명감리교회

---

65) Eleanor Van Lierop, 「Wedding Bell's」, *Lord of the Dance*, p.47.
66) 위의 책, p.47.
67) Eleanor Van Lierop, 「Introduction」, *Lord of the Dance*, pp.10-11.

등에서 부교역자와 여전도회 회원들이 파견되어 예배와 소모임, 기도
회 등을 인도하며 신앙적 도움과 물질적 후원에 동참하였다. 영락교회
성도들은 은혜의 집을 위해 한 달에 100달러를 예산으로 지출[68]하기
도 하였다.

은혜의 집의 성장은 지역사회의 관심 또한 불러일으켰다. 성매매여
성을 보호하는 기관으로서 직원들은 종종 주변 이웃과의 갈등에도 직
면해야 했다. 어느 날 이웃에 사는 한 부인이 찾아와 불만을 토로하며
자신의 마을에 성매매여성을 들이게 한 것에 대해 반애란 선교사와 직
원들을 비난하는 일이 발생하였다. 그녀는 동네의 부동산 가치가 떨어
지고 있음을 근거로 시설이 이웃에 악영향을 끼치고 있으며, 시설에
입소한 성매매여성들이 자기 남편과 아들이 걸어갈 때 유혹하는 모습
도 더 이상 보고 넘길 수 없다고 엄포를 놓았다. 그러나 오래지 않아
그 이웃은 자신의 딸들을 시설로 데려와 은혜의 집 프로그램에 참여시
켜주길 요청했다.[69]

폭우로 인해 은혜의 집의 담장이 무너지면서 아랫집을 덮쳐 집주인
이 수리비로 2년치의 운영비에 해당하는 10,000달러를 요구한 일도 있
었다. 처음에는 위협적으로 소리를 질렀던 집주인은 어느 날부터 비용
청구에 대해 더 이상 압박하지 않았다. 훗날 그는 반애란 선교사를 자
신의 집으로 초대하여 음식을 대접하며 한국의 불우한 소녀들을 위한
직원들의 헌신과, 거칠던 소녀들이 밝게 빛나는 여성으로 변화하는 기
적에 감동받아 영락교회에서 세례를 받고 기독교인이 되었음을 고백
하였다.[70]

---

68) 애란원, 『애란원 50년사』, 36쪽.
69) Eleanor Van Lierop, 「I, Happy Day」, *Lord of the Dance*, p.22; 「What can I give him?」, *Lord of the Dance*, p.28.

이처럼 반애란 선교사의 복지 사역은 정부 기관, 지역사회, 사회복
지단체, 교회 등에 성매매여성의 재활에 대한 긍정적 인식을 심어주는
데 기여하였다. 반애란 선교사는 은혜의 집에서 근무하는 '케이스 워
커'들을 각종 기관의 회의, 워크숍, 세미나 등에 파견하여 기독교 신앙
을 통한 인간 개선의 여지를 홍보[71]하기 위해 노력하였다. 이러한 영
향으로 성매매여성의 원활한 사회 복귀를 위한 직업교육의 중요성이
부각 되면서 1960년 초 전국 17개소에 불과했던 부녀보호지도소 시설
은 1970년대 들어 34개소로 증가[72]하였으며, 기독교계에서도 성매매여
성의 직업교육을 전문으로 하는 구세군여자관(1966), 에덴직업보도소
(1966), 교남회관(1967) 등의 기독교 민간 직업보도소들이 차례로 설
립[73]되었다.

*Lord of the Dance*에서 그녀는 재활의 여지가 전혀 보이지 않았던 심
각한 마약중독 여성마저도 거듭나게 하는 복음의 능력을 무엇보다 신
뢰하고 있음을 고백하였다.

> 황수가 찾아왔을 때, 우리 중 누구도 그녀가 영원히 변할 것이라고
> 믿지 못했습니다. 창녀, 마담으로 굳어진 그의 인생이 구원을 받을
> 수 있을까요? 우리는 하나님께서 할 수 있다고 믿었지만, 황수가 그
> 것을 끝까지 볼 수 있는 인내심을 가질 수 있을까요? 놀랍게도 하나
> 님은 삶을 계속해서 변화시키셨습니다. 우리가 가장 기대하지 않았
> 던 변화들 중에서 가장 큰 변화가 일어났습니다.[74]

---

70) Eleanor Van Lierop, 「Wedding Bells」, *Lord of the Dance*, p.45.
71) 「인간관계 개선의 宣敎 교회靑年들도 새 관심」, 『기독공보』, 1973년 2월 3일.
72) 보건사회부, 『부녀행정 40년사』, 보건사회부, 1987, 114~115쪽.
73) 박숙자, 「윤락여성에 대한 고찰」, 『사회사업』 8, 1973, 195~196쪽; 김대현, 앞
    의 글, 40쪽에서 재인용.
74) Eleanor Van Lierop, 「She calls herself Sue」, *Lord of the Dance*, pp.131-132.

반애란 선교사는 태초에 하나님이 여성을 창조하실 때 깨끗하고 가치 있는 삶에 대한 욕망을 만들어 주셨다고 보았다. 그리고 여성들이 순수한 것, 정의로운 것, 사랑스럽고 분별 있는 것들로 그들의 삶을 채우고자 할 때, 그러한 비전을 따를 의지와 힘을 주신다고 믿었다.[75] 이처럼 기독교 신앙을 통한 인간의 변화, 즉 중생에 대한 믿음은 은혜의 집의 고유한 운영철학이 되었다.

## 2) 요보호여성 인권의 보호와 성서적 자아상의 회복

① 요보호여성의 성매매 원인에 대한 재조명

1950-1960년대 성매매여성은 가부장적 성별지배관계를 그대로 표현해주는 단어인 매춘(賣春)부, 혹은 윤락(淪落)녀 등으로 표현되었다. 이는 성매매를 통해 성적 쾌락을 즐기는 남성의 행위에 대한 규제와 비난보다도, 여성 자신이 도덕적으로 잘못된 선택을 해서 피해를 입는 것이라는 관점에서 나온 말이었다.[76] 그러나 반애란 선교사는 은혜의 집을 설립할 당시인 1950년대 말부터 사창가를 직접 돌아다니며 실시한 구체적인 내용의 인터뷰를 통해, 성매매여성들은 '여성'과 '빈민'이라는 이중적 차별의 대상으로서 이들이 처한 환경의 가장 비참한 희생자라는 사실을 깨닫게 되었다. 인터뷰 결과 성매매여성들 중 성매매를 스스로 원해서 시작하는 소녀들이 거의 없으며, 모두들 하루라도 빨리 이 생활을 청산하고 싶어 하지만 이러한 상황에서 벗어날 대안이나 출구를 발견하지 못하고 있었기 때문이었다.[77] 사실상 이들의 절대다수

---

75) Eleanor Van Lierop, 「She was my girl」, Lord of the Dance, p.141.
76) 전경옥 외, 『한국여성정치사회사 3』, 126쪽.
77) Eleanor Van Lierop, 「A Startling Request」, Lord of the Dance, p.15.

는 성매매여성이기 이전에 빈곤과 저학력, 장애, 차별, 인권유린 등의 이유로 인해 국가와 사회로부터 보호를 받아야 할 요보호여성[78]이었던 것이다.

반애란 선교사는 은혜의 집에 입소한 여성들의 재활 과정을 사례별로 기록한 *Lord of the Dance*를 통해 성매매여성을 비판하기에 앞서 왜 그들이 성매매의 길에 빠져들게 되었는지를 구체적으로 조명해보고자 하였다. 가장 주된 원인은 경제적으로 열악한 가정환경이었다. *Lord of the Dance*에 기록된 성매매여성들의 가정환경은 다음과 같다.

〈표 2〉 *Lord of the Dance*에 기록된 애란원 입소자들의 가정환경

| 이름 (가명) | 가정환경 |
| --- | --- |
| 인자 | 아버지 재혼 후 계모가 돈을 벌어오라고 집에서 내보냄 |
| 해경 | 조실부모, 낮은 교육수준으로 인한 가출 |
| 선옥 | 계부의 학대로 가정부가 되었다가 주인집 남자에게 강간 |
| 해성 | 어머니의 재혼으로 버림받음, 가정부로 일하는 집에서 강간당해 임신 |
| 숙희 | 양부모에게 팔림, 가출 |
| 송애 | 친부모에 의해 절에 팔림, 절에서 성매매를 강요당함 |
| 신자 | 어머니의 불륜으로 이혼 후 가족이 흩어짐, 남자친구 아이를 임신 |
| 옥순 | 재혼 후 계모가 쫓아냄, 남자친구 아이를 임신 |
| 경옥 | 약혼자 아이를 임신 후 버림받음 |

[78] 1960년대 초 정부는 '요보호여자(要保護女子)'를 "윤락행위의 상습이 있는 자"와, "환경 또는 성행(性行)으로 보아 윤락행위를 하게 될 현저한 우려가 있는 자"라 규정하였다(김대현, 앞의 글, 17쪽). 그러나 1960년대 이후에는 산업화와 전반적인 사회구조의 변화로 인하여 이혼·산업재해·미혼모·실종·가출 등과 같은 새로운 원인들에 의한 모자 가족과 요보호여성들이 발생하면서 그 의미가 변화하였다. 현대적 의미의 요보호여성에는 보호를 필요로 하는 모자 세대와 미혼모, 가출 여성, 전쟁미망인, 윤락여성, 저임금 근로여성, 불우가정 여성 등 신체적·정신적·사회적·경제적 또는 기타 어떤 이유로든지 보호를 필요로 하는 상태에 있는 여성들이 모두 포함된다.

| 이름<br>(가명) | 가정환경 |
| --- | --- |
| 온희 | 윤락녀인 엄마에게서 태어난 흑인 혼혈 사생아,<br>따돌림으로 학교 중퇴 |
| 황수 | 극심한 빈곤과 낮은 교육수준, 매춘굴을 운영 |
| 유남 | 고모 집에서 키워지다 고모부에게 강간당함,<br>아버지 재혼 후 계모의 구박 |
| 애창 | 선천적 다리 기형, 구걸하라고 집에서 쫓겨남, 강간당함 |
| 성화 | 아버지 총살 후 탈북과정에서 어머니를 잃고 고아가 됨 |
| 양애 | 어머니 재혼으로 고아원에 보내짐,<br>자신을 입양한 양부에게 강간당함 |
| 미숙 | 무당인 친부모가 신당에 온 남자 손님들에게 성매매를 강요 |
| 명자 | 부유한 집에 태어났지만 간질로 인해 숨겨서 길러짐, 가출 |
| 윤식 | 탈북 중 강간당함, 자살시도 중 정신을 잃고 사창가로 끌려감 |

사례집에 소개된 성매매여성들은 이처럼 대부분 어린 시절 정신적으로 심각한 트라우마를 경험한 상태였다. 소녀들은 부모의 재혼으로 인해 친척 집에 맡겨지거나, 가난한 부모로부터 버림받고 양부모에게 팔리기도 했다. 계모나 계부는 이들을 학대하거나, 돈을 벌어오라고 쫓아내었다. 먹을 것이나 장난감을 사준다고 인파가 많은 곳에 데리고 가서 아이를 버리고 도망치는 경우도 있었다. 한 소녀는 반애란 선교사와의 인터뷰에서 어린 자신을 시장 한복판에 두고 사라진 엄마가 끝내 자신을 찾으러 돌아오지 않았던 이유가 재가를 하기 위해서였다는 사실을 깨닫고는 그 후로 어머니 상(mother figures)에 대한 적개심을 가지게 되었음을 고백하였다.[79] 이처럼 어린 시절 겪은 깊은 거절감은 이들이 스스로 가치 있는 삶을 살기 위해 자신을 충분히 사랑하지 못하도록 방해하였고, 이들이 자기 파괴적으로 삶의 의지를 놓아버리고 무기력하게 만드는 심각한 마음의 상처가 되었다.[80]

79) Eleanor Van Lierop, 「Wedding bell's」, *Lord of the Dance*, pp.45-46.
80) Eleanor Van Lierop, 「To Find the Pearl of Great Price」, *Lord of the Dance*,

두 번째로는 여성의 성적 순결에 대한 사회적 압박이 그 원인이었다. 반애란 선교사는 강간을 당하여 처녀성을 상실하고 더 이상 평범한 여자의 삶으로 되돌아갈 수 없다는 심리적 좌절감이 여성들로 하여금 성매매를 지속하게 하는 중요한 원인이 됨을 지적하였다. 당시 교육을 거의 받지 못한 여아들이 할 수 있는 일은 남의 집에서 가정부로 일하는 것이었다. 그들은 대개 버려진 그들을 거두어주는 양부나 가정부로 일하게 된 집의 남성들에게 성폭행을 경험하게 되었다. 소녀들은 처녀성을 상실한 자신을 '어차피 버린 몸'이라고 생각하며 사창가를 벗어나지 못하는 악순환이 반복되고 있었다.

세 번째로는 신체적 조건에 의한 사회적 차별이었다. 은혜의 집에 입소하게 된 대부분의 성매매여성들이 말로 형언할 수 없이 힘든 경험을 가지고 있었지만, 그 중에서도 더욱 안타까운 사례는 혼혈과 장애 등으로 인한 차별을 견디지 못해 사회에서 소외되고 결국 성매매의 길을 택하게 된 여성들이었다. *Lord of the Dance*에 소개된 소녀들 중 흑인 미국 아버지와 한인 어머니 사이에서 태어나 학교에서 심한 놀림을 받고 쫓겨난 온희, 한쪽 다리가 옆으로 꺾인 채 태어나 동네 아이들로부터 '닭발'이라고 놀림 받는 애창, 간질 발작으로 오빠의 혼삿길을 막고 가족을 수치스럽게 만든 자신에게 죄책감을 느껴야만 했던 명자 등은 모두 이러한 사회적 차별 때문에 공부를 끝까지 마칠 수도, 정상적인 직장을 구할 수도 없었다.[81]

---

pp.147-148.

[81] 당시 요보호여성에 대한 사회적 차별이 어느 정도로 심각했는지는 *Lord of the Dance*의 온희와 애창의 사례에 잘 드러나 있다. 온희는 은혜의 집에 입소한 후 미용학교를 졸업하고 지역사회의 첫 번째 미용사로 일하게 되었으나, 고객들이 흑인 혼혈인 온희가 자신의 머리를 만지는 것을 거부하는 바람에 미용 일을 할 수 없게 되어 다시금 웨이트리스로의 전업을 결정하게 되었다

반애란 선교사가 지적한 바와 같이, 당시 한국 사회는 소아마비, 얼굴 반점 등의 선천적 장애와 대부분 성인에게 잘못이 있는 출생 시의 부상이나 방치로 인한 후천적 장애의 책임을 오로지 장애인 개인에게 돌렸다. 따라서 장애를 입은 자녀가 그 형제자매의 결혼생활이나 직장 승진의 기회를 망친다는 이유로 고아원에 버리거나 양부모에게 팔아 넘기는 일이 흔하였다.[82] 혼혈아동에 대한 사회적 편견도 심각한 수준이었다. 혼혈아동은 태어나자마자 주위의 손가락질과 경멸의 대상이 되어 고통을 겪어야 했고, 학교에 들어가면 괴롭힘은 한층 집요해졌다. 혼혈아동은 이러한 따돌림과 차별을 견디지 못하고 대부분 학교를 일찍 그만두게 되었다. 이에 혼혈아동을 위한 최선의 복지는 입양이라는 인식이 형성[83]되었고, 입양이 되지 못한 아동들은 차별에 그대로 노출되어 정상적인 삶을 포기해야 했다. 이처럼 사회에서 거부된 요보호여성들에게는 구걸이나 성매매만이 유일한 생계수단이 되었다.

② 신앙 교육을 통한 건강한 자아상의 회복

반애란 선교사는 요보호여성들이 평생에 걸쳐 씨름해야 하는 '정신적 외상' 즉 거절감과 수치심, 죄책감으로부터 벗어날 방법은 오로지 신앙뿐이라고 보았다. 그녀는 은혜의 집의 첫 번째 입소자이자 실패사례인 인자의 사례를 통하여, 성매매여성의 재활에는 일반적인 직업훈

---

(「The Dancing Kisaeng Girl」, p.118). 장애를 가진 애창은 어린 시절 가족들에 의해 철도역으로 보내져 구걸을 해야 했다. 그녀가 성매매여성이 된 이후에는 남자들이 자신들에게 장애 여성이 보내지는 것에 대해 모욕감을 느꼈기 때문에 애창은 성매매조차도 제대로 할 수 없었다(「I was born like this」, p.154).

82) Eleanor Van Lierop, 「I was born like this」, *Lord of the Dance*, p.155.

83) 권희정, 『미혼모의 탄생』, 안토니아스, 2019, 130~137쪽.

련 그 이상의 것이 필요함을 알게 되었다.[84] 성매매여성들이 새로운 삶을 찾았을 때 그것을 지속할 수 있도록 하려면 개인적 회심을 경험한 신앙인이 되는 훈련이 무엇보다 우선적으로 필요하다는 사실을 깨닫게 된 것이다.

은혜의 집의 모든 소녀들은 재활 프로그램 안의 성경공부를 통하여 자신에게 특별한 성경구절을 정하고 신뢰하는 훈련을 하였다. 이러한 방식이 지나치게 단순하다는 세간의 비난도 있었으나, 반애란 선교사는 성경 구절의 영적인 힘을 강조하며 이러한 비판을 일축하였다.[85] 소녀들은 자신들이 정한 성경 구절을 통해 예수 그리스도가 자신들의 죄를 위해 고통 받았음을 깨닫고, 예수가 자신을 용서한 것과 같이 자신들을 버리고 학대하고 강간한 이들을 용서함으로써 새로운 삶을 자발적으로 선택할 수 있는 힘과 용기를 부여받을 수 있었다.[86] 또한 성경공부를 통해 하나님의 사랑을 배우며, 사회에서 멸시받는 자신들도 사랑받을 수 있는 존재라는 확신을 통해 건강한 자아상을 세워 나갔다.[87]

반애란 선교사는 사회적 냉대와 차별을 받는 여성들일수록 양질의 교육을 통해 책임감 있는 사회 구성원으로서의 능력을 인정받아야 한다고 생각하고 이들의 직업교육에 매진하였다.[88] 검은 피부색으로 인해 학교를 그만두고 기생 수업을 받아야 했던 소녀 온희는 기생학교에서 배운 공감의 기술을 살려 원주 세브란스의 간호조무사로 활동하게 되었다. 다리에 장애가 있어 제대로 서있지 못하지만 한국어 타이핑과

---

84) Eleanor Van Lierop, 「A Startling Request」, *Lord of the Dance*, p.17.

85) Eleanor Van Lierop, 「The Dancing Kisaeng Girl」, *Lord of the Dance*, p.118.

86) Eleanor Van Lierop, 「A Circus Girl's Lucky Chance」, *Lord of the Dance*, pp.55-56.

87) Eleanor Van Lierop, 「A Communist Finds Jesus」, *Lord of the Dance*, pp.214-215.

88) Eleanor Van Lierop, 「She Has Fits」, *Lord of the Dance*, p.201.

534 해방 후 한국사회 형성과 기독교 사회복지

회계에 대한 탁월한 능력을 가진 애창은 자신의 능력을 인정받아 관공서 사무실에서 일하게 되었다. 간질이 있지만 두뇌가 명석했던 명자는 반애란 선교사로부터 간질약을 무료로 제공하는 '로즈클럽'을 소개받아 병을 극복하고 오빠가 운영하는 병원의 간호사가 되었다.

이러한 과정에서 가장 큰 인식의 변화를 경험한 것은 그들의 가족들이었다. 소녀들의 가족들은 혼혈로 태어나거나 장애를 입은 소녀들이 차별을 극복하고 주체적인 삶을 살아갈 수 있도록 같이 힘을 보태주기보다, 사회의 냉랭한 시선을 피해 어린 시절부터 남몰래 뒷방에 숨겨 키우는 등 정상적인 삶을 사는 것을 방해하곤 하였다. 그러나 이들은 애란원의 재활 프로그램과 신앙 교육을 통해 달라진 딸과 여동생을 보며, 이들을 친자식처럼 정성으로 돌봐주고 아껴주는 반애란 선교사의 헌신적 사역에 놀라는 한편 자신들의 안일한 선택을 후회하였다. 이후 가족들은 가정의 진정한 역할을 회복하고 소녀들의 사회활동을 적극적으로 지지하는 입장에 서서 요보호여성에 대한 사회인식의 변화를 촉구하는 데 앞장서게 되었다.[89]

### 3) 미혼모의 출산·양육 지원을 통한 모성보호

① 미혼 모성의 재발견과 '기쁨의 집' 설립

전후 복구 사업을 통해 경제 성장이 가속화됨에 따라 가출 소녀 및 성매매여성들의 수가 감소[90]하는 한편, 미혼모가 새로운 사회 문제로

---

89) 앞의 책, p.202.
90) 서울시에 공식 집계된 성매매여성은 1964년에 3,772명을 정점으로 1973년 1,667명까지 감소하였다(서울역사편찬원, 『서울시사회복지사 2』, 경인문화사, 2017, 177쪽).

대두하게 되었다. 한국 사회에서 '미혼모'라는 용어 자체는 1970년대 새로 만들어졌을 정도로 생소한 것이었다.[91] 가부장적 문화에서 여성은 '개인'으로서의 독립적 주체이기보다 가족의 삶 속에서 규정 받는 아내이자 어머니이자 딸인 '부녀자(婦女子)'로 인식[92]되었기 때문에, 미혼모는 어머니의 범주에서 배제되었다.

게다가 1960년대 후반 공교육 기관에서의 성교육 실시[93]로 인해 근대 핵가족 가치에 대한 긍정적 언설은 더욱 강화되고 일부일처에 입각한 부부간의 배타적 사랑, 혼전 순결이 행복한 결혼에 대한 전제조건이라는 인식이 일상 수준으로 확대되었다. 혼전임신은 행복한 가정으로 가기 위한 전제조건인 혼전 순결을 위반한 것이 되었는데, 가부장 사회의 낙인은 남성이 아닌 여성에게 찍혔다. 이와 동시에 혼전임신 여성들은 어머니로서의 자격이 문제시되며 병리적 집단으로 범주화되었다.[94]

당시는 피임방법을 전혀 모르는 소녀들이 많았고, 알더라도 대부분의 피임기구가 불법 밀수품이었던 까닭에 많은 비용을 지불해야했다. 따라서 혼전 임신 여성이 출산억제를 위해 선택할 수 있는 방법은 낙태뿐이었고, 그 책임은 온전히 여성에게 부여되었다.[95] 그러나 낙태는 당시 엄연히 불법이었으며 무엇보다 값비싼 비용을 요구하였기에, 원치 않은 아이를 임신하게 된 가난한 소녀들은 낙태를 위해 홍등가로 향했다.[96] 반애란 선교사가 경험한 사례 중에는 은혜의 집에 가면 낙

91) 권희정, 앞의 책, 62~63쪽.
92) 정진성, 앞의 책, 33쪽.
93) 「中高生 性敎育」, 『동아일보』, 1968년 7월 11일.
94) 권희정, 앞의 책, 150쪽.
95) 배은경, 『현대 한국의 인간 재생산』, 시간여행, 2012, 47쪽.
96) Eleanor Van Lierop, 「The Poet from Masan」, *Lord of the Dance*, p.87.

태를 받을 수 있다는 잘못된 정보를 듣고 찾아온 소녀도 있었다. 반애란 선교사는 임신 6개월이었던 그녀에게 이렇게 늦은 시기에 하는 낙태는 육체뿐 아니라 특히 정신적으로 해롭다고 설득하였지만, 소녀는 은혜의 집을 뛰쳐나가 낙태를 감행했다. 그리고 이후 엄청난 절망과 자기혐오를 경험하고 쥐약을 먹고 자살시도를 한 끝에 다시 은혜의 집으로 돌아오게 되었다.[97] 이보다 더 심각한 것은 낙태비용을 부담할 돈이 없어 스스로 낙태를 시도한 끝에 장기에 감염과 부패가 생겨 신체에 심각한 손상을 입는 경우였다.[98]

미혼 상태에서의 출산 또한 문제가 되었다. 당시 사생아는 음란하고 난잡한 성관계를 상징하는, 세상에 존재해서는 안 될 인간 이하의 존재로 낙인찍혔다. 또한 기독교와는 달리 낙태에 대한 정죄가 없는 유교 문화권[99]에서는 혼외의 비정상적 출생을 관용할 이유가 별로 없었다. 이에 자신이 사생아였다는 사실을 뒤늦게 알게 되고 수치심을 느껴 음독자살[100]하거나, 자신이 낳은 아이가 사생아임을 비관하여 과도로 찔러 사망에 이르게 하는 경우[101]도 있었다. 은혜의 집에는 자신의 딸이 대학생인 남자친구와의 사이에서 임신을 했다는 소식을 듣고, 가문에 먹칠을 했다는 이유로 혼을 내려고 찾아온 아버지도 있었다. 당시 미혼모는 딸의 임신을 알아차리고 격분한 부모에 의해 심하게 매질을 당하는 경우가 많았기에, 반애란 선교사는 사람 대 사람의 권리에

---

97) Eleanor Van Lierop, 「Love that triumphs」, *Lord of the Dance*, p.76.

98) Eleanor Van Lierop, 「I was dead and am alive again」, *Lord of the Dance*, pp.93-94.

99) 한국 사회의 고질적 병폐였던 성감별 낙태가 이를 증명한다(양혜원, 『종교와 페미니즘 서로를 알아가다』, 비아토르, 2020, 220쪽).

100) 「私生兒가 싫어」, 『조선일보』, 1965년 9월 18일.

101) 「같이죽으려 私生兒亂刺」, 『조선일보』, 1966년 2월 8일.

대하여 이야기하며 서로 대화를 할 준비가 되었을 때 연락하겠다고 그
를 돌려보내야 했다.[102]

　상황이 이렇다 보니 미혼모의 아기는 출산 후 대개 해외로 입양되었
는데, 적지 않은 수의 미혼모들은 아이의 미래를 위해 입양을 보내고
나서도 심한 죄책감과 그리움으로 고통 받았다. 애란원이 설립되었던
1960년 전후 사회복지학계에서는 미혼모를 구제할 수 있는 방법으로
'미국에서 실시되고 있는 입양제도가 있으며, 사생아는 가능한 '위탁
가정(foster home)'에 보내어 탈선의 길을 가지 않도록 보살펴야 한다.'[103]
는 주장이 공공연히 전개되었다. '양육할 수 없는 모성'을 가진 미혼모
가 낳은 아이는 당연히 친모와 분리해야 한다는 이러한 의식은 입양을
윤리적 제도로 사회에 정착시키는 데 기능하였다.[104]

　미혼모의 모성과 아이를 기를 수 있는 자격이 사회적으로 온전히 부
정되는 가운데, 요보호여성복지의 최전선에서 활동하던 반애란 선교
사는 이러한 시대적 요청을 가장 민감하게 인식하게 되었다. 가출 소
녀를 보호하여 성매매를 미연에 방지하기 위한 목적으로 희망의 집이
세워지자, 16세에서 20세 사이의 4명의 여성들이 임신한 채로 입소하
였다.[105] 반애란 선교사는 이들의 케이스를 통해 미혼모가 겪는 심리
적 고통이 가정폭력, 성매매, 빈곤 여성의 슬픔과는 다르다는 사실을
이해하고 미혼모를 일정 기간 보호할 뿐 아니라, 출산한 후 아이를 돌
보면서 안정된 직업을 가질 수 있도록 지원해주는 미혼모를 위한 독자
적인 시설이 필요하다는 것을 깨닫게 되었다.

102) Eleanor Van Lierop, 「The poet from Masan」, *Lord of the Dance*, p.85.
103) 이원자, 「Student Social Worker로서 Unmarried Mother와 Illegitimacy에 관한
　　小考」, 『사회사업』 창간호, 1965; 권희정, 앞의 책, 124쪽에서 재인용.
104) 권희정, 위의 책, 129쪽.
105) Eleanor Van Lierop, 「Introduction」, *Lord of the Dance*, p.6.

이에 반애란 선교사는 미국에서 사회사업학을 다시 공부하고 한국
으로 돌아와 1973년 한국 최초의 미혼모 전문 보호시설인 '기쁨의 집'
을 설립하게 되었다. 한국인 원장으로 재직하고 있었던 권화옥은 당시
한국 최초로 미혼모 상담을 시작한 한국기독교양자회의 심현숙 회장
과 함께 미혼모들을 위한 상담 프로그램을 마련하였다. 기쁨의 집에서
산모들은 출산 전후로 주택, 의료보호가 지원되는 좋은 환경에서 요양
하며 낙태 대신 다른 방식으로 자신과 아이의 미래를 위한 계획을 마
련할 기회를 제공받을 수 있었다.[106]

② 미혼모의 친자 양육 지원을 통한 가정보존

은혜의 집이 성매매여성 보호시설에서 미혼모 전문 보호시설인 기
쁨의 집으로 전환하게 되면서, 기존의 가출 소녀를 위한 희망의 집은
미혼모가 친권 문제를 결정하기까지 임시로 보호해주는 시설로 전환
되었다. 상담사들은 생명존중, 모성보호, 가족보존의 기독교적 가
치[107]를 바탕으로 이들을 심리적으로 지원하였다. 비록 입양이라는 대
안 외에는 어떤 방안도 제공되지 않았던 시대에 90%의 미혼모들이 아
이의 미래를 위해 최선이라고 받아들여졌던 입양을 선택[108]하였지만,
반애란 선교사는 그 중에서도 아이를 키우고 싶으나 시간적 여유나 물
질적 여건이 필요한 미혼모들의 상황을 적극적으로 보조하기 위해 애
썼다.[109] 이에 미혼모가 아이를 혼자 키운다는 것은 가당치 않은 일로

106)「絶望에서 새 삶 주는 애란福祉會」,『기독공보』, 1977년 2월 19일.
107) 하희정,『역사에서 사라진 그녀들』, 선율, 2019, 273쪽.
108) 태어난 아이들은 우선적으로 기쁨의 집과 협력관계에 있었던 한국기독교양자
    회를 통해 국내입양되었고, 홀트아동복지회, 대한사회복지회, 동방아동복지회
    (현 동방사회복지회) 등을 통해 해외로 입양되었다(애란원, 앞의 책, 38쪽).
109)「絶望에서 새 삶 주는 애란福祉會」,『기독공보』, 1977년 2월 19일.

여겨지고 '입양은 곧 아동복지'로 인식되고 있었던 분위기 속에서도, 아이를 직접 양육할 결심을 하고 직업훈련에 적극적으로 참여하는 미혼모들이 생겨나기 시작하였다.[110]

이처럼 반애란 선교사는 태어난 아기를 친모가 직접 양육하는 것이 어머니와 자녀 모두에게 최선임을 확신하고, 미혼모가 자신들의 권리를 지키고 모성을 보호하며 혼자 힘으로 아이를 키울 수 있는 사회에 대한 가능성을 처음으로 제기하였다. 이후 애란원은 미혼모자세대 지원사업을 통해 양육을 선택한 엄마들의 아이 양육과 자립을 돕는 한편, 사회인식개선 활동을 통해 한국 사회와 정부가 미혼모 양육에 대한 이해와 지원을 할 수 있도록 노력하였다.

애란원의 꾸준한 노력으로 마침내 1996년 미혼모 보호시설의 설치 근거법이 변경되어 윤락방지법내의 직업보도시설이 아닌 모자복지법에 의한 미혼모 시설로 허가받게 되었다.[111] 또한 2006년 12월에는 모부자복지법(현 한부모가족지원법)이 개정되어 '미혼모가 아동 양육을 원할 경우 시설은 이를 지원하도록'하는 방침이 명문화되어 미혼모의 양육 지원을 강화하는 법적 근거를 이끌어내었다.[112]

## 5. 나가는 말

반애란 선교사의 요보호여성 복지 활동이 한국 사회에 미친 영향은

---

110) Eleanor Van Lierop, 「The Temple Girl」, *Lord of the Dance*, 63; 「The Poet From Masan」, *Lord of the Dance*, p.90.
111) 애란원, 앞의 책, 42쪽.
112) 애란한가족네트워크 편집부, 「애란원 60주년 발자취」, 『사랑을 심는 사람들』 48, 2020, 8쪽.

다음과 같다. 첫째, 성매매여성의 재활에 대한 복지의 필요성을 촉구하고, 한번 성매매에 빠진 여성은 회복이 불가하다는 사회적 편견을 극복할 수 있는 단초를 마련하였다. 1950-1960년대 사회는 성매매여성의 재활에 냉소적인 반응을 보였고, 정부의 복지정책도 이들의 갱생보다는 격리수용에 더욱 초점을 맞추고 있었다. 그러나 반애란 선교사는 복음을 통한 중생을 추구하는 기독교 신앙이 중심이 된 전문적 재활 프로그램을 통해 이들을 사회에 정상적으로 복귀시킴으로써 성매매여성의 재활 가능성에 대한 비전을 제시하였다. 이러한 반애란 선교사의 노력은 정부의 정책을 변화시켰고, 1960년대 이후 성매매여성을 단순 격리수용에서 사회 구성원으로 재활할 수 있도록 돕는 직업보도 시설들이 본격적으로 증가하는 계기를 마련하였다.

둘째, 기독교적 여성 인식을 바탕으로 국내 최초의 미혼모 보호시설의 설립을 통하여 태아의 생명 보호 및 모성보호에 가장 먼저 앞장섰다. 반애란 선교사는 낙태로 아이를 잃은 미혼모들이 정신적인 충격과 여성으로서 상당한 고통을 감내해야 하는 모습을 보며 미혼모가 낙태를 쉽게 결정하지 않도록 숙려할 수 있는 충분한 시간과 출산 전후로 머물 공간을 제공하였다. 또한 지역사회에서 사회적 편견으로 고통 받고 자원이 부족한 상태에서 혼자 아이를 양육하면서 여러 차례 위기를 경험하는 미혼모들이 그로 인해 자신들의 모성을 부정당하지 않도록 경제적, 심리적인 지원을 아끼지 않았다.

셋째, 요보호여성 복지사업에 있어서 다양한 기관들의 관심과 연합을 이끌어내었다. 반애란 선교사와 애란원의 활동은 종종 '어쩌다 저런 망종들과 일하게 되었는가'라는 사회적 지탄에 직면하여야 했다. 교회 또한 초기에는 이러한 활동에 긍정적이지 않았다. 하지만 반애란 선교사는 편견과 재정적 압박에 굴하지 않고 가장 낮은 곳의 여성들을 위한 자신의 사역을 꾸준히 개척해나갔다. 반애란 선교사의 이러한 노력은 마침내 교회와 기독교 복지단체들이 요보호여성복지에서 선구적인 역할을 담당할 수 있는 계기를 마련하는 데 기여하였다.

반애란 선교사의 운영 철학이자 애란원의 설립 정신인 태아의 생명 존중, 모성보호, 가정보존 등의 가치는 한국 기독교가 지향하는 사회 윤리와도 그 맥을 같이 한다. 결국 애란원의 역사는 기독교의 가치가 한국 사회 전반에 공유 될 뿐 아니라 정부 정책의 변화를 이끌어내고, 나아가 전통 유교의 영향력을 대체 할 여성 인식의 새로운 기준으로써 자리 잡은 사례라 볼 수 있으며, 이러한 점으로 인해 한국 교회사에서도 역사적 의의를 가진다고 할 수 있다.

# 참고문헌

1차 자료
『서울신문』『동아일보』『조선일보』『경향신문』『기독공보』
*Lord of the Dance* (미발간 원고)
『애란원 50년사』, 애란원, 2010.


2. 논문 및 저서
강선미, 『한국의 근대 초기 페미니즘 연구』, 푸른사상, 2005.
권희정, 『미혼모의 탄생』, 안토니아스, 2019.
김대현, 「1950-60년대 '요보호'의 재구성과 '윤락여성선도사업'의 전개」, 『사회
    와역사』 129, 2021.
김아람, 「1960~80년대 사회정화와 여성수용」, 『사회와역사』 129, 2021.
박유미, 「해방 후 공창제 폐지와 그 영향에 관한 연구」, 『역사와실학』 41, 2010.
배은경, 『현대 한국의 인간 재생산』, 시간여행, 2012.
보건사회부, 『부녀행정 40년사』, 보건사회부, 1987.
서연순, 「윤락에 있어서의 시설 보호와 Cottage System의 비교」, 『사회사업』 9,
    1975.
서울역사편찬원, 『서울시사회복지사 2』, 경인문화사, 2017.
애란한가족네트워크 편집부, 「복음으로 세계를 섬긴 반애란 선교사 부부」, 『사
    랑을 심는 사람들』 48, 2015.
애란한가족네트워크 편집부, 「애란원 60주년 발자취」, 『사랑을 심는 사람들』 48,
    2020.
양동숙, 「해방 후 공창제 폐지과정 연구」, 『역사연구』 9, 2001.
양혜원, 『종교와 페미니즘 서로를 알아가다』, 비아토르, 2020.
이승희, 「한국여성운동사 연구 – 미군정기 여성운동을 중심으로 -」, 이화여자대
    학교 박사학위논문, 1991.
이화여대학교 사회복지학과오십년사편집위원회, 『사회복지학과 50년사: 1947-
    1997』, 이화여자대학교사회복지학과, 1997.
전경옥·유숙란 외, 『한국여성정치사회사』 2·3, 숙명여자대학교출판부, 2005.
정진성 외, 『한국현대여성사』, 한울아카데미, 2004.
최을영, 「성매매 관련 신문기사에 대한 프레임 분석」, 전북대학교 석사학위논문,

2007.

하희정, 『역사에서 사라진 그녀들』, 선율, 2019.

한상순, 「애란원 설립자 반애란 선교사님이 뿌리신 씨앗과 열매」, 『사랑을 심는 사람들』 48, 2015.

## ▌저자소개(집필순)▐

■ **양용희**(梁龍熙, Yong Hee YANG)
   삶과죽음연구소 소장
   가톨릭대학교 일반대학원 사회복지학 전공(문학박사)
   대표저작/ 논문:「사회적기업의 사회적 영향 측정도구 개발」,「Civil Society and Social Capital in South Korea」,「우리나라 개신교 목회자의 노후생활과 복지」

■ **최현종**(崔玄鐘, Hyun Jong CHOI)
   서울신학대학교 조교수
   라이프찌히대학교 Dr. theol., 종교사회학 전공
   대표저작/ 논문:『오늘의 사회 오늘의 종교』,『현대사회, 종교, 그리고 돈』등

■ **장금현**(張金鉉, Geum Hyun JANG)
   서울신학대학교 현대기독교역사연구소 연구교수
   서울신학대학교 한국기독교사 전공(Ph.D.)
   명지대학교 사목, 세계사이버대학 교목실장 역임
   대표저작/ 논문:『해방공간과 기독교Ⅰ, Ⅱ』(공저),『강경교회 100년사』,『해방 후 한국기독교인의 정치활동』(공저)

■ **이은선**(李殷善, Eun Seon LEE)
   안양대학교 신학대학 교수
   서울대학교 문학사(역사교육), 총신대학교 교회사 전공(Ph.D.)
   안양대학교 교목실장, 신대원장역임
   복음주의신학회, 한국개혁신학회, 한국교회사학회 회장 역임
   대표저작/ 논문:『대한민국 건국과 기독교』,『한국근대화와 기독교의 역할』,『종교개혁자들 이야기』,『초대교부들 이야기』,『중세신학자들 이야기』

■ 박창훈(朴昶薰, Chang Hoon PARK)
  서울신학대학교 신학과 교수,
  서울신학대학교 현대기독교역사연구소 부소장
  Drew University 웨슬리신학 전공(Ph.D.)
  대표저작/ 논문: 『존 웨슬리, 역사비평으로 읽기』, 『존 웨슬리, 사회비평으로
  읽기』, 『한국 정치와 기독교 공공정책』(공저)

■ 박명수(朴明洙, Myung Soo PARK)
  서울신학대학교 교수, 현대기독교역사연구소 소장
  보스톤대학교 기독교역사 전공(Ph.D.)
  미국교회사학회 학회지 Church History 편집위원, 한국교회사학회장 역임
  대표저작/ 논문: 『조만식과 해방 후 한국정치』, 『건국투쟁: 인민공화국인가,
  민주공화국인가』

■ 김가흔(金佳炘, Ga Heun GHIM)
  서강대학교 일반대학원 박사과정, 한국사 전공(Ph.D.)

■ 곽병구(郭丙九, Byeong Gu GWAK)
  서울신학대학교 현대기독교역사연구소 연구보조원
  서울신학대학교 일반대학원 박사과정, 한국기독교사 전공(Ph.D.)

■ 윤은석(尹垠錫, En Seok YUN)
  호서대학교 조교수
  서울신학대학교 한국기독교사 전공(Ph.D.)
  대표저작/ 논문: 「6.25 전쟁 중 개신교의 군대 활동과 정신전력: 군목과 신앙
  군인을 중심으로」, 「스스로 새벽을 깨우는 초기 한국 개신교회: 새벽기도의
  발전과 특징」, 「1928-1930년 장로교의 평양부흥운동: 1907년 평양대부흥운동
  과 관련하여」, 「1930년대 『활천』에 나타난 앤드류 머레이의 신유론」

■ 윤은순(尹銀淳, Eun Soon YOON)
　서울신학대학교 현대기독교역사연구소 연구교수
　숙명여자대학교 사학과 졸업, 문학박사, 한국사 전공
　대표저작/ 논문: 「1950년대 월남 기독교인의 국가윤리와 사회인식」, 『기독교
　사회윤리』 41(2018.8), 「조만식의 생활개선운동」, 『한국기독교와역사』 41(2014.9)

■ 류호준(柳浩俊, Ho Jun RYU)
　서울신학대학교 현대기독교역사연구소 연구보조원
　서울신학대학교 일반대학원 박사과정, 한국기독교사 전공(Ph.D.)

■ 강슬기(康슬기, Seul Gi KANG)
　서울신학대학교 현대기독교역사연구소 연구보조원
　서울신학대학교 일반대학원 박사과정, 한국기독교사 전공(Ph.D.)

# Korean Local Community and Christianity

edited by Institute for the Study of Modern Christianity
Seoul Theological University

## Contents

- Myung Soo PARK
  The Background and Founding of World Vision in Korea

- Ga Heun GHIM
  Community Development Project of KCWS

- Byeong Gu GWAK
  The Beginning of Compassion International : Focusing on Everett Swanson's
  Activities between 1952 and 1965

- En Seok YUN
  A Study on the Amputee Rehabilitation Project of Union Christian Service Center
  : Focused on both Social Service and Faith

- En Seok YUN
  A Study on the Postwar Korean Methodist Church's Orphanage Project:
  Self-Generating, Self-Sufficiency, Charity

- Eun Soon YOON
  Contents and Characteristics of Korean Child Welfare in the 1950s and 60s:
  Focusing on CCF

- Ho Jun RYU
  The Significance of the Establishment and Operation of Busan Blue Cross Medical
  Insurance Association

- Seul Gi KANG
  In the 1960s and 1970s, Missionary Eleanor van Lierop's Welfare Project for
  Women in Need and the Establishment of Aeranwon : Based on 『Lord of the
  Dance』